Mensch & Computer 2012

12. fachübergreifende Konferenz
für interaktive und kooperative Medien.

interaktiv informiert –
allgegenwärtig und allumfassend!?

herausgegeben von
Harald Reiterer
Oliver Deussen

Oldenbourg Verlag München

Prof. Dr. Harald Reiterer ist Professor für Mensch-Computer Interaktion an der Universität Konstanz. Seine Forschungsschwerpunkte liegen in den Bereichen Interaction Design, Usability Engineering und Information Visualization.

Prof. Dr. Oliver Deussen ist Professor für Computergrafik und Medieninformatik an der Universität Konstanz. Seine Forschungsgebiete sind Modellierung komplexer computergrafischer Objekte, Illustrative Computergrafik und Informationsvisualisierung.

Bibliografische Information der Deutschen Nationalbibliothek

Die Deutsche Nationalbibliothek verzeichnet diese Publikation in der Deutschen Nationalbibliografie; detaillierte bibliografische Daten sind im Internet über http://dnb.d-nb.de abrufbar.

Rosenheimer Straße 145, D-81671 München
Telefon: (089) 45051-0
www.oldenbourg-verlag.de

Lektorat: Johannes Breimeier
Herstellung: Constanze Müller
Einbandgestaltung: hauser lacour
Gesamtherstellung: Schaltungsdienst Lange oHG, Berlin

Dieses Papier ist alterungsbeständig nach DIN/ISO 9706.

ISBN 978-3-486-71879-9
eISBN 978-3-486-71878-2

Programmkomiteevorsitz

Harald Reiterer – Universität Konstanz
Oliver Deussen – Universität Konstanz

Programmkomiteemitglieder

Mathias Bauer – mineway GmbH
Astrid Beck – HS Esslingen
Wolfgang Beinhauer – Fraunhofer IAO
Arne Berger – TU Chemnitz
Udo Bleimann – Hochschule Darmstadt
Susanne Boll – Universität Oldenburg
Birgit Bomsdorf – Hochschule Fulda
Verena Broy – BMW Forschung
Andreas Butz – LMU München
Raimund Dachselt – Technische Universität Dresden
Markus Dahm – FH Düsseldorf
Jochen Denzinger – ma ma Interactive System Design
Stefan Dierdorf – Universität Konstanz
Anke Dittmar – Universität Rostock
Markus Eisenhauer – Fraunhofer FIT
Peter Forbrig – Universität Rostock
Jens Geelhaar – Bauhaus-Universität Weimar
Thomas Geis – ProContext Consulting GmbH
Florian Geyer – Universität Konstanz
Tom Gross – Universität Bamberg
Michael Haller – University of Applied Sciences Upper Austria
Kai-Christoph Hamborg – Universität Osnabrück
Marc Hassenzahl – Folkwang Universität der Künste
Frank Heidmann – Fachhochschule Potsdam
Andreas M. Heinecke – FH Gelsenkirchen
Michael Herczeg – Universität zu Lübeck
Thomas Herrmann – Universität Bochum
Andreas Holzinger – TU Graz + MedUni Graz
Tim Hussein – Universität Duisburg-Essen
Hans-Christian Jetter – Universität Konstanz
Reinhard Keil – Universität Paderborn
Martin Christof Kindsmüller – MCI Universität Hamburg
Daniel Klinkhammer – Universität Konstanz
Michael Koch – Universität der Bundeswehr München
Matthias Kranz – Technische Universität München
Jürgen Krause – Unternehmensberatung SETT, Hochschullehrer a.D.
Heidi Krömker – TU Ilmenau
Rolf Kruse – FH Erfurt
Marc Langheinrich – University of Lugano (USI)
Ulrich Leiner – Fraunhofer Heinrich-Hertz-Institut

Sandro Leuchter – Fraunhofer IOSB
Steffen Lohmann – Universidad Carlos III de Madrid
Stephan Lukosch – Delft University of Technology
Susanne Maaß – Universität Bremen
Rainer Malaka – TZI, Universität Bremen
Peter Mambrey – Fraunhofer FIT und Universität Duisburg-Essen
Thomas Mandl – Stiftung Universität Hildesheim
Florian Michahelles – ETH Zurich
Sebastian Möller – Deutsche Telekom Laboratories, Technische Universität Berlin
Kathrin Möslein – Universität Erlangen-Nuernberg
Jörg Müller – Universität Münster / T-Labs
Karsten Nebe – Hochschule Rhein-Waal
Jasminko Novak – European Institute for Participatory Media
Horst Oberquelle – Universität Hamburg
Hansjürgen Paul – Institut Arbeit und Technik
Volkmar Pipek – Universität Siegen
Bernhard Preim – Universität Magdeburg
Wolfgang Prinz – Fraunhofer FIT
Jochen Prümper – HTW Berlin
Roman Rädle – Universität Konstanz
Andreas Riener – Johannes Kepler Universität Linz
Marc Ritter – Technische Universität Chemnitz
Michael Rohs – Universität München
Enrico Rukzio – Universität Duisburg-Essen
Herbert Rüsseler – Fraunhofer Institut FIRST
Gabriele Schade – FH Erfurt
Thomas Schlegel – TU Dresden
Johann Schlichter – TU München
Albrecht Schmidt – Universität Stuttgart
Andreas Schrader – Universität zu Lübeck
Christian Stary – Universität Linz
Markus Stolze – HSR Hochschule für Technik Rapperswil
Friedrich Strauß – sd&m AG
Gerd Szwillus – Universität Paderborn
Manfred Thüring – TU Berlin
Manfred Tscheligi – Universität Salzburg
Rainer Unland – Universität Duisburg-Essen
Leon Urbas – TU Dresden
Kristof Van Laerhoven – TU Darmstadt
Hartmut Wandke – Humboldt Universität zu Berlin
Michael Weber – Universität Ulm
Christian Wolff – Universität Regensburg
Christa Womser-Hacker – Stiftung Universität Hildesheim
Volker Wulf – Universität Siegen und Fraunhofer FIT
Carmen Zahn – Institut für Wissensmedien – IWM, Tübingen
Jürgen Ziegler – Universität Duisburg-Essen

Organisation

Veranstalter

Unter dem Motto „interaktiv informiert – allgegenwärtig & allumfassend!?" findet die Tagung Mensch & Computer 2012 gemeinsam mit der Tagung Usability Professionals 2012 (UP12) der German Usability Professinonals' Association e.V. und dem Thementrack Entertainment Interfaces statt.

Veranstalter der Tagung ist die Gesellschaft für Informatik e.V. (GI).

Lokaler Ausrichter der Tagung ist die Universität Konstanz.

Organisationskomitee

Harald Reiterer (Universität Konstanz)
Ramona Umhauer (Eventmanagement der Universität Konstanz)
Daniel Klinkhammer (Universität Konstanz)
Roman Rädle (Universität Konstanz)
Stefan Dierdorf (Universität Konstanz)
Florian Geyer (Universität Konstanz)
Simon Butscher (Universität Konstanz)
Vera Kerstan (Universität Konstanz)

Kontakt

Universität Konstanz
Professur Mensch-Computer Interaktion
Universitätsstr. 10
78457 Konstanz

Tel: +49 (0)7531 – 88 3704
muc2012@uni-konstanz.de
http://www.interaktivinformiert.org/

Inhaltsverzeichnis

Keynote & Eingeladener Vortrag

Langbeiträge

Suchen und Wissen

Interaktive Oberflächen I

Virtuelle Welten

Design und Kreativität

Barrierefreiheit

Mediennutzung

Videos und Interaktion

Interaktion in dreidimensionalen Räumen

Kurzbeiträge & Poster

Entertainment Interfaces

Keynote

Game Development

Serious Games

Vorwort

Die Gewohnheiten, uns zu informieren und die Art und Weise, wie wir Entscheidungen fällen, haben sich unter dem Einfluss neuer Computertechnologien in den letzten Jahren dramatisch verändert. Die heute heranwachsende „Twitter- und Facebook-Generation" - oft auch als „Digital Natives" bezeichnet - hat ein völlig neues Verständnis entwickelt, wie man sich informiert bzw. wie man Informationen erstellt und verbreitet. Heute können wir uns unabhängig von Ort und Zeit mittels interaktiver Geräte Zugang zu den Inhalten großer digitaler „Informationswelten" (z.B. das Web oder Digitale Bibliotheken) verschaffen.

Die Vielfalt der interaktiven Geräte wächst ständig. Ob mobile Smartphones uns unterwegs den Zugriff auf Informationen ermöglichen oder schicke und ultraleichte Tablet-PCs, die uns zuhause jederzeit griffbereit Zugang bieten. Berührungsempfindliche Tische und Wanddisplays eröffnen uns beispielsweise in Bibliotheken, Museen, Messen oder Leitwarten Zugang zu Inhalten und bieten zusätzlich ganz neue Formen des Miteinanders beim Erkunden dieser digitalen Informationswelten.

Dass ein allgegenwärtiger interaktiver Zugriff auf große und komplexe Informationswelten für viele – auch technisch wenig affine Menschen – einfach und komfortabel möglich wurde, ist vor allem auch ein Verdienst der Fachdisziplin Mensch-Computer Interaktion. Berührungsempfindliche Displays – ob als kleines mobiles Gerät, als großer interaktiver Tisch oder Wanddisplay – folgen heute innovativen realitätsbasierten Interaktionskonzepten, die ganz neuen Benutzergruppen den Zugang zu den „Informationswelten" eröffnen.

Die Fachtagung Mensch & Computer 2012 in Konstanz nimmt diese bedeutsamen technologischen Entwicklungen zum Anlass, um unter dem Motto *„interaktiv informiert - allgegenwärtig und allumfassend!?"* Beiträge deutschsprachiger Forscher der Fachdisziplin Mensch-Computer-Interaktion zu dieser Entwicklung vorzustellen und auch kritisch zu diskutieren. Einer guten Tradition folgend ist die Tagung natürlich auch für andere wichtige Forschungsarbeiten aus dem Themengebiet „Mensch & Computer" offen. Ziel dieses jährlich stattfindenden Treffens ist es, Forschern und Praktikern eine interessante Plattform zum Wissensaustausch zu bieten und damit ganz wesentlich zum „Community Building" innerhalb der Fachdisziplin beizutragen. Diesem Anspruch wird diese Tagung bereits seit 2001 in jährlich wiederkehrenden Veranstaltungen gerecht – eine eindrucksvolle Erfolgsgeschichte!

Konstanz ist als Standort für dieses Tagungsmotto mit seiner langen Tradition im Bereich der wissenschaftlichen Beschäftigung mit Information in besonderer Weise berufen. So wurde bereits im Jahre 1980 der erste Lehrstuhl für Informationswissenschaft in Deutschland an der

Universität Konstanz eingerichtet und 1982 ein Studiengang gleichen Namens etabliert. In weiterer Folge wurde in den 90er Jahren gemeinsam mit der Informatik die Bachelor- und Masterstudiengänge Information Engineering sowie ein Forschungsschwerpunkt zum Thema „Explorative Analyse und Visualisierung großer Datenräume“ aufgebaut. Hier spielten von Anfang an Forschungsfragen wie: „Welche Interaktionstechniken ermöglichen einen effektiven und effizienten Zugang zu den für den Benutzer relevanten Informationen?“ oder „Welche Visualisierungen bieten neue Erkenntnisse und Einsichten in die Zusammenhänge und Inhalte großer Datenräume?“ eine gewichtige Rolle.

Wie jede Tagung lebt auch die Mensch & Computer von interessanten und ein weites Spektrum umfassenden Beiträgen. Unser Aufruf zur Mitgestaltung im November 2011 fand erfreulich regen Zuspruch. Insgesamt erhielten wir über 200 Einreichungen verteilt auf alle Beitragsformen (Lang- und Kurzbeiträge, Demonstrationen, Workshops, Tutorien sowie Beiträge zum Promovendenkolleg, der Usability Challenge und der Session Visionen). Dieser Umstand zeigt eindrucksvoll das ungebrochen große Interesse an der Thematik dieser Tagung. Von den 99 Langbeiträgen wurden schlussendlich 31 akzeptiert (31%) und von den 21 Kurzbeiträgen wurden 8 akzeptiert (38%). 12 abgelehnte Langbeiträge wurden zur Einreichung eines Kurzbeitrages aufgefordert. 9 kamen dieser Aufforderung nach, sodass schlussendlich 17 Kurzbeiträge in den Tagungsband aufgenommen werden konnten. Diese Vielzahl von Einreichungen bedeutet für die 92 Mitglieder des Programmkomitees viel Arbeit! Zahlreiche Gutachten und Meta-Gutachten mussten verfassen. Jeder Lang- und Kurzbeitrag wurde von zumindest drei Gutachten und einem Meta-Gutachten bewertet. Aber auch in den anderen Beitragskategorien waren die Gutachterinnen und Gutachter gefordert. Daher an dieser Stelle ein ganz herzlicher Dank an alle Gutachterinnen und Gutachter!

Auch dieses Jahr findet wieder der Thementrack „Entertainment Interfaces“ statt. Er wird von Jörg Niesenhaus (Universität Duisburg-Essen), Rainer Malaka (Universität Bremen) und Maic Masuch (Universität Duisburg-Essen) organisiert. Die Ergebnisse des Tracks sind ebenfalls in diesem Tagungsband enthalten.

Die gute Tradition, parallel zur Mensch & Computer auch die Fachtagung Usability Professionals 2012 (UP12) der German Usability Professionals’ Association e.V. stattfinden zu lassen, fand in Konstanz ihre Fortsetzung. Somit treffen wiederum Hochschulforschung und Berufspraxis aufeinander. Dieses Miteinander liefert interessante Gelegenheiten für Erfahrungsaustausche. Die Ergebnisse der UP12 sind in einem eigenen Tagungsband publiziert.

Diese Tagung hätte ohne den unermüdlichen Einsatz vieler zahlreicher freiwilliger Helfer nicht stattfinden können. An erster Stelle sei hier den folgenden Doktoranden des Lehrstuhls Mensch-Computer Interaktion (Prof. Harald Reiterer) gedankt: Daniel Klinkhammer, Stefan Dierdorf, Roman Rädle, Florian Geyer und Simon Butscher. Sie wurden von einer Schar wissenschaftlicher Hilfskräfte unterstützt, wobei hier Svenja Leifert und Eike Kleiner besonders für die editorische Aufbereitung dieses Tagungsbandes und Johannes Zagermann für die ausgezeichnete Gestaltung der Website gedankt werden soll. Michael Herczeg stand uns als

Sprecher des Fachbereichs Mensch-Computer Interaktion immer mit Rat und Tat zur Seite. Ganz besonderer Dank gebührt aber Maximilian Eibl, der uns als Ausrichter der Mensch & Computer 2011 in Chemnitz jederzeit mit seinem reichen Erfahrungsschatz zur Seite stand und so maßgeblich zum Erfolg der Tagung beigetragen hat.

Wir wünschen Ihnen und uns eine abwechslungs- und erkenntnisreiche Konferenz!

Konstanz, im Juli 2012 Harald Reiterer & Oliver Deussen

Keynote & Eingeladener Vortrag

H. Reiterer & O. Deussen (Hrsg.): Mensch & Computer 2012
München: Oldenbourg Verlag, 2012, S. 3-5

Total Recall – wie das Internet unser Denken verändern könnte[1]

Miriam Meckel

Universität St. Gallen

Seit sechs Jahren veröffentlicht das IT-Unternehmen IBM zum Jahresende eine Vorhersage zu den fünf wesentlichen Technologietrends „5 in 5“. In der aktuellen Vorhersage vom 19. Dezember 2011 lautet Trend Nr. 3 „Gedankenlesen ist nicht länger Science Fiction“. In einem kurzen Video zum Thema wird erläutert, wie das Unternehmen daran forscht, das menschliche Gehirn mit technischen Geräten, wie dem Computer oder dem Smartphone zu verbinden, so dass der Mensch keine Tasten mehr drücken muss, um einen Befehl in den Computer einzugeben oder einen anderen Menschen zu kontaktieren. „Du musst nur daran denken, jemanden anzurufen, und schon passiert es.“

Wenn diese Prognose zutrifft, dann steuern die Menschen ihre Maschine künftig durch Gedanken. Dann entfallen immer mehr Schnittstellen zwischen menschlichem Körper und dem Computer, bis hin zu der Möglichkeit, miniaturisierte Maschinen direkt in den menschlichen Körper zu implantieren. Das U.S. amerikanische Unternehmen Applied Digital Solutions hat längst einen implantierbaren „Verichip“ auf Basis der RFID-Technologie entwickelt. Der Chip kann zum Beispiel in Herzschrittmachern eingebaut werden, um per Ferndiagnose zu überwachen, ob der Träger des Schrittmachers in Ohnmacht gefallen ist. Leicht lässt sich ein solcher Chip auch mit GPS-Technologie erweitern, also mit der Möglichkeit versehen, jederzeit den Aufenthaltsort und den Bewegungsradius eines Menschen oder eines Tieres nachzuvollziehen.

Wir können also zukünftig nicht nur unsere Brille kontaktieren, um zu fragen, ‚wo steckst du bloß wieder’, und die Brille antwortet unmittelbar mit den detailgenauen Angaben ihres aktuellen Aufenthaltsorts. Wir könnten beispielsweise auch Haustiere, Kinder oder Partner mit Hilfe dieser Chiptechnologie in die ferngesteuerte Sicherungsverwahrung nehmen – eine Tatsache, die unter dem Begriff „Barcoding Humans“ bereits harsche Kritik hervorgerufen hat.

---

1 Dieser Beitrag erschien ursprünglich in der Wochenzeitschrift „Die Zeit“ unter dem Titel „Die Menschmaschine – Wie lange unterscheiden wir uns noch vom Computer?„ Ausgabe vom 28. Juni 2012.

Wem das noch zu sehr nach Science Fiction klingt, der muss nur die in letzter Zeit präsentierten technologischen Entwicklungen im Bereich der „Augmented Reality“, der erweiterten oder angereicherten Wirklichkeit Revue passieren lassen, um zu verstehen: Hier ist längst etwas im Gange, das auf die schrittweise, aber kontinuierliche Verschmelzung von menschlichem Körper und Geist mit der Maschine hinausläuft. Das reale Leben in der analogen Welt und das virtuelle Leben in der digitalen Welt werden dadurch weiter zusammenwachsen.

Der von Google kürzlich vorgestellte Prototyp einer Internetbrille, die hilfreiche Informationen direkt über die Brillengläser ins Gesichtsfeld des Trägers projiziert, ist ein erster Schritt. Mit den „Google Glasses“ kann der Träger schon auf der Treppe zur U-Bahn sehen, dass die Linie derzeit eingestellt ist, und sogleich schlägt die Brille eine Alternativroute vor. Sie soll Fotos und Videos machen können, und auch ein Telefonat inklusive Video wird möglich sein. Wenn der Partner dann gerade in Rio am Strand weilt, schaltet er einfach auf „teilen“ und man kann den Sonnenuntergang zusammen genießen.

Das Projekt „Armura“, das an der Carnegie Mellon University vorangetrieben wird, geht in eine andere Richtung. Es setzt auf die Spieletechnologie auf, die es, zum Beispiel mit Microsofts „Kinect“, dem Spieler erlaubt, den Spielverlauf durch Gesten zu steuern. Wenn wir zukünftig ein Einkaufszentrum betreten, werden wir durch ein Netz von Infrarotstrahlen überzogen, das alle unsere Bewegungen registriert. An der Decke montierte Kameras sollen dann ein Display auf die Handfläche projizieren, über das wir etwas im Netz suchen, einen Musiktitel auswählen oder gar telefonieren können. Hier verzichtet die Technik ganz auf zwischengeschaltete Geräte, der menschliche Körper selbst wird zum Joystick.

Aber vielleicht müssen wir gar nicht immer die Technik an oder in unserem Körper mitdenken, um zu verstehen, wie sich unsere Interaktion mit der Welt durch sie verändert. Manches geschieht auch durch die Steuerungsmechanismen im Netz, die für uns unsichtbar sind. Wer immer heute etwas im Internet sucht, bekommt in der Regel individualisierte Ergebnisse. Dabei werden vorherigen Suchanfragen mit den Daten, die ansonsten im Internet über die Nutzerinnen und Nutzer kursieren, kombiniert, ausgewertet, gewichtet und weiterverarbeitet. Jeder bekommt die Suchergebnisse aufgelistet, die am besten zu seinen bisherigen Präferenzen passen. So entsteht ein individuelles Profil eines jeden Menschen, das zum Ansprechpartner der Maschine und in der Folge auch zum Gesprächspartner anderer Menschen wird.

Auf diesem Wege verschwindet sukzessive die unerwartete Entdeckung, die durch einen glücklichen Zufall möglich wird. Er wird schlicht aus der Netznutzung herausgerechnet. In der englischen Sprache nennen wir diese menschliche Lebensform der Zufallsentdeckung „Serendipity“. „Serendipity“ tritt in unser Leben, wenn wir in einem Buchladen plötzlich ein Buch in der Hand haben, das durch seinen Umschlag unsere Aufmerksamkeit geweckt hat, wenn wir plötzlich eine Zeitungsreportage anlesen und gefesselt sind, in der Begegnung mit einem Menschen, in den wir uns verlieben, obwohl er nicht unseren „Idealvorstellungen“ entspricht. Und „Serendipity“ liegt auch darin, dass wir unbekannten Themen begegnen, die uns z.B. politisch aktiv werden lassen, weil es uns wichtig erscheint.

Das personalisierte Internet kann zwar – noch – keine Gedanken lesen, aber es führt zu einem Ergebnis, das dem nahekommt. Wenn die den Nutzerinnen und Nutzern präsentierten Informationen und Empfehlungen weitgehend auf einem individualisierten Profil beruhen, dann entstehen in der Nutzung des Netzes immer weniger Zufallsbegegnungen, dann wird die Welt zu einem Hohlspiegel unserer individuellen Vorstellungen, Wünsche und Präferenzen und wir leiden irgendwann unter Weltkurzsichtigkeit. Das ist für den Nutzer durchaus angenehm, denn er kann es sich in seinen perfekt berechneten Präferenzgehegen gemütlich machen. Für eine demokratische Gesellschaft, die sich durch Offenheit, Lernfähigkeit und Toleranz auszeichnet, ist das vielleicht eine weniger gemütliche Zukunftsaussicht.

Mit jedem dieser technologischen Neuerungen wird der Mensch besser analysierbar und berechenbar, also vorhersagbar. Er wird Teil des globalen digitalen Netzwerks. Ist er dann ein technisierter Mensch oder eine humanisierte Maschine?

Google und Facebook können noch keine Gedanken lesen, aber was im Internet geschieht, kommt dem Schritt für Schritt näher. Der ehemalige Google Chef Eric Schmidt hat das auf den Punkt gebracht: „Wir wissen immer, wo du bist. Wir wissen, wo du warst. Wir wissen mehr oder weniger, was du denkst."

Es ist der ewige Wunsch, menschlichen Geist in die Maschine zu transferieren, der in Zeiten der digitalen Vernetzung und künstlichen Intelligenz neue Nahrung bekommt.

In der zunehmenden Hybridisierung des Menschen durch die Verbindung von Maschine und Körper, Technik und Geist liegt ein Prozess versteckt, den wir als den Verlust der Unterscheidbarkeit beschreiben können. Die Schnittstellen fallen weg oder werden unsichtbar. Wo Computer immer schneller und leistungsfähiger werden, ist es nicht mehr länger die tatsächliche Nachbildung menschlicher Intelligenz in der Maschine, die entscheidend ist. Vielmehr wird der Unterschied zwischen menschlicher und Maschinenintelligenz für den Menschen unbeobachtbar. Und damit ist er faktisch nicht mehr existent. Die Maschine muss also nicht menschengleich werden. Es reicht, wenn sie uns so erscheint.

Prof. Dr. phil. Miriam Meckel ist Kommunikationswissenschaftlerin, Publizistin und Direktorin am Institut für Medien- und Kommunikationsmanagement an der Universität St. Gallen.

http://www.alexandria.unisg.ch/Personen/Miriam_Meckel

H. Reiterer & O. Deussen (Hrsg.): Mensch & Computer 2012
München: Oldenbourg Verlag, 2012, S. 7-10

Designing Smart Cities: Urbane Räume als Orte vernetzter Arbeits- und Lebenswelten

Norbert Streitz

Smart Future Initiative, Frankfurt am Main

Zusammenfassung

Dieser eingeladene Beitrag vermittelt einen Überblick über die neuen Herausforderungen an die Gestaltung der Mensch-Computer-Interaktion, bzw. Mensch-Artefakt-Interaktion, wenn sich die Rahmenbedingungen wie folgt ändern. Der Gegenstandsbereich wird von individuellen Geräten auf Räume und Gebäude und schließlich auf urbane Kontexte in unseren Städten erweitert. Die Artefakte in unseren Umgebungen werden durch Informationstechnologie angereichert (Ambient Intelligence) und damit „smart". Der Anwendungsbereich weitet sich von der individuellen Nutzung auf Gruppen und Gemeinschaften in vernetzten Arbeits- und Lebenswelten aus, in denen die Grenzen zwischen beruflicher und privater Verwendung fließend sind. Die Zielsetzung ist die Entwicklung einer Humane Smart City, in der Menschen ihr kreatives Potential ausschöpfen und ein selbstbestimmtes Leben führen können, in dem Arbeiten und Leben im harmonischen Wechselspiel möglich ist. Technologie kann uns dabei unterstützen, sollte aber immer in Einklang mit unseren Wünschen und Möglichkeiten stehen.

1 Einleitung

Die Zukunft unserer Lebens- und Arbeitswelten wird ohne Zweifel in urbanen Kontexten entschieden; nicht zuletzt aufgrund der Tatsache, dass bereits Ende 2007 die Hälfte der Weltbevölkerung in Städten lebte und man deshalb von einem Urban Age sprechen kann.

Es ist unbestritten, dass I&K-Technologien auch bei der Gestaltung unserer urbanen Umgebungen zunehmend eine entscheidende Rolle spielen werden. Die Digitalisierung von Inhalten und sozialen Kommunikationsformen wird sich aus dem Schattenbereich virtueller Welten lösen, vermehrt in realen Umgebungen anzutreffen sein und dort via Augmented Reality zusätzliche Interaktions- und Erfahrungsebenen erzeugen. Die resultierenden hybriden Informations- und Erfahrungswelten werden sog. Smart Hybrid Cities (Streitz, 2011) konstituieren. Diese werden durch neue Plattformen und Umgebungen ermöglicht, die auf den Ubiquitous Computing Entwicklungen der letzten 20 Jahre basieren (Davies & Streitz,

2012). Das traditionelle Erscheinungsbild von Computern wird verschwinden, wie es im Konzept des Disappearing Computer reflektiert wird (Streitz & Nixon, 2005, Streitz et al, 2007). Unsere Umgebungen werden smart und intelligent, auch als Ambient Intelligence (Streitz & Privat, 2009) bezeichnet. Urbane Räume werden zunehmend Orte gemischter privater und öffentlicher interaktiver Mediennutzung und Kommunikation. Dabei werden reale Orte, wie z.B. Gebäude, auch im Kontext digital vernetzter Arbeits- und Lebenswelten weiterhin relevant sein. Als Orte der informellen Kommunikation, des sozialen Austausches und der Gruppenbildung werden sie als „kooperative Gebäude" gestaltet (Streitz et al, 1998). Sie sind einerseits „kooperativ" in dem Sinne, dass sie die Bewohner unterstützen und auf deren Situation reagieren und andererseits Möglichkeiten und Werkzeuge zur Kooperation und Kommunikation bereitstellen. Dies geschieht durch entsprechend gestaltete Smart Environments, z.B. Roomware-Komponenten (Streitz et al, 1999, 2001). Die Transformation in Erlebniswelten erfordert einen Wechsel von Information Design zu Experience Design und hat vielfältige Implikationen für neue Produkte und Innovationsstrategien.

Der – teilweise berechtigten - Furcht vor einer vollständigen und den Menschen eventuell entmündigenden Automatisierung (z.B. das Smart Home lässt den Bewohner nicht mehr hinein oder heraus; der „intelligente" Kühlschrank bestellt Dinge, die ich eigentlich nicht mehr benötige) muss entgegengewirkt werden. Das kann dadurch erreicht werden, dass der Mensch durch ein benutzer- (oder im Kontext von Städten besser bürger)-zentriertes Design von Smart Environments noch mehr in den Mittelpunkt gestellt und an der Gestaltung beteiligt wird (Russell, 2012). Die Chancen dieser Umgebungen liegen darin, dass der Mensch durch die über verschiedene Sensoren erhobenen Informationen eine Entscheidungsgrundlage mit höherer Qualität hat und dadurch besser informierte Entscheidungen treffen kann: Smart spaces make people smarter (Streitz et al, 2005).

Das Ausmaß an Smartness dieser Umgebungen wird maßgeblich durch die Qualität und Quantität der Daten/Informationen bestimmt, die über die zu unterstützenden Personen und Handlungskontexte erhoben und verarbeitet werden. Die Umgebungen können nur so smart sein wie es die erhobene Datenbasis erlaubt. Damit haben wir einen unabwendbaren Konflikt zwischen dem Ausmaß der erhobenen Daten und dem Ausmaß der Unterstützung. Das Ziel sollte dabei sein, dass die Bürger selbst darüber bestimmen können, welche Daten von wem erhoben und wie verarbeitet werden. Damit definiert er oder sie auch den Grad der Unterstützung. Es sollte auf alle Fälle vermieden/verboten werden, dass Provider und Anbieter von Lösungen bestimmen, welche Daten sie erheben, ohne den Bürger vorher zu fragen. Der Einsatz von Sensoren und personalisierten Location-based Services hat zwangsläufig Auswirkungen auf die Privatsphäre des Einzelnen und auf das Ausmaß von Akzeptanz in den unterschiedlichen Benutzergruppen. Privacy darf dabei nicht zu einer Ware werden, die sich am Ende nur noch diejenigen leisten können, die dafür bezahlen können oder wollen.

Um diese Fragen in Hinblick auf eine Humane Smart City in adäquater Weise zu bearbeiten, bedarf es einer Forschungsagenda, die u.a. die folgenden 12 Research Lines berücksichtigt, die von uns in dem InterLink-Projekt (2009) entwickelt wurden:

RL1: Rationale for Humane/All-inclusive Cities (users are citizens)
RL2: Tangible Interaction and Implicit vs. Explicit Interaction
RL3: Hybrid Symmetric Interaction between Real and (multiple) Virtual worlds

RL4: Space-Time Dispersed Interfaces
RL5: Crowd and Swarm Based Interaction
RL6: Spatial and Embodied Smartness (distributed cognitive systems, outside-in robot)
RL7: Awareness and Feedback (sensors, physiological, environmental ...)
RL8: Emotion Processing (affective computing)
RL9: Social Networks and Collective Intelligence
RL10: Self-Organization in Socially Aware Ambient Systems
RL11: Realization and User Experience of Privacy and Trust
RL12: Scaling (as the major horizontal issue)

In diesem Zusammenhang ist es wichtig und notwendig, sich von einer rein technologiegetriebenen Entwicklung zu verabschieden und den Menschen vermehrt in den Mittelpunkt zu stellen - mit dem Ziel der Entwicklung einer Humane Smart City (InterLink, 2009, Streitz, 2011). Um diese Zielsetzung zu erreichen, ist ein inter- und transdisziplinäres Vorgehen notwendig. Informatiker und Elektroingenieure müssen nicht nur mit Psychologen, Ergonomen und Designern zusammenarbeiten wie es in der Tradition dieser Konferenz seit nun 30 Jahren gefordert und vielfach auch eingelöst wird, sondern vermehrt auch mit Architekten, Städteplanern, Verkehrswissenschaftlern, Ökonomen und Soziologen.

Erst dann werden wir eine Humane Smart City entwickeln können als Teil einer Gesellschaft, in der Menschen vielfältige Möglichkeiten haben, ihr kreatives Potential auszuschöpfen, ein selbstbestimmtes Leben zu führen und dies im Kontext eines Alltags zu tun und zu genießen, in dem Arbeiten und Leben im harmonischen Wechselspiel möglich ist. Technologie kann uns dabei unterstützen, sollte aber immer in Einklang mit unseren Wünschen und Möglichkeiten stehen.

Literaturverzeichnis

Davies, N. & Streitz, N. (2012). An Interview with UbiComp Pioneer Norbert Streitz. In: *Special issue "Weiser's Vision: 20 Years Later". IEEE Pervasive Computing, 11*(1), 62 – 66.

InterLink (2009). EU-Projekt "*International Cooperation Activities in Future and Emerging ICTs.*" (http://interlink.ics.forth.gr/), u.a. Streitz, N. & Wichert, R., *The Humane City.* Deliverable of Working Group Ambient Computing and Communication Environments.

Russell, D. (Ed.) (2012). The Streitz Perspective: Computation is Ubiquitous, Yet Must be Designed for Human Use - A Festschrift for Norbert Streitz. Special Issue of *Universal Access in the Information Society, 11* (3).

Streitz, N. (2011). Smart Cities, Ambient Intelligence and Universal Access. In Stephanidis, C. (Ed.): *Universal Access in HCI, Part III, HCII 2011.* Springer LNCS 6767. pp. 425–432.

Streitz, N., Geißler, J., Holmer, T., Konomi, S., Müller-Tomfelde, C., Reischl, W., Rexroth, P., Seitz, P., Steinmetz, R. (1999). i-LAND: An interactive Landscape for Creativity and Innovation. In *ACM Conference on Human Factors in Computing Systems (CHI'99)*, Pittsburgh (May 15-20, 1999). pp. 120-127.

Streitz, N., Kameas, A., Mavrommati, I. (Eds.) (2007). *The Disappearing Computer: Interaction Design, System Infrastructures and Applications for Smart Environments.* Springer LNCS 4500.

Streitz, N., Konomi, S., Burkhardt, H.-J. (Eds.) (1998). *Cooperative Buildings - Integrating Information, Organization, and Architecture. Proceedings of CoBuild '98* in Darmstadt. Springer LNCS 1370.

Streitz, N. & Nixon, P. (Eds.) (2005). The Disappearing Computer – Special Issue. *Communications of the ACM, 48* (3).

Streitz, N. & Privat, G. (2009). Ambient Intelligence. Final section "Looking to the Future". In Stephanidis, C. (Ed.): *The Universal Access Handbook.* CRC Press Taylor&Francis Group, pp. 60.1 - 60.17.

Streitz, N., Röcker, C., Prante, T., van Alphen, D., Stenzel, R., Magerkurth, C. (2005). Designing Smart Artifacts for Smart Environments. *IEEE Computer, 38(3)* 41-49.

Streitz, N., Tandler, P., Müller-Tomfelde, C., Konomi, S. (2001). Roomware: Towards the Next Generation of Human-Computer Interaction based on an Integrated Design of Real and Virtual Worlds. In Carroll, J. (Ed.): *Human-Computer Interaction in the New Millenium*, Addison-Wesley, pp. 553-578.

Kontakt

Dr. Dr. Norbert Streitz
Smart Future Initiative
Konrad-Zuse-Str. 43
60438 Frankfurt am Main
www.smart-future.net

Langbeiträge

H. Reiterer & O. Deussen (Hrsg.): Mensch & Computer 2012
München: Oldenbourg Verlag, 2012, S. 13-22

Nutzerzentrierte Entwicklung einer Suche für den Life-Science-Bereich

Sonja Hamann, Thomas Weinhold, Bernard Bekavac, Daniel Streiff

Schweizerisches Institut für Informationswissenschaft (SII), HTW Chur

Zusammenfassung

Suchmaschinen wie Google oder Bing setzen heutzutage den Standard bzgl. der Bedienung von Recherchewerkzeugen im Internet. Eine Herausforderung bei der Entwicklung von Suchinstrumenten für spezifische Domänen respektive für Fachdatenbanken ist darin zu sehen, dass die einfache und intuitive Bedienbarkeit von Websuchmaschinen für gewöhnlich nicht unmittelbar auf professionelle Recherchewerkzeuge übertragen werden kann. Dies begründet sich durch den Umstand, dass Anwender bei professionellen Recherchen oftmals deutlich komplexere Informationsbedürfnisse aufweisen und zudem in der Regel auch die Vollständigkeit des Ergebnisraumes von größerer Bedeutung ist. Folgender Beitrag illustriert die iterative, nutzerzentrierte Entwicklung eines komplexen, modular aufgebauten Suchsystems zur professionellen Recherche in Businessdaten aus dem Life-Science-Bereich. Im Vordergrund stehen dabei die Ergebnisse aus mehreren nutzerbasierten Evaluationen, auf deren Basis letztendlich die getroffenen Designentscheidungen für die entwickelte Suchkomponente begründet und erläutert werden.

1 Ausgangslage und Motivation

Analog zu der Entwicklung neuer Technologien haben sich in den letzten Jahren die Anforderungen von Informationssuchenden stark verändert. Anwender erwarten einfach bedienbare Recherchewerkzeuge, die in der Lage sind, ihre spezifischen Informationsbedürfnisse adäquat zu befriedigen. Dementsprechend haben sich sowohl ein einfacher Suchschlitz, wie man ihn bspw. von Google kennt, als auch leicht bedienbare Filtermechanismen wie z.B. eine „Faceted Search" (Tunkelang 2009; Hearst 2008) am Markt durchgesetzt. Zudem hat der vermehrte Einsatz von dynamischen Komponenten (z.B. mittels AJAX) dazu geführt, dass sich Möglichkeiten der direkten Manipulation (Hutchins et al. 1985; Shneiderman 1982) mittlerweile auch im Web als wichtiges Qualitätsmerkmal etabliert haben (Hearst 2009). Trotz dieser Fortschritte sind die Entwicklungen im Bereich von Suchmaschinen jedoch noch lange nicht abgeschlossen, wie auch ein Blick auf die einschlägige Forschung verdeutlicht: einen Einblick in den äusserst umfangreichen State-of-the-Art von Suchmaschinen findet man u.a. bei Hearst (2009), Spree et al. (2011) und Weinhold et al.(2009). Dort angeführte Konzepte sind jedoch nicht immer angemessen und unmittelbar auf domänenspezifische IR-Systeme übertragbar, da z.B. bei professionellen Recherchen der Vollständigkeit des Ergebnisraums sowie der Möglichkeit, komplexe Such-anfragen zu formulieren, deutlich mehr Bedeutung zukommt. Gerade bei letzterem haben Anwender große Probleme (Sutcliffe et al. 2000; English et al. 2002), nicht zuletzt da etablierte UI-Elemente wie ein einfacher Suchschlitz ihnen hierbei keinerlei Unterstützung bieten. In Bezug auf die Vollständigkeit des Ergebnisraums liegt die Herausforderung darin, Synonyme oder artverwandte Begriffe (z.B. „cancer" und „oncology") bei der Suche sinngemäß zu berücksichtigen.

Gegenstand des Projektes SERENA – SEmantic REtrieval in busiNess contActs[1] war es daher, ein zugleich leicht bedienbares wie auch effizientes Werkzeug zur professionellen Recherche in Businessdaten aus dem Life-Science-Bereich zu entwickeln, welches die oben spezifizierten Problemstellungen aufgreift. Hierbei stand ein nutzerzentrierter, iterativer Entwicklungsprozess im Vordergrund, bei dem erarbeitete Konzepte jeweils mit Endanwendern evaluiert und entsprechend weiter optimiert wurden.

2 Anforderungsdefinition

Ausgangsbasis des Projektes waren die beiden Datenbanken Biotechgate (BTG)[2] und PartneringOne (P1)[3] sowie die Suchtechnologie der Firma Infocodex[4]. Während BTG Informationen zu knapp 24'000 Unternehmen aus dem Life-Science-Bereich sowie rund 25'000 Medtech- und Biotechprodukten bereit stellt, handelt es sich bei P1 um eine Partnering-Software, welche auf Life-Science-Konferenzen eingesetzt wird, um es Konferenzbesuchern zu ermöglichen, schnell und einfach Meetings mit anderen Teilnehmern zu vereinbaren („Business-Speed-Dating").

Im Rahmen von SERENA sollten die Recherchemöglichkeiten von BTG und P1 mittels einer semantischen Suche erweitert werden. Hierfür wurden zu Projektbeginn im Rahmen einer umfassenden Anforderungsanalyse die vorhandenen Produkte auf Schwachstellen untersucht, die zu Grunde liegenden Datenbanken und entsprechende Logfiles analysiert und zusätzlich Interviews mit den Projektpartnern und Endanwendern geführt. Als Hauptproblem hat sich dabei der Umstand herauskristallisiert, dass sich Nutzer bislang bereits im Vorfeld einer Recherche entscheiden mussten, ob sie nach einem Unternehmen, einem Produkt oder einer Technologie suchen wollen. Eine gezielte Suche nach einem Unternehmen mit spezifischen Produkten war jedoch nicht möglich, da die Suchmasken eine solche Kombination

---

[1] Gefördert von der Kommission für Technologie und Innovation unter der KTI-Nr.10767.1 PFES-ES; Laufzeit 01/2010 bis 02/2012

[2] Venture Valuation AG, http://www.biotechgate.com, 07.03.2012

[3] EBD Group, http://www.partneringone.com, 07.03.2012

[4] http://www.infocodex.com, 07.03.2012

unterschiedlicher Attribute nicht zuließen. Auch die vorhandenen Filtermechanismen wurden aufgrund der fehlenden Option zur Mehrfachauswahl teilweise als unzureichend deklariert. Ein weiteres Problem war der Umstand, dass Begriffe wie „neoplasm", „cancer" und „oncology" in den Unternehmensprofilen nahezu synonym verwendet werden, was im Rahmen der Suche jedoch bislang nicht berücksichtigt wurde. Hinzu kam, dass die komplexen Formulare zum Filtern der Treffer einen Großteil der Benutzeroberfläche benötigten, weshalb einerseits in ihnen gescrollt werden musste und andererseits die Trefferliste auf eine zweite Seite ausgelagert werden musste. Eine direkte Manipulation der Suchanfrage bzw. der verwendeten Filter bei der Sichtung der Treffer war demzufolge nicht möglich. Als weitere Schwachstelle wurden bei beiden Produkten fehlende Funktionalitäten zum Vergleich von Unternehmen identifiziert.

Mit Hinblick auf die Optimierung der Suchfunktionen beider Produkte wurden dementsprechend folgende Anforderungen definiert:

- Implementierung einer zentralen Suche über das gesamte Firmenprofil (inkl. Produkten und Technologien)
- Automatische Berücksichtigung artverwandter Suchbegriffe (unscharfe Suche)
- Implementierung eines Filterkonzeptes, welches eine Kombination an Einschränkungsmöglichkeiten unterstützt (Mehrfachauswahl, Kombination von unterschiedlichen Filterkategorien)
- Entwicklung einer Funktionalität zum Vergleich von ähnlichen Firmen
- Visualisierung des Domänenwissens zur Unterstützung bei der Suchanfragenformulierung

Diese Ziele und Interessen der Anwender wurden anschließend mit Hilfe von Personas (Cooper 1999; Goodwin 2009) und Szenarien (Carroll 1994; Goodwin 2009) festgehalten. Diese wurden im gesamten Entwicklungsprozess immer wieder zur Überprüfung der angestrebten Ziele sowie zur Qualitätssicherung herangezogen.

3 Konzeption

Da die zu entwickelnden Komponenten sowohl in BTG als auch in P1 genutzt werden können sollten, war eine modulare Konzeption erforderlich, um sicherzustellen, dass einzelne Funktionalitäten je nach Bedarf in beide Produkte angemessen integriert und ggf. modifiziert werden können. Es galt hierbei, trotz der Unabhängigkeit der Bausteine eine unmittelbare Interaktion zwischen den jeweiligen Komponenten zu ermöglichen, welche nachfolgend genauer beschrieben werden.

3.1 Suche und Trefferliste

Analog dem Standard aktueller Suchmaschinen wurde bei SERENA kein komplexes Suchformular implementiert, sondern lediglich ein einfacher Suchschlitz, der auf die semantische Suche von Infocodex zugreift. Die Basis der Software von Infocodex stellt eine linguistische Datenbank mit einem sprachübergreifenden Wortschatz von mehr als 3 Mio. Begriffen dar, wodurch die Verarbeitung von Synonymen oder zusammengesetzten Begriffen („Named Entity Recognition") erlaubt wird. Mit Hinblick auf die Anpassung bzw. Optimierung dieser linguistischen Datenbank an die Spezifika der Life-Science-Branche, wurden einerseits relevante Terminologien, wie z.B. der ICD10-Code[5], in diese integriert und andererseits wurde eine Ontologie erstellt, welche die in diesem Kontext relevanten Begriffe und deren Zusammenhänge aus Business-Sicht widerspiegelt.

Im Rahmen einer Suche wird dabei nun jeweils das gesamte Unternehmensprofil inklusive der jeweiligen Produkte und Technologien berücksichtigt. Daraus resultiert der Umstand, dass die Trefferliste dementsprechend auch diese unterschiedlichen Perspektiven abbilden können muss, weshalb sie grundlegend umgestaltet wurde. Da die grundlegende Seitenstruktur von BTG und P1 beibehalten werden sollten, fiel der Entscheid auf eine reiterbasierte Darstellung der Trefferlisten (vgl. Abbildung 3), welche einen unmittelbaren Wechsel zwischen den jeweiligen Treffern erlaubt.

3.2 Filterkonzept

Das bei SERENA verwendete Filterkonzept besteht aus drei Filterboxen, deren inhaltliche Ausrichtung jeweils über ein Drop-Down-Menü verändert werden kann. Die Default-Einstellungen der einzelnen Filterboxen wurden dabei auf Basis mehrerer Interviews mit Anwendern erhoben. Die Anzahl von drei Filterboxen wurde deshalb gewählt, weil eine Analyse der Logfiles von BTG gezeigt hat, dass Anwender bei ihren Recherchen kaum mit mehr Einschränkungen arbeiten. Gleichzeitig kann die Treffermenge mit Hilfe von drei Filtermöglichkeiten in der Regel auf eine gut überschaubare Anzahl von Treffern reduziert werden, was letztendlich auch das positive Feedback der Testpersonen im Rahmen der durchgeführten Evaluationen bestätigt hat.

Die Auswahloptionen in den Filterboxen selbst sind in Form von Checkboxen umgesetzt. Bei den einzelnen Filteroptionen wird dabei jeweils die zugehörige Treffermenge mitangezeigt, wie man es z.B. bei einer „Faceted Search" gewohnt ist (vgl. Abbildungen 1, 2 und 3). Innerhalb einer einzelnen Filterbox sind die einzelnen Filteroptionen mit dem Booleschen Operator OR verknüpft, um die von Anwendern geforderte Mehrfachauswahl unterstützen zu können. Die Filterboxen untereinander sind hingegen mit AND verbunden.

Bereits die ersten Mockups haben ein analytisches Potenzial der Filterkombinationen aufgezeigt, weshalb im Folgenden eine lineare Funktionsweise der Filteroptionen ausgetestet wur-

5 http://www.who.int/classifications/icd/en/, 07.03.2012

de: Einstellungen im ersten Filter beeinflussen somit die Auswahlmöglichkeiten und Mengenangaben im zweiten und dritten Filter, wohingegen Einstellungen im zweiten Filter nur den dritten Filter, nicht aber den vorangehenden beeinflussen. In Abhängigkeit der Reihenfolge kann somit beispielsweise ermittelt werden, welcher Anteil aller Pharmaunternehmen sich in der Schweiz befindet oder auch wie viele der in der Schweiz befindlichen Firmen speziell der Pharmabranche zugeordnet sind. Das Filtersystem kann also bei Bedarf für einfache statistische Auswertungen unabhängig der Trefferliste genutzt werden.

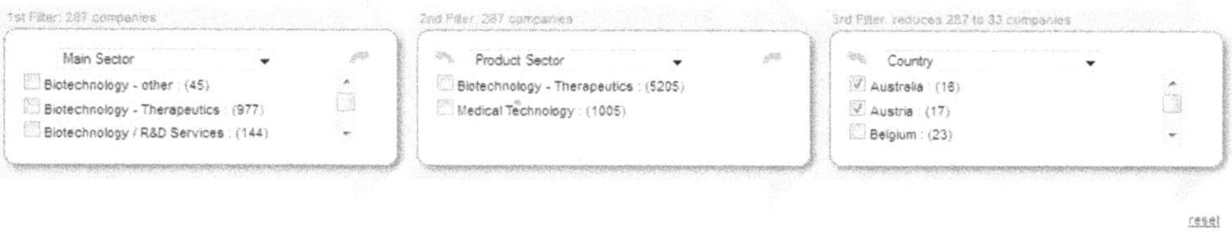

Abbildung 1: Horizontale Anordnung der Filter – Betonung der Reihenfolge durch das Einbinden von Pfeilen

Trotz Versuchen mit unterschiedlichen Darstellungsformen hat sich diese lineare Funktionsweise der Filter als nur schwer vermittelbar erwiesen. So wurde in ersten Versuchen mit einer horizontalen (gemäß der üblichen Leserichtung) Anordnung der Filterboxen experimentiert (vgl. Abbildung 1). Anwender konnten die Reihenfolge in diesem Fall sowohl über die pfeilförmigen Buttons an den Rändern der Boxen als auch per Drag&Drop verändern. Anhand der Pfeile im Hintergrund sollte der lineare Ablauf verdeutlicht werden. Wie eine Zwischenevaluation mit Endanwendern zeigte, konnten bei dieser Version des Prototyp zwar alle Testpersonen die Filterfunktionen problemlos bedienen, aber nur zwei Probanden erkannten den oben beschriebenen, analytischen Wert der Filterfunktionen, welche durch die Interpretation der Mengenangaben und das Vertauschen der Reihenfolge entstehen würde. Deshalb wurde im Folgenden mit verschiedenen Visualisierungen zur Illustration der linearen Funktionsweise der Filter experimentiert, die im Rahmen mehrerer informeller Nutzertests überprüft wurden.

Letztendlich zeigte erst die vertikale Anordnung der Filterboxen und die Einbettung zusätzlicher visueller Stützen eine Verbesserung der Verständlichkeit dieser Lösung (vgl. Abbildung 2). Zusätzlich wurde das Umstellen der Filterreihenfolge durch eine Auswahl in den Drop-Down-Feldern ermöglicht. Dadurch fiel es Anwendern anschließend in den beiden durchgeführten Usability-Tests[6] leichter, die Reihenfolge der Filterboxen zielorientiert anzupassen. Auch die angebotenen statistischen Informationen konnten nun von den Probanden mehrheitlich korrekt interpretiert werden. Allerdings hat sich im Rahmen nachfolgender Testaufgaben

6 Neben einer Vielzahl informeller Zwischenevaluationen wurden zwei ausführliche Usability-Tests durchgeführt: Der erste Test wurde im Rahmen einer Bachelorarbeit im Usability-Labor der HTW Chur mit acht Probanden durchgeführt, wohingegen der zweite Test mit neun Endanwendern im Rahmen einer Biotech-Konferenz stattfand. Die evaluierten Versionen der Prototypen unterschieden sich nur geringfügig hinsichtlich der visuellen Gestaltung, die grundlegende Anordnung und Funktionsweise war jedoch identisch.

gezeigt, dass das lineare Konzept trotz aller Optimierungsversuche nicht vollständig verstanden wurde.

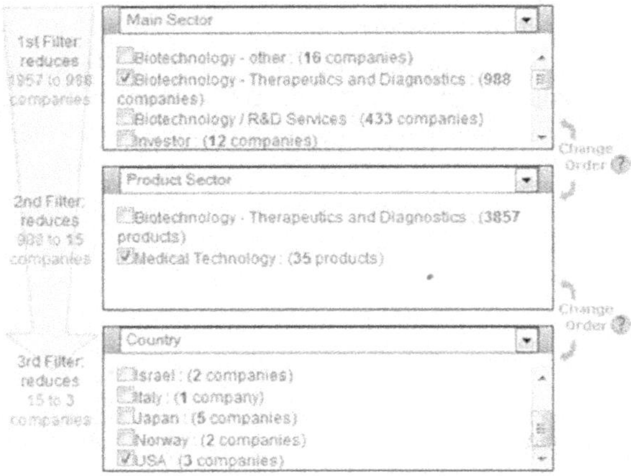

Abbildung 2: Vertikale Anordnung der Filterboxen inklusive visueller Stützen zur Betonung der Reihenfolge

Interpretiert man die Aussagen einzelner Testpersonen, so können hierfür zwei Ursachen angeführt werden: Einerseits war die direkte Manipulation der Filter bzw. der Trefferliste mittels AJAX, welche einen zusätzlichen Button zur Aktivierung des Filters unnötig macht, anfangs etwas ungewöhnlich. Andererseits waren die Testpersonen aus anderen Anwendungen mit keinem vergleichbaren Filterkonzept vertraut, weshalb die implementierte Funktionsweise nicht konform mit ihren Erwartungen war.

In Konsequenz dieser Evaluationsergebnisse wurden die Linearität des Filterkonzepts respektive die Vorgabe der Reihenfolge wieder verworfen. Wählt ein Anwender nun eine oder mehrere Checkboxen innerhalb eines Filters aus, so werden einfach die anderen beiden Filterboxen entsprechend angepasst, indem nicht zutreffende Optionen ausgeblendet und die Mengenangaben der restlichen Optionen angepasst werden (vgl. Abbildung 3). Somit kann der Anwender die Reihenfolge, in der er die Filter nutzen möchte, frei bestimmen. Der Vorteil dieser Lösung ist, dass eine leere Ergebnismenge verhindert wird. Gleichzeitig wird bereits frühzeitig deutlich, welche weiteren Einschränkungen sinnvoll wären. Da nicht nur der Filterbereich selbst, sondern auch die einzelnen Filterboxen bei Bedarf zugeklappt werden können, um mehr Platz für die Trefferliste zu schaffen, wechselt der farbliche Hintergrund der Kopfzeile einer Filterbox bei der Aktivierung eines Filters und gleichzeitig wird auch die entsprechend oben eingebundene Checkbox selektiert. Auf diesem Weg wird dem Anwender verdeutlicht, welche Filterboxen aktiv sind und zugleich eine Option zur Verfügung gestellt, um alle gesetzten Filter in einer Box abzuwählen.

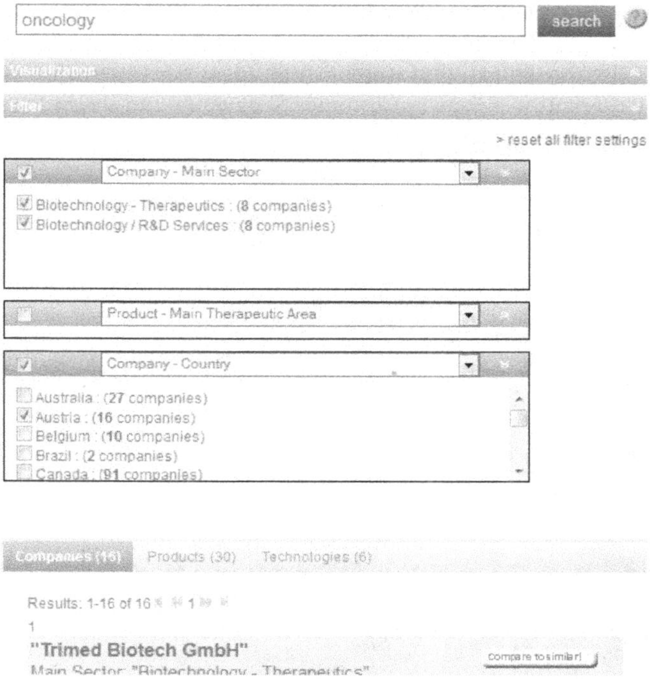

Abbildung 3: Implementierung des Filterkonzeptes ohne vorgegebene Reihenfolge

3.3 Vergleichsfunktion

Im Rahmen von SERENA wurde basierend auf der Ähnlichkeitssuche von Infocodex eine Vergleichsfunktion implementiert, die Anwender im Kontext von Recherchen beim Auffinden potentiell interessanter Unternehmen zusätzliche Unterstützung bieten soll („compare to similar"). Für den Aufruf der zugehörigen Vergleichstabelle (vgl. Abbildung 4) steht bei jedem Objekt der Trefferliste ein entsprechender Button zur Verfügung, wobei diese in Form eines modalen Dialoges im Vordergrund geöffnet wird. Die einzelnen, in der Liste enthaltenen Unternehmen sind hierbei spaltenweise abgetragen, wobei die Firma, welche als Ausgangspunkt der ähnlichkeitsbasierten Suche diente, farblich hinterlegt ist und stets eingeblendet bleibt. Die Eigenschaften der verschiedenen Unternehmen werden zeilenweise abgetragen, wobei es sich um jene Kriterien handelt, die in Interviews und Anwenderumfragen als relevant für einen Vergleich eingestuft worden sind. In entsprechenden Befragungen und Anwendertests hat sich von Beginn an gezeigt, dass diese Funktion leicht und intuitiv bedienbar ist, weshalb diesbezüglich im weiteren Projektverlauf nur kleinere Anpassungen notwendig waren.

Ausgehend von einer Studie von Turpin & Hersh (2001), welche u.a. die Fähigkeiten von Anwendern bei der Selektion relevanter Treffer aufzeigt, wurden unterschiedliche Mechanismen zur Manipulation der Tabelle implementiert. Es steht den Anwendern somit frei, irrelevante Firmen jederzeit auszublenden (oder bei Bedarf wieder einzublenden). Zusätzlich können die einzelnen Eigenschaften der Ausgangsfirma als Filter verwendet werden, indem die entsprechenden Checkboxen aktiviert werden. Vor allem bei Unternehmen, die mehrere Angaben zu einem Kriterium wie bspw. „Customer Segment(s)“ in ihrem Profil aufweisen, wurde dieses Feature als wertvoll deklariert.

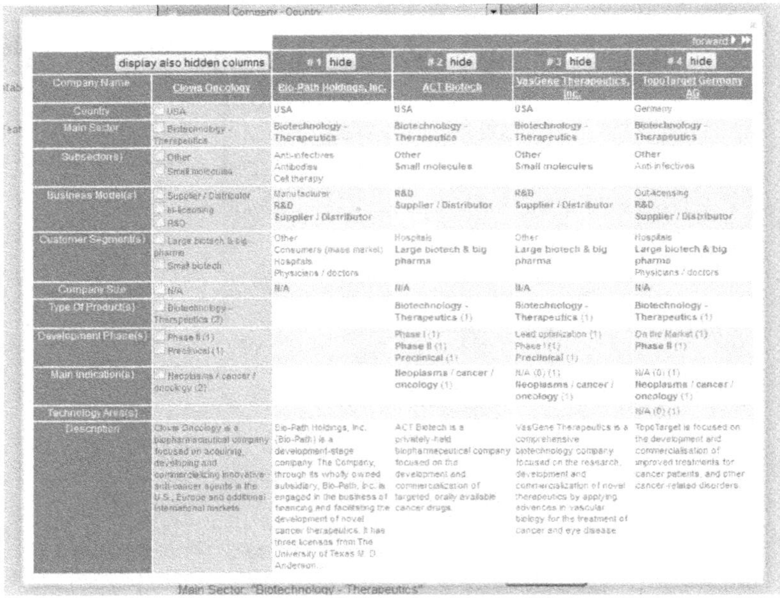

Abbildung 4: Tabellarischer Vergleich von ähnlichen Firmen

3.4 Visualisierung zur Suchanfragenunterstützung

In einem weiteren Schritt wurde die Ontologie, welche auch in die semantische Suche von Infocodex eingebunden wurde, in Form eines Graphen visualisiert, um den Anwender in der Formulierung von Suchanfragen zu unterstützen und gleichzeitig eine explorative Erkundung der Treffermenge zu erlauben. Wie Abbildung 5 zeigt, wird der Suchbegriff in der zugehörigen Ontologie farblich hervorgehoben. Die Größe der einzelnen Knoten spiegelt das Vorkommen der Begriffe in Bezug auf die Treffermenge wider, wobei eine lineare Normalisierung auf den Radius mit einer Minimalgröße von 6 Pixeln und einer Maximalgröße von 19 Pixeln erfolgt. Da das anfänglich gewählte Radial-Layout zu starken Überlappungen der Labels untereinander führte, wurde ein kräftebasierter Algorithmus eingesetzt, bei dem die Labels gleich wie die Knoten behandelt werden und sich gegenseitig abstoßen[7].

[7] http://mbostock.github.com/d3/ex/force.html, Stand 07.03.2012; http://bl.ocks.org/1377729, Stand 08.03.2012

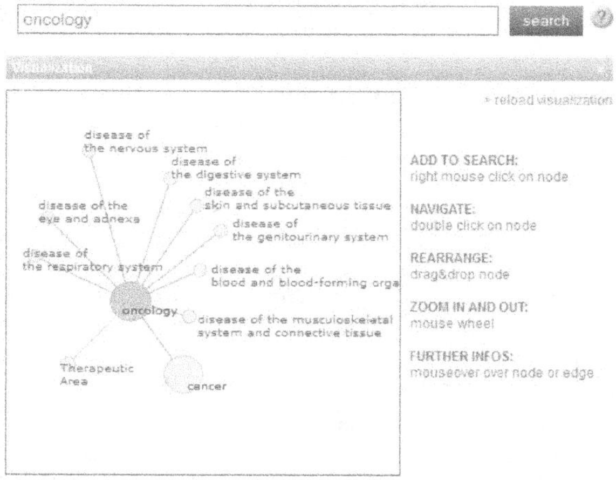

Abbildung 5: Visualisierung der Ontologie zur Suchanfragen-Unterstützung

Der Anwender kann anschließend die Ontologie explorativ erkunden, in dem er durch den Graphen navigieren und die jeweiligen Bezeichnungen der Knoten der Suchanfrage per rechten Mausklick hinzufügen kann. Zusätzliche Informationen zu allen Knoten und Kanten können in Form eines Tooltips abgerufen werden.

4 Fazit & Ausblick

Im Rahmen des Projektes SERENA ist ein modular aufgebauter, funktionsfähiger Prototyp entstanden, dessen Bausteine im nächsten Schritt an unterschiedlichen Stellen in die jeweiligen Produkte der Projektpartner integriert werden. Die modulare Bauweise war während des Projekts als zusätzliche Herausforderung zu betrachten, da üblicherweise ein einzelnes Zielprodukt definiert wird, auf das sich Konzeption, Design und auch die entsprechenden Evaluationen ausrichten. Im Rahmen von SERENA galt es somit, sowohl die einzelnen Bausteine alleinstehend als auch deren Zusammenspiel ausgiebig zu analysieren. Hierbei haben sich insbesondere die Untersuchungen des Filterkonzeptes als sehr interessant erwiesen, da die Grenzen der Bedienbarkeit und Erlernbarkeit zwischen komplexen und einfachen Filtermethoden deutlich herausgearbeitet werden konnten, was in praxisorientierten Projekten nur selten ausführlich getestet werden kann.

Danksagung

Wir danken Lukas Toggenburger, Martin Studer sowie unseren Projektpartnern Venture Valuation, Infocodex AG und EBD Group.

Literaturverzeichnis

Carroll, J.M. (1994). Making use: a design representation. *Communications of the ACM*, 37(12), 28-35.

Cooper, A. (1999). *The inmates are running the asylum : why high-tech products drive us crazy and how restore the sanity*. Indianapolis: Sams.

English, J., Hearst, M., Sinha,R., Swearingen, K. & Yee, P. (2002). *Flexible Search and Navigation using Faceted Metadata*. Unveröffentlichtes Manuskript, online verfügbar unter: http://flamenco.berkeley.edu/papers/flamenco02.pdf, (08.03.2012).

Fruchterman, T. & Reingold, E. (1991). Graph drawing by force-directed placement. *Software- Practice & Experience*. 21, 11 (November 1991), 1129-1164.

Goodwin, K. (2009). *Designing for the Digital Age: How to Create Human-Centered Products and Services*. Indianapolis: Wiley.

Hearst, M. (2009). *Search User Interfaces*, Cambridge University Press, September, 2009.

Hearst, M. (2008). UIs for faceted navigation: Recent advances and remaining open problems. *Proceedings of the Second Workshop on Human-Computer Interaction and Information Retrieval – (HCIR 2008)*, Redmond, S. 13-17.

Hutchins, E., Hollan, J. & Norman, D. (1985). Direct Manipulation Interfaces. *Human-Computer Interaction*, 1(4), 311-338.

Shneiderman, B. (1982). The future of interactive systems and the emergence of direct manipulation. *Behavior and Information Technology*, 1(3), 237-256.

Spree, U., Feißt N., Lühr A., Peisztal, B., Schroeder N., Wollschläger, P.(2011). Semantic Search - State-of-the-Art-Überblick zu semantischen Suchlösungen im WWW. In: Dirk Lewandowski (Hrsg.). *Handbuch Internet-Suchmaschinen 2– Neue Entwicklungen der Web-Suche*. Heidelberg: Akademische Verlagsgesellschaft, S. 77-109

Sutcliffe, A. G., Ennis, M. & Watkinson, S. J. (2000). Empirical studies of end-user information searching. *Journal of the American Society for Information Science and Technology*, 51(13), 1211-1231.

Tunkelang, D. (2009). *Faceted Search (Synthesis Lectures on Information Concepts, Retrieval, and Services)*. San Rafael: Morgan and Claypool Publishers.

Turpin, A.H. & Hersh, W.(2001). Why batch and user evaluations do not give the same results. *Proceedings of the 24th annual international ACM SIGIR conference on Research and development in information retrieval - SIGIR '01*, 225-231.

Weinhold, T., Bekavac, B., Hierl, S., Öttl, S. und Herget, J. (2009). Visualisierungen bei Internetsuchdiensten. In: Dirk Lewandowski (Hrsg.). *Handbuch Internet-Suchmaschinen - Nutzerorientierung in Wissenschaft und Praxis*. Heidelberg: Akademische Verlagsgesellschaft, S. 249-284.

Kontaktinformationen

Schweizerisches Institut für Informationswissenschaft (SII),
Hochschule für Technik und Wirtschaft (HTW) Chur
Ringstrasse/Pulvermühlestrasse 57
CH-7004 Chur

H. Reiterer & O. Deussen (Hrsg.): Mensch & Computer 2012
München: Oldenbourg Verlag, 2012, S. 23-32

Impact of Gender and Age on performing Search Tasks Online

Georg Singer[1], Ulrich Norbisrath[1], Dirk Lewandowski[2]

Institute of Computer Science, University of Tartu, Estonia[1]
Department of Information, Hamburg University of Applied Sciences, Germany[2]

Abstract

More and more people use the Internet to carry out tasks of their daily work routine. To find the right information online Web search engines are the tools of their choice. Apart from finding facts, people use search engines to also execute rather complex and time consuming search tasks. So far search engines have been following the one-for-all approach to serve its users and little is known about the impact of gender and age on people's Web search performance. In this article we present a study that examines (1) how female and male Web users carry out simple and complex search tasks, and (2) how the age of the users impacts their search performance. The laboratory study was done with 56 ordinary people carrying out 12 search tasks each. Our findings confirm that age impacts the search performance significantly while gender influences were smaller than expected.

1 Introduction

Due to the unprecedented growth of the Internet and it steadily being integrated into our daily routines, more and more tasks are carried out online. People perform online banking transactions, read the news, communicate online, write blog articles, and are also immersed in other activities that require learning and decision making. A whole lot of information needs arise from the latter. As the amount of information available on the Internet grows on a daily basis, search engines have become the dominant tools to search for information. Yet, search engines are machines to find documents based on keywords. Hence when it comes to more complex search tasks, search engines do not support those needs equally well (White and Roth 2009; Marchionini 2006).

Especially as the Internet has grown into a mainstream medium, its users now comprise all population groups, women, men, children and elderly, tech savvy people and also beginners. Little is known so far about the differences of the behavior of theses user groups, in particular as far as complex search tasks are concerned. In addition, most of the user studies investigating Web search behavior are done with non-representative groups such as college students, who naturally show a different behavior than ordinary Web users due to their educational background. We assume that especially when it comes to more complex tasks such as planning a family gathering or a holiday trip online, or also researching information to make an important decision such as purchasing an apartment, less Web-savvy users might be struggling more than expected. In those situations when users work on more complex search tasks, they are required to review a number of different documents and Web sites, they have to explore all the aspects relevant for their information need and finally need to synthesize the outcome of their search into a single document of reference (White et al. 2008; Singer et al. 2012a). We present a study with a systematically selected user sample comprising of 56 ordinary Web users with diverse backgrounds, roughly representing the demographics of our society in terms of age (18 to 59) and gender. The study was done in a laboratory environment. All users and their search behavior were logged using the Search-Logger tool (Singer et. al. 2011). We put the focus of this study on examining the differences between men and women carrying out simple and complex search tasks and finding out more about how age impacts the search performance.

The rest of this paper is structured as follows: First, we review the literature on gender and age impact on search, followed by literature on simple, complex, and exploratory search. Then we state the research questions that guided our research. After that we describe our methods followed by the results. These are discussed and in the conclusions section we sum up the outcomes and limitations of our study.

2 Literature Review

Research on gender differences when carrying out complex or exploratory search tasks does not seem to exist. More papers can be found on the relationship between gender and online behavior in general. Lorigo et al. (2006) used eye tracking to examine how different classes of users evaluate search engine results pages and found significant behavioral differences between men and women. Jackson et al. (2001) carried out a survey with 630 Anglo-American undergraduates to examine their Internet usage patterns and according gender differences. They found out that women were mainly using the Internet for communicating (e-mail), while men were mainly searching for information. Hupfer and Detlor (2006) carried out a survey-based study with 379 respondents, mainly students, to examine gender differences in Web information seeking. They present a self-concept orientation model and note that significant gender differences exist in Web searching. While women use the Internet for communication and are interested in finding medical information and information about government and politics, men seem to be more interested in hobby-related information, and investment and purchasing information. Liu and Hang (2008) did a survey consisting of 203 completed copies at a University campus in China with people aged between 18 and 23. Their findings are that female readers prefer reading from paper to reading online, and that there are significant differences between the choices what to read and also regarding sustained attention. Roy and Chi (2003) conducted a study with 14 eighth grade students, 7 boys and 7 girls. The study participants had to carry out search tasks and were observed by two observers. Their findings show that boys used different search strategies than girls. Boys spent more time to enter queries and to scan and filter the hits on search engine results pages (horizontal search). When girls on the other hand clicked on search results, they browsed more deeply and investigated entire web sites more carefully (vertical searchers).

Regarding age and its influence on search performance a couple of studies can be found, but fewer than expected. Meyer et al. (1997) investigated the impact of age and training on the Web search activity. In their study with 13 older and 7 younger users (ages not mentioned), they were able to show that the main difference between older study participants and younger ones was that both groups could fulfill most of the tasks, but it took the older ones more steps. Morrell et al. (2000) conducted a survey consisting of 550 adults to examine Web usage patterns among middle aged (40-59 years old), young-old (60-74 years old) and old-old adults (75-92 years old) Web users. They report distinct age and demographic differences in individuals who use the Web. Kubeck (1999) examined the differences between older and younger adults when searching for information on the Web in a naturalistic setting. His sample consisted of 29 older (mean age 70.6 years) and 30 younger people (mean age 21.8 years). He was able to show that both groups found answers of similar quality but the older users were considerably less efficient at searching. Aula (2005) gave a set of search tasks to 10 older adults. She observed the study participants while they carried out the tasks. She discovered that they were quite successful, but they had some operational difficulties in understanding how the Web was structured and also with understanding the terminology and basic operations such as text editing. She proposed an "elderly friendly" search user interface. Dickinson et al. (2007) presented a prototype for a Web search system for older people without any Internet experience. They also conducted a user study and asked the users to rate the system. The study confirms that older people search differently and have different requirements regarding user interface and usability.

Task complexity can on the one hand be defined objectively, independent of the person carrying out the task (March and Simon 1958; Shaw 1971). Campbell (1988) proposes a classification for task complexity that is derived from a combination of the following complexity impacting factors: presence of multiple paths to a desired end-state, presence of multiple desired end states, presence of conflicting interdependence and presence of uncertainty or probabilistic linkages. On the other hand complexity can also be defined subjectively by looking at the cognitive demands that are required from the person who carries out the task (Campbell and Gingrich 1986). This definition also relates to the number of sub-tasks that the user needs to carry out (Li and Belkin 2010).

When it comes to defining complex search and complex search tasks (as opposed to simple search tasks) it needs to be stated that a clear and simple definition is still missing. Marchionini (2006) indirectly defined exploratory search as searching in a way which is not supported by today's search engines and mentions eight aspects that characterize exploratory search. Defining the concept based on what today's search engines cannot do, makes the definition unstable as Web search engines are also developing and supporting a broader range of tasks. Other disciplines such as interactive information retrieval (IIR) (Robins 2000) examine the longer term search process and work on reducing the artificial distinction between user and system. Exploratory search in comparison to IIR points out the discovery aspect in search more. Singer et al. (2012a) decomposed the complex search process into the main steps aggregation, discovery, and synthesis. Exploratory search as coined by Marchionini (2006) can be seen as being part of complex search as there are many search tasks that are complex but do not necessarily carry all attributes of exploratory search such as learning and decision making.

Compared to many of the just presented studies we do not use a convenience sample consisting of a small number of students or another specific group, but we work with a systematically selected number of people representing a cross-section of society in terms of age, gender, profession and also web experience. A sample of 56 study participants is in comparison to the studies mentioned a relatively large number of participants. The value of our study not only lies in the results themselves, but also in validating (and falsifying) findings from older studies that are based on less realistic user samples.

3 Research Questions

To guide our research, we formulated the following research questions:

RQ1: What is the difference between women and men carrying out simple search tasks?

RQ2: What is the difference between women and men carrying out complex search tasks?

RQ3: What is the influence of age on the search performance for simple search tasks?

RQ4: What is the influence of age on the search performance for complex search tasks?

4 Research Method

This paper is based on a body of data, which was collected in the course of one larger experiment in August 2011. The experiment was conducted in a laboratory environment. The carefully selected user sample originally consisted of 60 volunteers, roughly representing a cross-section of society in terms of age and gender as outlined in Table 1. The effective number of study participants providing data to our study was 56 (30 men, 26 women), due to insufficient computer skills or corrupt log data of 4 users. While we are aware that such a sample size is still not perfectly representative, it is relatively large for a lab-based user study, and due to the wide span of users the results from our study will be widely valid and not limited to a certain user group only as in many studies mentioned in the related work section. The experiment was conducted in Germany, and the language of the search tasks was German. Participants were recruited in various ways (e.g. through advertising).

Age span	**Gender**		
	Female	Male	Total
18-24	5	4	9
25-34	9	7	16
35-44	7	8	15
45-54	8	8	16
55-59	3	1	4
Total	32	28	60

Table 1: User Sample

The study participants were invited to the laboratory – 15 people at a time. The Search-Logger study framework (Singer et. al. 2011) was installed at each of the computers in the laboratory. The Search-Logger is an add-on for

Firefox browsers, which allows administering work tasks to users in an experimental setting. While the study participants carry out the tasks it automatically creates a log of certain user events such as links clicked, queries entered, browser tabs opened and bookmarks added. User specific information such as demographics and also task specific user feedback is gathered through automatic questionnaires. At the beginning of the experiment the study participants were briefly instructed on how to use the Search-Logger tool for the experiment. After the instruction, each person was assigned a computer to be used throughout the experiment. The users were given 3 hours to carry out the tasks.

The assignment for the study participants consisted of 12 search tasks – 6 simple ones and 6 complex ones. The answers had to be available on public websites in German as of August 2011. Simple tasks typically allow users to find the required information in a single document with a single query. Complex tasks are characterized by an open task description, accompanied by uncertainty and ambiguity and an open outcome (Kules and Capra 2009). While working on complex tasks users typically issue multiple queries, check various Web sites and discover unknown aspects of their information needs (Singer et al. 2012a). We set the sequence of tasks in a way so that users could alternatively solve simple and complex ones. Users could also switch between tasks. They could start working on a task, pause it and work on another task and later return to the previously started task.

Some of the six simple tasks (indicated by S), and six complex tasks (indicated by C) were:

- (S) Joseph Pulitzer (1847-1911) was a well-known journalist and publisher from the US. The Pulitzer price is also carrying his name. In which European country was Pulitzer born?
- (S) How hot can it be on average in July in Aachen/Germany?
- (C) Are there differences regarding the distribution of religious affiliations between Austria, Germany and Switzerland? Which ones?
- (C) What are the most important 5 points to consider if you want to plan a budget wedding?

At the beginning of the experiment each study participant completed a demographic form. In the demographic form we asked the users to fill in their gender and age. In addition we asked them about their Internet usage profile, how often they were using the Internet per week, how long per day and for what purposes they were going online. A more detailed description about the experimental set-up and the complete list of tasks used in the experiment can be obtained from Singer et al. (2012b). That paper covers different aspects of the experiment and the results presented there are based on a distinct subset of data.

We used the following set of standard measures in our analysis:

- Ranking: Ranking of the users according to their performance in the whole experiment; first by the number of correct answers and then, in case of users with the same number of correct answers, by answers with right elements
- SERP time: Time users spent on search engine results pages (SERPs)
- Read time: Time users spent on reading Web pages (other than SERPs)
- Task time: Time it took users to finish a task
- Number of opened tabs: Number of browser tabs opened per search task

- Number of queries: Number of queries entered into search systems per task
- Average query length: Average number of words per query
- Number of pages visited: Number of Web pages visited per task

We ran paired-sample t-tests (assuming unequal variances) to analyze the statistical significance of the results and assumed a confidence interval of 95%.

5 Results

RQ1: **What is the difference between women and men carrying out simple search tasks?**

Table 2 outlines our findings when comparing female (n=30) and male users (n=24) carrying out 6 simple search tasks as described in the methods section. Despite some mean values slightly differing, the differences are not statistically significant (indicated by high p-values). The sample size here is only 54 (as opposed to 56) as the data of two users was corrupt.

Simple tasks	**Ranking (1-10)**	**SERP time (sec)**	**Read time (sec)**	**Number of tabs**	**Task time (sec)**	**Number of queries**	**Query-length (words)**	**Number of pages**
Female users	3.8±0.6	32±5	96±9	4.6±0.7	128±13	1.9±0.2	2.9±0.2	2.2±0.1
Male users	3.5±0.6	33±6	117±15	4.9±0.7	150±19	2.1±0.3	2.9±0.4	2.8±0.3
p-value	0.74	0.85	0.23	0.73	0.33	0.45	0.87	0.05

Table 2: Comparison of female (n=30) and male users (n=24) carrying out simple search tasks

RQ2: **What is the difference between women and men carrying out complex search tasks?**

Table 3 shows the results for comparing female (n=30) and male users (n=24) carrying out 6 complex search tasks. Although the differences for the measures in the case of complex search tasks become bigger, only the number of browser tabs (3.8 vs. 2.6) and the number of queries (5.4 vs. 7.7) are significantly different between female and male users. Again the sample size is only 54 (as opposed to 56) as the data of two users was corrupt.

Complex tasks	**Ranking**	**SERP time**	**Read time**	**Number of tabs**	**Task time**	**Number of queries**	**Query length**	**Number of pages**
Female users	5.6±0.5	101±10	320±30	3.8±0.4	421±32	5.4±0.4	4.0±0.3	6.8±0.7
Male users	4.5±0.6	145±19	292±26	2.6±0.3	436±41	7.7±1	4.7±0.8	8.3±0.9
p-value	0.16	0.05	0.48	**0.02**	0.77	**0.048**	0.39	0.22

Table 3: Comparison of female (n=30) and male users (n=24) carrying out complex search tasks

RQ3: **What is the influence of age on the search performance for simple search tasks?**

We examined the relation between age and the performance when carrying out simple search tasks. Table 4 shows our findings, comparing selected measures for younger users (the first quartile of the user sample, consisting of n=11 users and the age ranging from 18-26) and older users (the fourth quartile of the user sample, consisting of n=11 users and the age ranging from 49-59). The task time is significantly smaller (83 sec. vs. 186 sec.) for the younger age group in comparison to the older age group. Apart from the task time also the SERP time (19 sec. vs. 40 sec.) and the read time (64 sec. vs. 146 sec.) were significantly different.

Simple tasks	**Ranking**	**SERP time**	**Read time**	**Number of tabs**	**Task time**	**Number of queries**	**Query length**	**Number of pages**
Younger users	2.7±0.6	19±4	64±6	5.2±1.3	83±7	2.0±0.3	2.7±0.2	2.1±0.2
Older users	4.0±0.8	40±8	146±17	5.2±1.2	186±23	1.8±0.3	2.3±0.3	2.4±0.4
p-value	0.21	**0.03**	**<0.01**	0.99	**<0.01**	0.57	0.29	0.53

Table 4: Comparison of two age groups (1st quartile and 4th quartile) for simple search tasks

RQ4: **What is the impact of age on the search performance for complex search tasks?**

Next we investigated how the age influences the search performance when carrying out complex search tasks. Table 5 shows our findings, comparing selected measures for younger users and older users (same quartiles of users as described in previous research question RQ3). The ranking (as defined in the method section) is significantly better for younger users than for older ones (2.4 vs. 5.5). Also read time (229 sec. vs. 434 sec.) and task time (333 sec. vs. 555 sec.) are significantly smaller for the younger group than for the older group.

Complex tasks	**Ranking**	**SERP time**	**Read time**	**Number of tabs opened**	**Task time**	**Number of queries**	**Query length**	**Number of pages**
Younger users	2.4±0.5	104±19	229±17	3.0±0.6	333±33	6.8±0.8	4.1±0.5	6.4±0.7
Older users	5.5±0.7	121±17	434±58	4.2±0.6	555±60	4.9±0.6	3.6±0.3	9.0±1.5
p-value	**<0.01**	0.51	**<0.01**	0.19	**<0.01**	0.09	0.40	0.13

Table 5: Comparison of two age groups (1st quartile and 4th quartile) for complex search tasks

6 Discussion

As expected, in the case of simple tasks the way how men and women search with search engines is not significantly different. This confirms that the standard procedure of issuing a query and finding the right information quickly with search engines works well in the case of simple tasks. Eventual gender-related differences in search strategies simply do not seem to appear. In the case of complex search tasks the situation is only slightly different. Men opened fewer browser tabs and issued a higher number of queries. The fact that only two out of eight measures were significantly different confirms the findings from the simple search tasks. Men and women show quite similar behavior when carrying out search tasks. We assume though that the high variances of our measures are partly due to the composition of our user sample (consisting of people with diverse backgrounds, from housewife to university student). Taking a more homogeneous user sample would probably decrease the standard errors of the means. It would for example be interesting to see the results from a comparison between female housewives and male housemen only.

When examining the impact of age on the way ordinary Web users carry out simple tasks, our results show that differences between younger and older users are related to SERP time, read time and task time. Younger users are also quicker at carrying out the tasks. One would also expect the rankings in the experiment to be a differentiator. Although the mean values of the rankings of the two age groups are different, that difference is not significant due to the high corresponding standard errors of mean. It seems that it takes older people longer to carry out simple tasks, but they finally manage to retrieve information of comparable quality to the one collected by their younger counterparts. This finding is in line with the results published by Meyer et al. (1997). In the case of complex tasks also the ranking for younger users was better than for older users. In addition read time and task time were smaller. Hence in the case of complex tasks it took older people longer to carry out the task and also the outcome was not as good as for younger users. It seems that differences in search capabilities become more evident the more complex a search task is. We are aware that longer reading times could also be due to older people reading less quickly in general.

7 Conclusions and Limitations

We presented the results of a study examining gender and age differences for a user sample of 56 ordinary Web users carrying out 6 simple and 6 complex search tasks. This study is insofar quite unique, as we could not find many studies of this size, which were done with ordinary Web users. Most experiments are usually done with university students for various reasons (but also availability of cheap study participants). Therefore we doubt that the findings of many of those studies have a very general validity (apart from being valid for university students). Within our user sample of ordinary users (and very diverse experiences with web search) we found that the way men and women carry out simple search tasks is quite similar. In the case of complex tasks the differences became more evident. Women opened more browser tabs and issued fewer queries per task. These findings are in line with the results presented by Roy and Chi (2003). When it comes to age and its impact on search performance, in the case of simple tasks it took older users longer to execute the tasks and their SERP and read times were also bigger. In the case of complex search tasks younger users also performed better according to their ranking, in addition they spent less time on reading and checking Web pages and also carried out the assigned tasks in a shorter time. Especially that younger users search more quickly than older ones is in line with the findings of Morrell et al. (2009), Kubeck (1999) and Aula (2005). One limitation was related to the broadness of our user sample. Due to the very diverse backgrounds (from university student to housewife), we were faced with quite high variances in our numbers. This again resulted in high standard errors of mean. Hence we hypothesize that experiments with more focused user samples (such as a younger and older group of e.g. office workers only) might produce more significant differences. In future experiments we plan to adjust e.g. the screen font sizes at computers used by older study participants to allow a fair comparison of reading times online.

Acknowledgments

This research was supported by the Estonian Information Technology Foundation (EITSA), the Tiger University program, and by the Archimedes Foundation in Estonia. This article is part of the PhD dissertation with the title "Web Search Engines and Complex Information Needs" by Georg Singer - to be published by the Tartu University Press in Estonia in 2012.

References

Aula, A. (2005). User study on older adults' use of the Web and search engines. *Universal Access in the Information Society,* 4(1), 67-81.

Campbell, D. J. & Gingrich, K. F. (1986). The Interactive Effects of Task Complexity and Participation on Task Performance: A Field Experiment. *Organizational Behavior and Human Decision Processes,* 38(2), 162-180.

Campbell, D. J. (1988). Task Complexity: A Review and Analysis. *The Academy of Management Review,* 13(1), 40-52

Dickinson, A., Smith, M.J., Arnott, J.L., Newell, A.F. & Hill, R.L. (2007). Approaches to Web Search and Navigation for Older Computer Novices. *Proceedings of the SIGCHI conference on Human factors in computing systems*, CHI '07, ACM, New York, 281-290

Hupfer, M. E. & Detlor, B. (2006). Gender and Web information seeking: A Self-concept Orientation Model. *Journal of the American Society for Information Science and Technology*, 57(8), 1105-1115.

Jackson, L., Ervin K. S., Gardner, P. D. & Schmitt, N. (2001). Gender and the Internet: Women Communicating and Men Searching, *Sex Roles*, 44(5), 363-379.

Kubeck, J. E. (1999). Finding Information on the World Wid Web: Exploaring Older Adults′ Exploration. *Educational Gerontology,* 25(2), 167-183.

Kules, B. & Capra, R. (2009). Designing Exploratory Search Tasks for User Studies of Information Seeking Support Systems. *Proceedings of the 9th ACM/IEEE-CS Joint Conference on Digital Libraries.* Austin, TX, USA, ACM, New York, 419-420

Li Y. & Belkin N.J. (2010). An Exploration of the Relationships Between Work Task and Interactive Information Search Behavior. *Journal of the American Society for Information Science and Technology,* 61(9), 1771-1789.

Liu, Z. & Huang, X. (2008). Gender Differences in the Online Reading Environment. *Journal of Documentation,* 64(4), 616-626.

Lorigo, L., Pan, B., Hembrooke, H., Joachims, T., Granka, L. & Gay, G. (2006). The Influence of Task and Gender on Search and Evaluation Behavior using Google, *Information Processing & Management,* 42(4), 1123-1131.

Marchionini, G. (2006). Exploratory Search: From Finding to Understanding. *Communications of the ACM,* 49(4), 41-46

Meyer, B., Sit, R.A., Spaulding, V.A., Mead, S.E. & Walker, N. (1997). Age Group Differences in World Wide Web Navigation, *CHI '97 extended abstracts on Human factors in computing systems: looking to the future*, CHI '97, ACM, New York, 295-296

Morrell, R. W., Mayhorn C. B. & Bennett, J. (2009). A Survey of World Wide Web Use in Middle-Aged and Older Adults. *Human Factors: The Journal of the Human Factors and Ergonomics Societ,* 42(2), 175-182.

Robins, D. (2000). Interactive Information Retrieval: Context and basic Notions. *Informing Science Journal*, 3(2), 57-62

Roy, M. & Chi, M. T. H. (2003). Gender Differences in Patterns of Searching the Web. *Journal of Educational Computing Research*, 29(3), 335-348.

Shaw, M. (1971). *Group Dynamics: The Psychology of Small Group Behavior.* McGraw Hill.

Singer, G., Norbisrath, U., Vainikko, E., Kikkas, H. & Lewandowski, D. (2011). Search-Logger - Analyzing Exploratory Search Tasks, *Proceedings of the 2011 ACM Symposium on Applied Computing*, SAC '11, ACM, New York, 751-756

Singer, G., Danilov, D. & Norbisrath, U. (2012a). Complex Search: Aggregation, Discovery, and Synthesis. *Proceedings of the Estonian Academy of Sciences*, 61(2), 89-106.

Singer, G., Norbisrath, U. & Lewandowski, D. (2012b). Ordinary Search Engine Users Carrying Out Complex Search Tasks. Manuscript submitted for publication, March 15, 2012. Preprint accessible at http://arxiv.org/abs/1206.1492.

Slone, D. J. (2003). Internet Search Approaches: The Influence of Age, Search Goals, and Experience. *Library & Information Science Research*, 25(4), 403-418.

White, R. W., Marchionini, G. & Muresan, G. (2008). Editorial: Evaluating Exploratory Search Systems. *Information Processing and Management: an International Journal*, 44(2), 433-436

White, R. & Roth, R. (2009). Exploratory Search: Beyond the Query-Response Paradigm, *Synthesis Lectures on Information Concepts, Retrieval, and Services*, 1(1), 1-98.

Contact Information

Georg Singer, Institute of Computer Science, University of Tartu, Estonia
Email: georg.singer@ut.ee

H. Reiterer & O. Deussen (Hrsg.): Mensch & Computer 2012
München: Oldenbourg Verlag, 2012, S. 33-42

Prototyping-based Usability-oriented Knowledge Systems Engineering

Martina Freiberg, Frank Puppe

Department of Artificial Intelligence and Applied Informatics, University of Würzburg

Abstract

Despite increasing industrial as well as research-based interest, knowledge (-based) systems (KS) still challenge developers by their complexity. However, existing KS development methodologies in most cases lack an appropriate integration of UI design and usability evaluation activities, due to their focus on knowledge base development. Regarding UI and interaction design, KS consequently still often are built in a rather ad-hoc manner, lacking both reusability of proven solutions and potentially valuable experimentation with alternative UI and interaction designs. In this paper, we present the tailored KS development tool ProKEt, that enables efficient, agile KS development while specifically focusing on UI/interaction design, and that moreover seamlessly integrates usability evaluation functionality.

1 Motivation

Knowledge(-based) systems (KS) have become more and more established in various contexts: Examples are fault diagnosis for technical devices–e.g., (Cebi et al. 2009)–or advanced medical applications–e.g., (Padma & Balasubramanie 2009). Due to their development costs–in terms of effort, money, and time– often regarding especially and foremost the creation of the underlying knowledge base, KS UIs are most often implemented in a rather ad-hoc manner; this not only results in monolithic, context-specific systems with few to no reusability but overall system usability is considered even less thoroughly enough. Yet, application contexts such as fault diagnosis, medical diagnosis or legal consultation are highly critical: Often either a lot of money or even human health/life depend on their flawless operation. Thus, we claim that not only development of a sound knowledge base is an essential key factor for successful KS, but that it is at least equally important to provide for a supportive UI that fosters a high, overall usability.

In this paper, we propose the prototyping and knowledge systems engineering tool *ProKEt* for web-based KS for addressing lastly mentioned issue: On the one hand, ProKEt allows for the efficient, agile development of both prototypical and productive KS, thereby supporting several default UI styles and system types out of the box; on the other hand, data collection as well as analysis mechanisms are directly integrated for supporting straightforward (usability) evaluation and comparison of diverse system types or dedicated system features. ProKEt thus contributes to the field of KS development as it denotes an all in one tool solution to affordably design, explore, develop, and evaluate potential KS solutions.

Related Work

Regarding specifically an integrated tool for prototyping-based engineering of KS and their usability evaluation, to the best of our knowledge there exists no previous work to date. However, for KS development in general, there exist several tailored software tools–such as JavaDON (Tomic et al. 2006), or KnowWE (Baumeister et al. 2011)–and methodologies–e.g., CommonKADS (Schreiber et al. 2001), or the Agile Process Model (Baumeister 2004). Yet, those approaches mainly focus on *knowledge base development* not (thoroughly enough) considering UI/interaction design or integrated usability evaluation activities. In contrast, our proposed KS engineering tool ProKEt integrates efficient, rapid KS development with creative, experimental UI/interaction design and with usability evaluation activities. Therewith we assent to recent research that proved the value of user-centered development in terms of tightly combining (various) prototyping approaches and usability evaluation, see (Holzinger et al. 2011); named research does not specifically address the KS domain, yet the target system–a form of medical questionary–is basically quite similar to the *questionary style for documentation KS*, see previous work (Freiberg 2012). The integrated, agile development approach based on Extensible Prototyping (Freiberg 2012) specifically supported by ProKEt further roughly resembles the XU approach introduced by (Holzinger & Slany 2006)–a tight integration of Extreme Programming and Usability Engineering. (Leichtenstern & André 2010) further termed *user-centered prototyping tool* as an all-in-one tool solution that enables developers to efficiently, effectively and satisfactorily design, evaluate and analyze developed artifacts; in that sense, ProKEt can be seen as a user-centered prototyping tool for web-based KS. Concerning usability evaluation–specifically collecting logging data such as click logs–to date there exist a vast range of both research-based and commercial tools; however, they most often are separate tools that need to be installed, configured, or integrated with the website or program to evaluate. In contrast, prototypes and productive KS developed with ProKEt can be directly and seamlessly equipped with tailored evaluation mechanisms: They require no further installation, rendering their usage straightforward at any development point in time.

Paper Structure

The rest of the paper is organized as follows: In Section 2 we introduce the Prototyping and Knowledge Systems Engineering tool *ProKEt*. Afterwards, we present particularly the usability extension of ProKEt in more detail in Section 3. We then describe experiences from applying the tool in a current project in Section 4. Finally, we provide a discussion of the approach as well as a short summary of the presented work and an outlook to prospective future work in Section 5.

2 ProKEt

ProKEt is a tailored **Pro**totyping and **K**nowledge systems **E**ngineering **t**ool for web-based systems, that additionally provides support for various usability evaluation related activities. For a detailed introduction of ProKEt, and particularly the process of its supported agile, prototyping-based KS engineering process, see (Freiberg et al. 2012). The main application logic is implemented in Java; the resulting KS artifacts basically are Servlet-based web applications, using HTML, StringTemplate, and CSS for creating the UI, and integrating JavaScript for realizing the necessary interactivity. ProKEt is developed as an open source project and can be obtained from the web[1]. ProKEt further specifically supports consultation and documentation KS, see classification in (Baumeister 2004). A consultation system thereby provides decision support in a particular problem area based on the given user input, e.g., giving advice on specified legal topics. A documentation system contrastingly focuses on supporting uniform, efficient, high quality (regarding completeness and correctness) data entry. Due to the known advantages of web-based applications–e.g., maintainability, platform-independence, or user acceptance–and verified by own experiences with past KS projects, ProKEt further particularly focuses on web-based KS. For leveraging the process of engineering knowledge systems, ProKEt supports the creation of prototypical demo systems (pure prototypes) on the one hand, and the implementation of fully-fledged knowledge systems for productive use (productive systems) on the other hand. Thereby, the transition from prototype to productive system is possible nearly without additional effort by simply changing the specification of the data source: XML-based for prototypes and a *d3web*[2] knowledge base for productive systems. This is possible, as ProKEt uses the same base set of UI templates both for prototypical and productive artifacts. UI widgets are basically implemented with StringTemplate, rendering the addition of further widgets or the adaption/extension of existing widgets a straightforward task. For a more extensive introduction of ProKEt, the technologies used for prototypes and productive KS, and the straightforward, Extensible Prototyping approach, see previous work (Freiberg et al. 2012).

3 ProKEt: Usability-Extension

For the purpose of supporting several forms of usability evaluation, ProKEt offers the possibility to integrate both *quantitative* and *qualitative data collection* with both pure prototypes as well as with productive knowledge systems (KS); thus we refer to both types of ProKEt artifacts when speaking of *system* in the following. Thereby, usability features are activated by simply adding properties to the XML-based system specification.

---

1 http://proket.sourceforge.net/ (last checked Nov.3rd,2011).

2 http://d3web.sourceforge.net/ (last checked Nov.1st,2011).

Quantitative Measures

ProKEt provides for a tailored click logging mechanism that captures all relevant keyboard actions during KS usage. Those are on the one hand potentially interesting, global UI elements and actions, such as creating new-, saving-, or resuming sessions. On the other hand, all activities related to characteristic KS elements and interactions are logged along with the corresponding timestamp; an example is question answering, where the question, the provided answer, and a corresponding timestamp are recorded; for a detailed elaboration on KS-specific elements/interactions, see (Freiberg et al. 2012). In the case of consultation systems, furthermore the results of the problem solving session are logged. Based on the collected log-data, ProKEt automatically can derive several (usability) metrics, as introduced by various experts from the usability domain, e.g. (Bevan & Macleod 1994; Constantine & Lockwood 1999; Nielsen 1993). Examples are *Average Task Duration*, *Success Rate*, or *Number of Unused Widgets*. ProKEt allows for deriving such metrics both on a single-user basis, but also averaged over all users, as it often can provide additional insight to analyze certain metrics from both points of view: For example, an unusually high task duration value might indicate a major problem with the system as a whole, but might as well be due to problems of (some) specific user(s) thus producing severe outliers. By applying slightly tailored calculations, those metrics allow for a rough assessment and valuation of the general usability and effectiveness of a KS; an example for such tailoring is the definition of *success*, which in the context of consultation systems is defined as *correctly derived solution* in ProKEt. Further, we aim at detecting specific problems with particular UI widgets, e.g., by identifying unused/extensively used elements, or by investigating the extent of the help system usage for given UI elements or the entire system.

Qualitative Measures

ProKEt further enables the integration of (usability) questionnaires with its artifacts; those can be presented e.g. by offering an additional button/link, that opens the corresponding survey, or by displaying the questionnaire automatically right after the session has been completed by the user. Corresponding query forms are–as all UI widgets in ProKEt–also created and included based on the StringTemplate mechanism of the tool, thus they are easily exchangeable and adaptable with no effort for different needs. Currently, ProKEt provides the *System Usability Scale (SUS)* (Brooke 1996) and the *NASA Task Load Index (NASA TLX)* (Hart & Stavenland 2006) as default questionnaires, as well as a tailored questionnaire designed to specifically fit the needs of consultation KS evaluation. Additionally, a mechanism for providing *anytime feedback*–a means for collecting loose user feedback regarding, e.g., the system design or potential malfunctions at any point in time during system usage–is implemented.

ProKEt Usability-Extension: Use Cases and Benefits

Basically, all usability-related data–such as click log data, anytime feedback, or also questionnaire values–are gathered in one JSON-based text file; this can be further processed by ProKEt to either calculate basic usability metrics (see above) right away, or to just represent the collected data as CSV file, which in the further course can easily be imported to external tools, such as standard spreadsheet programs or comprehensive statistical software, for more extensive evaluation.

The possibility to quickly and easily create both prototypical and productive KS with ProKEt and to effortlessly activate usability features for both types of artifacts provides strong support for *lab-setting* evaluations–such as user studies/experiments–at any time and independent from the concrete development state. Thereby, lab-setting evaluations become an affordable and attractive task to perform during development of a KS potentially even more than once. Furthermore, *field-setting* evaluation–by which we understand continuous evaluation of KS that are already in productive use–becomes straightforward due to the seamlessly integrated data collection mechanisms. Such evaluations can help to identify additional/other kinds of problems that might not occur in more strictly planned and conducted lab-based evaluations; an example is problems due not being able to instruct and guide users as extensively as in lab-setting evaluations. Furthermore, field-setting evaluation provides the chance to discover and to react to long-term effects of the system; for example, an elaborate consultation system, presenting always only one question at a time, might become annoying/boring to users with repeated usage and familiarization, whereas sophisticated systems that initially might appear complex and hard to use could turn out quite usable and efficient with increasing familiarization of the users. ProKEt therefore fosters usability for KS development in two ways: Explicitly, by strongly supporting specific experiments and studies, but also implicitly, by simply enabling a highly iterative, yet affordable, development process in the course of which potentially even more system assessments and refinements become possible. Another advantage of the proposed approach is the possibility, to not only evaluate the KS UI but also the knowledge base intuitively on a visual level–this is especially relevant, as KS UI and knowledge base are tightly coupled and changes on the one side, e.g. the knowledge base, can have severe effects on the other side.

4 JuriSearch: Web-based, Legal Consultation

JuriSearch was initiated at the beginning of 2012 as cooperation between the University of Würzburg and the RenoStar Corporation, partly founded by the Free State of Bavaria. JuriSearch aims at building a knowledge-based web consultation system for the legal domain, intended to provide quality advice on various legal topics, e.g., right of cancellation; target users range from legal laymen–searching for a basic estimation of their case–to junior staff lawyers seeking for guidance regarding legal (sub) domains that are not exactly their special field of work. The web-based system thereby intends to provide various different *clarifying consultation* modules, each of which assesses exactly one distinct core. In JuriSearch, ProKEt has been applied both for creating two initial prototypes of potential UIs and for conducting a first usability study for their comparison regarding their general applicability and usability using the integrated usability extension of the tool.

Figure 1 presents the two initial prototypes for the JuriSearch clarification consultation modules: A *one-question (One-Ques)* style (see Figure 1, A) and a *structured navigable-tree (Nav-Tree)* style (see Figure 1, B). The core issue to be rated is the question, whether a given dismissal was legally correct and thus effectually. Thereby, three final ratings–affirmed, undecided and rejected–can be derived. Both UI variants provide for a similar base interaction: The core issue is rated by assembling the rating of several questions; each such

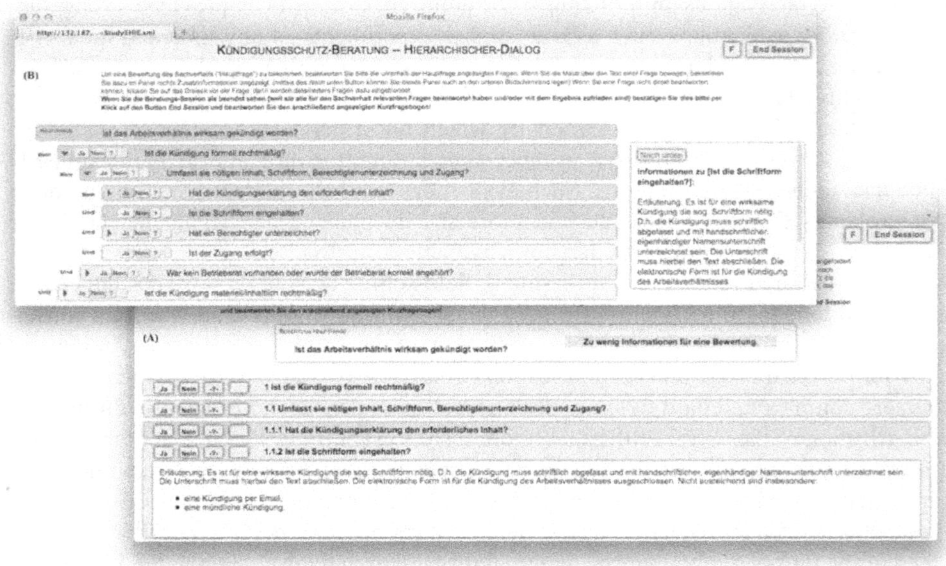

Figure 1: Two alternative prototypes for the JuriSearch consultation system UI/interaction style: One-question style (A) and structured navigable-tree style (B)–both in German.

question in turn can contain child-questions that further refine its parent element by querying in a more detailed manner. The questions generally provide answer alternatives *Yes*, *No*, and -?- *[Undecided]* and additionally offer the option to go into more detail by displaying refining questions. *One-Ques* thereby aims at imitating a strict conversation between the system and a user. Therefore, the system always presents only the one appropriate next question with answering options and additional explanations at a time; each question can either be answered directly, or be clarified on a more refined level by clicking the *Details* button–resulting in this case in displaying each of a question's refining elements, again in the one-at-a-time manner. Additionally, auxiliary information as e.g. more elaborate explanations helping to rate the current question is presented at the bottom of each question. The core issue to clarify is displayed at the top of the UI and is always immediately updated regarding its rating based on the current user input. The conversational interaction style is intended to ease system usage by helping the user focus always on the current question, not needing to think about the order of proceeding, as the system automatically guides the workflow by presenting the respective next suitable question based on the provided user input. Contrastingly, *Nav-Tree* presents all UI elements in an interactively navigable tree structure. Thereby, the core issue is displayed as the topmost element, displaying all questions required for its clarification as direct child-elements (branches); in case a user is not yet able to answer the currently expanded question, more refined detail questions can be expanded by clicking on the arrow button in front of each question, whereas elaborate information for each question is displayed a designated information-box. By not only presenting the current next question but also the surrounding questions and hierarchical structure, the Nav-Tree UI style provides a kind of focus-and-context view. This is intended to foster an active exploration of the interface, and thereby to help the user gain expertise on the contemplated topic.

Method

The two systems were installed on a server for conducting a remote study, allowing participants to conduct their tasks when- and wherever they desired. Objective measures were collected using the built-in data logging mechanism, and subjective user results were queried with one of the short (computer-based) built-in questionnaires after each problem solving session; the questionnaire was in parts based on the SUS, yet containing several items intended to investigate some consultation KS specifics, such as the users believe in the system's final rating. Two exemplary problem descriptions from the legal domain were provided to the participants by email, along with the required instructional material. The participants were asked to solve one problem with Nav-Tree and one problem with One-Ques. For eliminating potential bias on the results due to the chosen UI sequence, the sequence was alternated between participants. In total 21 male research assistants and student staff members, mostly between 25 and 35 years, of the department were recruited. As computer science staff, they all had a high level of general computer experience, yet mostly no experiences regarding the legal consultation domain and the specific KS/UI types.

Results & Discussion

For assessing the *average task time,* the task time was measured as dependent variable. We found an average task time of 13m 38s (SD 6m 49s) for Nav-Tree, and of 10m 39s (SD 5m 49s) for One-Ques; by a narrow margin, this is statistically not significant (one-sided unpaired t-test, p=0,068). One possible explanation of Nav-Tree's higher average task time, supported by user feedback, is that Nav-Tree provided intuitive support for free, extensive exploration of the entire system. However, in our opinion the task time should not be overrated at all, here; the extent of usage and thus resulting task time of the test systems depends in larger parts on a) the reading speed of the participants regarding the questions and (often extensive legal) explanations, b) the usage conditions (during daily job routine or after end of work) which, due to the setting of the remote study could not be controlled strictly, and c) the potentially already existing knowledge on the matter of fact. This generally leads to highly participant-specific task time results, which makes the significance of the different task time values questionable in general. Yet, the tendency, that the average task time is not inordinately high in both cases can be valued as a positive sign. Finally, we also suspect a high learnability of Nav Tree, i.e. once users have familiarized with the UI, the efficiency of its usage could further increase, thus lowering the task time. This is to be investigated in separate, further studies.

Regarding the *Success/Error rate*, a case was rated successful, if the correct solution was derived by the user and not successful if either the wrong or no solution was found. For Nav-Tree, the Success Rate was 42,86% (one-sided binomial test, no statistical significance with p=0,11) and for One-Ques the Success Rate was 38,1% (one-sided binomial test, no statistical significance with p=0,16). This clearly indicates the need for overall system improvement, as those success rates are better than "just guessing"–where in this case, one could guess correctly by a 33% chance due to the three possible ratings of a core issue–yet in our opinion to be truly beneficial such a system should exhibit significantly higher success rates. Due to user feedback, we strongly suspect KB design factors (as opposed to UI design factors) such as the wording and sequence of the questions, to have influenced the usage of both systems equally negative, thus aggravating providing the correct answers and in turn also the derivation of the correct core issue rating.

Regarding the *UI Preference,* within the subjective questions, of the 21 participants 17 (~81%) preferred the Nav-Tree, 3 (~14%) preferred the One-Ques, and only 1 (~5%) stated no explicit UI preference. This is statistically significant with $p<0,05$ on a X^2 test; therefore, a distribution of 50% (Nav-Tree), 30% (One-Ques), and 20% (both equally) was anticipated due to our suspicion that Nav-Tree is a quite effective, intuitively usable UI representation especially regarding the study user group. The clear preference of Nav-Tree over One-Ques in the presented study may be due to the specific characteristics of the participants that–even not being expert users regarding the target domain–are more used to tree representations as computer scientists and thus might have perceived Nav-Tree as naturally intuitive. With regards to the further subjective questions, Nav-Tree scored better than One-Ques on every matter, using a scale from 0 (worst) to 6 (best): Comprehensibility of the system reactions 4.43±1.54 (Nav-Tree) vs. 2.76±1.45 (One-Ques) or of the derived results 4.53±1.54 (Nav-Tree) vs. 3.33±1.85 (One-Ques), the user's own estimation of whether (s)he could solve the case correctly 3,67±1,53 (Nav-Tree) vs. 2,52±1,83 (One-Ques), and the mediation of domain knowledge to the user 4.05±1.32 (Nav-Tree) vs. 2.95±1.72 (One-Ques); those differences are all statistically significant using an unpaired, one-sided t-test with $p<=0,05$. However, results could completely differ regarding other user types, e.g., with little web/computer experience as then a highly guiding UI as One-Ques potentially could score better; this is subject to further studies, though.

The *Anytime Feedback* mechanism further revealed valuable insights: Regarding the knowledge base, the wording of the questions/explanations was perceived as incomprehensible/complicated/too specialist in 11 cases (~52%), which probably highly influenced the overall study results negatively. This might have been aggravated by the fact, that the chosen participants were no specialists and thus not familiar with specific, legal terming and language; yet, as the target system is explicitly aimed at a diverse user population, a further knowledge base refinement with regards to clearness and understandability is indispensable. Based on that general comprehensibility problems with the knowledge base, further the idea arose to implement the entrance into the tree–i.e., the top-level questions directly rating the core issue–by questions highly important and understandable from the users' point of view, regarding for example potential reasons for dismissal. Finally, regarding particular UI design issues, 4 users (~19%) stated to be confused by the -?- button, originally intended as answer alternative *undecided*; they rather suspected more help/details regarding the current question to be displayed instead of causing just a question rating. Similarly, 3 users (~14%) stated to not have understood the *empty* button–designated to clearing a previously entered answer.

5 Conclusion

When developing for usability, iterative development is reputed essential, see e.g. (Nielsen 1993). In previous projects, ProKEt already turned out to be a powerful support for agile, iterative development of KS prototypes and productive systems: The *Mediastinitis* and the *EuraHS* project are reported in (Freiberg 2012). Regarding the most recent *JuriSearch* specifically, ProKEt not only enabled an efficient creation of the two initial prototypes, but also drastically eased the first, comparative user study by its built-in, tailored usability features, revealing extensive and valuable insights regarding the general usability but also regarding the most severe drawbacks of both alternatives. Regarding usability evaluation based on automated data collection and analysis in general, we are well aware that automated measures can hardly be sufficient for thoroughly evaluating any system's usability. Yet, the tailored measures nevertheless can provide valuable insight regarding major problems of/with the investigated KS UIs and furthermore drastically ease comparative assessments of different designs; additionally, the simultaneous collection of qualitative data can provide further understanding regarding the quantitative results. To strengthen the approach, we suggest to integrate other known usability techniques additionally–such as observation, think aloud, or interviews; this offers the advantage, to reveal even more insights and to make sense of otherwise potentially ambiguous data. We are also aware, that there already exist manifold approaches and tools for logging both mouse-based and keystroke-based activities. However, as we aimed at capturing particularly the activity flow during KS sessions, we implemented an own, tailored logging approach based on mouse-click- and keystroke-data that collects only exactly those information required for best supporting KS evaluation.

In this paper, we argued that both interaction/UI design and usability evaluation activities still are a rather unconsidered, but even the more important, issue when implementing knowledge systems (KS). To leverage that issue, we introduced the tailored KS development tool *ProKEt*. Current projects already showed the general applicability and value of the tool both as a means for efficiently developing KS as well as a tool for conducting seamlessly integrated usability studies. Prospective future work includes: Further studies regarding more diverse users (including, e.g., legal experts) as the future legal consultation system is intended to be used by a very diverse user population as well as studies for investigating the suspected learnability of the Nav-Tree UI. Regarding the tool ProKEt itself, even further usability metrics, automatically derived from the log files, could be added, such as metrics that compare actual performance with some benchmark values (e.g., *Productiveness* as introduced by (Bevan & Macleod 1994)). Further, ProKEt could profit from including mouse-movement tracking (extending the existing click logging) for gaining even more detailed insight regarding the actual interaction of users with the investigated KS UIs. Finally, we consider enhancing the tool by automatically created (visual) representations of at least the basic evaluation results/metrics.

Acknowledgement

We thank the RenoStar (Großwallstadt, Germany) staff members for valuable discussions while developing the first prototypes and for providing their specialist contents.

References

Baumeister, J. (2004). *Agile Development of Diagnostic Knowledge Systems*. IOS Press AKA DISKI 284.

Baumeister, J., Reutelshoefer, J. & Puppe, F. (2011). KnowWE: A Semantic Wiki for Knowledge Engineering, *Applied Intelligence, 35*(3), 323–344.

Bevan, N. & Macleod, M. (1994). Usability Measurement in Context. *Behaviour and Information-Technology*, 13, 132–145.

Brooke, J. (1996). SUS: A quick and dirty usability scale. In Jordan, P.W., Weerdmeester, B., Thomas, A. & Mclelland, I. L. (Hrsg.): *Usability evaluation in industry*. London: Taylor and Francis.

Cebi, S., Celik, M., Kahraman, C. & Er, I. D. (2009). An expert system towards solving ship auxiliary machinery troubleshooting: shipamtsolver. *Expert Systems with Applications*, *36*(3), 7219 – 7227.

Constantine, L. L. & Lockwood, L. A. D. (1999). *Software for Use: A Practical Guide to the Models and Methods of Usage-Centered Design*. Addison-Wesley Professional.

Freiberg, M., Striffler, A. & Puppe, F. (2012). Extensible Prototyping for Pragmatic Engineering of Knowledge-based Systems. *Expert Systems with Applications*, doi: 10.1016/j.eswa.2012.02.110.

Hart, S. G. (2006). Nasa-Task Load Index (Nasa-TLX); 20 Years Later. In: *Proceedings of the Human Factors and Ergonomics Society 50th Annual Meeting*. Santa Monica: HFES. [904–908].

Holzinger, A. & Slany, W. (2006). XP + UE -> XU Praktische Erfahrungen mit eXtreme Usability. *Informatik Spektrum, 29*(2) 91-97.

Holzinger, A., Kosec, P., Schwantzer, G., Debevc, M., Frühwirth, J., Hofmann-Wellenhof, R. (2011). Design and Development of a Mobile Computer Application to Reengineer Workflows in the Hospital and the Methodology to Evaluate its Effectiveness. *Journal of Biomedical Informatics (JBI)*, *44*(6), 563-570.

Leichtenstern, K. & André, E. (2010). MoPeDT: features and evaluation of a user-centred prototyping tool. In: *Proceedings of the 2nd ACM SIGCHI Symposium on Engineering Interactive Computing Systems, EICS '10*. New York, NY, USA: ACM. [93–102].

Nielsen, J. (1993). Iterative User Interface Design, *IEEE Computer, 26*(11), 32–41.

Padma, T. & Balasubramanie, P. (2009). Knowledge based decision support system to assist work-related risk analysis in musculoskeletal disorder, *Knowledge-Based Systems, 22*(1), 72–78.

Schreiber, G., Akkermans, H., Anjewierden, A., deHoog, R. , Shadbolt, N., deVelde, W. V. & Wielinga, B. (2001). *Knowledge Engineering and Management - The CommonKADS Methodology 2nd ed.*, MIT Press.

Tomic, B., Jovanovic, J. & Devedzic, V. (2006). JavaDON: an open-source expert system shell, *Expert Systems with Applications 31*(3), 595–606.

Corresponding Author

Martina Freiberg, Dept. of Artificial Intelligence and Applied Informatics, University of Würzburg, Am Hubland, 97074 Würzburg, Germany.
Tel. +49 931 3180465, freiberg@informatik.uni-wuerzburg.de

H. Reiterer & O. Deussen (Hrsg.): Mensch & Computer 2012
München: Oldenbourg Verlag, 2012, S. 43-52

Ein Multi-Focus-View Konzept im Kontext der Verkehrsleitzentrale

Tobias Schwarz, Simon Butscher, Jens Müller, Harald Reiterer

Arbeitsgruppe Mensch-Computer Interaktion, Universität Konstanz

Zusammenfassung

Im Beitrag wird ein ganzheitliches Visualisierungs- und Interaktionskonzept für die Überwachung und Diagnose eines großen Straßennetzes sowie die Manipulation von Prozessvariablen im Kontext einer Verkehrsleitzentrale vorgestellt. Um das kooperative Arbeiten zu unterstützen wird das Konzept einer Multi-Focus-View in Kombination mit einer inhaltssensitiven Navigation verfolgt. Ziel ist es, die Navigation im Straßennetz, die Verfügbarkeit kontextsensitiver Informationen sowie die Manipulation von Prozessvariablen in Verkehrsleitzentralen zu verbessern. Weiterhin werden Ergebnisse einer Evaluation mit Anwendern aus Verkehrsleitzentralen vorgestellt, in der insbesondere die Auswirkungen unterschiedlicher Konzepte auf das Arbeiten in einer Mehrbenutzerumgebung untersucht wurden.

1 Einleitung und Motivation

Die ständig steigende Entwicklung der technischen Geräte innerhalb der letzten Jahre hat zu einer erhöhten Komplexität für die Bearbeitung von Aufgaben in Leitzentralen geführt. Die zusätzlich gestiegene Komplexität und Größe der zu überwachenden Räume hat zur Folge, dass es sich trotz gestiegener Automatisierung bei Leitzentralen auch heute noch um Mehrbenutzerumgebungen handelt, in welchen eine kooperative Zusammenarbeit zunehmend erforderlich wird. Einhergehend mit dieser Entwicklung haben sich die Anforderungen an den Menschen geändert: Operatoren in derzeitigen Leitzentralen sind einer wachsenden Komplexität der Mensch-Maschine-Schnittstelle ausgesetzt. Im Rahmen des Beitrags wurde in drei Verkehrsleitzentralen jeweils eine vierstündige Nutzungskontextanalyse vor Ort durchgeführt, um ein Verständnis für die Anforderungen und die Aufgaben sowie die organisatorische und die physische Umgebung zu entwickeln. Die Kernaufgaben wurden nach der Analyse wie von Johannsen (1993) beschrieben in *Überwachen*, *Diagnostizieren* und *Manipulieren* eingeteilt. Die Analyse der Arbeitsumgebungen hat gezeigt, dass derzeit für diese Aufgaben zwei Displayebenen zur Verfügung stehen: zum einen große Wanddisplays (Public Space), welche das zu überwachende Straßennetz darstellen sowie kleine Displays (Private Space), welche Detailinformationen eines bestimmten Netzausschnitts anzeigen und zugleich die *Manipulation* von Prozessvariablen erlauben. Die Analyse zeigte, dass die derzeitige Arbeitsumgebung nicht optimal auf die Bedürfnisse der Operatoren ausgelegt ist.

Eines der identifizierten Probleme basiert auf dem Übersichts-Detail-Paradoxon. Operatoren benötigen bei der täglichen Arbeit sowohl eine Übersicht über den gesamten zu überwachenden Raum, als auch Detailinformationen zu einzelnen Streckenabschnitten. Dabei sind Detailinformationen besonders für die *Diagnose* erforderlich. Das Problem des Übersichts-Detail-Paradoxons wird deutlicher, wenn die Arbeitsabläufe eines Operators genauer betrachtet werden. Die *Überwachung* des Straßennetzes erfolgt mit Hilfe der Übersichtskarte auf dem Wanddisplay. Wird eine Veränderung im Straßennetz identifiziert, werden zusätzliche Detailinformationen benötigt, um eine *Diagnose* durchführen zu können. Aufgrund der begrenzten Fläche des Wanddisplays werden häufig lediglich mehrere Ausschnitte des gesamten Straßennetzes mit einem geringeren Detailgrad dargestellt (siehe Abb. 1). Durch diese getrennte Darstellung von Netzausschnitten wird die Bildung eines mentalen Modells über den gesamten Informationsraum erheblich erschwert. Die Manipulation des sichtbaren Bereichs eines Netzausschnittes ist dabei lediglich über ein vertikales/horizontales Scrollen möglich. Der Navigationsprozess wird so in künstliche Teilschritte zerlegt. Nach Aussagen der Operatoren liegt die größte Problematik jedoch im Verlust der Übersicht über den gesamten zu überwachenden Raum. Des Weiteren sind Änderungen in der Prozessdynamik in aktuell nicht sichtbaren Bereichen schwer zu erfassen. Wird ein auffälliger Streckenabschnitt mit Hilfe einer der Netzausschnitte auf dem Wanddisplay identifiziert, müssen die für die *Diagnose* benötigten Detailinformationen in einem erneuten Arbeitsschritt auf dem Private Display abgerufen werden. Eine Synchronisation der beiden Displayebenen besteht dabei nicht. Darüber hinaus findet die Darstellung der Detailinformationen völlig getrennt von ihrem Kontext statt. Eine solche räumliche Trennung der Informationen hat einen ständigen Blickwechsel zur Folge, was zu einer geteilten Aufmerksamkeit führt (Cockburn et al. 2008).

Abbildung 1: (links) Arbeitsplatz eines Operators; (rechts) Netzausschnitte auf dem Wanddisplay

Im Rahmen des Beitrages werden zwei unterschiedliche Lösungsansätze für das Problem des Übersichts-Detail-Paradoxons vorgestellt. Ziel der Konzepte ist es, innerhalb der Mehrbenutzerumgebung einer Verkehrsleitzentrale jedem Operator die Möglichkeit zu geben, lokale Details abzurufen zu können, ohne dabei den Kontext zu verlieren. Des Weiteren soll durch geeignete Interaktions- und Visualisierungstechniken die stillschweigende Koordination zwischen den Operatoren gefördert werden. Zusätzlich wird untersucht, wie eine *Manipulation* von Prozessvariablen durch den Operator realisiert werden kann. Um diese Fragestellung zu beantworteten, wurde das im Beitrag vorgestellte Konzept prototypisch implementiert und mit Anwendern aus drei unterschiedlichen Verkehrsleitzentralen evaluiert.

2 Grundlagen

Morris et al. (2007, 2010) untersuchten die aufgabenbezogene Ausrichtung von Displays und stellten fest, dass auf horizontalen Displays häufig Metaphern zu Gegenständen oder Tätigkeiten der realen Welt Verwendung finden, wie z. B. das Ausbreiten, Stapeln und Organisieren von Information. Dies wird von Morris et al. (2010) als eine der Stärken von horizontalen Displays gesehen. Außerdem ist bei der Touch-Interaktion auf einem horizontalen Display eine bequemere Armhaltung möglich (Morris et al. 2007). Andererseits wurde jedoch festgestellt, dass es auf Dauer ermüdend sein kann, mit horizontalen Displays zu arbeiten. Morris et al. (2007) empfehlen horizontale Displays und vertikale Displays ergänzend zu verwenden. Neben den in Bezug auf die längere Beobachtung des Prozesses besseren Eigenschaften eines vertikalen Displays bieten diese als Wanddisplays eingesetzt zusätzliche Vorteile. So untersuchten Hagemann et al. (2011) den Einfluss dieser Wanddisplays auf die Zusammenarbeit der Operatoren. Die Studie zeigte, dass die stillschweigende Koordination und das gegenseitige Performance-Monitoring durch ein gemeinsam genutztes Wanddisplay unterstützt werden. In Bezug auf ein neues Visualisierungs- und Interaktionskonzept bedeutet dies, dass die Ausrichtung der Displays entsprechend der Eigenschaften der Primäraufgaben gewählt werden muss. Es lässt sich bei der Bearbeitung von Primäraufgaben ein grundlegender Unterschied identifizieren: während es sich bei der *Überwachung* des Straßennetzes um eine passive, beobachtende Tätigkeiten handelt, ist die *Manipulation* von Prozessvariablen, bspw. das Freigeben eines Seitenstreifens eine auf die Interaktion bezogen wesentlich aktivere Tätigkeit. Die *Diagnose* einer Problemursache kann dabei als Kombination dieser beiden Extrema angesehen werden. Den Großteil der Arbeitszeit verbringen die Operatoren mit der *Überwachung* des Straßennetzes, bzw. der *Diagnose* einer Problemursache. Aus Gründen der Ergonomie sowie der stillschweigenden Koordination sollten die *Überwachung* und die *Diagnose* auf einem vertikal orientierten Displays stattfinden. Für die relativ kurze Dauer der tatsächlichen *Manipulation* von Prozessvariablen können hingegen auch die Stärken von horizontal ausgerichteten Multitouch-Displays genutzt werden.

Für die Primäraufgaben der *Überwachung* und der *Diagnose* werden innerhalb der Leitzentralen Prozessvisualisierungen eingesetzt, welche das Ziel haben, viele Informationen auf einer begrenzten Fläche übersichtlich darzustellen. Dabei ist es wichtig, den Zugang zu Übersichts- und Detailinformationen möglichst einfach zu gestalten. Multiscale-Anwendungen versuchen, genau dieses Problem zu lösen und können in drei Gruppen eingeteilt werden: Zooming, Overview+Detail und Focus+Context (Cockburn et al. 2008). Während bei Overview+Detail-Lösungen ein distinkter Bereich für die Darstellung der Detailinformationen genutzt wird, werden diese bei Zooming- oder Focus+Context-Konzepten in die Informationslandschaft integriert. Overview+Detail-Konzepte haben dabei den Nachteil, dass die Beziehung zwischen den Detailinformationen und dem Kontext vom Anwender selbst hergestellt werden muss. Eine Untersuchung einer SplitScreen-Darstellung von Schwarz et al. (2011) im Leitwartenkontext zeigt, dass Anwender mit einem Overview+Detail-Konzept Probleme haben, sich zu orientieren, da kein gemeinsamer interfokaler Kontext bereitgestellt wird. Ein Nachteil von Zooming-Techniken im Vergleich zu Overview+Detail bzw. Focus+Context hingegen ist, dass Kontext- und Detailinformationen nicht gleichzeitig dargestellt werden. Somit ermöglicht das Zooming zwar die Integration von Detailinformationen und Kontext, allerdings nur über eine zeitliche Trennung. Focus+Context-Konzepte bieten die größte Unterstützung bei der Integration, da ein fließender Übergang der Detailinformationen in den Kontext gewährleistet wird, d. h. weder eine räumliche Trennung, wie bei Overview+Detail-Techniken, noch eine zeitliche Trennung, wie bei Zooming-Techniken, besteht (Baudisch et al. 2001). Die oben genannten Techniken können genutzt werden, um das Übersichts-Detail-Paradoxon der Prozessvisualisierung in Leitzentralen zu lösen.

3 Konzept

In diesem Abschnitt wird ein Visualisierungs- und Interaktionskonzept für die Primäraufgaben der *Überwachung* eines Prozesses, der *Diagnose* einer Problemursache sowie der *Manipulation* von Prozessvariablen innerhalb einer Mehrbenutzerumgebung vorgestellt. Neben einem vertikal orientierten Wanddisplay (Public Space) für die *Überwachung* und *Diagnose*, welches zugleich die stillschweigende Koordination unterstützen soll, wird ein horizontales Multitouch-Display (Private Space) für die *Manipulation* eingesetzt (siehe Abb. 2).

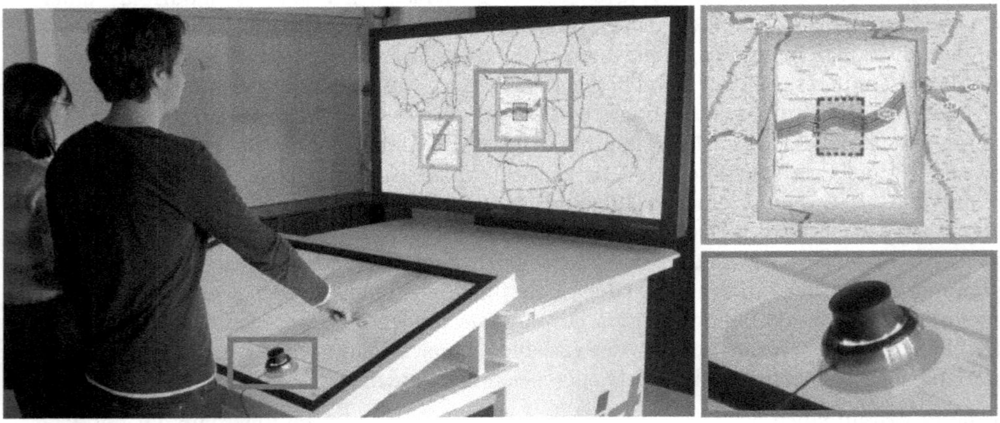

Abbildung 2: (links) Vertikales Wanddisplay als Überwachungs- und Diagnoseebene, horizontales Multitouch-Displays als Manipulationsebene; (rechts) Vergrößerung einer Hybride-Magic-Lense mit einem blauen Fokuspunkt im Zentrum der Linse (oben) und der SpaceNavigator zur Selektion und Manipulation eines Fokuspunktes (unten).

3.1 Überwachungs- und Diagnoseebene

Die zentralen Elemente der *Überwachungs- und Diagnoseebene* sind die Fokuspunkte (siehe Abb. 2), welche von den Operatoren auf einer Übersicht über den gesamten zu überwachenden Raum platziert und verschoben werden können. Mit Hilfe der Fokuspunkte legt der Operator fest, zu welchem Bereich des zu überwachenden Raums er weitere Detailinformationen benötigt. Das Wanddisplay wird von mehreren Operatoren genutzt, deswegen ist es wichtig, dass die Visualisierungstechnik mehr als einen Fokuspunkt unterstützt. Die Interaktion mit dem Wanddisplay, d. h. das Positionieren der Fokuspunkte erfolgt mit Hilfe der von Schwarz et al. (2011) vorgestellten *inhaltssensitiven Navigation.* Als Eingabegerät wird bei der Navigation eine Art Joystick eingesetzt (SpaceNavigator, siehe Abb. 2). Um einen Fokuspunkt verschieben zu können, muss dieser zunächst mit Hilfe der *Manipulationsebene* selektiert werden. Die Selektion erfolgt durch das Aufstellen des SpaceNavigators auf einen sog. *TokenContainer* der *Manipulationsebene* (siehe Abb. 2). Die flexible Zuordnung der Fokuspunkte zu den Operatoren bzw. zu einem Arbeitsplatz ermöglicht es einem Operator, mehrere Fokuspunkte zu übernehmen. Dies kann z. B. dann hilfreich sein, wenn nur ein Operator anwesend ist. Im Rahmen der Mehrbenutzerumgebung bietet diese Art des *TUIs* den Vorteil, dass auch für andere Operatoren ersichtlich ist, welcher Fokuspunkt von einem Kollegen selektiert wurde. Nach der Selektion eines Fokuspunktes kann der Operator durch ein Kippen des SpaceNavigators den Fokuspunkt entsprechend der Kipprichtung bewegen, wobei der Fokuspunkt dabei als Fadenkreuz fungiert. Das besondere an der *inhaltssensitiven Navigation* ist, dass der Inhalt - in diesem Fall das Straßennetz - für die Navigation genutzt wird. Operatoren können sich je nach Bedarf an eine Straße andocken. Bei einer bestehenden Verbindung zu einer Straße kann der Operator dem Straßenverlauf folgen. Hierfür wird das Eingabegerät in die antizipierte Navigationsrichtung gekippt. Für die Darstellung von Detailinformationen wurden zwei Visualisierungen basierend auf Focus+Context-Techniken entwickelt.

Hybride Magic Lens: Bei der *Hybriden-Magic-Lens-View* handelt es sich um eine Ansicht, bei welcher die Fokuspunkte um sog. *Hybride-Magic-Lenses* (*HML*) ergänzt werden (siehe Abb. 2). Die Linsen können von den Operatoren mit Hilfe der *inhaltssensitiven Navigation* über den interessanten Bereichen des zu überwachenden Raums positioniert werden und stellen eine transformierte, d. h. eine grafisch vergrößerte und semantisch angereicherte Sicht bereit. Eine *HML* ist somit als eine Kombination aus einer Fish-Eye-Verzerrung und einem Magic-Lens-Filter zu verstehen. Während über eine Fish-Eye-Verzerrung ein grafisch vergrößerter Bereich geschaffen wird, welcher sich nahtlos in seinen Kontext integriert, ermöglicht ein Magic-Lens-Filter im Fokusbereich der Fish-Eye-Verzerrung eine semantische Anreicherung mit Detailinformationen. Die Geometrie der hier eingesetzten Fish-Eye-Lens entspricht einem Pyramidenstumpf. Diese rechteckige Form einer Fish-Eye-Verzerrung wurde gewählt, da zum einen eine gleichmäßige Skalierung der Fokusregion gegeben ist und zum anderen die Fokusregion der Linse auf der *Manipulationsebene* erneut aufgegriffen wird. Hierbei wird sowohl auf der *Überwachungs- und Diagnoseebene* als auch auf der *Manipulationsebene* dieselbe Geometrie gewählt, um die mentale Verknüpfung dieser beiden Ansichten zu erleichtern (siehe Abb. 2).

Folding-View: Bei der *Folding-View* wird die Prozessvisualisierung abhängig von der Position der Fokuspunkte gefaltet. Über die realweltliche Metapher eines gefalteten Papierblatts wird dabei ein leichteres Verständnis für die Verzerrung des Informationsraums ermöglicht (Elmqvist et al. 2008). Die bestehende Space-Folding-Technik Mélange von Elmquist et al. (2008) zur Visualisierung eines großen Informationsraums wurde für den Einsatz in der Verkehrsleitzentrale optimiert und besonders in Bezug auf die Interaktion erweitert. Über die Position der Fokuspunkte werden Fokusregionen definiert, zu welchen Detailinformationen benötigt werden. Bereiche außerhalb der Fokusregionen werden durch das Einführen von horizontalen, bzw. vertikalen Falten in die Tiefe des Bildschirms projiziert (siehe Abb. 3). Diese Faltungen schaffen somit mehr Raum auf dem Display, um die Fokusregionen grafisch größer darzustellen und somit auch eine semantische Anreicherung dieser Regionen zu ermöglichen. Der Kontext zu diesen zusätzlichen Detailinformationen bleibt dabei durch die Faltungen erhalten. Neben dem Erhalt des Kontextes wird durch die Metapher der Faltungen dem Anwender ein Gefühl für die Distanzen zwischen den Fokuspunkten vermittelt (Elmqvist et al. 2008). Dabei wird eine Faltung immer dann eingefügt, wenn sich die Fokuspunkte so weit voneinander entfernen, dass eine unverzerrte Darstellung des Informationsraumes zwischen diesen Fokuspunkten aus Platzgründen nicht mehr möglich ist. Ist dies der Fall wird eine neue Faltung eingefügt, welche mit zunehmender Distanz der Fokuspunkte an Tiefe gewinnt und somit ein größerer Teil der Prozessvisualisierung in diese hinein „fließt". Fließen bedeutet in diesem Fall, dass durch die Kombination mit der *inhaltssensitiven Navigation* eine kontinuierliche Bewegung der Fokuspunkte gewährleistet wird. Die Faltung wird dabei entsprechend dynamisch angepasst. Der dem Faltungsprozess zugrunde liegende Algorithmus sorgt dafür, dass eine Faltung nicht abrupt erscheint oder verschwindet, sondern sich eine Faltung kontinuierlich entwickelt, indem die Tiefe der Falte kontinuierlich erhöht bzw. verringert wird. Hier liegt auch der zentrale Unterschied zu der von Elmqvist et al. (2008) entwickelten Mélange-Technik, bei welcher teilweise weniger Faltungen benötigt werden, diese dafür aber abrupt erscheinen oder verschwinden.

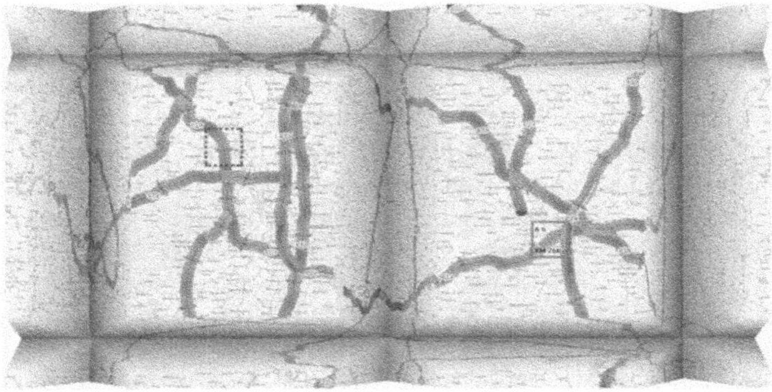

Abbildung 3: Visualisierung des Prozesses auf der Überwachungs- und Diagnoseebene mittels der Folding-View

3.2 Manipulationsebene

Da die *Manipulation* von Prozessvariablen nur einen relativ kleinen Teil der täglichen Arbeit eines Operators ausmacht, wird diese Tätigkeit auf das horizontale Display verlagert. Die *Manipulationsebene* ist dabei stets an die *Überwachungs- und Diagnoseebene* gekoppelt. D. h. welche Informationen auf der *Manipulationsebene* dargestellt werden, hängt von der Positionierung der Fokuspunkte auf der *Überwachungs- und Diagnoseebene* ab. Die *Manipulationsebene* wird dabei an den über den *TokenContainer* selektierten Fokuspunkt gekoppelt. Die Prozessvisualisierung auf der Manipulationsebene entspricht einer hohen Skalierung des Ausschnitts der *Überwachungs- und Diagnoseebene*, welcher durch diesen Fokuspunkt markiert wird. Der Detailausschnitt der *Manipulationsebene* verschiebt sich entsprechend synchron zur Bewegung des Fokuspunktes. Hat ein Operator die Ursache eines Problems mit Hilfe der *Überwachungs- und Diagnoseebene* diagnostiziert, wechselt dieser auf die *Manipulationsebene,* um so manipulierend in den Prozess eingreifen zu können. Auf der *Manipulationsebene* ist dabei durch die Synchronisation keine erneute Auswahl des Kontextes nötig. In manchen Situationen, wie bspw. der Seitenstreifenfreigabe, ist es jedoch erforderlich, Prozessvariablen auch außerhalb des aktuell sichtbaren Ausschnitts des zu überwachenden Raums zu manipulieren. Um hierbei einen ständigen Wechsel zwischen der *Manipulations-* und der *Überwachungs- und Diagnoseebene* zu vermeiden, wurde auf dem horizontalen Multitouch-Display das Verschieben des sichtbaren Ausschnitts über ein Panning ermöglicht. Dabei wurde das Konzept der *inhaltssensitiven Navigation* auch hier beibehalten. Die Pan-Bewegung muss nur grob in Richtung des Straßenverlaufes erfolgen.

4 Evaluation

Ziel der Evaluation war es, zu untersuchen, ob und in welchem Umfang die Konzepte die Anforderungen eines Operators an eine Mehrbenutzerumgebung für die Verkehrsüberwachung erfüllen. Hierbei galt es im Speziellen zu prüfen, ob die Konzepte für die Darstellung von zusätzlichen Detailinformationen auf der *Überwachungs- und Diagnoseebene* akzeptiert werden. Des Weiteren wurde überprüft, ob die Verlinkung der beiden Displayebenen (*Überwachungs- und Diagnoseebene* bzw. *Manipulationsebene*) einen Mehrwert gegenüber den im Augenblick vorherrschenden getrennten Displayebenen bietet. Innerhalb der Studie wurden die *HML-View* und die *Folding-View* miteinander verglichen. Darüber hinaus wurde die *Manipulationsebene* in Verbindung mit dem Multitouch-Display einer Beurteilung unterzogen. Für die Evaluation der *Überwachungs- und Diagnoseebene* wurden ein 64“ großes Display mit einer Auflösung von 4.096 x 2.160 Pixel eingesetzt. In einem Abstand von 1,5 m vor diesem Display wurde ein 55“ Multitouch-Display in einer Höhe von 80 cm und einem Anstellwinkel von 16° Grad als *Manipulationsebene* positioniert.

Zu Beginn wurde vom Versuchsleiter eine kurze Einführung in das Zusammenspiel der *Überwachungs- und Diagnoseebene* mit der *Manipulationsebene* gegeben. Im Anschluss folgten zwei Versuchsdurchläufe, in welchen jeweils eine der Varianten der Prozessvisualisierung behandelt wurde (within-subjects). Innerhalb eines Versuchsdurchlaufs wurde zunächst die jeweilige Prozessvisualisierung erklärt, gefolgt von einer Explorationsphase durch die Probanden. Im Anschluss bearbeiteten die Probanden in Zweierteams acht operatorspezifische Aufgaben. Für die Erfüllung der Aufgaben mussten Arbeitsschritte der *Überwachung*, *Diagnose* und *Manipulation* durchgeführt werden: Innerhalb des Arbeitsschritts der *Überwachung* wurden verschiedene Arten der Aktivierung eingesetzt, d. h. sowohl in Form von Meldungen, als auch Änderung der Farbcodierung eines Straßenabschnitts auf der *Überwachungs- und Diagnoseebene*. Um auf Aktivierungen, wie bspw. eingehende Meldungen, reagieren zu können, musste eine *Diagnose* durchgeführt werden. Hierfür benötigten die Probanden zusätzliche Informationen, wie z. B. die Verkehrssituation auf jeder einzelnen Fahrspur. So musste bspw. ein Stauende identifiziert werden. Im Anschluss an die *Diagnose* mussten die Probanden auf das simulierte Problem reagieren. Die hierfür nötige *Manipulation* reichte von einem einfachen Verändern einzelner Verkehrszeichen, bis hin zur Freigabe eines Seitenstreifens über einen längeren Streckenabschnitt hinweg. Im Anschluss an die Aufgaben zum jeweiligen Visualisierungskonzept wurden die subjektiven Einschätzungen der Probanden mit Hilfe eines Fragebogens erfasst und den Teilnehmern anschließend innerhalb eines Experteninterviews die Möglichkeit zur Diskussion geboten. An der Studie nahmen 11 männliche Probanden von drei unterschiedlichen Verkehrsleitzentralen aus dem

Bundesgebiet teil. Die 6 Operatoren und 5 Teilnehmer mit leitenden Tätigkeiten im Verkehrsleitzentralenkontext wiesen ein Durchschnittsalter von 38 Jahre (SD = 10.33) auf.

Bei der Auswertung der Fragebögen zeigten sich klare Unterschiede in der Beurteilung der beiden Visualisierungskonzepte. Die Frage, ob die eingesetzte Prozessvisualisierung einen guten Überblick über das Straßennetz bietet, beantworteten die Probanden mit M = 0.72 (SD = 0.62; Skala von -2 „sehr schlechte Übersicht“ bis 2 „sehr gute Übersicht“) bei der *HML-View* und M = -0.91 (SD = 0.67) bei der *Folding-View*. Die Varianzanalyse bestätigt eine statistische Signifikanz des Unterschieds zwischen der *Folding-View* und der *HML-View* (t(11) = 1.72; p < .05). Die subjektiven Antworten der Fragebögen zeigten bei der Bewertung der Visulisierungen in Bezug auf die Unterstützung bei der Aufgabenerfüllung ebenfalls einen signifikanten Unterschied (t(11) = 1.73; p < .05), wobei die *HML-View* im Mittel mit M = 1.04 (SD = 0.61; Skala von -2 „sehr schlechte Unterstützung“ bis 2 „sehr gute Unterstützung“) und die *Folding-View* mit M = 0.4 (SD = 0.83) bewertet wurden. Auffallend hierbei ist, dass die Standardabweichung bei der *Folding-View* wesentlich höher liegt als bei der *HML-View*. Dies liefert auch eine teilweise Erklärung dafür, dass im direkten Vergleich der beiden Konzepte für die Prozessvisualisierung zwar die Mehrzahl der Probanden die *HML-View* bevorzugten (63,6%), aber dennoch 4 der 11 Probanden (36,4%) die *Folding-View* als ihre präferierte Visualisierung nannten. Die Ergebnisse der qualitativen Inhaltsanalyse der Interviews sowie der teilnehmenden Beobachtung liefern ein klareres Bild der Vor- und Nachteile der Konzepte aus der Sicht der Probanden.

Die Probanden äußerten sich bei der *HML-View* positiv zur semantischen Anreicherung der *Überwachungs- und Diagnoseebene* (Zitat: *„Sehr gut, ich kann mir jetzt Detailinformationen im Kontext anzeigen lassen.“*). Die *HML-View* bietet trotz der zusätzlichen Detailinformationen eine gute Übersicht, ohne dabei Informationen zu verdecken (Zitat: *„Sehr gute Visualisierungsmöglichkeit, ich habe so immer noch die ganze Karte im Überblick.“*). Einer der größten Vorteile gegenüber der jetzigen Lösung in Leitzentralen, konnte im geringeren Blickwechsel bei der Aufgabenbearbeitung ausgemacht werden (Zitat: *„Ich schaue viel weniger nach unten, da ich mehr Informationen in der Linse habe.“*). Weiterhin gaben die Probanden an, dass die Aufmerksamkeit nur für das Schalten der Schilderbrücken auf die *Manipulationsebene* wechselte (Zitat: *„Ich muss jetzt viel weniger nach unten schauen, da kontextbezogene Informationen in der Linse angezeigt werden.“*).

Die *Folding-View* wurde von den Probanden eher als kritische Visualisierung für die Art von Aufgaben gesehen. Es wurde eine separate Übersicht gefordert, welche die absolute Position der Fokuspunkte im Informationsraum nochmals verdeutlicht. Auffallend bei der essenziell unterschiedlichen Einschätzung der *Folding-View* innerhalb der Fragebögen war, dass durch die Beobachtung eine unterschiedliche Expertise in Bezug auf das für die Evaluation eingesetzte Straßennetz festgestellt wurde. Dies erklärt die hohe Standardabweichung bei der Bewertung der *Folding-View*. Probanden, welche mit dem Straßennetz vertraut waren, hatten keinerlei Probleme mit der Orientierung. Hingegen hatten jene Probanden, welche sich im Berufsalltag mit einem anderen Straßennetz beschäftigen, mehr Probleme bei der Orientierung (Zitat: *„Wenn man das Netz kennt, ist es kein Problem die Stelle zu finden.“*). Einzelne Probanden waren durch die Bewegung der Übersichtskarte beim gleichzeitigen Verschieben der Fokuspunkte irritiert (Zitat: *„Ich weiß nicht, ob sich gerade die Position des Fokuspunkts auf dem Display verändert, oder ob sich die Position des Fokuspunkts in Bezug auf die Pro-*

zessvisualisierung verschiebt.“). Die Falten wurden als sehr hilfreich für die Orientierung eingeschätzt (Zitat: *„Die Falten schaffen ein gutes Verständnis für die Verzerrung.“*). Weiterhin wurde sowohl die Navigation mit Hilfe des SpaceNavigators (*Überwachungs- und Diagnoseebene)* als auch die Navigation über die Touch-Interaktion (*Manipulationsebene)* positiv von den Probanden aufgenommen. Im Rahmen der teilnehmenden Beobachtung ließ sich ein klares Muster erkennen. Die Navigation auf der *Überwachungs- und Diagnoseebene* wurde genutzt, um große Strecken zu überbrücken, während für das Folgen eines Straßenverlaufs bei gleichzeitiger *Manipulation* von Prozessvariablen die Navigation mit Hilfe des Pannings durchgeführt wurde (Zitat: *„Mit SpaceNavigator auf Public Space schnell zur entsprechenden Stelle und dann mit Panen fein justieren funktioniert sehr gut.“*). Die Interaktion mit dem SpaceNavigator auf der *Überwachungs- und Diagnoseebene* wurde von den Probanden mit M = 1.18 (SD = 0.57; von -2 „sehr verwirrend“ bis 2 „sehr intuitiv“) als intuitiv bewertet. Auch das Touch-Display wurde als sinnvolles Eingabemedium auf der *Manipulationsebene* gesehen. Dies zeigte sich zum einen während der Interviews (Zitat: *„Die Aktion findet direkt auf der Oberfläche am Straßenschild statt.“*) und zum anderen bei der Beantwortung der Fragebögen. Die Probanden stimmten der Aussage, dass die Touch-Interaktion im Kontext von Leitwarten ein sinnvolles Eingabemedium darstellt mit M = 1.64 (SD = 0.48; von -2 „stimme überhaupt nicht zu“ bis 2 „stimme völlig zu“) zu. Die Aussage, dass die Synchronisation der *Manipulationsebene* mit der *Überwachungs- und Diagnoseebene* sehr hilfreich ist, wurde mit M = 1.55 (SD = 0.5) ebenfalls bestätigt.

In Bezug auf die Nutzung von Multi-Focus-Views in Leitzentralen stimmten die Probanden darin überein, dass diese einen entscheidenden Mehrwert gegenüber heutigen Systemen bieten. Besonders wurde dabei hervorgehoben, dass diese Art von Visualisierung zum einen die stillschweigende Koordination zwischen den Operatoren und zum anderen das Situationsbewusstsein fördere. So sahen die Operatoren während der Aufgabenbearbeitung einen großen Vorteil darin, zu sehen, an welcher Stelle des Prozesses der Kollege gerade arbeitet (Zitat: *„Es ist immer eindeutig, wo sich mein Kollege befindet, das ist für die Abstimmung untereinander sehr gut.“*). Darüber hinaus wurde die Integration des SpaceNavigators in die *Manipulationsebene* nicht nur aus Sicht der Interaktion positiv bewertet; die Probanden waren auch der Meinung, dass der Einsatz von einem tokenartigen Eingabegerät einen Mehrwert bei der täglichen Arbeit bietet (Zitat: *„Durch das Gerät bekomme ich schon ein visuelles Feedback. Ich sehe, da steht was.“*).

5 Diskussion und Ausblick

Bei den im Beitrag vorgestellten Konzepten sahen die Probanden großes Potential, um die Arbeit in der Verkehrsleitzentrale zu unterstützten. Dennoch erwies sich die *Folding-View* für das im Beitrag beschriebene Einsatzszenario nicht als optimale Lösung. Es zeigte sich aber, dass Operatoren, welche sich im Straßennetz besser auskannten, weniger Probleme mit dieser Darstellungsform hatten. Darüber hinaus wurden von den Probanden einige alternative Einsatzmöglichkeiten genannt. Diese zielen auf eine statischere Darstellung zur Beobachtung von mehreren neuralgischen Punkten ab. (Zitat: *„Ich kann mir auch gut vorstellen, mehrere Fokuspunkte in einen Kontext, wo viel passiert, zu legen. Das wäre eine große Hilfe.“*). Ein weiterer Vorteil, welchen die Probanden in der *Folding-View* erkannt haben, war die sehr hoch aufgelöste Fokusregion (Zitat: *„Man hat mehr Informationen auf den ersten Blick, das gefällt mir gut".*) Die Einschätzung der Probanden in Bezug auf die *HML-View*, bzw. auf das Zusammenspiel von *Überwachungs- und Diagnoseebene* mit der *Manipulationsebene* war hingegen gerade für den hier untersuchten Anwendungsfall sehr positiv. Die Möglichkeit der Darstellung des gesamten Straßennetzes bei gleichzeitiger Betrachtung von Details, wie sie durch die *HML-View* ermöglicht wird, kann dem Problem des Übersichts-Detail-Paradoxons in Leitwarten entgegenwirken. Dabei wird durch die Integration der Detailinformationen in ihren Kontext die mentale Verknüpfung der Informationen erleichtert. Des Weiteren kann nach Ansicht der Probanden die stillschweigende Koordination der Operatoren durch den Einsatz mehrerer *Hybrider-Magic-Lenses* auf der *Überwachungs- und Diagnoseebene* verbessert werden. Durch die Synchronisation der *Überwachungs- und Diagnoseebene* mit der *Manipulationsebene* kann der Arbeitsablauf der Operatoren besser unterstützt werden, d. h. die erneute Auswahl des Kontextes zur *Manipulation* von Prozessvariablen, entfällt. Allgemein wurden die eingesetzten Interaktionstechniken von den Probanden sehr positiv beurteilt. Sowohl die Navigation auf der *Überwachungs- und Diagnoseebene* mit Hilfe des SpaceNavigators als auch das Panning auf der *Manipulationsebene* wurden dabei von den Probanden entsprechend der Stärken der jeweiligen Navigationstechnik eingesetzt. In einem nächsten Schritt wird die Nutzung der *Folding-View* als eine Ansicht zur Betrachtung mehrerer neuralgischer Punkte eines zu überwachenden Raums untersucht. Des Weiteren wird geprüft, inwiefern die entwickelten Konzepte auch in anderen Domänen, wie bspw. der Stromverteilung oder der Bahnüberwachung eingesetzt werden können. Auch in diesen Domänen müssen Informationsräume mit netzwerkartiger Struktur überwacht werden.

Literaturverzeichnis

Baudisch, P., Good, N. & Stewart, P. (2001). *Focus plus context screens: combining display technology with visualization techniques.* In Proc. of UIST'01, S. 431-440.

Cockburn, A., Karlson, A. & Bederson, B. B. (2008). *A review of overview+detail, zooming, and focus+context interfaces.* In ACM Computing Surveys, 41, S. 1-31.

Elmqvist, N., Henry, N., Y. Riche Y. & Fekete, J. D. (2008). *Mélange: Space Folding for Multi-Focus Interaction.* In Proc. of CHI'08, S. 1333-1342.

Hagemann, V., Kluge, A. & Badur, B. (2011). *The impact of a largescreen projection of the entire technical process on shared mental model congruency and team performance in a furnace control room.* Poster session HFSE'11.

Johannsen, G. (1993). *Mensch-Maschine-Systeme.* Berlin, Springer-Verlag.

Morris, M. R., Brush, A. J. B. & Meyers, B. R. (2007). *Reading Revisited: Evaluating the Usability of Digital Display Surfaces for Active Reading Tasks.* In Proc. of TABLETOP'07, S. 79-86.

Morris, M. R., Fisher, D. & Wigdor, D. (2010). *Search on surfaces: Exploring the potential of interactive tabletops for collaborative search task.* In Proc. of Inf. Processing & Management, S. 703-717.

Schwarz, T., Butscher, S., Müller, J. & Reiterer, H. (2011) *Inhaltssensitive Navigation in der Verkehrsleitzentrale.* In Proc. of Mensch und Computer 2011, S. 45-58.

Kontaktinformation

E-Mail: {Tobias.Schwarz|Simon.Butscher|Jens.Mueller|Harald.Reiterer}@uni-konstanz.de

H. Reiterer & O. Deussen (Hrsg.): Mensch & Computer 2012
München: Oldenbourg Verlag, 2012, S. 53-62

Enhancing Interactive Tabletop Workspaces with Tangible Contexts

Markus Ott[1], Johannes Luderschmidt[1], Ralf Dörner[1], HyungSeok Kim[2,3], JeeIn Kim[2]

Dept. DCSM, RheinMain University of Applied Sciences, Germany[1]
Dept. of Internet & Multimedia Engineering, Konkuk University, Seoul, Korea[2]
Institute for Media Innovation, Nanyang Technological University, Singapore[3]

Abstract

In this paper, we introduce our concept of tangible contexts in the field of seamless interaction in shared workspaces between mobile devices and tabletop systems. We model the context as a relationship between a user, the user's mobile device and objects on the surface of an interactive tabletop system. The tabletop represents the public part of the context and the mobile device embodies the private part of the context in a tangible form. The mobile device's touchscreen provides an additional workspace, its gyroscopic sensors allow for detection of the device's orientation in the air and it can be used as multi-purpose tangible object on the tabletop's surface. Additionally, an interaction performed with a mobile device can be technically and conceptually linked to its owner. In particular, users can automatically authenticate interactions by using their own device. Therefore, by employing tangible contexts it is possible complementing public interaction on the tabletop with private interaction on the mobile device and providing an ownership metaphor of UI elements on an interactive surface.

1 Introduction

A manifold of application scenarios have two or more co-located users collaborate by using a computer system simultaneously. Interactive surfaces that are mounted on a table are well suited to provide an according workspace. Standing around or sitting at a table is a natural setting for collaboration. Interactive surfaces are able to support multi-touch and thus enable all users to interact with the computer system at the same time. Similarly, tangible user interfaces (UIs) where props, i.e. real objects that carry a certain semantic for the computer system, are put on the tabletop can be supported by today's interactive surfaces. Again, multiple users can interact with these props in parallel. Such interactive tabletops are becoming more mature and even commercial versions, for example the Microsoft Surface 2[1], are starting to be used in real-world applications.

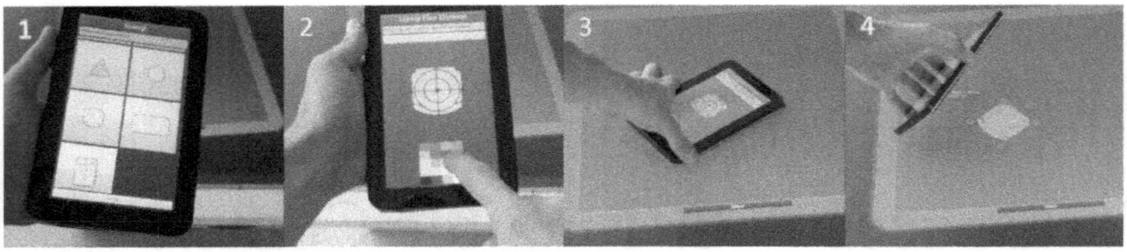

Figure 1: A user creates a new object on the mobile device and stamps it onto a workspace on the surface.

One potential drawback of interactive tabletops is that everything is public since all users can view the whole information displayed. No single user owns the workspace and is in charge – in contrast to a PC-based setting where all users can gather around the monitor but only one user controls keyboard and mouse. This may give rise to the need to complement the public workspace implemented by the interactive tabletop with private workspaces. For implementing these private workspaces, mobile devices are suited well since they are becoming affordable and popular; they support many interaction techniques (e.g. multi-touch or sensor-based interactions) and they are owned by an individual user, who often carries them along all day.

A key issue in the combination of mobile devices with tabletop surfaces is how to seamlessly support interaction between them (Fitzmaurice 1993), (Rekimoto 1998). In a straightforward approach (Echtler et al 2009) allow physically connecting a mobile device to a tabletop by putting the mobile device directly onto the surface and using it as an interactive tangible object. Providing individual and cooperative views among multi-users who are involved in a public space to support as well private as public interactions among multi-users (Lee et al 2011) is another important aspect. However, to build a coherent workspace, the private views on the mobile device and the according public view on the tabletop system need to be coupled closely to each other. There is still a need for concepts and solutions that are able to achieve this.

This paper contributes our concept of tangible contexts, in which we model the context as a seamless, shared workspace on the mobile device and the tabletop system. We introduce manipulation metaphors in which users interact with the tabletop system in a tangible way by using the mobile device as a multi-purpose tangible object in a continuous space ranging from the interactive surface to the hands of the user. In a tangible context, the mobile device provides an ownership metaphor for items on the tabletop surface, for example all UI elements (like images or notes) of a context can conceptually belong to the owner of a mobile device. Therefore, only owners of a context are allowed to use access-restricted controls on their mobile devices like deleting an item. Besides a discussion of our concepts, we report on

1 http://www.samsunglfd.com/product/feature.do?modelCd=SUR40

their usage in an example scenario, a room planner application, and review implementation as well as usability aspects based on a user test.

The paper is organized as follows. In the next section we review related work. Section 3 presents our tangible context concept and section 4 our tangible context manipulation metaphors. In section 5, we explain the implementation of our room planner application and in section 6 we discuss our evaluation results. Finally, section 7 concludes the paper and illustrates future work.

2 Related Work

Several research projects have investigated aspects of using handheld or moveable displays to extend and complement the capabilities of interactive surfaces. (Fitzmaurice 1993) introduced information spaces with spatially aware palmtop computers. A palmtop computer automatically recognizes its surrounding and shows adapted content. (Rekimoto 1998) contemplated employing hand-held computers as data-entry palettes for digital whiteboard systems as the Whiteboard's large display renders conventional GUI design approaches inefficient. (Greenberg and Boyle 1998) analyzed the combination of personal mobile devices and shared public displays. Users can create notes in private or in small groups on their PDAs and publicize them on the shared display to discuss them with other users. (Myers et al 2004) focused on office and home applications as well as collaborative scenarios for shared workspaces. In terms of mobile devices in combination with tabletop systems, (Echtler and Klinker 2007) described an approach how to physically track mobile phones on interactive tabletops and proposed in (Echtler et al 2009) to employ this information to support casual interaction of users in board games on interactive tabletops. Users can join a board game by simply putting their mobile phone onto the tabletop system. (Olwal and Feiner 2009) described the use of handhelds for spatially aware and high-precision interaction with large displays like those in tabletop systems. Additionally to a physical tracking approach, they proposed using the handheld for a magic lens metaphor with high-precision controls, as the resolution of handheld displays is usually higher than those of large displays. Later, (Olwal 2009) discussed how surface interaction can be augmented with context-sensitive mobile devices. Additionally to the proposed magic lens metaphor and the precision controls, Olwal reminded that interacting with a mobile device identifies users and can be used for authenticated interaction. (Lee et al 2011) described a system for dual interaction between multi-displays and mobile devices. Their rendering system creates different outputs for mobile phones and collaborative displays and synchronizes interaction between different devices. (Dachselt and Buchholz 2009) described gestural interaction via throw and tilt of a mobile phone with other devices: By performing a throw-gesture, users can 'throw' contents from a mobile device on a big screen. By tilting the phone, users carry out interaction metaphors like mouse control or highlighting.

The mentioned research projects provide different, important aspects that need to be considered when designing interaction between mobile devices and public spaces or interactive surfaces. They, however, do not provide a holistic approach for seamless interaction between mobile devices and interactive surfaces.

3 Tangible Contexts

Interactive tabletop systems offer shared workspaces to multiple, co-located users. Such systems provide simultaneous interaction and can foster communication amongst users. However, the tabletop offers only one workspace for all users. A modification of the UI will be instantly publicly visible to all other users. It is not possible for users to prepare a solution individually before presenting the results to the public on the tabletop. Additionally, each user may manipulate all content on the tabletop.

Our concept of tangible context provides both: firstly, the possibility for each user to have a private workspace on their mobile device and secondly, an ownership metaphor for UI elements on the tabletop. A tangible context consists of UI elements on the tabletop and a UI on a mobile device. Each context belongs at least to one user but it can also have more than one owners. All UI elements on the table belong to at least one context and provide the public context, which all users can see and interact with. The UI on the mobile device however is the private context only accessible to its user. The private and the public context form a joint workspace. For instance, a user can connect the mobile device's UI to a UI element on the table by putting it on top of it. Therefore, the UI on the mobile device is spatially sensitive to the content on the tabletop. With tangible contexts multiple users can connect to the UI on the tabletop with their mobile devices. Instead of interacting directly with the public context on the tabletop, users can work in the same context independently and simultaneously on their mobile devices.

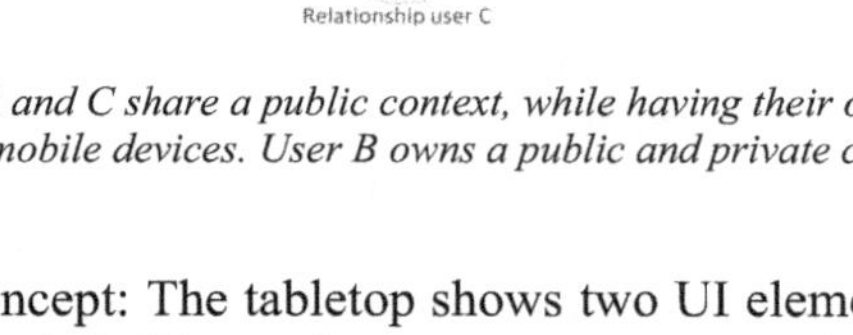

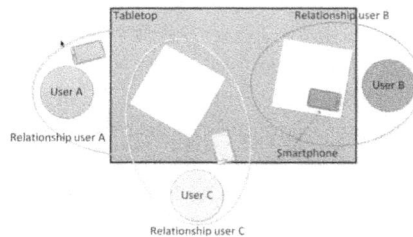

Figure 2: Two contexts: User A and C share a public context, while having their own tangible, private contexts on their mobile devices. User B owns a public and private context.

Figure 2 illustrates this concept: The tabletop shows two UI elements on the tabletop (represented by the white rectangles). The ovals represent a context. A context belongs at least to one user but can also be assigned to several users. The public contexts of user A and C share the same UI element on the tabletop, however each one has their own private context on their mobile device.

The private context on the mobile device comprises three components:

- **Controls** allow for manipulation of UI elements. Controls can be transformations like translation, rotation or scaling, configurations like changing the color or the type of an object or actions like deleting.
- **Access:** Usually, all content on the tabletop belongs to every user and every user can perform actions like deleting, adding or modifying content. However, with tangible contexts, access restrictions can be set and coupled to contexts. Actions with restricted access can only be performed in the private context on the mobile device.
- **Data** can be assigned to objects and is public or private. An object's public data like a description is visible to all users. In comparison to public data, private data is only accessible in the private context on the mobile device. For instance, while consulting a customer, an architect might present plans to a customer while holding back private information like pricing on the mobile device.

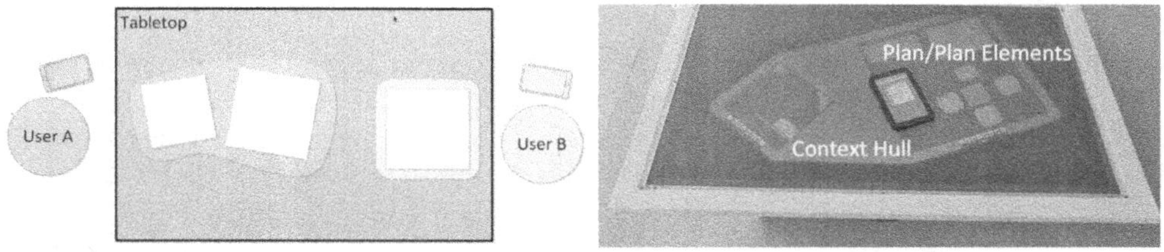

Figure 3: Visual grouping in convex hulls of UI elements on tabletop belonging to one context (left); actual room planner application (right). Each workspace has its own color that identifies the corresponding context.

To be able to illustrate and test our concept, we developed a room planner application that uses our tangible contexts (Figure 3, right). In the room planner, all UI elements that belong to the public context are visually arranged within a convex hull (Figure 3, left). According to the context to which the hull belongs, it has a certain background color. The hull contains different rooms and the rooms contain furniture (Figure 3, right). The private context on the mobile device's touchscreen shows different views relating to the current action that a user performs with it, e.g., in our room planner, when manipulating a chair in a room plan it presents related actions to the user (Figure 4).

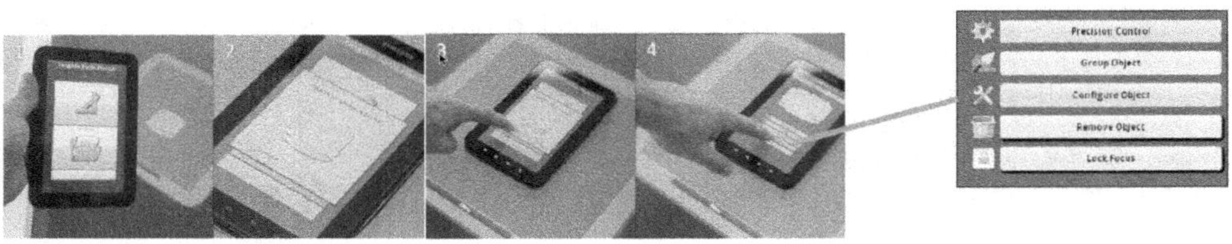

Figure 4: The user puts the mobile device on a chair of a room plan in (2) and the UI presents related actions. In (3), the user presses the 'Focus' button to confirm the focusing and chooses in (4) to configure the object.

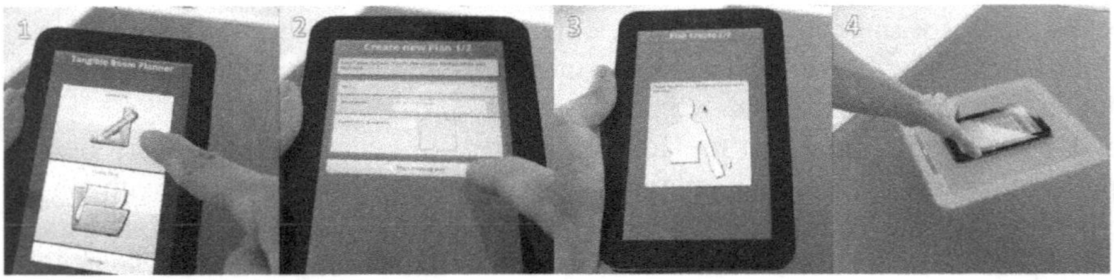

Figure 5: A user creates a new context on their mobile device (1), configures it (2), gets a hint to put mobile device onto the surface (3) and finally stamps it on the tabletop.

4 Tangible Context Manipulation Metaphors

Users control contexts in a tangible manner: In addition to direct touch interaction with the public context on the tabletop surface, interaction can be performed with the mobile device while holding it in the hand or by using it as a tangible object on the surface. In the following, we explain the different mobile device interaction metaphors with tangible contexts.

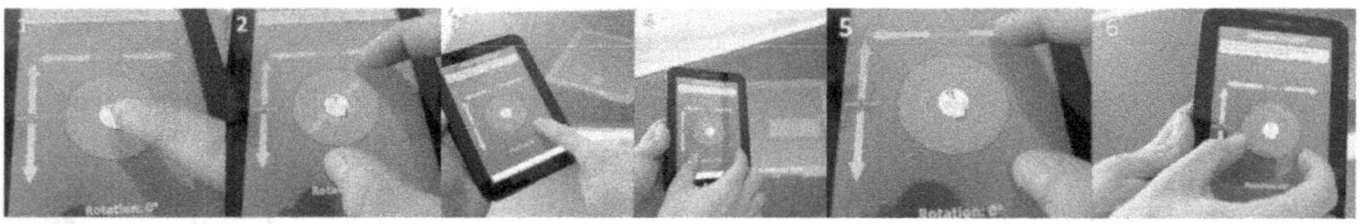

Figure 6 illustrates the precision controls on a 'focused' sofa. The precision control has two states: Accuracy adjustment and object manipulation that can be toggled by pressing the circle's center (1). In accuracy adjustment state, performing a pinch/scale gesture changes the control-display gain (CDG) and therefore the precision of a movement in the object manipulation state. The inner green circle indicates the CDG (2). (3), (4), (5) and (6) show the object manipulation state: drag, scale and rotate works with the usual pinch, scale, rotate and drag gestures.

At the heart of the tangible interaction stands 'focusing': By putting the mobile device on a UI element, the mobile device focuses it and shows the related controls in the UI of the private context on the mobile device (Figure 4). If the mobile device is part of the context, the private context UI on the device shows all actions. If not, the UI on the device shows only the public controls and data.

To initially create a new room plan or a new UI element within the room plan, users create it on their mobile device and stamp it onto the tabletop surface (

Figure 5). However, a user may only create a new UI element in a workspace on the tabletop that belongs to the same context as the mobile device.

As tabletops still do usually not offer the same touch-precision and display-resolution as most mobile devices (Olwal and Feiner 2009), a precision control on the phone allows for fine-grained adjustment of a focused UI element. Our precision control (illustrated in further detail in Figure 6) allows for fine-grained adjustment of UI elements.

The merge control allows comparing and merging different states of a UI element. Figure 7 presents a detailed illustration of the merge control. Therefore, different users can work in parallel in the private context on the same room plan and the results can be easily merged using the public context on the tabletop as soon as the work in the private contexts is finished.

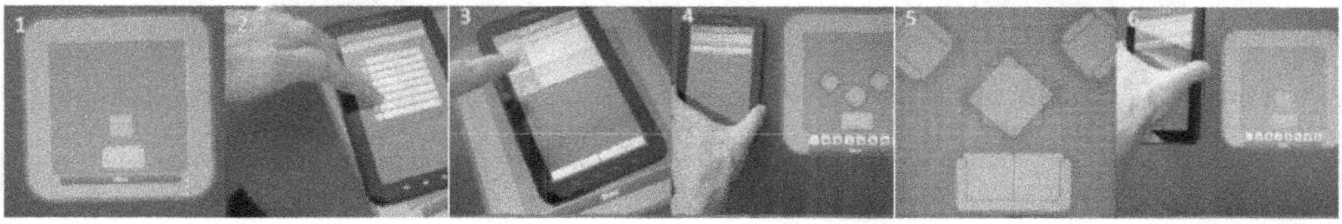

Figure 7: The merge control allows for comparing and merging of plans on the mobile device: In (1), only the current room plan is visible on the tabletop. In (2), the user selects 'Show existing plans' and in (3) two existing plans are shown in a list on the device. Selecting the plans draws them in a comparison view on the tabletop in (4) and (5). Finally, in (6) the user has finished merging.

Usually changing the order of layers on an interactive surface can be pretty complicated, which is inherent to the two-dimensional nature of the surface. E.g., (Davidson and Han 2008) introduced special pressure-sensitive layering cues to provide ordering means via touch. Therefore, we introduce a layer control on the mobile device that allows for the ordering of different layers of a UI. E.g., in our room planner application the order of overlaying UI elements can be manipulated on the mobile device. The layer control uses the mobile device's gyroscopic sensor: After focusing a workspace, tilting the mobile device automatically shows the layering control. Figure 8 explains the layer control in further detail.

5 Implementation

As hardware, we used our self-built interactive tabletop system called 'TwinTable', which comprises a 1920 x 1080 pixel display (see Figure 3, right). Touch and fiducial detection on the TwinTable is performed by our own multi-touch and fiducial tracking application called Actracktive[2] that is based on reacTIVision (Kaltenbrunner 2009) and CCV[3]. For testing purposes, we used a Samsung Galaxy Tab GT-P1000[4] running Google Android 2.2[5] as a mobile device.

---

2 http://code.google.com/p/actracktive

3 http://ccv.nuigroup.com/

4 http://www.samsung.com/ca/consumer/mobile/mobile-phones/tablets/GT-P1000ZKMBMC

5 http://www.android.com/

Figure 8: The layer control allows for rearranging superimposed layers. In (1), a user focuses the room plan with the mobile device. In (2), the device is tilted and the layer control opens. In (3), the user creates new layers that can be seen as semi transparent objects in (4). On the mobile device, the user may change their order.

We implemented the room planner with the Adobe Flash platform[6] for our tabletop system and for the mobile device. Both systems communicate with each other via BlazeDS[7]. Although there are more sophisticated approaches available like (Echtler et al 2009) or (Olwal & Feiner 2009), we initially decided to simulate mobile device detection on the tabletop surface by applying a reacTIVision fiducial marker to the mobile device.

6 Evaluation

We performed an initial evaluation of our manipulation concepts by performing a user test with 12 participants that we recruited from students of our faculty. All 12 participants had experience with touchscreen interaction but had so far no experience with direct touch and tangible interaction with tabletop systems.

We compared two interaction metaphors, namely the focusing of a UI element and the precision control each with two kinds of interaction versions. One version had to be performed with the mobile device, the other with direct touch only interaction. Therefore, we implemented the according touch metaphors. Each user performed both tasks in both versions in random order. To gather qualitative feedback, we interviewed participants after the user test. Additionally, to measure the user experience, participants filled out the User Experience Questionnaire (UEQ) by (Laugwitz et al 2006). The UEQ comprises five dimensions of user experience measured on bipolar 7-point Likert scales:

- Transparency (confusing / clearly arranged)
- Originality (conventional / inventive)
- Stimulation (uninteresting / interesting)
- Predictability (unpredictable / predictable)
- Efficiency (inefficient / efficient)

6 http://www.adobe.com/de/flashplatform/

7 http://opensource.adobe.com/wiki/display/blazeds/BlazeDS

Concerning the user experience dimensions, our hypothesis was that there are significant differences between…

- … precision and finger control (precision control significantly better).
- … mobile device and finger focusing (mobile device significantly better).

To evaluate the UEQ, we used Wilcoxon signed rank tests for each comparison. We could not find significant differences regarding the transparency, predictability and efficiency between the touch and the tangible context versions. We could however find significant differences for the stimulation and the originality for both tasks. The precision control is significantly more original ($p < 0.003$) and significantly more stimulating ($p < 0.022$) than the finger control. Mobile device focusing is significantly more original ($p < 0.002$) and significantly more stimulating ($p < 0.037$) than the finger focusing. Therefore, we assume that due to the novelty of the tangible contexts, the users find the tested interaction metaphors on the mobile device more original and more stimulating than their direct touch counterparts.

Amongst others, in the qualitative feedback, users told us that they find the mobile device focusing metaphor convenient. However, one person was concerned about laying a personal device onto the 'public' tabletop. Although they found the precision control on the mobile device slower than its direct touch counterpart, they found it more comfortable.

7 Conclusion and Future Work

Our work provides the concept of tangible contexts characterized by a relationship between a user, a workspace on a tabletop interface and the user's mobile device. Users employ their mobile device in a tangible way to interact with the tabletop. In a context, the mobile device represents the ownership of UI elements on the tabletop. Certain actions like deleting are only allowed for context owners. Additionally, we introduced tangible mobile device tabletop interaction metaphors. We implemented a room planner application as a proof of concept for the tangible context concept and to test manipulation metaphors. First evaluation results show that tangible contexts are more original and stimulating than direct touch only interfaces.

Today's ubiquitous mobile devices have the potential to complement public tabletop workspaces with a multitude of private workspaces. By using mobile devices, a simple access control mechanism is feasible employing our context concept. A mobile device's high-quality, high-precision touchscreen enhances touch-interaction with (still relatively low-resolution, low-precision) tabletop interfaces. A mobile device's sensors are useful for a multitude of interaction metaphors and it can be employed as multi-purpose tangible object directly on the tabletop's surface.

Tangible contexts with mobile devices and tabletop systems open up a cornucopia of interaction possibilities. There is still the need to explore those possibilities in future work. In addition, it is valuable to consider the question how the concept presented in this paper can be adapted in order to accommodate scenarios where users are not co-located.

Acknowledgements

Financial support by the BMBF-FHProfUnt grant no. 17043X10

References

Dachselt, R., and Buchholz, R. Natural throw and tilt interaction between mobile phones and distant displays. In *Proceedings of the 27th international conference extended abstracts on Human factors in computing systems* (New York, NY, USA, 2009), CHI EA '09, ACM, pp. 3253–3258.

Davidson, P. L., and Han, J. Y. Extending 2D Object Arrangement with Pressure-Sensitive Layering Cues. In *Proceedings of the 21st annual ACM symposium on User interface software and technology* (New York, NY, USA, 2008), UIST '08, ACM, pp. 87–90.

Echtler, F., and Klinker, G. Tracking mobile phones on interactive tabletops. In *GI Jahrestagung* (2008), pp. 285–290.

Echtler, F., Nestler, S., Dippon, A., and Klinker, G. Supporting casual interactions between board games on public tabletop displays and mobile devices. *Personal and Ubiquitous Computing 13* (2009), 609–617. 10.1007/s00779-009-0246-3.

Fitzmaurice, G. W. Situated information spaces and spatially aware palmtop computers. *Commun. ACM 36*, 7 (1993), 39–49.

Greenberg, S., and Boyle, M. Moving between personal devices and public displays. In *Workshop on Handheld CSCW* (1998).

Kaltenbrunner, M. reacTIVision and TUIO: a Tangible Tabletop Toolkit. In *ITS '09: Proceedings of the ACM International Conference on Interactive Tabletops and Surfaces* (New York, NY, USA, 2009), ACM, pp. 9–16.

Laugwitz, B., Schrepp, M., and Held, T. Konstruktion eines Fragebogens zur Messung der User Experience von Softwareprodukten. In *Proc. Mensch und Computer* (Gelsenkirchen, 2006), A. M. Heinecke and H. Paul, Eds., Oldenbourg, pp. 125–134.

Lee, J. Y., Kim, M. S., Seo, D. W., Lee, C.-W., Kim, J. S., and Lee, S. M. Dual interactions between multi-display and smartphone for collaborative design and sharing. In *Virtual Reality Conference (VR)*, 2011 IEEE (march 2011), pp. 221 –222.

Myers, B., Nichols, J., Wobbrock, J., and Miller, R. Taking handheld devices to the next level. *Computer 37*, 12 (dec. 2004), 36 – 43.

Olwal, A. Augmenting Surface Interaction through Context-Sensitive Mobile Devices. In *Human-Computer Interaction – INTERACT 2009*, Springer Berlin Heidelberg, 2009, pp. 336–339.

Rekimoto, J. A Multiple Device Approach for Supporting Whiteboard-Based Interactions. In *Proceedings of the SIGCHI conference on Human factors in computing systems* (New York, NY, USA, 1998), ACM Press/Addison-Wesley Publishing Co., pp. 344–351.

Schmidt, D., Chehimi, F., Rukzio, E., and Gellersen, H. PhoneTouch: a Technique for Direct Phone Interaction on Surfaces. In *Proceedings of the 23nd annual ACM symposium on User interface software and technology* (New York, NY, USA, 2010), UIST '10, ACM, pp. 13–16.

H. Reiterer & O. Deussen (Hrsg.): Mensch & Computer 2012
München: Oldenbourg Verlag, 2012, S. 63-72

Vispol: An Interactive Tabletop Graph Visualization for the Police

Johannes Luderschmidt[1], Ralf Dörner[1], Melanie Seyer[2], Frederic Frieß[1], Rudi Heimann[3]

Dept. DCSM, RheinMain University of Applied Sciences, Germany [1]
Communication Design, Central Saint Martin's College of Art and Design, London, UK[2]
II. Hessische Bereitschaftspolizeiabteilung, Polizei Hessen, Deutschland[3]

Abstract

Vispol (Visualization for the police) is an interactive graph-based visualization that supports the work of the police of Hessen, Germany. A Vispol graph visualizes involved persons and their relations in crisis incidents like hostage takings or bank hold-ups. It presents a tabletop-based multi-touch and tangible user interface for the structured creation and manipulation of node-link diagrams. For instance, persons can be stamped into a graph with a stamp tangible object and links can be established employing multi-touch gestures. The graph can be visually filtered by applying layout algorithms via layout tangibles or by using a tangible magnet metaphor. We presented Vispol to the police to gather qualitative feedback. The police appreciated the visualization and generally liked the approach to use a multi-touch and tangible user interface. However, when it came to interacting with the tabletop system, police officers acted very cautiously and hesitatingly, as they were afraid of the new technology.

1 Introduction

In this paper we present the interactive graph visualization software Vispol (Visualization for the police) for interactive tabletop systems that supports the police work for the coordination of crisis incidents in control room facilities. Vispol allows creating node-link diagrams of persons that are involved in a crisis incident like a bank hold-up or a hostage taking. Vispol provides multiple benefits for the police: It allows police officers to visualize and analyze personal constellations of situations that are often confusing, enables to explain the constellation to persons that are new to the incident and offers a structured approach how gradually investigated information about an incident can be collected. Its tangible user interface allows for a playful approach to visually filter and arrange diagrams in order to answer simple questions like "Which persons stay at which location?" or "Which male persons carry a gun?".

So far, to visualize and collect such information, the police of Hessen employed a whiteboard- and paper-based approach (see Figure 1), which corresponds with the results of a study of the use of paper-flight strips in air traffic control conducted by (MacKay 1999): For safety-critical applications, there might be many good reasons to automate existing work practices. However, automation would alter fundamental aspects of what users do and value and thus encounter resistance. Thus, Mackay recommends to introduce computer-based systems in a domain that has formerly accomplished in a manual, paper-based way, it is best to not use mice and keyboards but to consider alternative output devices. (Cohen and McGee 2004) are more precise in which kind of interfaces to use for safety-critical applications and recommend employing tangible multi-modal interfaces that make use of interaction familiar to users. Employing such post-WIMP user interfaces that employ interactive visualizations on a tabletop system in control facilities seems to be a promising combination (Forbus et al 2003), (Song et al 2009): Such a system can be easily installed in the facilities, allows multiple users to gather around the tabletop, discuss visualizations displayed on the tabletop and interact via multi-touch and tangible interaction without the need to share a mouse. Therefore, after thorough analysis of the police work, we decided to use a visualization approach in combination with direct touch and tangible interaction on a tabletop system.

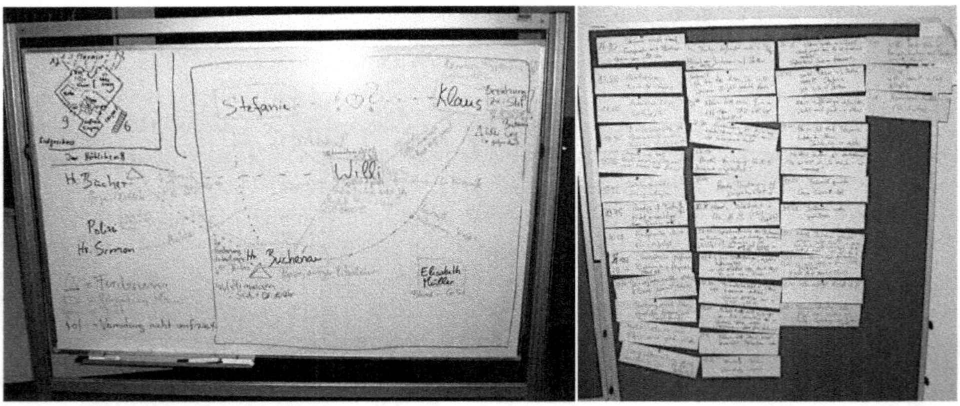

Figure 1: (left) Currently, the German police of Hessen draws information about persons and objects that are involved in a crisis situation on a whiteboard. (right) Additional textual information is collected with notes on a pin board.

This paper contributes a design study how interactive tabletop systems and visualizations can be employed in police work and which factors regarding visual design, interaction and collaboration are important for police officers. We examined a real-life scenario in the field of police work and meticulously conceived, designed and developed a user interface design approach in close collaboration with the police. Finally, we provide feedback results on the part of police officers that provide an opinion about Vispol and the use of post-WIMP interfaces in the vicinity of safety-critical applications. Additionally, we provide previously unseen tangible interaction metaphors with node-link-diagrams.

This paper is organized as follows. At first we summarize related work in section 2. We then describe the police work throughout crisis situations and the deduced concept, design, visualization and interaction of Vispol in section 3. In section 4 we describe the police's feedback. Finally, section 5 gives a conclusion.

2 Related Work

Vispol combines aspects of different fields. Firstly, it uses node-link diagram visualizations to display personal constellations used for criminal analysis. Using node-link diagrams to analyze the topology of criminal and terrorist networks can be found throughout the literature, e.g., in (Chen et al 2005), (Oatley et al 2005) and (Xu and Shen 2005). However, such diagrams are usually not employed to assist in command centers to structurally collect and visualize investigation results in real-time.

Secondly, Vispol allows for direct touch interaction to create and explore its diagrams. Exploration techniques can be found for instance in (Schmidt et al 2010). They present a set of multi-touch interaction techniques for the exploration of node-link diagrams. However, they focus on exploration and not on the structured creation of graphs. Although (Frisch et al 2011) present a comprehensive collection and evaluation of direct touch node-link diagram interaction techniques via multi-touch and pen interaction, they do not discuss the use of tangible UIs for content filtering. (Jetter et al 2011) combine tangible and multi-touch UIs to filter data on tabletops. However, they do not use it to visually filter graph data.

Vispol is a safety critical application that uses a direct touch and tangible user interface to create and analyze a crisis incident. A related user interface can, e.g., be found in the "nuSketch Battlespace" by (Forbus et al 2003). In nuSketch, military officers employ a sketching technique to create attack plans in a multimodal interface. The Incident Command System (ICS) by (Song et al 2009) investigates whether a sketch or drag-and-drop technique is suited better in a pen-based interface to coordinate incidents. Operators can sketch incidents on a map in a tabletop interface after an emergency call arrived in a command center. Although the nuSketch visualization and the ICS scenario take place in the vicinity of safety-critical applications and allow creating visualizations of incidents, both employ maps rather than graphs for visualization purposes.

3 Vispol

In this section we present our interactive graph visualization software Vispol for interactive tabletop systems. In section 3.1, we describe police work during crisis incidents. Based on this analysis, we have conceived the visualization concept described in section 3.2. Section 3.3 presents Vispol's direct touch and tangible user interface.

3.1 Police Work in a Crisis Incident

To figure out the requirements for Vispol, we visited the dedicated control room equipped with specialized hard- and software from which the police deal with a crisis incident. Additionally, we conducted a series of interviews with police officers and had access to detailed documentation material that describes the guidelines describing the procedures in such an incident.

Police officers involved in the management of a crisis situation are assigned to special tasks that differ from their usual work. The police leadership guides the investigations and decides about which actions the police perform on-site of the incident. Further police officers perform the actual investigations. Two police officers collect the investigation results and enter it into a server-based application for documentation purposes. As many different police officers perform the investigation work, it is necessary to exchange information between them. To provide an overview of an incident, the police officers that enter the information into the computer write aspects that they find noteworthy on memo cards and put them on a pin board in the control room (see Figure 1 on the right). Furthermore, they draw information about persons that are involved into the crisis incident on a whiteboard. Again, it depends on those two police officers, which information they find important enough to be sketched on the whiteboard. The memos on the pin board as well as the sketches on the whiteboard are used by the leadership to visualize the current situation of the incident. However, this approach has two severe drawbacks:

- Limited room to sketch the situation is available (in Figure 1 only five persons and their attributes fit on the whiteboard). Such a sketched incident can get quickly confusing.
- Police officers may draw whatever they find noteworthy on the whiteboard. Thus, they might draw irrelevant information and forget to add crucial information.

3.2 Visualization

3.2.1 Concept

It has been observed in the past, for instance, in (Cohen and McGee 2004) or (MacKay 1999) that computer interfaces for safety critical applications should incorporate existing work practice where possible. Therefore, Vispol adopts the current node-link diagram sketching approach in order that police officers can create the same diagrams with the help of a user interface.

Basically, Vispol visualizes persons and their connections to each other (see Figure 4, left). It allows for the incremental collection of investigated information about the persons. However, in contrast to the current investigation approach introduced in section 3.1, Vispol distinguishes between necessary and optional investigation results. Although the visualization offers to collect a multitude of important information, it should still present an overview of the fundamental persons and relations of the situation.

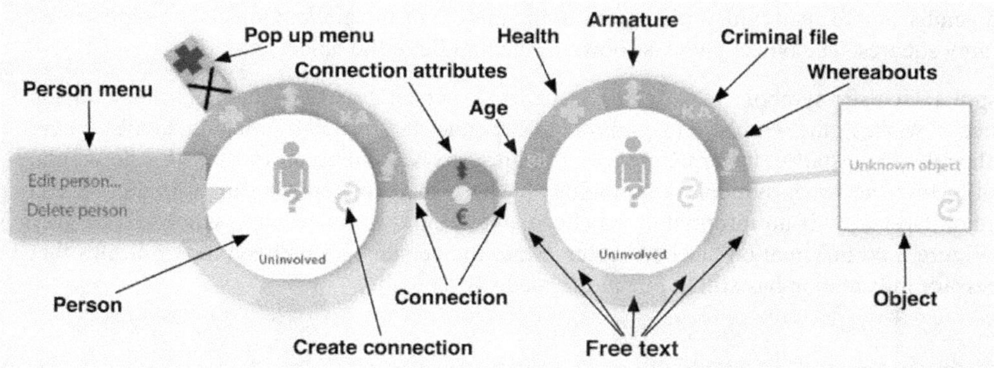

Figure 2: UI Elements in Vispol

Although there is no crisis incident like the other, we elicited in conversations with the police that some crucial attributes must always be investigated like the name, gender, age and current whereabouts of the person. Additionally, the police needs to know about a few other aspects:

- Does a person suffer from serious health conditions, for instance, if a person has cardiac problems or is pregnant?
- Is a person armed or not and if the person is armed what kind of weapon do they have?
- Does a person have a criminal file or not?
- The police wants to categorize people as culprits, victims or uninvolved.

To allow for the uniqueness of each crisis incident, free text can be added to every person. However, free text is either categorized as important information (like "person is trained in close combat") or an important question that has to be solved throughout investigation work.

In addition to person nodes, an additional node type represents objects like cars. Two persons or objects can be connected with each other and the connection can be categorized to combine any of the following attributes: emotional (for instance, friends or lovers), business, crisis and family.

3.2.2 Design

The police explicitly wished, that the interface looked as neutral as possible. Hence, the employed colors are mainly black, white and grey. However, color has been used to highlight important aspects. Circles represent persons (see Figure 2). The crucial attributes of the persons that have to be investigated throughout investigation work are arranged in the five wedges of the upper half of the circle. In the lower five wedges, free text information can be stored categorized either as important aspect or as important question. The name and the category of a person are shown in the middle of the circle (see Figure 2). A person's category and gender is indicated with a pictogram in the middle of the circle. Objects are represented by grey squares. The object name is shown in the middle of the object.

Vispol's UI uses symbols in order to visualize a person's aspects. Paying tribute to the police's wishes, the employed symbols incorporate the official police symbols where applicable (for instance, the armature icon is a grey arrow pointing upwards with a horizontal dash). However, own symbols are employed where there was not an appropriate official symbol. Basically, if no information has been entered into a wedge, its symbol will be grey (in Figure 2 no information has been entered into the persons). A grey symbol indicates that necessary information has still to be investigated.

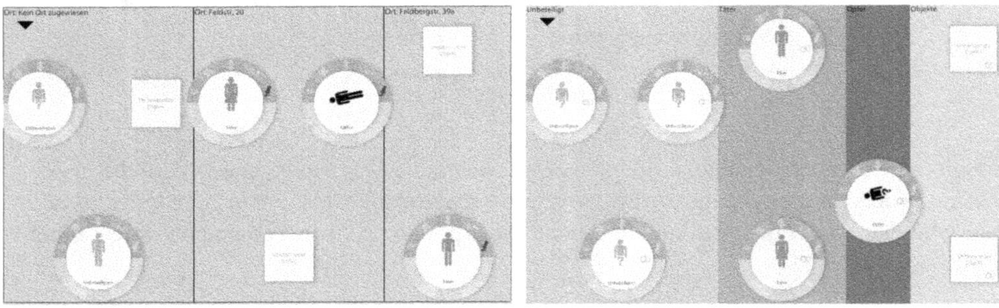

Figure 3: The whereabouts layout sorts nodes according to the place where a person or object remains (left). The type Layouts sorts nodes according to their types (right).

3.2.3 Layouts

Layout algorithms visually arrange nodes automatically. The circle view layout simply orders nodes in a circular fashion to show all nodes at once in an overview. Such a layout is especially handy, as Vispol offers pan & zoom interaction metaphors and nodes can easily end up out of the visible area. Applying the circle layout resets the zoom level and brings back all nodes to the center.

The whereabouts and the type layout (see Figure 3) evaluate the collected investigation data and serve to answer simple questions: The whereabouts layout tells the officers where persons and objects remain. The algorithm subdivides the tabletop surface into rectangular zones that correspond to the amount of whereabouts, which have been entered into nodes. In Figure 3 on the left, there are three whereabout zones: To the left, the whereabouts are unknown. The persons and objects in the center zone stay at the "Feldstr. 20" and in the right zone at "Feldbergstr. 39a". Similar to the whereabouts layout, the type layout subdivides the screen into rectangular type zones and arranges the appropriate nodes in them. In Figure 3 on the right, rectangular zones from left to right: uninvolved persons, culprits, victims and objects.

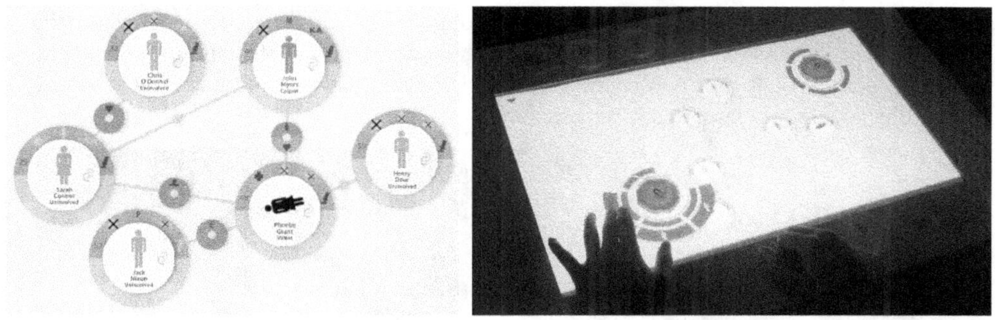

Figure 4: (left) A Vispol graph. (right) Magnet tangibles can be configured to attract nodes with certain aspects. Multiple magnet tangibles can be employed to create different fields in which nodes arrange according to their data.

3.3 Interaction

As Vispol should be accessible by all users in the control room, a typical workspace with a mouse and a keyboard would be impractical. Additionally, according to (Cohen and McGee 2004) or (MacKay 1999), it is promising to employ tangible user interfaces for safety critical applications, as users can perform familiar interaction. Although using an interactive whiteboard would have been promising, as the police have been using whiteboards so far, it would not have supported tangible UIs. Hence, interaction in Vispol is based on a direct multi-touch and tangible user interface in a tabletop setup. We describe the direct touch interaction in section 3.3.4 and the tangible user interface in section 3.3.5.

3.3.4 Direct Touch

To enter data, discuss or explore the visualization, police officers gather in front of the tabletop setup. A user arranges nodes by touching and dragging them and enters investigated data with popup menus and with a virtual keyboard. The whole visualization can be panned by dragging a finger on the visualization's background and zoomed by performing pinch and zoom gestures on the background. To create a connection between nodes, a connection line can be dragged out of the "Create connection" symbol (see Figure 2) onto another node. To support experienced users, we employ a metaphor also reported in (Frisch et al 2011). Tapping two connection symbols at once creates a connection via multi-touch.

3.3.5 Tangible User Interface

Vispol supports a tangible user interface to provide a simple access to complex functionality: By putting the appropriate physical object on the surface, the according functionality will be triggered. In Vispol, a widget appears around the tangibles when put on the surface. This widget gives a feedback about the state of the tangible (e.g., see Figure 5, left) or allow for the configuration of the tangible via touch (e.g., see Figure 4, left). In the following, we introduce the different tangible interaction metaphors of Vispol.

A person tangible (see Figure 5, right) allows stamping a new person into the visualization. Alternatively, by putting the person tangible on an existing person this person can be selected. After stamping or selecting a person, rotating the tangible 45° clockwise (the tangible widget gives a visual cue about different interaction zones of the tangible) opens the person configuration dialog. If two or more person tangibles remain on the surface, moving these tangibles together creates a new connection.

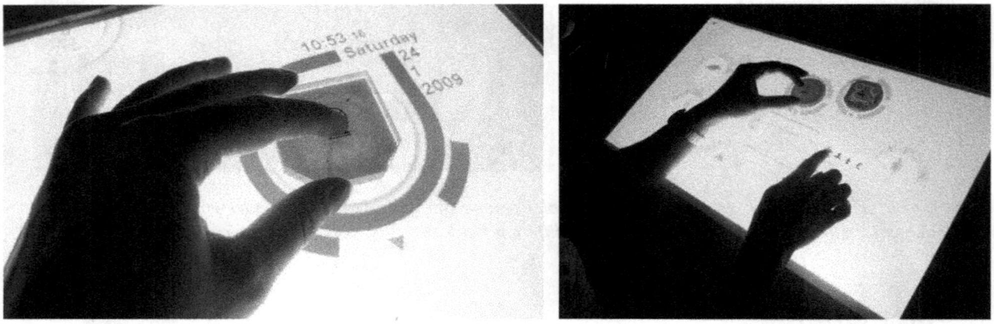

Figure 5: (left) The timestamp tangible saves or loads states of the Vispol. (right) The person tangible allows for stamping a new person into the visualization. Rotating the tangible to the right opens the configuration dialog for the new person. Moving together two person tangibles creates a new connection.

Timestamp tangibles (see Figure 5, left) allow creating save states of the visualization. The time of the timestamp is shown in the upper right corner of the tangible widget. If a timestamp has been created with one of the timestamp tangibles, putting the same tangible on the table sets the visualization to the saved state.

Magnet tangibles (see Figure 4, right) allow for creating generic magnets. A magnet tangible exerts a force that attracts all nodes that correspond to the magnet's configuration to gather around the tangible. The magnet widget enables the user to set the configuration. As filter criterion all values of a person can be selected. For instance, a user can configure a magnet that attracts male persons with an age between 20 and 35 years that carry a rifle. Putting two or more magnets on the surface causes nodes that are attracted by multiple magnets to gather between these magnets. Thus, magnets can be employed to visually filter the visualization.

To apply one of the layouts explained in section 3.2.3, a user can put the appropriate layout tangible on the surface to apply the layout to the visualization. As the arrangement of nodes in Vispol can be time-consuming, it has been especially important to the police that the state of a visualization previous to the application of a layout can be restored. Therefore, removing a layout tangible from the table restores the previous state. However, if a user wants to keep the applied layout, rotating the tangible more than 180° clockwise causes the layout to remain (the tangible widget gives an appropriate visual cue).

4 Feedback

To gather feedback, we presented Vispol on our multi-touch and tangible tabletop system Virttable that we carried to the police facilities. In a meeting room, nine police officers were asked to try out the touch and tangible interaction in an informal setting and were interviewed afterwards. We presented Vispol's basic functionality on the Virttable and the officers were asked to try out a prepared demo scenario. Although at one point two officers tried to interact at once with Vispol, they mostly interacted alone with Vispol.

Overall, the feedback pertaining the visualization has been positive. The abstraction of persons, objects, connections and attributes were embraced. As we were told, usually the leadership of the German police (and therefore our target group) consists of male persons who are older than 50 years and have a quite conservative approach to technological innovations. Additionally, such officers are afraid of making "mistakes" while interacting with a user interface in front of others. Hence, although touch interaction had been known, officers interacted very hesitatingly and cautiously with Vispol. Mutual interaction had been completely new to the officers so that they tried to interact with Vispol alone. In one case an officer tried to interact with Vispol but was told by another officer not to change anything because he was afraid that the other user could destroy his arrangement (the actual words were "If he grabs into my arrangement, I will pull my gun."). Seeing and using a tangible user interface approach was completely new to the police officers and they rather regarded it as some kind of a toy (and a toy is not appropriate for real men to "work" with). However, a few brave officers tried out the tangible interaction metaphors and could easily use the provided functionality. Additionally, the officers told us to consider fastening the tangible objects to the tabletop system as even within the police vicinities loose objects would be likely to disappear. Regarding the hesitant approach of the police officers towards the tabletop interface, we were told that it is common knowledge within the police that new computer technologies are only accepted slowly. However, in the past there had been a successful approach to motivate users to adopt a new computer technology: When desktop computers had been introduced to police work in the early nineties, games had been installed to encourage police officers to use the computers and develop a positive attitude towards this technology. Thus, when introducing tabletop computing systems, it could be beneficial to provide software that alleviates the initial approach to the system for inexperienced users and create a positive attitude towards the new technology.

5 Conclusion and Future Work

Vispol presents an interactive information visualization with a multi-touch and tangible user interface in a real application context for safety critical applications that has been developed in cooperation with the police of the state of Hessen, Germany. Vispol allows creating node-link diagrams of persons that are involved in a crisis incident like a bank hold-up or a hostage taking in order to enable police leadership to keep an overview of a crisis incident. Additionally, Vispol allows introducing newcomers to an incident. Vispol presents interaction metaphors that allow for the playful creation, manipulation and exploration of node-link diagrams via multi-touch and tangible user interfaces. In a feedback conversation, the police embraces the visualization approach of Vispol. However, they are skeptical regarding the introduction of tabletop setups in the German police work. They doubt that police officers are willing to actually adopt such new interaction techniques, as they are typically afraid of being embarrassed when making mistakes.

In future work we plan to install a tabletop system with Vispol in the control room facilities of the police and conduct a user study of Vispol throughout a training situation of a crisis incident.

Acknowledgements

Financial support by the BMBF-FHProfUnt grant no. 17043X10

References

Chen, H., Atabakhsh, H., Tseng, C., Marshall, B., Kaza, S., Eggers, S., Gowda, H., Shah, A., Petersen, T., Violette, C.: Visualization in Law Enforcement. *CHI 05: CHI 05 extended abstracts on Human factors in computing systems*, pp. 1268–1271, 2005.

Cohen, P. R., McGee, D. R.: Tangible Multimodal Interfaces for Safety-Critical Applications. *Communications of the ACM 47*, 41–46, January 2004.

Forbus, K. D., Usher, J., Chapman, V.: Sketching for Military Courses of Action Diagrams. *Proceedings of the 8th international conference on Intelligent user interfaces* (New York, NY, USA, 2003), IUI '03, ACM, pp. 61–68.

Frisch, M., Heydekorn, J., and Dachselt, R. Investigating Multi-Touch and Pen Gestures for Diagram Editing on Interactive Surfaces. In Proceedings of the ACM International Conference on Interactive Tabletops and Surfaces (New York, NY, USA, 2009), ITS '09, ACM, pp. 149–156.

Jetter, H.-C., Gerken, J., Zöllner, M., Reiterer, H., and Milic-Frayling, N. Materializing the Query with Facet-Streams: a Hybrid Surface for Collaborative Search on Tabletops. In Proceedings of the 2011 annual conference on Human factors in computing systems (New York, NY, USA, 2011), CHI '11, ACM, pp. 3013–3022.

MacKay, W. E.: Is Paper Safer? The Role of Paper Flight Strips in Air Traffic Control. *ACM Transactions on Computer-Human Interaction 6 (December 1999)*, 311–340.

Oatley, G. C., Zeleznikow, J., Ewart, B. W.: Criminal Networks and Spatial Density. *ICAIL 05: Proceedings of the 10th international conference on Articial intelligence and law*, pp. 246–247, 2005.

Song, Y., Cummings, M. L., Ahmad, S., Davis, R.: Emergency Response System On a Pen- Based Tabletop Display. *ACM Conference on Interactive Tabletops and Surfaces (ITS 2009)* (Banff, Canada, Nov 2009).

Schmidt, S., Nacenta, M. A., Dachselt, R., Carpendale, S.: A Set of Multi-touch Graph Interaction Techniques. *Proceedings of the ACM International Conference on Interactive Tabletops and Surfaces* (New York, NY, USA, 2010), ITS '10, ACM, pp. 113–116.

Xu, J., Chen, H.: Criminal Network Analysis and Visualization. *Commun. ACM 48*, pp. 100–107, 2005.

Contact information

ott-markus@t-online.de, {johannes.luderschmidt, ralf.doerner}@hs-rm.de, mel.seyer@gmx.net, rudi.heimann@polizei.hessen.de

H. Reiterer & O. Deussen (Hrsg.): Mensch & Computer 2012
München: Oldenbourg Verlag, 2012, S. 73-82

A Comparison of Spatial Grouping Techniques on Interactive Surfaces

Anita Höchtl, Florian Geyer, Harald Reiterer

Human-Computer Interaction Group, University of Konstanz, Germany

Abstract

In this paper we report a comparative study investigating two interaction techniques for grouping items spatially on a tabletop interface. We compared a container technique with a proximity technique. The container concept was considered due to its familiarity with desktop systems, while the proximity technique is a novel organic concept based on spatial proximity. Our goal was to identify the characteristics of both techniques in regard to grouping and regrouping performance, grouping strategies as well as bimanual and multi-finger input. Our results indicate that the traditional container concept may not be an adequate fit for harnessing the benefits of interactive surfaces. Rather, our study shows that more informal spatial techniques based on proximity open up a promising design space for further investigations.

1 Introduction

Grouping and regrouping digital objects is a common task in various application domains. From creating diagrams, sorting photos to managing files, users need to move single or multiple items around for creating spatial aggregations, collections or clusters. Systems that incorporate such functionality can be found in various domains, such as creative group work (Tse et al. 2008), document analysis and management (Robertson et al. 1998) or web surfing and mind mapping (Brade et al. 2011). When engaging in such activities, virtual space is utilized for sense-making, creating representations that reveal new relations or insights. Managing and organizing digital artifacts in a manual way thereby serves as an implicit tool for filtering and synthesizing, thereby taking advantage of human spatial memory capabilities (Shipman et al. 1995).

Multi-touch interaction bears great potential for supporting the manipulation of individual items and groups of objects more efficiently than it is possible with traditional single pointer desktop interfaces. A study by Kin et al. (2009) even found that multi-target selection tasks with a single-touch interface can be performed up to twice as fast compared to mouse-based selection. The researchers account 83% of the reduction in selection time to the direct-touch nature of their interface. When the mapping between gesture and action becomes more direct, users can make more use of their spatial memory capabilities and it is easier to move objects (North et al. 2009). Nevertheless, due to the rich affordances of touch interfaces, it is possible to manipulate virtual objects and groups of objects with not only one hand, but with two hands and multiple fingers, thereby making interaction more analogous to physical interactions in the non-digital world.

In recent years, researchers have examined the characteristics of digital and physical affordances (e.g. Terrenghi et al. 2007), gestures for typical tasks and commands (e.g. Wobbrock et al. 2009) and bi-manual gestures for moving and grouping items (e.g. North et al. 2009). In our research, we build upon this work for examining the effects of *interaction techniques* for spatial grouping and re-grouping tasks in regard to direct-touch, bimanual and multi-finger input. We argue that traditional interaction techniques for grouping items based on containment (e.g. folder or pile metaphor) might not be adequate for harnessing the benefits of multitouch input. Hence, we explore the use of alternative grouping concepts, such as grouping based on spatial proximity. In the following, we will discuss related research and state-of-the-art grouping techniques typically used on interactive surfaces. We then present two exemplary interaction techniques we designed for representing the containment concept (Bin) and the proximity concept (Blub). Eventually, we describe a user study that we conducted for comparing both grouping techniques. In a discussion we focus on the differences both concepts yield in grouping and regrouping performance, use of multi-touch input as well as grouping strategies.

2 Related Work

Our research is related to studies of bimanual multitouch interaction in general as well as interaction techniques for supporting grouping tasks on interactive surfaces in particular.

Terrenghi et al. (2007) have explored the differences in affordances and physicality of manipulation of digital content on interactive surfaces and traditional physical interactions. They conclude that emulation of some of the physical characteristics in digital interfaces may lead to quite different actions and strategies. They make the point that "in order to confer the benefits of bimanual interaction, one approach is to design specific tools and techniques which more explicitly require asymmetric bimanual interaction" (Terrenghi et al. 2007). Furthermore, related to grouping tasks, they argue that "to compensate for the lack of physical constraints in the digital realm, 'magnetic snapping' between pieces and grouping gestures are some possible solutions" (Terrenghi et al. 2007). Wobbrock et al. (2009) studied the use of user-elicited gestures on multitouch interfaces for 27 typical tasks like moving, selecting, panning and zooming. Their conclusions show that two-handed interaction forms an important part of surface gesture design. However, their study did not include grouping tasks or the manipulation of multiple objects. North et al. (2009) closed this gap by examining the use of different multitouch gestures for manipulating multiple small items on a tabletop interface. The focus of their study however was not on grouping, but to investigate which interactions from the physical world carry over to the digital replication. They compared a mouse condition with a physical condition and a multitouch condition. Their results show that two-handed operations can be faster than mouse actions, but slower than physical operations. They also proposed a grouping gesture where users can select multiple items by defining a convex hull with three or more fingers. However, their results show that users had some difficulty with the hull system. Because there is a vast body of other work in bi-manual interaction, we refer to Kin et al. (2009) for an overview of studies in multi-finger and bi-manual gestures on touch interfaces. Based on their multi-target selection experiment they argue that a major benefit of multitouch is the ability to simultaneously select multiple targets. They propose further research in examining these characteristics for moving items into groups.

Besides the investigation of (bimanual) gestures, researchers have also created interaction techniques especially for grouping items on tabletops. Traditionally, multi-selection and grouping tasks on desktop interfaces are supported by group selection methods such as rubber banding or lasso selection, before operations (e.g. move into folder) are applied to the selected group (Watanabe et al. 2007). This method of group selection and drag & drop style operations was also carried over to interactive surfaces. Examples for this can be found in research and practice. Scott et al. (2005) presented the grouping technique "Storage Bins" that can be considered as an equivalent to folders on desktop interfaces. Items can be dragged into movable and resizable containers. Once dragged into the container, they are scaled down as to allow for space-efficient organization. Similarly, Hinrichs et al. (2005) presented "Interface Currents", a container system that can also be attached to borders and corners of interactive tables. Items dragged into the containers are animated, flowing in streams around the container to make all items available to collaborating individuals. Both interaction techniques can be considered examples for the traditional container concept and similar techniques are now supported by most non-commercial and commercial frameworks such as Surface SDK and therefore can be considered as state-of-the-art. Some innovative concepts based on containment are interaction techniques based on piles or multimodal selection and grouping based on gestures and speech (Tse et al. 2008). We may summarize that research in interactive surfaces has not yet examined other techniques for grouping items beyond the multi-selection, drag & drop style container concept. This is especially noteworthy, since studies of bi-manual and multi-finger interaction point to a need for more informal grouping techniques that are closer to our physical interactions (see Terrenghi et al. 2007). We therefore question if the container concept is indeed the best fit for harnessing the potential benefits of multitouch and bimanual interaction.

3 Spatial Grouping Techniques

In search for alternative grouping concepts, we were inspired by an interaction technique called "Bubble Clusters" (Watanabe et al. 2007) for grouping items on a mouse-operated desktop system. It avoids the need for selecting items with rubber banding or lasso selection which is usually required before creating groups. This is achieved by a "snapping" algorithm that associated objects when they are placed in close proximity to each other, similar to a force field with magnetic properties. The force field is thereby visualized as bubbles around the associated objects and also allows users to move clusters by dragging the bubble shape.

A study by Watanabe et al. (2007) showed that their technique could improve grouping performance in a simple single-pointer icon relocation task compared to standard folders and lasso selection. We argue that such informal grouping techniques based on spatial proximity might be closer to our natural physical interactions and that these might be better suitable for harnessing the benefits of multitouch bi-manual input. We therefore think that it is valuable to explore an adaptation of this mouse-based grouping technique for use on interactive surfaces. By comparing the traditional container concept and the self-adjusting proximity-based container concept on a multi-touch system we may reveal differences in bi-manual, multi-finger input and resulting interaction performance and grouping strategies. In the following, we will describe the techniques Bin and Blub that we developed for this purpose.

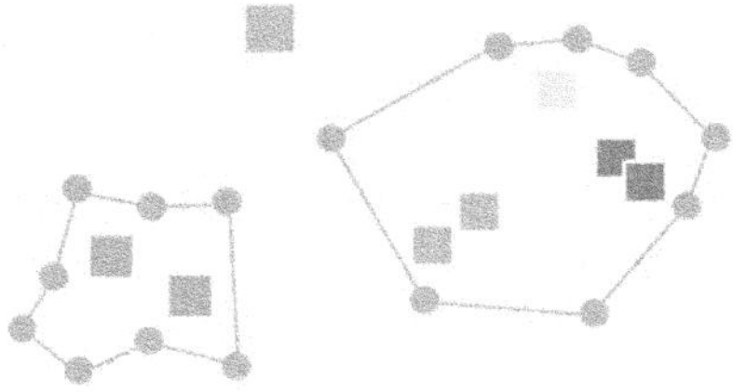

Figure 1: Bin – Grouping items by moving them into a container object.

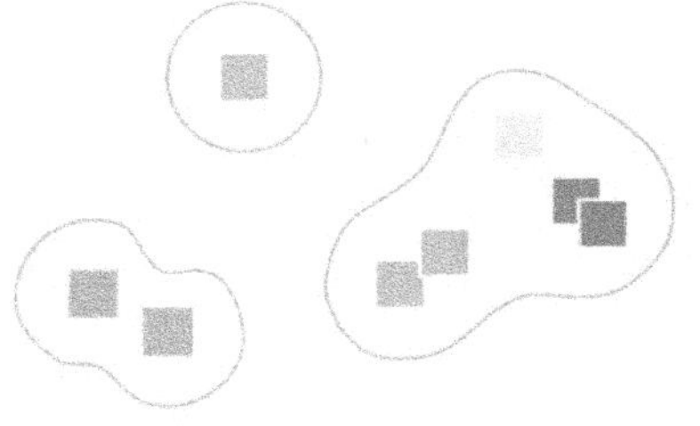

Figure 2: Blub – Grouping items by moving them in close proximity to each other.

3.1 The Bin Technique

We designed the Bin technique based on "Storage Bins" (Scott et al. 2005), a container concept for digital tabletops. Mobile and adjustable containers allow for storing and retrieving digital items on an interactive surface. Therefore, the classical concept of containment (c.f. folders) was adapted by including eight handles (size: 13 px) which allow adjusting the bin's shape (see Figure 1). Users can add items to the bin and may freely arrange them inside the bin. Users may also move the bin itself by dragging it to a new location. A bin provides several ways of interaction as described in the following: 1) *Dragging objects into a bin:* The user may either drag or toss an object directly into a bin. When the item is released inside a bin, it is resized as to show that it is now contained by the bin. Users may also select a group of objects with a lasso selection and may then move this collection into the bin. After releasing the collection, objects are added to the bin. 2) *Collecting objects:* The bin itself can also be used to collect items. Therefore, users can drag the bin directly over objects or adjust the shape of the bin by dragging its handles. After releasing the bin or its handles, objects inside the bin's boundaries are resized to visualize containment. 3) *Spreading a bin:* When objects overlap within the bin, users may use a pinching gesture for getting an overview on the bin's contents. When applying this gesture, objects are slightly moved so that no overlapping items remain.

3.2 The Blub Technique

For the Blub technique we adapted "Bubble Clusters" (Watanabe et al. 2007), an organic concept of proximity for spatial object and group manipulation on mouse-operated desktops interfaces. Therefore, each object is surrounded by a bubble, which adjusts its boundaries organically according the number and positions of objects in close proximity (see Figure 2). This bionically-inspired concept can be compared with merging water drops or colliding soap bubbles. In accordance with the Gestalt Law of Proximity, humans perceive elements, which are close together as a group or even more related. If those objects are visually connected, elements are usually interpreted as sharing one or more common attributes (Sternberg 1996). Blub utilizes these characteristics for making grouping more natural. Our multi-touch adaptation provides following interaction techniques for visually organizing items: 1) *Group by object:* Two items join one bubble if they are positioned close to each other. To do so, the user drags an object to another object and as soon as their boundaries touch each other, bubbles melt, creating a new, larger bubble. 2) *Group by bubble:* Users can move bubbles with multiple items by dragging the bubble shape to a new position. After releasing the bubble, overlapping items or other bubbles are merged, when applicable. 3) *Splitting a bubble:* Users may also split a bubble by drawing a stroke with the finger across the bubble shape. The bubble then splits and two new bubbles result. 4) *Spreading a bubble:* Similar as in the Bin technique, a pinching gesture can be used to get an overview on the bubble's items. When applying the gesture, overlapping objects slightly move to new positions and the bubble adapts its surrounding boundary.

4 Experimental User Study

We conducted a user study for comparing our traditional container concept Bin with the organic proximity concept Blub. Our goal was to identify the differences in bi-manual, multi-finger input and resulting interaction performance and interaction strategies that are afforded by the two grouping techniques. Eventually, we also wanted to examine whether Blub as an organic concept is more natural and hence allows harnessing more of the benefits of multi-touch input in grouping tasks.

4.1 Procedure

Our controlled experiment was performed in our lab on a Microsoft Surface table, measuring 24" x 18" with 1024 x 768 px screen resolution. We collected data in the form of questionnaires, structured interviews, video-recordings and logging data for answering our research questions. Twelve participants (seven male and five female, age 21 to 39, mean: 26) were recruited for the study from the local university campus. All of the participants passed a color-blindness test. With the exception of two individuals, all participants had no background in computer science and only one had never used a touch device before. Participants were compensated for their efforts. We used a counterbalanced within-subjects design whereby each condition (Blub & Bin) was introduced to the participants prior to each test run by a description supplied on a paper sheet. Each condition was tested in sessions that lasted approximately 20 minutes. The whole procedure took around 60 minutes.

4.2 Tasks

Users were given the task to group 30 spatially distributed rectangles (size: 45 x 45 px) according to five different colors (c.f. Watanabe et al. 2007). Each task covered a grouping and a regrouping phase: 1) The rectangles appeared distributed randomly on the surface. 2) Then, users were asked to group shapes according to colors. 3) After a five second break, the colors of the shapes were shuffled (keeping their original position) and participants had to group the objects again. The whole task procedure consisted of 16 trials (4 passes x 2 interface conditions x 2 phases), whereby the first pass was excluded from data analysis as this was used for a short tutorial and free practice. In order to avoid carryover effects, six participants started with the Bin (see Figure 3) and the other six started with the Blub condition (see Figure 4).

Figure 3: Interacting with the Bin technique.

Figure 4: Interacting with the Blub technique.

4.3 Results

Our data analysis focused on the differences both concepts yield in grouping and regrouping performance, user preferences as well as grouping strategies. In the following, we will describe the results from our quantitative and qualitative analysis.

4.3.1 Task Performance and Efficiency

One of our research goals was to find out, if participants can complete the grouping task with both interfaces. This was measured by logging the task completion times of each trial. 94% of all trials with the Blub Interface and 99% of all trials with the Bin Interface were successfully completed within a five minute limit. This indicates that both interfaces did work for the grouping task. Logged task completion times however differed between Bin and Blub (see *Figure 5*). Paired t-tests for the grouping phase depict significant differences between both techniques ($t(12) = 0.00063$, $p < 0.001$) with Blub being faster. Measured times for the regrouping phase demonstrate only slight variations. By interacting with the Blub technique, participants had a tendency to become faster across the passes (see *Figure 6*). We found that the average task completion times differed in 49 seconds between the first and the third pass

(31 % improvement). However, user performance remained almost constant in the Bin condition.

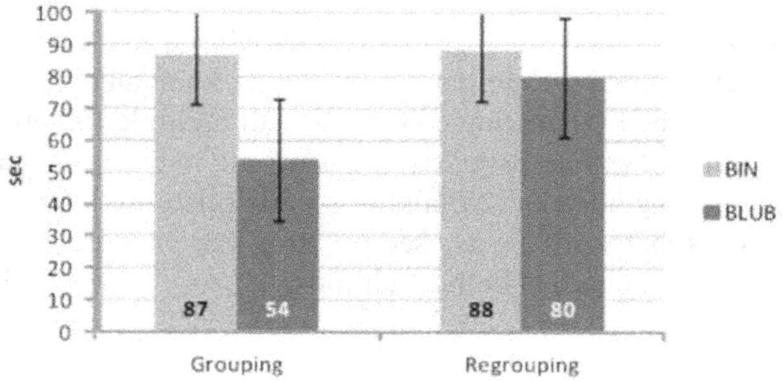

Figure 5: Average trial time and standard deviation of phases in both conditions.

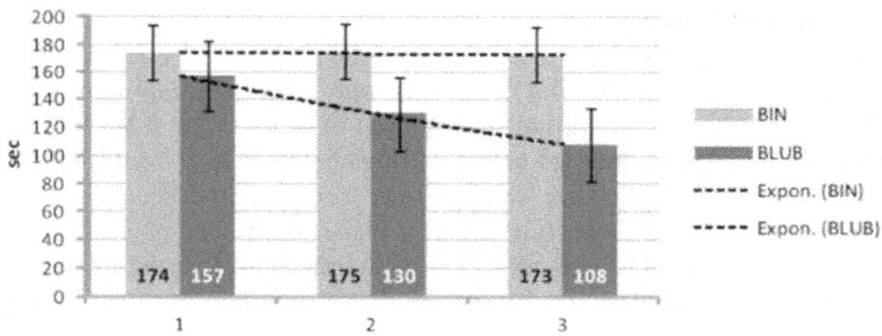

Figure 6: Average trial time, standard deviation and exponential tendency across the passes.

4.3.2 User Preferences

Based on the results of two standardized questionnaires SUS (Brooke 1996) and AttrakDiff™ [1] as well as a final interview we learned that participants clearly preferred the Blub technique. The SUS ratings show that participants would significantly ($t(12) = 0.02971$) use Blub more frequently than Bin and that the latter was significantly ($t(12) = 0.01911$) considered more cumbersome to use. The AttrakDiff™ questionnaire revealed that although Bin was described as more motivating, all but one participant would prefer Blub. Participants described the technique as more task-oriented than self-oriented (pragmatic quality). Concerning the hedonic qualities, the questionnaire revealed that users were more likely to identify themselves with the Blub technique than with the Bin technique. Although not significant, Blub consistently scored higher concerning stimulation, identity and attractiveness.

1 http://www.attrakdiff.de

4.3.3 Use of Multitouch Input

We analyzed our data as to investigate the differences concerning multi-touch input channels between the interfaces. Therefore, 71 completed trials with the Bin technique and 68 completed trials with the Blub technique were qualitatively analyzed using video material. No specific characteristics were found by examining multi-finger input and bimanual interaction separately. However, two-handed interaction combined with multiple fingers was especially applied in the Blub condition (28 trials) whereas one hand and multiple fingers (25 trials) as well as both hands with one finger each (22 trials) was more often used in the Bin condition. Another interesting aspect is that participants used multiple fingers more often in the grouping phase than in the regrouping phase in both conditions.

4.3.4 Interaction Strategies

We examined our data for differences between interaction strategies in grouping by using either the Bin or the Blub technique. Based on the log data of operations conducted with both techniques, we analyzed the observation videos and identified a variety of interaction strategies. Most strategies can be separated in two basic steps – a preparation step and a grouping step. In the Bin condition, participants often prepared the rectangles by accumulating them in small heaps by either dragging or tossing them to groups. In the regrouping phase, they often enlarged the bin and dragged overlapping shapes apart in order to get a better overview. For the grouping itself, participants dragged or tossed objects into a bin, from bin to bin or used the lasso for collecting items. Another strategy was to collect the accumulated shapes by dragging a bin over them or by adjusting a Bin's shape to enclose objects. The proximity based concept of Blub provided less freedom in interaction as its boundaries were not adjustable. Due to that, less preparation steps were applied. For grouping, they mostly dragged objects to same-colored items in a target-oriented way or tossed them to a point at the edge of the display. A different strategy was to create a large bubble of objects and then splitting it based on colors. However, this strategy was just applied by a few participants. Participants did use the pinching gesture in order to get a better overview of overlapping objects mainly in the regrouping phase. We also analyzed our data as to investigate the differences concerning multi-touch input channels between the interfaces. Participants used multiple fingers more often in the grouping phase than in the regrouping phase in both conditions

4.4 Discussion

Our results have shown that participants were able to successfully complete the task with both interfaces. Nevertheless, by using the Blub technique the task completion time decreased across the passes. In the Bin condition, times remained nearly the same. One possible explanation is that participants understood the Blub technique better and adapted their interaction much faster. Another explanation is that the handle size in the Bin condition was too small. Hence interaction required more effort and was slower. Long term usage however could weaken this trend, because users will get accustomed to both interfaces. Blub was clearly favored by participants. We believe that this is due to its bionically inspired design, which is less complex than Bin. Because Blub lacks handles for adjusting its size, users can save one interaction step but have less freedom in interaction. In the Bin condition, participants favored creating heaps for each color. This and the use of handles for adjustment caused a greater complexity in interaction strategies, which may lead to slower task completion times. We found that the pinching gesture for spreading objects was never used in the Bin condition. We think that the reason for this is that that the mapped gesture was not appropriate or that spreading was not required for completing the tasks. By interacting with the Blub Interface, the most popular interaction strategy was to assort objects selectively. Possibly, this interaction strategy requires less skills and practice in contrast to the splitting strategy. Only two participants applied the splitting strategy, mainly in the regrouping phase. Accidental grouping occurred in both conditions, but was much easier to correct in the Blub condition due to the automatic adjustment of the bubble's contour. Our analysis concerning multitouch input shows that none of our participants had preferences for one particular combination of fingers and hands across the techniques.

5 Conclusion

In this paper we compared the container and the proximity concept for supporting grouping tasks on digital tabletops. We introduced the Bin and the Blub technique and presented a user study comparing these interfaces concerning task performance, task efficiency, user preferences and interaction strategies. The findings of our study depicted that the proximity concept is more beneficial for grouping tasks on a digital surface than the traditional container concept. All but one participant explicitly preferred this concept and on average the task completion times were faster. We consequently argue that grouping based on spatial proximity is closer to our interactions in the non-digital physical world than grouping based on containment. However, we also found that minor changes could further improve the usability of Blub. As overshooting objects is currently a problem, "Superflick" (Reetz et al. 2006), a throwing-based interaction technique, could further enhance Blub toward a more realistic feel. Moreover, when dragging a bubble, other bubbles could move apart which would make interaction more elegant (c.f. Robertson et al. 1998). We found that splitting is not mandatory on interactive surfaces as users made better use of their fingers. Removing this functionality would also reduce the complexity of the interface. We also believe that a splaying gesture instead of a pinching gesture would be more intuitive for spreading objects as it better reflects the user's intention. Another possible enhancement could be to allow users to manipulate the bubble shape in an informal way, thereby allowing more freedom of interaction to the user when necessary.

References

Brade, M., Heseler, J., & Groh, R. (2011). *An Interface for Visual Information-Gathering during Web Browsing Sessions: BrainDump - A Versatile Visual Workspace for Memorizing and Organizing Information.* Proceedings of ACHI '11. Goiser, France.

Brooke, J., (1996). *SUS – A quick and dirty usability scale.* Usability evaluation in industry. London: Taylor & Francis. 189-194.

Hinrichs, U., Carpendale, S., Scott, S. D. & Pattison, E. (2005) *Interface Currents: Supporting Fluent Collaboration on Tabletop Displays*. Proceedings of the 5th Symposium on Smart Graphics: SmartGraphics '05. Springer Verlag. 185-197.

Kin, K., Agrawala, M. & DeRose, T. (2009). *Determining the benefits of direct-touch, bimanual, and multifinger input on a multitouch workstation*. Proceedings of Graphics Interface: GI '09. Canadian Information Processing Society, Canada. 119-124.

North, C., Dwyer, T., Lee, B., Fisher, D., Isenberg, P., Robertson, G., and Inkpen, K. (2009). *Understanding multi-touch manipulation for surface computing*. Proceedings of INTERACT '09. Springer Verlag. 236–249.

Reetz, A., Gutwin, C., Stach, T., Nacenta, M., & Subramanian, S. (2006). *Superflick: a natural and efficient technique for long-distance object placement on digital tables*. Proceedings of Graphics Interface: GI '06. Canadian Information Processing Society, Canada. 163-170.

Robertson, G., Czerwinski, K., Larson, K., Robbins, D.C., Thiel, D. & Van Dantzich, M. (1998). *Data mountain: using spatial memory for document management*. Proceedings of the 11th annual ACM symposium on User interface software and technology: UIST '98. ACM Press. 153-162.

Scott, S. D., Carpendale, M. S. T., & Habelski, S. (2005). *Storage bins: mobile storage for collaborative tabletop displays*. IEEE Computer Graphics and Applications, *25*(4). IEEE Computer Society Press. 58-65.

Shipman, F. M., Marshall, C. C. & Moran, T. P. (1995). *Finding and using implicit structure in human-organized spatial layouts of information. Proceedings of the SIGCHI conference on Human factors in computing systems:* CHI '95. ACM Press. 346-353.

Sternberg, R. (1996) *Cognitive Psychology*. Harcourt Brace College Publishers.

Terrenghi, L., Kirk, D., Sellen, A., & Izadi, S. (2007). *Affordances for manipulation of physical versus digital media on interactive surfaces*. Proceedings of the SIGCHI conference on Human factors in computing systems: CHI '07. ACM Press. 1157.

Tse, E., Greenberg, S., Shen, C., Forlines, C., & Kodama, R. (2008). *Exploring true multi-user multimodal interaction over a digital table*. Proceedings of the 7th ACM conference on Designing interactive systems: DIS '08. ACM Press. 109-118.

Watanabe, N., Washida, M., & Igarashi, T. (2007). *Bubble clusters: an interface for manipulating spatial aggregation of graphical objects*. Proceedings of the 20th annual ACM symposium on User interface software and technology: UIST 2007. ACM Press. 173-182.

Wobbrock, J. O., Morris, M. R., & Wilson, A. D. (2009). *User-defined gestures for surface computing*. Proceedings of the 27th international conference on Human factors in computing systems: CHI '09. ACM Press. 1083.

Contact Information

Anita Höchtl, Florian Geyer, Harald Reiterer
Human-Computer Interaction Group, University of Konstanz
Universitätsstrasse 10, Box D73, 78457 Konstanz, Germany
Anita.Hoechtl@gmx.at, Florian.Geyer@uni-konstanz.de, Harald.Reiterer@uni-konstanz.de

H. Reiterer & O. Deussen (Hrsg.): Mensch & Computer 2012
München: Oldenbourg Verlag, 2012, S. 83-92

Halbautomatische Ausrichtung für Gruppenarbeit an Multitouch-Tischen

Lorenz Barnkow, Kai von Luck

Department Informatik, Hochschule für Angewandte Wissenschaften Hamburg

Zusammenfassung

Die Ausrichtung von Objekten auf gewöhnlichen Tischen ist von fundamentaler Bedeutung für das richtige Verständnis sowie die Koordination und Kommunikation in Gruppenarbeiten. Ebenso müssen diese Rollen der Ausrichtung bei der Implementierung von Multitouch-Tischen berücksichtigt werden. In dieser Arbeit wird ein kombiniertes Verfahren, bestehend aus automatischer und manueller Ausrichtung, für die Ausrichtung digitaler Artefakte beschrieben. Anhand einer Testanwendung auf Basis eines kollaborativen Redaktionsszenarios, wurde dieses Verfahren im Rahmen einer Evaluationsstudie untersucht, um den Nutzen automatischer Ausrichtung zu quantifizieren und die Nutzungsakzeptanz qualitativ zu bewerten.

1 Einleitung

Gruppenarbeiten sind ein verbreitetes und gut untersuchtes Vorgehen, mit dem die Fähigkeiten mehrerer Individuen kombiniert und Arbeitsprozesse stärker demokratisiert werden können (Metzinger 2010). Insbesondere Tische stellen dabei eine der häufigsten Plattformen für Zusammenarbeit dar, da die räumliche Nähe der Personen den direkten Augenkontakt, die Kommunikation über Sprache und Gestik sowie das Gewahrsein über die Handlungen aller Beteiligten fördert (Pinelle et al. 2006). Diese natürlichen Mechanismen der Zusammenarbeit lassen sich jedoch häufig nicht auf interaktive, digitale Tische – wie berührungssensitive Multitouch-Tische – übertragen, da die elektronische Unterstützung nicht in ausreichendem Maße gegeben ist (ebd.). Die steigende Verfügbarkeit kommerzieller und kostengünstiger Multitouch-Lösungen hat in den vergangenen Jahren zu einem verstärkten Forschungsinteresse in diesem Bereich geführt (Schöning 2010). Infolgedessen wurden zahlreiche neue Techniken vorgestellt, um sowohl die individuelle als auch die gemeinschaftliche Arbeit an Multitouch-Tischen zu unterstützen. Eine der zentralen Herausforderungen von Gruppenarbeiten an Multitouch-Tischen ist die korrekte Ausrichtung der digitalen Artefakte, um den verschiedenen Blickwinkeln der Teilnehmenden gerecht zu werden (Kruger et al. 2003). Für die technische Umsetzung der Ausrichtung digitaler Artefakte gibt es in der Literatur zahlreiche Techniken. In diesem Beitrag soll eine Kombination aus automatischer und manueller Ausrichtung vorgestellt werden, die den manuellen Aufwand reduziert und gleichzeitig ein hohes Maß an Flexibilität bietet. In einer Evaluationsstudie wurde sowohl die Arbeitserleichterung als auch die Akzeptanz dieser Lösung quantitativ und qualitativ geprüft.

2 Verwandte Arbeiten

Bei Gruppenarbeiten an Tischen legen die beteiligten Personen intuitiv ein ausgeprägtes Territorialverhalten an den Tag (Scott et al. 2004). Hierbei wird zwischen den drei Territorien *group*, *personal* und *storage* unterschieden. Während das *group territory* den gemeinsam genutzten Arbeitsraum darstellt, ist das *personal territory* der Bereich unmittelbar vor jeder Person, der für persönliche Arbeiten verwendet wird (ebd.).

Die Ausrichtung von Artefakten auf dem Tisch unterstützt das Verständnis, die Koordination und die Kommunikation (Kruger et al. 2003). Das Verständnis bezieht sich u. a. auf die Lesbarkeit von Texten, die bei ungünstiger Ausrichtung deutlich abnehmen kann (Wigdor & Balakrishnan 2005). Durch die Ausrichtung der Artefakte auf Personen, wird die Koordination dahingehend unterstützt, dass *personal territories* sichtbar werden und Besitz ablesbar ist. Ebenso kann die aktive Neuausrichtung eines Artefakts auf eine oder mehrere andere Personen einen kommunikativen Austausch einleiten.

Techniken zur Ausrichtung von Artefakten auf Multitouch-Tischen lassen sich in drei Gruppen einteilen: *manuelle*, *automatische* und *kombinierte* Verfahren.

Bei den manuellen Verfahren hat jede Person die Freiheit jedem Artefakt eine beliebige Orientierung zu geben. Zu diesen Techniken zählen u. a. die explizite Festlegung des Anzeigewinkels, die Verwendung von *handles*, die physikbasierte Ausrichtung und die Verwendung von Mehrfinger-Gesten (Hancock et al. 2006). Prinzipiell ist diesen Verfahren gemein, dass sie an Multitouch-Tischen grundsätzlich die gleiche Flexibilität bieten, die aus der realen Welt zu erwarten wäre, wobei es Unterschiede hinsichtlich der Erlernbarkeit und Gebrauchstauglichkeit gibt.

An Multitouch-Tischen kann die Arbeit auch dahingehend erleichtert werden, dass das System die Ausrichtung der Artefakte selbstständig übernimmt und somit den Menschen entlastet. Eine solche automatische Ausrichtung kann im einfachsten Fall in Richtung der räumlich nächsten Tischkante erfolgen (Shen et al. 2004). Auch die automatische Ausrichtung auf die räumlich nächste Person (Rekimoto & Saitoh 1999), anhand von festgelegten Territorien (Shen et al. 2004) oder der Handstellung (Dang et al. 2009; Schiavo et al. 2011) ist möglich. Ausschließlich automatische Ausrichtung ist jedoch selten optimal (Dragicevic & Shi 2009) und macht die kommunikative Rolle der Ausrichtung zunichte.

Kombinierte (oder halbautomatische) Verfahren ergänzen die elektronische Unterstützung automatischer Ausrichtung mit der Flexibilität der manuellen Ausrichtung. Ein Beispiel ist die Verwendung von Vektorfeldern – die für jeden Punkt auf dem Tisch die Richtung der automatischen Ausrichtung vorgeben – und Gesten, um die Vektorfelder zu manipulieren

(Dragicevic & Shi 2009). In diesem Fall kann die manuelle Neuausrichtung nicht direkt auf Artefakte angewendet werden, sondern es werden nur Regionen des Vektorfeldes manipuliert. Dieses Verfahren beeinträchtigt die Sichtbarkeit und Transparenz der Aktionen am Tisch, da Artefakte ihre Ausrichtung verlieren, sobald sie aus den entsprechenden Regionen verschoben werden. Manuell ausgerichtete Artefakte sollten jedoch nur durch einen expliziten Eingriff einer Person neu orientiert werden, da dies sonst der Awareness am Tisch entgegen wirkt (Kruger et al. 2003).

Die genannten automatischen und kombinierten Verfahren weisen jeweils Probleme im Hinblick auf die Flexibilität, die kommunikative Funktion und die Awareness auf. Obgleich eine Arbeitserleichterung durch automatische Verfahren in der Literatur als Vorteil angeführt wurde (Dragicevic & Shi 2009), ist diese bislang nicht nachgewiesen. Ganz im Gegenteil legt eine andere Studie nahe, dass eine vollständig automatische Ausrichtung keinen messbaren Geschwindigkeitsvorteil bei der Arbeit bietet und darüber hinaus die Freiheit der Benutzenden einschränkt (Schiavo et al. 2011).

Dieser Beitrag stellt ein kombiniertes Verfahren zur Ausrichtung vor, welches in einer Evaluationsstudie überprüft wurde. Anhand der gesammelten Daten wird die o.g. Arbeitserleichterung quantifiziert und die Gebrauchstauglichkeit qualitativ bewertet.

3 Untersuchung einer kombinierten Ausrichtung

Im Folgenden wird das untersuchte, kombinierte Verfahren zur Ausrichtung beschrieben. Weiterhin werden die Testanwendung, das Anwendungsszenario und die Aufgabenstellung der Untersuchung beschrieben.

3.1 Ein kombiniertes Verfahren zur Ausrichtung

Die in dieser Arbeit vorgestellte kombinierte Ausrichtung verbindet eine automatische Ausrichtung zur nächsten Person mit Multitouch-Gesten zur manuellen Ausrichtung von Artefakten.

Um das zuvor beschriebene Territorialverhalten im System abzubilden, steht jeder Person ein persönliches Territorium an der Tischkante zur Verfügung (Klinkhammer et al. 2011), welches manuell erstellt, bewegt und geschlossen werden kann. Außerdem können eine beliebige Menge von mobilen Containern (als *storage territory*) zur Sammlung von Artefakten erstellt werden (siehe Abbildung 1).

Alle Artefakte auf dem Tisch werden grundsätzlich automatisch zum nächsten persönlichen Territorium (und somit zur entsprechenden Person) ausgerichtet und nehmen die Farbe dieses Territoriums an (siehe Abbildung 2 links). Hierdurch soll neben der gewünschten Arbeitserleichterung auch die Wahrnehmung von Besitz gestärkt werden. Diese Automatik kann zu jedem Zeitpunkt und für jedes Artefakt über eine rechts oben angeheftete Schaltfläche aus- und eingeschaltet oder – durch die Verwendung einer Multitouch-Geste zur Rotation – überschrieben werden (siehe Abbildung 2 mittig).

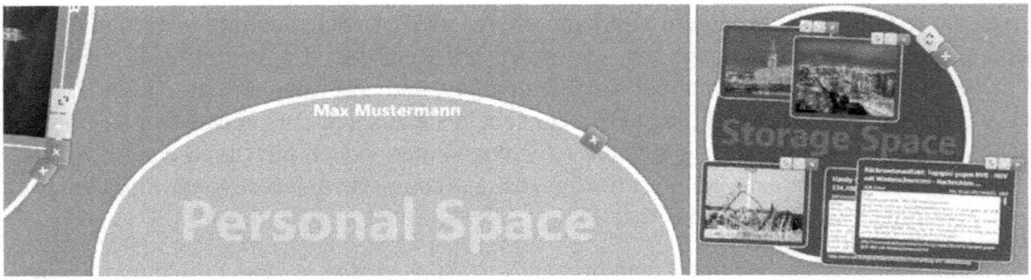

Abbildung 1: Persönliches Territorium von Max (links) und ein storage territory *als mobiler Container zur Sammlung digitaler Artefakte (rechts).*

Manuell ausgerichtete Artefakte verändern ihre Orientierung nur dann, wenn die automatische Ausrichtung für dieses Artefakt wieder explizit eingeschaltet wird. Die farbliche Zuordnung eines Artefakts zu den persönlichen Territorien erfolgt nur bei aktivierter automatischer Ausrichtung. In welchem der beiden Modi sich ein Artefakt befindet (siehe auch Raskin 2000), kann anhand der Farbgebung der entsprechenden angehefteten Schaltfläche rechts oben und der Färbung des jeweiligen Artefakts abgelesen werden. In beiden Fällen zeigt eine graue Färbung den deaktivierten Modus an.

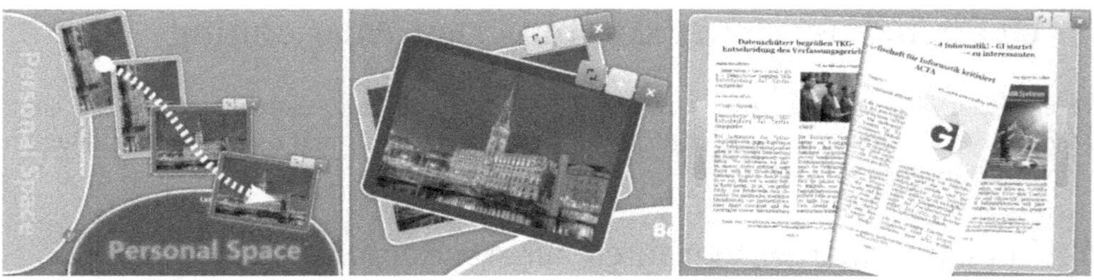

Abbildung 2: Kontinuierliche Ausrichtung zum räumlich nächsten persönlichen Territorium (links), manuell überschriebene Ausrichtung eines Artefakts (mittig) und virtuelles Zeitungswerkzeug (rechts).

3.2 Anwendungsszenario, Testanwendung und Aufgabenstellung

Als zentrales Thema für die entwickelte Testanwendung wurde eine Zeitschriftenredaktion ausgewählt. Durch ein realitätsnahes Szenario sollte verhindert werden, dass die Testumgebung künstlich auf die zu evaluierenden Verfahren angepasst ist. In einem Interview konnten die Arbeitsabläufe innerhalb einer Redaktion erfasst und nachvollzogen werden. Von besonderem Interesse waren hierbei jene Situationen, in denen zwei oder mehr Personen zusammentreffen oder -arbeiten. Hierzu zählt zum einen das gemeinsame Sichten der Bilder, die einen Artikel potenziell begleiten sollen, und zum anderen das Redaktionsmeeting, in dem der aktuelle Stand der Ausgabe präsentiert und diskutiert wird.

Die entwickelte Testanwendung greift diese beiden Anwendungsfälle auf und stellt Werkzeuge zur Recherche von Nachrichtenartikeln und Bildern zur Verfügung. Als Datenbasis wurde auf die Suchdienste Google News[1] und Google Images[2] zurückgegriffen, um Experimente unabhängig von der Datenbasis der befragten Redaktion durchführen zu können. Die Suchwerkzeuge verfügten über eine Funktion, um synchronisierte Kopien der Suchmaske zu erstellen, so dass Suchergebnisse auch gemeinsam gesichtet werden konnten. Weiterhin stand ein Zeitungswerkzeug zur Verfügung, mit dessen Hilfe über Drag-and-Drop-Gesten eine virtuelle Zeitschrift zusammengestellt werden konnte (siehe Abbildung 2 rechts).

In den Experimenten dieser Untersuchung sollte in Gruppenarbeit jeweils eine Zeitung erstellt werden. Diese Aufgabe bestand sowohl aus lose gekoppelten Arbeitsphasen, mit überwiegender Einzelarbeit, als auch aus eng gekoppelten Phasen, in denen der Austausch von Artefakten und die Kommunikation in der Gruppe stärker betont wurden. Eine Rollenzuteilung hat nicht stattgefunden, so dass grundsätzlich alle Diskussionen innerhalb der Gruppe gleichberechtigt geführt wurden.

Im ersten Arbeitsschritt der Aufgabe haben alle Testpersonen zu zwei vorgegebenen Themen (z. B. „Wirtschaft“ und „Politik“) jeweils drei Nachrichtenartikel recherchiert und entgegen dem Uhrzeigersinn weitergegeben. Anschließend wurden die von der benachbarten Testperson erhaltenen Artikel gesichtet und gefiltert, so dass jeder Testperson nur ein Artikel je Thema vorlag. In einer gemeinsamen Diskussion einigten sich die Testpersonen auf eine Reihenfolge und fügten die verbliebenen Artikel entsprechend in das Zeitungswerkzeug ein. Im zweiten Arbeitsschritt der Aufgabe hat jede Testperson ein Bild je Nachrichtenartikel gesucht und zur Diskussion gestellt. In einer weiteren Diskussion haben sich die Testpersonen auf ein Bild je Artikel geeinigt und dieses in das Zeitungswerkzeug eingefügt.

Diese Aufgabe wurde von jeder Gruppe in zwei Konfigurationen durchgeführt. In einer Konfiguration kam das kombinierte Verfahren zur Ausrichtung der Artefakte zur Anwendung, während in der anderen lediglich die manuelle Ausrichtung zur Verfügung stand. Außerdem wurden je Konfiguration verschiedene Nachrichtenthemen vorgegeben.

4 Evaluation

Um den Nutzen automatischer Ausrichtung zu bewerten, wurde eine Evaluationsstudie durchgeführt. Hierbei sollte zum einen der Einfluss der automatischen Ausrichtung auf die Arbeit am Multitouch-Tisch gemessen und zum anderen die Gebrauchstauglichkeit des kombinierten Verfahrens qualitativ bewertet werden. Im Vorfeld der Experimente wurden mit Fragebögen die demographischen Merkmale der Versuchspersonen sowie deren Vorkenntnisse erfasst. Außerdem erhielten alle Gruppe eine Einweisung in das gesamte Testsystem und hatten anschließend 10-15 Minuten Zeit es selbstständig zu erproben und weitere Fragen zu stellen. Nach den Experimenten wurden mit weiteren Fragebögen die Gebrauchstauglichkeit und die Zusammenarbeit am Tisch bewertet. Abgeschlossen wurden die Experimente

---

[1] http://news.google.com/ – abgerufen am 26.06.2012

[2] http://images.google.com/ – abgerufen am 26.06.2012

mit einem Interview der jeweiligen Gruppe. Die Experimente wurden an einem Multitouch-Tisch mit einer interaktiven Fläche von ca. 200x65cm durchgeführt (siehe Abbildung 3). Während der Experimente wurden die Interaktionen mit dem Tisch zur späteren Auswertung automatisch protokolliert. Zusätzlich wurden alle Experimente und Interviews mit mehreren Kameras aufgezeichnet.

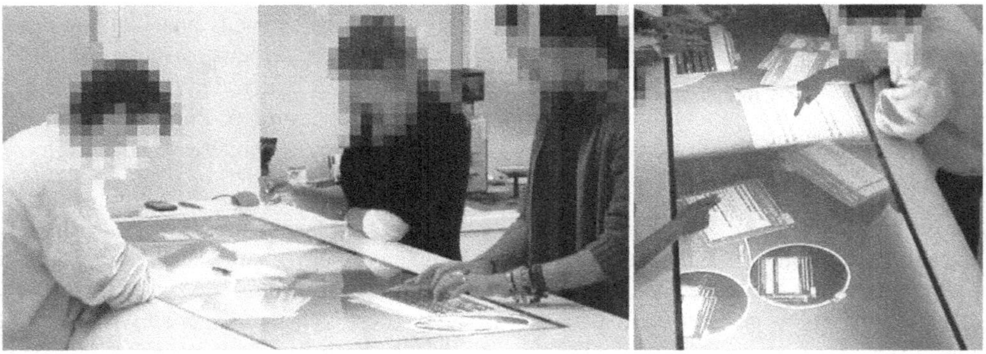

Abbildung 3: Zwei Kameraansichten einer Testgruppe am Multitouch-Tisch während der Experimente

An der Untersuchung haben zehn Gruppen mit je 3 Personen teilgenommen, von denen sowohl 80 Prozent männlich als auch 80 Prozent Studierende waren. Die Testpersonen waren zwischen 18 und 45 Jahre alt, wobei mit 40 Prozent die größte Gruppe aus der Klasse der 25- bis 29-Jährigen stammte. Alle Personen gaben an, regelmäßig Computer zu nutzen und nur 13 Prozent gaben an, nicht regelmäßig Touchscreens zu verwenden. Im Hinblick auf die Interaktion mit Multitouch-Tischen antworteten 86 Prozent, dass sie keine oder nur wenig Erfahrung mit großen Tabletop-Systemen hatten. Die Bearbeitungszeit der Aufgaben der Experimente lag bei den Gruppen zwischen 40 und 100 Minuten (Mittelwert (M) = 69,5; Standardabweichung (SD) = 21,7).

Im Folgenden werden zunächst die Daten der automatisch erfassten Interaktionsprotokolle ausgewertet. Anschließend werden die Ergebnisse der Fragebögen und Interviews beschrieben.

4.1 Auswertung der Interaktionsprotokolle

Um die gesammelten Daten zu visualisieren wurden Diagramme erstellt, die die räumliche Nutzung des Multitouch-Tisches durch die Versuchpersonen aufzeigen. Hierbei wurde der Tisch in Regionen geteilt und die Intensität der Färbung der Regionen entspricht der Häufigkeit, mit der Interaktionen innerhalb der entsprechenden Region aufgetreten sind. Exemplarisch sind zwei solcher Diagramme für eine Testgruppe in Abbildung 4 zu sehen, wobei auf der linken Seite die Konfiguration mit dem kombinierten Verfahren zur Ausrichtung und auf der rechten Seite die Konfiguration mit dem manuellen Verfahren abgebildet ist. Diese Diagramme geben Aufschluss darüber, dass die Verwendung einer automatischen Ausrichtung keinen Einfluss auf die räumliche Nutzung des Tisches bzw. das

Territorialverhalten im Allgemeinen hatte. Dieses Bild hat sich über alle zehn Testgruppen hinweg bestätigt. Weiterhin ist erkennbar, dass die beiden Testpersonen auf der rechten Seite der beiden Diagramme jeweils deutlich kleinere Territorien bearbeitet haben, als die alleinstehende Person auf der linken Seite. Dies deutet auf eine unzureichende Tischgröße hin, die in den späteren Interviews auch bemängelt wurde.

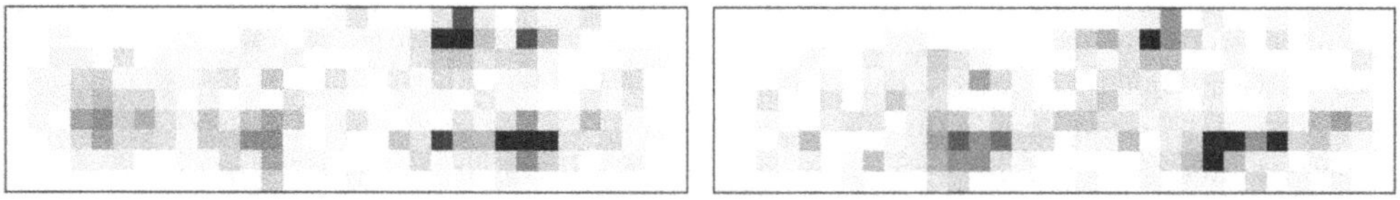

Abbildung 4: Räumliche Nutzung des Multitouch-Tisches mit dem kombinierten Verfahren zur Ausrichtung (links) und mit ausschließlich manueller Ausrichtung (rechts) exemplarisch für eine Testgruppe.

Mit der statistischen Auswertung der Interaktionsprotokolle sollte die Arbeitserleichterung durch die automatische Ausrichtung quantifiziert werden. Hierbei wurden die Interaktionen dahingehend unterschieden, ob sie eine Neuausrichtung über eine manuelle Rotationsgeste enthielten. Bei allen Gruppen hat sich der Anteil der manuellen Rotationsgesten zwischen den beiden Testkonfigurationen unterschieden. Innerhalb der Aufgabe mit dem kombinierten Verfahren zur Ausrichtung, beinhalteten im Durchschnitt 15,4 Prozent aller Interaktionen auch manuelle Rotationsgesten. In der Aufgabe mit ausschließlich manueller Ausrichtung war der Anteil der Rotationsgesten im Durchschnitt bei 33,8 Prozent und damit mehr als doppelt so hoch (siehe Abbildung 5). Dieser Unterschied ist statistisch signifikant ($F(1,18) = 45{,}041$; $p < 0{,}00001$). Dies deckt sich auch mit der Beobachtung, dass die meisten Testpersonen die automatische Ausrichtung nur selten manuell überschrieben oder deaktiviert hatten. Typischerweise wurde die Ausrichtung manuell verändert, wenn eine Kompromisslösung gesucht wurde, die für mehrere Personen gleichermaßen geeignet war.

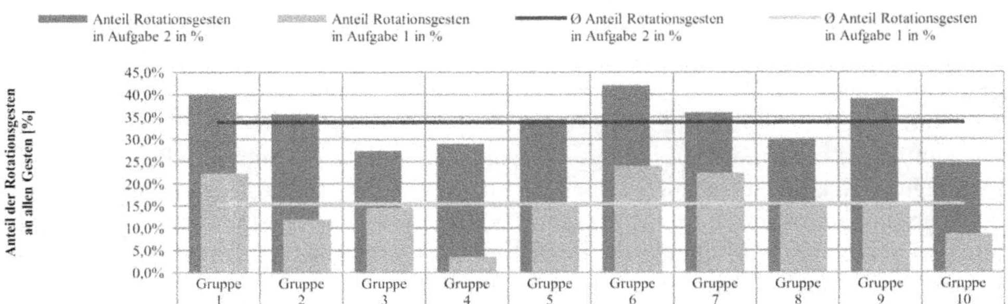

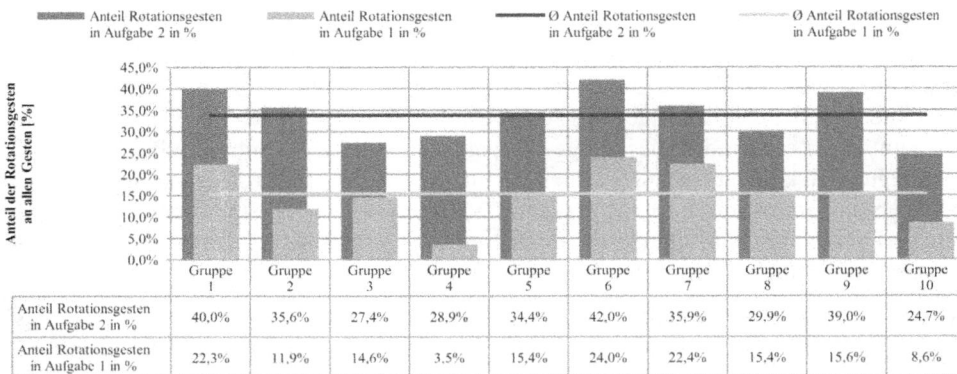

	Gruppe 1	Gruppe 2	Gruppe 3	Gruppe 4	Gruppe 5	Gruppe 6	Gruppe 7	Gruppe 8	Gruppe 9	Gruppe 10
Anteil Rotationsgesten in Aufgabe 2 in %	40,0%	35,6%	27,4%	28,9%	34,4%	42,0%	35,9%	29,9%	39,0%	24,7%
Anteil Rotationsgesten in Aufgabe 1 in %	22,3%	11,9%	14,6%	3,5%	15,4%	24,0%	22,4%	15,4%	15,6%	8,6%

Abbildung 5: Anteil der Rotationsgesten an allen Gesten in den Testaufgaben

4.2 Auswertung der Fragebögen und Interviews

Der Fragebogen, der nach den Experimenten bearbeitet wurde, bestand überwiegend aus Statements mit einer 6-stufigen Likert-Skala (*volle Zustimmung* bis *volle Ablehnung*) sowie einer offenen Frage, in der die Testpersonen frei Anmerkungen formulieren konnten. Auf weitere offene Fragen wurde aufgrund der anschließenden Interviews verzichtet.

Insgesamt bewerteten die Testpersonen die Bedienung der Testanwendung in den Fragebögen als eher einfach (M = 2,1; SD = 0,9), ebenso wie die Bedienung der Suchwerkzeuge (M = 2,2; SD = 1,2) und des Zeitungswerkzeugs (M = 2,2; SD = 1,1). Dies zeigte sich auch in den Interviews, in denen die Testpersonen angaben, die direkte Interaktion mit dem Multitouch-Tisch sei intuitiv und mache Spaß. Auch die farbliche Zuordnung, als Mittel zur Besitzanzeige, wurde von den Testpersonen als intuitiv verständlich (M = 1,2; SD = 0,5) und nützlich (M = 1,8; SD = 1,1) bewertet. Aus den Interviews ging hervor, dass die farbliche Kennzeichnung der Artefakte den Testpersonen erlaubte, einen schnelleren Überblick über die Besitzverhältnisse auf dem Tisch zu erlangen.

Die Manipulation der digitalen Artefakte (verschieben, rotieren, skalieren) wurde insgesamt als einfach bewertet (M = 2,1; SD = 0,8), wobei das manuelle Rotieren im Speziellen im Durchschnitt zwar leicht besser bewertet wurde, jedoch auch eine höhere Streuung aufwies (M = 1,9; SD = 1,0). In den Interviews gaben einige Testpersonen explizit an, besondere Freude an den manuellen Rotationsgesten zu haben.

Die Umsetzung der automatischen Ausrichtung wurde als hilfreich (M = 2,2; SD = 0,9) und zufriedenstellend (M = 2,2; SD = 0,9) bewertet. Auch in den Interviews zeigte sich eine breite Zustimmung zur automatischen Ausrichtung, da sie zwar standardmäßig aktiviert war, aber zu jedem Zeitpunkt beliebig überschrieben werden konnte. Insbesondere bei der Übergabe digitaler Artefakte zwischen den Testpersonen wurde die automatische Ausrichtung als besonders hilfreich und positiv empfunden. Mit Hilfe dieser Kombination konnte die Flexibilität der manuellen Ausrichtung erhalten bleiben und darüber hinaus auch eine subjektive Arbeitserleichterung bei den Testpersonen wahrgenommen werden. Anhand der Färbung der entsprechenden Schaltfläche und des Artefakts, war die Sichtbarkeit des aktuellen Modus immer gegeben. Als unbeliebt hat sich in den Interviews die kontinuierliche Ausrichtung der Artefakte auf einen Brennpunkt, der die Position der jeweiligen Person annähern sollte, erwiesen. Zum einen empfanden dies einige Testpersonen als einen Kontrollverlust, da es bei jeder Bewegung zu kleinen Neuausrichtungen kam, auf die kein Einfluss genommen werden konnte. Zum anderen wurde in den Interviews mehrfach von den Testpersonen angemerkt, dass eine rechtwinklige Ausrichtung (in Bezug auf die Tischkante der entsprechenden Person) als geordneter und platzsparender angesehen wird.

Im zweiten Teil des Fragebogens sollten die Testpersonen die Zusammenarbeit und Awareness beurteilen. Während sowohl die Weitergabe digitaler Artefakte (M = 1,6; SD = 0,8) als auch die Koordination der Zusammenarbeit am Tisch (M = 2,0; SD = 1,0) als einfach bewertet wurden, fiel es den Testpersonen schwer, aus ihren Beobachtungen heraus einzuschätzen, was die Gruppenpartner gerade tun wollten (M = 3,1; SD = 1,5). Hier hat sich in den Interviews gezeigt, dass die intuitive Bedienung des Systems dazu beigetragen hat, den Austausch von Artefakten zu vereinfachen. Ebenso wurde die subjektiv als einfach wahrgenommene Koordination u. a. auf die farbliche Zuordnung der Artefakte zurückgeführt. Aufgrund der bekannten Aufgabenstellung wussten die Testpersonen zwar, was die anderen Testpersonen der Gruppe gerade tun sollten, aber die Beobachtungen deckten sich nicht immer mit der Erwartungshaltung. Wegen der relativ kurzen Einarbeitungszeit wurden die Werkzeuge teilweise vertauscht oder Inhalte versehentlich in Zeitungen eingefügt. Hierdurch fiel es schwer abzuschätzen, ob die anderen Testpersonen wirklich gerade das taten, was von ihnen erwartet wurde.

5 Zusammenfassung und Ausblick

In dieser Arbeit wurde, mit einer Kombination automatischer und manueller Ausrichtungsverfahren, ein halbautomatisches Verfahren zur Ausrichtung digitaler Artefakte auf einem Multitouch-Tisch vorgestellt. Dieses Verfahren wurde im Rahmen einer Evaluationsstudie untersucht, bei der das halbautomatische mit einem vollständig manuellen System verglichen wurde, um eine mögliche Arbeitserleichterung und die Gebrauchstauglichkeit zu ermitteln.

Die Auswertung der automatisch erfassten Interaktionsprotokolle hat keinen erkennbaren Einfluss auf das Territorialverhalten der Testpersonen aufgezeigt. In beiden Testkonfigurationen haben sich über alle Gruppen hinweg ähnliche Nutzungsmuster ergeben. Die statistische Auswertung zeigte einen im Durchschnitt doppelt so hohen Anteil an manuellen Rotationsgesten für die Konfiguration ohne automatische Ausrichtung an. Dieser Unterschied war statistisch signifikant.

Die Befragung der Testpersonen, in Form von Fragebögen und Interviews, hat eine hohe Akzeptanz für die kombinierte Ausrichtung der Artefakte aufgezeigt. Die automatische Ausrichtung wurde insbesondere bei der Übergabe von Artefakten zwischen zwei Personen geschätzt, da sich hier der manuelle Arbeitsaufwand reduzieren ließ und die Testpersonen sich auf die eigentliche Arbeit konzentrieren konnten. Die farbliche Zuordnung der Artefakte zu den persönlichen Bereichen zur Visualisierung von Besitz wurde von den Testpersonen positiv aufgenommen und hat die Awareness am Tisch erhöht.

Aufgrund der eingesetzten Hardware war es nicht möglich die Berührungen eindeutig den entsprechenden Testpersonen zuzuordnen. An dieser Stelle besteht weiterer Untersuchungsbedarf, da die Arbeitserleichterung durch automatische Ausrichtung zwar über alle Gruppen hinweg sichtbar war, jedoch nicht auf Ebene einzelner Personen nachgewiesen werden konnte. Ebenso hat sich die automatische Ausrichtung auf einen Brennpunkt, der die Position der jeweiligen Person annähern sollte, bei einigen der Befragten als unbeliebt herausgestellt. An dieser Stelle wäre zu prüfen, ob mit einer Ausrichtung zur Tischkante der persönlichen Bereiche ggf. eine höhere Akzeptanz auf Seiten der Testpersonen erreichbar ist. Ebenso beinhaltete die Aufgabe der Experimente sowohl lose als auch eng gekoppelte Arbeitsphasen, so dass nicht klar ist, ob die kombinierte Ausrichtung für beide Situationen gleichermaßen geeignet ist oder ob sie z. B. in eng gekoppelten Phasen ggf. eher hinderlich ist.

Literaturverzeichnis

Dang, C. T., Straub, M. & André, E. (2009). Hand distinction for multi-touch tabletop interaction. In: *Proceedings of the ACM International Conference on Interactive Tabletops and Surfaces (ITS '09)*. New York: ACM. S. 101–108.

Dragicevic, P. & Shi, Y. (2009). Visualizing and manipulating automatic document orientation methods using vector fields. In: *Proceedings of the ACM International Conference on Interactive Tabletops and Surfaces (ITS '09)*. New York: ACM. S. 65–68.

Hancock, M. S., Vernier, F. D., Wigdor, D., Carpendale, S. & Shen, C. (2006). Rotation and translation mechanisms for tabletop interaction. In: *Proceedings of the first IEEE International Workshop on Horizontal Interactive Human-Computer Systems*. S. 8 pp.

Klinkhammer, D., Nitsche, M., Specht, M. & Reiterer, H. (2011). Adaptive personal territories for co-located tabletop interaction in a museum setting. In *Proceedings of the ACM International Conference on Interactive Tabletops and Surfaces (ITS '11)*. New York: ACM. S. 107-110.

Kruger, R., Carpendale, S., Scott, S. D. & Greenberg, S. (2003). How people use orientation on tables: comprehension, coordination and communication. In: *Proceedings of the 2003 international ACM SIGGROUP conference on Supporting group work*. S. 369–378.

Metzinger, A. (2010). *Arbeit mit Gruppen 2., überarbeitete Auflage*. Freiburg i. Br.: Lambertus Verlag.

Pinelle, D., Gutwin, C. & Subramanian, S. (2006). *Designing digital tables for highly integrated collaboration*. Forschungsbericht (HCI-TR-06-02).

Raskin, J. (2000). The humane interface. In: Ubiquity, Volume 2000 Issue May. New York, ACM.

Rekimoto, J. & Saitoh, M. (1999). Augmented surfaces: a spatially continuous work space for hybrid computing environments. In: Proceedings of the SIGCHI conference on Human factors in computing systems (CHI '99). New York: ACM. S. 378–385.

Schiavo, G., Jacucci, G., Ilmonen, T. & Gamberini, L. (2011). Evaluating an automatic rotation feature in collaborative tabletop workspaces. In: *Proceedings of the 2011 annual conference extended abstracts on Human factors in computing systems (CHI EA '11)*. New York: ACM.S. 1315–1320.

Schöning J. (2010). Touch the future: The recent rise of multi-touch interaction. *PerAda Magazine: European Commission's Future and Emerging Technologies Proactive Initiative on Pervasive Adaptation.*

Scott, S. D., Carpendale, S. & Inkpen, K. M. (2004). Territoriality in collaborative tabletop workspaces. In: *Proceedings of the 2004 ACM conference on Computer supported cooperative work (CSCW '04)*. New York: ACM. S. 294–303.

Shen, C., Vernier, F. D., Forlines, C. & Ringel, M. (2004). DiamondSpin: an extensible toolkit for around-the-table interaction. In: *Proceedings of the SIGCHI conference on Human factors in computing systems (CHI '04)*. New York: ACM. S. 167–174.

Wigdor, D. & Balakrishnan, R. (2005). Empirical investigation into the effect of orientation on text readability in tabletop displays. In: *Proceedings of the ninth conference on European Conference on Computer Supported Cooperative Work*. New York: Springer-Verlag New York. S. 205–224.

Kontaktinformationen

lorenz.barnkow@haw-hamburg.de, luck@informatik.haw-hamburg.de

H. Reiterer & O. Deussen (Hrsg.): Mensch & Computer 2012
München: Oldenbourg Verlag, 2012, S. 93-102

Migration und Anpassung von Benutzeroberflächen für Touchscreens

Christian Wimmer[1], Steffen Lohmann[1], Michael Raschke[1], Thomas Schlegel[2]

Institut für Visualisierung und Interaktive Systeme, Universität Stuttgart[1]
Institut für Software- und Multimediatechnik, Technische Universität Dresden[2]

Zusammenfassung

Obwohl sich Touchscreens zunehmender Beliebtheit erfreuen, sind die grafischen Benutzeroberflächen vieler Anwendungen für die Eingabe per Finger nicht geeignet. In diesem Beitrag wird deshalb ein Ansatz präsentiert, der die teilautomatisierte Migration und Anpassung von grafischen Benutzeroberflächen für Touchscreens ermöglicht. Eine Umsetzung für Benutzeroberflächen, die in einer XML-basierten Beschreibungssprache definiert wurden, demonstriert die Anwendbarkeit des Ansatzes. Die Migration wird mittels einer parametrisierbaren Transformationsvorschrift in XSLT durchgeführt und kann über Plugins flexibel erweitert werden. Darüber hinaus werden Anpassungsmöglichkeiten für häufig verwendete Steuerelemente diskutiert und in einer qualitativen Nutzerstudie im Kontext des Ansatzes erprobt.

1 Einleitung

Die Verbreitung von Touchscreens hat in den letzten Jahren stark zugenommen. Besonders im Bereich mobiler Geräte ist die Eingabe per Finger inzwischen allgegenwärtig, aber auch Notebooks und Desktop-Computer werden zunehmend mit Touchscreens ausgestattet. Demgegenüber steht eine Vielzahl von Anwendungen, die für die Bedienung mit Fingern nicht geeignet sind, da sie für Eingaben per Maus und Tastatur konzipiert wurden. Eine Anpassung dieser Anwendungen für die Benutzung auf Touchscreens wäre zwar oftmals wünschenswert, doch werden Aufwand und Kosten hierfür gescheut, insbesondere bei komplexen Anwendungen mit vielen Benutzerdialogen.

Ein Hauptproblem bei der Migration und Anpassung von Benutzeroberflächen für Touchscreens ist die fehlende Unterstützung für Entwickler. Zwar beinhalten die Gestaltungsrichtlinien moderner Betriebssysteme zunehmend Empfehlungen für eine erfolgreiche Touch-Interaktion, doch sind diese v.a. auf die Neugestaltung von Benutzeroberflächen ausgerichtet, nicht auf die Umgestaltung vorhandener Oberflächen. Da es meist eine Reihe von alternativen Umsetzungsmöglichkeiten gibt, können zudem leicht Inkonsistenzen entstehen, insbesondere wenn mehrere Entwickler die Benutzeroberflächen für Touchscreens anpassen.

Um diesen Problemen zu begegnen, haben wir einen Ansatz entwickelt, der die Migration und Anpassung von Benutzeroberflächen für Touchscreens unterstützt. Durch parametrisierbare Transformationsvorschriften wird eine teilautomatisierte Migration ermöglicht, die sich über Plugins auf die spezifischen Besonderheiten der Benutzeroberfläche anpassen lässt. Auf diese Weise wird der Migrationsprozess geleitet, was den Entwickler entlastet und gerade bei komplexen Anwendungen mit vielen Benutzerdialogen zu einer Reduzierung des Aufwands beitragen und eine konsistente Transformation von Steuerelementen ermöglichen kann.

In Abschnitt 2 gehen wir zunächst allgemein auf die Migration von Benutzungsschnittstellen ein und fassen wesentliche Arbeiten in diesem Bereich zusammen. Anschließend stellen wir in Abschnitt 3 grundlegende Transformationsstrategien und spezifische Regeln vor, die wir bei der Migration verwenden. In Abschnitt 4 präsentieren wir die Architektur und in Abschnitt 5 die Umsetzung unseres Ansatzes. Schließlich geben wir in Abschnitt 6 die Ergebnisse einer ersten Nutzerstudie wieder, in der wir den Ansatz getestet haben.

2 Migration von Benutzungsschnittstellen

Die Migration von Benutzungsschnittstellen hat mit der zunehmenden Vielfalt an interaktiven Geräten (wie Smartphone, Desktop-PC, Tablet-PC, interaktiver Fernseher, etc.) und Anwendungskontexten in den letzten Jahren stark an Bedeutung gewonnen. Das übergeordnete Ziel ist häufig, die grundsätzliche Bedienbarkeit der Anwendungen vom jeweiligen Gerät abzukoppeln. Bestenfalls soll der Nutzer nach einem Gerätewechsel die Interaktion dort fortsetzen können, wo er sie zuvor unterbrochen hat. Da die verwendeten Geräte unterschiedliche Anforderungen haben (bzgl. Bildschirmgröße, Rechenleistung, etc.), müssen die Benutzungsschnittstellen entsprechend migriert und angepasst werden.

Ein Forschungsgebiet, das diese Herausforderungen adressiert, ist die modellbasierte Entwicklung von Benutzungsschnittstellen (Meixner et al. 2011). Die Benutzungsschnittstellen werden hierbei auf Basis von abstrakten Modellen entwickelt, die verschiedene Aspekte der Interaktion beschreiben (z.B. Aufgaben-, Dialog- und Präsentationsmodell). Die Modelle sind in einer plattform- und geräteunabhängigen Beschreibungssprache wie UsiXML (Limbourg & Vanderdonckt 2004), UIML (Abrams et al. 1999) oder XIML (Puerta & Eisenstein 2002) definiert, aus denen dann die konkreten Benutzungsschnittstellen erstellt werden. Hierbei unterscheidet man typischerweise zwischen Ansätzen, die die Modelle zur Entwurfszeit nutzen (z.B. Paternò et al. 2009) und Ansätzen, bei denen die Benutzungsschnittstellen zur Laufzeit erzeugt werden (z.B. Lohmann et al. 2006).

Im Gegensatz zu diesen Ansätzen liegen bei dem von uns betrachteten Problem meist keine umfassenden Modelle der Benutzungsschnittstelle vor. Der Regelfall ist eher, dass die zu migrierenden Benutzungsschnittstellen mit unterschiedlichen Entwicklungsmethoden erstellt wurden und häufig kaum mehr als das Endprodukt für die Migration zur Verfügung steht.

Zwar gibt es Arbeiten, die die Erstellung von abstrakten Modellen aus bestehenden Benutzungsschnittstellen (sog. Reverse Engineering) unterstützen (z.B. Di Santo & Zimeo 2007, Paganelli & Paternò 2002), doch bedeutet dies zusätzlichen Migrationsaufwand. Wir haben uns deshalb entschieden, nicht von umfassenden Modellen auszugehen, sondern lediglich eine XML-basierte Beschreibung der Benutzungsschnittstellen vorauszusetzen. Für die konkrete Umsetzung haben wir letztlich XAML verwendet, wobei der Ansatz grundsätzlich auch für andere XML-basierte Beschreibungssprachen wie z.B. XUL oder XHTML funktioniert.

3 Transformationsstrategien

Die Idee unseres Ansatzes ist es, grafische Benutzeroberflächen mit Hilfe von Regeln so zu verändern, dass eine Interaktion per Finger ermöglicht wird. Dabei werden drei grundlegende Transformationsstrategien angewandt, die in Abb. 1 beispielhaft illustriert sind:

1. **Vergrößerung:** Häufig sind Steuerelemente zu klein für die Bedienung mit Fingern oder liegen so nah beieinander, dass eine eindeutige Auswahl schwierig ist. Die erste Transformationsstrategie ist deshalb die Vergrößerung dieser Elemente und/oder ihrer Abstände zueinander (z.B. Vergrößerung einer Schaltfläche, um mehr Oberfläche für die Berührung mit dem Finger zu erhalten, Abb. 1a).

2. **Erweiterung:** Einige Steuerelemente sind generell nicht sonderlich geeignet für die Touch-Interaktion. Allerdings sind sie dem Nutzer vertraut, so dass man sie manchmal nicht komplett ersetzen möchte. Diese Steuerelemente werden in der zweiten Transformationsstrategie um zusätzliche Interaktionsbausteine ergänzt, die sich besser für eine Touch-Interaktion eignen (z.B. Erweiterung einer Bildlaufleiste um Schaltflächen, so dass nicht zwangsläufig eine ziehende Bewegung durchgeführt werden muss, Abb. 1b).

3. **Ersetzung:** Letztlich ist es jedoch häufig am sinnvollsten, ungeeignete Steuerelemente komplett durch solche zu ersetzen, die für die Touch-Interaktion besser geeignet sind (z.B. Kalenderauswahl durch Trommelliste, Abb. 1c). Allerdings kann diese dritte Transformationsstrategie dazu führen, dass sich die Benutzeroberfläche in ihrem Aussehen stark verändert. Gelernte Interaktion geht dadurch leicht verloren, so dass sich der Nutzer neu einlernen muss, was nicht immer erwünscht sein wird.

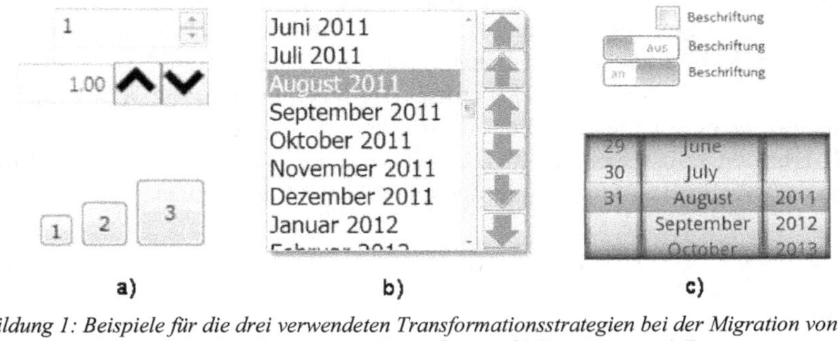

Abbildung 1: Beispiele für die drei verwendeten Transformationsstrategien bei der Migration von Steuerelementen für Touchscreens: a) Vergrößerung, b) Erweiterung, c) Ersetzung

Ausgehend von diesen drei Transformationsstrategien haben wir eine Reihe detaillierter Regeln für die Migration häufig verwendeter Steuerelemente definiert. Die Regeln sind als parametrisierbare Transformationsvorschriften formuliert, die sich auf den jeweiligen Anwendungsfall und Touchscreen-Typ anpassen lassen. Typischerweise wird etwa der Vergrößerungsfaktor für Schaltflächen durch die Größe und Auflösung des Touchscreens bestimmt. Kontrollkästchen können entweder ebenfalls um einen entsprechenden Faktor vergrößert oder aber durch den von Plaisant & Wallace (1992) inspirierten Kippschalter ersetzt werden, wie in Abb. 1c dargestellt.

Andere Transformationsvorschriften berücksichtigen die Touch-Technologie. Beispielsweise ist die bereits erwähnte Erweiterung der Bildlaufleiste um Schaltflächen für solche Touchscreens gedacht, die keine ziehenden Bewegungen auf der Oberfläche erkennen können. Auch weitere Konfigurationen des Anwendungsfalls, wie das Vorhandensein einer physischen Tastatur, sind in den Transformationsvorschriften berücksichtigt. Falls keine Tastatur vorhanden ist, können Textfelder je nach Datentyp um eine virtuelle Tastatur (bei Buchstaben) oder einen virtuellen Ziffernblock (bei Zahlen) ergänzt werden, die automatisch erscheinen, sobald das jeweilige Textfeld aktiviert wird.

Natürlich decken die Transformationsstrategien und -vorschriften nicht alle möglichen Anwendungsfälle ab. Will man etwa die Benutzeroberfläche einer Desktop-Anwendung nicht nur Touchscreen-tauglich machen, sondern auch an die kleinere Bildschirmgröße von Mobilgeräten anpassen, werden im Regelfall weitere Transformationen nötig (Watters & MacKay 2004). Solche zusätzlichen Migrationsanforderungen sollen in diesem Beitrag jedoch nicht weiter betrachtet werden.

4 Architektur

Der von uns entwickelte Ansatz eignet sich für grafische Benutzeroberflächen, die in einer XML-basierten Beschreibungssprache (wie z.B. XAML, XUL, XHTML) vorliegen oder in eine solche übersetzt werden können. Technisch gesehen reduziert sich das zu lösende Problem damit auf die Überführung eines XML-Dokuments in ein anderes, so dass sich für die Umsetzung eine Pipeline-Architektur wie in Abb. 2 dargestellt anbietet.

Zentrale Steuereinheit der Transformations-Pipeline ist der XSLT-Prozessor, der den XML-Quellcode des Ausgangsdialogs in den des Zieldialogs überführt. Dabei können über XSLT-Befehle beliebige XML-Elemente entsprechend den oben genannten Transformationsstrategien vergrößert, erweitert oder ersetzt werden. Die Verwendung von XSLT bietet sich in diesem Fall an, da es speziell für die Transformation von XML-Dokumenten entwickelt wurde. XSLT basiert selbst auch auf XML, so dass es leicht lesbar ist und Transformationsvorschriften entsprechend einfach erstellt und angepasst werden können.

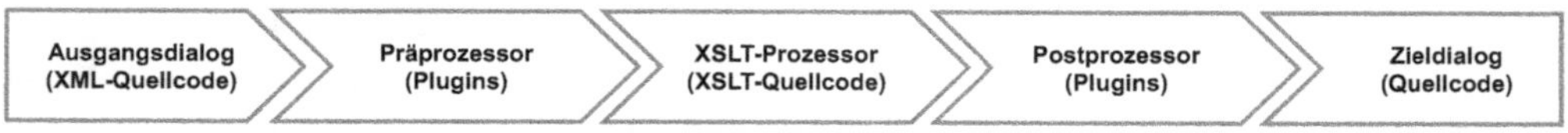

Abbildung 2: Pipeline-Architektur des Ansatzes

Die Definition von komplexen Transformationen in XSLT ist allerdings recht umständlich. Deshalb haben wir die Pipeline-Architektur um eine Möglichkeit ergänzt, in anderen Programmiersprachen geschriebene Transformationsvorschriften als Plugins einzubinden (vgl. Abb. 2). Die Plugins können entweder als Präprozessoren oder als Postprozessoren fungieren: Präprozessoren bereiten das XML-Dokument für die Transformation mit XSLT vor, indem sie z.B. Datenbindungen (wie WPF Bindings) durch ihre eigentlichen Werte ersetzen. Komplementär dazu dienen die als Postprozessoren eingebundenen Plugins der Nachbearbeitung des mit XSLT transformierten XML-Dokuments. Hier werden beispielsweise Datenbindungen wiederhergestellt, die mittels eines Präprozessors ersetzt wurden.

Präprozessoren und XSLT-Transformationsvorschriften können die Postprozessoren steuern, indem sie dem XML-Dokument Annotationen hinzufügen. Annotationen verändern nicht die Darstellung der Benutzeroberfläche, sondern dienen lediglich der Kommunikation entlang der Transformations-Pipeline. Das Ergebnis der Pipeline ist ein für Touchscreens angepasster Dialog, der entweder auch als XML-Quellcode oder aber in einem anderen Ausgabeformat erstellt wird.

5 Umsetzung

Die beschriebene Pipeline-Architektur haben wir im System *LATTE (Legacy Application Transformation to Touch Environments)* für XML-basierte Benutzeroberflächen umgesetzt. LATTE ist im .NET-Framework implementiert und bietet eine integrierte Entwicklungsumgebung zur Erstellung und Bearbeitung von Migrationsprojekten. Die Entwicklungsumgebung besteht im Wesentlichen aus drei Komponenten: Der Benutzeroberfläche, der Transformationseinheit und einem Plugin-System. Aufbau und Funktionen orientieren sich an gängigen Entwicklungsumgebungen, so dass sich Entwickler schnell in die Anwendung einfinden sollten.

Abb. 3 zeigt die Benutzeroberfläche von LATTE, die in drei Bereiche unterteilt ist. Im oberen Bereich wird der XAML-Quellcode von Ausgangs- und Zieldialog angezeigt. Er kann in den Editoren bearbeitet und in einer Vorschau angezeigt werden. Über einen weiteren Editor im mittleren Bereich lassen sich mittels XSLT die Transformationsvorschriften definieren. Die XSLT-Parameter können zusätzlich in einer Listenansicht bearbeitet werden, was ein schnelles Ausprobieren verschiedener Konfigurationen und Anpassen auf den jeweiligen Anwendungsfall ohne Veränderung des XSLT-Quellcodes ermöglicht. Darüber hinaus lassen sich gegebenenfalls eingebundene Plugins aktivieren und deaktivieren und mit XSLT-Parametern verknüpfen. Ein Nachrichtenfenster im unteren Teil rundet die Entwicklungsumgebung ab. Es hilft beim Debugging, indem es Hinweise, Warnungen und Fehler aus allen Teilen der Anwendung (z.B. vom XSLT-Prozessor oder den Plugins) anzeigt.

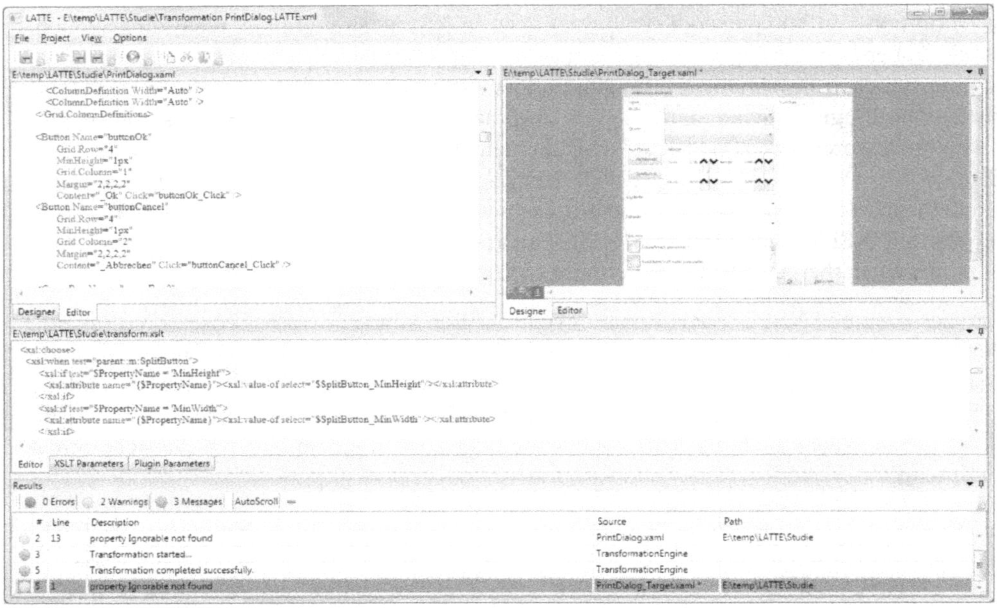

Abbildung 3: Die Benutzeroberfläche von LATTE integriert zwei XAML-Editoren mit Vorschaufunktion, einen XSLT-Editor zur Definition von Transformationsvorschriften, eine Plugin-Verwaltung und ein Nachrichtenfenster.

Die zentrale Komponente von LATTE ist die Transformationseinheit, die den Migrationsprozess entsprechend der Pipeline-Architektur steuert. Sie lädt die Plugins, kompiliert und validiert den XSLT-Quellcode und sendet Fehler an das Nachrichtenfenster. Die Plugins können in einer beliebigen .NET-Programmiersprache (wie C#, VB.NET, etc.) implementiert sein. Sie lassen sich über das Plugin-System jederzeit einbinden oder austauschen. Zudem kann LATTE Transformationsvorschriften als parametrisierbare XSLT-Vorlagen bereitstellen, die lediglich auf den jeweiligen Anwendungsfall angepasst werden müssen.

Abb. 4 zeigt ein Beispiel für eine mit LATTE transformierte Benutzeroberfläche. Es handelt sich um einen ‚Öffnen'-Dialog, wie er in vielen Programmen für das Windows-Betriebssystem in ähnlicher Form zu finden ist. Der Zieldialog (Abb. 4b) wurde mittels der Transformationsstrategien aus dem Ausgangsdialog (Abb. 4a) erstellt. Während die meisten Elemente einfach vergrößert wurden, wurden die Bildlaufleisten, die Ordnerhierarchie und das Optionsfeld ausgetauscht. Diese Ersetzungen fanden auf Basis der spezifischen Merkmale des Touchscreens entsprechend den Regeln aus Abschnitt 3 statt.

Wie in der Abbildung zu erkennen ist, wurden die grundsätzliche Gestaltung der Benutzeroberfläche und deren Funktionalität nicht verändert, sondern lediglich die Steuerelemente angepasst. Durch diese Anpassungen können zwar insgesamt weniger Informationen dargestellt werden, dafür ist der Zieldialog jedoch wesentlich geeigneter für die Touch-Interaktion.

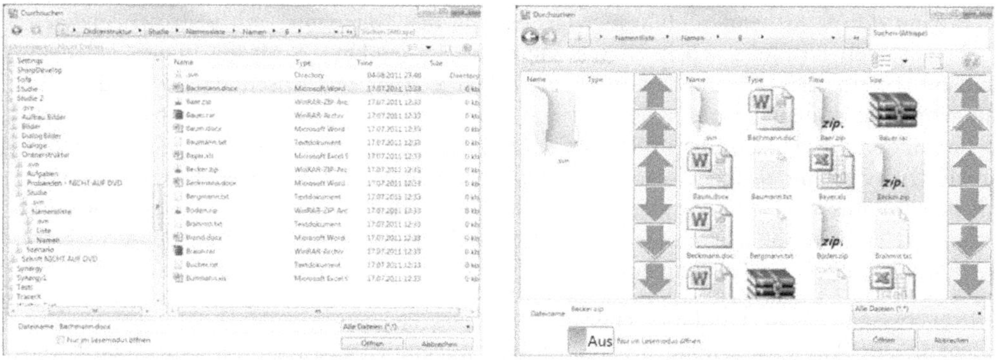

a) b)

Abbildung 4: Beispiel für eine mit LATTE transformierte Benutzeroberfläche: a) Ausgangsdialog, b) Zieldialog

6 Nutzerstudie

In einer ersten qualitativen Nutzerstudie haben wir die Effektivität und Akzeptanz unseres Ansatzes erprobt. Insbesondere wollten wir wissen, ob sich die migrierten Benutzeroberflächen tatsächlich besser für die Touch-Interaktion eignen. Darüber hinaus interessierte uns die Reaktion der Probanden auf die neu eingeführten Steuerelemente.

Für die Studie haben wir zwei Benutzeroberflächen in XAML erstellt und mit LATTE für Touchscreens angepasst. Bei der ersten handelte es sich um den in Abschnitt 5 vorgestellten ‚Öffnen'-Dialog (siehe Abb. 4), die zweite simulierte einen ‚Drucken'-Dialog, wie er im Vorschaufenster in Abb. 3 klein dargestellt ist. Wir entschieden uns für diese zwei Dialogarten, da sie häufig in Programmen vorkommen und gute Möglichkeiten bieten, die neu eingeführten Steuerelemente zu erproben. Während der ‚Öffnen'-Dialog v.a. Listen und Navigationselemente verwendet, besteht der ‚Drucken'-Dialog vorrangig aus Listenfeldern, Drehfeldern und Kontrollkästchen. Zusätzlich setzten wir in zwei Aufgaben den in Abschnitt 3 erwähnten virtuellen Ziffernblock ein. Die Parameter der Transformationsvorschriften haben wir so variiert, dass wir verschiedene Versionen des Zieldialogs mit unterschiedlich großen Steuerelementen und Abständen testen konnten.

An der Studie nahmen 6 Probanden im Alter von 22 bis 61 Jahren teil. Alle waren mit dem Windows-Betriebssystem sehr vertraut und hatten sowohl Erfahrungen mit der Interaktion per Maus und Tastatur als auch mit Touchscreens (v.a. mit Smartphone, Fahrkartenautomat und Navigationssystem). Für jeden Dialog haben wir eine Reihe von Aufgaben erstellt, die die Teilnehmer durchzuführen hatten, wie z.B. eine vorgegebene Datei zu öffnen oder bestimmte Seiteneinstellungen für den Druck auszuwählen. Die Aufgaben wurden zuerst mit Maus und Tastatur und dann per Touch-Interaktion bearbeitet, wobei wir die Variablen der Aufgaben (z.B. die zu öffnende Datei oder die zu wählenden Seiteneinstellungen) jeweils variiert haben.

Vor Beginn der Aufgabendurchführung durften sich die Teilnehmer mit dem verwendeten 23"-Touchscreen vertraut machen. Hierzu wurde die Anwendung ‚Surface Collage‘ aus dem Microsoft Touch Pack für 5-10 Minuten zum Testen gestartet. Anschließend wurden die Dialoge mittig auf dem Touchscreen bei einer Auflösung von 1920x1080 Pixeln präsentiert. Die Interaktion wurde mit einer Software zur Bildschirmaufnahme als Video für die nachträgliche Auswertung festgehalten. Außerdem sollten die Teilnehmer ihre Aktionen und Gedanken mittels der Methode des lauten Denkens verbalisieren. Die Audiokommentare wurden mit dem Video synchronisiert und gespeichert. Im Anschluss an jede Aufgabendurchführung sollten die Teilnehmer den gezeigten Dialog abschließend bewerten.

Die Ergebnisse der Nutzerstudie unterstrichen zunächst das eingangs genannte Problem: Die Bedienung der Ausgangsdialoge per Finger war wesentlich umständlicher und von mehr Fehleingaben begleitet als die Bedienung derselben Dialoge mit der Maus. Wie vermutet hatten die Probanden Schwierigkeiten, die Elemente aufgrund ihrer geringen Größe korrekt auszuwählen. Hierauf deuten nicht nur die im Vergleich zur Mausinteraktion höheren Fehlerraten hin, sondern auch die Kommentare der Probanden. Während ein Mauszeiger zunächst in Ruhe positioniert werden kann und die Auswahl erst per Tastenklick erfolgt, wird jede Berührung des Touchscreens mit dem Finger direkt als Auswahl gewertet. Zwei Probanden hatten bei der Touch-Interaktion mit den Ausgangsdialogen solche Probleme, dass sie die Aufgaben als „fast nicht machbar“ bewerteten. Besonders die Auswahl der kleinen Schalter in den Drehfeldern des ‚Drucken‘-Dialogs bereitete Schwierigkeiten. Entsprechend führte die erste Transformationsstrategie der Vergrößerung von Steuerelementen und Abständen bereits zu deutlich besseren Ergebnissen. Die durchschnittliche Fehlerrate sank und die Kommentare der Probanden waren bei den transformierten Dialogen positiver.

Allerdings gilt die Regel ‚je größer, desto besser‘ nicht pauschal, sondern wurden Vergrößerungen von den Probanden nur bis zu einem gewissen Grad positiv bewertet. Drei Probanden merkten an, dass eine zu starke Vergrößerung der Steuerelemente zu Lasten der Orientierung und Übersicht gehe, was insbesondere in der Auflistung mehrerer Kontrollkästchen im ‚Drucken‘-Dialog zu Problemen beim Lösen der Aufgaben führe.

Der virtuelle Ziffernblock als Erweiterung der Textfelder entsprechend der zweiten Transformationsstrategie kam bei fünf der sechs Teilnehmer gut an. Sie favorisierten diese Eingabeform gegenüber den Drehfeldern mit vergrößerten Schaltern (vgl. Abb. 1a). Allerdings kritisierten zwei Teilnehmer, dass die Verknüpfung zwischen Ziffernblock und Textfeld zunächst unklar war und optisch deutlicher hervorgehoben werden sollte, was sich jedoch leicht umsetzen lässt.

Entsprechend der dritten Transformationsstrategie hatten wir in der Nutzerstudie die Bildlaufleiste des ‚Öffnen‘-Dialogs durch das Mehrfach-Schaltflächen-Element aus Abb. 1b ersetzt. Die Meinungen hierzu waren geteilt: Während zwei Probanden mit vergleichsweise wenig Touchscreen-Erfahrung dieses Element positiv bewerteten, bevorzugten die vier erfahreneren Probanden Wischgesten, um in der Liste zu blättern, was mit dem verwendeten Touchscreen ebenfalls möglich war. Die Ersetzung des Kontrollkästchens durch den Kippschalter im ‚Öffnen‘-Dialog wurde nach anfänglicher Skepsis von allen Teilnehmern positiv bewertet.

Insgesamt zeigte die Nutzerstudie, dass die Migration der Benutzeroberflächen entsprechend der genannten Transformationsstrategien die Bedienbarkeit auf Touchscreens überwiegend verbesserte. Wie zu erwarten verdeutlichte die Studie allerdings auch, dass die migrierten Dialoge nicht in jeder Hinsicht ideal waren und vermutlich kaum gegen Dialoge bestehen könnten, die durch einen erfahrenen Interface-Designer migriert werden.

7 Diskussion und Ausblick

In diesem Beitrag haben wir einen Ansatz zur Migration von Benutzeroberflächen für Touchscreens vorgestellt. Ausgehend von drei grundlegenden Transformationsstrategien haben wir Regeln für die Anpassung von Steuerelementen definiert. Anschließend haben wir diese Regeln als parametrisierbare Transformationsvorschriften in der Entwicklungsumgebung LATTE auf XML-basierte Beschreibungen von Benutzeroberflächen angewandt. Die Ausgangsdialoge werden hierbei unter Verwendung von XSLT und optionalen .NET-Plugins teilautomatisiert in Touchscreen-taugliche Zieldialoge umgewandelt. Die Ergebnisse einer ersten qualitativen Nutzerstudie deuten darauf hin, dass die so migrierten Benutzeroberflächen auf Touchscreens besser zu bedienen sind.

Allerdings ist zu beachten, dass die mit unserem Ansatz migrierten Dialoge nicht in jeder Hinsicht ideal für die Verwendung mit Touchscreens sind. Wir haben in dieser Arbeit weder ästhetische Aspekte betrachtet noch alle möglichen Migrationsformen diskutiert. Im Idealfall müsste man die Benutzeroberflächen für jede einzelne Touchscreen-Konfiguration separat gestalten. Da dies jedoch sehr aufwändig sein kann und leicht zu Inkonsistenten zwischen verschiedenen Systemen führt, war es das Ziel dieser Arbeit, einen Alternativansatz zu entwickeln. Wir sehen den Ansatz besonders dann als hilfreich an, wenn mehrere Dialoge aus einer oder mehreren Anwendungen einheitlich für Touchscreens migriert werden sollen. Dies schließt nicht aus, dass die migrierten Dialoge anschließend noch durch einen Interface-Designer optimiert werden.

Weiterhin ist zu beachten, dass der Ansatz ausschließlich die Migration für Touchscreens behandelt. In Anwendungsfällen, in denen noch weitere Migrationsziele verfolgt werden, wie etwa die Anpassung der Benutzeroberfläche an kleine Bildschirme, werden die angeführten Transformationsstrategien nicht ausreichen. In solchen Fällen müsste der Ansatz entweder um zusätzliche Transformationsstrategien erweitert oder aber mit bestehenden Ansätzen kombiniert werden, was durch die Pipeline-Architektur erleichtert wird.

Zwar basiert unser Ansatz auf XAML, doch lässt er sich grundsätzlich auch auf Benutzeroberflächen anwenden, die in einem anderen Format repräsentiert sind. Das von uns umgesetzte LATTE-System funktioniert für alle XML-basierten Beschreibungssprachen, solange entsprechende Transformationsvorschriften in XSLT und/oder .NET existieren. Neben konkreten Beschreibungssprachen wie XAML, XUL oder XHTML sind damit prinzipiell auch Migrationen zwischen abstrakten Beschreibungssprachen wie XIML, UIML und UsiXML (vgl. Abschnitt 2) möglich.

Der Ansatz lässt sich in verschiedene Richtungen weiterentwickeln. Zum einen kann die Sammlung von Transformationsvorschriften um weitere Regeln und Steuerelemente ergänzt werden. Zum anderen können alternative Eingabeformen (z.B. Stift-Interaktion) und verschiedene Touch-Technologien stärker berücksichtigt werden. Im Idealfall entsteht ein umfassender Katalog mit Anpassungen, Erweiterungen und Ersetzungen für eine Vielzahl von Steuerelementen und Touchscreen-Konfigurationen, so dass eine nahezu automatisierte Migration von großen Teilen der Benutzeroberfläche möglich wird.

Literaturverzeichnis

Abrams, M., Phanouriou, C., Batongbacal, A. L., Williams, S. M. & Shuster, J. E. (1999). UIML: An Appliance-Independent XML User Interface Language. *Computer Networks 31*(11-16), 1695-1708.

Di Santo, G. & Zimeo, E. (2007). Reversing GUIs to XIML Descriptions for the Adaptation to Heterogeneous Devices. In: *Proceedings of the 2007 ACM Symposium on Applied Computing (SAC '07).* New York: ACM, S. 1456-1460.

Limbourg, Q. & Vanderdonckt, J. (2004). UsiXML: A User Interface Description Language Supporting Multiple Levels of Independence. In: *Proceedings of Workshops in Connection with the 4th International Conference on Web Engineering (ICWE '04)*. Paramus: Rinton Press, S. 325-338.

Lohmann, S., Kaltz, J. W. & Ziegler, J. (2006). Model-Driven Dynamic Generation of Context-Adaptive Web User Interfaces. In: *Workshops and Symposia at MoDELS 2006*. Berlin/Heidelberg: Springer, S. 116-125.

Meixner, G., Paternò, F. & Vanderdonckt J. (2011). Past, Present, and Future of Model-Based User Interface Development. *i-com, 10*(3), 2-11.

Paganelli, L. & Paternò, F. (2002). Automatic Reconstruction of the Underlying Interaction Design of Web Applications. In: *Proceedings of the 14th International Conference on Software Engineering and Knowledge Engineering*. New York: ACM, S. 439-445.

Paternò, F., Santoro, C. & Spano, L. D. (2009). Model-Based Design of Multi-device Interactive Applications Based on Web Services. In: *Proceedings of the 12th IFIP TC 13 International Conference on Human-Computer Interaction (INTERACT '09)*. Berlin/Heidelberg: Springer, S. 892-905.

Plaisant, C. & Wallace, D. (1992). Touchscreen Toggle Design. In: *Proceedings of the SIGCHI Conference on Human Factors in Computing Systems (CHI '92)*. New York: ACM, S. 667-668.

Puerta, A. R. & Eisenstein, J. (2002). XIML: A Common Representation for Interaction Data. In: *Proceedings of the 7th International Conference on Intelligent User Interfaces (IUI '02)*. New York: ACM, S. 216-217.

Watters, C. & MacKay, B. (2004). Transformation Volatility and the Gateway Model for Web Page Migration to Small Screen Devices. In: *Proceedings of the 37th Annual Hawaii International Conference on System Sciences (HICSS '04)*, Track 4. Washington: IEEE, S. 1530-1605

Kontaktinformationen

Steffen Lohmann, Michael Raschke
{steffen.lohmann,michael.raschke}@vis.uni-stuttgart.de

Jun.-Prof. Dr.-Ing. Thomas Schlegel
thomas.schlegel@tu-dresden.de

H. Reiterer & O. Deussen (Hrsg.): Mensch & Computer 2012
München: Oldenbourg Verlag, 2012, S. 103-112

Analyse sozialer Beziehungen anhand nonverbaler Signale im IM-Chat

Sarah Leon Rojas[1], Nils Jeners[2], Uwe Kirschenmann[1]

Fraunhofer FIT [1]
RWTH Aachen[2]

Zusammenfassung

Soziale Beziehungen und zwischenpersönliche Kommunikation sind eng miteinander verbunden. Durch eine Analyse von Kommunikationsmerkmalen können Informationen über die Beziehung zwischen den Kommunikationspartnern gewonnen werden. Digitale Kommunikationskanäle wie IM-Chat bieten durch die Speicherung von Log-Daten eine gute Datenbasis für eine solche Analyse. In diesem Artikel möchten wir eine Operationalisierung des *Tie Strength Modells* anhand nonverbaler Größen im textbasierten Chat vorstellen.

1 Einleitung

Die Kommunikation via Instant Messenger (IM) ist heutzutage ein fester Bestandteil des alltäglichen Lebens und hat neben Kommunikationsmedien, wie E-Mail oder Telefon, einen festen Platz sowohl im Privat- als auch im Berufsleben eingenommen. Zwischenpersönliche Kommunikation ist durch die soziale Beziehung zwischen den Gesprächspartnern geprägt: Sie transportiert Informationen über die Beziehung (Scherer 1979) und bildet auch die Basis für die Weiterentwicklung derselben (Döring 2003). Ein wichtiger Bestandteil zwischenpersönlicher Kommunikation ist die Vermittlung von Emotionen, diese werden oft über nonverbale Signale, wie Gestik oder Mimik übermittelt. IM-Chat weist jedoch keinen visuellen Kanal auf und nonverbale Informationen können nicht auf diesem Weg übermittelt werden. Doch Kommunikation passt sich dem Übertragungsmedium an (Forgas & Frey 1992) und so enthält auch IM-Chat nonverbale Signale, welche analysiert werden können: Ein Beispiel hierfür wäre der Einsatz von Emoticons (Smileys) zum Ausdrücken von Gefühlslagen. In diesem Beitrag möchten wir eine Operationalisierung des *Tie Strength* Modell anhand nonverbaler Parameter in der IM-Kommunikation vorstellen. Mit diesem soll die Klassifikation der Stärke einer sozialen Beziehung ermöglicht werden.

2 Verwandte Arbeiten

2.1 Nonverbale Kommunikation im IM-Chat

Die Kommunikation via Instant-Messenger (IM) erfolgt vorwiegend in Textform, viele moderne IMs unterstützen jedoch auch Audio- und Video-Chat. Doch Letztere eignen sich aufgrund ihrer medialen Eigenschaften weniger für eine Analyse. Zum einen werden meist keine Log-Daten der Inhalte erstellt, zum anderen sind bei diesen die technischen Möglichkeiten einer Umsetzung der Analyse noch recht eingeschränkt. Textbasierter-Chat weist jedoch mediale Defizite auf, welche die Kommunikation nonverbaler Signale einschränken. Gestik und Mimik können nicht übertragen werden, ein Mangel der beispielsweise durch den Einsatz von Emoticons oder *Emoting* kompensiert wird (Döring 2003). Emoticons (ugs. *Smilies*) sind symbolhafte Darstellungen von Emotionen, Handlungen oder Gegenständen, welche im Chat ergänzend zu verbalen Informationen eingesetzt werden (Radulovic & Milikic 2009) (siehe Abbildung 1). Als *Emoting* hingegen bezeichnet man den Einsatz von Inflektiven oder Aktionswörtern (*drück* *hüpf* *knuddel*) zur Darstellung von Gefühlsregungen und Handlungen (Döring 2003).

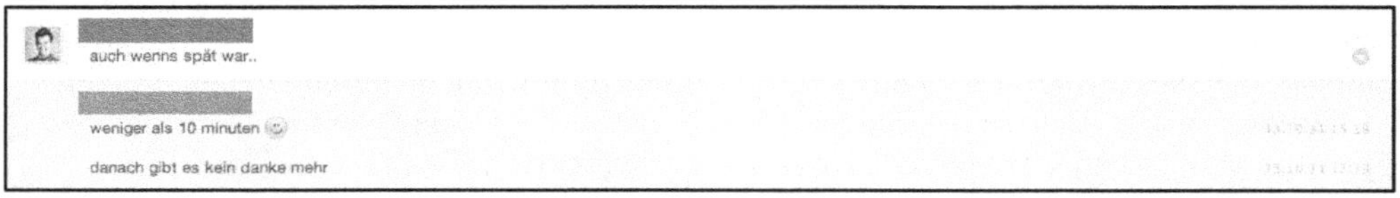

Abbildung 1: Einsatz von Emoticons im IM-Chat

Natürlich können diese Kompensationen nur bis zu einem gewissen Grad mit nonverbalen Signalen in der Face-to-Face-Kommunikation (F2F) gleichgestellt werden. Ein Unterschied ist beispielsweise die geringere Spontaneität und größere Kontrollierbarkeit: Verbale und nonverbale Äußerungen im Chat können vor dem Senden einer Nachricht genau reflektiert werden. Dies kann zu einem gezielten Einsatz von Emoticons führen und erleichtert das Verfälschen oder Unterdrücken eigentlich empfundener Gefühlsregungen (Derks 2007). Auch können nonverbale Signale, im Gegensatz zur F2F-Kommunikation, nicht parallel zur sprachlichen Äußerung übertragen werden (Blumstein & Kollock 1988). Emoticons haben eine emotionale Wertung (positiv, negativ oder neutral), welche in einer gewissen Stärke (Gewicht) repräsentiert wird (Derks 2007). Die Gewichtung jedoch, ist ein sehr subjektives Maß für das keine konkreten Richtwerte existieren. Mithilfe von Emoticons können verbale Aussagen verstärkt (Amplifikation), abgeschwächt (Kontradiktion), modifiziert (Modifikation) oder gar komplett ersetzt (Substitution) werden (Derks 2007; Scherer 1979). Hierbei überwiegen jedoch positive Emotionen: Negativität im Chat äußert sich eher durch eine komplette Abwesenheit von Emoticons als durch einen Anstieg negativer Emoticons, letztere werden meist in scherzhafter Weise und nicht zum Ausdruck negativer Empfindungen eingesetzt (Derks 2007). Ebenfalls zur nonverbalen Kommunikation, sowohl im F2F als auch im Chat-Bereich, gehören *chronemische Signale* (Burgoon & Hoobler 2002). Chronemische Signale sind zeitbasiert und zu ihnen gehören u.A. Nachrichtenfrequenz, Pausen und der genaue Zeitstempel einer Chat-Nachricht (Avrahami et al 2008; Kalman et al 2006; Walther & Tidwell 1995). *Vokalische Signale* wie Lautstärke und Betonung sind nur schwach vertreten. Einzelne Wörter können mithilfe von Anführungszeichen oder eines abweichenden Schriftbildes (fett, kursiv, unterstrichen); eine erhöhte Lautstärke durch Verwenden von Großschreibung und Ausrufezeichen signalisiert werden (Döring 2003). Die Verwendung dieser Signale ist jedoch nur in geringem Grad einheitlich. Andere in der F2F-Kommunikation übliche Signale, wie haptische oder proxemische, entfallen bei Chat-Kommunikation vollständig.

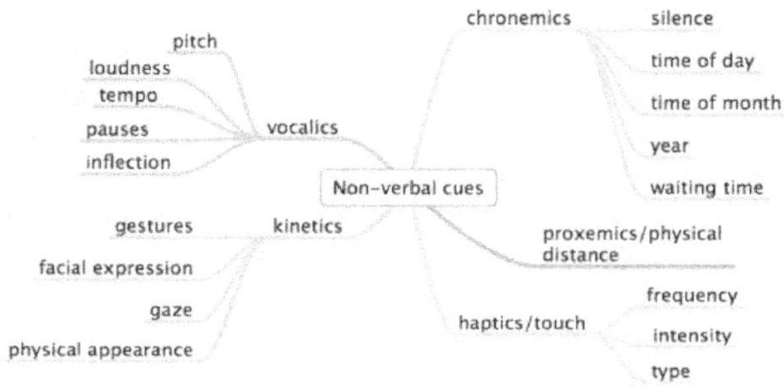

Abbildung 2: Nonverbale Signale nach (Burgoon & Hoobler 2002)

2.2 Tie-Strength

Der Begriff *Tie-Strength (TS)* stammt aus dem Bereich der Soziologie und bezeichnet die Stärke einer sozialen Beziehung. Eingeführt wurde er von Mark Granovetter in seinem Werk *„The Strength of Weak Ties"* (Granovetter 1973). Anhand ihrer *TS* lässt sich eine Beziehung als stark *(strong Tie)* oder schwach *(weak Tie)* klassifizieren. Neben der Unterscheidung zwischen starken und schwachen Verbindungen gibt es weitere Skalen, wie sich Beziehungen in einem Netzwerk messen und auch darstellen lassen (Hanneman & Riddle 2005). Binäre Relationen zeigen lediglich die Existenz oder Nicht-Existenz einer Verbindung an. Eine Nominalskala kann Kategorien von Beziehungen beschreiben, wie z.B. Kollege, Freund, usw. Diese einfache Form der Klassifizierung kann anhand des sozialen Kontexts einer Beziehung gegeben sein. So können Verwandte und Freunde als *strong Ties* und Kollegen, Nachbarn und Bekanntschaften als *weak Ties* klassifiziert werden (Döring 2003, Granovetter 1973). Dies ist jedoch nicht zwingend zutreffend, denn auch bei nicht-konstruierten Beziehungen, wie beispielsweise Verwandtschaft, können *weak Ties* bestehen (Döring 2003) Ordinalskalen können einerseits Beziehungen anhand einer Wertung gruppieren (positiv, negativ oder neutral), oder aber eine eindeutige Rangordnung aller Kontakte beschreiben. Mit einer Intervallskala werden Beziehungen mit einem numerischen Wert auf einer stufenlosen Skala abgebildet. Diese Skala scheint ideal, um schwache und starke Verbindungen voneinander zu unterscheiden. Die Einstufung von *TS* erfolgt anhand mehrerer quantifizierbarer *Indikatoren*. Granovetter nennt hier die *gemeinsam verbrachte Zeit,* die *emotionale Intensität* und *Intimität* der Beziehung sowie *gegenseitig erbrachte Hilfeleistungen* (Granovetter 1973).

Spätere Werke erwähnen eine Fülle zusätzlicher Indikatoren. Bezüglich ihrer Anzahl oder ihrer Gewichtung existiert jedoch kein Konsens in der Literatur. Marsden und Campbell untersuchen in „*Measuring Tie Strength*" verschiedene in der Literatur geläufige Indikatoren, ihre Stabilität und Möglichkeiten für ihre Operationalisierung (Marsden & Campbell 1984). Hierbei konnte die *emotionale Intensität* als stabilster Indikator identifiziert werden (Marsden & Campbell 1984). Leider ist gerade die *emotionale Intensität* schwer zu operationalisieren. Marsden & Campbell schlagen hier das gegenseitige Vertrauen und die Vielfalt gemeinsamer Interessen (*Multiplexität*) vor (Marsden & Campbell 1984). Die *Multiplexität* findet sich auch in Granovetters Modell wieder, hier stellt sie jedoch einen eigenständigen Indikator dar (Granovetter 1973). Die *zeitliche Intensität* (gemeinsam verbrachte Zeit) ist durch die Kontaktfrequenz und die Dauer der Beziehung gegeben (Granovetter 1973; Lin et al 1978; Marsden & Campbell 1984; Koku 2004). Der Indikator *gegenseitige Unterstützung und Hilfestellung* wird von vielen Autoren genannt (Granovetter 1973; Lin et al 1978; Koku 2004; Friedkin 1980), für ihn liegt jedoch kein eindeutiges Maß vor (Marsden & Campbell 1984). Ergänzend zu den Indikatoren, führen Marsden und Campbell den Begriff des *Prädiktors* ein: *Prädiktoren* sind Aspekte einer Beziehung, welche zwar zur *TS* in Beziehung stehen, jedoch im Gegensatz zu den Indikatoren nicht den eigentlichen Komponenten zuzuordnen sind (Marsden & Campbell 1984). Ein Beispiel hierfür ist der *soziale Kontext* (Verwandtschaft, Nachbarschaft, Kollegium), welcher von manchen Autoren als Indikator behandelt wird (Lin et al 1978; Gilbert & Karahalios 2009).

Zusammengefasst lässt sich sagen, dass es sich schwierig gestaltet ein einheitliches Modell der *TS* zu entwerfen. Die Vielzahl der Indikatoren jedoch, verleiht eine gewisse Stabilität. Hierdurch kann den Ausfall oder die Ungenauigkeit einzelner Indikatoren ausgeglichen und ein stabileres Endergebnis erzielt werden.

3 Eigenes Modell

Die Basis des Analyse-Modells bilden nonverbale Kennwerte aus Chat-Protokollen. Zur Identifikation geeigneter Größen wurden exemplarisch die Protokolle des IM Skype[1] auf messbare nonverbale Signale überprüft. Hierbei konnten diverse chronemische, kinetische und vokalische Signale identifiziert werden (siehe auch Abbildung 2). Das Arbeiten mit nonverbalen Signalen bietet auf der einen Seite den Vorteil, dass die Inhalte privater Gespräche nicht analysiert werden und somit ein geringerer Eingriff in die Privatsphäre der analysierten Personen stattfindet. Auch zeichnen sich nonverbale Signale durch eine höhere Emotionalität aus, was sie insbesondere für eine Analyse sozialer Beziehungen interessant macht. Ein weiterer Vorteil ist der geringere Rechenaufwand, den der Verzicht auf eine Analyse verbaler Informationen mit sich bringt. Auf der anderen Seite können nonverbale Signale jedoch sehr ambivalent sein und können Analyseergebnisse verfälschen. Dieser Effekt kann durch Unterschiede im Chat-Verhalten der User noch zusätzlich verstärkt werden: Viele

1 http://www.skype.com

verwenden IM-Kommunikation als Ergänzung der F2F-Kommunikation nur selten (Isaacs et al 2000) und so können starke Verbindungen aufgrund mangelnder Chat-Kommunikation als schwach eingestuft werden. Zu den kinetischen Signalen zählen wir Emoticons und *Emoting* (siehe auch 2.1). Letztere werden jedoch nicht kontinuierlich verwendet, weshalb wir lediglich Emoticons als kinetische Signale berücksichtigen. Vokalische Signale werden, wie schon in 2.1 angesprochen, nicht einheitlich eingesetzt und können deshalb nur schwer gedeutet werden. Aus diesem Grund werden vokalische Signale bei der Analyse nicht berücksichtigt. Wiederum sehr gut im IM-Chat nachweisbar sind chronemische Signale. Jedoch auch hier muss bei der Interpretation vorsichtig vorgegangen werden: Beispielsweise Pausen zwischen einzelnen Äußerungen sind zwar messbar, jedoch nur schwer interpretierbar und von vielen Faktoren wie beispielsweise Tippgeschwindigkeit, Multitasking oder *Netlag*[2] abhängig und sind somit als Messgrößen ungeeignet. Da IM-Kommunikation via Skype auch VoIP-Telefonate einschließt, haben wir beschlossen auch diesbezüglich Kennzahlen in die Analyse einfließen zu lassen. Wir fassen Text- und Audio-Nachrichten unter dem Begriff *Interaktion* zusammen.

Die *Anzahl der Chat-Nachrichten (MC)* und die *Menge der ausgetauschten Wörter (WC)* sind Messgrößen für die Kontaktfrequenz. Es wurde die Anzahl der Nachrichten gewählt, weil zeitliche Größen eines Chat-Gesprächs nicht wirklich aussagekräftig sind. Anfang und Ende eines Chat-Gesprächs sind nicht klar definiert, vor allem Verabschiedungen entfallen häufig (Schönfeldt 2001). Zum anderen ist Chat-Kommunikation quasi-synchron, es wird nicht über die gesamte Verbindungszeit aktiv eine Unterhaltung geführt (Nardi & Whittaker 2000). Oft kann zwischen einer Äußerung und ihrer Antwort eine beträchtliche Zeitspanne liegen ohne, dass dies als unhöflich wahrgenommen oder das Gespräch als beendet empfunden wurde (Schönfeldt 2001). Zusätzlich zur Anzahl von Nachrichten ist auch das gesamte Ausmaß der textuellen Kommunikation interessant. Eine Chat-Nachricht hat eine durchschnittliche Länge von 7,6 Wörtern (Isaacs et al 2000), doch kann es hier von Person zu Person Schwankungen geben (Dong et al 2006). Aus diesem Grund ist es wichtig, zusätzlich zu der Nachrichtenanzahl auch die Menge der ausgetauschten Wörter (WC) bei der Analyse zu berücksichtigen. Die zeitliche Intensität wird über die *durchschnittliche Dauer von VoIP-Telefonaten* gemessen. Die *letzte Interaktion* zwischen zwei Gesprächspartnern ist ein chronemischer Kennwert für den Indikator *„Aktualität der Kommunikation"* (Krackhardt 1992). Mit diesem Indikator lässt sich bestimmen, ob zwischen den Gesprächspartnern ein aktiver Austausch besteht. Als Maß für die emotionale Intensität der Beziehung dient die *Emoticon-Quote (ER)*. Sie berechnet sich aus der relativen Häufigkeit der Emoticons pro Wort. Dies basiert auf der Annahme, dass emotionale intensivere Kontakte mehr Emoticons bei der Chat-Kommunikation einsetzen (Derks 2007).

$$ER = \frac{Anzahl\ Emoticons}{WC}$$

Formel 1: Emoticon-Quote

[2] Als Netlag bezeichnet man die Zeitverschiebung, die aufgrund langsamer Übertragungsgeschwindigkeiten im Netz entstehen kann.

Die Intimität wird über das Verhältnis zwischen *Arbeit- und Freizeit-Kommunikation (FTC)* gemessen. Als Freizeit-Kommunikation definieren wir alle Interaktionen die nach 18:00 Uhr Abends, vor 8:00 Uhr Morgens oder am Wochenende stattfinden. Die *„Gegenseitigkeit"* der Beziehung misst sich über die *Gegenseitigkeit der Wortanzahlen (WR)* und die *Gegenseitigkeit von Emoticons (ER)*.

TS-Indikator	Messgröße	Beschreibung
Kontaktfrequenz	Nachrichtenanzahl (MC)	Anzahl der Chat-Nachrichten
Kontaktfrequenz	Wortanzahl (WC)	Anzahl aller ausgetauschten Wörter
Zusammen verbrachte Zeit	Dauer von Anrufen (CD)	Durchschnittliche Dauer von VoIP-Telefonaten
Aktualität der Kommunikation	Letzte Interaktion (LI)	Tage seit der letzten Interaktion
Emotionale Intensität	Emoticon-Quote (ER)	Siehe Formel 1
Intimität	Freizeit-Kommunikation (FTC)	Relative Häufigkeit der Kommunikation während der Freizeit
Gegenseitigkeit	Gegenseitigkeit Wörter (WRec)	Anteil an der Gesamt-Wortanzahl
Gegenseitigkeit	Gegenseitigkeit Emoticons (ERec)	Anteil an der Gesamt-Emoticonanzahl

Tabelle 1: Indikatoren von TS im IM-Chat

Den Gesamtwert für die *TS* einer Beziehung im Kontext eines IM berechnet sich als lineare Kombination der vorgestellten Indikatoren (siehe Formel 3). Hier ist von Bedeutung bei allen Werten mit relativen Grenzen zu arbeiten. Jeder User weist ein individuelles Kommunikationsverhalten auf, bei dem Grenzwerte bestimmt werden müssen, wie z.B.: Wie hoch ist eine *„hohe"* Emoticon-Quote? Welche Anzahl von VoIP-Telefonaten ist für diesen User viel? Liegt eine Interaktion zwei Monate zurück, weil zu einer Person kein Kontakt besteht, oder hat der User seinen IM seit zwei Monaten nicht mehr benutzt? Um in solchen Fällen eine Fehlinterpretation zu vermeiden ist die Ausprägung eines Indikators nicht an einem festen Wert zu messen, sondern relativ an den Werten, welche dieser für alle anderen aktiven Verbindungen des Users angenommen hat. So kann anhand der Protokolle aller aktiven Kontakte ein Kommunikationsprofil des Users erstell werden. Anschließend wird für die jeweiligen Kenngrößen der Median berechnet, um das durchschnittliche Verhalten des Users zu repräsentieren. An dieser Stelle wurde der Median, aufgrund seiner höheren Stabilität, dem arithmetischen Mittel vorgezogen. Dies ist vor allem im Bereich der Kommunikationskenngrößen wichtig, wo es des Öfteren zu Ausreißern kommen kann. Weist ein Kontakt für eine Kenngröße einen Wert auf, der über dem Median liegt, so wird dieser Indikator als positiv angesehen (siehe Formel 3). Alle Indikatoren sind also binär, sie können entweder positiv oder null sein und werden zu einem Gesamtwert addiert. Dieser Gesamtwert stellt die *TS* für diese Verbindung dar.

$$TS = \sum_{i=0}^{n} Ind_i \qquad n = 8$$

Formel 2: Tie-Strength für eine Verbindung

$$Ind_i = \begin{cases} 1 : Ind_i > \widehat{Ind_i} \\ 0 : Ind_i \leq \widehat{Ind_i} \end{cases}$$

Formel 3: Mögliche Werte der Indikatoren

Durch die Wahl eines mehrdimensionalen Modells soll die Interpretation stabilisiert werden. Bei einer Fehlinterpretation oder dem abweichenden Werten eines Indikators kann der auftretende Fehler durch die anderen Indikatoren ausgeglichen werden. Es besteht somit ein geringeres Risiko, dass eine soziale Beziehung vollkommen falsch eingestuft wird. Um dies zu erzielen ist es notwendig festzustellen, inwieweit die einzelnen Indikatoren voneinander abhängig sind.

4 Evaluation

Um eine erste Validierung des vorgestellten Ansatzes vorzunehmen, wurde eine prototypische Umsetzung des Analyse-Modells in einer kleinen Probandengruppe (N=6) getestet. Bei den Probanden handelte es sich um Mitarbeiter eines Forschungsinstitut, welche alle IM-Kommunikation sowohl privat als auch beruflich nutzten. Die gesammelten Kommunikationsdaten der Probanden (188 Datensätze) sollten dazu dienen die Korrelationen zwischen den einzelnen Indikatoren zu untersuchen und so sicherzustellen, dass diese voneinander unabhängig sind. Die Korrelationsanalyse der Indikatoren (Tabelle 2) zeigte lediglich eine starke Korrelation zwischen MC und WC.

	MC	**WC**	**CD**	**FTC**	**LI**	**ER**	**ERec**	**WRec**
MC	**1,00**	0,99	-0,01	-0,04	-0,21	-0,00	0,00	-0,05
C	0,99	**1,00**	0,02	-0,04	-0,21	-0,02	0,00	-0,04
CD	-0,01	0,02	**1,00**	-0,15	-0,09	-0,13	-0,02	0,02
FTC	-0,04	-0,04	-0,15	**1,00**	-0,28	-0,08	-0,03	-0,09
LI	-0,21	-0,21	-0,09	-0,28	**1,00**	0,17	-0,10	-0,04
ER	-0,00	-0,02	-0,13	-0,08	0,17	**1,00**	0,06	-0,06
ERec	0,00	0,00	-0,02	-0,03	-0,10	-0,06	**1,00**	0,02
WRec	-0,05	-0,04	0,02	-0,09	-0,04	-0,06	0,02	**1,00**

Tabelle 2: Korrelationen zwischen den einzelnen Indikatoren

Abgesehen von diesem Einzelfall weisen alle Indikatoren nur schwache bis gar keine Korrelationen auf, was die Annahme bestätigt, dass die Indikatoren voneinander unabhängig sind und zur Bestimmung von *TS* in ihrer vollen Anzahl notwendig sind. Die geringe

Korrelation deute auch auf das Ausfallen einzelner Indikatoren in Sonderfällen hin. Eine Besonderheit ist die geringe Korrelation zwischen ER und ERec. Doch dies kann durch einen abweichenden Emoticon-Gebrauch zwischen den Gesprächspartnern begründet sein. Da wir das Kommunikationsverhalten des Kontaktes nicht in seiner Gänze kennen, so können wir auch nicht einschätzen ob die gesendete Anzahl an Emoticons für diese Person hoch ist und müssen bei der Berechnung der ERec einen rein zahlenmäßigen Vergleich vornehmen. Bei einem User mit hohen und einem Kontakt mit niedrigem Emoticongebrauch würde dies eine niedrige ERec zur Folge haben. Die ER hingegen wird nur userseitig gemessen und ist demnach durch den hohen Emoticongebrauch des Users dementsprechend hoch. Auch dieser Einzelfall spricht wiederum für den Einsatz mehrerer Indikatoren. Zusätzlich wurde die Korrelation zwischen der errechneten *TS* und der subjektiv empfundenen *TS* untersucht (Abbildung 3). Hierbei ist jedoch zu beachten, dass aufgrund der geringen Probandenmenge diese Ergebnisse nur als vorläufig betrachtet werden können. Zur Messung Letzterer wurde von den Probanden ein Fragebogen zu einzelnen IM-Kontakten vorgelegt Dieser enthielt auch Fragen zu Indikatoren, welche im Chat nicht gemessen werden können, wie beispielsweise Vertrauen oder Zuneigung. Hier ist bei empfundenen *strong Ties* eine höhere Korrelation zu beobachten. Dies könnte darin begründet sein, dass mit diesen auch mehr kommuniziert wird und sie durch die Menge an Kommunikationsdaten präziser eingestuft werden können. Natürlich stellt der validierte Ansatz nur den ersten Schritt in Richtung der Analyse digitaler Kommunikation dar. Um ein vollständiges Bild der digitalen Kommunikation eines Nutzers zu erhalten könnten sollten weitere Kommunikationskanäle, wie beispielsweise Email und soziale Netzwerke mit einbezogen werden.

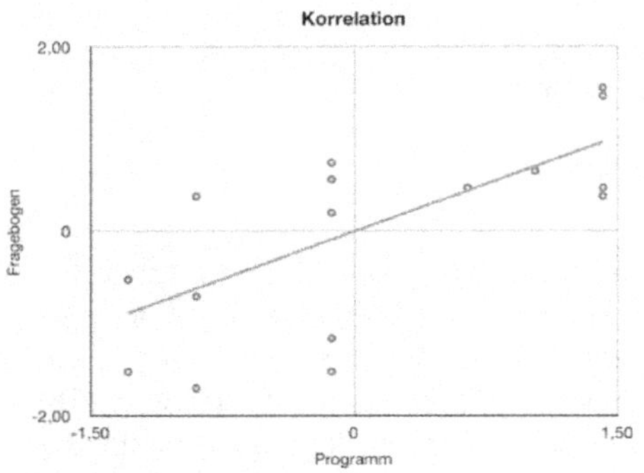

Abbildung 3: Korrelation zwischen berechneter und empfundener TS (Z-normiert)

5 Fazit und Ausblick

In diesem Artikel wurde ein erster Entwurf zu Operationalisierung des *Tie-Strength* Modells für textbasierte IM-Kommunikation vorgestellt. Ziel war die Einstufung einer sozialen Beziehung auf Basis einer Analyse der Kommunikation via Instant Messenger. Die verarbeiteten Informationen wurden hier auf nonverbale Parameter eingeschränkt. Dies geschah aus zwei Gründen. Zum einen impliziert ein Zugriff auf verbale Daten einen größeren Eingriff auf die Privatsphäre des Users; zum anderen können nonverbale Daten mit geringerem Performanz-Aufwand analysiert werden, was vor allem hinsichtlich einer Implementierung von Vorteil ist. Um die Stärke der Beziehung zu beschreiben wurde das Maß der *Tie-Strength* verwendet, welches durch mehrere Indikatoren beschrieben ist. Dieses mehrdimensionale Modell ist gerade für die Analyse von Chat-Kommunikation angemessen, da sich hier keine

Messgröße finden lässt, welche für sich alleine die soziale Beziehung zwischen den Chat-Partnern ausreichend charakterisieren könnte. Auch kann durch eine hohe Anzahl an Indikatoren der Ausfall einzelner Messgrößen abgeschwächt werden. Um den Ansatz zu validieren und eine Basis zur Weiterentwicklung des Modells zu schaffen wurde die Korrelation zwischen den einzelnen Indikatoren untersucht. Hier zeigte sich eine geringe Korrelation zwischen den einzelnen Indikatoren, jedoch eine verhältnismäßig hohe Korrelation zwischen der subjektiv empfundenen *TS* und den berechneten Werten. Der nächste Schritt entspräche einer feineren Anpassung des Analyse-Modells: Stark korrelierte Indikatoren können zusammengefasst oder auch die Existenz weiterer Indikatoren, wie beispielsweise die Dauer der Beziehung untersucht werden um dem Modell zusätzliche Stabilität zu verleihen. Auch ein „*lernendes*" Modell, welches sich dem Kommunikationsverhalten des Users anpasst, wäre denkbar. Anwendungsgebiete für eine solche Analyse finden sich viele. Es kann als Tool zur Selbstkontrolle oder einfach nur die Basis für eine Visualisierung der Kontakte eines IM eingesetzt werden. Auch im Bereich digitaler Lernumgebungen wäre eine solche Analyse nützlich: Die Beziehungen innerhalb von Lern und Projektgruppen könnten analysiert werden um Gruppendynamik, Qualität der Zusammenarbeit oder auftretende Konflikte zu untersuchen.

Literaturverzeichnis

Avrahami, D., Fussell, S. R. & Hudson, S. E. . IM waiting: Timing and Responsiveness in Semi-Synchronous Communication. Proceedings of the 2008 ACM Conference on Computer supported cooperative work. S. 285–294.

Blumstein, P. & Kollock, P. (1988). Personal relationships. Annual Review of Sociology, vol. 14. S. 467–490.

Burgoon, J. K & Hoobler, G. D. (2002). Nonverbal Signals. In Handbook of Interpersonal Communication. Thousand Oaks:Sage Publications Inc. S. 240–300.

Derks, D. (2007). Exploring the missing wink: emoticons in cyberspace. Open Universiteit Nederlands

Dong, H., Hui, S. C. & He, Y. (2006). Structural Analysis of Chat Messages for Topic Detection. *Online Information Review.* Emerald Group Publishing Ltd. S. 496-516.

Döring, N. (2003). *Sozialpsychologie des Internet. Band 2.* Göttingen: Hogrefe.

Forgas, J. P & Frey, D. (1992). *Soziale Interaktion und Kommunikation.* Weinheim: Beltz.

Friedkin, N. (1980). A Test of Structural Features of Granovetter's Strength of Weak Ties Theory. *Social Networks.* Elsevier. S. 411–422.

Gilbert, E. & Karahalios, K. (2009). Predicting Tie Strength With Social Media. *Proceedings of the 27th international conference on human factors in computing systems CHI 09, Vol. 9, No. 1.* S. New York: ACM. 211–220.

Granovetter, M. (1973). The Strength of Weak Ties. *The American Journal of Sociology, Vol. 78, No. 6.* Chicago: The University of Chicago Press. S. 1360–1380.

Hanneman, R. A. & Riddle, M. (2005). *Introduction to Social Network Methods.* http://faculty.ucr.edu/~hanneman/nettext/. Abgerufen am 13.03.2012.

Isaac, E., Kamm, C., Schiano, D., Walendowski, A. & Whittaker, S. *(2002).* Characterizing Instant Messaging from Recorded Logs. *CHI'02 extended abstracts on human factors in computing systems.* New York: ACM. S. 720 – 721.

Kalman, Y., Ravid, G., Raban, D. & Rafaeli, S. (2006). Pauses and response latencies: A chronemic analysis of asynchronous CMC. *Journal of Computer-Mediated Communication,Vol. 12, No. 1.* Blackwell Publishing Inc. S. 1–23.

Koku; E. & Wellman, B. (2004). Scholarly networks as learning communities: The case of TechNet. *Building.* Cambridge: Cambridge University Press. S. 299–337.

Lin, N., Dayton, P. & Greenwald, P. (1978). Analyzing the instrumental use of relations in the context of social structure. *Sociological Methods Research, Vol. 7, No. 2.* SAGE Publications. S. 149–166.

Marsden P. & Campbell, K. (1984). Measuring Tie Strength. *Social Forces, Vol. 63.* Oxford University Press. S. 482-501.

Nardi, B. A., Whittaker S. & Brandner, E. (2000). Interaction and Outeraction: Instant Messaging in Action. *Proceedings of the 2000 ACM conference on Computer supported cooperative work CSCW 00.* New York: ACM. S. 79-88.

Radulovic, F. & Milikic, N. (2009). Smiley Ontology. *1st International Workshop on Social Networks Interoperability SNI 2009.* S. 1–4.

Scherer, K. R & Wallbott, H. G. (1984). *Nonverbale Kommunikation: Forschungsberichte zum Interaktionsverhalten.* Weinheim: Beltz.

Schönfeldt, J (2001). Gesprächsorganisation in der Chat-Kommunikation. In *Chat-Kommunikation-Sprache, Interaktion, Sozialität & Identität in synchroner computervermittelter Kommunikation. Perspektiven auf ein interdisziplinäres Forschungsfeld.* Stuttgart: Ibidem S. 25-53.

Strohner H. (2006). *Kommunikation: kognitive Grundlagen und praktische Anwendungen.* Göttingen: Vandenhoeck & Ruprecht.

Walther, J. B. & Tidwell, L. (1995). Nonverbal cues in computer-mediated communication, and the effect of chronemics on relational communication. *Journal of Organizational Computing and Electronic Commerce, Vol. 5, No. 4.* Taylor & Francis. S. 355–378.

Kontaktinformationen

Sarah León Rojas. Email: sarah.leon.rojas@fit.fraunhofer.de
Nils Jeners. Email: nils.jeners@rwth-aachen.de
Uwe Kirschenmann. Email: uwe.kirschenmann@fit.fraunhofer.de

H. Reiterer & O. Deussen (Hrsg.): Mensch & Computer 2012
München: Oldenbourg Verlag, 2012, S. 113-122

Gemeinsam einig: Partizipation in Gruppenempfehlungssystemen

Christoph Beckmann, Sascha Herr, Tom Gross

Lehrstuhl für Mensch-Computer-Interaktion, Otto-Friedrich-Universität Bamberg

Zusammenfassung

Gruppenempfehlungssysteme unterstützen Gruppen bei der gemeinsamen Auswahl von Aktivitäten oder Produkten. Neben der Generierung von Empfehlungen wird der gezielten Unterstützung der Gruppeninteraktion während der Aushandlung in der einschlägigen Literatur eine Schlüsselstellung zugeschrieben. Dieser Beitrag stellt drei alternative Konzepte zur Gruppenentscheidungsunterstützung vor, berichtet über eine Benutzerstudie und leitet Gestaltungsanregungen ab.

1 Einleitung

Gruppenempfehlungssysteme unterstützen Benutzerinnen und Benutzer bei gemeinsamen Entscheidungsfindungen, indem sie Vorschläge für Aktivitäten oder Produkte unterbreiten (z.B. das Wählen eines Ferienziels, Restaurants oder Kinofilms). Die Empfehlungen erleichtern den Gruppen die Auswahl aus einem breiten Spektrum an Alternativen und sollen den Geschmack aller Gruppenmitglieder bestmöglich treffen. Sie werden durch Algorithmen generiert und basieren auf einer antizipierten Zufriedenheit aller Gruppenmitglieder.

Algorithmische Maße, wie Genauigkeit und Variabilität der Vorhersagen der Zufriedenheit, allein genügen jedoch nicht, um auf die Gesamtzufriedenheit der Benutzerinnen und Benutzer mit dem Gruppenempfehlungssystem zu schließen. Es ist vor allem auch die Gruppeninteraktion samt ihrer sozialen Faktoren und prozeduralen Ausgestaltungen zu berücksichtigen (Herlocker et al., 2004; Ziegler et al., 2005).

Der gezielten Unterstützung der Gruppeninteraktion während der Aushandlung wird in der einschlägigen Literatur eine Schlüsselstellung zugeschrieben (Jameson & Smyth, 2007; Schafer et al., 2007). In der Tat müssen — durch die Komplexität der Gruppeninteraktion und damit verbunden des Gruppenempfehlungsprozesses — die Entwicklerinnen und Entwickler bei der Konzeption von Gruppenempfehlungssystemen zahlreiche Kompromisse eingehen (bspw. gerechte Verteilung von Stimmgewichten innerhalb der Gruppe vs. explizite Unterstützung von sich an der Aushandlung zaghaft beteiligenden Gruppenmitgliedern).

Das Ziel dieses Beitrages ist ein besseres Verständnis der Gruppeninteraktion — insbesondere der Partizipation — bei Gruppenentscheidungen, um Anregungen für die benutzerfreundliche Gestaltung von Gruppenempfehlungssystemen geben zu können. Zur systematischen Untersuchung der Partizipation und ihrer Auswirkung auf die Zufriedenheit der Benutzerinnen und Benutzer während des Gruppenempfehlungsprozesses, speziell während der Aushandlung, haben wir eine Benutzerstudie zur Evaluierung dreier Konzepte des Gruppenentscheidungsprozesses durchgeführt.

Nachfolgend stellen wir die Methode und die Ergebnisse unserer Benutzerstudie, inklusive des Algorithmus zur Filmempfehlungsgenerierung, dar. Danach fassen wir verwandte Arbeiten im Feld der Gruppenempfehlungssysteme zusammen. Abschließend verknüpfen wir unsere Ergebnisse mit denen aus der Literatur, leiten Gestaltungsanregungen ab und ziehen ein Resümee hinsichtlich Partizipation in Gruppenempfehlungssystemen.

2 Gestaltung von Partizipation

In früheren konzeptionellen Arbeiten (Beckmann & Gross, 2010; Beckmann & Gross, 2011), wie auch in einer systematischen Analyse von für den Gruppenempfehlungsprozess relevanter sozialpsychologischer Konzepte (Herr et al., 2012) konnten wir bereits ein grundlegendes Verständnis über die Komplexität der Gruppeninteraktion sowie mögliche, die Partizipation (d.h. das aktive Beitragen der Gruppenmitglieder zur gemeinsamen Findung der finalen Gruppenentscheidung) im Gruppenempfehlungsprozess unterstützende, Faktoren erlangen. Unter den zahlreichen Faktoren, welche die Benutzerinnen und Benutzer in der Aushandlung unterstützen, stechen folgende Partizipationsgestaltungsfaktoren hervor: *visuelles Feedback*: das explizite Anzeigen der Entscheidungen der individuellen Gruppenmitglieder; *Revision*: das Widerrufen von persönlichen Entscheidungen durch einzelne Gruppenmitglieder während der Aushandlung; *explizite Kommunikation*: der aktive Austausch zwischen den Gruppenmitgliedern bei der Aushandlung; *Vorhersagendarstellung*: die Anzeige der vom Gruppenempfehlungssystem berechneten Vorhersagewerte sowie *Entscheidungshinweise vorangegangener Entscheidung*: der Zugriff auf Informationen über vergangene gemeinsame Aushandlungen.

In unseren drei Konzepten zur Gruppenentscheidungsunterstützung haben wir die ersten drei Faktoren variiert und permutiert sowie über die Zeit operationalisiert. Die Verhandlungszeit ist experimentell einfach zu manipulieren und kontrollieren, sowie unabhängig von einer konkreten Implementierung eines Gruppenempfehlungssystems. Die drei Konzepte sind: *volle Automatisierung*: das System präsentiert eine algorithmisch ermittelte Empfehlung; dabei gibt es kein visuelles Feedback, keine Möglichkeit zur Revision und zur expliziten Kommunikation; *schnelle Einigung:* die Gruppe wählt eine aus drei vom System algorithmisch ermittelten Empfehlungen; dabei bekommt die Gruppe für 30 Sekunden visuelles Feedback sowie die Möglichkeit zur Revision und expliziten Kommunikation sowie *gründliche Aushandlung:* die Gruppe wählt eine aus drei vom System algorithmisch ermittelten Empfehlungen; dabei bekommt die Gruppe für 300 Sekunden visuelles Feedback sowie die Möglichkeit zur Revision und expliziten Kommunikation.

3 Methode

Zur Untersuchung der Partizipation während der Aushandlung von Empfehlungen und ihrer Auswirkung auf die Zufriedenheit haben wir eine Benutzerstudie zu Kinofilmempfehlungen durchgeführt.

3.1 Stichprobe

Wir rekrutierten 30 (sieben weibliche) Teilnehmerinnen und Teilnehmer im Durchschnittsalter von 23.63 (*SD* = 2.37) Jahren für unsere Benutzerstudie, die als Studie zu Gruppenentscheidungen ausgeschrieben war. Als Studierende verschiedener Fachrichtungen der Universität Bamberg erhielten sie für ihre Teilnahme Bonuspunkte für eine Lehrveranstaltung. Sie meldeten sich selbst in Dreiergruppen für die Studie an.

3.2 Testmaterial

Empfehlungsdatenbank: Für die Bildung einer Datengrundlage zur Generierung der Gruppenempfehlungen vergaben wir an jeden Teilnehmenden einen Zugang zu der Filmbewertungsplattform moviepilot (moviepilot GmbH, 2012). Alle Teilnehmende bewerteten mindestens 100 ihnen bekannte Filme (*M* = 129.17, *SD* = 16.43) und daraus wurden individuelle Präferenzprofile generiert. Für die Gruppenempfehlungen berücksichtigten wir alle Filme, die in Kinos mit einem Radius von 50 km um die Universität in der Woche vor der Studie gezeigt worden waren. Zu der Filmauswahl konnten wir dann über moviepilot die individuellen Vorhersagen von noch nicht gesehenen Filmen für die Teilnehmenden abfragen. Die Generierung der Gruppenempfehlungen aus den individuellen Vorhersagewerten erfolgte anhand der Average-Satisfaction-Aggregationsstrategie (O'Connor et al., 2001). Für jede Gruppe erhielten wir eine nach Rängen geordnete Liste von Filmempfehlungen (*M* = 47 Filme, *SD* = 6.38). Jeder Listeneintrag verfügte über einen Vorhersagewert, der von 0 (kein vorhergesagtes Interesse am Film) bis 10 (maximales vorhergesagtes Interesse am Film) reichte. Über alle Gruppen hinweg verteilten wir systematisch diese Empfehlungen auf die Durchgänge zu diesen Bedingungen, um vergleichbare Verteilungen und Größen der Vorhersagewerte zu erreichen.

Technisches Unterstützungssystem für Gruppenentscheidungen: Wir benutzten ein Abstimmungssystem (Turning Technologies LLC, 2012), das es den Teilnehmenden mittels einer Fernbedienung (mit Knöpfen für A, B oder C) ermöglichte ihre Stimme abzugeben, welche dann an ein Auswertungsprogramm auf einem Computer übertragen wurde. Dadurch konnten die Teilnehmerinnen und Teilnehmer unabhängig voneinander für den von ihnen favorisierten Film stimmen. Das Auswertungsprogramm visualisierte die Abstimmung der Teilnehmenden, indem es die Entscheidung als Balkendiagramm darstellte; es bot damit visuelles Feedback für die Teilnehmenden. Die Teilnehmenden konnten ihre Meinung über das Abstimmungssystem revidieren bis der Versuchsleiter die Abstimmungsphase beendete und die finale Gruppenentscheidung aufgezeichnet wurde.

Fragebogen: Wir verwendeten einen selbstgestalteten Fragebogen für die Erfassung der Zufriedenheit der Teilnehmerinnen und Teilnehmer mit jeder Gruppenentscheidung, der wahrgenommenen Wichtigkeit ausgewählter Partizipationsgestaltungsfaktoren und der subjektiven Eindrücke bezüglich der experimentellen Bedingungen und des Gruppenentscheidungsprozesses.

Die Zufriedenheit der Teilnehmerinnen und Teilnehmer wurde nach jeder Gruppenentscheidung in jeder experimentellen Bedingung mit einer 10-Punkteskala, die von 1 (sehr unzufrieden) bis 10 (sehr zufrieden) reichte, gemessen. Die subjektiv wahrgenommene Wichtigkeit der ausgewählten Partizipationsgestaltungsfaktoren wurde am Ende des gesamten Experiments mit einer 10-Punkteskala, die von 1 (sehr unwichtig) bis 10 (sehr wichtig) reichte, erfasst. Die Teilnehmerinnen und Teilnehmer konnten am Ende des Fragebogens positive und negative Eindrücke bezüglich der experimentellen Manipulation der Versuchsbedingungen sowie weitere wichtige Partizipationsgestaltungsfaktoren in Freitextangaben zu offenen Fragen schildern.

3.3 Versuchsaufbau

Die Benutzerstudie folgte einem Messwiederholungsdesign den drei Konzepten (d.h. volle Automatisierung, schnelle Einigung, und gründliche Aushandlung) mit der Verhandlungszeit als Messwiederholungsfaktor und Zufriedenheit mit der Gruppenentscheidung als abhängige Variable. In der Sozialpsychologie werden häufig zeitbasierte Analyseverfahren zur Untersuchungen von Gruppeninteraktion angewandt (Futoran et al., 1989). Die drei Konzepte entsprachen den drei Stufen des Messwiederholungsfaktors. Die Teilnehmerinnen und Teilnehmer durchliefen die Bedingungen in Dreiergruppen in drei Durchgängen und in einer festen Reihenfolge, da die drei Bedingungen aufeinander aufbauten. Die abhängige Variable wurde auf der Ebene der Teilnehmenden gemessen um die Teststärke zu erhöhen. Die zur Entscheidungsfindung benötigte Zeit jedes Durchgangs wurde aufgezeichnet.

3.4 Versuchsablauf

Zu Beginn jeder Testsitzung gaben die drei Mitglieder jeder Gruppe ihre Einwilligungserklärung und demographische Informationen (Alter und Geschlecht) an. Danach durchlief jede Gruppe vor Ort 9 Durchgänge (3 Bedingungen x 3 Durchgänge).

In den drei Durchgängen der *vollen Automatisierung* wurde den Teilnehmerinnen und Teilnehmern eine Empfehlung präsentiert, die aus dem Filmplakat und einer gekürzten Beschreibung der Handlung bestand. Nachdem die Teilnehmerinnen und Teilnehmer Zeit hatten sich die Beschreibung durchzulesen, bewerteten sie, wie zufrieden sie mit dieser Entscheidung waren.

In den drei Durchgängen der *schnellen Einigung* konnten die Teilnehmerinnen und Teilnehmer jeweils zwischen drei Empfehlungen auswählen, indem sie ihre Präferenzen mit ihren Abstimmungsgeräten äußerten. Wir informierten sie, dass diese Bedingung aus zwei Phasen bestand: eine Lese- und eine Aushandlungsphase. In der Lesephase konnten die Teilnehmerinnen und Teilnehmer die Filmplakate und Kurzbeschreibungen der Filme lesen, um eine persönliche Präferenz zu bilden. Während dieser Phase wurden sie gebeten, nicht miteinander zu sprechen und mitzuteilen, sobald sie alle Informationen zu den Filmen gelesen hatten. Die anschließende Aushandlungsphase dauerte in dieser Bedingung 30 Sekunden, in denen die Teilnehmerinnen und Teilnehmer die Gruppenentscheidung für einen Film untereinander aushandeln konnten.

Wir informierten sie, dass sie ihre Entscheidung über ihre Abstimmungsgeräte innerhalb der 30 Sekunden revidieren konnten und dass ihre Entscheidung nicht einstimmig ausfallen musste. Dann diskutierten die Teilnehmerinnen und Teilnehmer die präsentierten Empfehlungen, stimmten ab und fällten eine Mehrheitsentscheidung. Die Gruppenentscheidung in Form des favorisierten Films und die Abstimmungsergebnisse wurden in einer kombinierten Ansicht präsentiert, und die Teilnehmenden gaben ihre Zufriedenheit mit ihrer Gruppenentscheidung an (siehe Abbildung 1).

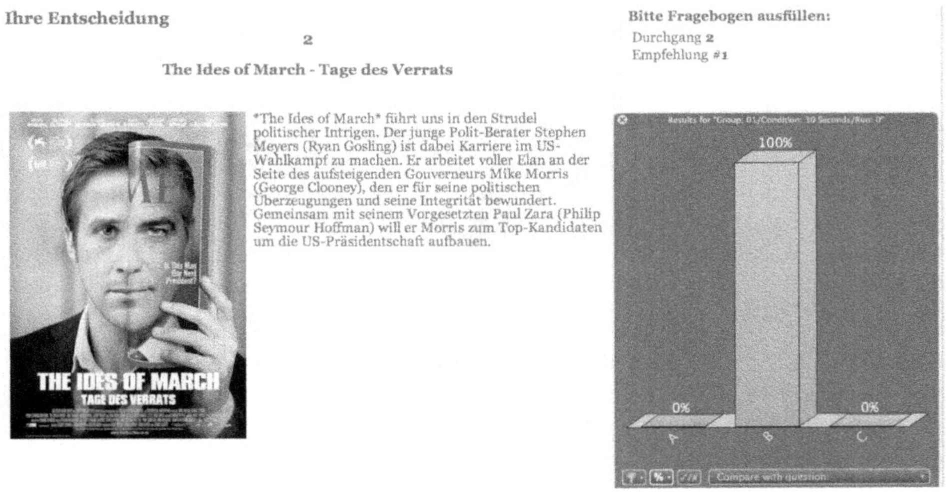

Ihre Entscheidung
2
The Ides of March - Tage des Verrats
THE IDES OF MARCH
TAGE DES VERRATS
"The Ides of March" führt uns in den Strudel politischer Intrigen. Der junge Polit-Berater Stephen Meyers (Ryan Gosling) ist dabei Karriere im US-Wahlkampf zu machen. Er arbeitet voller Elan an der Seite des aufsteigenden Gouverneurs Mike Morris (George Clooney), den er für seine politischen Überzeugungen und seine Integrität bewundert. Gemeinsam mit seinem Vorgesetzten Paul Zara (Philip Seymour Hoffman) will er Morris zum Top-Kandidaten um die US-Präsidentschaft aufbauen.
Bitte Fragebogen ausfüllen:
Durchgang 2
Empfehlung #1
100%
0%
0%
A
B
C
Compare with question

(a) (b)

Abbildung 1. Ansicht des Aushandlungsergebnisses mit (a) Filmbeschreibung und (b) visuelles Feedback.

In den drei Durchgängen der *gründlichen Aushandlung* veränderte sich die verfügbare Zeitspanne für die Aushandlung von 30 auf 300 Sekunden, während alle anderen Versuchsparameter gegenüber der Bedingung *schnelle Einigung* unverändert blieben.

Wir zeichneten für jeden Durchgang die Zeitspanne auf, welche die Gruppen benötigten, um zu der abschließenden Gruppenentscheidungen zu kommen. Die Teilnehmerinnen und Teilnehmer gaben ihre Zufriedenheit mit diesen Gruppenentscheidungen nach jedem Durchgang im Fragebogen an. Am Ende der Benutzerstudie bewerteten die Teilnehmerinnen und Teilnehmer die Wichtigkeit der ausgewählten Partizipationsgestaltungsfaktoren und füllten die Freitextfragen aus. Zum Abschluss klärten wir die Teilnehmerinnen und Teilnehmer über die Ziele der Studie auf und dankten ihnen für ihre Teilnahme.

3.5 Ergebnisse

Um den Effekt der Gruppeninteraktion auf die Zufriedenheit der Teilnehmerinnen und Teilnehmer isoliert von der Güte der Empfehlungen zu betrachten, haben wir die Zufriedenheitswerte mit den Vorhersagewerten korrigiert. Eine nachfolgende one-way repeated-measures ANOVA zeigte, dass die Teilnehmerinnen und Teilnehmer signifikant unterschiedliche Zufriedenheitswerte für die verschiedenen Bedingungen vergaben ($F(2, 58) = 59.92$, $p < .01$, $\eta_p^2 = 0.67$). Post-Hoc-Vergleiche mit paired-samples *t*-Tests ergaben signifikante Unterschiede der Zufriedenheitsmittelwerte aller Bedingungen (*volle Automatisierung* < *schnelle Einigung* < *gründliche Aushandlung*); t's(29) < -3.56, p's < .01, d's > 0.67 (Effektstärken wurden durch Morris und DeShons (2002) Gleichung 8 berechnet). Die Teilnehmerinnen und Teilnehmer benötigten meistens die vollen 30 Sekunden Verhandlungszeit in der Bedingung *schnelle Einigung*, um zu einer Entscheidung zu gelangen ($M = 25.08$ s; $SD = 4.46$). Bei der Bedingung *gründliche Aushandlung* reichte die Entscheidungszeit von 39 bis 160 Sekunden ($M = 80.27$ s; $SD = 33.63$). Während die Teilnehmerinnen und Teilnehmer die Möglichkeit zur expliziten Kommunikation als sehr wichtig empfanden ($M = 9.07$, $SD = 1.41$), schrieben sie dem visuellen Feedback ($M = 5.37$, $SD = 2.71$) sowie der Möglichkeit zur Revision ($M = 5.57$, $SD = 2.49$) nur moderate Wichtigkeit zu.

Um zu überprüfen, ob die Güte der Empfehlungen einen Einfluss auf die Zufriedenheit der Teilnehmerinnen und Teilnehmer hatte, berechneten wir Korrelationen (Pearson *r*) zwischen den Vorhersagewerten der Empfehlungen und den Zufriedenheitswerten in den Bedingungen (je gemittelt über die drei Durchgänge). Dabei ergab sich nur für die Bedingung *volle Automatisierung* eine signifikante Korrelation ($r = .44$, $p < .05$), während sich für die Bedingung *schnelle Einigung* ($r = .16$, n.s.) und die Bedingung *gründliche Aushandlung* ($r = .07$, n.s.) keine signifikanten Zusammenhänge herausstellten.

Um festzustellen, welche Faktoren den Teilnehmerinnen und Teilnehmern in den verschiedenen Bedingungen wichtig waren, haben wir die qualitativen Aussagen in den Freitextangaben des Fragebogens kodiert und anschließend quantifiziert. Die meisten Aussagen der Teilnehmerinnen und Teilnehmer bezogen sich auf die Gruppeninteraktion (d.h. die zwischenmenschlichen Aspekte, die bei der Gruppenentscheidung eine Rolle spielten) und die Filmempfehlungen (d.h. die vom Gruppenempfehlungssystem vorhergesagten und präsentierten Filme).

Gruppeninteraktion wurde bei der Bedingung *volle Automatisierung* 12 mal (5 positiv, 7 negativ), bei der Bedingung *schnelle Einigung* 18 mal (10 positiv, 8 negativ) und bei der Bedingung *gründliche Aushandlung* 16 mal (13 positiv, 3 negativ) genannt.

Filmempfehlungen wurden bei der Bedingung *volle Automatisierung* mit 18 Nennungen (8 positiv, 10 negativ) vergleichsweise oft genannt. Es gab keine Nennungen zu den Filmempfehlungen bei der Bedingung *schnelle Einigung*, drei negative Nennungen bei der Bedingung *gründliche Aushandlung*.

4 Verwandte Arbeiten

Jameson and Smyth (2007) haben ein Vorgehensmodell für den Gruppenempfehlungsprozess im Allgemeinen vorgeschlagen. Sie leiten ein generisches Vier-Phasen-Modell aus bestehenden Empfehlungssystemen ab: Spezifikation der Präferenzen, Generierung der Empfehlungen, Präsentation der Empfehlungen und Entscheidungsfindung. Zur Entscheidungsfindung — also zur Einigung auf eine Empfehlung innerhalb der Gruppe —werden drei prinzipielle Strategien unterschieden: (1) das System wählt die Entscheidung mit der besten Vorhersage aus und handelt automatisch; (2) ein Agent, d.h. ein Repräsentant der Gruppe, trifft die Entscheidung für die Gruppe; (3) die Gruppenmitglieder diskutieren anhand der Empfehlungen die Alternativen und einigen sich. Die Arbeit detailliert jede Strategie mit entsprechenden Systembeispielen, zeigt jedoch nicht auf, wie Gruppen im Aushandlungsprozess unterstützt werden können.

MusicFX ist ein Beispiel für ein Gruppenempfehlungssystem mit voller Automatisierung (McCarthy & Anagnost, 1998). Es empfiehlt Musik in einem Fitnesscenter. Zuerst bewerten die Benutzerinnen und Benutzer ihre Musikvorlieben anhand von Genres auf einer Skala von -2 (schlecht) bis 2 (gut). Sie authentifizieren sich dann jeweils mittels einer elektronischen Mitgliedskarte bei ihrem Eintreffen im Fitnesscenter. In einer Evaluation beschrieben die Benutzerinnen und Benutzer MusicFX als Bereicherung. Jedoch manipulierten einige Benutzerinnen und Benutzer ihre Präferenzen gezielt um eine bestimmte Änderung der gespielten Musik zu bewirken (konkret haben Benutzerinnen und Benutzer Polka hohe Bewertungen gegeben um diese Musikrichtung, die sonst nie gespielt wurde, zu forcieren). Diese Manipulation der Präferenzen kann als Wunsch der Benutzerinnen und Benutzer, aktiv bei der Entscheidungsfindung beteiligt zu sein, gedeutet werden.

AGReMo (Beckmann & Gross, 2011) ist ein mobiles Gruppenempfehlungssystem. Es empfiehlt Kinofilme für Gruppen. Die Benutzerinnen und Benutzer bewerten bereits gesehene Filme auf einer Skala von 0 (schlecht) bis 10 (gut) und erstellen somit Präferenzprofile. Bei der Generierung der Empfehlungen beachtet das System auch kontextuelle Informationen (d.h. der aktuelle Aufenthaltsort und die aktuelle Zeit dienen zur Auswahl von zu erreichenden Kinos und dort laufender Filme). Die Empfehlungen werden auf Basis der Profile der Gruppenmitglieder generiert und der Gruppe zur Diskussion präsentiert. Während des Empfehlungsprozesses ist ein Agent zuständig für die Eingaben am mobilen Gerät. Insgesamt kann die Gruppe zwar gleichberechtigt diskutieren, aber es steht nur eine Anwendung für den Moderator zur Verfügung.

5 Diskussion

Nachfolgend diskutieren wir die Auswirkung der Partizipation auf die Zufriedenheit der Benutzerinnen und Benutzer in drei Facetten: die obigen Partizipationsgestaltungsfaktoren, die Güte der Empfehlungen und die Verhandlungszeit.

5.1 Partizipationsgestaltungsfaktoren

Die qualitativen Aussagen der Benutzerinnen und Benutzer zeigen hier ein differenziertes Bild. Während explizite Kommunikation deutlich wichtiger bewertet wurde, sind visuelles Feedback und Revision von untergeordneter Bedeutung.

Kommunikation erleichtert die Aushandlung (z.B. tauschten sich die Benutzerinnen und Benutzer über bereits gesehene Filme aus und ließen diese in ihre gemeinsame Entscheidung einfließen). Die folgenden Zitate aus den Fragebögen verdeutlichen dies: *„Erfahrungen der einzelnen Gruppenmitglieder zu gegebenen Genres oder ähnlichen Filmen beeinflussten die Film-Auswahl"* und *„Bei eigener Unentschlossenheit hilft das Interesse der anderen bei der Entscheidungsfindung."* sowie *„Vorwissen über Filme bei allen Teilnehmern führt rasch zum Ziel."* Visuelles Feedback empfanden die Benutzerinnen und Benutzer nur in begrenztem Maße als wichtig — sie äußerten ihre Meinung bevorzugt in der Gruppendiskussion. Revision wurde ebenfalls als nur begrenzt wichtig empfunden. Die Benutzerinnen und Benutzer vertrauten auf die Gruppendiskussion und stimmten häufig erst ab, nachdem sie einvernehmlich eine Gruppenentscheidung getroffen hatten.

Die Ergebnisse, wie auch informelle Beobachtungen während der Aushandlung zeigten, dass häufig nach dem Ausschlussprinzip vorgegangen wurde, d.h. die Benutzerinnen und Benutzer legten zunächst individuell oder in der Gruppe die Filme fest, die ihren Interessen am wenigsten entsprachen und kamen dadurch rasch zu einer Vorauswahl. Ein Benutzer schreib beispielsweise: *„Zuerst auswählen, welcher Film definitiv nicht geschaut wird."*

Somit ist die resultierende Gestaltungsanregung: ein Gruppenempfehlungssystem sollte die Benutzerinnen und Benutzer durch Anreize zur expliziten Kommunikation unterstützen und dafür zum einen die Diskussion fördernde Informationen anbieten und zum anderen sukzessiv den Raum an Alternativen reduzieren.

5.2 Güte der Empfehlungen

Die Ergebnisse der Korrelationsanalyse zeigen, dass die Gesamtzufriedenheit der Benutzerinnen und Benutzer bei der *vollen Automatisierung* am stärksten durch die Güte der Empfehlung beeinflusst wurde. Wir bereits oben beschrieben wurde in den Fragebögen nur unter der Bedingung *volle Automatisierung* positiv auf die Güte der Filmempfehlungen eingegangen. Die qualitativen Aussagen der Benutzerinnen und Benutzer bestätigen dies: *„Die Filmauswahl war sehr gut, der Geschmack wurde getroffen."*

Sobald die Benutzerinnen und Benutzer miteinander über die Empfehlungen diskutieren können, verlagern sich die Gewichte: *„Beste Entscheidung für die Gesamtheit. Umentscheidungen und Begründungen sind möglich."*

Somit ist die resultierende Gestaltungsanregung hier: ein Gruppenempfehlungssystem sollte immer Empfehlungen von höchster Güte produzieren, jedoch sind insbesondere bei Entscheidungen unter Zeitdruck (bzw. ohne Zeit) Güte der Empfehlung sowie subjektiver Eindruck der Benutzerinnen und Benutzer ausschlaggebend für die Gesamtzufriedenheit.

5.3 Verhandlungszeit

Die quantitative Überprüfung zeigt, wie oben beschrieben, im Allgemeinen einen positiven Effekt der Gruppeninteraktion auf die individuelle Zufriedenheit. Unter der Bedingung *gründliche Aushandlung* im Speziellen zeigte sich anhand unserer Messungen, dass das Optimum der Verhandlungszeit nicht im Maximum liegt. In allen Durchläufen aller Gruppen wurden die 300 Sekunden nicht ausgeschöpft; durchschnittlich dauerten die Verhandlungen ein bis zwei Minuten. Zu lang empfundene Verhandlungszeiten können sogar zu einer Verminderung der Zufriedenheit führen: *„Viel Zeit führt eventuell zu langer Diskussion ohne wirkliches Ergebnis.“*, und auch *„Eine lange Diskussion kann auch negativ verlaufen und einzelne Meinungen unterdrücken, wenn die anderen Meinungen in der Überzahl sind.“*

Unsere frühere Forschung zeigt überdies einen Zusammenhang zwischen der als adäquat empfundenen Verhandlungszeit und dem gefühlten Risiko. In einer Studie zur Evaluierung eines Entscheidungsprozessmodells für Gruppenempfehlungssysteme für Kinofilme zeigte sich, dass die gewünschte Verhandlungsdauer mit sinkendem Risiko schrumpft: *"Some participants said the entrance fees of the cinemas reduce their willingness to take risks. They explicitly mentioned that they would take more risks in following recommendations of unknown movies, if the price was lower…"* (Beckmann & Gross, 2011, p. 183).

Somit ist die resultierende Gestaltungsanregung hier: ein Gruppenempfehlungssystem sollte die Benutzerinnen und Benutzer durch eine den Umständen angepasste (insb. dem gefühlten Risiko angepasste) Verhandlungszeit unterstützen.

6 Resümee

Zusammenfassend zeigt die Benutzerstudie empirisch, dass Benutzerinnen und Benutzer zufriedener mit Gruppenentscheidung sind, wenn sie sich gemeinsam und aktiv einigen. Ein Zitat aus den qualitativen Antworten der Benutzerinnen und Benutzer fasst dies wie folgt zusammen: *„Schon das Sprechen über Filme ist Teil des Erlebnisses ‚ins Kino gehen‘ und daher ist es wichtig, sich inhaltlich auszutauschen.“*

Einschränkend ist zu sagen, dass sich die in diesem Beitrag vorgestellten Ergebnisse auf Situationen beziehen, in denen alle Gruppenmitglieder vor Ort sind und sich direkt austauschen können. Beispielsweise sollten Konzepte für räumlich getrennten Gruppen zur Gruppenentscheidungsunterstützung die Partizipationsgestaltungsfaktoren dem konkreten Szenario entsprechend anders permutieren und könnten zu ergänzenden Gestaltungsanregungen führen (z.B.: könnte visuelles Feedback und Revision hier eine größere Bedeutung erlangen).

Danksagung

Wir danken den Mitgliedern des Cooperative Media Lab, den Studienteilnehmenden und der moviepilot GmbH. Diese Arbeit wurde durch die Deutsche Forschungsgemeinschaft (DFG) gefördert: DFG GR 2055/2-2.

Literaturverzeichnis

Beckmann, C., & Gross, T. (2010). Towards a Group Recommender Process Model for Ad-hoc Groups and On-Demand Recommendations. Proc. of the 2010 Int. ACM Conf. on Supporting Group Work - Group 2010, Sanibel Island, FL. pp. 329-330.

Beckmann, C., & Gross, T. (2011). AGReMo: Providing Ad-Hoc Groups with On-Demand Recommendations on Mobile Devices. Proc. of the European Conf. on Cognitive Ergonomics - ECCE 2011, Rostock, Germany. pp. 179-183.

Futoran, G. C., Kelly, J. R., & McGrath, J. E. (1989). TEMPO : A Time-based System for Analysis of Group Interaction Process. Basic and Applied Social Psychology, 10(3). pp. 211-232.

Herlocker, J. L., Konstan, J. A., Terveen, L. G., & Riedl, J. T. (2004). Evaluating Collaborative Filtering Recommender Systems. ACM Transactions on Information Systems, 22(1). pp. 5-53.

Herr, S., Rösch, A. G., Beckmann, C., & Gross, T. (2012). Informing the Design of Group Recommender Systems. Extended Abstract Proc. of the Int. Conf. on Human Factors in Computing Systems - CHI 2012, Austin, TX. pp. 2507-2512.

Jameson, A., & Smyth, B. (2007). Recommendation to Groups. In A. Kobsa & W. Nejdl (Hrsg.), The Adaptive Web, Springer-Verlag, Heidelberg, Germany. pp. 596-627.

McCarthy, J. F., & Anagnost, T. D. (1998). MusicFX: An Arbiter of Group Preferences for Computer Supported Collaborative Workouts. Proc. of the 1998 ACM Conf. on Computer Supported Cooperative Work - CSCW 1998, Seattle, WA. pp. 363-372.

Morris, S. B., & DeShon, R. P. (2002). Combining Effect Size Estimates in Meta-analysis with Repeated Measures and Independent-groups Designs. Psychological Methods, 7. pp. 105-125.

moviepilot GmbH. (2012). News Stream. http://moviepilot.com. (letzter Zugriff 10/2/2012).

O'Connor, M., Cosley, D., Konstan, J. A., & Riedl, J. (2001). PolyLens: A Recommender System for Groups of Users. Proc. of the Seventh European Conf. on Computer-Supported Cooperative Work - ECSCW 2001, Bonn, Germany. pp. 199-218.

Schafer, B. J., Frankowski, D., Herlocker, J. L., & Sen, S. (2007). Collaborative Filtering Recommender Systems. In A. Kobsa & W. Nejdl (Hrsg.), The Adaptive Web, Springer-Verlag, Heidelberg, Germany. pp. 291-324.

Turning Technologies LLC. (2012). Audience Response Systems | Turning Technologies. http://www.turningtechnologies.com. (letzer Zugriff 9/2/2012).

Ziegler, C.-N., McNee, S. M., Konstan, J. A., & Lausen, G. (2005). Improving Recommendation Lists through Topic Diversification. Proc. of the 14th Int. Conf. on World Wide Web - WWW 2005, Chiba, Japan. pp. 22-32.

Kontaktinformationen

Prof. Dr. Tom Gross, tom.gross@uni-bamberg.de, T. 0951-863-3940

H. Reiterer & O. Deussen (Hrsg.): Mensch & Computer 2012
München: Oldenbourg Verlag, 2012, S. 123-132

Das Zusammenspiel von Website-Inhalten, Usability und Ästhetik

Meinald T. Thielsch[1], Rafael Jaron[2]

Institut für Psychologie, Westfälische Wilhelms-Universität Münster[1]
Nordlight Research GmbH [2]

Zusammenfassung

Inhalt, Usability und Ästhetik sind zentrale Konstrukte in der Bewertung von Websites. Jedes einzelne dieser Konstrukte wurde intensiv beforscht, aber überraschend wenig ist über das Zusammenspiel aller drei bekannt. Daher haben wir in zwei Studien (N = 300 und N = 512) mit insgesamt 46 Testwebsites alle drei Konstrukte gleichzeitig untersucht. In Regressionsanalysen nutzen wir diese Bewertungen von Inhalt, Usability und Ästhetik um vier verschiedene Nutzungsstufen einer Website vorherzusagen: Ersteindruck, Gesamteindruck, Wiederbesuchsbereitschaft und Weiterempfehlungsbereitschaft. Beide Studien kommen zu den fast gleichen Ergebnissen, womit diese erfolgreich kreuzvalidiert werden können. Dabei zeigt sich Ästhetik am bedeutendsten für den Ersteindruck, während alle drei Konstrukte signifikanten Anteil an Erst- und Gesamteindruck haben. Inhalt tritt deutlich als hochrelevant für Wiederbesuchs- und Weiterempfehlungsbereitschaft hervor, Usability zeigt hierbei keinen und Ästhetik nur einen geringen Einfluss (diesen aber verstärkt bei unbekannten Websites). In der Diskussion schlagen wir die Anwendung eines Zwei-Prozessmodell zur Erklärung dieses Ergebnismusters vor.

1 Einleitung

Ein tiefes Verständnis darüber wie Menschen Websites wahrnehmen, nutzen und wertschätzen ist von hohem Interesse für Forschung und Praxis. Viel wurde hier in den vergangenen Jahren zu verschiedenen Aspekten der Website-Wahrnehmung geforscht, immer mehr ist die Ästhetik in den Mittelpunkt vieler Studien gerückt (vgl. Moshagen & Thielsch, 2010; Tractinsky, 1997). Dennoch darf hierbei nicht die Bedeutung der Usability einer Website vergessen werden, entsprechend oft wurde der Zusammenhang dieser beiden Aspekte betrachtet (für eine Übersicht siehe Hassenzahl & Monk, 2010). Ein zentraler weiterer Aspekt, der Websites jedoch von anderen interaktiven Produkten unterscheidet, ist der *Inhalt*. Während sich beispielsweise Softwareprodukte vor allem über ihre Funktion und die Gestaltung dieser Funktionen definieren, stellen Websites ein Online-Medium mit einem breiten Spektrum verschiedener Inhalte von E-Learning bis Entertainment dar. So verschiedenartig Websites sein können, meist steht der Inhaltsaspekt im Vordergrund: Kaum ein Nutzer geht online um eine Website lediglich zu betrachten oder gar nur zu bedienen, Informationssuche und -rezeption ist ein zentrales Motiv. Es überrascht, dass nur vergleichsweise wenige Studien gleichzeitig Inhalt, Usability und Ästhetik untersuchen (insbesondere Cober et al., 2003; De Angeli et al., 2006; Schenkman & Jönsson, 2000; Sutherland et al., 2005; Tarasewich et al., 2001; Thielsch, 2008a & 2008b). Im vorliegenden Beitrag möchten wir daher das Zusammenspiel der drei Konstrukte – Inhalt, Usability und Ästhetik – bei der Nutzung von Websites betrachten.

2 Theoretischer Hintergrund

Im Folgenden stellen wir die Definition der untersuchten Konstrukte sowie die vorhandene Forschung und unsere Fragestellung dar. Wir fokussieren dabei auf die basalen Aspekte Inhalt, Usability und Ästhetik – auch wenn in der Forschung zum World Wide Web weitere Konstrukte diskutiert werden. Diese sind aber unserer Meinung nach entweder abhängig von spezifischen persönlichen Eigenschaften des Nutzers (wie zum Beispiel das Trust-Konstrukt, siehe bspw. McKnight, 2002) oder als Faktoren zweiter Ordnung anzusehen, die sich aus Aspekten von Inhalt, Usability und Ästhetik ergeben. Zu letzteren könnte man beispielsweise die Glaubwürdigkeit einer Website (bspw. Fogg et al., 2002) zählen, die sich aus der Wahrnehmung bestimmter inhaltlicher Elemente ebenso wie aus Designvariablen ergeben kann. Interaktionsbasierte Konstrukte (bspw. Identifikation, Kaufbereitschaft) können aus einem Zusammenspiel von Personen, Situations- und Gestaltungsfaktoren entstehen und sind damit ebenfalls eher als Faktoren zweiter Ordnung anzusehen.

2.1 Definition der Konstrukte

Inhalt ist offensichtlich das wichtigste der drei hier untersuchten Konstrukte und der Hauptgrund, warum Menschen Websites nutzen (vgl. Thielsch, 2008b). ISO 9241-151 (ISO, 2006) definiert Inhalt als die Zusammenstellung von inhaltlichen Objekten einer Web-Benutzungsschnittstelle. Ein inhaltliches Objekt kann dabei aus Text, Video, Ton oder anderen Medien bestehen. Webinhalte werden meist im Rahmen spezifischer Studien oder bestimmter Forschungsbereiche untersucht, als exemplarische Beispiele können an dieser Stelle Forschungen zum *semantic web* oder zur Suchmaschinenoptimierung genannt werden. Es gibt aber auch Arbeiten die Inhalt generell untersuchen oder in Abgrenzung zu Designfaktoren betrachten (z. B. Huizingh, 2000; Robbins & Stylianou, 2003).

Usability, in der DIN EN ISO 9241-11 (ISO, 1998) als Gebrauchstauglichkeit bezeichnet, ist als das Maß der Effektivität, Effizienz und Zufriedenheit definiert, mit dem Benutzer mit einem System vorgegebene Ziele erreichen können. Diese Definition lässt sich ebenso auf die Website-Usability anwenden, zu der sich inzwischen unzählige Studien finden. Website-Ästhetik hingegen wird als unmittelbare angenehme subjektive Wahrnehmung des Webobjekts definiert, die wenig durch schlussfolgernde Prozesse beeinflusst wird (Moshagen & Thielsch, 2010). Die bisherige Forschung legt nahe, dass Ästhetik insbesondere den Ersteindruck einer Website mitbestimmt und sehr schnell wahrgenommen werden kann (vgl. Lindgaard et al., 2006; Thielsch & Hirschfeld, 2012; Tractinsky et al., 2006).

2.2 Bisherige Forschung zum Zusammenhang der Konstrukte

Während sich viele Studien der Frage des positiven Zusammenhangs zwischen Usability und Ästhetik widmen (siehe Hassenzahl & Monk, 2010) finden sich nur wenige Arbeiten, die den Aspekt des Website-Inhalts gleichzeitig mit einbeziehen. Cober et al. (2003) zeigen in einer Studie zum E-Recruiting das alle drei Aspekte einer Website relevant sind für die Wahrnehmung einer Organisation. De Angeli et al. (2006) finden einen Einfluss verschiedener Interaktionsweisen auf die drei Konstrukte. Thielsch (2008b) zeigt einen Zusammenhang aller drei Konstrukte mit Erst- und Gesamtbewertung einer Website, die höchsten Korrelationen finden sich bei der Ästhetik. Auch in einer Studie von Schenkman and Jönnsons (2000) war Ästhetik der wichtigste der drei Prädiktoren auf das Gesamturteil. Ebenso bei Tarasewich et al. (2001), in dieser Studie zeigten sich jedoch Inhalt und Usability insgesamt als bedeutsamer. Grundsätzlich wurden in den bisher vorhandenen Studien aber eher kleine Sets von Websites oder gar nur Screenshots betrachtet. Wird lediglich ein Screenshot durch den Nutzer bewertet, so verwundert es jedoch nicht, dass beispielsweise Aspekte der Usability nicht oder nur wenig zum Tragen kommen können.

2.3 Fragestellung und Ziel der vorliegenden Studie

In der vorliegenden Studie möchten wir untersuchen, wie die Wahrnehmung von Website-Inhalt, Usability und Ästhetik verschiedene typische Phasen der Websitenutzung beeinflussen. Ziel ist statt einer allgemeinen Zusammenhangsebene spezifische Nutzungssituationen genauer analysieren zu können. Wir möchten hierbei vier Nutzungssituationen betrachten:

1. Den Ersteindruck einer Website.
2. Den Gesamteindruck einer Website.
3. Die Intention eine Website selber zukünftig erneut zu besuchen.
4. Die Bereitschaft eine Website weiterzuempfehlen.

Hierzu möchten wir Webnutzer jeweils mit echten Websites interagieren lassen, und dabei sowohl die genannten vier Nutzungssituationen als auch eine Einschätzung von Inhalt, Usability und Ästhetik der jeweiligen Website erfassen. So können wir analysieren, welches der drei Websitekonstrukte die höchste Bedeutung in der jeweiligen Nutzungsphase hat.

3 Methodisches Vorgehen

Zur Beantwortung unserer Fragestellung sollen Daten aus zwei verschiedenen Website-Teststudien verwendet werden. Dies ermöglicht eine breite Betrachtung verschiedener Websites sowie zusätzliche Absicherung der Befunde durch eine direkte Kreuzvalidierung. Beide Studien wurden online in einer Form durchgeführt, dass stets voll funktionsfähige Websites bewertet wurden, die jeweiligen Fragen waren dabei in einem kleineren Frame am Rand eingeblendet. In beiden Tests wurden Erst- und Gesamteindruck sowie die Intention die Website wieder zu besuchen oder weiter zu empfehlen auf mehrstufigen Likertskalen erfragt. Ansonsten wurden komplett unterschiedliche Personen befragt, unterschiedliche Websites getestet und unterschiedliche Erfassungsinstrumente verwendet, siehe hierzu die nachfolgenden Beschreibungen.

3.1 Studie 1: Websitetest mit einem kleinen Testset

Am ersten Websitetest nahmen 300 Testpersonen teil, darunter 168 Männer (56 %). Das Alter der Befragten reichte von 18 bis 80 Jahren (M = 42,10; SD = 14,17). Die Befragten wurden über ein Online-Befragungspanel anonym eingeladen (repräsentativ geschichtet für die deutsche Bevölkerung) und erhielten etwa 2,50 Euro für die Studienteilnahme.

Jeder Teilnehmer wurde einer von vier Testwebsites (Websites von Energieversorgern, siehe Tabelle 1) zuordnet und sollte hier verschiedene Aufgaben bearbeiten, wie beispielweise die Berechnung eines bestimmten Produktpreises. Die drei Konstrukte wurden mit einem Marktforschungsinstrument erhoben (NLR web scan; vgl. Nordlight Research, 2008), dies umfasste unter anderem neun Fragen zum Inhalt und je sieben zu Usability und Ästhetik. Die Reliabilität dieser drei Skalen im Sinne von Cronbachs Alpha lag zwischen .68 und .93.

3.2 Studie 2: Websitetest mit einem großen Testset

An der zweiten Websiteteststudie nahmen 512 Testpersonen teil, darunter 165 Männer (32,2 %). Das Alter der Befragten reichte von 15 bis 82 Jahren (M = 30,50; SD = 10,61). Der Website-Test war online offen zugänglich, die Befragten wurden über E-Mails und Newsletter eingeladen und erhielten keinerlei Kompensation für die Studienteilnahme. Auch hier war die Teilnahme freiwillig und anonym.

Jeder Teilnehmer wurde zufällig einer von 42 institutionellen und Unternehmenswebsites zugeordnet (siehe Tabelle 1). Hierbei handelte es sich um Websites aus einem breiten Set das zehn inhaltliche Kategorien von Websites abbildet (zur Kategorienbildung siehe Thielsch, 2008a, S. 85 f.), dass auch in anderen Studien zum Einsatz gekommen ist (bspw. Thielsch & Hirschfeld, 2010). Je Kategorie wurden auf Basis hoher Google-Suchplatzierungen drei bis fünf prototypische Websites ausgewählt. Allerdings war in der vorliegenden Studie die Kategorie „Social Software“ aus dem Versuchspool ausgenommen worden, damit die Probanden z. B. bei einer Bewertung einer Website eines sozialen Netzwerkes nicht aufgrund eines automatischen Logins die eigene Profilseite zur Bewertung vorgelegt bekommen hätten.

Der Website-Inhalt wurde mit dem WWI (Thielsch, 2008a), Usability mit der PWU-g (Thielsch, 2008a) und Ästhetik mit dem VisAWI (Moshagen & Thielsch, 2010) erfasst. Diese drei Instrumente haben sich in den genannten Studien als reliabel und valide erwiesen (bspw. lag Cronbachs Alpha der Skalen zwischen .71 und .95, faktorielle und/oder experimentelle Validierungen wurden von den Autoren durchgeführt).

Website-Kategorie	**Getestete Websites**
Download & Software	http://de.selfhtml.org, http://www.freeware.de, http://www.heise.de/software, http://www.java.de
E-Commerce	http://www.amazon.de, http://www.ebay.de, http://www.golop.de, http://www.kelkoo.de, http://www.mobile.de
Entertainment	http://de.youtube.com, http://www.myspass.de, http://www.promi-star.de, http://www.spiele-zone.de, http://www.wow-europe.com/de/index.xml
E-Learning	http://ihk.elearningspace.de, http://www.bildung.at, http://www.elearningeuropa.info, http://www.moodle.de, http://www.sgd.de
E-Recruiting & E-Assessment	http://www.jobpilot.de, http://www.jobscout24.de, http://www.jobware.de, http://www.monster.de, http://www.stepstone.de
Information	http://de.wikipedia.org, http://www.faz.net, http://www.n-tv.de, http://www.sueddeutsche.de, http://www.stern.de
Portale	http://www.aol.de, http://www.freenet.de, http://www.gmx.de, http://www.t-online.de, http://www.web.de
Präsentation & Selbstdarstellung	http://www.bayer.de, http://www.bertelsmann.de, http://www.daimler.com/dccom/home/de, http://www.dseurope.ag, http://www.enbw.com/content/de *, http://www.eon.de *, http://www.hochtief.de, http://www.rheinenergie.com/de *, http://www.rwe.de *,
Social Software	-
Suchmaschinen	http://www.de.altavista.com, http://www.fireball.de, http://www.google.de

*Tabelle 1: Übersicht über die getesteten Websites. * = Website wurde in Studie 1 getestet, alle anderen genannten Websites wurden in Studie 2 untersucht*

4 Ergebnisse

Um den Einfluss von Inhalts- Usability und Ästhetik-Wahrnehmung auf die verschiedenen Nutzungsstufen zu zeigen, wurden multiple Regressionen berechnet. Die Bewertungen von Inhalt, Usability und Ästhetik wurden dabei genutzt, um den Erst- oder Gesamteindruck, die Wiederbesuchs- oder die Weiterempfehlungsbereitschaft vorherzusagen. In beiden Websitetests findet sich ein eindeutiges und weitgehend vergleichbares Ergebnismuster, daher sollen diese im Folgenden gemeinsam berichtet werden.

In den Regressionsanalysen zeigen sich generell sehr hohe Varianzaufklärungen insbesondere hinsichtlich des Erst- und Gesamteindrucks ($.62 \leq R^2 \leq .71$), aber auch bei der Vorhersage von Wiederbesuchs- und die Weiterempfehlungsbereitschaft ($.47 \leq R^2 \leq .49$). Betrachtet man die standardisierten Beta-Gewichte (siehe Tabelle 2), ergibt sich in beiden Studien ein fast identisches Bild:

- Der Ersteindruck wird am stärksten durch die wahrgenommene Ästhetik einer Website vorhergesagt (in beiden Websitetests $\beta = .47$, $p < .01$), aber auch Usability und Inhaltseinschätzung haben einen relevanten Anteil am Ersteindruck ($.14 \leq \beta \leq .26$, $p < .05$).
- Beim Gesamteindruck gewinnt der Inhalt deutlich an Bedeutung, wird in der ersten Studie sogar am wichtigsten ($\beta = .39$, $p < .01$), im zweiten Websitetest ist hier Inhalt ähnlich wichtig, Ästhetik hat hier aber ein noch größeres Gewicht ($\beta = .49$, $p < .01$). Auch Usability zeigt sich als signifikant bedeutsam, mit einem ähnlichen Gewicht wie bei der Analyse des Ersteindrucks ($.16 \leq \beta \leq .18$, $p < .05$).
- Sowohl bei Wiederbesuchs- als auch bei der Weiterempfehlungsbereitschaft tritt in beiden Studien der Inhalt als zentrale Variable hervor ($.60 \leq \beta \leq .66$, $p < .01$). Im ersten Websitetest zeigen sich hier weder Usability noch Ästhetik als relevant, im zweiten, breiter angelegten Test mit deutlich mehr untersuchten Websites finden sich kleinere signifikante Effekte der Ästhetik ($.09 \leq \beta \leq .11$, $p < .05$).

	Konstrukt	**β Studie 1**	**β Studie 2**
Ersteindruck	Inhalt	.14*	.26**
	Usability	.20**	.17**
	Ästhetik	.47**	.47**
Gesamteindruck	Inhalt	.39**	.30**
	Usability	.18*	.16**
	Ästhetik	.31**	.49**
Wiederbesuchsbereitschaft	Inhalt	.55**	.64**
	Usability	.14	-.02
	Ästhetik	-.02	.11*
Weiterempfehlungsbereitschaft	Inhalt	.66**	.60**
	Usability	.05	.05
	Ästhetik	.02	.09*

*Tabelle 2: Ergebnisse der multiplen Regressionen der Bewertungen der Konstrukte Inhalt, Usability und Ästhetik zur Vorhersage von Erst- und Gesamteindruck, Wiederbesuchs- und Weiterempfehlungsbereitschaft. Angegeben sind jeweils die standardisierten Beta-Gewichte. * = $p < .05$; ** = $p < .01$*

Zusätzlich wurde berechnet welchen Einfluss die Bekanntheit und vorherige Nutzung einer Website vor unseren Tests auf die Ergebnisse hat. Diese Analyse konnte bei unserer zweiten Studie mit 42 untersuchten Testseiten durchgeführt werden: Rund ein Viertel der Befragten (26,6 %) kannte die jeweilige Testwebsite schon vorher und hatte diese bereits genutzt. Eine Wiederholung der Regressionsanalysen unter Ausschluss dieser Befragten, also in der Form, dass nur unbekannte Websites bewertet wurden, führte zu fast identischen Ergebnissen. Mit drei Ausnahmen: Der Einfluss der Ästhetik auf die Wiederbesuchsbereitschaft war bei unbekannten Websites größer ($\beta = .19$, $p < .01$). Bei der Vorhersage der Weiterempfehlungsbereitschaft war der Einfluss des Inhalts etwas kleiner ($\beta = .53$, $p < .01$), während auch hier der Einfluss der Ästhetik größer war ($\beta = .18$, $p < .01$).

5 Diskussion und Fazit

Mit zwei unterschiedlichen Stichproben, Messweisen und Websitesets kommen wir zu den fast gleichen Ergebnissen: Der Ersteindruck wird insbesondere durch die Ästhetik einer Website bestimmt, während Inhalt und Usability neben der Ästhetik ebenfalls hochsignifikanten Einfluss haben. Alle drei Konstrukte konstituieren den Gesamteindruck, aber nur dem Website-Inhalt kommt ein großes Gewicht bei der Vorhersage von Wiederbesuchs- oder Weiterempfehlungsbereitschaft der Nutzer zu.

Während diese große Bedeutung der Ästhetik für den Ersteindruck bisher so in der Forschung bereits angenommen wurde (siehe bspw. Lindgaard et al., 2006; Tractinsky et al., 2006; Thielsch & Hirschfeld, 2012) zeigt sich als neues Ergebnis ein deutlich anwachsender Einfluss des Inhalts im Verlauf verschiedener Website-Nutzungsphasen. Zudem überrascht der geringe Anteil der wahrgenommen Usability an Wiederbesuchs- und Weiterempfehlungsbereitschaft. Tiefergehende Analysen der Daten der zweiten Studie (unter anderem eine isolierte Betrachtung nur der Websites, die als wenig usable bewertet werden) liefern hier jedoch keine Erklärung. Entweder hat auch eine schlechtere Usability vergleichsweise wenig Einfluss auf Wiederbesuchs- und Weiterempfehlungsbereitschaft, oder aber die Erfassung der Usability in beiden Studien erfasst nicht alle relevanten Merkmale. Es wäre denkbar, dass mehr objektive Aspekte der Usability (siehe Hornbæk, 2006) zum Tragen kommen könnten oder Websites fast unbedienbar sein müssen, bevor Webnutzer entsprechende Konsequenzen ziehen.

5.1 Limitationen

Einschränkend müssen bei der Interpretation der Ergebnisse einzelne Punkte bedacht werden: Beide Studien wurden jeweils mit deutschsprachigen Websites durchgeführt, daher lassen sich keinen kulturübergreifenden Aussagen treffen. Auch wurden keine privaten, sondern nur institutionelle und Unternehmenswebsites getestet. Die mögliche Einschränkung, dass nur die wahrgenommene, nicht aber eine objektive Usability analysiert wurde, haben wir bereits oben diskutiert. Generell könnte auch die Auswahl der Testwebsites eine mögliche Fehlerquelle sein, insbesondere aber in Studie 2 wurde hier ein großes, breites und facettenreiches Set genutzt, so dass dies eher unwahrscheinlich erscheint. Grundsätzlich ist jedoch eine experimentelle Überprüfung der gefundenen Ergebnisse mit gezielt variierten Websites wünschenswert.

5.2 Implikationen für Praxis und Forschung

Über den Vergleich zweier komplett verschiedener Studien konnten wir unsere Ergebnisse erfolgreich kreuzvalidieren, die Effekte treten unabhängig von der Stichprobe, der eingesetzten Messinstrumente oder dem getesteten Websiteset auf. Damit können wir sagen, dass es sehr relevant bei einer Website-Evaluation ist, zu welchem Zeitpunkt oder mit welchem Fokus die jeweiligen Konstrukte betrachtet werden. Sind beispielsweise für den Gesamteindruck Inhalt, Usability und Ästhetik relevant, so ist bei der Frage nach der Weiterempfehlung einer Website besonders der Inhalt zu betrachten.

Für die Praxis bedeutet dies, dass Designer und Redakteure Hand-in-Hand arbeiten und die verschiedenen Aspekte gemeinsam geformt und optimiert werden sollten. Gerade bei der kommerziellen Nutzung von Websites geben die Ergebnisse Anlass, den Einfluss gestalterischer Elemente zu stärken, auch wenn diese keinen unmittelbaren funktionalen Zweck aus betriebswirtschaftlicher Sicht erfüllen. Marketing-Verantwortliche möchten die Corporate Identity eines Unternehmens über die Website kommunizieren; der Vertrieb möchte über diese den Produktabsatz ankurbeln; die Personalabteilung möchte das Unternehmen als attraktiven Arbeitgeber präsentieren – egal, welche kommerzielle Absicht man betrachtet, die Ästhetik bestimmt den Ersteindruck der User und hat damit eine Bottleneck-Funktion für den Zugang zu den nachgelagerten Unternehmenszielen.

Für die Entwicklung von Websites in Unternehmen erscheint es deshalb empfehlenswert, dass neben der Innensicht der Fachabteilungen bewusst auf die „unbefangene“ Außensicht von Web-Designern und Testpersonen aus der Zielgruppe Wert gelegt wird. Damit könnte eine eher ganzheitliche Entwicklungsrichtung für die Website eingeschlagen werden, indem allgemeine ästhetische Faktoren die eher funktionalen Content- und Usability-Intentionen des Unternehmens von Beginn an begleiten und so den Zugang der User zu den Angeboten des Unternehmens im Erstkontakt (Bottleneck) erleichtern.

Hinsichtlich der Durchführung von Websitetests zeigen die vorliegenden Ergebnisse, dass es sich lohnt nicht nur nach Erst- und Gesamteindrücken zu fragen, sondern auch weitergehende relevante Nutzungsphasen zu betrachten – die Ergebnisse hinsichtlich der betrachteten Konstrukte können hier sehr unterschiedlich ausfallen. Beispielsweise bei einem alleinigen Test des Ersteindrucks eines Websiteentwurfs könnten wichtige inhaltlich Aspekte möglicherweise übersehen werden.

Für die Forschung erscheint es vielversprechend sich bei der Analyse von Websites nicht nur mit Usability und Ästhetik sondern auch verstärkt mit der Inhaltskomponente auseinanderzusetzen. Auf Basis der vorliegenden Ergebnisse erscheint neben der oft gestellten Frage nach der Beziehung von Usability und Ästhetik untereinander das Einwirken der Inhaltswahrnehmung auf diese Konstrukte und deren Interaktion als ein wichtiger Ansatzpunkt zukünftiger Studien. Hierbei sind nicht nur weitere Untersuchungen im Querschnitt, sondern besonders auch im Zeitverlauf einer natürlichen Website-Nutzung notwendig.

5.3 Fazit

Unsere Ergebnisse lassen vermuten, dass die verschiedenen Website-Aspekte in unterschiedlicher Art und Weise wahrgenommen und durch den Nutzer verarbeitet werden. Man könnte hierbei ein etabliertes Zwei-Prozess-Modell wie das Elaboration Likelihood Model (Petty & Cacioppo, 1986) zur Erklärung des Ergebnismusters heranziehen: Ästhetik, vorrangig auf einer peripheren Route und damit beiläufig und eher affektiv verarbeitet, hat einen besonderen Einfluss auf Erst- und Gesamteindrücke. Ebenso ist von einer peripheren Verarbeitung der Usability im Laufe der Interaktion auszugehen – solange es nicht zu größeren Störungen oder Problemen kommt, tritt diese nur wenig explizit ins Bewusstsein. Während der Nutzer eine Website liest und navigiert wird der Inhalt, der im Fokus der Aufmerksamkeit liegt und zentral verarbeitet wird, immer präsenter und wichtiger. Wenn anspruchsvollere kognitive Prozesse gefragt sind, also zum Beispiel die Frage ob man eine Website Freunden empfehlen kann, sind zentral verarbeitete Informationen (also der Inhalt) am relevantesten. Der Einfluss der Ästhetik verschwindet aber hierbei nicht ganz – ein Teil einer derartigen Entscheidung bleibt affektiv, also eher ein Bauchgefühl abhängig von der ästhetischen Gestaltung. Dieses ist bedeutender wenn wir eine Website noch nicht kennen und zum ersten Mal benutzen. Dabei bleibt aber nicht zu vergessen, dass die Inhalte eine zentrale Rolle einnehmen, sobald eine längere Interaktion oder fortdauernde Nutzung einer Website stattfindet.

Literaturverzeichnis

Cober, R.T., Brown, D.A., Levy, P.E., Cober, A.B. & Keeping, L.M. (2003). Organizational web sites: Web site content and style as determinants of organizational attraction. *International Journal of Selection and Assessment,* 11(2/3), 158-169.

De Angeli, A., Sutcliffe, A. & Hartmann, J. (2006). Interaction, usability and aesthetics: What influences users' preferences? *Proceedings of the 6th conference on Designing Interactive systems,* p. 271–280. New York: ACM.

Fogg, B.J., Kameda, T., Boyd, J., Marshall, J., Sethi, R., Sockol, M., Trowbridge, T. (2002). *Stanford-Makovsky Web Credibility Study 2002: Investigating what makes web sites credible today.* A Research Report by the Stanford Persuasive Technology Lab & Makovsky & Company. Stanford University.

Hassenzahl, M. & Monk, A. (2010). The inference of perceived usability from beauty. *Human-Computer Interaction,* 25, 235-260.

Hornbaek, K. (2006). Current practice in measuring usability: Challenges to usability studies and research. *International Journal of Human-Computer Studies,* 64, 79-102.

Huizingh, E. (2000). The content and design of web sites: An empirical study. *Information & Management,* 37, 123–134.

ISO (2006). *ISO 9241: Ergonomics of Human-System Interaction – Part 151: Guidance on World Wide Web Interfaces.* Geneva: International Organization for Standardisation.

ISO (1998). *ISO 9241: Ergonomic requirements for office work with visual display terminals, VDTS) – part 11: Guidance on usability.* Geneva: International Organization for Standardisation.

Lindgaard, G., Fernandes, G., Dudek, C. & Brown, J. (2006). Attention web designers: You have 50 milliseconds to make a good first impression! *Behaviour & Information Technology* 25, 115-126.

McKnight, D.H., Choudhury, V., & Kacmar, C. (2002). Developing and validating trust measures for e-commerce: An integrative typology. *Information Systems Research*, 13, 334-359.

Moshagen, M. & Thielsch, M. T. (2010). Facets of visual aesthetics. *International Journal of Human-Computer Studies,* 68, 689-709.

Nordlight Research (2008). *NLR web scan Instrumentenentwicklung.* Hilden, Germany: Rafael Jaron.

Petty, R.E. & Cacioppo, J.T. (1986). The elaboration likelihood model of persuasion. *Advances in experimental social psychology*, 19, 123-205.

Robbins, S.S. & Stylianou, A.C. (2003). Global corporate web sites: An empirical investigation of content and design. *Information & Management,* 40, 205–212.

Schenkman, B.N. & Jönsson, F.U. (2000). Aesthetics and preferences of web pages. *Behaviour & Information Technology,* 19, 367-377.

Sutherland, L.A., Wildemuth, B., Campbell, M.K. & Haines, P.S. (2005). Unraveling the web: An evaluation of the content quality, usability, and readability of nutrition web sites. *Journal of nutrition education and behavior,* 37, 300–305.

Thielsch, M. T. (2008a). *Ästhetik von Websites: Wahrnehmung von Ästhetik und deren Beziehung zu Inhalt, Usability und Persönlichkeitsmerkmalen.* Münster: MV Wissenschaft.

Thielsch, M. T. (2008b). Inhalt, Usability und Ästhetik in der Bewertung durch Webnutzer. In M. Herczeg & M. C. Kindsmüller (Hrsg.). *Mensch & Computer 2008: Viel mehr Interaktion* (S. 441-444). München: Oldenbourg.

Thielsch, M. T. & Hirschfeld, G. (2010). High and low spatial frequencies in website evaluations. *Ergonomics*, 53, 972-978.

Thielsch, M. T. & Hirschfeld, G. (2012). Spatial frequencies in aesthetic website evaluations – explaining how ultra-rapid evaluations are formed. *Ergonomics, 55* (7), 731-742.

Tractinsky, N. (1997). Aesthetics and apparent usability: Empirically assessing cultural and methodological issues. *CHI 97 proceedings*, 115–123.

Tractinsky, N., Cokhavi, A., Kirschenbaum, M. & Sharfi, T. (2006). Evaluating the consistency of immediate aesthetic perceptions of web pages. *International Journal of Human-Computer Studies* 64, 1071-1083.

Kontaktinformationen

Dr. Meinald T. Thielsch
Westfälische Wilhelms-Universität Münster
Institut für Psychologie
Fliednerstr. 21
48149 Münster
E-Mail: thielsch@uni-muenster.de
Web: http://www.meinald.de

H. Reiterer & O. Deussen (Hrsg.): Mensch & Computer 2012
München: Oldenbourg Verlag, 2012, S. 133-142

IA von Websites: asynchrone Remote-Tests und Laborstudien im Vergleich

Florian Meier[1], Christian Wolff[2]

Lehrstuhl für Informationswissenschaft[1] bzw. Medieninformatik[2], Universität Regensburg

Zusammenfassung

Der Beitrag zeigt auf, wie Crowdsourcing-Verfahren für *asynchronous remote usability testing* eingesetzt werden können. Das konkrete Szenario hierfür ist die Untersuchung der Informationsarchitektur (IA) von Websites mit Hilfe des Tree-Test und des Navigations-Stress-Test. Für beide Methoden wurden Crowdsourcing-kompatible Online-Verfahren entwickelt bzw. angepasst. In einer Vergleichsstudie werden jeweils gleiche Aufgaben sowohl über Crowdsourcing-Plattformen als auch in einem Laborsetting getestet. Diese empirische Studie zeigt, dass sich vergleichbare Ergebnisse erzielen lassen, wobei sich für die Crowdsourcing-basierte Untersuchung mit vergleichsweise geringem Aufwand hinreichend viele Testpersonen rekrutieren lassen. Der Beitrag ist insofern auch im Sinne des *network as the extension of the usability laboratory* zu verstehen.

1 Einleitung

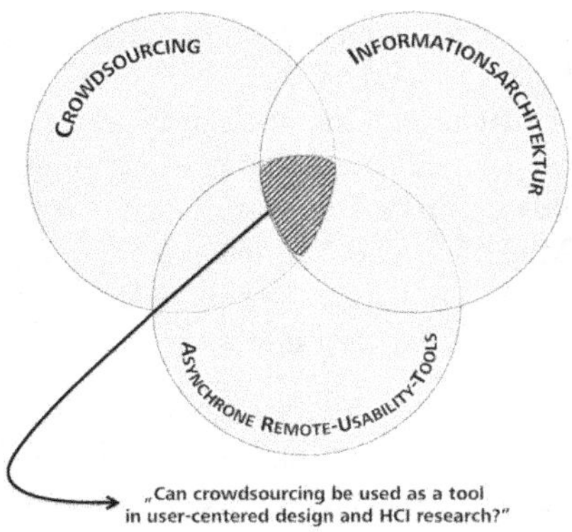

Abbildung 1: Verortung der Studie

Der mit Usability-Studien verbundene erhebliche Zeit- und Kostenaufwand ist nach wie vor ein relevanter Faktor der weiteren Etablierung von benutzerzentrierten Entwicklungs- und Bewertungsverfahren. Neben dem bekannten Konzept der *discount usability*, wie es seit langem von Jacob Nielsen und anderen vorgeschlagen wird (Nielsen 2009), konnten sich zuletzt eine ganze Reihe von Verfahren etablieren, die über die engen Beschränkungen von Laborstudien hinausgehen (Albert et al. 2010). Damit eröffnen sich erweiterte Perspektiven für die Durchführung empirischer Studien: Über netzbasierte Rekrutierungstechniken lassen sich andere Benutzergruppen erreichen, die Durchführungskosten sind gerade bei Nutzung von

Crowdsourcing-Plattformen vergleichsweise niedrig und auf diese Weise können auch deutlich größere Teilnehmerzahlen für Usability-Studien erreicht werden. Im Mittelpunkt des vorliegenden Beitrags steht daher die Frage, inwiefern sich Crowdsourcing-Plattformen in Verbindung mit *asynchronous remote usability testing*-Diensten für die Bewertung der Informationsarchitektur von Websites eignen (Abbildung 1). Im nachfolgenden Beitrag gehen wir zunächst auf *asynchronous remote usability testing* und Crowdsourcing ein (Kap. 2). Kap. 3 stellt den Anwendungsbereich Informationsarchitektur und die hierfür bekannten Bewertungsverfahren vor. Die Vergleichsstudie zur Bewertung der Informationsarchitektur von Websites mit Hilfe von Tree-Test und Navigations-Stress-Test erläutert Kap. 4, wesentliche Ergebnisse werden in Kap. 5 diskutiert. Ein Fazit schließt sich an (Kap. 6).

2 *Asynchronous remote usability testing* und Crowdsourcing

Die jüngst gewachsene Popularität netzbasierter Werkzeuge, die die Durchführung von Usability-Studien erlauben, die Verfügbarkeit von Crowdsourcing-Plattformen und die Defizite bisheriger Bewertungsverfahren für die Informationsarchitektur von Websites haben die vorliegende Studie angeregt. *Usability as a service-* Dienste bzw. das *online outsourcing* von Usability-Untersuchungen haben sich mittlerweile etabliert (Kaushik 2010). So liegen auch eine Reihe von Vergleichsstudien vor, die *remote usability testing*-Verfahren mit Laborstudien vergleichen (Meier 2012, 10f, West & Lehman 2006). Gegenüber dem lange etablierten Methodeninventar im Bereich von Usability und User Experience (Sarodnick & Brau 2011) ergeben sich die im Begriff des *asynchronous remote usability testing* schon erkennbaren Unterschiede:

1. Testperson und Testleiter sind räumlich getrennt, die Versuchsdurchführung erfolgt toolbasiert mit Hilfe von bzw. über Netzwerke, also *remote* (Bolt & Tulathimutte 2010). Solange der Test weiterhin synchron unter der unmittelbaren Kontrolle des Testleiters erfolgt /(und ggf. auch weitere *remote* Beobachter teilnehmen können), ist der Ressourcenbedarf dem Labortest vergleichbar oder sogar höher.
2. Als zweite wesentliche Änderung kommt die zeitliche (und letztlich auch organisatorische) Entkoppelung hinzu: Ein asynchroner Test findet zu unbestimmter Zeit und ohne unmittelbare Kontrolle durch den Testleiter statt (*unmoderated, automated, selfguided* etc.). Für diesen Bereich liegen bereits zahlreiche Methoden und Serviceangebote vor (Hassler 2010), die z. B. die Mausinteraktion des Benutzers mit einer Website oder einer Software auf seinem Client protokollieren und an den Testleiter übermitteln.

Bolt & Tulathimutte (Bolt & Tulathimutte 2010, 128) klassifizieren die verschiedenen Methoden des *remote usability testing* wesentlich nach den Dimensionen qualitativ/moderiert vs. quantitativ/automatisiert einerseits sowie konkret-testend vs. konzeptbewertend andererseits. Die Bewertung von Aufbaustrukturen durch einen Tree-Test wie in der vorliegenden Studie fällt demnach in die Kategorien quantitativ/automatisiert und konzeptbewertend.

Die nachfolgende Abbildung 2 klassifiziert verschiedene Werkzeuge für das *asynchronous remote usability testing* nach den Kriterien Art erhobener Daten sowie inhaltlicher Bezugsbereich und eingesetzte Tools (ausführliche Erläuterungen zu den einzelnen Tools bei Albert 2010).

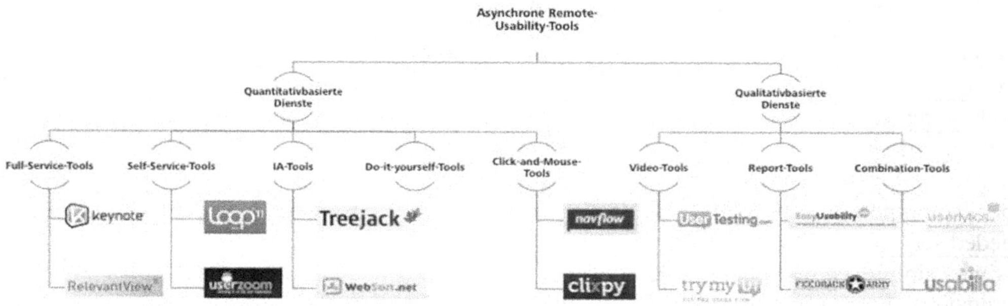

Abbildung 2: Klassifikation von asynchronen Remote-Usability-Tools nach Albert (2010)

Die Koppelung solcher Werkzeuge mit *Crowdsourcing* (Howe 2006) – vor allem als Rekrutierungsstrategie – ist naheliegend, wobei unterschiedliche Koppelungsformen zwischen *remote usability testing*-Plattform und Crowdsourcing-Dienst existieren (Meier 2012, S. 37ff.). Der von Jeff Howe geprägte Begriff des *Crowdsourcing* bezeichnet die Auslagerung von Unternehmensprozessen oder Tätigkeiten an eine breite Masse von Freizeitarbeitern im Web (Howe 2006). Die Anwendungsfälle sind dabei von sehr starker Heterogenität geprägt und reichen von einfachen repetitiven Aufgaben wie dem Verschlagworten von Bildern, über das Designen von Logos, bis hin zur Erarbeitung von Lösungen für komplexe Forschungsprobleme. Erste Studien zur Nutzung von Crowdsourcing-Plattformen im Kontext der Usability liegen bereits vor (z. B. Tidball & Stappers 2011), allerdings kaum für die unmittelbare Bewertung von konkreten Systemparametern wie in der vorliegenden Arbeit (Kittur, Chi & Shu 2008). Im Unterschied zu stärker spiel- und motivationsorientierten Ansätzen wie dem der *Human Computation* (von Ahn 2006) erfolgt beim Crowdsourcing die Motivation der Teilnehmer (auch) über einen unmittelbaren monetären Anreiz, d. h. die über das Netz für die Aufgabenbearbeitung rekrutierten Teilnehmer bekommen für erledigte Aufgaben eine (kleine) Entlohnung.

3 Informationsarchitektur und ihre Bewertung

Morville & Rosenfeld (Morville & Rosenfeld 2006, 4) definieren Informationsarchitektur bezüglich vier Teilaspekte. Einer dieser Aspekte lautet wie folgt:

> *"in·for·ma·tion ar·chi·tec·ture n.*
> *[...]3. The art and science of shaping information products and experiences to support usability and findability [...]"*

Dabei wird deutlich, dass die Informationsarchitektur eng mit Fragen der Usability verbunden ist. Insofern kann es kaum überraschen, dass auch gängige Verfahren der Bewertung von Informationsarchitektur aus dem Usability-Bereich bekannt sind, wie etwa das Card-Sorting (Toub 2000). Die nachfolgende Tabelle gibt eine Übersicht der für die Bewertung unterschiedlicher Aspekte der Informationsarchitektur bisher vorgeschlagenen Methoden.

Methode	**Bezugsbereich**
Card sorting	Organisation, Benennung
Checklist review	Organisation, Benennung, Navigation
Goodness rating	Organisation
Navigations-Stress-Test (nach Instone)	Benennung, Navigation
Paper prototype testing (Usability-Test)	Organisation, Benennung, Navigation
Speeded sentence verification	Organisation
Testing a simple navigational interface (Navigations-Stress-Test)	Benennung, Navigation
Testing with pencil and paper (Tree-Test)	Organisation, Benennung
Tracking traversal patterns	Organisation, Benennung
Tree testing	Organisation, Benennung
Trunk testing (Navigations-Stress-Test)	Benennung, Navigation
Usability test of IA (Tree-Test)	Organisation, Benennung

Tabelle 1: Bewertungsmethoden für die Informationsarchitektur (Meier 2012, 106)

Für die vorliegende Arbeit wurden der Tree-Test und der von Keith Instone entwickelte Navigations-Stress-Test (Instone 2000) ausgewählt. Der Tree-Test (auch als *reversed* Card-Sorting bezeichnet) ist eine Testmethode, bei der der Nutzer eine bereits bestehende Informationsarchitektur erhält und dazu aufgefordert wird, eine Suchaufgabe zu erfüllen, indem er eine Kategorie bzw. Unterkategorien wählt, die die zur Suchaufgabe passende Information enthalten könnte. Der Navigations-Stress-Test ist ein einfaches und ursprünglich papiergebundenes Bewertungsverfahren, bei dem der Benutzer wesentliche Fragen zu Struktur und den Navigationsmöglichkeiten einer Website („Wo bin ich?“, „Wie komme ich eine Ebene nach oben?“, „Wie komme ich zur Homepage?“) auf einem Ausdruck der Webseite kennzeichnet. Während der dem Card-Sorting verwandte Tree-Test eher die *top-down*-Struktur einer Website in den Blick nimmt, wird mit dem Navigations-Stress-Test die *bottom-up*-Perspektive untersucht, ausgehend von Unterseiten einer Website. Beide Verfahren eignen sich grundsätzlich für unterschiedliche Durchführungsmodi. Während für den Tree-Test (und verwandte Verfahren wie Card-Sorting) nicht nur unterschiedliche Tools für die Durchführung am Rechner bzw. Servicedienste wie *Tree Jack* existieren, die sich für das Crowdsourcing-Verfahren eignen, ist eine vergleichbare Online- bzw. toolbasierte Fassung des Navigations-Stress-Test bisher nicht bekannt und wurde daher für diese Studie neu konzipiert.

4 Vergleichsstudie: Crowdsourcing vs. Labor

Um die Leistungsfähigkeit des asynchronen Remote-Usability-Tests mit Hilfe von Crowdsourcing zu untersuchen, wurde eine Vergleichsstudie durchgeführt. Am Beispiel der Website einer Hochschule wurden jeweils das Tree-Test- und das Navigations-Stress-Test-Verfahren sowohl mit Hilfe von per Crowdsourcing gewonnenen Testpersonen als auch in einem Labortest untersucht. Neben demographischen Daten wurden Kostenfaktoren (geringerer zeitlicher und finanzieller Aufwand bei Crowdsourcing) und Effektivitätsaspekte (Qualität der Bewertung, Struktur der gewonnenen Daten) erhoben (Meier 2012, 112ff).

Für die Durchführung des Crowdsourcing-Szenarios wurde ein Studiendesign gewählt, bei dem Nutzer die Tests in Form von *micro tasks* über eine Crowdsourcing-Plattform durchführen (Kittur, Chi & Suh 2008). Ausgewählt wurde hierfür der weit verbreitete *Amazon Mechanical Turk*-Service (MTurk). Die *micro tasks* (bei MTurk auch *Human Intelligence Tasks* (HITs) genannt) werden dabei mit Hilfe der Serviceplattform CrowdFlower[1] aufbereitet und bei MTurk eingestellt. Der Benutzer wird strukturiert durch den Test geführt: Nach einem Start-Screen und einer Einführung in die Funktionsweise des Tests erfolgt die Aufgabenbearbeitung. Am Ende wird ein Abschlussscreen mit Kontaktdaten präsentiert. Die Laborstudie erfolgte für beide Verfahren mit je 10 Versuchspersonen sowie denselben Aufgabenstellungen bei Tree-Test und Navigations-Stress-Test (siehe unten). Hierfür wurden bewusst Erstsemesterstudenten des Fachbereichs Medieninformatik rekrutiert, da hier die Annahme zugrunde lag, dass diese über eine ähnlich hohe Web- respektive Technikaffinität verfügen wie Crowdsourcing-Nutzer, beide aber nur geringe bis gar keine Erfahrung mit der Informationsarchitektur des Untersuchungsgegenstandes aufweisen. Beide Labortests erfolgten papierbasiert, der Test wurde per Video aufgezeichnet und vom Testleiter und zwei Assistenten begleitet. Für den Tree-Test wurde dabei eine Mappe mit vorbereiteten Hierarchieausdrucken zu den jeweiligen Oberpunkten der Navigationsstruktur vorbereitet, für den Navigations-Stress-Test lagen den Versuchspersonen schwarz-weiße Ausdrucke der zu bewertenden Webseite sowie die Aufgabenstellung vor.

4.1 Tree-Test: Bewertung der Informationsarchitektur top-down

Der Tree-Test wurde mit Hilfe des *Tree Jack*-Tools aufbereitet (O'Brien 2009). Die Benutzer bekamen typische Aufgabenstellungen für die Interaktion mit der Website wie:

„[...] 3. Um die Sauna des Sportzentrums besuchen zu können, benötigen Sie einen Sportausweis. Finden Sie die Seite, auf der Sie sich Online für einen Sportausweis registrieren können.

4. Ihre nächste Vorlesung findet in ZH 5 statt. Leider wissen Sie nicht, wo sich dieser Hörsaal befindet. Sie benötigen einen Lageplan der Universität, der Rauminformationen enthält.[...]" (Meier 2012, 135)

---

1 Erreichbar unter folgender Webadresse: http://www.crowdflower.com

Mit Hilfe des über *MTurk* eingebundenen *Tree Jack*-Tools konnten die Versuchspersonen Ober-Unterbegriffszuordnungen zu den einzelnen Aufgaben durchführen, die dann mit der tatsächlichen Informationsarchitektur abgeglichen werden.

4.2 Navigations-Stress-Test

Für den Navigations-Stress-Test, der an sich papiergebunden konzipiert ist, wurde eine Onlinevariante entwickelt, bei der Benutzer die einzelnen Fragen durch Einzeichnen der Antworten mit der Maus auf einem Screenshot der jeweiligen Webseite durchführen können. Auch hier wurde die Crowdsourcing-Studie über *MTurk* durchgeführt.

Frage	Aufgabe
1. Um welchen Webauftritt handelt es sich?	Kreisen Sie den Seitennamen ein und markieren Sie ihn mit einem 'C' !
2. Wie lautet der Titel der Unterseite auf der Sie sich befinden?	Kreisen Sie den Titel ein und markieren Sie ihn mit einem 'T' !
3. Wo befindet sich die Suchfunktion der Seite?	Kreisen Sie die Suchfunktion ein und markieren Sie diese mit 'S' !
4. Wie kommt man zur Startseite dieses Webauftritts?	Markieren Sie diesen Link mit einem 'H' !
5. Welcher Link entspricht der Unterseite auf der Sie sich befinden?	Kreisen Sie diesen Link ein und markieren Sie ihn mit einem 'X' !
[…]	

Tabelle 2: Fragen und Annotationsanweisungen für den Navigations-Stress-Test *(Ausschnitt, Meier 2012, 141)*

4.3 Auswertung

Erfasst werden jeweils Aufgabenerfolg und Bearbeitungsdauer. Die Online-Version des Tree-Tests konnte teilweise unmittelbar in *Tree Jack* ausgewertet werden. Die Mausmarkierungen des Online-Navigations-Stress-Tests wurden mit einer Musterlösung verglichen und intellektuell ausgewertet. Die Ergebnisse der Laborstudien wurden unmittelbar durch den Testleiter erfasst. Die Datenauswertung der Versuche sowie der Vor- und Nachbefragungen (demographische Angaben, Einschätzung der IT-Kompetenz, Nachbewertung der Verfahren) erfolgte in *SPSS* und *R.* Abbildung 3 zeigt links die Musterlösung als Bewertungsvorgabe und rechts die aggregierten Testergebnisse des Navigations-Stress-Tests (Mausannotationen aller Testpersonen, jeweils Ausschnitte).

Abbildung 3: Musterlösung (links) und aggregierte Mausinteraktion der Crowdsourcing-Teilnehmer für den Navigations-Stress-Test (Ausschnitte)

5 Ergebnisse

Für die Crowdsourcing-Tests konnten mit Hilfe von *MTurk* 58 Versuchspersonen (30 Tree-Test, 28 Navigations-Stress-Test) rekrutiert werden. Da bei den Laborstudien Studenten als Versuchspersonen gewonnen wurden (vgl. oben), überrascht kaum, dass beim Crowdsourcing Alters- und Bildungsstruktur der Teilnehmer deutlich heterogener ausfallen. Dennoch lässt sich feststellen, dass auch Crowdsourcing-Nutzer überwiegend einen hohen Bildungsabschluss besitzen (bei den Laborteilnehmern zu 100% das Abitur). 70% der Tree-Test- und 85% der Navigations-Stress-Test-Teilnehmer verfügen über das Abitur oder einen höheren Abschluss. Auch in Bezug auf die Webaffinität lassen sich Parallelen zwischen den Versuchsgruppen ausmachen. So geben beim Tree-Test 75% der Crowdsourcing-Probanden und 80% der Laborprobanden an, das Web mehr als 15 Stunden pro Woche zu nutzen. Nur im Falle der Laborprobanden des Navigations-Stress-Tests liegt der Wert in diesem Bereich mit nur 60% etwas niedriger. Die Bearbeitungsdauern beider Szenarien sind, wie Tabelle 3 zeigt, ebenfalls vergleichbar:

	Bearbeitungsdauer Mittelwert	**SD**	**T-Test**
Tree-Test Crowdsourcing	10,7 min	4,6 min	p=0,709
Tree-Test Labor	10,2 min	3,1 min	
Navigations-Stress-Test Crowdsourcing	4,2 min	2,0 min	p=0,296
Navigations-Stress-Test Labor	4,8 min	0,8 min	

Tabelle 3: Bearbeitungsdauern, deren Standardabweichung sowie die Ergebnisse der T-Tests im Vergleich. Vor der Anwendung des T-Tests wurden die Daten mit Hilfe des Kolmogorov-Smirnov-Tests auf Normalverteilung überprüft.

Die Erfolgsquoten für beide Testverfahren und Szenarien werden in nachfolgenden Diagrammen illustriert (Abbildung 4):

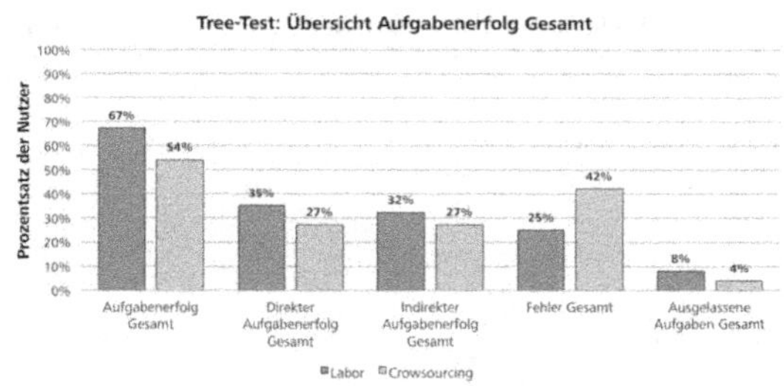

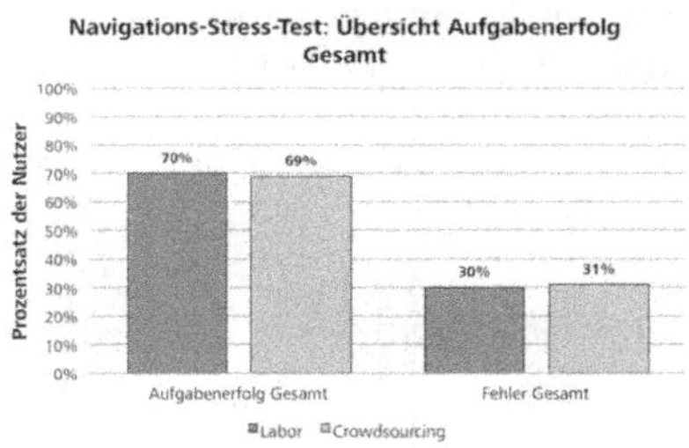

Abbildung 4: Aufgabenerfolg Tree-Test *gesamt (links), Navigations-Stress-Test gesamt (rechts)*

Deutlich wird, dass die Erfolgsquoten bei beiden Methoden für den Crowdsourcing-Ansatz wie für die Laborstudie in vergleichbaren Bereichen liegen. Angesichts der Tatsache, dass sowohl bei Art und Ergebnis der Rekrutierung als auch bei der konkreten Versuchsdurchführung (Toolbenutzung am Rechner vs. vom Testleiter begleitete Ausführung auf Papier) erhebliche Unterschiede bestanden, ein durchaus überraschendes Ergebnis. Für beide Erhebungsszenarien (Crowdsourcing und Labor) wurden die Rohdaten mit Hilfe des Vier-Felder-

Tests untersucht, um zu zeigen, dass in Bezug auf die jeweilige abhängige Variable (z.B. Aufgabenerfolg) kein Zusammenhang zwischen ihnen besteht. In Abhängigkeit von den Häufigkeiten kam dabei entweder der Exakte Test nach Fisher (geringe Häufigkeiten) oder der Qui-Quadrat-Test zum Einsatz (Du Prel et al. 2010, 343ff.). Wie die nachfolgende Tabelle am Beispiel des Tree-Tests zeigt, ergeben sich keine wesentlichen Unterschiede in den Ergebnissen:

Abhängige Variable	***p-Wert***
Aufgabenerfolg Gesamt	p=0,444
Direkter Aufgabenerfolg Gesamt	p=0,454
Indirekter Aufgabenerfolg Gesamt	p=0,740
Fehler Gesamt	p=0,156
Ausgelassene Aufgaben Gesamt	p=0,564

Tabelle 4: Vier-Felder-Test für den Vergleich Laborstudie vs. Crowdsourcing-Studie am Beispiel des Tree-Tests. Indirekter Aufgabenerfolg bezeichnet die Tatsache, dass Versuchsteilnehmer Rückschritte in der Hierarchie machen mussten, bevor sie die richtige Kategorie finden konnten. Ein Fehler bezeichnet die Wahl einer falschen Kategorie, in der die Information nicht zu finden war.

Für den in der Bewertung des Aufgabenerfolgs einfacher strukturierten Navigations-Stress-Test ergibt sich für den Vergleich des Gesamtaufgabenerfolgs zwischen Crowdsourcing- und Laborstudie ein p-Wert von 0,953. Die Auswertung mit Bezug zu den einzelnen Aufgaben kann hier aus Platzgründen nicht wiedergegeben werden. Dabei werden allerdings Schwächen dort offensichtlich, wo der Aufgabenerfolg besonders gering ausfällt (z. B. bei der oben zitierten Aufgabe zum Finden eines Lageplans).

Auffällig ist, dass die Crowdsourcing-Teilnehmer bei den Bewertungsfragen zur Informationsarchitektur deutlich bessere Noten vergeben als die „internen“ Laborstudienteilnehmer. Allerdings geben die Crowdsourcing-Teilnehmer bei der Frage nach Erfahrung im Umgang mit Websites von Hochschulen einen höheren Wert an als die Laborteilnehmer (2,9 (Labor) vs. 3,2 (Crowdsourcing) beim Tree-Test; 2,5 (Labor) vs. 2,6 (Crowdsourcing) beim Navigations-Stress-Test (auf einer Likertskala von 1 – 5)).

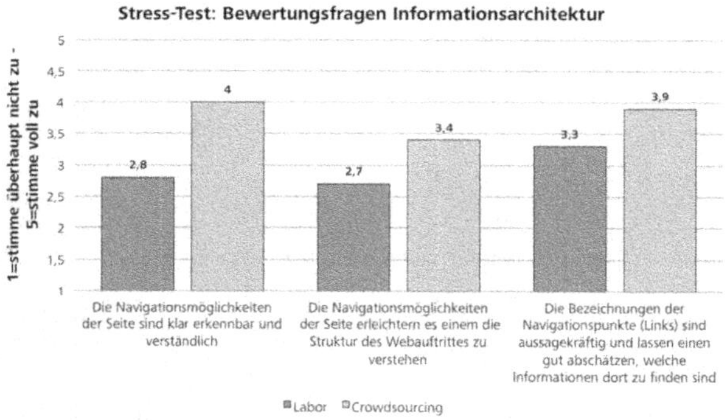

Abbildung 5: Navigations-Stress-Test: Bewertungsfragen zur Informationsarchitektur

Die Auswertung der Freitextkommentare zu den Tests liefert weitere Hinweise – sowohl zu Problemen der Informationsarchitektur als auch zur Verbesserung des Online-Navigations-Stress-Tests (z. B. Vereinfachung der Interaktion durch Bereitstellen einfacher graphischer Primitive für die Markierung).

6 Fazit

Die vorliegende Vergleichsstudie fokussiert auf eine sehr spezifische Methodenauswahl für die IA-Bewertung und hat vergleichsweise überschaubaren Umfang. Ihre wesentlichen Ergebnisse lassen sich durch die Bewertung der folgenden Annahmen zusammenfassen:

1. Für das Crowdsourcing-Szenario ließen sich mit weniger Mitteln in kürzerer Zeit mehr Versuchspersonen rekrutieren: Kosten von etwa 1 € für Crowdsourcing-Gebühren stehen deutlich höhere Aufwandsentschädigungen gegenüber, außerdem konnten in vergleichbarer Zeit erheblich mehr Probanden gewonnen werden.
2. Es stellte sich heraus, dass die Rate an Absprüngen bzw. Spam (unverwertbare Daten aus nicht ernsthaft betriebener Aufgabenbearbeitung beim Crowdsourcing) deutlich niedriger liegt als befürchtet, nämlich bei ca. 10%.
3. Unterschiede im Aufgabenerfolg lassen sich kaum ausmachen, die Qualität der Ergebnisse ist vergleichbar. Bei beiden Verfahren konnten wesentliche Probleme der Informationsarchitektur identifiziert werden. Allerdings erfolgen in der Online-Variante deutlich weniger Freitextkommentare, die als qualitative Zusatzdaten sehr wertvoll sein können.
4. Anders als bei bisherigen Studien zum *asynchronous remote usability testing* zeigt sich hier keine kürzere Bearbeitungsdauer durch die Probanden, sie sind vielmehr bei Fokussierung auf die eigentliche Bearbeitungsdauer kaum unterschiedlich.
5. Auch die Beobachtung, dass Crowdsourcing-Probanden generell besser bewerten, ließ sich bestätigen.

Im Ergebnis eröffnet die hier verglichene Crowdsourcing-Variante neue Perspektiven für die Bewertung von Informationsarchitekturen, da sie auch unabhängig von der kritischen Ressource Laborinfrastruktur durchgeführt werden kann und vergleichbare Testergebnisse liefert.

Literaturverzeichnis

Albert, B. (2010). *How to Shop for Umoderated Usability Testing Tools.* Article Johnny Holland Magazine August 25th 2010. http://johnnyholland.org/2010/08/25/how-to-shop-for-unmoderated-usability-testing-tools/ - Zugriff am 29.11.2011

Albert, B. & Tullis, T. & Tedesco, D. (2010). *Beyond the usability lab. Conducting large-scale user experience studies.* Amsterdam [u.a.]: Elsevier/Morgan Kaufmann.

Bolt, N. & Tulathimutte, T. (2010). *Remote Research.* New York: Rosenfeld Media.

Bruun, A. et al. (2009). Let your users do the testing: a comparison of three remote asynchronous usability testing methods. *Proceedings of the 27th international conference on Human factors in com-*

puting systems (CHI '09). New York, NY, USA: ACM, S.1619-1628. Online: http://doi.acm.org/10.1145/1518701.1518948 – Zugriff am 1.4.2012

Du Prel, J.-B. et al. (2010). Auswahl statistischer Testverfahren. In: *Dtsch Arztebl Int* 2010; 107(19), S. 343–8. Online: http://www.aerzteblatt.de/pdf.asp?id=74880 – Zugriff am 1.4.2012

Hassler, M. (2010). *Web Analytics. Metriken auswerten; Besucherverhalten verstehen; Website optimieren.* Heidelberg; München [u.a.]: mitp.

Howe, J. (2006). *The Rise of Crowdsourcing.* Online: http://www.wired.com/wired/archive/14.06/crowds.html – Zugriff am 1.4.2012

Instone, K. (2000). *Navigations-Stress-Test.* Online: http://instone.org/navstress. Zugriff am 1.4.2012

Kaushik, A. (2010). *Web analytics 2.0. the art of online accountability and science of customer centricity.* Indianapolis, Ind: Wiley.

Kittur, A., Chi, E. H. & Suh, B. (2008). Crowdsourcing user studies with Mechanical Turk. *Proceeding of the twenty-sixth annual SIGCHI conference on Human factors in computing systems (CHI '08).* New York, NY, USA: ACM, S. 453-456. Online: http://doi.acm.org/10.1145/1357054.1357127 – Zugriff am 1.4.2012.

Meier, Florian (2012). *Crowdsourced Information Architecture.* Evaluation der Informationsarchitektur von Websites mithilfe von Crowdsourcing und asynchronen Remote-Usability-Tests. Masterarbeit, Universität Regensburg.

Morville, P. & Rosenfeld, L. (2006). *Information Architecture for the World Wide Web. Designing Large-Scale Web Sites.* Beijing, Cambridge, Köln [u.a.]: O'Reilly.

Nielsen, J. (2009). *Discount Usability: 20 Years.* Alertbox, September 14. Online: http://www.useit.com/alertbox/discount-usability.html – Zugriff am 1.4.2012

O'Brien, D.e (2009). *Tree-Testing. A quick way to evaluate your IA.* Online: http://www.boxesandarrows.com/view/tree-testing – Zugriff am 1.4.2012

Sarodnick, F. & Brau, H. (2011). *Methoden der Usability Evaluation. Wissenschaftliche Grundlagen und praktische Anwendung. 2. Auflage.* Bern: Verlag Hans Huber.

Tidball, B. E. & Stappers, P. J. (2011). Crowdsourcing Contextual User Insights for UCD. Position Paper for the SIGCHI 2011 Workshop on Crowdsourcing and Human Computation. *Proceedings of the 2011 annual conference on Human Factors in Computing Systems. (CHI 2011).* New York: ACM. Online: http://crowdresearch.org/chi2011-workshop/papers/tidball.pdf – Zugriff am 1.4.2012

Toub, S. (2000*). Evaluating Information Architecture. A Practical Guide to Assessing Web Site Organization.* Argus Center for Information Architecture Whitepaper. Online: http://argus-acia.com/white_papers/evaluating_ia.pdf – Zugriff am 1.4.2012

West, R. & Lehman, K. (2006). Automated summative usability studies: an empirical evaluation. *Proceedings of the SIGCHI conference on Human Factors in computing systems (CHI '06).* New York, NY, USA: ACM, S. 631-639. Online: http://doi.acm.org/10.1145/1124772.1124867 – Zugriff am 1.4.2012

H. Reiterer & O. Deussen (Hrsg.): Mensch & Computer 2012
München: Oldenbourg Verlag, 2012, S. 143-152

Zusammenhang zwischen Net Promotor Score und User Experience

Jekaterina Cechini[1], Jens Sievert[2]

User Experience, Immobilien Scout GmbH[1]
Berliner Institut für Innovationsforschung GmbH[2]

Zusammenfassung

Seit Januar 2010 erfasst ImmobilienScout24 den Net Promotor Score (NPS) zusammen mit einem Freitextfeld, in das die Befragten eine Begründung für ihren eingetragenen NPS-Wert eintragen können. Mit diesem umfangreichen Datensatz von offenen Aussagen und den dazugehörigen Weiterempfehlungswahrscheinlichkeiten wurden eine Inhalts- sowie eine Treiberanalyse durchgeführt. Auf diese Weise war es möglich, den Einfluss von verschiedenen Faktoren auf den NPS zu quantifizieren. Die Daten wurden mit der Zielstellung analysiert, Ansatzpunkte für eine Verbesserung der User Experience des Portals zu finden. Die Analyse ergab, dass zur Bewertung des NPS neben produktbezogenen Faktoren noch weitere übergeordnete Aspekte eine Rolle spielten.

1 Einleitung

1.1 Einordnung des Begriffs User Experience

Unter User Experience wird das ganzheitliche, subjektive Erleben einer Person bei der Interaktion mit einem Produkt verstanden. Unerheblich ist dabei, wie dieses Erleben zustande kommt. Hassenzahl (2008, S. 1) definiert die UX "as a momentary, primarily evaluative feeling (good-bad) while interacting with a product or service. By that, UX shifts attention from the product and materials (i.e., content, function, presentation, interaction) to humans and feelings – the subjective side of product use." Wie bei anderen Autoren erfolgt bei Hassenzahl damit eine Erweiterung des Begriffes der Usability (zu deutsch: Gebrauchstauglichkeit), welche vornehmlich auf die Effizienz, Effektivität und Zufriedenheit eines Produkts abstellt. Das heutige Verständnis von User Experience wird jedoch eher als ganzheitlich, positiv und vor allem subjektiv erachtet (Hassenzahl et al. 2008, S.1).

Arbeiten Unternehmen an der Verbesserung der User Experience einer Website, setzen sie üblicherweise an der Produktgestaltung an und versuchen auf diese Weise das Nutzungserlebnis ihrer Kunden positiv zu beeinflussen. Meist wird durch diese Maßnahmen jedoch vor allem die Usability verbessert und weniger die subjektiv orientierte User Experience. Was ein positives Nutzerempfinden auslöst, wird damit nicht beantwortet und ob die Ansatzpunkte allein beim Produkt liegen, bleibt ebenfalls offen.

In der vorliegenden Studie wird die Annahme getroffen, dass die Kundenbindung und Weiterempfehlungsbereitschaft, erhoben durch den Net Promoter Score (NPS), mit dem Nutzungserleben auf einer Webseite in Zusammenhang steht: Benutzer, die ein positives Benutzungserlebnis hatten, werden das Produkt eher weiterempfehlen als solche, die eine negative Erfahrung hatten (East et al. 2007; Keiningham et al. 2008). Daher wurde ein Ansatz gewählt, mit dem ausgehend von individuellen NPS-Bewertungen und den zugehörigen Freitextaussagen eine Treiberanalyse durchgeführt wurde, um zu ermitteln, welche Faktoren einen Einfluss auf die Höhe des individuellen NPS-Wertes haben. Dabei wurden die Faktoren nicht vorab definiert, sondern mittels einer Inhaltsanalyse bottom-up aus dem Text extrahiert. Es interessierte vor allem, *welche* Gründe Nutzer der Immobiliensuche auf ImmobilienScout24 anführen, wenn sie ihren NPS-Wert begründen, und *wie groß* der Einfluss dieser Faktoren auf den jeweiligen NPS-Wert ist.

2 Der Net Promoter Score

2.1 Grundlagen der Kundenzufriedenheit und -bindung

Kundenzufriedenheit ist und bleibt ein zentrales Konstrukt, welches als Voraussetzung für Loyalität gilt und damit den Grundstein für langfristige und profitable Geschäftsbeziehungen legt. Gerade die aktive Weiterempfehlung durch Kunden, auch Mundpropaganda genannt, wird als eine der glaubwürdigsten und effektivsten Werbeformen angesehen (East et al. 2007). Unter diesen Gesichtspunkten wird es immer wichtiger zu erfassen, was die Kunden über das Unternehmen oder Produkt denken und auch weitererzählen. Dementsprechend ist es auch essentiell, die Beziehung mit bestehenden Kunden optimal zu managen, indem ihre Wünsche und Anregungen, aber auch ihre Sorgen und Nöte aufgenommen und als Kundenfeedback in den internen Entwicklungsprozess integriert werden. In der Praxis gewinnt hierbei der Net Promoter Score von Reichheld (2003) in Verbindung mit Freitextantworten zunehmend an Popularität.

Der Net Promotor Score (NPS) wurde im Jahr 2003 als zuverlässiges und einfach anwendbares System zur Steuerung der Kundenzufriedenheit und -bindung eingeführt (Reichheld 2003). Ähnlich zu anderen Ansätzen folgt er der Annahme, dass eine höhere Kundenzufriedenheit - z.B. bedingt durch eine positive User Experience - mit einer stärkeren Kundenbindung (Loyalität) einhergeht. Die User Experience beeinflusst damit den Grad der Kundenbindung und Weiterempfehlungsabsicht bzw. das Weiterempfehlungsverhalten. Die durch den NPS erfasste Weiterempfehlungsabsicht gilt als finaler Maßstab der Wirkung der Kundenbeziehung (Reichheld und Seidensticker 2006).

2.2 Die Berechnung des Net Promoter Scores

Trotz zahlreicher Kritik ist das Interesse am NPS weiter ungebrochen und er wird mittlerweile von vielen Unternehmen weltweit eingesetzt. Bei ImmobilienScout24 wurde der NPS im Januar 2010 für verschiedene Servicebereiche eingeführt. Die Weiterempfehlungsbereitschaft wird, wie von Reichheld entwickelt, auf einer elfstufigen Skala erfasst. Die Fragestellung und die Label der Extremwerte weichen leicht von der ursprünglichen Formulierung nach Reichheld ab (siehe Abbildung 1).

Abbildung 1: NPS-Abfrage bei ImmobilienScout24 (oben) und nach Reichheld 2003(unten)

Zunächst bestimmen die einzelnen Befragten ihre Weiterempfehlungsabsicht auf der Skala von Null bis Zehn. In einem zweiten Schritt werden die Probanden gemäß ihres Antwortverhaltens in drei Gruppen bzw. Segmente eingeteilt:

- Personen, die mit 10 oder 9 geantwortet haben, gelten als **Promotoren**.
- Personen, die mit 8 oder 7 geantwortet haben, sind **Passiv Zufriedene**.
- Personen, die von 6 bis 0 geantwortet haben, gelten als **Kritiker**.

Promotoren sind nach den Aussagen von Reichheld für 80% der positiven Mundpropaganda verantwortlich und damit äußerst wertvoll für ein Unternehmen. Passive Zufriedene sind eher bereit, die Marke zu wechseln und betreiben zudem keine aktive Mundpropaganda. Damit werden sie aus Sicht des Unternehmens weniger wertvoll. Die Kritiker (auch Detractors genannt) sind unzufriedene Kunden, die ihren Unmut über das Unternehmen aktiv im Markt verbreiten. Diese Gruppe ist für 80% der negativen Mundpropaganda verantwortlich und äußerst schädlich für das Unternehmen (Reichheld und Seidensticker 2006).

Laut Reichheld ist das Verhältnis von Promotoren und Kritikern das entscheidende Maß für die Kundenloyalität und damit für das Unternehmenswachstum. Demnach berechnet sich seine Netto-Empfehlungs-Rate als die Differenz aller Promotoren und Kritiker in einem Markt (siehe Abbildung 2). Der NPS kann daher Werte zwischen 100 und -100 annehmen, wobei Werte größer als 0 als positiv und größer als 50 als sehr gut bezeichnet werden.

NPS = Promotoren in % - Kritiker in %

Abbildung 2: NPS-Berechnung nach Reichheld 2003

Die Aufgabe des Unternehmens muss es nun sein, die Anzahl der Promotoren zu erhöhen und die der Kritiker zu senken. Dies kann allerdings nur geschehen, wenn die Gründe für die Zufriedenheit und Unzufriedenheit auch bekannt sind und entsprechend gehandelt wird. Daher wurde bei ImmobilienScout24 die Abfrage des NPS-Wertes mit einer Freitextfrage kombiniert, in der nach der Begründung für die Bewertung gefragt wurde.

2.3 Kritik am Net Promoter Score

Wie bereits angedeutet wurde, ist der Net Promoter Score in zahlreichen Studien deutlich kritisiert worden. Die Kritik bezieht sich vor allem auf den vom Erfinder postulierten Anspruch ein besserer Indikator für die Loyalität und das Unternehmenswachstum zu sein, als vergleichbare, aber komplexere Kundenzufriedenheitsindices, wie der ACSI und das EPSI-Rating (Keiningham et al. 2007; Kristensen und Eskildson 2011). Hochrangig publizierte Studien haben die empirische Vorteilhaftigkeit des NPS nicht reproduzieren können und sprechen u.a. von einem ineffizienten und unreliablen Messinstrument (Kristensen & Eskildson 2011) oder gar von einer *„useless metric or remotely poor one"* (Keiningham et al. 2008). Vor allem die Berechnungsweise des aggregierten NPS-Scores gestaltet sich problematisch, da derselbe NPS-Wert durch unterschiedliche Verteilung von Promotoren und Kritiker erreicht werden kann. So ergibt sich bei 50% Promotoren und 30% Kritiker ebenso ein NPS von 20 wie bei 30% Promotoren und 10% Kritikern. Die Berechnungsweise des NPS mangelt damit an einer theoretischen Begründung.

Zu den methodischen und theoretischen Kritikpunkten gesellt sich ein recht praktisches Problem. Allein mit einer einzelnen Frage lässt sich nicht feststellen, was die Kundenzufriedenheit, Kundenbindung sowie die Weiterempfehlungsabsicht treibt. Gerade deshalb hat sich in den letzten Jahren eingebürgert, eine zusätzliche Abfrage von Freitexten an die NPS-Frage anzuschließen (z.B. Schüller 2010), wie sie eigentlich schon ursprünglich von Reichheld gefordert wurde. Dadurch bietet eine Inhaltsanalyse mit einer anschließenden Treiberanalyse eine hervorragende Möglichkeit, die Bedeutung individueller Faktoren für die Verbesserung des Leistungsangebotes aufzudecken und zu quantifizieren. Rückt man also von dem Anspruch des NPS ab, der beste Indikator für die Kundenloyalität und das Unternehmenswachstum zu sein, eröffnen sich durch die Erfassung von Freitextantworten neue Möglichkeiten zur ganzheitlichen und subjektiven Erfassung der Gründe für eine negative oder positive Weiterempfehlungsabsicht.

3 Methode

3.1 Stichprobenbeschreibung und Vorgehen

Für die beschriebene Treiberanalyse wurden die NPS-Werte und Freitextantworten der Immobiliensuche verwendet. Wie bereits erwähnt wurde, war das Ziel der Analyse, Ansatzpunkte zu identifizieren, wie die User Experience verbessert werden kann. Daher wurde der NPS direkt nach einer Nutzungssituation erfragt in der Annahme, besonders viele Aussagen zum wahrgenommenen Nutzungserlebnis zu erhalten: Er war auf der Kontaktbestätigungsseite integriert – also der Seite, die ein Nutzer sieht, nachdem er zu einer Immobilie eine Kontaktanfrage an einen Anbieter versendet hat.

Die Suche ist der Servicebereich mit dem meisten Traffic. Demzufolge lag ein umfangreicher Datensatz vor. In die Berechnung der Treiberanalyse flossen insgesamt 7098 Freitextantworten aus den Monaten Mai bis August 2011 ein. Diese setzten sich aus 4049 Promotoren, 2079 Passiven und 970 Kritikern zusammen. Bei dem Promotoren handelte es sich bereits um eine Reduktion der Daten: Zum Einen wurden zahlreiche Aussagen eliminiert, die keine Begründungen lieferten, sondern lediglich Lob äußerten (z.B. „Toll", „Weiter so"). Zum Anderen waren die Promotoren zahlenmäßig so häufig vertreten, dass durch eine Zufallsauswahl aus dieser Gruppe eine Reduzierung der Stichprobengröße gewährleistet werden sollte. Dadurch waren die Passiv Zufriedenen und Kritiker zahlenmäßig stärker vertreten als in der eigentlichen Grundgesamtheit.

3.2 Die Inhaltsanalyse

3.2.1 Die Bestimmung von semantischen Clustern

Da die Begründungen für den gewählten NPS-Wert offen erfragt wurden, bestand die Herausforderung darin, die Nutzerantworten zu kategorisieren. Die Befragungsteilnehmer drückten sich so aus, wie es ihnen geläufig war und angemessen erschien. Dies konnte sich durch Herkunft, Bildungsstand und Erfahrungen aus der Vergangenheit innerhalb einer Community stark unterscheiden. Mit Hilfe einer Inhaltsanalyse wurden Aussagen mit ähnlicher Bedeutung extrahiert und somit zu semantischen Clustern zusammengefasst. Diese gaben die Bedeutung einer Aussage unabhängig von der Ausdrucksweise wieder.

Zunächst wurden 10% der Daten manuell kodiert. Diese Kategorisierung erfolgte in Anlehnung an die Inhaltsanalyse nach Mayring (2008). In einem zyklischen Prozess kam es zunächst zu einer induktiven, d.h. aus dem Material abgeleiteten, Kategorienbildung. Das heißt, die semantischen Cluster wurden nicht vorab definiert, sondern direkt aus den Daten extrahiert. Auf diese Weise sollte sichergestellt werden, dass keine relevanten Faktoren auf das Nutzungserlebnis außen vor blieben, sondern auch solche Inhalte aufgedeckt wurden, die auf den ersten Blick nicht dem Bereich User Experience zuzuordnen waren.

Nachdem eine gewisse Anzahl von Daten kategorisiert war, wurde das Kategorienschema geprüft und angepasst. Diese Schritte wurden solange wiederholt, bis die interne Reliabilitätsprüfung eine hohe Übereinstimmung von zwei aufeinanderfolgenden Kodierungsdurchläufen aufwies. Auf Grundlage der manuell durchgeführten Kategorisierung wurden mit Hilfe einer Software Suchwörter spezifiziert, die zur teilautomatisierten Kategorisierung der verbleibenden 90% der Freitexte genutzt wurden.

Das entwickelte Kategorienschema orientierte sich am kompletten Suchprozess und beinhaltete eine zusätzliche Kategorie für Allgemeines (siehe Abbildung 3, linke Seite). Zu jeder Oberkategorie gab es weitere Unterkategorien. In Abbildung 3 (rechte Seite) werden die zur Oberkategorie Angebote gehörigen Unterkategorien Qualität, Quantität und Aktualität, sowie die zu den Unterkategorien zugehörigen positiven und negativen Aussagen beispielhaft dargestellt.

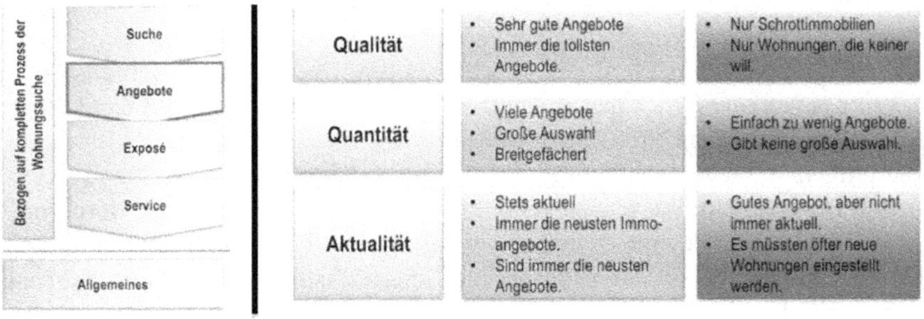

Abbildung 3: Oberkategorien (links); Unterkategorien und Beispiele für die Oberkategorie „Angebote" (rechts)

3.2.2 Die Frequenzanalyse

Die ermittelten semantischen Cluster wurden anschließend hinsichtlich ihrer Häufigkeit ausgezählt und in eine Rangreihe gebracht. Diesem Vorgehen lag die Annahme zu Grunde, dass mit einem erhöhten Auftreten auch eine erhöhte Relevanz einhergeht (vgl. Brunner und Tschacher 1995). Als positives Ergebnis konnte festgestellt werden, dass unter den 15 am häufigsten aufgetretenen semantischen Clustern nur eine einzige negative Kategorie zu finden war.

- Die häufigste Kategorie, welche von ca. 25% der Personen genannt wurde, bezog sich auf eine positive Bewertung der Übersichtlichkeit und Struktur der ImmobilienScout24-Webseite.
- Mit 13% folgte eine positive Bewertung der Angebotsmenge.
- Auf dem dritten Rang wurde mit 12% eine allgemeine Einfachheit im Umgang mit ImmobilienScout24 genannt.
- Die einzige negative Kategorie auf dem 11. Platz bezog sich auf Aussagen, dass es in der Suche zu wenige oder nicht hilfreiche Suchkriterien gab.

Betrachtet man diese vier Kategorien (die Top3 und die negative Kategorie) fällt bereits auf, dass mit der Übersichtlichkeit, der Einfachheit und hilfreichen Suchkriterien Kategorien aufgefunden wurden, die üblicherweise der Usability zugerechnet werden. Die Angebotsquantität ist allerdings ein Faktor, der die Wahrnehmung des Produktes beeinflusst, aber nicht typischerweise mit der User Experience in Verbindung gebracht wird.

Wurden Promotoren, Passive und Kritiker getrennt betrachtet, zeigte sich bereits deskriptiv, dass es einen Zusammenhang zwischen den angeklickten NPS-Werten und den Begründungen gab. In den jeweils getrennt ausgewiesenen Top15-Kategorien äußerten die Promotoren nur Positives, bei Passiven tauchten bereits vier negative Kategorien auf und unter den Kritikern waren es elf negative Kategorien. Sehr interessant bei den Kritikern war jedoch, dass auf Platz 1 der Äußerungen eine positive Kategorie vertreten war: So bewerteten 16% der Kritiker die bestehenden Suchkriterien als positiv.

Obwohl durch die Häufigkeitsanalyse allein ein recht umfangreiches Bild über die Stärken und Schwächen der Suche von ImmobilienScout24 generiert wurde, stellte sich zusätzlich die Frage, ob das Nennen oder Nicht-Nennen einer bestimmten Kategorie einen bedeutenden, statistischen Einfluss auf die Antworten auf der Weiterempfehlungsskala hatte. Dies wurde nachfolgend mittels einer sogenannten Treiberanalyse überprüft.

3.3 Die Treiberanalyse mittels Dummy-Regression

Neben einer reinen Häufigkeitsauszählung der Aussagenkategorien interessierte der Einfluss der Aussagen auf die individuelle Weiterempfehlungsabsicht der Probanden. In Anlehnung an den Penalty-Reward-Faktoren-Ansatz nach Brandt (1987) kann zum Beispiel postuliert werden, dass das Auftreten sogenannter Reward-Faktoren zu einem erhöhten Zufriedenheitsurteil führt, während das Fehlen zu keiner Unzufriedenheit führt. Umgekehrt verhält es sich bei Penalty-Faktoren, deren Fehlen zu Unzufriedenheit führt, wobei das Auftreten nicht durch erhöhte Zufriedenheit honoriert wird.

Im Sinne einer Treiberanalyse stellte der individuelle NPS-Wert einer Person die abhängige Variable dar, dessen Schwankungen mit Hilfe des Auftretens einzelner Kategorien (semantischer Cluster) erklärt werden sollte. Da für jede Kategorie lediglich das Nennen bzw. Nicht-Nennen inhaltsanalytisch erfasst wurde, lagen für die unabhängigen Variablen dichotome Daten vor, die als Dummy-Variablen in eine Multiple Regression eingingen.

Die Regressionsrechnung kann dabei wie folgt beschrieben werden:

(1) $$y = b_0 + b_i x_i + \cdots + b_n x_n + e \text{ , mit i = (1, ..., n)}$$

y: individuelle Weiterempfehlungsabsicht

x_i: Kategorien aus der Inhaltsanalyse, wobei :

$$x_i = \begin{cases} 1 & \text{- bei Auftreten von Kategorie i} \\ 0 & \text{- bei Nicht-Auftreten von Kategorie i} \end{cases}$$

b_i: Regressionskoeffizienten

Für jede Kategorie wurde damit ihr Einfluss auf die Weiterempfehlungsabsicht quantifiziert. Durch die Betrachtung der Regressionskoeffizienten für jede einzelne Kategorie konnten damit Aussagen der folgenden Art getroffen werden: Um wie viele Punkte auf der 11er-Skala steigt oder fällt die Weiterempfehlungsabsicht der Nutzer, die die Kategorie genannt haben, im Vergleich zu der Gruppe, die die Kategorie nicht genannt hat. In diesem Sinne bestimmte die Regressionsfunktion die Niveauunterschiede zwischen den beiden Gruppen (Bleymüller, Gehlert & Gülicher 1992).

Das Regressionsmodell wies einen sehr guten Modell-Fit auf. Insgesamt konnte 38,5% der Varianz (R^2) in der Weiterempfehlungsabsicht durch das Modell erklärt werden. Mit Hilfe der Berechnung der Häufigkeiten und der Regressionskoeffizienten der einzelnen Kategorien auf den NPS-Wert konnten die Kategorien in einem Koordinatensystem visualisiert werden (siehe Abbildung 4). Insgesamt wurden so 59 Kategorien abgetragen, die laut Regression einen signifikanten Einfluss auf die Weiterempfehlungsabsicht aufwiesen.

Abbildung 4: Die Kategorien wurden in einem Koordinatensystem mit den Achsen Häufigkeit des Auftretens und Einfluss visualisiert

Bei der bloßen Betrachtung der Häufigkeiten und der Einflüsse fiel bereits auf, dass positive und negative Kategorien eine unterschiedliche Wirkung auf den NPS hatten. Während negative Kategorien, selbst wenn sie selten auftraten, einen starken negativen Impact hatten, hatten positive Kategorien (auch bei häufiger Nennung) einen geringeren positiven Einfluss auf die Weiterempfehlungsabsicht. Auch bei der Gegenüberstellung von gleichen Kategorien mit unterschiedlichem Vorzeichen (z.B. „Angebot: Quantität –„ und „Angebot: Quantität +") zeigte sich, dass die negativen Kategorien zwar seltener auftraten, dafür aber einen größeren Einfluss auf den NPS hatten. Dies konnte einerseits auf die zuvor angesprochenen Penalty- und Reward-Faktoren zurückgeführt werden (Brandt 1987). Andererseits zeigte die Regressionskonstante von 7.89, dass die grundlegende Weiterempfehlungsabsicht schon so hoch war, dass aufgrund der Skalenobergrenze kaum Spielräume für Verbesserungen vorlagen.

3.4 Weitere Erkenntnisse aus der Studie

Wie oben bereits erwähnt wurde, flossen in die Bewertung der Weiterempfehlungsbereitschaft durchaus Faktoren ein, die zur Usability gezählt werden können: Dazu zählten beispielsweise sämtliche Aussagen zur Suche (z.B. zielführend, einfach, schnell, passende Suchkriterien) und einige allgemeine Aussagen zu ImmobilienScout24 (z.B. übersichtlich/strukturiert, nützlich/informativ, Design).

Darüber hinaus gab es jedoch eine Vielzahl von Kategorien, die nicht durch eine Optimierung am Produkt verbessert, sondern eher durch die an der Immobilienvermarktung Beteiligten beeinflusst werden können. Darunter fielen beispielsweise alle Aussagen zum Angebot (z.B. Quantität, Qualität, Passung, Aktualität), Aussagen zur Darstellung dieser Angebote (z.B. Qualität und Quantität der Informationen und der Bilder), Aussagen zum Kontaktverhalten der Anbieter, zum Kundenkontakt von ImmobilienScout24, zu Marktführerschaft, technischer Zuverlässigkeit, Datenschutz und einigen mehr.

Für alle diese Kategorien war eine Quantifizierung hinsichtlich ihres Einflusses auf die Weiterempfehlungsbereitschaft möglich. Dadurch konnten die wesentlichen Hebel zur Verbesserung des Nutzungserlebens auf ImmobilienScout24 identifiziert werden.

4 Schlussfolgerungen

Die Studie hat aufgezeigt, dass die User Experience nicht nur durch gestalterische Maßnahmen verbessert werden kann. Die Erfahrungen der letzten Monate haben auch in der Praxis offenbart, dass eine höhere Zufriedenheit und Weiterempfehlungsabsicht (gemessen über den NPS) nicht allein durch Produktoptimierungen erreichbar ist. Es wurde deutlich, dass der Einfluss der Gestaltung begrenzt ist und dass weitaus mehr Effekt auf die Gesamtzufriedenheit erzielt werden kann, wenn auch Umfeldfaktoren einbezogen werden.

Durch den gewählten methodischen Ansatz war es nun möglich, sehr unterschiedliche Faktoren - z.B. Angebotsvielfalt vs. Übersichtlichkeit - in ihrer Wirkung miteinander zu vergleichen. Durch die Erfassung des NPS und der Freitexte gelang es, verschiedene Ansatzpunkte zur Optimierung gegeneinander abzuwägen und zu priorisieren. Die Zusammensetzung der Faktoren wurde dabei von den Nutzern vorgegeben und spiegelt damit die reine Kundensicht wieder. Somit wird man der Forderung der UX nach einer subjektiven und ganzheitlichen Betrachtungsweise gerecht.

Wichtig ist nun, dass das Nutzererleben nicht durch die Brille der verantwortlichen Fachabteilungen, wie z.B. Produktmanagement und User Experience, betrachtet wird, sondern aus Sicht des gesamten Unternehmens. Es ist essentiell, dass interdisziplinär daran gearbeitet wird, das Nutzererleben zu verbessern. Dabei können Abteilungen wie Customer Support (z.B. Kundenservice), Education (z.B. Schulung von Anbietern bezüglich optimalen Präsentierens von Immobilien) und IT (z.B. Technische Zuverlässigkeit, Datenschutz, Passwortmanagement) ebenfalls einen wichtigen Beitrag leisten.

Die Studie war ein erster Ansatz, quantitativ mit der großen Datenmenge an Freitextaussagen zu arbeiten und ihren Einfluss auf die Weiterempfehlungsabsicht und damit den NPS zu ermitteln. Insgesamt erwies sich dieser methodische Ansatz als sehr vielversprechend und konnte einen Großteil der Varianz des NPS erklären.

Selbst wenn der NPS in der Literatur kritisiert und seine Validität bezweifelt wird, war er doch in diesem Fall in Kombination mit den offenen Begründungen ein geeignetes Instrument, um umfassende Optimierungsansätze für die Website zu ermitteln.

Literaturverzeichnis

Bleymüller, J., Gehlert, G. & Gülicher, H. (1992). *Statistik für Wirtschaftswissenschaftler.* München: Vahlen.

Brandt, R. D. (1987). A procedure for identifying value-enhanced service components using customer satisfaction survey data. In Surprenant, C. (Hrsg.): *Add value to your service.* Chicago: American Marketing Association, 61–65.

Brunner, E.J. & Tschacher, W. (1995). Quantifizierende Inhaltsanalyse. In König, E. & Zedler, P. (Hrsg.): *Bilanz qualitativer Forschung, Bd.2: Methoden,* Weinheim: Deutscher Studienverlag.

East, R., Hammond, K. & Wright, M. (2007). The relative incidence of positive and negative word of mouth: a multi-category study. *International Journal of Research in Marketing 24,* 175-184.

Hassenzahl, M. (2008). User experience (UX): towards an experiential perspective on product quality. In Brangier, E., Michel, G., Bastien, J. M. C. & Carbonell, N. (Hrsg.): *Proceedings of the 20th International Conference of the Association Francophone d'Interaction Homme-Machine: 2008, Metz, France, September 02-05, 2008.* New York: ACM Press. S. 11–15.

Hassenzahl, M., Burmester, M. & Koller, F. (2008). Der User Experience (UX) auf der Spur: Zum Einsatz von attrakdiff.de. In Brau, H., Diefenbach, S., Hassenzahl, M., Koller, F., Peissner, M. & Röse, K. (Hrsg.): Usability Professionals 2008.

Keiningham, T. L., Cooil, B., Andreassen, T. W. & Aksoy, L. (2007). A Longitudinal Examination of Net Promoter and Firm Revenue Growth. *Journal of Marketing 71*, 39-51.

Keiningham, T. L., Aksoy, L. & Cooil, B. (2008). Linking Customer Loyalty to Growth. *MIT Sloan Management Review 49*, 51.

Kristensen, K. & Eskildsen, J. (2011). Is the Net Promoter Score a reliable performance measure? In *2011 IEEE International Conference on Quality and Reliability (ICQR)*, 249-253.

Mayring, Ph. (2008). *Qualitative Inhaltsanalyse. Grundlagen und Techniken.* Weinheim: Beltz Verlag.

Reichheld, F. F. (2003). The One Number You Need to Grow. *Harvard Business Review 81*, 46-54. Available at: http://www.ncbi.nlm.nih.gov/pubmed/14712543.

Reichheld, F. F. & Seidensticker, F.-J. (2006). *Die ultimative Frage – Mit dem Net Promoter Score zu loyalen Kunden und profitablem Wachstum.* München: Hanser.

Schüller, A. (2010). Die neuen Momente der Wahrheit: WOM im Kontaktpunkt-Management. In Schüller, A. M. & Schwarz, T. (Hrsg.): *Leitfaden WOM Marketing.* Waghäusel: Marketing-Börse.

H. Reiterer & O. Deussen (Hrsg.): Mensch & Computer 2012
München: Oldenbourg Verlag, 2012, S. 153-162

AmbiGlasses – Information in the Periphery of the Visual Field

Benjamin Poppinga[1], Niels Henze[2], Jutta Fortmann[3], Wilko Heuten[1], Susanne Boll[3]

Intelligent User Interfaces Group, OFFIS – Institute for Information Technology, Oldenburg[1]
Institute for Visualization and Interactive Systems, University of Stuttgart[2]
Media Informatics and Multimedia Systems, University of Oldenburg[3]

Abstract

While more and more digital information becomes available, the demand to access information whenever and wherever increases. However, ubiquitous information provision often interferes with the user's primary tasks such as walking, driving, or reading. In this paper we present a mobile device called AmbiGlasses, a pair of glasses with 12 LEDs that illuminate the periphery of the user's field of view. A conducted user study shows that participants are able to locate the correct LED with 71% accuracy and estimate the rough location of the LED with 92% accuracy. Participants were further asked to exemplary design visualization configurations for four directions. Consistent results show that different participants encode directions with similar patterns. We argue that the AmbiGlasses can therefore be used to convey clear and intuitive navigation instructions.

1 Motivation and Background

As the digital revolution is still in progress, the amount of information which is available steadily increases. At the same time mobile phones are frequently used to access this information from anywhere. However, interacting with mobile devices demands the full attention of the user. In contrast to interacting with desktop computers, there are often other competing and more important tasks, such as walking or chatting with a friend, when interacting with a mobile device. This often causes the user to interact with fragmented attention (Oulasvirta et al. 2005). But many mobile applications, such as pedestrian navigation systems, force the user to fully concentrate on the display and thereby distract the user from the environment (Rukzio et al. 2009). To not interfere with the user's primary task a display is needed that is always perceivable and enables a seamless transition from paying no attention to full concentration.

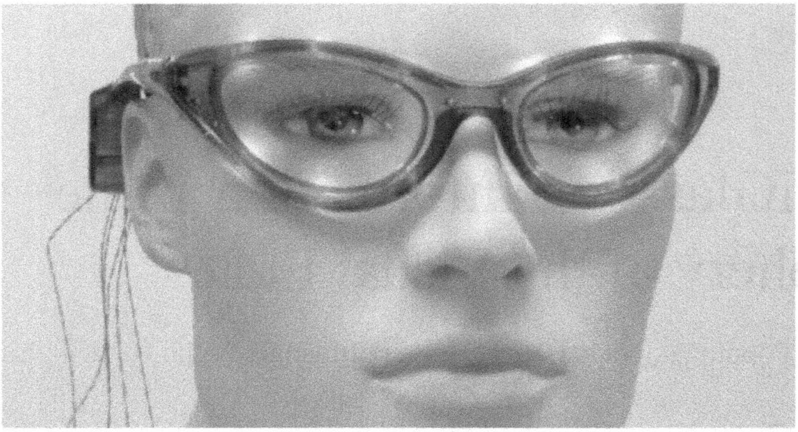

Figure 1: A mannequin with AmbiGlasses. The glasses consist of 12 LEDs that can be switched on or off separately.

In this paper, we investigate information presentation via light which illuminates the periphery of a user's field of view. The aim is to convey information in a continuous but unobtrusive and ambient way. We built a prototype called AmbiGlasses: a lightweight, wearable display which augments the user's field of view with additional information (see Figure 1). It exploits humans' abilities to effectively direct visual attention, combined with a low information density. Thereby, users are enabled to pay attention only if desired and to get relevant information in a fraction of a second.

Continuous but ambient and unobtrusive information presentation has received much attention in previous work. Ambient information presentation is always available, thus it enables users to smoothly move the focus of attention to the display and back again (Pousman and Stasko 2006). Ambient displays are usually designed to present information which is important but not critical. Another important aspect of these displays is that they present information permanently and typically reduce the complexity of the presentation to a minimum. Until now, most research on ambient displays focuses on stationary devices. Most existing wearable ambient displays for mobile users which address the visual sense (e.g. Schmidt et al. 2006 and Williams et al. 2006) are not always in the user's field of view. Thus, these are only perceivable as long as the user is explicitly interacting with the device. However, Costanza et al. (2006) use a wearable peripheral display, composed of small LED arrays embedded at the left and right edge of ordinary eyeglasses to deliver subtle notification cues. They showed that the display is effective in notifying its user in a subtle way. Though, they don't take advantage of the whole frame as a potential information display and use the display in a very limited way, that is for simple notification cues only.

Another prominent example for permanent information presentation to mobile users is augmented reality (Caudell and Mizell 1992). Augmented reality (AR) systems embed digital information in a real world scene by registering the visualization with the scene seen by the user. Despite major progress in the AR field robust systems that can be used on a daily basis by the average consumer are still out of reach. A disadvantage is that AR goggles or head-up displays present the information directly in the user's field of view. This augmentation in the centre of the visual field can hardly be ignored and may divert the user's attention from their primary task. AR on handheld devices (see e.g. Henze et al. 2011) recently received some public attention but only enables explicit interaction.

To overcome the limitations of existing visual displays, other modalities for unobtrusive information presentation have been studied. For example, Holland et al. (2002) proposed to continuously present the direction of a destination via spatial audio feedback for pedestrian navigation. Auditory displays, however, compete with environmental noise and it is difficult to find a balance between *being hard to notice* and *being annoying*. Therefore, they are not always suited (Hoggan et al. 2009).

Tactile displays have also been proposed for providing continuous but unobtrusive navigation information (e.g. van Erp et al. 2005). It has been shown that information presented by tactile displays can be processible even under cognitive load (Duistermaat et al. 2007). However, most of the investigated tactile displays are custom made, bulky, and strictly limited in their degrees of freedom. Thus, in some situations, neither tactile nor auditory interfaces are suitable.

In the remainder of this paper we present the design and implementation of the AmbiGlasses prototype (Section 2). We then report from a user study which aimed at finding the basic principles of information presentation with AmbiGlasses (Section 3). We close the paper with a conclusion and outlook to future work (Section 4).

2 Design

In the following, we describe the design of a wearable ambient display for visual information presentation. First, we outline the design space for the display. On this basis, the concept of AmbiGlasses is described. The implementation gives details on the integration of Light Emitting Diodes (LEDs) into off-the-shelf LED glasses.

2.1 Design Space

Visual displays are usually considered as graphical displays that are composed of arrays of pixels. Graphical displays, as we use today, can present a very high information density. However, numberless studies on auditory interfaces (e.g. Holland et al. 2002) and, in particular, tactile interfaces (e.g. Heuten et al. 2008) showed that using displays with a very low information density can already support a user effectively.

In order to develop a non-graphical visual interface, we analysed the design space by reconsidering the physical parameters of light. Light is electromagnetic radiation, which can be described with the parameters intensity, frequency, polarization, and phase. Not all four parameters can be used to present information. However, humans can easily discriminate different intensities (experienced as brightness) and frequencies (experienced as colour). Colour perception, i.a. also depends on the relative stimulation of three different types of cone cells in the retina of the human eye, which is called trichromacy. Only if all of these different types of cone cells work well, a human is able to perceive colours correctly (Goldstein, 2008). Different polarization cannot be perceived by all humans and often only after some training (Haidinger 1844). Using the phase of light for a display is out of question because of technical limitations and the limitations of the human perception.

As the aim is to present structured informational messages via light and not via graphical displays, the characteristics of the intended interface are more similar to current auditory and tactile displays than to complex graphical displays. With the Tactons framework, Brewster and Brown (2004) conceptualised the presentation of structured informational messages using tactile displays. The Tactons concept is similar to the concept of Icons (for graphical displays) and the Earcons concept for auditory displays introduced by Blattner et al. (1989). We assume that the seven degrees of freedom Brewster described for Tactons can also be applied to AmbiGlasses. The *frequency* or wavelength of light is experienced as monochromatic colours and the *amplitude* is experienced as brightness. By mixing multiple colours, different *waveforms* are generated which can be seen as less saturated colours such as pink or magenta. *Duration* and *rhythm* can be applied to light in the same way as for tactile interfaces. The (body) *location* and *spatiotemporal pattern* can also be used for light-based systems. In fact, the high resolution of the human eye to differentiate *locations* and *spatiotemporal patterns*, compared to the auditory and tactile senses, makes graphical displays possible.

2.2 Concept

Since the real world should not be occluded, our visual information presentation needs to be ambient and therefore only slightly noticeable. As the visual feedback should always be perceivable, the display must remain in a fixed position in relation to the user's eyes. This can be realized by integrating the display into glasses (see Figure 1). From a design perspective, this means that the *location* of the individual light sources should not be in the centre of a user's field of view. Instead, several spots should be located at the periphery of the visual field. They further should be arranged in an equidistant manner, to cover as much of the potential visible area as possible and to increase the ability to differ between two single spots.

The colour of light is an established degree of freedom in the design of interactive systems. It is often used as status indicator to, e.g. give feedback if a system is working properly (green colour) or not (red colour). However, it is known that the human's perceptibility of colour decreases in the periphery of the visual field. Given this design constraint, it doesn't make sense to use different colours for the light spots of the AmbiGlasses. Therefore, our concept only considers a single *frequency* (resulting in a single colour). For the same reasons, our concept doesn't consider different *waveforms*, i.e. the colour saturation is not modifiable in our design.

Ultimately, these two design restrictions lead to the final concept of the AmbiGlasses. The AmbiGlasses illuminate the periphery of the visual field with one single colour (i.e., *frequency*). The light can be adjusted in *brightness,* and different *rhythms* and *durations* can be created. Given the fact that the AmbiGlasses have several light spot *locations*, also *spatio-temporal patterns* can be created.

2.3 Implementation

We bought off-the-shelf LED glasses, which are usually available at, e.g., party suppliers. As these glasses are only able to flash all of the integrated LEDs at the same time and the light is emitted to the outside and not towards the user, we removed the complete electronics. As a replacement we installed 12 orange SMD LEDs with a comparatively low intensity (224 mcd) in the frame of the glasses (see Figure 2). Unlike off-the-shelf LED glasses, the LEDs emit light towards the user's eyes. Each LED is connected with a thin enamelled copper wire to a custom electronics board. This board basically houses a LED driving stage, a Bluetooth chip, and a micro-controller.

In the current prototype, the electronics are located outside of the glasses, but could be easily integrated into the glasses with more state-of-the-art assembling techniques. However, the given prototype is already lightweight, portable, low power consuming, and therefore potentially mobile and ubiquitous.

Figure 2: The ambient spots are arranged in an equidistant manner around the eyes. The figure shows the glasses from the perspective of a user looking through the glasses.

3 User Study

In this user study, we first want to investigate how exactly a user can locate a single illuminated LED. Second, we want to validate if users are able to process given information into a glasses illumination configuration, which we exemplary tried with directional information. Additionally, we are interested in further application fields which users could imagine using the glasses for.

3.1 Method

Nine volunteers participated in the study, whereby three of them were female. In average, the participants were 30.33 (SD 4.61) years old. Six participants usually wear glasses and one wears contact lenses. None of the participants had prior experiences in the use of AmbiGlasses. Prior to the study, every participant signed an informed consent. None of the volunteers was paid for participating in the study. The setup shown in Figure 3 was used in the study. The hardware included the glasses with the according electronic boards, a power supply, and a portable computer. The study was separated into two tasks, where a semi-structured interview was conducted in between. We placed the interview between the tasks as it otherwise could have been influenced by the results of the second task.

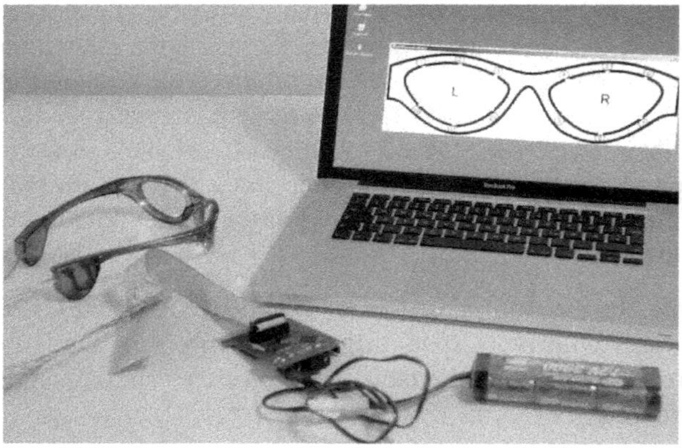

Figure 3: The setup of the user study consisted of the glasses with the according electronic boards, a power supply, and a portable computer.

In the first task, the participants were asked to identify a single activated LED at a time. Participants were given a sketch of the glasses, simplifying the identification with numbers and approximate locations of the diodes (see Figure 2). Each of the 12 available light emitting diodes was switched on in a random order. It was switched off again, if the participant clearly decided on a classification of the current appearance. After the first task had been finished, the participants were asked what they can imagine using the glasses for, and what technical aspects should be considered in future development to make them ready for daily use.

To determine light patterns for an exemplary application domain, we employed a guessability study methodology for the second task. The participants were given an interactive GUI to switch the LEDs on and off. The GUI looked like the sketch in Figure 2, extended with a checkbox next to each LED representation. Contrary to the first task, it was now possible to activate multiple LEDs simultaneously. Each participant was asked to get firm with the GUI and explore the potentials of multiple simultaneously activated LEDs. After having become familiar, the participants were asked to encode the four directions *ahead*, *behind*, *left*, and *right,* as they would feel how they have to be encoded by en- or disabling any LEDs. The order of the four directions was randomized. After configuring a direction, a portrait photo of the participant wearing the glasses was taken.

3.2 Results

For the first task, all participants had to identify each of the 12 LEDs. In total, participants tried to identify the correct LED 108 times. 77 of the given classifications (71.29 %) were correct and 31 classifications (28.70 %) were wrong. 22 of the 31 misclassifications were classified as an LED next to the activated LED. All the 9 misclassifications that are not next to the activated LED are located in the centre or upper part of the glasses (LEDs 2, 3, 4, 5, 9, 10). Furthermore, 24 of the 31 misclassifications are also in the centre or upper part of the glasses.

In the semi-structured interview, most of the participants imagined to use the glasses as a navigation aid. Some participants also mentioned that the glasses can be used to indicate events and objects outside of the field of view. Additionally, some participants stated that a possible use case is to show if new SMS messages, emails, or other messages are available. The participants also gave recommendation for further improvement of the AmbiGlasses. First of all, the glasses should fulfil the usual requirements for glasses: robust, lightweight, an appealing design, and a suitable dioptre adjustment. Furthermore, the participants stated that the glasses should be less obtrusive. The LEDs' light cone should not be visible to other persons. Some participants proposed a dimmable brightness or a dynamic adaption to the environmental brightness as a potential solution. Additionally, some participants could imagine using different colours to encode more information.

For the second task, every participant chose to switch on one or multiple LEDs on the according side of the glasses to encode the directions *left* and *right* (see leftmost images in Figure 4). Every participant enabled LED 12 to encode *left*, whereby in 8 cases additionally LEDs on the left side (LEDs 1, 2, 11) were enabled. LED 7 was enabled by every participant to encode *right*; again in 7 cases additional LEDs on the right (LEDs 5, 6, 8) were switched on. For the directions *ahead* and *behind*, every participant chose to switch on LEDs on both sides of the glasses at the same time (see rightmost images in Figure 4). Contrary to the other directions, here, all participants selected at least two LEDs. This is probably the case because of the non-unique assignment of the directions *ahead* or *behind* to the upper or lower LEDs. However, 5 participants (55.55%) clearly assigned *ahead* or *behind* exclusively to the upper (LEDs 1, 2, 3, 4, 5, 6) or lower LEDs (LEDs 8, 9, 10, 11).

Figure 4: Two typical examples for encoding the directions left and right are shown in the two leftmost images. Every participant preferred to exclusively switch on LEDs on the according side of the glasses. Two almost equal-looking representations of behind and ahead are shown in the two rightmost images. Every participant switched on at least one LED per side to encode these two directions.

3.3 Discussion

In this study, we observed that 71.29% of the LED classifications were correct. 91.67% of the classifications were either correct or only one LED from the target away. Thus, 91.67% of the participants were able to indicate the rough direction. The participants preferred to indicate the directions *right* and *left* by only illuminating one eye, while the directions *ahead* and *behind* were mostly represented by illuminating either the upper or lower LEDs.

It is relevant that especially the LEDs in the centre and in the centred top of the glasses are more susceptible for misclassification than the other LEDs. During the second task, the participants more often did not use these affected LEDs for their encodings of the given information. Instead, the participants preferred the usage of LEDs which have a higher recognition rate (LEDs 1, 6, 7, 12).

The results of the second task show that participants often selected oppositely LEDs or LED areas for contrary directions (*left/right*, *ahead/behind*), even though they did not know about all the directions before starting the individual subtasks. Additionally, the participants did always choose symmetrical encodings.

The differences between a set of four directions could be distinguished certainly. For example, there were only 9 misclassifications (8.33%) for differencing between the upper and lower LEDs. Also, there were 9 misclassifications for differencing between each side of the glasses. None of the participants confused the leftmost or rightmost LEDs (1, 12, and 6, 7). The encodings which were figured out by the participants support this, as per each user they are consistent and do not overlap. In addition, most of the participants seemed to be certain in creating their distinct set of encodings. Taking into account the most popular encoding patterns and the LEDs which were more often misclassified, we propose the AmbiGlasses configuration for conveying directional information shown in Figure 5.

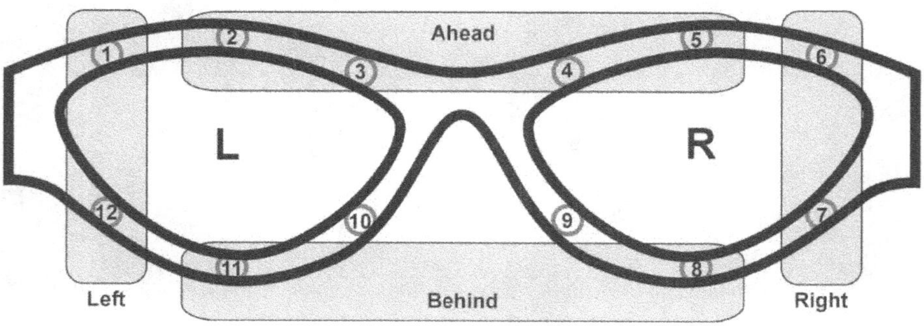

Figure 5: Based on our study we propose the shown AmbiGlasses configuration to convey directional information.

In the derived light design, the leftmost LEDs (1, 12) and the rightmost LEDs (6, 7) are mapped to the direction *Left* and respectively *Right.* The four central, upper LEDs (2, 3, 4, 5) encode the direction *Ahead*, whereas the four central, lower LEDs (11, 10, 9, 8) define the direction *Behind*.

4 Conclusion and Future Work

In this paper, we presented AmbiGlasses, a visual, ambient, and mobile information presentation device. The conducted study shows that information in the periphery of the visual field can be perceived with reasonably good recognition rates. We found that the left, right, and bottom light spots of the glasses can be detected very accurate, while misclassifications mainly occur in the centre of the glasses.

Using a participatory design approach, we figured out that participants are able to encode information by combining multiple light spots around the eyes. Analysis of the encodings showed that there exists a preferred encoding set, suitable for most of the participants. We identified that the less accurate detectable light spots were used less often in the users' information encodings. The participatory approach was particularly helpful, as it not only showed that consistent light patterns for directions exist, but also ensured an intuitive information presentation. The consistency of the user-defined encodings also shows that the influence of the individual perception is low. Thus, a common perception of the ambient information is given. Therefore, we argue that the AmbiGlasses can be used as navigation aid without any prior training.

This paper serves as a foundation and proof-of-concept that ambient information presentation in the periphery of the visual field is possible. The major advantage is that the information is always visually present and the AmbiGlasses do not force users to switch between modalities, as it would be required when using e.g. audio. In our future work, we will investigate how the identified patterns perform in an outdoor pedestrian navigation scenario, focussing learnability, differentiation, and how ambient the information presentation feels in daily use. Furthermore, we want to study if light patterns for other application domains can be found using a participatory approach. Technically, we plan to shrink the electronics and make use of dynamic LED brightness adjustments to reduce conspicuousness.

Acknowledgements

The authors are grateful to the European Commission, which co-funds the IP HaptiMap (FP7-ICT-224675). We like to thank our colleagues for sharing their ideas with us.

References

Blattner, M., Sumikawa, D., & Greenberg, R. (1989). *Earcons and icons: Their structure and common design principles*. Human-Computer Interaction, 4(1), pp. 11-44.

Brewster, S. & Brown, L. (2004). *Tactons: structured tactile messages for non-visual information display*. Proceedings of the Australasian User Interface Conference, pp. 15-23.

Caudell, T. P., & Mizell, D. W. (1992). *Augmented reality: An application of heads-up display technology to manual manufacturing processes*. Proceedings of the International Conference on System Sciences, pp. 659–669.

Costanza, E., Inverso, S. A., Pavlov, E., Allen, R. & Maes, P. (2006). *eye-q: Eyeglass Peripheral Display for Subtle Intimate Notifications*. Proceedings of the Conference on Human-Computer Interaction with Mobile Devices and Services.

Duistermaat, M., Elliot, L. R., van Erp, J. B. F. & Redden, E. S. (2007). *Tactile land navigation for dismounted soldiers*. Human factor issues in complex system performance, pp. 43-53.

Goldstein, E. B. (2008). Wahrnehmungspsychologie: Der Grundkurs, Spektrum Akademischer Verlag.

Haidinger, W. (1844). *Ueber das directe Erkennen des polarisirten Lichts und der Lage der Polarisationsebene*. Annalen der Physik (139), pp. 29-39.

Henze, N. & Boll, S. (2011). *Who's That Girl? Handheld Augmented Reality for Printed Photo Books*. Proceedings of Interact.

Heuten, W., Henze, N., Pielot, M. & Boll, S. (2008). *Tactile wayfinder: a non-visual support system for wayfinding*. Proceedings of NordiCHI, pp. 172-181.

Hoggan, E., Crossan, A., Brewster, S. & Kaaresoja, T. (2009). *Audio or tactile feedback: which modality when*. Proceedings of the Conference on Human Factors in Computing Systems.

Holland, S., Morse, D. R. & Gedenryd, H. (2002). *Audiogps: Spatial audio navigation with a minimal attention interface*. Personal and Ubiquitous Computing, 6(4), pp. 253-259.

Oulasvirta, A., Tamminen, S., Roto, V. & Kuorelahti, J. (2005). *Interaction in 4-second bursts: the fragmented nature of attentional resources in mobile HCI*. Proceedings of the Conference on Human Factors in Computing Systems.

Pousman, Z. & Stasko, J. (2006). *A taxonomy of ambient information systems: four patterns of design*. Proceedings of the Conference on Advanced Visual Interfaces.

Rukzio, E., Müller, M., & Hardy, R. (2009). *Design, implementation and evaluation of a novel public display for pedestrian navigation: the rotating compass*. Proceedings of the Conference on Human Factors in Computing Systems.

Schmidt, A., Häkkilä, J., Atterer, R., Rukzio, E. & Holleis, P. (2006). *Utilizing mobile phones as ambient information displays*. Adjunct Proceedings of the Conference on Human Factors in Computing Systems.

van Erp, J. B. F., van Veen, H. A. H. C., Jansen, C., & Dobbins, T. (2005). *Waypoint navigation with a vibrotactile waist belt*. ACM Transactions on Applied Perception, 2(2), pp. 106-117.

Williams, A., Farnham, S. & Counts, S. (2006). *Exploring wearable ambient displays for social awareness*. Adjunct Proceedings of the Conference on Human Factors in Computing Systems.

H. Reiterer & O. Deussen (Hrsg.): Mensch & Computer 2012
München: Oldenbourg Verlag, 2012, S. 163-172

Einflussfaktoren für eine situationsgerechte Navigationsunterstützung im Fahrzeug

Daniel Münter, Anna Kötteritzsch, Timm Linder, Jens Hofmann, Tim Hussein, Jürgen Ziegler

Universität Duisburg-Essen

Zusammenfassung

Aktuelle Navigationslösungen im Automobil ermöglichen nur eine sehr eingeschränkte Anpassung an Fahrer und Fahrsituation. Anzahl und Aufbereitung von Fahranweisungen sind teils unzureichend verständlich und können den Fahrer kognitiv stark beanspruchen. Dieser Beitrag stellt eine Studie vor, in der ein Bedarf nach fahrer- und situationsabhängiger Optimierung von Navigationslösungen sowie die dafür relevanten Einflussfaktoren identifiziert wurden. Dazu wurden Merkmale zur Charakterisierung von Fahrsituationen betrachtet und deren jeweiliger Einfluss auf das Unterstützungsbedürfnis des Fahrers untersucht. Es konnte gezeigt werden, dass das Nutzerbedürfnis nach mehr oder weniger Unterstützung vom komplexen Zusammenspiel unterschiedlicher Eigenschaften des Fahrers, des Fahrzeugs und der Fahrumgebung abhängt. Anhand der Untersuchungsergebnisse werden Vorschläge für eine situationsangemessene Navigationsunterstützung diskutiert.

1 Motivation

Die Bewältigung der unterschiedlichen Aufgaben beim Führen von Fahrzeugen hängt maßgeblich von der Komplexität der jeweiligen Fahrsituation ab. Die richtige Situationswahrnehmung ist daher für das sichere Führen von entscheidender Bedeutung (Baumann et al., 2007). Fahrerassistenzsysteme (FAS) können den Fahrer bei der Erfüllung dieser Aufgaben unterstützen, indem sie verschiedene Parameter der Fahrsituation überwachen und ihn entsprechend informieren, ihm Handlungsempfehlungen geben oder sogar aktiv in das Fahrgeschehen eingreifen. Fahrzeug-Navigationssysteme entlasten den Fahrer als passive FAS auf der Navigationsebene und können so einen wichtigen Beitrag zur Verkehrssicherheit leisten.

Moderne Navigationslösungen sind in der Darstellung von Fahranweisungen jedoch noch sehr unflexibel, da sie weder die Erfahrung und die individuellen Präferenzen des Fahrers noch andere Faktoren, die die jeweilige Fahrsituation charakterisieren, wie die Licht und Sichtverhältnisse oder die Komplexität des Verkehrsgeschehens oder der Fahrumgebung, in irgendeiner Weise berücksichtigen.

In existierenden Systemen ist zwar die Wahl der Fortbewegungsart (z.B. Fußgänger, Pkw oder Lkw), die Optimierungsstrategie (z.B. kurz oder schnell), das Ausschließen von Verkehrswegen (etwa Autobahnen oder Fähren) oder die Berücksichtigung der aktuellen Verkehrslage möglich. Fahranweisungen weisen jedoch üblicherweise in allen Umgebungen und Situationen den gleichen (hohen) Detailgrad auf, selbst wenn der Fahrer diesen überhaupt nicht benötigt (Münter et al., 2011).

Ein unangemessen hoher Grad an Unterstützung kann als störend empfunden werden und eine zusätzliche kognitive Belastung des Fahrers hervorrufen (Pauzie, 2008), was sich negativ auf die Verkehrssicherheit auswirken könnte. Aus diesem Grund sollte die Interaktion während der Fahrt an den jeweiligen situativen Kontext und die individuellen Bedürfnisse des Fahrers angepasst und Informationen unaufdringlich präsentiert werden.

Der vorliegende Beitrag betrachtet bestehende Konzepte zur Beschreibung von Verkehrsrouten in Navigationssystemen sowie Merkmale zur Charakterisierung von Fahrsituationen. Anhand der Ergebnisse einer Nutzerstudie werden relevante Einflussfaktoren für das Unterstützungsbedürfnis des Fahrers identifiziert und Möglichkeiten für eine situationsgerechte Navigationsunterstützung vorgeschlagen.

2 Stand der Forschung

Zur Beschreibung von Verkehrsrouten haben sich verschiedene Konzepte etabliert. *Turn-by-Turn* Anweisungen führen den Fahrzeugführer schrittweise zum Ziel (Bullock, 1994). Dieses Beschreibungskonzept ist De-facto-Standard in heutigen Navigationssystemen und auch bei webbasierten Routenplanungsdiensten zu finden. Das Konzept wurde mehrfach erweitert, etwa durch Einbeziehung von Landmarks[1] an Entscheidungspunkten (*Decision Points*) oder Zusammenfassen wiederholt auftretender Aktionen und Landmarks entlang der Strecke (z.B. Klippel et al., 2003 u. 2009) oder bekannter Streckenabschnitte (Srinivas & Hirtle, 2007).

Alternative Darstellungsformen namens *Destination Descriptions* beschreiben das Fahrziel anhand seiner übergeordneten Umgebung (Tomko, 2007). Der Fahrer erhält zunächst nur eine grobe Referenz auf das Fahrziel und im weiteren Verlauf zunehmend detaillierte Beschreibungen, wobei die hierarchische Organisation des räumlichen Wissens ausgenutzt wird (Stevens & Coupe, 1978). Der Ansatz setzt eine grundlegende Umgebungskenntnis des Benutzers voraus, weil dieser den Weg zum Ziel anhand der Referenzen selbst finden muss.

[1] Landmarks sind auffällige Objekte in der Umgebung, die eine zentrale Rolle bei der räumlichen Orientierung spielen (Lynch, 1960). Das können Objekte sein, die eine gesellschaftliche Bedeutung haben (z.B. Fernsehturm) oder solche, die für die individuelle Orientierung relevant sind (z.B. ein rotes Haus).

Die Berücksichtigung von Vorkenntnissen über die zu befahrende Umgebung (*Spatial Knowledge*) ist seit längerem Gegenstand der Forschung. Einige Arbeiten schlagen vor, dem Fahrer in bekannten Gebieten *Destination Descriptions* und in unbekannten Bereichen *Turn-by-Turn* Anweisungen zu präsentieren (z.B. Cheng et al., 2004; Richter et al., 2008). Andere Ansätze versuchen die Navigationsunterstützung zu vereinfachen, indem sie den Fahrer zu ihm bekannten Landmarks entlang der Strecke umleiten (z.B. Patel et al., 2006; Chung & Schmandt, 2009). Die Anpassung von Routenbeschreibungen kann sich dabei beispielsweise an der Hierarchie des Straßennetzes orientieren, wie in Ziegler et al. (2011) vorgeschlagen.

Bisherige Forschungsansätze zur Anpassung der Darstellung beziehen sich allerdings - sofern überhaupt - nur auf das räumliche Wissen des Benutzers. Andere Merkmale von Fahrsituationen werden bisher nicht berücksichtigt. Die losgelöste Betrachtung der Ortskenntnis als ausschließliches Kriterium ist für eine angepasste Navigationsunterstützung zu undifferenziert und wird der Komplexität einer Fahrsituation nicht gerecht. Ein modernes Navigationssystem sollte passende Fahrempfehlungen zum richtigen Zeitpunkt bereitstellen und sich der jeweiligen Fahrsituation anpassen können (Cheng et al., 2004). Zur Identifikation relevanter Einflussfaktoren für eine situationsabhängige Informationspräsentation werden im folgenden Abschnitt Eigenschaften von Fahrsituationen betrachtet.

3 Eigenschaften von Fahrsituationen

Autofahren findet selten unter Idealbedingungen statt, in denen eine ausgeruhte, in der Fahrzeugführung gut geschulte und sich richtig verhaltende Einzelperson mit einer einfachen und anspruchslosen Umwelt interagiert (Horberry et al., 2006). Vielmehr steigen durch die zunehmende Motorisierung und den permanenten Ausbau der Verkehrsinfrastruktur auch die Anforderungen an Fahrzeugführer. Während einer Fahrt befinden sich Fahrer und Fahrzeug in einem ständigen Informationsaustausch mit der Umwelt (Abbildung 1). Der Begriff "Umwelt" impliziert dabei sämtliche Faktoren aus der Fahrumgebung, wie etwa Wetter- und Verkehrslage, Licht- und Sichtbedingungen oder andere Verkehrsteilnehmer.

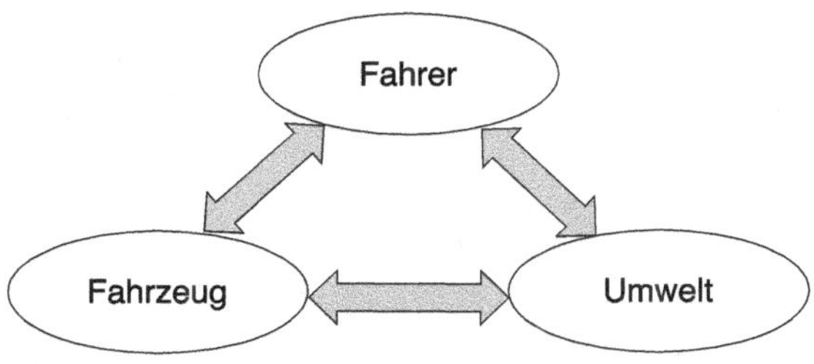

Abbildung 1: Fahrer, Fahrzeug und Umwelt wirken eng zusammen.

Jede Änderung der kognitiven Beanspruchung des Fahrers kann zu einer Änderung seines Informations- und Unterstützungsbedürfnisses führen. So kann eine höhere Arbeitsbelastung etwa das Situationsbewusstsein des Fahrers beeinträchtigen (Hao et al., 2007). Fahrfehler, die zur Entstehung von Verkehrsunfällen führen können, sind in hohem Maße situativ bedingt (Gründl, 2005). Durch das komplexe Zusammenwirken verschiedener Einflussfaktoren können Gefahrensituationen entstehen, in denen die kognitive Belastung des Fahrers derart stark ansteigt, dass es zu einer Fehleinschätzung der Fahrsituation kommen kann. Solche Belastungsänderungen können durch verschiedene Einflüsse hervorgerufen werden, etwa durch wechselnde Verkehrsbedingungen (z.B. Graham & Mitchell, 1997; Hao et al., 2007), unterschiedlich komplexe Fahrumgebungen (z.B. Horberry et al., 2006; Underwood, 2007) oder aufgrund mangelnder Ortskenntnis (z.B. Young & Regan, 2007). Faktoren, wie das Konzentrationsvermögen, Belastbarkeit und Reaktion des Fahrers sind zudem stark von dessen Alter abhängig (z.B. Ryan et al., 1998).

Auch der Zustand des Fahrzeugs kann das Zusammenspiel mit dem Fahrer beeinflussen, etwa durch bauartbedingte Eigenschaften wie Übersicht, Komfort, Fahrverhalten und Bedienung. Ein Fahrzeugwechsel kann beispielsweise eine häufige Ablenkung des Fahrers bewirken, wenn dieser mit der Bedienung nicht hinreichend vertraut ist.

Fahrerassistenzsysteme können helfen, die Belastung des Fahrers zu senken und gleichzeitig dessen Leistungsfähigkeit zu fördern. Dies kann sich positiv auf die Verkehrssicherheit auswirken (Graham & Mitchell, 1997) und die Effizienz und Akzeptanz solcher Systeme spürbar erhöhen (Kopf, 2005). Für eine nutzerzentrierte Entwicklung solcher Unterstützungssysteme sollten dazu jedoch alle Merkmale berücksichtigt werden, die die jeweilige Fahrsituation charakterisieren (König, 2009).

Tabelle 1 zeigt eine Übersicht wichtiger Einflussfaktoren, die in unterschiedlichen Forschungsbereichen, etwa der Verkehrsunfallforschung, als relevant angesehen werden (vgl. Graham & Mitchell, 1997; Gründl, 2005; Hao et al., 2007; Horberry et al., 2006; König, 2009; Kopf, 2005; Ryan et al., 1998; Underwood, 2007; Young & Regan, 2007). Die Gliederung orientiert sich an der Darstellung in Abbildung 1.

Fahrer	**Fahrzeug**	**Fahrumgebung**
Alter, Persönlichkeit, Absicht, Orientierungssinn, Ablenkung, Fahrerfahrung, Kenntnisse, Fähigkeiten, Gesundheit, Konstitution, Fahrkönnen, Situationsbewusstsein, Belastbarkeit, Ermüdung, Aufmerksamkeit, Emotionen, Beanspruchung, Motivation, Konzentration	Fahrzeugtyp, Allgemeinzustand, Komfort, Fahrverhalten, Eingabe-/ Ausgabesysteme, Geräuschpegel, ergonomische Gestaltung, Übersichtlichkeit der Karosserie	Streckenlänge, Komplexität, Verkehrsbedingungen, Wetterlage, Licht-/ Sichtverhältnisse, Beschilderung, Straßentyp, Fahrbahneigenschaften, andere Verkehrsteilnehmer

Tabelle 1: Übersicht wichtiger Merkmale zur Charakterisierung von Fahrsituationen (vgl. Graham & Mitchell, 1997; Gründl, 2005; Hao et al., 2007; Horberry et al., 2006; König, 2009; Kopf, 2005; Ryan et al., 1998; Underwood, 2007; Young & Regan, 2007).

Die zuverlässige Integration von Informationen über die Fahrsituation ist für die Personalisierung der Navigationsunterstützung unabdingbar. Sie kann unter Verwendung entsprechender Sensorik im bzw. am Fahrzeug und Fahrer, über webbasierte Dienste (z.B. für Wetter- und Verkehrsbedingungen) oder durch die Berücksichtigung der Rückmeldung des Fahrers erfolgen. In Münter et al. (2012) wird ein Verfahren zur situationsabhängigen Integration verteilter Informationen bei der Navigationsunterstützung vorgestellt.

4 Empirische Untersuchung

Es wurde eine Studie durchgeführt, um einerseits den generellen Wunsch von Nutzern nach einer angepassten Darstellung bei der Navigationsunterstützung zu evaluieren und andererseits die aus ihrer Sicht relevanten Merkmale von Fahrsituationen zu ermitteln, die das individuelle Unterstützungsbedürfnis des Fahrers beeinflussen.

Folgende Hypothesen sollten geprüft werden: Nutzer wünschen sich eine Anpassung der Darstellung bei der Navigationsunterstützung an die Fahrsituation (H1). Nutzer wünschen sich eine Anpassung der Darstellung bei der Navigationsunterstützung an die eigenen Fahrgewohnheiten (H2). Das Unterstützungsbedürfnis des Fahrers hängt von unterschiedlichen Merkmalen einer Fahrsituation ab (H3).

Zur Prüfung der Hypothesen wurde ein Online-Fragebogen entworfen und über verschiedene Kommunikationskanäle bereitgestellt. Darin wurden die Teilnehmer gebeten, neben allgemeinen demografischen Fragen auch solche zu ihrer persönlichen Fahrerfahrung, ihrem Orientierungssinn sowie dem Nutzungsverhalten und der Nutzungshäufigkeit im Zusammenhang mit Navigationssystemen zu beantworten. Für die Ermittlung der relevanten Einflussfaktoren wurden ihnen verschiedene Auswahlmöglichkeiten bereitgestellt, die sich an der in Tabelle 1 dargestellten Übersicht orientieren.

An der Studie nahmen insgesamt 84 Personen teil, darunter 60 männliche und 24 weibliche Teilnehmer im Alter zwischen 20 und 71 Jahren (M=33 Jahre, SD=11.50). Innerhalb der Stichprobe ergab sich eine durchschnittliche jährliche Fahrleistung der Probanden zwischen 10.000 und 25.000 km (1="gar nicht", 2="unter 10.000 km", 3="bis 25.000 km", 4="bis 50.000 km", 5="bis 100.000 km", 6="mehr als 100.000 km"; M=2,74, SD=0,82) wobei Navigationssysteme durchschnittlich mindestens einmal pro Monat verwendet werden (1="nie", 2="weniger als einmal im Monat", 3="mind. einmal im Monat", 4="mind. einmal pro Woche", 5="mehrmals pro Woche", 6="täglich"; M=2,86, SD=1,17). Um sich über unbekannte Strecken zu informieren, werden neben Navigationssystemen (91%) auch das Internet (62%) oder Faltkarten (16%) genutzt. Lediglich 7% der Testpersonen gaben an, nach dem Weg zu fragen.

Die Teilnehmer wurden gebeten, auf einer fünfstufigen Likert-Skala (1="stimme gar nicht zu", 5="stimme voll und ganz zu") anzugeben, inwieweit die Aussage "Navigationssysteme sollten sich generell an die jeweilige Fahrsituation anpassen können" auf sie zutrifft (H1). Die Antworten wurden in drei Gruppen (1="stimme nicht zu", 2="neutral", 3="stimme zu") zusammengefasst. Anhand der Häufigkeiten der gewählten Antworten ergab sich eine Zustimmung von 82% der Teilnehmer. Lediglich 6% der Teilnehmer waren neutral dem gegenüber eingestellt und 12% stimmten nicht zu (M=2.7, SD=0.67).

Darüber hinaus wurde die Zustimmung zu der Aussage "Ich würde mir wünschen, dass sich ein Navigationssystem an meine Fahrgewohnheiten anpassen kann." auf einer fünfstufigen Likert-Skala (1="stimme gar nicht zu", 5="stimme voll zu") abgefragt und in drei Gruppen (1="stimme nicht zu", 2="neutral", 3="stimme zu") zusammengefasst (H2). 64% der Befragten stimmten dieser Aussage zu, während sich 20% der Teilnehmer neutral äußerten und 15% von ihnen nicht zustimmten (M=2.5, SD=0.75). Dabei wurde ein signifikanter Unterschied (p=.011) der Gruppen der Nutzungshäufigkeit festgestellt Nutzer mit durchschnittlicher Nutzungshäufigkeit wünschen sich mehr Anpassung (M=3.26/4.07/4.00/5.00, SD=1.71/1.02/1.63/0.00) als solche, die das System täglich oder nie nutzen (M=2.33, SD=2.58/2.31).

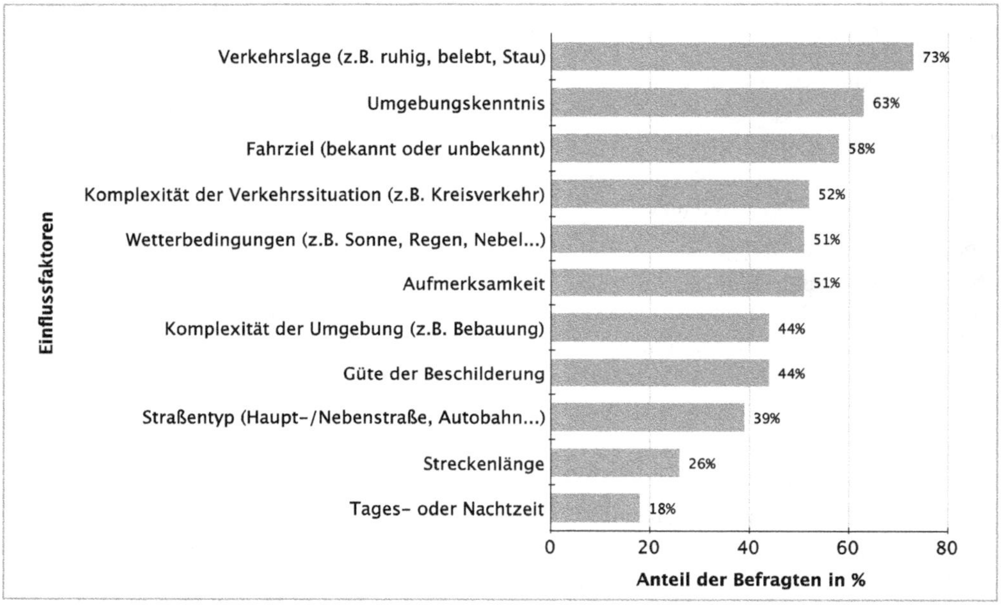

Abbildung 2: Häufigkeit der Nennung von Gründen, die eine individuelle Anpassung der Darstellung von Navigationsanweisungen aufgrund der Fahrsituation nötig machen

Im Anschluss wurden die Teilnehmer gefragt, welche Einflussfaktoren ihrer Ansicht nach dazu führen, dass sie sich in manchen Fahrsituationen mehr oder weniger Unterstützung von einem Navigationssystem wünschen würden. Die Befragten gaben am häufigsten an, sich eine angepasste Unterstützung in Abhängigkeit der aktuellen Verkehrslage (73%), ihrer Umgebungskenntnis (63%), der Bekanntheit des Fahrziels (58%), der Komplexität der Verkehrssituation (52%), der Wetterbedingungen (51%), ihrer Aufmerksamkeit (51%), der Komplexität der Umgebung (44%), der Güte der Beschilderung (44%), des Straßentyps (39%), der Streckenlänge (26%) sowie der Tageszeit (18%) zu wünschen (Abbildung 2).

Auf einer fünfstufigen Likert-Skala (1="stimme gar nicht zu", 5="stimme voll und ganz zu") wurden zusätzlich Angaben zum individuellen Unterstützungsbedürfnis bei der Nutzung von Navigationssystemen erhoben. Bei Betrachtung des Zusammenhangs zwischen diesen Angaben und denen zu persönlicher Fahrerfahrung, Nutzungsverhalten, Nutzungshäufigkeit sowie Orientierungssinn ließ sich insbesondere letzterer als signifikanter Faktor identifizieren (Korrelation nach Spearman bis zu r=.555, p<.001). Der Orientierungssinn wurde von den Befragten auf einer fünfstufigen Likert-Skala (1="sehr schlecht", 5="ausgezeichnet") eingeschätzt. Zur Untersuchung seines Einflusses auf das Unterstützungsbedürfnis des Fahrers in verschiedenen Situationen wurden die Antworten in drei Gruppen (1="eher schlecht", 2="durchschnittlich", 3="eher gut") zusammengefasst. Die Angaben zum individuellen Nutzungsverhalten wurden dazu ebenfalls in drei Gruppen zusammengefasst (1="stimme nicht zu", 2="neutral", 3="stimme zu").

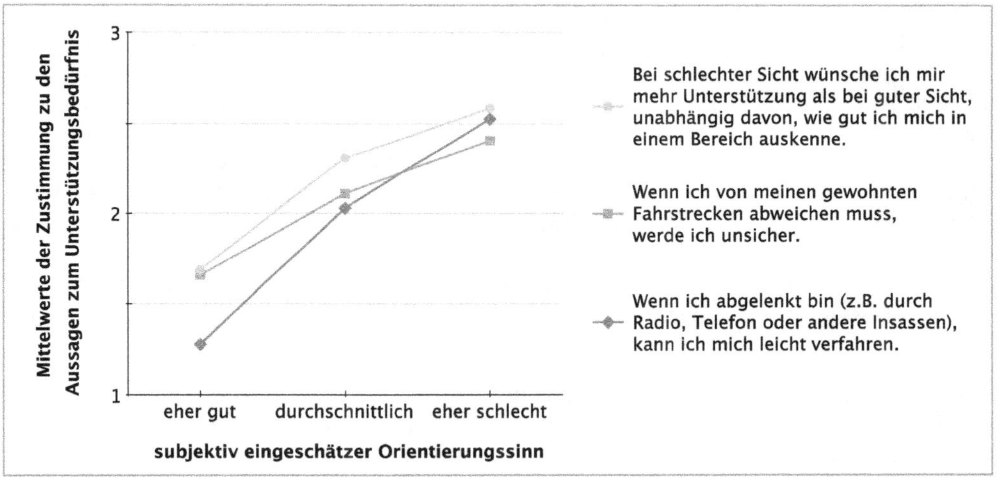

Abbildung 3: Mittelwerte der Zustimmung zu Aussagen über das individuelle Unterstützungsbedürfnis gruppiert nach dem subjektiv eingeschätzten Orientierungssinn. Je schlechter der Orientierungssinn beurteilt wird desto größer ist die Zustimmung.

Mit Hilfe einer einfaktoriellen Varianzanalyse (ANOVA) wurden die Mittelwerte der Zustimmung zu den Aussagen zum Unterstützungsbedürfnis in den unabhängigen Gruppen des dreistufigen Faktors "Orientierungssinn" verglichen. Die Ergebnisse zeigen einen signifikanten Einfluss des subjektiv eingeschätzten Orientierungssinns auf das individuelle Unterstützungsbedürfnis bei unterschiedlichen Sichtbedingungen (F(2,81)=4.586, p=.013), eine erhöhte Unsicherheit bei Abweichen von gewohnten Fahrstrecken (F(2,81)=18.768, p<.001) und die Gefahr, sich bei Ablenkung zu verfahren (F(2,81)=10.025, p<.001). Personen, die ihren Orientierungssinn als eher schlecht beurteilen, gaben gleichzeitig an, in solchen Situationen mehr Unterstützung zu benötigen. Abbildung 3 veranschaulicht den Zusammenhang grafisch.

4.1 Diskussion der Ergebnisse

Alle drei Hypothesen konnten bestätigt werden. Nutzer wünschen sich eine Anpassung sowohl an ihre individuellen Fahrgewohnheiten als auch an die jeweilige Fahrsituation. Zudem hängt das individuelle Unterstützungsbedürfnis von unterschiedlichen Einflussfaktoren ab.

Aus den Untersuchungsergebnissen wird deutlich, dass eine situative Anpassung insbesondere die Merkmale Orientierungssinn, Umgebungskenntnis, Aufmerksamkeit, Verkehrslage, Komplexität der Verkehrssituation sowie Wetterbedingungen einbeziehen sollte, deren Berücksichtigung regelbasiert erfolgen kann.

Verfügt der Fahrer etwa über eine grundlegende Umgebungskenntnis, könnten Fahranweisungen grundsätzlich mit geringerem Detailgrad präsentiert werden. Ebenso könnte in einer übersichtlichen (z.B. ländlichen) Umgebung auch ohne jede Umgebungskenntnis durchaus eine abstraktere Präsentation (z.B. durch Zusammenfassen von Instruktionen) sinnvoll sein, wenn eine hohe kognitive Beanspruchung des Fahrers nicht zu erwarten ist. Bei eingeschränkten Sichtverhältnissen, bspw. aufgrund schlechten Wetters, können dagegen detailreichere Fahranweisungen (z.B. Turn-by-Turn) hilfreich sein, selbst wenn sich der Fahrer in der Umgebung gut auskennt. Gleiches gilt für sehr komplexe Verkehrssituationen, in denen sich der Fahrer primär auf das sichere Steuern seines Fahrzeugs konzentrieren muss. Auf mögliche Ablenkung des Fahrers, etwa durch Gespräche mit anderen Insassen, könnte ein Navigationssystem durch frühere oder wiederholte Präsentation von Fahranweisungen reagieren, die zudem stärker die visuelle Wahrnehmung anspricht. Fahrer, die ihren Orientierungssinn als nicht sehr gut beurteilen, könnten generell mit mehr Informationen versorgt werden.

Dass nicht alle auswählbaren Einflussfaktoren von den Testpersonen gleichermaßen als relevant bewertet wurden, überrascht nicht. Insbesondere die Fahrereigenschaften sind für Probanden schwer einzuschätzen. Aus verschiedenen Rückmeldungen ging hervor, dass viele Personen sich nicht sicher waren, ob und inwieweit solche Faktoren einen Einfluss auf ihr individuelles Unterstützungsbedürfnis ausüben.

5 Zusammenfassung und Ausblick

Im Rahmen der vorgestellten Untersuchung konnte gezeigt werden, dass die bisherigen Ansätze zur Navigationsunterstützung der Komplexität von Fahrsituationen nicht gerecht werden und eine angemessene Informationspräsentation von verschiedenen Einflussfaktoren abhängt. Nutzer wünschen sich *eine individuelle Anpassungsfähigkeit von Navigationssystemen an die jeweilige Fahrsituation. Dazu konnte in diesem ersten Schritt bereits eine Reihe von Faktoren identifiziert werden, die das Unterstützungsbedürfnis während der Fahrt beeinflussen können. Dazu zählen neben der aktuellen Verkehrs- und Wetterlage vor allem die Orts- und Umgebungskenntnis, die Komplexität der Infrastruktur sowie die Aufmerksamkeit und der Orientierungssinn des Fahrers.*

In einem nächsten Schritt soll auf Basis konkreter Fahrsituationen experimentell festgestellt werden, wie stark sich die jeweiligen Merkmale auf das Unterstützungsbedürfnis des Fahrers auswirken und inwieweit sie sich gegenseitig beeinflussen. Die Ergebnisse können dann genutzt werden, einzelne Einflüsse stärker zu berücksichtigen, während andere möglicherweise vernachlässigt werden können.

Ebenso ist zu untersuchen, inwieweit eine individuellere Darstellung zu unerwünschten Nebeneffekten führen kann. Der Benutzer darf Adaptionen zu keiner Zeit als Bevormundung empfinden. Stattdessen muss er jederzeit in der Lage sein, die vom System generierten Anpassungen zu überstimmen, woraus sich neue Fragestellungen nach geeigneten Interaktionsmetaphern ergeben.

Der Beitrag zeigt, dass die Entwicklung intelligenter und vor allem nutzerorientierter Navigationslösungen für Fahrzeuge nicht abgeschlossen ist. Insbesondere die unaufdringliche Erfassung von Informationen über den Nutzer und die Fahrsituation stellt Forschung und Industrie gleichermaßen vor neue Herausforderungen.

Literaturverzeichnis

Baumann, M., Rösler, D., & Krems, J. (2007). Situation Awareness and Secondary Task Performance While Driving. *Engineering Psychology and Cognitive Ergonomics.* 256–263

Bullock, J. B. & Krakiwsky, E. J. (1994). Analysis of the Use of Digital Road Maps in Vehicle Navigation. In *Position Location and Navigation Symposium.* IEEE. S. 494 -501.

Burnett, G. E. (2000). 'Turn Right at the Traffic Lights': The Requirement for Landmarks in Vehicle Navigation Systems. *Journal of Navigation. 53(03)*, 499–510

Cheng, H., Cavedon, L., & Dale, R. (2004). Generating Navigation Information Based on the Driver's Route Knowledge. In *Proceedings of the Coling 2004 Workshop on Robust and Adaptive Information Processing for Mobile Speech Interfaces.* Geneva, Switzerland. S. 31–38

Chung, J. & Schmandt, C. (2009). Going My Way: A User-Aware Route Planner. In *CHI '09 - Proceedings of the 27th International Conference on Human Factors in Computing Systems.* New York, NY, USA. ACM. S. 1899–1902.

Graham, R. & Mitchell, V. A. (1997). An Evaluation of the Ability of Drivers to Assimilate and Retain in-Vehicle Traffic Messages. In *Ergonomics and Safety of Intelligent Driver Interfaces.* Hillsdale, NJ, USAL. Erlbaum Associates Inc. S. 185–201

Gründl, M. (2005). *Fehler und Fehlverhalten als Ursache von Verkehrsunfällen und Konsequenzen für das Unfallvermeidungspotenzial und die Gestaltung von Fahrerassistenzsystemen.* PhD Thesis, Universität Regensburg.

Hao, X., Wang, Z., Yang, F., Wang, Y., Guo, Y., & Zhang, K. (2007). The Effect of Traffic on Situation Awareness and Mental Workload: Simulator-Based Study. *Engineering Psychology and Cognitive Ergonomics.* 288–296

Horberry, T., Anderson, J., Regan, M. A., Triggs, T. J., & Brown, J. (2006). Driver Distraction: The Effects of Concurrent in-Vehicle Tasks, Road Environment Complexity and Age on Driving Performance. *Accident Analysis & Prevention. 38(1)*, 185–191

Klippel, A., Tappe, H., & Habel, C. (2003). Pictorial Representations of Routes: Chunking Route Segments during Comprehension. In Freksa, C., Brauer, W., Christopher, C. H., & Wender, K. F. (Hrsg.): *Spatial Cognition III.* Springer. S. 11–33

Klippel, A., Hansen, S., Richter, K.-F., & Winter, S. (2009). Urban Granularities - a Data Structure for Cognitively Ergonomic Route Directions. *Geoinformatica. 13(2)*, 223–247

König, W. (2012). Nutzergerechte Entwicklung der Mensch-Maschine-Interaktion von Fahrerassistenzsystemen. In Winner, H., Hakuli, S., & Wolf, G. (Hrsg.): *Handbuch Fahrerassistenzsysteme.* Vieweg+Teubner. S. 33-42

Kopf, M. (2005). Was Nützt Es dem Fahrer, Wenn Fahrerinformations-Und-Assistenzsysteme Etwas über Ihn Wissen? *Fahrerassistenzsysteme mit Maschineller Wahrnehmung.*, 117–139

Lynch, K. A. (1960). *The Image of the City.* Cambridge, England. The M.I.T. Press.

Münter, D., Hussein, T., Linder, T., Hofmann, J., & Ziegler, J. (2011). Nutzeradaptive Routenführung in Navigationssystemen. In *Mensch & Computer 2011.* München. Oldenbourg.

Münter, D., Hussein, T., Gaulke, W., & Ziegler, J. (2012). Service-Based Recommendations for Context-Aware Navigation Support. In Proff, H., Schönharting, J., Schramm, D., & Ziegler, J. (Hrsg.): *Zukünftige Entwicklungen in Der Mobilität - Betriebswirtschaftliche Und Technische Aspekte.* Wiesbaden. Gabler Verlag.

Patel, K., Chen, M. Y., Smith, I., & Landay, J. A. (2006). Personalizing Routes. In *UIST '06: Proceedings of the 19th Annual ACM Symposium on User Interface Software and Technology.* S. 187–190

Pauzie, A. (2008). A Method to Assess the Driver Mental Workload : The Driving Activity Load Index (Dali). *IET Intelligent Transport Systems. 2(4)*, 315–322

Richter, K.-F., Tomko, M., & Winter, S. (2008). A Dialog-Driven Process of Generating Route Directions. *Computers, Environment and Urban Systems. 32(3)*, 233–245

Ryan, G. A., Legge, M., & Rosman, D. (1998). Age Related Changes in Drivers' Crash Risk and Crash Type. *Accident Analysis & Prevention. 30(3)*, 379–387

Srinivas, S. & Hirtle, S. C. (2007). Knowledge Based Schematization of Route Directions. *Spatial Cognition V Reasoning, Action, Interaction.* 346–364

Stevens, A. & Coupe, P. (1978). Distortions in Judged Spatial Relations. *Cognitive Psychology. 10(4)*, 422–437

Tomko, M. (2007). *Destination Descriptions in Urban Environments.* PhD Thesis, University of Melbourne.

Underwood, G. (2007). Visual Attention and the Transition from Novice to Advanced Driver. *Ergonomics. 50(8)*, 1235–1249

Young, K. & Regan, M. (2007). Driver Distraction: A Review of the Literature. *Distracted Driving. Sydney, Nsw: Australasian College of Road Safety.* 379–405

Ziegler, J., Hussein, T., Münter, D., Hofmann, J., & Linder, T. (2011). Generating Route Instructions with Varying Levels of Detail. In *Proceedings of the 3rd International Conference on Automotive User Interfaces and Interactive Vehicular Applications.* Salzburg, Austria. S. 31–38

H. Reiterer & O. Deussen (Hrsg.): Mensch & Computer 2012
München: Oldenbourg Verlag, 2012, S. 173-182

Towards Bimanual Control for Virtual Sculpting

Marc Herrlich, Andreas Braun, Rainer Malaka

Research Group Digital Media, TZI, University of Bremen

Abstract

In 3D modeling, the work piece should be at the very center of attention. Many 3D modeling tools work rather directly on the mathematical representations, such as polygonal meshes. In contrast, virtual sculpting abstracts the 3D modeling process by providing virtual tools not unlike those used by artists for sculpting physical objects. In this paper, we investigate how virtual sculpting can benefit from bimanual interaction on interactive surfaces. We present our interface design and the results of a conducted case study. We compared bimanual interaction on interactive surfaces to bimanual interaction using a stylus together with the keyboard. We found that interactive surfaces have greater affordance for bimanual interaction and we suggest that virtual sculpting could benefit from a combination of stylus and multi-touch interaction in the future.

1 Introduction

In 3D modeling, the work piece itself should be at the very center of attention, not the interface or the mathematical model behind it. However, state of the art tools for 3D modeling and animation work rather directly on mathematical representations, e.g., polygonal meshes, as do the tools, which even require users to numerically specify the details of some operations. In recent years, virtual or digital sculpting has become more popular as an alternative method to traditional mesh oriented modeling tools. Virtual sculpting (VS) abstracts from the mathematical model by providing the user with a set of virtual tools (often called "brushes"), which to some extend mimic physical tools used by traditional sculptors and artists. For example, in most VS systems there are brushes to add material, to flatten, smooth, or crease the surface (figure 1). From an input device perspective, VS in established software tools can be performed using the mouse or a stylus/pen in combination with the keyboard, the latter combination being the favored one. Although, VS frees the artist to some extend from thinking about the underlying mathematical models, instead allowing him to focus more on the details of the work piece, VS compared to physical sculpting is still an awkward and tedious process.

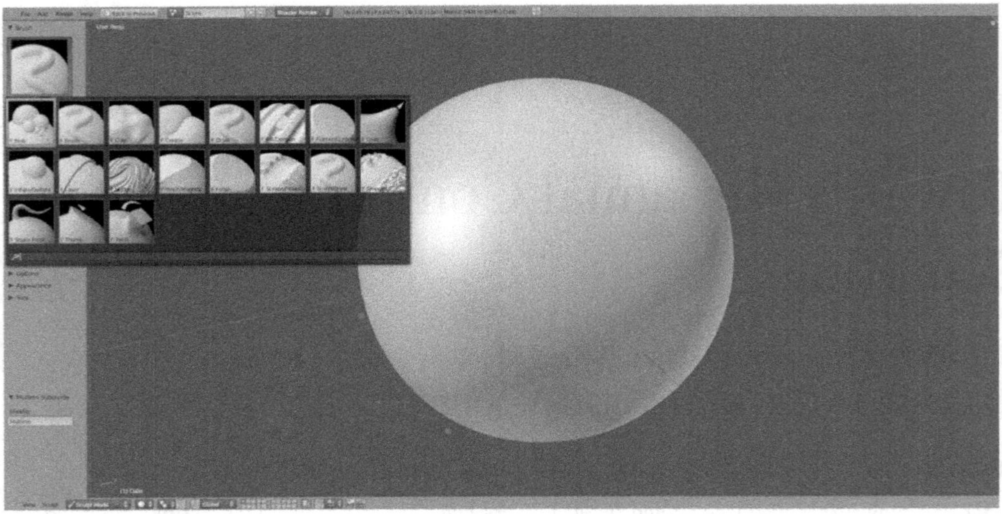

Figure 1: Screenshot illustrating virtual sculpting and showing the modeling environment presented to the user. The target object is located at the center of the screen; on the left the user can select different tools ("brushes") for sculpting. Sculpting is performed by applying the active brush to the target object repeatedly at different locations.

In part, this results from the lack of a physical representation and tactile feedback but in part this can also be attributed to the workflow resulting from the typical combination of input devices, especially regarding effective bimanual interaction. The benefits of bimanual interaction have been demonstrated by numerous studies in the past (Leganchuk et al. 1998; Hinckley et al. 1998a; Hinckley et al. 1998b; Gribnau & Hennessey 1998; Balakrishnan & Hinckley 1999; Buxton & Myers 1986; Guiard 1987; Balakrishnan & Kurtenbach 1999) and indications have been found that bimanual interaction can be superior compared to unimanual interaction not only in terms of efficiency and speed but also in terms of task understanding. However, the same studies also suggest that the benefits of bimanual interaction are highly task and interface dependent. Therefore, in addition to studying general abstracted tasks, it is also important to investigate specific task/input device combinations within the context of their application domain. In this paper, we present our interface design for bimanual VS on interactive surfaces and we report on a case study, we conducted in order to investigate unimanual and bimanual interaction patterns for VS on interactive surfaces compared to the established stylus/pen input devices. The results of our study suggest that interactive surfaces can indeed be used successfully for VS and they have a stronger affordance for bimanual interaction than stylus/pen in this context. Guiard's kinematic chain model (Guiard 1987) for asymmetric division of tasks in bimanual interaction holds for VS regarding modeling and camera control when using multi-touch (MT), although not as strongly as expected. We could also observe that bimanual interaction takes a substantial amount of training and that the stylus is better suited for the manipulation part, which strongly suggests a combination of stylus-based interaction with MT for this application area.

2 Related Work

Different approaches to VS have been proposed in the literature. Early systems allowed the user to draw simple polygonal shapes on the screen that were automatically extruded to 3D and intersected with other shapes to generate the final object (Parent 1977). Other works improved upon the mathematical model, employing different voxel-based representations (Galyean & Hughes 1991; Wang & Kaufman 1995) or models based on implicit functions (Raviv & Elber 2000; Ferley et al. 2001) using different adaptive sampling schemes to extract isosurfaces for rendering. Many systems include typical tools for adding or removing material or smoothing the surface. Some systems work rather directly on polygonal meshes (Bill & Lodha 1994) while others employ constructive solid geometry (Mizuno et al. 1998). Parviainen et al. investigated aiding geometric shapes such as boxes, planes, and lines to improve the user's recognition and understanding of the 3D world in a sculpting system (Parviainen et al. 2004).

Many interface designs and much research in this area is based on studies of Guiard, who investigated interaction patterns for bimanual interaction. He found that even for tasks that superficially might be considered as unimanual tasks, often the non-dominant hand (NDH) supports the actions of the dominant hand (DH) in specific ways, leading to increased overall performance. He called his model the "kinematic chain" (Guiard 1987). As different input devices exhibit different capabilities with respect to bimanual interaction, researchers have tried to formalize and group input devices based on their interaction model (Hinckley et al. 1998a). Other studies investigating the potential benefits of bimanual interaction have found that users can benefit on different levels from bimanual interaction. Depending on the specific scenario, bimanual interaction can lead to increased speed, precision as well as understanding and an improved mental model of the task (Buxton & Myers 1986; Leganchuk et al. 1998; Balakrishnan & Hinckley 1999). Balakrishnan and Kurtenbach explored the benefits of distributing manipulation and camera control between the DH and NDH, using two mice as input devices (Balakrishnan & Kurtenbach 1999).

Frisch et al. investigated using combined MT and pen input for diagram editing. In contrast to our findings they report no clear user preference for choosing pen over MT with regard to specific operations and their participants scarcely employed combined MT and pen interaction (Frisch et al. 2009).

3 Interaction Design and Gestures

Following a user-centric design approach, the interaction design is based on a careful examination of video tutorials for VS in order to identify the most important tools and how they are used. The goals of the video analysis were two-fold: Identifying the fundamental set of tools needed for VS (provided such a set actually exists) and identifying common usage patterns. A corpus of video tutorials from the web was selected for analysis by the following criteria: A focus on VS, i.e., no "mixed" tutorials including other 3D modeling techniques, coverage of the complete modeling process from start to finish by the tutorial, and the level of expertise/quality of the instructor and video tutorial, respectively, judged by taking user ratings into account.

In total 12 video tutorials (approx. 5h:30m) were analyzed. For the analysis all operations related to sculpting (including menu control for changing properties and tools) were counted. Operations/commands related to general window/application control were excluded. The results of the video tutorial analysis showed that the fundamental set of operations needed for VS consisted mainly of only seven actions: application of current tool/menu use (38.27%),

	**One finger** is used for the most common operations, i.e., application of the current tool or selection from the menu.
	**Two fingers** if used on the target object are mapped to the smoothing tool. If used off the object two fingers can be used to pan the view.
 	**Three fingers** can be used to either rotate the view or change the tool size depending on their relative angle. If they approximate a 90-degree angle changing the tool size is selected otherwise the view is rotated.
	**Four fingers** are used to zoom the view.
	**Five fingers** when performing a short tap are used to execute the undo operation.

Table 1: Multi-finger gestures for sculpting

view rotation (21.94%), view zooming (12.33%), smoothing (9.89%), view panning (8.22%), tool/brush size adjustment (2.44%), and undo (1.2%). Other actions comprised less than 1.2% of the total number of actions observed. The application of the current tool and the use of the sculpting menu were counted together because both operations were performed similarly from the user's point of view, i.e., simply touching the tablet surface with the pen, while other operations required additional modifier keys.

If the set of operations is relatively small, multi-finger gestures provide an effective means of mapping general operations to MT gestures (Matejka et al. 2009; Walther-Franks et al. 2011) and they allow for different types of bimanual interaction. In addition to using the number of fingers, we used parameters, such as if the fingers are on the target object or the relative position of fingers to extend the possible number of mappings. Based on the results of the video analysis multi-finger gestures were defined for the set of fundamental sculpting operations (table 1).

4 Case Studies

A user study was conducted to explore interface design issues and usage patterns for bimanual VS with MT displays. The concrete goals of the study were as follows: Demonstrate the principle applicability of MT control to VS. Verify if Guiard's kinematic chain for bimanual interaction applies to VS, possibly identify alternative bimanual/unimanual usage patterns. Compare usage pattern/interface issues to the interface combination of pen and keyboard.

Many existing studies in the field of MT interfaces strive for a "walk up and use" application and evaluation. However, we claim that 3D modeling is inherently difficult and requires some training. Furthermore, several studies suggest that bimanual interaction on MT displays might be an expert technique not naturally performed by novice users (North et al. 2009; Terrenghi et al. 2007; Walther-Franks et al. 2011). Therefore, it was not the goal of the study to demonstrate any kind of naturalness or walk up and use criteria. A case study with fewer subjects but with each subject having more time than usual and exploring the interface together with an instructor therefore seemed a good approach to investigation for this application.

In order to compare MT and pen/keyboard input, participants were asked to try both types of interfaces. The pen/keyboard controls were based on the default settings of the 3D modeling application Blender[1] and simplified to focus on the same fundamental set of operations provided by the video tutorial analysis described above (table 2).

[1] http://www.blender.org

Use tool / menu operations	Stylus tip
Rotate view	Stylus button + stylus tip
Zoom view	Ctrl + stylus button + stylus tip
Smoothing	Stylus eraser
Pan view	Shift + stylus button + stylus tip
Change tool size	F key + stylus tip
Undo operation	Ctrl + Z key

Table 2: Control mappings for stylus/keyboard interface condition. Left: Operation to be executed Right: Stylus/keyboard action required to perform the respective operation

4.1 Setup and Procedure

Four participants (2 male / 2 female) took part in the experiment with an average age of 20.75 years (SD 2.86), all right-handed. Participants had heterogeneous pre-experience regarding MT/pen interaction and 3D modeling. Each participant tested both interface conditions (MT vs. pen/keyboard) for a substantial amount of time (approx. 1.5 hours per participant). Because of the very substantial time investment, participants were paid a small (15 EUR) amount of money as compensation for their time. Participants were encouraged to take breaks whenever they felt exhausted.

For modeling a special version of the open source 3D modeling tool Blender was employed, which was modified by us in order to process MT input according to the control mappings described above. As MT input device a 22" 3M monitor (M2256PW) was used set to its native resolution of 1680x1050 pixels. The monitor also acted as non-interactive display with disabled MT functionality for testing pen input. For the pen input we used a Wacom tablet (Intuos3 A3 wide) along a standard keyboard. Besides the tip, the employed pen featured two buttons and the butt end of the pen could be used like an "eraser". To avoid confusion both buttons were set to the same functionality for the test.

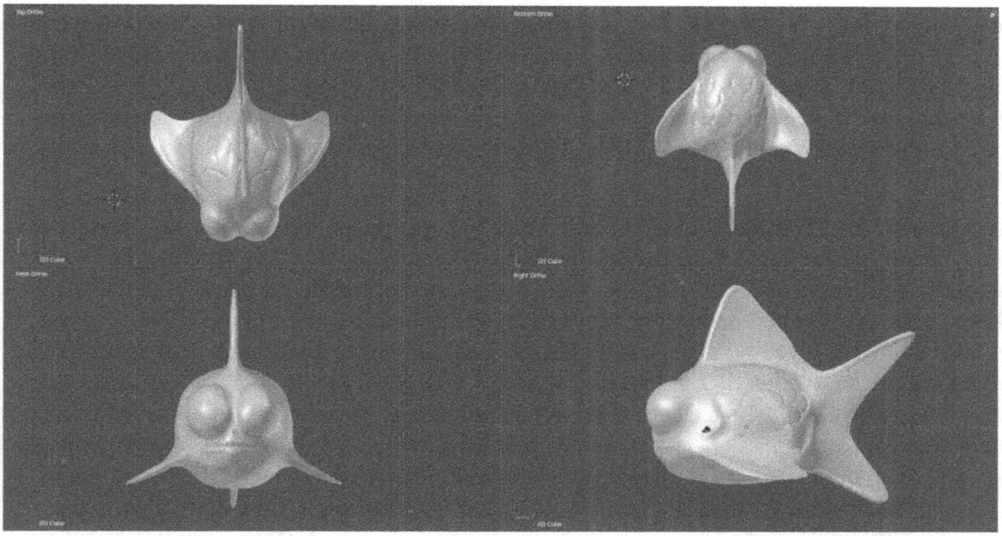

Figure 2: Different views of the target model used to instruct the participants during the experiment.

The complete procedure consisted of the following steps for each interface condition: Participants were introduced to the experiment and demographic data was collected. Then participants were instructed by a short tutorial video (approx. 3 minutes) that demonstrated each control and the basic workflow of VS. Following the video, participants had time to acquaint themselves with the controls and ask questions. When the participants affirmed to feel comfortable with the controls, they were provided with images of different views of a target model (figure 2) and they were asked to re-model it using the particular interface as accurately as possible, starting from scratch. The goal model was taken from one of the tutorials intended for beginners and was chosen because it utilizes the complete fundamental set of operations. Participants were provided with a printed one-page summary of the interface mappings. We considered this step finished, when the participants were satisfied with their created model. During the experiment, participants were asked to adjust the monitor and input devices to their comfort and encouraged to try both a sitting and standing position. The final step consisted of collecting subjective feedback. Participants were asked to fill out the System Usability Scale (SUS) questionnaire followed by a semi-structured interview. We collected video and audio data of each session for further analysis. The order of interface conditions was randomized across participants.

4.2 Results

Participant 1 had experience with mobile MT but no experience with 3D modeling, desktop MT, or pen. The participant was generally able to perform all MT gestures successfully. At first, the participant exclusively used the DH. Later, the participant started using the NDH more often, mostly for asynchronous camera control. Synchronous bimanual control could only be observed a single time. Although the illustrations from the one-page manual (table 1) did not depict any use of the thumb, the participant used the thumb for most gestures. Several times we observed the participant trying to use the "pinch" gesture for zooming although not supported by our system. After the first half of the MT condition, the participant switched from a sitting to a standing position. During the pen interface condition only unimanual control was observed. When asked about it, the participant noted to prefer the pen interface to MT.

Participant 2 had considerable experience with MT on mobile devices but no experience with desktop MT, pen or 3D modeling. For the pen condition, only unimanual control with the DH was observed at first. Later, the participant started using the keyboard with the NDH. Although the pen worked in absolute mode, the participant often tried to use it like a mouse, i.e., lifting the pen several times while panning, which seemed to confuse the participant. The participant interacted mostly unimanually with the DH during the MT condition and made extensive use of the reference sheet. During the experiment, the participant switched from a sitting to a standing position. Towards the first half of the MT condition, the participant started to keep both hands slightly above the surface and often used the NDH asynchronously for camera manipulation, while the DH was used for modeling. At the end of the experiment, the participant started to use both hands for modeling and camera control based on distance to the point of interaction. The participant rated MT to "provide a better feeling for what you are doing".

Participant 3 had some experience with MT on mobile devices but no prior experience with 3D modeling, desktop MT, or pen. The participant almost exclusively interacted unimanually with the DH in both conditions. In general, the participant successfully used all MT gestures. The participant only interacted in a sitting position but changed his posture often during the experiment. Similar problems with using the pen in a mouse-like manner as noted above were observed. The participant rated the pen condition to be a "little less straining" than MT.

Participant 4 had some experience with desktop MT, pen and 3D modeling. In the pen interface condition only unimanual interaction with the DH could be observed. In the MT condition, the participant employed bimanual interaction right from the start, using the NDH strictly for camera manipulation and the DH for everything else. The participant only interacted from a sitting position. While commenting very positively on the bimanual interaction possibilities of the MT interface, pen was rated to be "slightly less straining".

The SUS scores were 24.0 (SD 5.24) for MT and 32.25 (SD 1.92) for pen. The frequency of operations was roughly equal for both conditions (on average approx. 15 actions per minute), MT coming out slightly ahead. Regarding bimanual interaction, we summarize the results as follows: After a learning and acclimatization phase of about 30-40 minutes, all participants occasionally used bimanual interaction in the MT interface condition. One participant with considerable pre-experience demonstrated bimanual interaction right from the start. When observed, bimanual interaction was almost exclusively restricted to asymmetric and asynchronous interaction, using (mostly) the NDH for camera control and the DH for everything else. In the pen condition, only very rare bimanual interaction (holding modifier keys with the NDH) could be observed if at all.

5 Discussion

Regarding our initial goals as stated in section 4, we conclude from the results that we could demonstrate the principal applicability of MT and bimanual interaction to VS. We could confirm results of earlier studies (Terrenghi et al. 2007; North et al. 2009) regarding the great impact of the mouse pre-experience on the user's mental model concerning MT interaction. Because of the case study approach with more time per individual user we could clearly observe an increase in bimanual interaction over time. Guiard's model seems to hold for asymmetric division of labor between the DH and NDH in the case of manipulation and camera control. However, it must be noted that the model is not strong enough to derive heuristics for detection as users still occasionally switch the roles of the DH and NDH or use the hands symmetrically. Regarding the comparison between pen and MT interaction patterns, it must be stated that pen is more established and refined, which we see as one reason why it performed slightly better. The participants preferred the pen for the manipulation part, however, in the current combination with the keyboard, users do not leverage the potential for bimanual interaction compared to MT. We conclude that a combination of pen for manipulation with MT for camera control might be a good combination. In a first iteration of our system, we considered continuous operation switching by lifting and putting down fingers "on-the-fly" but participants initiated gestures in a very distinctive and sharply separated manner, taking their hands completely off the screen between different actions.

6 Conclusion and Future Work

In this paper we presented our interface design to support bimanual VS. We reported results of a user study showing that in principle VS works successfully on interactive surfaces. Our results show that our interface design affords a division of labor according to Guiard's kinematic chain for VS on interactive surfaces, however, bimanual interaction required a substantial learning phase and thus is not well suited for walk up and use scenarios. In comparing MT interaction patterns to pen/stylus interaction, we could show that MT can be easier to understand than pen interaction. While both input devices often seem to be affected by the strong influence of mouse-based mental models. The pen was preferred for the manipulation part, while MT was preferred for camera manipulation. We conclude that VS might benefit from a combination of pen and MT. While our results have been encouraging they have to be verified and extended through additional studies in the future. Furthermore, we would like to extend our system to incorporate simultaneous pen and touch interaction.

References

Balakrishnan, R., & Hinckley, K. (1999). The role of kinesthetic reference frames in two-handed input performance. In *Proc. UIST '99*, (pp. 171–178). New York, NY, USA: ACM.

Balakrishnan, R., & Kurtenbach, G. (1999). Exploring bimanual camera control and object manipulation in 3D graphics interfaces. In *Proc. CHI '99*, (pp. 56–62). New York, NY, USA: ACM.

Bill, J. R., & Lodha, S. K. (1994). Computer sculpting of polygonal models using virtual tools. Tech. rep., Santa Cruz, CA, USA.

Buxton, W., & Myers, B. (1986). A study in two-handed input. In *Proc. CHI '86*, (pp. 321–326). New York, NY, USA: ACM.

Ferley, E., Cani, M.-P., & Gascuel, J.-D. (2001). Resolution adaptive volume sculpting. *Graphical Models*, *63*(6), 459–478.

Frisch, M., Heydekorn, J., & Dachselt, R. (2009). Investigating multi-touch and pen gestures for diagram editing on interactive surfaces. In *Proc. ITS '09,* New York, NY, USA: ACM.

Galyean, T. A., & Hughes, J. F. (1991). Sculpting: an interactive volumetric modeling technique. *Comput. Graph.*, *25*(4), 267–274.

Gribnau, M. W., & Hennessey, J. M. (1998). Comparing single- and two-handed 3D input for a 3D object assembly task. In *Proc. CHI '98*, (pp. 233–234). New York, NY, USA: ACM.

Guiard, Y. (1987). Asymmetric division of labor in human skilled bimanual action: The kinematic chain as a model. *Journal of Motor Behaviour*, *19*, 486–517.

Hinckley, K., Czerwinski, M., & Sinclair, M. (1998a). Interaction and modeling techniques for desktop two-handed input. In *Proc. UIST '98*, (pp. 49–58). New York, NY, USA: ACM.

Hinckley, K., Pausch, R., Proffitt, D., & Kassell, N. F. (1998b). Two-handed virtual manipulation. *ACM Trans. Comput.-Hum. Interact.*, *5*(3), 260–302.

Leganchuk, A., Zhai, S., & Buxton, W. (1998). Manual and cognitive benefits of two-handed input: an experimental study. *ACM Trans. Comput.-Hum. Interact.*, *5*(4), 326–359.

Matejka, J., Grossman, T., Lo, J., & Fitzmaurice, G. (2009). The design and evaluation of multi-finger mouse emulation techniques. In *Proc. CHI '09*, (pp. 1073–1082). New York, NY, USA: ACM.

Mizuno, S., Okada, M., & Toriwaki, J.-i. (1998). Virtual sculpting and virtual woodcut printing. *The Visual Computer*, *14*(2), 39–51.

North, C., Dwyer, T., Lee, B., Fisher, D., Isenberg, P., Robertson, G., & Inkpen, K. (2009). *Understanding Multi-touch Manipulation for Surface Computing*, vol. 5727 of *LNCS*, (pp. 236–249). Berlin, Heidelberg: Springer.

Parent, R. E. (1977). A system for sculpting 3-D data. In *Proc. SIGGRAPH '77*, (pp. 138–147). New York, NY, USA: ACM.

Parviainen, J., Sainio, N., & Raisamo, R. (2004). Perceiving tools in 3D sculpting computer human interaction. vol. 3101 of *LNCS*, (pp. 328–337). Berlin, Heidelberg: Springer.

Raviv, A., & Elber, G. (2000). Three-dimensional freeform sculpting via zero sets of scalar trivariate functions. *Computer-Aided Design*, *32*(8-9), 513–526.

Terrenghi, L., Kirk, D., Sellen, A., & Izadi, S. (2007). Affordances for manipulation of physical versus digital media on interactive surfaces. In *Proc. CHI '07*, (pp. 1157–1166). ACM.

Walther-Franks, B., Herrlich, M., & Malaka, R. (2011). A multi-touch system for 3D modelling and animation. In *Proc. Smart Graphics '11*, (pp. 48–59). Berlin, Heidelberg: Springer.

Wang, S. W., & Kaufman, A. E. (1995). Volume sculpting. In *Proc. I3D '95*. New York, NY, USA: ACM

H. Reiterer & O. Deussen (Hrsg.): Mensch & Computer 2012
München: Oldenbourg Verlag, 2012, S. 183-192

Barrieren bei der Interaktion mit Virtual Reality Systemen

Martin Rademacher[1,2], Phillip Buczek[1,2], Carsten Dabs[2], Heidi Krömker[1]

TU Ilmenau, Institut für Medientechnik, Fachgebiet Medienproduktion[1]
AUDI AG, Abteilung Daten-Kontroll-Modell & Toleranzmanagement[2]

Zusammenfassung

Virtual Reality Systeme sind ein wesentlicher Bestandteil im Produktentwicklungsprozess, werden jedoch nicht von allen Beteiligten gleichermaßen intensiv genutzt. Die Studie hat zum Ziel aufgabenbezogene Barrieren bei den einzelnen Rollen zu identifizieren. Auf der Basis von Aufgabenanalysen wurden mit typischen Repräsentanten der Rollen qualitative Erhebungen durchgeführt, durch die 12 Barrieren extrahiert werden konnten.

1 Einleitung

In der Industrie nimmt die virtuelle Realität einen wichtigen Stellenwert als Werkzeug der virtuellen Entwicklung ein (Straub & Riedel 2006). So ist Virtual Reality (VR) bspw. in der Automobil- und Luftfahrtindustrie seit einiger Zeit effektiv im Einsatz (Ottosson 2002). In diesen Branchen wird versucht, die Akzeptanz der Virtual Reality Technologie für den Produktentwicklungsprozess weiter zu erhöhen.

Aktuell ist es möglich, Produkte zu einem frühen Zeitpunkt der Entwicklung realitätsgetreu zu visualisieren und unter bestimmten Aspekten zu bewerten. Diese Aspekte können beispielsweise die Herstellbarkeit des Produktes, die Visualisierung komplexer Sachverhalte wie z.B. Crash- oder Aerodynamikberechnungen (Oehlschlaeger 2008), oder die Evaluierung sowohl des grundsätzlichen Erscheinungsbildes als auch von Designkriterien umfassen. Bei allen Aufgaben spielt die nutzergerechte Gestaltung der Interaktion eine wesentliche Rolle.

VR-Systeme unterstützen eine Vielzahl von Aufgabenbereichen im Produktentwicklungsprozess, jedoch werden oft zusätzlich physische Modelle verwendet, um das Aufgabenziel zu erreichen. Eine Reihe von Arbeiten befasst sich mit der Akzeptanz (z.B. Mujiber 2004; Zachmann et al. 1999) bzw. Barrieren bei der Verbreitung (z.B. Wilson & D'Cruz 2006; Wilson et al. 2002) von Virtual Reality. Es finden sich darin jedoch keine aufgabenspezifischen Analysen. Eine Grundlage für das Erforschen der Akzeptanz der VR stellt die Extraktion relevanter Merkmale der Nutzer und Nutzerinnen von VR-Systemen dar. Diese können durch Rollen und die damit verbundenen Aufgaben charakterisiert werden.

2 Ausgangssituation

Der folgende Abschnitt gibt einen Überblick über Bereiche im Produktentwicklungsprozess, die VR-Systeme für den Aufgabenlösungsprozess einsetzen.

In der Literatur werden die folgenden Aufgabenbereiche aufgeführt:

- Burdea & Coiffet (2003) definieren die Verwendung von VR im Produktentwicklungsprozess als Virtual Prototyping. Darin enthalten sind Aufgabenbereiche wie Design Review, Ergonomieuntersuchungen und Montage- und Verbauuntersuchungen.
- Moreau et al. (2004) beschreiben, ähnlich wie Burdea & Coiffet, drei wesentliche Aufgabenbereiche im Produktentwicklungsprozess bei denen VR eingesetzt wird. Dies sind das Design Review, die Montageuntersuchung und die Ergonomieevaluierung.
- Im Gegensatz hierzu unterscheiden Mujiber et al. (2004) die beiden Bereiche Design und Prototyping. Während Design lediglich das Evaluieren von Design oder Designalternativen in einer virtuellen Umgebung beinhaltet, werden unter dem Begriff Prototyping die Aktivitäten Testen und Evaluieren spezieller Produktcharakteristika zusammengefasst, die ausschließlich mit Hilfe eines virtuellen Modells durchgeführt werden.

Das Designreview, die Ergonomie- und Montageuntersuchungen werden demnach von allen Autoren als etablierte Aufgabenbereiche genannt.

Beim Einsatz von VR-Systemen in der Automobilindustrie hat darüber hinaus jedoch ein weiterer Aufgabenbereich eine besondere Bedeutung. Hierbei handelt es sich um Anmutungs- und Qualitätsuntersuchungen unter Berücksichtigung verschiedener Kriterien.

Dieser Aufgabenbereich erfordert sowohl eine ganzheitliche Sicht auf das virtuelle Modell als auch eine Kollaboration der Repräsentanten verschiedener Rollen für einen erfolgreichen Aufgabenlösungsprozess.

3 Durchführung der Studie

Die Studie hat das Ziel, Rollen, die VR-Systeme nutzen und ihre Aufgabenziele zu identifizieren sowie Barrieren im Aufgabenlösungsprozess zu beschreiben. Dazu wurden Aufgabenanalysen und Interviews mit Repräsentanten der Rollen durchgeführt.

3.1 Auswahl des Aufgabenbereichs

Ausgehend von den in der Literatur aufgeführten Aufgabenbereichen wurden Interviews mit Vertreten der Rolle „Ersteller VR-Inhalt“ in den durch VR unterstützen Aufgabenbereichen durchgeführt. Mit Hilfe dieser Interviews konnten die an den unterschiedlichen Aufgabenbereichen beteiligten Rollen für anschließende Aufgabenanalysen identifiziert werden.

Den Zusammenhang zwischen Rollen und Aufgabenbereichen im Produktentwicklungsprozess zeigt Tabelle 2. Der Aufgabenbereich „Absicherung Anmutung und Qualität“ wurde für die durchgeführte Studie ausgewählt, da an ihm fast alle Rollen beteiligt sind und hier auch die meisten physischen Modelle als Ergänzung im Aufgabenlösungsprozess eingesetzt werden.

	Aufgabenbereiche			
Rollen	Montage-untersuchungen	Design Review	Ergonomie-untersuchung	Absicherung Anmutung und Qualität
Ersteller VR-Inhalt	X	X	X	X
Produktionsplanung	X			X
Qualitätssicherung				X
Entwicklung	X			X
Ergonomie			X	
Design		X		X
Entscheidungsgremium		X		X

Tabelle 1: Rollenzuordnung zu unterschiedlichen Aufgabenbereichen

3.2 Methode und Systemspezifikation

Insgesamt wurden 20 Repräsentanten der Rollen aus dem Aufgabenbereich „Absicherung Anmutung und Qualität“ in einem Leitfadeninterview befragt. Zwei der Befragten waren weiblich, 18 männlich. Das mittlere Alter betrug 42,3 Jahre (*SD*=7,9). Sechs der Befragten gaben an eine Ausbildung, 14 ein abgeschlossenes Studium als höchsten Bildungsgrad zu besitzen. Die Befragten verteilten sich wie folgt auf die verschiedenen Rollen:

- 1x Ersteller VR-Inhalt, 5x Produktionsplanung, 3x Qualitätssicherung, 5x Entwicklung, 3x Design, 3x Entscheidungsgremium

Der Leitfaden fokussierte zum einen auf die Aufgabenlösungsprozesse und zum anderen auf die bisherige Nutzung des VR-Systems. Die Interviews dauerten durchschnittlich 40 Minuten, alle Gespräche wurden mit Einverständnis der Teilnehmer aufgezeichnet. Abschließend wurden die Interviews transkribiert und hinsichtlich der Aufgabenziele sowie der wahrgenommenen Barrieren bei der Nutzung des VR-Systems für den Aufgabenlösungsprozess analysiert.

Abbildung 1: Beispielhafte Darstellung eines virtuellen Modells für den Aufgabenbereich „Absicherung Anmutung und Qualität"

Das VR-System, das für den Aufgabenlösungsprozess eingesetzt wurde, ist eine „Semi-immersive VR" in einer Powerwall Ausführung. Die Powerwall bietet die Möglichkeit, auf einer Breite von 6 und einer Höhe von 2,25 Metern zu projizieren. Die maximal darstellbare Auflösung der Powerwall beträgt 3200 x 1200 Pixel. Zur Projektion wird ein Kinoprojektor[1] verwendet, der per Rückprojektionsverfahren auf die Projektionsfläche projiziert. In die Präsentationssoftware ist ein Echtzeit-Raytracing Renderer[2] integriert, mit dessen Hilfe innerhalb kürzester Zeit ein komplett artefaktfreies Rendering in voller Auflösung generiert wird. Die verwendeten virtuellen Modelle werden mit Hilfe von im Entwicklungsprozess erzeugten CAD-Geometrien erstellt. Die Interaktion der beurteilenden Rollen mit den virtuellen Modellen wird durch eine Mittelsperson – den Operator – „auf Zuruf" realisiert[3]. Abbildung 1 zeigt beispielhaft die Darstellung eines virtuellen Modells in virtueller Umgebung, so wie es für den Aufgabenbereich „Absicherung Anmutung und Qualität" verwendet wird.

3.3 Rollen und Aufgabenziele

Das Leitfadeninterview hatte den Zweck, die Aufgabenziele der beteiligten Rollen sowie den Einsatz des VR-Systems im Aufgabenbereich „Absicherung Anmutung und Qualität" zu ermitteln. Dieser Aufgabenbereich behandelt die Überprüfung der Entwicklungsdaten hinsichtlich produktspezifischer Kriterien sowie der Identifikation möglicher Fehler. Durch

1 Bei dem verwendeten Gerät handelt es sich um einen 4K Projektor mit einer Lichtleistung von 10000 ANSI Lumen.

2 Bei dem verwendeten Raytracing Renderer wird die Schattenberechnung mit Hilfe eines Ambient Occlusion Ansatzes realisiert.

3 Der Grund hierfür liegt darin, dass es sich bei VR-Systemen um Spezialsysteme handelt. Eine intuitive Interaktionsmöglichkeit für ungeschulte Nutzerinnen und Nutzer ist zurzeit nicht gegeben. Die Navigation wird in dem System über eine 3D-Spacemouse durchgeführt. Die Bedienung dieses Eingabegeräts erfordert Übung und ist daher nicht für jede der teilnehmenden Rollen möglich.

diese Überprüfung sollen nachträgliche, kostenintensive Änderungen am Endprodukt verhindert werden. Im betrachteten Fall sind die produktspezifischen Kriterien zum einen die Qualität (bspw. Bauteilübergänge und Teilepassungen und zum anderen die Anmutung (bspw. Designkanten und Bauteiloberflächen) des Produktes unter Berücksichtigung von Produktionseinflüssen und der Herstellbarkeit. Abbildung 2 gibt einen Überblick über die ermittelten Zusammenhänge zwischen den Rollen und Aufgabenzielen. Nachfolgend werden die Rollen, ihre spezifischen Aufgabenziele sowie der Einsatz des VR-Systems zum Erreichen der Aufgabenziele erläutert.

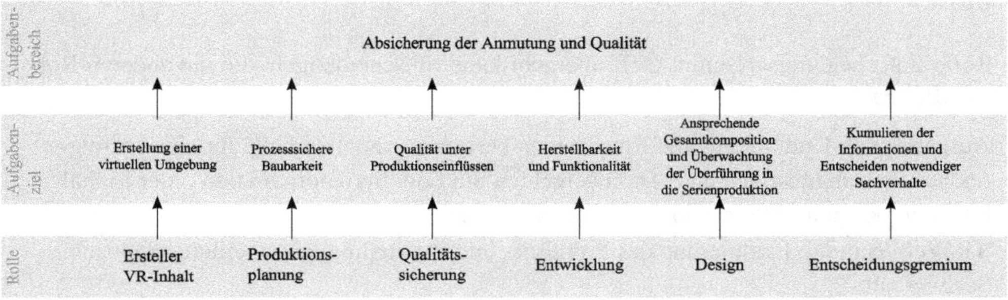

Abbildung 2: Rollen und deren Aufgabenziele im Aufgabenbereich „Absicherung Anmutung und Qualität"

Die Rolle Ersteller VR-Inhalt erstellt die virtuelle Umgebung.

- Aufgabenziel: Erstellung einer virtuellen Umgebung, die von allen beteiligten Rollen zur Erreichung ihres Aufgabenziels verwendet werden kann.
- VR-Verwendung: Erstellung des von anderen Rollen beurteilenden VR-Inhaltes.

Die Rolle Produktionsplanung plant die Herstellung eines Produktes.

- Aufgabenziel: Realisierung der prozesssicheren Reproduzierbarkeit des Produktes unter Prämissen der Herstellbarkeit.
- VR-Verwendung: Darstellung und Beurteilung von Produktionseinflüssen anhand des virtuellen Modells.

Die Rolle Qualitätssicherung führt die Kontrolle der Qualität des Endproduktes aus.

- Aufgabenziel: Evaluation der Qualität sowie deren Einhaltung bei der Reproduzierung des Produktes über den Produktlebenszyklus.
- VR-Verwendung: Beurteilung aller relevanten Aspekte, die die Qualität des Endproduktes beeinflussen.

Die Rolle Entwicklung führt Aufgaben im Bereich Konstruktion aus.

- Aufgabenziel: Umsetzung des Designs in ein herstellbares und funktionierendes Produkt.

- VR-Verwendung: Darstellung komplexer, entwicklungsbedingter Probleme am Endprodukt (Transferleistung).

Die Rolle Design wirkt gestalterisch oder formgebend am Entwicklungsprozess mit.

- Aufgabenziel: Entwurf einer ansprechenden Gesamtkomposition sowie die Überwachung der Überführung in die Serienproduktion.
- VR-Verwendung: Überprüfung des Endproduktes hinsichtlich designrelevanter Kriterien.

Die Rolle Entscheidungsgremium trifft übergeordnete Entscheidungen, die die anderen Rollen beeinflussen.

- Aufgabenziel: Kumulieren und Entscheiden bestimmter Sachverhalte für einen erfolgreichen, kostengünstigen und termingerechten Start der Serienproduktion unter Einhaltung aller Kosten-, Design- und Qualitätsvorgaben.
- VR-Verwendung: Evaluierung des Produktes und Beurteilung entscheidungsrelevanter Sachverhalte.

Die aufgeführten Rollen, die am Aufgabenbereich „Absicherung der Anmutung und Qualität" beteiligt sind, verfolgen allesamt unterschiedliche Aufgabenziele. Alle Rollen haben die Absicht alle Aufgabenziele bestmöglich zu bearbeiten und somit kostenintensive nachfolgende Änderungsprozesse am Produkt zu vermeiden. Um dies sicherzustellen gilt es im Aufgabenlösungsprozess kontinuierlich kollaborativ zu arbeiten, um den bestmöglichen Kompromiss hinsichtlich der Aufgabenziele zu finden.

3.4 Identifikation und Klassifikation der Barrieren

Das Leitfadeninterview bezog sich zudem auf subjektiv empfundene Barrieren, die einen erfolgreichen Aufgabenlösungsprozess bei der Verwendung des VR-Systems verhindern. Die identifizierten Barrieren wurden in die drei Kategorien *technische Barrieren*, *Interaktionsbarrieren* und *psychologische Barrieren* eingeteilt. Nachfolgend werden die Kategorien sowie die identifizierten Barrieren erläutert. Zudem zeigt Tabelle 2 die Rollenzuordnung der Barrieren und ermöglicht somit einen Rückschluss auf die verschiedenen Aufgabenziele. Da die Rolle „Ersteller VR-Inhalt" eine vermittelnde und keine beurteilende Funktion einnimmt, ist sie in der Tabelle nicht aufgeführt.

3.4.1 Technische Barrieren

Die Kategorie *technische Barrieren* bezieht sich auf Hindernisse im Aufgabenlösungsprozess, die auf die technische Ausführung des VR-Systems zurückzuführen sind.

Mangelnde Projektionsqualität: Die Kombination aus Rückprojektionsscheibe und dem verwendeten Projektor entspricht dem aktuellen Stand der Technik. Aufgrund der Farbkonvergenz sowie der vorhandenen Projektionsfläche wirkt die Darstellung jedoch leicht unscharf. Zudem bietet die Darstellung nur geringe Kontrastwerte und eine verminderte Helligkeit. Hinzu entsteht aufgrund einer ungleichen Helligkeitsverteilung ein Hotspot auf der Projektionsfläche. In Summe ist die Beurteilung von dunklen Strukturen auf dunklen Flächen ist nur bei stark abgedunkeltem Umgebungslicht möglich. Die geringe Tiefenzeichnung bietet eine ungenügende Dynamik, um in diesen Bildbereichen feine Farbnuancen zu bewerten. Die Darstellung wirkt dadurch „sumpfig".

Geringe Systemgeschwindigkeit: Beim Echtzeit-Raytracing ist keine garantierte minimale Bildwiederholfrequenz gegeben. Schnelle Kamerabewegungen um Ecken und Kanten eines Modells sind daher häufig nicht flüssig möglich. Durch zu langsame Perspektivenwechsel, langsamen Bildaufbau und verzögertes Scharfstellen des Bildes ist kaum ein Vergleich von Blickwinkeln und Perspektiven möglich, der bei physikalischen Modellen durch das physische Hin- und Zurückbewegen, das sogenannte Pendeln, um Bauteile vollzogen wird.

Fehlende Stereoskopie: Das verwendete VR-Setup unterstützt derzeit keine stereoskopische 3D-Wiedergabe der VR-Szene. Ein Kritikpunkt der Befragten ist eine mangelhafte Einschätzbarkeit von Größen, Perspektiven und Entfernungen aufgrund fehlender Tiefeninformation im Bild.

Fehlendes haptisches Feedback: Das Powerwall-System spricht ausschließlich den visuellen Wahrnehmungssinn an. Das Fehlen von haptischer Rückmeldung der Modelloberflächen und deren Strukturen wird als problematisch empfunden. Die am physischen Modell vorhandene zusätzliche Information über den Tastsinn kann Auskunft über Flächenverläufe, Über- und Unterstände, Oberflächenstrukturen und Fugenmaße eines Modells geben.

Verzerrung dargestellter Inhalte: Die große Anzahl der Betrachter während einer Präsentation führt dazu, dass mehrere Personen keinen optimalen Blickwinkel zur Powerwall einnehmen können. Diese Abweichung von der idealen Betrachterposition führt zu einer Verzerrung der wahrgenommenen Objekte.

3.4.2 Interaktionsbarrieren

Die untersuchte VR-Systemkonfiguration erlaubte eine Navigation innerhalb der virtuellen Welt nur „auf Zuruf". Die Kategorie *Interaktionsbarrieren* bezieht sich auf Hindernisse, die bei der Beurteilung des virtuellen Modells aufgrund der für den Nutzer und die Nutzerin indirekten Navigation durch den VR-Operator entstehen.

Fehlende intuitive Bedienung: Die Teilnehmer der Präsentation müssen grundsätzlich keinerlei Vorkenntnisse zur Interkation mit dem VR-System mitbringen, da sie dem VR-Operator beschreiben, welches Detail er zeigen soll. Diese Lösung hat den Nachteil, dass immer eine Person zwischen dem Nutzer oder der Nutzerin und dem System vermittelt. Missverständnisse und unpräzise Navigation können die Folge sein. Der Nutzer oder die Nutzerin wird in eine Rezipientenhaltung versetzt, so dass die mangelnde Kontrolle über das virtuelle Modell die Beurteilung nicht detailliert möglich macht.

3.4.3 Psychologische Barrieren

Die Kategorie *psychologische Barrieren* bezieht sich auf Hindernisse im Aufgabenlösungsprozess, die auf die kognitiven Eigenschaften des Nutzers oder der Nutzerin zurückzuführen sind.

Unnatürliche Perspektiven: Durch die Möglichkeit der unbegrenzten und von physikalischen Gesetzmäßigkeiten losgelösten Navigation innerhalb der VR können während der Präsentation Perspektiven und Ansichten gezeigt werden, die ein Kunde später an seinem Auto nicht einnehmen kann. Die Möglichkeit, diese Perspektive einnehmen zu können, verführt in der VR jedoch dazu, Punkte zu kritisieren und zu optimieren, die in der natürlichen Umgebung nicht relevant sind.

Erschwerte Größenwahrnehmung: Bei einigen Befragten traten Befürchtungen auf, die realen Größen der gezeigten Objekte nicht richtig einschätzen zu können und damit eine Fehlbewertung der Situation oder der Problemstellung vorzunehmen. Dies ist ein bekanntes Problem in der VR und schon seit längerem Gegenstand intensiver Untersuchungen.

Überproportionale Vergrößerung: Bemängelt wurde der übermäßige Einsatz eines starken Zoomfaktors auf Bauteile, die in Realität nur wenige Millimeter groß sind, aber auf einer Powerwall mit mehreren Metern Breite erscheinen. Somit kann durch die überproportionale Vergrößerung eine vermeintlich höhere Relevanz des Bauteils suggeriert werden.

Geringe Immersion: Der Nutzer und die Nutzerin eines VR-Systems muss ein gewisses Maß an Übertragungsleistung von der virtuellen in die reale Welt und umgekehrt aufbringen. Die durch das VR-System Powerwall gebotene Immersion reicht nicht aus, um eine Präsenz in dem virtuellen System zu erzeugen, mit der er oder sie sich ein Gesamtbild des Produktes verschaffen kann.

Erfahrungsmangel: Eine Person, die in der Vergangenheit bereits erfolgreich Entscheidungen an virtuellen Modellen getroffen hat, hat mehr Vertrauen in ihre Urteilssicherheit als eine Person, die keine Erfahrungen gesammelt hat.

Fehlbeurteilung in VR: Selbst bei erfahrenen Nutzern und Nutzerinnen treten Fehlbeurteilungen auf, die zu einer generellen Verunsicherung bei der weiteren Nutzung führen.

	Rollen				
Barrieren	Produktionsplanung	Qualitätssicherung	Design	Entwicklung	Entsch.-gremium
Mangelnde Projektionsqualität			X	X	
Geringe Systemgeschwindigkeit		X	X	X	
Fehlende Stereoskopie	X	X	X		X
Fehlendes haptisches Feedback	X	X	X		X

Verzerrung dargestellter Inhalte			X		
Fehlende Intuitive Bedienung		X		X	
Unnatürliche Perspektiven	X	X	X	X	X
Erschwerte Größenwahrnehmung			X	X	
Überproportionale Vergrößerung			X		
Geringe Immersion			X	X	X
Erfahrungsmangel			X	X	X
Fehlbeurteilung in VR		X	X		

Tabelle 2: Rollenzuordnung der identifizierten Barrieren

4 Zusammenfassung

Die Studie zeigt, dass der Aufgabenlösungsprozess der identifizierten Rollen zur Erreichung ihrer Aufgabenziele durch VR unterstützt wird, jedoch verschiedene Arten von Barrieren das sichere Erreichen des Aufgabenziels verhindern. Die Kategorisierung in drei verschiedene Arten von Barrieren zeigt, dass die zumeist technologische Weiterentwicklung von VR-Systemen keinen ganzheitlichen Ansatz zur Verbesserung der Akzeptanz der Virtual Reality Technologie im Produktentwicklungsprozess darstellt. Die vorgestellte Studie bildet hingegen einen ersten Schritt, sich systematisch und ganzheitlich der Verbesserung der Akzeptanz von VR-Systemen im Produktentwicklungsprozess zu nähern.

Die in der Studie identifizierten Barrieren wurden im Rahmen von aufgabenspezifischen Analysen ermittelt und sind daher nur bedingt auf andere Aufgabenbereiche ausweitbar. Aus diesem Grund unterscheiden sie sich in ihrer Generalisierbarkeit von den von Wilson et al. oder von Wilson & D'Cruz formulierten, eher global gehaltenen Barrieren.

Für einen Teil der identifizierten Barrieren gibt es gegenwärtig technische Lösungen zur Behebung. So kann beispielsweise das Problem der fehlenden Stereoskopie bzw. dem damit einhergehenden Mangel an Immersion durch die Verwendung einer CAVE oder eines HMD beseitigt werden. Dies zieht jedoch eine deutliche Reduktion der Kollaborationsfähigkeit sowie zusätzlich die Gefahr von Simulator-Sickness Erscheinungen nach sich. Dieses Beispiel belegt, dass eine rein technische Verbesserung das Risiko neuer Barrieren birgt.

Aus diesem Grund sollten in weiteren Studien insbesondere Wechselwirkungen analysiert werden, die zwischen technischen und nutzerbezogenen Merkmalen auftreten. Des Weiteren sollte experimentell überprüft werden, wie sehr gezielte technische Verbesserungen zu einer

Reduktion der psychologischen und Interaktionsbarrieren beitragen können. Hierzu kann die Rollenzuordnung der Barrieren dienen, indem auf die am häufigsten wahrgenommenen Barrieren fokussiert wird.

Bei der Konfiguration von VR-Systemen muss zudem genau analysiert werden, welche technischen Anforderungen sich aus dem Aufgabenlösungsprozess ergeben. Bei Evaluationsaufgaben müssen die Nutzer und Nutzerinnen z.B. die Einhaltung aller Kriterien, die für die Beurteilung an physischen Modellen in der natürlichen Umgebung relevant sind, sicher überprüfen können. Hilfreich könnte hierbei die Entwicklung eines Instrumentariums zur systematischen Erhebung der nutzer- und aufgabenbezogenen Anforderungen an das VR-System sein.

Literaturverzeichnis

Burdea, G. C. & Coiffet, P. (2003) Virtual Reality Technology. 2nd Edition. Chichester, UK: John Wiley and Sons Ltd.

Moreau, G., Fuchs, P., & Stergiopoulos, G. (2004). Applications of Virtual Reality in the manufacturing industry: from design review to ergonomic studies. Mécanique & Industries, 5 , 171-179.

Mujber, T. S., Szecsi, T., & Hashmi, M. S. J. (2004). Virtual reality applications in manufacturing process simulation. Journal of Materials Processing Technology, 155–156, 1834–1838.

Oehlschlaeger, H. (2008). Virtuelle Produktentwicklung in der Konzeptphase von Nutzfahrzeugen. In Seiffert, U. & Rainer, G. (Hrsg): Virtuelle Produktentstehung für Fahrzeug und Antrieb im Kfz. Wiesbaden: Vieweg + Teubner Verlag, S. 58-74.

Ottosson, S. (2002). Virtual reality in the product development process. Journal of Engineering Design, 13 (2), 159 – 172.

Straub, K. & Riedel, O. (2006). Virtuelle Absicherung im Produktprozess eines Premium-Automobilherstellers. In Dietrich, L. & Schirra, W. (Hrsg): Innovationen durch IT. Berlin: Springer, S. 189-205.

Wilson, J. & D'Cruz, M. (2006). Virtual and interactive environments for work of the future. International Journal of Human-Computer Studies, 64 (3), S. 158-169

Wilson, J., Eastgate, R., D'Cruz (2002). Structured Development of Virtual Environments. In Stanney K. (Hrsg.): Handbook of Virtual Environments. Design, Implementation, and Applications. Mahwah, NJ: Lawrence Erlbaum Associates

Zachmann, G., Gomes de Sa, A. & Jakob, U. (1999). Virtual Reality as a Tool for Verification of Assembly and Maintenance Processes. Computers and Graphics 23 (3), 389-403

Kontaktinformationen

Martin Rademacher
TU Ilmenau, FG Medienproduktion, Gustav-Kirchhoff-Straße 1, 98693 Ilmenau
AUDI AG, Abteilung I/PG-51, 85045 Ingolstadt

H. Reiterer & O. Deussen (Hrsg.): Mensch & Computer 2012
München: Oldenbourg Verlag, 2012, S. 193-202

Soziale Umgebung Online-Welt – Gestaltungsfaktoren virtueller Räume

Lars Schlenker

Medienzentrum, TU Dresden

Zusammenfassung

Virtuelle Welten orientieren sich häufig in ihrer Gestaltung an realweltlichen Vorbildern, zu denen auch konkrete Bezüge zum architektonischen Raum und seinen Typologien gehören. Damit verknüpfte Angebote werden allerdings erst vor dem Hintergrund ihrer sozialen Konnotationen lesbar. Der Beitrag greift diesen Aspekt auf und thematisiert die Gestaltung virtueller Räumen für die soziale Interaktion am Beispiel des Multi User Virtual Environment (MUVE) *Second Life*. Vor dem Hintergrund grundsätzlicher Problemstellungen der Online-Kommunikation werden die Möglichkeiten und Wirkungen sozialräumlicher Kontextualisierung anhand von Online-Welten und -Umgebungen vorgestellt. Darauf aufbauend stellt der Beitrag die Ergebnisse einer Untersuchung vor, bei der Studierende der Universität Duisburg-Essen unterschiedlich gestaltete Räume in *Second Life* für die eigene Gruppenarbeit nutzten.

1 Einleitung

Online-Umgebungen sind zu Orten der sozialen Begegnung und des gegenseitigen Austauschs geworden. Dabei entstehen Kontaktsituationen, deren effektive Nutzung von der Kommunikationsbereitschaft der Beteiligten abhängt. Kommunikation selbst ist nicht nur das wechselseitige Senden von Botschaften, sondern ein komplexer Prozess einer sozialen Handlung, der die Wirklichkeitskonstruktionen und somit die sozialen ebenso wie die nicht-sozialen Handlungsweisen der Beteiligten beeinflusst (Döring 2003). Der Face-to-Face-Kommunikation wird, aufgrund von Hör- und Sichtbarkeit des Gesprächspartners, eine hohe soziale Qualität zugesprochen. Kommunikation findet dabei auf der Basis von verbalem sowie non-verbalem Austausch statt und enthält dementsprechend umfangreiche sozio-emotionale Informationen. Im Gegensatz handelt es sich bei der computerbasierten Kommunikation um einen Austausch zwischen Personen, die sich nicht gleichzeitig und gemeinsam an einem Ort bzw. in einem Raum aufhalten. Die gegenseitige Wahrnehmung der Akteure aber ist eine Grundvoraussetzung für das Entstehen von sozialer Interaktion und kommunikativer Handlungsfähigkeit innerhalb der computerbasierten Kommunikation (Tu 2002).

2 Soziale Kontexte virtueller Räume

In virtuellen Welten findet eine Kontextualisierung des Kommunikationshintergrunds über die zur Verfügung stehende Umgebung selbst statt. Der Hintergrund der Kommunikation wird u. a. über persistente Welten erzeugt, die sich in ihren Konzepten auf kulturell tradierte Regeln und Strukturen der realen Welt beziehen. Darin enthaltene Bezüge zum architektonischen Raum sind Ausdruck einer strukturellen und kulturellen Kontextualisierung. Raum als sichtbarer Ausdruck gebauter Umwelt erfüllt, vor dem Hintergrund konkreter Motive und Bedürfnisse, bestimmte Zwecke und Funktionen Seine architektonische Form, die raumbildenden Artefakten und Elementen ihre funktionale Struktur und ästhetische Gestaltung zuweist, erhält auf der Basis eines konkreten Gebrauchswerts Denotationen im sachlichen und greifbaren Sinne. Eine Analyse des Raumes lässt sich allerdings nicht auf die Beschreibung seiner materiellen Erscheinung beschränken, sie stellt nur eine von mehreren Möglichkeiten der räumlichen Wahrnehmung dar. Ein erweiterter Raumbegriff berücksichtigt, neben seiner materiellen Erscheinung, auch seine soziale Konstruiertheit. Der Grad seiner erfolgreichen Aneignung und Nutzung definiert den sozialen Gebrauchswert der architektonischen Form. Alle mit der architektonischen Form verknüpften sozialen Konnotationen, Sinnzuschreibungen und Semantiken beruhen auf diesem Gebrauchswert. Architektur, als bewusst gestaltete und gleichzeitig semantische und sichtbare Struktur des Raumes, wird zu einem Symbol sozialer Ordnung (Herlyn 1990), das raumbezogenes Handeln ermöglicht und unterstützt. Wiedererkennbare Konnotationen sind dieser Ordnung allerdings nicht allein auf der Basis korrekter Funktionserfüllung eingeschrieben. Grundlage ihrer Interpretation sind Raumvorstellungen, die, mit ihren Artefakten, Markierungen und Distanzen, nicht angeboren oder automatisch von der Form übertragen werden, sondern Produkt eines Sozialisations- und Lernprozesses sind (Bär 2008).

Zu ihnen sind auch spezifische Erwartungshaltungen zu zählen, die in Bezug auf räumliche Situationen und Kontexte auftreten, mit denen Personen beim Betreten eines Raumes oder Gebäudes konfrontiert werden. Ein Vortragsraum evoziert anhand seiner architektonischen Gestaltung, wie u. a. seiner Kubatur, seiner Farben sowie seiner raumbildenden Artefakte und Elemente, wie z.B. die Art und Anordnung der Ausstattung, andere soziale Kontexte, Funktionen, Inhalte und Akteure als ein privater Arbeitsraum. Rogge spricht in diesem Zusammenhang von einem „sozialen Kommunikationsakt mittels Architektur" (Rogge et al. 1973, S.138). Er kommt zustande, weil Gebäude eine Bedeutungshaftigkeit besitzen und damit mehr als nur „physikalische Signale" (Rogge et al. 1973, S.138ff) sind. Die daraus erwachsenden Abhängigkeiten zwischen architektonischer Gestaltung sowie räumlicher Ausstattung und sozialisierten sowie kulturalisierten Erwartungshaltungen in Bezug auf soziale Handlungsangebote und Kontexte können auch als „sozialräumliche Muster" (Schlenker 2012, S.19ff) bezeichnet werden. Muster, die durch spezifische Gestaltungs- und Ausstattungsmerkmale erzeugt werden und die einen wiedererkennbaren Rahmen für soziale Handlungen vorgeben bzw. ihre Regeln bestimmen.

Die Nutzer sprachstrukturierter früher Online-Umgebungen, wie textbasierter Multi User Dungeons (MUD), suchten spezielle räumliche Typologien, wie Pubs und Bars, gezielt für soziale Kontakte und zum gemeinsamen Austausch im Sinne von *Third Places* (Oldenburg,

1991) auf. *Third Places* sind öffentliche Orte, an denen Menschen sich, abseits häuslicher und beruflicher Verpflichtungen, treffen und austauschen können. Sie werden von Menschen aufgesucht, um Kontakte zu knüpfen, sich in vertrauter Runde zu treffen und vom Alltag zu erholen. Online-Umgebungen, wie MUVEs und Online-Spiele, wie Massively Multiplayer Online Role-Playing Games (MMORPG), besitzen wesentliche Merkmale von *Third Places* (Ducheneaut et al. 2007). Sie sind wie physisch reale *Third Places* neutrale Orte, die jeder Besucher ohne Einschränkung aufsuchen und verlassen und an denen er sich in Echtzeit frei bewegen kann. Online-Umgebungen besitzen zudem Leveler-Funktionen. Innerhalb ihrer Grenzen spielen individuelles Ansehen und realer Status der Beteiligten nur eine ungeordnete Rolle. Die virtuelle Imagination von informellen Orten, die wie Pubs und Bars, ist daher als Teil eines sozialen Konzepts zu sehen, das dem Besucher von Online-Welten ein zweites Zuhause oder im Sinne der *Third Places* nach Oldenbourg (1991) ein *home away from home* anbieten möchte.

3 Zur Gestaltung virtueller Räume in Second Life

3.1 Fragestellung

Es ist davon auszugehen, dass, obwohl das Erleben und die Aneignung von Räumen in virtuellen Welten nicht identisch zu ihren physisch realen Vorbilder vonstattengeht, die Wahrnehmung ihrer Merkmale vor dem gleichen sozio-kulturellem Hintergrund stattfindet. Die unterschiedlichen Erscheinungsformen des Raumes im Internet können demzufolge nicht losgelöst von ihren sozialen Implikationen betrachtet werden. Dies gilt im besonderen Maße für sozial ausgerichtete Online-Welten und -Umgebungen, die, anstatt auf das Erreichen spielerischer Ziele, auf die Förderung sozialer Kontakte ihrer Teilnehmer[1] ausgerichtet sind. Dreidimensionale Multi User Virtual Environments (MUVEs), wie u. a. *Second Life*, bieten, aufgrund der Möglichkeit Gebäude und Räume einschließlich ihrer Ausstattung sehr realistisch und grafisch detailliert abzubilden, erweiterte Möglichkeiten der Bezugnahme auf den gebauten Raum. Sie können sich direkter auf Merkmale real gebauter Umgebungen beziehen, als ihre frühen textbasierten und grafisch einfachen Vorgänger. Dazu gehört auch die Bezugnahme auf bekannte räumliche Typologien und die mit ihnen verknüpften sozialräumlichen Muster. Räume können für Kommunikationsanlässe gezielt erzeugt oder entsprechend ihrem sozialräumlichen Design ausgesucht werden. Es stellt sich die Frage, ob Zusammenhänge zwischen gezielt gestalteten virtuellen Räumen und dem Verhalten der Beteiligten bei ihrer Nutzung und Wahrnehmung im Rahmen medial vermittelter Kommunikations- und Kollaborationssituationen hergestellt werden können. Werden virtuelle Räume aufgrund

1 Aus Gründen der besseren Lesbarkeit wird davon abgesehen, geschlechtsspezifisch differenzierende Formulierungen bzw. stets weibliche und männliche grammatische Formen nebeneinander aufzuführen. Stattdessen wird stets nur die männliche grammatische Form (als Genus) verwendet, wobei beide Geschlechter (als Sexus) gemeint sind.

ihres sozialräumlichen Designs gezielt gewählt, vergleichbar realer *Third Places* oder ist ihre Gestaltung ohne Belang für ihre Aneignung? Im Rahmen der Untersuchung wurde davon ausgegangen, dass die Leveler-Funktion virtueller *Third Places* nicht allein in der reduzierten sozialen Präsenz ihrer Nutzer begründet ist. Stattdessen verweist ihre spezifische Benennung und Beschreibung häufig auf niedrigschwellige Angebote, die dem Anliegen der Nutzer entsprechen. Sie sind auf der Suche nach einem Ort zum Ausspannen, zum Treffen von Freunden oder zum Kennenlernen Anderer. In der real existierenden Welt finden vergleichbare Aktivitäten u. a. in Räumen von Clubs und Bars statt. Sie sind niedrigschwellige Angebote real gebauter Umwelt. Ihre Gestaltung folgt spezifischen gestalterischen Regeln, die auch Vorgaben zur Strukturierung sozialer Interaktionen beinhalten.

Abbildung 1: Raum A (Meeting Room)

3.2 Die Räume der Untersuchungsumgebung

Zur Untersuchung der dargelegten Fragestellung wurden verschiedene virtuelle Räume konzipiert. Aufgrund der hohen Verfügbarkeit sowie der Flexibilität beim Errichten und Gestalten von Gebäuden und Räumen wurde das MUVE *Second Life* als Untersuchungsumgebung ausgewählt. Die für die Untersuchung genutzten Räume wurden auf dem European University Island errichtet. Dabei handelt es sich um ein *Second Life* Island auf dem das Duisburg Learning Lab der Universität Duisburg-Essen neben anderen Universitäten mit einem virtuellen Campus vertreten ist. Alle erzeugten Räume waren in ihrer technischen Ausstattung identisch und boten den gleichen Umfang an Werkzeugen für die netzbasierte Kommunikation und Kollaboration. Die Merkmale ihrer Unterscheidung lagen in ihrer Authentizität, d. h. Nähe von räumlicher Physik und Logik zu realen Räumen, ihrer zweckorientierten Gestaltung vor dem Hintergrund ihres Einsatzes als Gruppenarbeitsraum sowie der von ihnen erzeugten Interpersonalität, wie sie u. a. durch die Gestaltung und Anordnung der Sitzordnung Einfluss auf die Nähe und Stellung der Avatare zueinander nimmt. Zwei der Räume (Raum A, siehe Abb. 1 und Raum B, siehe Abb. 2) orientierten sich in Authentizität, Gestaltung und erzeugter Interpersonalität an konkreten Raumtypologien, wie sie in ähnlicher Form in der real gebauten Umwelt vorkommen, und damit an bekannten sozialräumlichen Mustern.

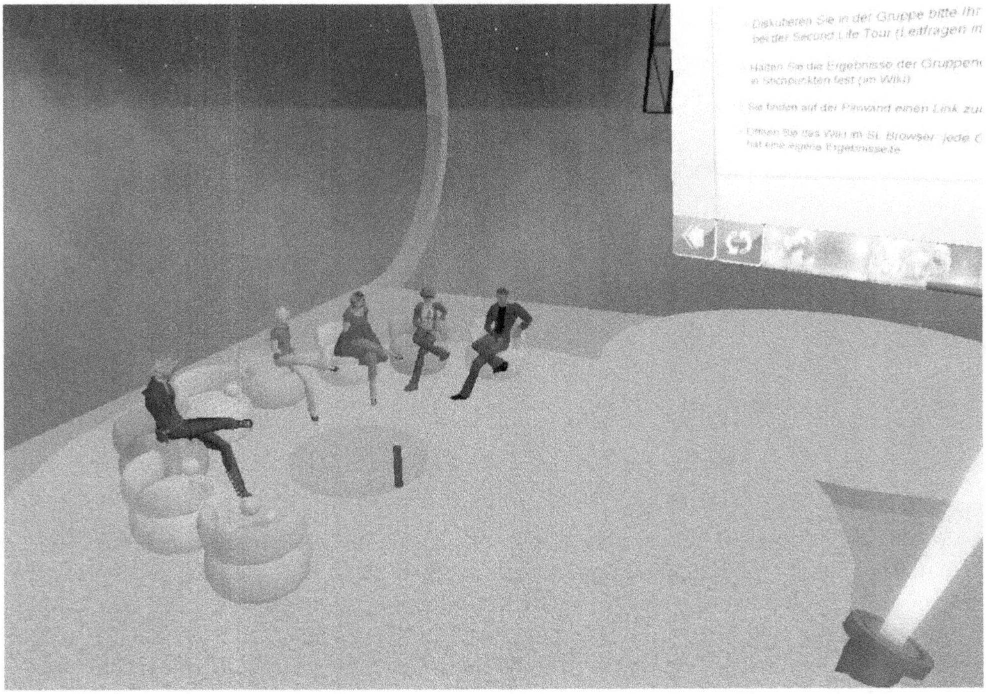

Abbildung 2: Gruppenarbeit in Raum B (Sky Lounge)

Raum A folgte der Gestaltung und Ausstattung von Konferenz- und Beratungsräumen. Entsprechend seiner Nutzung für zielgerichtete Arbeitsaktivitäten und formelle Anlässe war Raum A sachlich gehalten, auf eine markante oder auffällige Farbgebung wurde verzichtet. Im Gegensatz dazu orientierte sich Raum B an Räumen der Freizeit, die nicht zum Zweck zielgerichteten Arbeitens aufgesucht werden. Raum B sollte ein Ort sein, an dem eine entspannte Atmosphäre und ein ungezwungener Umgang vorherrschen. Seine Gestaltung erinnerte an eine Bar oder eine Lounge. Die Anordnung der Sitzgelegenheiten folgte diesem informellen und zwanglosen Charakter. Verschiedene dezentrale angeordnete Sitzbereiche luden zum Verweilen bzw. zum Treffen von anderen Nutzern ein, ohne eine geschlossene Kommunikationssituation zu erzeugen.

Abbildung 3: Gruppenarbeit in Raum C (Water Lab)

Neben der Nachbildung real bestehender Räume bieten Online-Welten aber auch die Möglichkeit ungewöhnliche oder fremdartige Räume zu entwickeln, die mit sozialisierten und kulturalisierten Raumbildern nur schwer in Übereinstimmung zu bringen sind und sich damit auch gegen raumbezogene Erwartungshaltungen richten. Der dritte Raum (Raum C, siehe Abb. 3) entsprach hinsichtlich seiner Authentizität und Gestaltung keinem real existierenden Raum und war damit keiner bekannten räumlichen Typologie direkt zuzuordnen. Die Anordnung seiner Raumausstattung aber knüpfte konzeptionell an real existierende Gruppenarbeitsräume an. Seine futuristischen Sitzmöglichkeiten waren kreisförmig im gleichen Abstand angeordnet und befanden sich im Zentrum des Raumes. Distanz schaffende Ausstattungselemente, wie ein zentraler Tisch in Raum A, fehlten vollständig. Durch das Vermeiden von Barrieren und Hierarchien und einen sehr direkten gegenseitigen Bezug der Avatare, bot er einen forciert niedrigschwelligen Rahmen für die gemeinsame Arbeit an.

3.3 Methodisches Vorgehen

Beim verwendeten Untersuchungsdesign handelte es sich um eine einfache Querschnittsanalyse. Das dafür gewählte multimethodische Vorgehen kombinierte online durchgeführte Gruppendiskussionen mit einer anschließend durchgeführten individuellen Befragung per Fragebogen. Bei der Auswahl der Stichprobe wurde daher darauf geachtet, dass die Teilnehmer bereits Erfahrungen in der Online-Kommunikation vorweisen konnten, um ihnen den Einstieg in die neue Kommunikationsumgebung und das Richten ihrer Wahrnehmung auf die dreidimensionalen Umgebungsmerkmale des MUVEs zu erleichtern. Die Stichprobenauswahl erfolgte dementsprechend ad-hoc als Gelegenheitsstichprobe unter Studierenden des Masterstudiengangs Educational Media am Lehrstuhl für Wissensmanagement und Mediendidaktik der Universität Duisburg-Essen. Bei diesem Studiengang handelt es sich um ein berufsbegleitendes Online-Studienprogramm mit Präsenzanteil, bei dem Kollaboration und Kommunikation in unterschiedlichen webbasierten Umgebungen fester Bestandteil der gemeinsamen Gruppenarbeit ist und regelmäßig stattfindet. Insgesamt nahmen von 22 eingeladenen Teilnehmer 21 an der Untersuchung teil, davon 10 Frauen und 11 Männer unterschiedlichen Alters. Die Untersuchung fand im Zeitraum von November 2009 bis Mai 2010 statt. Die daran beteiligten sechs Lerngruppen waren im Rahmen ihrer studienbezogenen wöchentlichen Gruppenarbeit im Rahmen des Masterstudiengang Educational Media der Universität Duisburg-Essen aufgefordert, eine Auswahl an verschiedenen Orten der inneren Welt von *Second Life* aufzusuchen. Sie hatten im Anschluss Gelegenheit, ihre Eindrücke anhand von mediendidaktischen Fragestellungen zu diskutieren, ihre Ergebnisse in einem gemeinsamen Dokument festzuhalten und zu präsentieren. Für die gemeinsame Kommunikation bei der Bearbeitung und Präsentation ihrer Ergebnisse standen den Lerngruppen die bereits beschriebenen drei unterschiedlichen Räume innerhalb von *Second Life* zur Verfügung.

Das Erkenntnisinteresse lag entsprechend der genannten Fragestellung auf Zusammenhängen zwischen dem Design und der Ausstattung von Räumen im dreidimensionalen MUVE *Second Life* und ihrem Einfluss auf die Wahrnehmung in Hinsicht auf Situationen, in denen eine soziale Kooperation notwendig ist. Für eine intersubjektiv nachvollziehbare Analyse des daraus gewonnen Materials kam die qualitative Inhaltsanalyse nach Mayring zur Anwendung. Die Gruppendiskussionen wurden aufgrund der Nähe zum Untersuchungsgegenstand online durchgeführt. Für Diskussionen stand in der Untersuchungsumgebung neben dem textbasierten Chat ein Audio-Chat zur Verfügung. Es fanden insgesamt sechs Online-Gruppendiskussionen statt, die in den Räumen der Entwicklungsumgebung in *Second Life* durchgeführt wurden. Der dabei zu Anwendung kommende Leitfaden enthielt Fragen, die die Eindrücke der Teilnehmer bei der Raumnutzung, die Kriterien und Merkmale, auf deren Basis eine Beurteilung der angebotenen Räume zustande kam, sowie die Relevanz der Anordnung der beteiligten Avatare erhoben. Zentrales Ziel der Gruppendiskussionen war es, die Wahrnehmung und Bewertung der Räume durch die Teilnehmer sowie die Anforderungen, die zu ihrer Akzeptanz oder Ablehnung führten, transparent zu machen.

3.4 Die Ergebnisse der Gruppendiskussionen

Bei der Auswertung der Aussagen aus den Gruppendiskussionen wurde deutlich, dass die Teilnehmer vor allem darauf bedacht waren, einen Raum auszuwählen, der den gemeinschaftlichen Austausch unterstützte. Vor allem drückte sich dies im Wunsch der Teilnehmer nach einer geeigneten räumlichen Atmosphäre aus. Akzeptanz kam vor allem durch einen Raum zustande, dessen Gestaltung und Ausstattung eine angenehme Atmosphäre erzeugte. Auf die geplante Gruppenarbeit im Rahmen der Untersuchung bezogen, bedeutete dies für die Teilnehmer ein Umfeld, in dem sie sich wohlfühlten und das von allen Beteiligten als angenehm und ungezwungen empfunden wurde. In Folge dessen ist davon auszugehen, dass virtuelle Räume durch den konkreten Verweis auf spezifische sozialräumliche Muster ein zusätzliches Leveler-Merkmal erhalten und schneller im Sinne von *Third Places* akzeptiert werden. Raum B mit einem direkten Bezug auf informelle Raumtypologien erhielt, neben Raum C, dementsprechend von den Teilnehmern hinsichtlich seiner allgemeinen Gestaltung die meiste Zustimmung. Dabei wird deutlich, dass sozialräumliche Muster auf der Basis sowohl von sprachlichen als auch visuellen Typologiebezügen wirksam werden. Wo textbasierten Online-Umgebungen lediglich eine sprachliche Bezugnahme zur Verfügung stand, können in MUVEs, wie *Second Life*, Räume und ihre Ausstattung in allen Teilen dreidimensional nachgebildet werden. In Verbindung mit der Möglichkeit, sie aktiv in der First-Person-Perspektive erleben zu können, erzeugen aber auch räumliche Gestaltungen, die sich nicht an bekannten Raumtypologien orientieren, eine spezifische ortsgebundene Atmosphäre. So erlebten einige Teilnehmer die Atmosphäre des typologisch undefinierten Raumes C, während ihrer Nutzung im Rahmen der Gruppenarbeit, als sehr vertraulich und intim („kuschlig“).

Unter Ansprüchen an das Atmosphärische des Raumes können auch Aussagen eingeordnet werden, die Forderungen von Teilnehmern nach angemessenen Arbeitsbedingungen bzw. einer geeigneten Arbeitsatmosphäre beinhalteten. Die entsprechenden Aussagen richteten sich sowohl für als auch gegen die Verwendung des Raumes A für die Gruppenarbeit. Einerseits drückt sich in dieser Haltung die Ablehnung eines sozialräumlichen Musters aus, das durch seinen sehr direkten Bezug auf bekannte Arbeitsräume, wie Beratungs- oder Konferenzräume, einen formellen Rahmen erzeugt. Andererseits steht eine Befürwortung seines Einsatzes in Übereinstimmung mit seiner neutralen und jeglicher Gefühlsbedeutung beraubten Gestaltung, die in der real gebauten Umwelt überall dort zu finden ist, wo Arbeitsprozesse durch einen geeigneten räumlichen Rahmen unterstützt werden sollen. Raum A wurde aus den zuerst genannten Gründen von den Teilnehmern allerdings mehrheitlich abgelehnt. Gleichzeitig erfuhr Raum B eine deutlich verminderte Akzeptanz aufgrund einer Ausstattung, die die Erfordernisse der Gruppenarbeit ignorierte. Kritisiert wurden vor allem die offenen Sitzanordnungen, die im Gegensatz zu den Räumen A und C ein Gegenüber aller am Gespräch Beteiligten verhinderten.

3.5 Fazit

Virtuelle Räume in Online-Welten, wie dem Multi User Environment *Second Life*, werden anhand vorhandener Raumerfahrungen und dem damit verbundenen Wissen wahrgenommen.

Bei aller Faszination für die gestalterischen Möglichkeiten und Freiheiten, die in MUVEs, wie *Second Life*, für die Entwicklung von virtuellen Räumen zur Verfügung stehen, erscheint es daher sinnvoll, in der Praxis der Online-Kommunikation und -Kollaboration an bestehendes räumliches Wissen und darauf basierende Vorstellungsbilder anzuknüpfen. Die Präsenz räumlicher Erfahrungen, die in der täglichen Raumpraxis ständiger Bestätigung und Anpassung unterworfen sind, schafft die Voraussetzung für die Akzeptanz von entsprechend kontextualisierten Online-Räumen und damit für die Unterstützung von Gruppenprozessen durch eine geeignete räumliche Atmosphäre. Dies gilt besonders für den Einsatz von virtuellen Räumen durch Nutzer, die vergleichbar den Teilnehmern an der vorgestellten Erhebung, nur geringe Erfahrungen im Umgang mit Online-Welten besitzen. Ihnen werden mit ungewöhnlichen und neuartigen Raumstrukturen zusätzlich zur ungewohnten Kommunikationsumgebung Zugangshürden und Verständnisprobleme zugemutet. In einer unreflektierten Nachbildung real gebauter Umgebung - auch das zeigen die Ergebnisse der Untersuchung - liegen allerdings keine Garantien für die Akzeptanz von virtuellen Räumen. Ihre Übereinstimmung in Authentizität, zweckorientierter Gestaltung und erzeugter Interpersonalität mit Räumen real gebauter Umwelt ist dafür aber nicht zwingend notwendig. Innerhalb der vorgestellten Untersuchung steht Raum C für die Möglichkeit Räume und Ausstattungen zu erzeugen, die losgelöst von den Bedingungen und Einschränkungen real gebauter Umwelt räumlich eigenständige Wirkungen entfalten. Der unter Wasser gelegene gläserne Raum folgte keiner bekannten Typologie direkt, koppelte sich aber, was die Struktur seiner räumlichen Gestaltung betraf, von in der Realität gemachten sozialen Raumerfahrungen nicht vollständig ab. Auf einen durch wenige futuristische Gestaltungs- und Ausstattungselemente gebildeten kreisrunden Sitzkreis reduziert, wurde er von den Teilnehmern als „beruhigend" und „informell" erlebt.

Der Wert von Online-Welten in Bezug auf Kommunikations- und Kollaborationsprozesse hängt demzufolge nicht allein davon ab, in und mit ihnen real gebaute Umwelt authentisch ab- bzw. nachbilden zu können. Wirksam als Symbole einer sozialen Ordnung werden stattdessen, unabhängig von der Gestaltung des Raumdesigns und seiner Ausstattungselemente einfache, generische Konfigurationen, wie sie sich innerhalb von sozialen Situationen gebildet und bewährt haben und einfach wiedererkannt werden können. In der Architektur wurden vergleichbare Konfigurationen zuerst von Christopher Alexander definiert und für die Entwicklung einer umfassenden Sammlung von Musterlösungen (Pattern) zusammengetragen (Alexander 1977). Vergleichbare Zusammenstellungen existieren inzwischen auch für die computervermittelte Interaktion (Schümmer & Lukosch 2006). In der vorliegenden Untersuchung ist es vor allem die runde Sitzanordnung der Avatare, die sich als ein Gestaltungsfaktor im Sinne eines *Patterns* nach Alexander (1977) identifizieren lässt. Vor dem Hintergrund der Möglichkeit über realitätsnah gestaltete Avatare, die sich vollkörperlich frei im virtuellen Raum bewegen können und über begrenzte mimische Mittel verfügen, sich an der Online-Kommunikation zu beteiligen, steigt das Interesse der Teilnehmer an einer sozialen Kontrolle des Gegenübers. Fast alle Teilnehmer an den Gruppenveranstaltungen hatten das starke Bedürfnis, ihre Avatare für den gemeinsamen Austausch in einer geschlossenen Kreisform anzuordnen. War dies wie in Raum B sitzend nicht möglich, platzierten einzelne Teilnehmer ihren Avatar stehend gegenüber denen der Gesprächsteilnehmer. Durch die Zugewandtheit der Avatare in der runden Anordnung versicherten sich die Teilnehmer ihrer gegenseitige

Aufmerksamkeit und behielten gleichzeitig die Stellung, Gesten und Mimik der anderen Avatare über die First-Person-Perspektive im Blick („Es war gut, dass jeder jeden sehen konnte."). Die allgemeine räumliche Gestaltung der virtuellen Räume wurde dagegen von den Teilnehmern vor allem anhand seiner Fähigkeit bewertet, eine informelle Atmosphäre zu erzeugen. Dies schlug sich auch in der deutlichen Ablehnung bekannter formeller Typologien (Raum A) nieder. Offen bleibt, ob veränderte Anwendungskontexte und Online-Veranstaltungen, bei denen sich im Gegensatz zu den Gruppentreffen im Rahmen des Masterstudiengangs Educational Media einander unbekannte Personen begegnen, auch zu veränderten Präferenzen bei der Raumauswahl führen. Aufgrund dessen setzt eine übertragbare Definition der allgemeinen räumlichen Gestaltung virtueller Räume im Sinne eines Entwurfsmusters innerhalb von MUVEs, wie *Second Life*, weitere Untersuchungen voraus.

Literaturverzeichnis

Alexander, C. (1977). *A Pattern Language: Towns, Buildings, Construction.* New York: Oxford University Press.

Bär, P. K.-D. (2008). *Architektur-Psychologie: Psychosoziale Aspekte des Wohnens.* Gießen: Psychosozial-Verlag.

Döring, N. (2003). *Sozialpsychologie des Internet: die Bedeutung des Internet für Kommunikationsprozesse, Identitäten, soziale Beziehungen und Gruppen.* Göttingen: Hogrefe.

Ducheneaut, N., Moore, R. J. & Nickell, E. (2007). Virtual ''Third Places'': A Case Study of Sociability in Massively Multiplayer Games. *Computer Supported Cooperative Work* 16, pp. 129-166.

Herlyn, U. (1990). Zur Aneignung von Raum im Lebensverlauf. In Bertels, L. & Herlyn, U. (Hrsg.): *Lebenslauf und Raumerfahrung* (S. 7-34). Opladen: Leske + Budrich.

Oldenburg, R. (1991). *The great good place: cafés, coffee shops, bookstores, bars, hair salons, and other hangouts at the heart of a community.* New York: Marlowe & Company.

Rogge, F., Weber, O. & Zimmermann, G. (1973). Architektur als Kommunikationsmittel. Weimar: *Schriftreihe der Hochschule für Architektur und Bauwesen Weimar.*

Schlenker, L. (2012). *Soziale Kontextualisierung von symbolischen Lern- und Arbeitsräumen am Beispiel des dreidimensionalen Multi User Virtual Environment Second Life.* Dissertation. Universität Duisburg-Essen.

Schümmer, T. & Lukosch, S. (2007). *Patterns for Computer-Mediated Interaction.* Chichester: Wiley.

Tu, C.-H. (2002). The Measurement of Social Presence in an Online Learning Environment. *International Journal on E-Learning* 1(2), 34-45.

H. Reiterer & O. Deussen (Hrsg.): Mensch & Computer 2012
München: Oldenbourg Verlag, 2012, S. 203-212

KreativBarometer: Disclosing the dynamics of creativity climates

Jan Nierhoff, Thomas Herrmann, Michael Ksoll

Lehrstuhl Informations- und Technikmanagement, Ruhr-Universität Bochum

Abstract

An approach has been designed and tested for computer-supported, repetitive micro surveys which measure dynamic changes of an organization's creativity climate. Employees are unobtrusively prompted to occasionally answer single questions. The main challenges are to ensure acceptance and to maintain a high participation. This is done by guaranteeing anonymity, avoiding perturbation and distraction, giving valuable feedback, and defining a framework of when and how the survey's results are being handled. This article describes the setup in which the service was first tested in several companies, the results and feedback given by the users and our approach to improve the KreativBarometer for the next phase of field tests.

1 Introduction

The motivation behind the development of the KreativBarometer[1] was the observation that traditional employee surveys turn out to be inappropriate for the dynamics of modern work scenarios. Innovative companies that have the need to be aware of the dynamics of their creativity climate, the "…stimulants and obstacles to creativity in organizational work environments (Amabile et al. 1996)", can utilize several survey instruments to measure this climate and to encourage organizational change. While these tools (e.g. KEYS: Assessing the Climate for Creativity,(Amabile et al. 1996); TCI, Team Climate Inventory,(Anderson & West 1998)) are well tested, they have the disadvantage of requiring much additional work to be realized. For example a meta-analysis in (Hossiep & Frieg 2008) examined that the average time needed between preparing a common employee survey and presenting the results is eight months. Considering that fast economic changes force organizations to adapt their processes, products and services in less time and to foreshorten the periods in between these changes we realized the need to overcome the limitation of one time a year surveys.

[1] Project is funded by European Social Fund and Ministry for Work, Integration and Social Affairs, NRW

The KreativBarometer enables organizations to timely counteract unpropitious developments by providing a continuing micro survey that is able to monitor and feedback the current creativity climate of a company or a team. This is done by repetitively prompting employees to answer short questions and continuously evaluating their answers. In this way employees can track how their own, their department's and their company's averaged attitudes change over time and compare their own perception of the working climate to their colleagues'.

This article presents the main features of the KreativBarometer (from now on KB), the insights we won from testing it in four companies and an outlook on how we want to further improve it. The central question is whether the features which we have derived for a first design cycle are appropriate and which needs for improvement became apparent.

2 Challenges and requirements

One, if not the most, important challenge for the KB's success is to maintain a sufficient participation rate over a long timespan. Because of its focus on changes over time, the tool needs the participants to remain active for several months. Unfavorable for this requirement is the fact that the same questionnaire's items have to be asked repetitively. This decreasing news value could be a negative influence on the participants' acceptance and motivation. Answering the questions may also be perceived troubling if the questions disturb the daily work routine or if the prompts for answering a question are presented at an unfavorable point of time. To meet these challenges the following requirements and features were identified and played a key role in the design process of the first prototype of the KB:

Anonymity: One central requirement is to guarantee complete anonymity if needed. Online surveys are conceived to provide anonymity (Levine et al. 1989; Locke & Gilbert 1995). Furthermore no personal data of the participants is stored. The username can be chosen freely and is only connected to the department (and thus the company) the person works for.

None-obtrusiveness and Short actions: The participants should be able to answer the questions very fast without getting distracted from their actual work. We worked out several approaches to this problem by identifying typical short idle phases during work when employees are usually bored since they have to wait for something: providing popups during the booting process of the computer, accessing to the survey via a terminal located at the coffee kitchen, a mobile device, or a modified screensaver. Testing all these approaches in the first design cycle was limited, because the companies wished for a browser-based solution which does not need to be installed on the participants' computers. Furthermore, the users don't need to answer more than one question consecutively. The phrasing of the question is as simple as possible. Picking one option leads to the presentation of the next question. It is our goal that the users to take part in the survey with the least possible effort.

Self-determination: The users can freely decide when and where they answer questions. The only restriction is that they have to complete a given amount of the questionnaire within a predefined timespan. Otherwise, their answers cannot be regarded in the evaluation of that survey cycle without distorting the results (e.g. a minimum of three answers in four weeks regarding the category *autonomy*). The cycles help synchronizing the feedback to whole groups (e.g. teams or departments) and enable us to reflect a company's creativity climate at fixed points of time. To maintain a satisfying participation rate within the given freedom of decision, an optional email reminder was offered to the employees, which prompts them in a configurable frequency to answer questions and keep them aware of the survey.

Confidence and transparency via continuous reflection: The employees should not feel monitored by the survey. This requirement is met by a socio-technical approach(Herrmann 2009): Confidence is provided on the organizational level. The KB does not judge the creativity of individual employees but reflects the corporate culture. It empowers the employees to actively influence the environment and organizational context of their work. Transparency is achieved by the openness of information. The results of the whole company and of every group are visible for every employee. Additionally personal results are fed back. The KB also confronts the users with information about their behavior of answering. The participants can see how much of the current cycle's questionnaire they have completed and how many of their colleagues have been answering how many questions in the last days.

3 The first KreativBarometer prototype

The first practical test phase of the tool lasted from May to December 2011 when four companies used the KB to measure their creativity climate. The roll-out procedure was similar for all of them: In a first meeting we presented the idea behind the KB to the management and – if needed – to the company's IT-department and/or workers council. In a following workshop, the questionnaire's items were discussed and an optional adaption of the wording to the company's jargon took place. We also used this workshop for a brainstorming about when the employees could imagine to answer questions on a typical working day (humorously "on the toilet" was one of the most popular answers). Finally a launch event was carried out in which the web-frontend was presented and the registration keys were made public to the employees. They could also register for an email-reminder to keep up their awareness of the KB. The reminder supports the frequencies daily, weekly and bi-weekly.

The process of getting started with the KB is kept simple. The employees only need to register on the KB-website with an arbitrary nickname, a password and the registration key for their department. In the sake of anonymity participants are not asked for an email address, which is quite uncommon for the registration process of current web services. The email reminder service is hosted on a different server, in this way no connection between the KB-account and the person behind it can be established. After registration the users can log in to the KB-website and start answering questions. As explained earlier (2 – Self-determination) the continuous survey is divided into cycles. If a participant answers all items of the questionnaire before the end of a cycle, he/she has to wait for the next run until new questions appear for answering. This restriction is needed to keep the users results synchronized. At the transition from one cycle to the next the current results of the survey are calculated. This means, that the employees can see the first conclusions at the beginning of run two and the first relative changes of the creativity-climate (history) after run two.

To determine **the set of questions** for the KB project, we did not create new items; instead we picked questions from well-tested and established instruments for measuring the creativity climate in companies. These include the before mentioned KEYS (Amabile et al. 1996) and TCI (Anderson & West 1998). The dimensions we chose to examine are: Vision, Autonomy, Collegiality, Stress, Ideas, Challenge and Leadership. E.g. the set of items for the dimension Collegiality is: "We share information with all other teammates, instead of keeping it to ourselves.", "Within my team I feel accepted and understood.", "My teammates support me when I made a mistake.", "I think that all my colleagues have the same goal." Additionally we formulated nine questions that investigate the companies' innovation spirit, like: "For the sake of success, our department also questions established routines ('sacred cows')".

Exploring the correlation between the employees' health and the climate they work in was also a task in the KB project. The health aspect adds 11 more items to the questionnaire. The companies also had the chance to phrase some items for themselves; regarding issues they thought would be interesting to keep an eye on. This results in a set of 48 or more items in the KB-questionnaire.

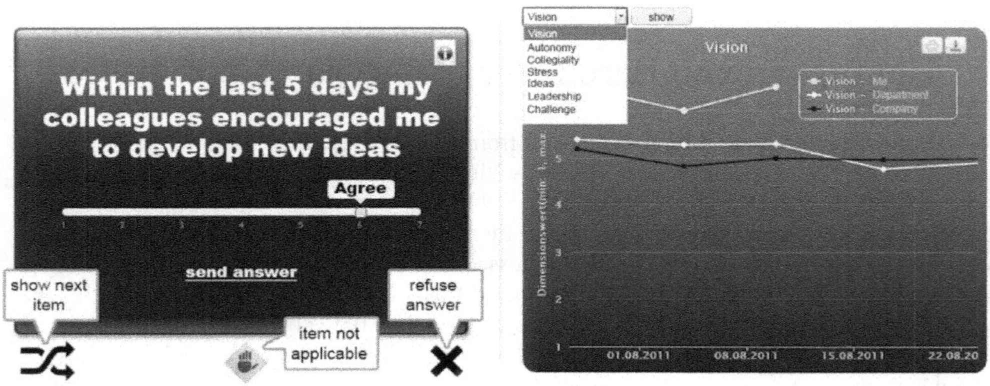

Figure 1: Screenshots of the web frontend: Answering an item (left); A history of results (right)

The **technical implementation** of the KB-server was based on JavaEE and on a Glassfish server; the data is stored in a mySQL database. The first design phase pursued an approach where accessing the server by the web frontend will probably not be the final solution. Therefore, the server features an abstraction layer which makes it easy to access it via different technologies. When logged in the user directly sees a question for him/her to answer. Besides sending the chosen value, it is possible to demand a different question or to refuse to answer this item in the current cycle (Figure 1 left). The results of the survey are displayed in the web frontend with the help of the javascript library Highcharts[2] (Figure 1 right).The huge advantage of the browser-based access of the server is that no installation on the employee's

2 Highcharts.com

computer is necessary. On one hand this minimizes possible concerns of the company's IT-department and on the other hand enables the users to participate from any computer that has online access (e.g. at their home PC or on a Laptop or Smartphone while being mobile).

The user participation is what we supposed to be the KB's key factor of success in **the evaluation of the first field tests**. Although the tool and the way we introduced it were the same for all four companies, the way the users participated differs strikingly between some of them. Table 1 shows the number of active users and the users that answered the whole questionnaire for the first five cycles. While Company A lost 13% after 5 months of using the KB, Company B's amount of active users dropped by 66.6%. Regarding the change in the number of employees that completed all questions, the difference is even more noticeable: Company A's Number went down by only 2% and Company B dropped by 47.7%. Of course these values are influenced by many unknown factors (e.g. holidays or workload), but they indicate that it is not enough to just launch the KB at a company to keep it running satisfactory. On the positive side it shows that the first prototype, even though it was browser based and thus demanded the participants to get active themselves (open browser > log in > answer questions), can be used for a continuous survey over several months.

When interviewing selected participants about their experiences with the KB, several complaints were communicated: The time it takes to start answering questions is too long and the process pulls the users out of their flow of work. Some participants did not like the pressure of having to answer a given amount of items before the current cycle ends. Despite these complaints many participants stated that they were satisfied with the KB and had no problems or annoyances answering the questions. The amount of data collected during the first field test is quite impressive, as over 33.000 answers were collected in our database.

Cycle No.	Active Users (Company A)	Users answering all questions (Company A)	Active Users (Company B)	Users answering all questions (Company B)
1	62	51	39	21
2	59	45	28	24
3	58	51	23	14
4	55	34	20	12
5	54	50	13	11

Table 1: Participation of two companies in the first five months

Several users created own mechanisms to keep their awareness of the KB up. One employee for example used a post-it at his/her monitor, while several others created a series of reminder events in their calendar. The email reminder we offered was used by 63 persons. The disadvantage here was that the emails kept coming even if the users had answered all items of the current cycle. Because of the anonymity of the tool and the separation of user accounts and email addresses there was no easy workaround to solve this problem.

Several participants said that some of the items were fun to answer, because they made them think about some aspects of their working life they normally do not reflect about, while other questions were annoying to answer repetitively; an example for the latter was the item "My workplace is inspiring and functional". In regular working scenarios it does not make sense to answer this question every month. Sometimes the users were confused of how to answer a question because they were not sure which timespan they should reference. If the question is "Within my team I feel accepted and understood" and the employee generally feels that way, but was disappointed regarding this aspect several days ago, it is not easy to answer the item that is formulated in a very general way. These concerns reveal that question items that are used in regular questionnaires have to be adapted before they are included in surveys which are repeated in short cycles. Furthermore, repetitive surveys may have a strong influence on the employees since they are continuously prompted to reflect their own situation. This influence was expected but it is hard to evaluate it in detail by our studies.

The interpretation of the survey's results was not as intuitive as we had expected.. Some participants were confused of how the values for the different dimensions were calculated. Also the meaning of the variance that was presented for every dimension could not be comprehended without additional advice. Very good feedback was given in regard to the result history and the info gained from the bonus questions the companies had added specifically for themselves. Seeing a snapshot with the results of the last cycle is like looking at the outcome of a common one-time survey. The employees can compare the values of the different dimensions, but it is hard to judge if for example a 3.4 in Collegiality and a 4.1 in Autonomy is a satisfying result or if there is a need for intervention. The change of these values over time on the other hand shows directly when and where there is need to act. If, for example, a department always rates one dimension with a value of 4 or more and that result descends below 3 in one cycle, it becomes obvious that an influencing factor had changed the category for the worse. It is the department's task, to reflect about what happened in the regarded timespan that could have influenced the perceived climate in that dimension negatively.

When talking with the participants about their results, it was noticeable that the answers to the items that the company phrased specifically for itself were of very high interest. These questions most often dealt with problems that have been addressed within the company before. Keeping an eye on these known issues was perceived as a big benefit of the KB.

4 Improvements to the KreativBarometer

The insights won from the first design cycle were used to make changes on the conceptual and on the technical level. The improvements presented in this section will be tested with five companies in the second phase of the KB project. The companies that participated in the first phase can decide if they also want to employ the second KB prototype.

4.1 Revising the socio-technical process

To improve the participation's stability, the socio-technical process the KB is based on is extended. We understood that it is not sufficient to just launch the KB in a company and rely on the participants' intrinsic motivation to improve their creativity climate by using the tool. It is important that the initiators within the company communicate to the other employees when and how the results of the KB will be dealt with. Before the usage of the KB starts, it has to be determined how long the tool will run, after how many cycles the results will be openly discussed in detail and in which cases and how an intervention will be initiated.

In its first iteration the KB worked with cycles the length of a month. Now shorter cycle lengths are proposed. While we tested the KB with one week runs at our own institute, we decided to ask the next companies to implement 2-week cycles. The advantage of this change is the higher sampling rate of the creativity climate and that it is presumably easier to properly answer questions which refer to a shorter time span.

To avoid an increasing pressure by having to answer x questions in y days, the size of the questionnaire was reduced to 21 items. This reduction was influenced by three factors: The statistical relevance of an item, the dynamics of the answer values (neglecting aspects that are only a subject of minor change) and the focusing on items that helped to analyze the difference between companies according to categories such as human- or goal-orientation.

To ease the understanding of the results an additional evaluation was created. It is based on the same set of items as the seven dimensions and classifies some of the questions as human-orientated and some as goal-orientated. Using these two dimensions as the axes of a coordinate system builds the "creativity-matrix" in which a company's creativity culture can be represented as a single point.

4.2 Technical improvements and developments

After determining the aforesaid possibilities for improvement of the KB within the socio-technical process, we implemented further enhancements and integrated them into the prototype on the one hand. On the other hand we focused on further possibilities of participating in the KB survey for the user and therefore developed two additional software frameworks. In detail, we improved the original web-frontend of the prototype by three main features:

Statistics for single questions: Due to the possibility of adding corporate related questions to the KB-system, the necessity of reflecting the result-values for each single question emerged. Similar to the dimension values, results for single questions are visualized.

Visualization of the user participation: During the socio-technical elevation we realized that there is a significant need for easy access to information about the participation during the survey cycles. Instead of just presenting this info via text it is now visualized in a Highchart's bar graph.

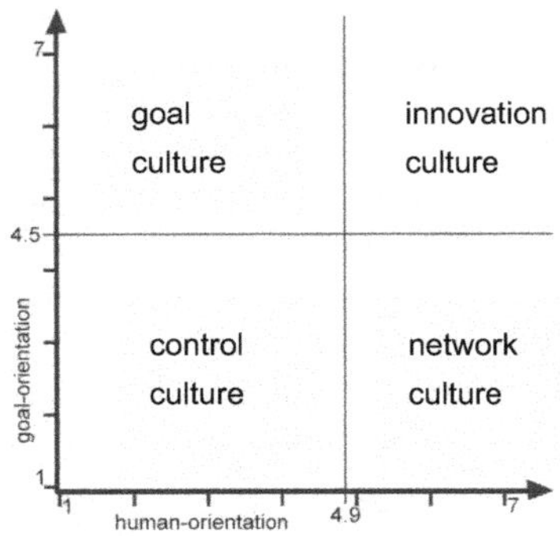

Figure 2: Creativity-matrix

Creativity matrix: In order to give the users an appropriate feedback about their creativity climate we developed the so called 'creativity matrix'. This matrix gives information about how goal-oriented and human-oriented the creativity climate within a company is being reflected by its personnel. Depending on the results, values can be assigned to one of the following cultures: goal-culture, control-culture, network-culture or innovation-culture (Figure 2).

As aforementioned, we also developed two further possibilities of participating in the KB-survey in order to support the unobtrusiveness, mobility and possibility of answering questions en-passant for the user:

windowsClient: The windowsClient's main focus is to remind the user unobtrusively about the KB-survey. Therefore we have implemented options for the users of how they want to be reminded after a certain time of inactivity (like a screensaver), e.g. by a balloon tip or by popping up the client's KB-GUI. This reminding can be switched off. Furthermore, there are two different visual styles of the KB-GUI, a compact (Figure 3 left) and a maximized one.

mobileBrowser: The focus of the mobileBrowser version is mainly to increase the mobility of the user, thus e.g. giving him the opportunity to answer questions everywhere being en route, especially via mobile handhelds. Its GUI is basically adjusted to small screens, but – similar to the windowsClient - the main functions have been transferred from the original web-interface (see Figure 3 right).

5 Conclusion and outlook

The first practical test phase of the KB showed that it can be used to gather information about a company's creativity climate and its dynamics over a longer time span. It is important to mention that implementation of the tool alone is not sufficient to keep the participation at a satisfactory level in every organization. There needs to be scaffolding that supports the continuous survey. Especially rules regarding how to deal with its results have to be defined to avoid that the users get the feeling of "answering into the void" without noticing any benefit or goals.

Implementing the KB can be seen as a first step in improving a company's creativity climate since the presence of the tool in everyday working life shows the organization's general interest in creativity/ innovation and makes the employees reflect relevant aspects. We are aware, that constantly showing the results to the users can influence their answers, but it is the KB's objective to reveal changes and dynamics in the climate. The main purpose of the KB is putting a focus on aspects that promote or hinder creativity but not to conduct a neutral measurement. However, it is a promising research question to understand how continuous surveying influences a company's culture with respect to the subject of the survey.

Figure 3: an item spawning from the Windows System tray (left) mobileBrowser GUI (right)

Additional insights regarding the ways of using the KB were won. The tool can also be used for selective checks of the creativity climate from time to time. A different approach is using the KB to check the success of interventions by starting the usage some weeks before it and monitoring if the method changed things for the better.

In terms of the technical implementation the browser based first prototype was not satisfactory regarding the possibility to answer items en-passant. The Windows client improves this, but we think that with modern technologies like smartphones, there is still much space to make the answering faster and less obtrusive. Because the feedback given by the users was very diverse, the best solution is to offer a variety of options of how to participate at the KB. The user needs only one account and can answer items via the desktop client, a browser or on a mobile phone. She/he is also free to choose if an additional trigger is needed, like the email reminder or calendar entries.

The focus of the first design cycle was defining the socio-technical process the KB is based on and creating a technical solution that enables the gathering of information from employees over a longer time span. There was no content related analysis regarding the dynamics of organizations' creativity climates made yet. Because of this we cannot say for sure that the

KB is suitable for that task. Even if that may not be the case it can be applied in all kinds of scenarios, in which a continuous feedback from a group of people is needed. Since the practical test of the KB's second iteration has not taken place yet not many statements regarding the improvements on the conceptual level can be made at this point of time.

Nonetheless working towards a system in which the users are intrinsically motivated to participate is a goal. A first step would be to eliminate as many restrictions as possible. Dropping the static questionnaire and thus enabling users to answer as many questions as they like would be a step in this direction. As a result fixed cycles would cease to exist and the need for a dynamic evaluation of the given answers would emerge.

Acknowledgements

We thank Angela Carell for her contributions to the underlying research concept and the members of the Institut für Angewandte Kreativität – Peter Weil und Leander Greitemann – for their feedback and support of the empirical work with the companies.

References

Amabile, T.M., Conti, R., Coon, H., Lazenby, J. & Herron, M. (1996). Assessing the work environment for creativity. *Academy of Management Journal. 39*(5), 1154–1184.

Anderson, N.R. & West, M.A. (1998). Measuring climate for work group innovation: development and validation of the team climate inventory. *Journal of Organizational Behavior. 19*(3), 235–258.

Herrmann, T. (2009). Systems design with the socio-technical walkthrough. *Handbook of research on socio-technical design and social networking systems.*, 336–351.

Hossiep, R. & Frieg, P. (2008). Der Einsatz von Mitarbeiterbefragungen in Deutschland, Österreich und der Schweiz. *Planung und Analyse. 6*, 55–59.

Levine, S., Ancill, R. & Roberts, A. (1989). Assessment of suicide risk by computer-delivered self-rating questionnaire: preliminary findings. *Acta Psychiatrica Scandinavica. 80*(3), 216–220.

Locke, S.D. & Gilbert, B.O. (1995). Method of psychological assessment, self-disclosure, and experiential differences: A study of computer, questionnaire, and interview assessment formats. *Journal of Social Behavior & Personality.*

H. Reiterer & O. Deussen (Hrsg.): Mensch & Computer 2012
München: Oldenbourg Verlag, 2012, S. 213-222

Über die Synthese der MCI basierend auf dem Ursprung des Designs

Arash Faroughi[1,2], Roozbeh Faroughi[1,2]

Universidad de Burgos[1]
Fachhochschule Köln[2]

Zusammenfassung

Durch die steigende Digitalisierung der Gesellschaft und die sukzessive Durchdringung aller Lebensbereiche des Menschen durch den Computer werden verstärkt Studien durchgeführt, wie die zukünftige Mensch-Computer-Interaktion aussehen könnte. Nach dem Motto von Giuseppe Verdi „Kehren wir zum Alten zurück und es wird ein Fortschritt sein" analysiert die vorliegende Arbeit nicht die Zukunft des Designs, sondern ihren Ursprung, um daraus Charakteristiken und Besonderheiten zu entdecken, die für die heutige MCI relevant sein können.

1 Einleitung

Bereits im Jahre 1999 definierte Tim Berners-Lee seine Vision über die Computertechnologie mit den folgenden Worten: *„about anything being potentially connected with anything"* (Sitter-Liver 2008). Genau diese ungenaue Formulierung seiner Vision scheint heute die Computertechnologie zu charakterisieren. So kann der Computer praktisch *„überall"* sein: ob in Möbeln, Kleidern, Räumen oder sogar im menschlichen Körper (Harper et al. 2008). Ausgerüstet mit Sensoren und versteckt in kleinen, kaum wahrnehmbaren Mikroprozessoren, umgibt er den Menschen wie eine *„Cloud"* und nimmt aktiv an seiner alltäglichen Lebenswelt teil. Der Computer bricht physikalische Grenzen und verbindet „alles" – ob Menschen, Dinge oder Räume – miteinander, auch wenn sie sich zeitlich und räumlich voneinander entfernt befinden.

Aufgrund der zunehmenden Digitalisierung der Gesellschaft und der sukzessiven Durchdringung aller Lebensbereiche des Menschen durch den Computer muss sich die Mensch-Computer-Interaktion (MCI) neuen Herausforderungen stellen. Zum einen wird das Verstehen und Gestalten des Computers durch seine Komplexität und Vernetzung immer schwieriger. Zum anderen steigt die Verantwortung gegenüber dem Menschen. Zukünftig muss immer mehr das Ziel der MCI sein, dass der Mensch trotz oder auch wegen des Computers *„Mensch"* bleibt (Harper et al. 2008) und seine Lebensqualität sowie sein Lebensraum durch den Computer nicht verschlechtert, sondern verbessert werden. Diese neuen Herausforderungen bewirken auch, dass die zukünftige Entwicklung der MCI schwer abzuschätzen ist. So stellt sich in den letzten Jahren sowohl in der Forschung als auch in der Wirtschaft die Frage, wie die Zukunft der MCI aussehen kann (Harper et al. 2008)(Hahn 2010).

Nach Hassenzahl (2010) beschäftigt sich die MCI in erster Linie mit Design und dadurch mit der Gestaltung von Dingen. Die vorliegende Arbeit untersucht nach dem Motto des italienischen Komponisten Giuseppe Verdi *„Kehren wir zum Alten zurück und es wird ein Fortschritt sein“*[1] nicht die Zukunft des Designs, sondern dessen Ursprung. Anschließend versucht die Arbeit, den Bezug zu der gegenwärtigen MCI zu ziehen, und skizziert Charakteristiken und Besonderheiten des ursprünglichen Design-Konzeptes, die für die gegenwärtige MCI relevant sein können.

2 Analyse des Ursprungs des Designs

So wie die Renaissance als das Zeitalter der Innovationen (Huth & Hoffmann 2004) gilt, wird sie in der vorliegenden Arbeit als das *„Goldene Zeitalter des Designs“* bezeichnet. Design als ein eigenständiges Konzept ist neben dem Buchdruck, der Zentralperspektive und dem Kompass eine Erfindung dieser Epoche. Die Besonderheit der Renaissance liegt vor allem in ihrer Entstehung. Das Bestreben jener Zeit war es, Wege zu suchen, „sich vom Banne des Mittelalters und dessen scholastischen Fesseln“ (Alberti 1452) zu befreien. Einen Ausweg fand man in der Analyse der Vergangenheit, der vorbildlichen Antike (Alberti 1452). Dabei war nicht das primäre Ziel, die Vergangenheit zu verstehen, sondern diese neu zu deuten, um dadurch aufbauend auf den Ideen und Konzepten der Antike ein neues *„Goldenes Zeitalter“* einzuleiten. Die Renaissance bemühte sich dementsprechend um eine harmonische Vereinigung von Vergangenheit und Gegenwart.

Der italienische Künstler Giorgio Vasari gilt nicht nur als Erfinder der Renaissance[2], sondern auch des Designs. In seinem Buch „*Le vite dei più eccellenti architetti, pittori et scultori italiani*“ entwickelte er die erste eigenständige Design-Theorie. Für Vasari war *„Disegno“*[3] weitaus mehr als eine äußerliche Formgestaltung. Es war das zentrale Konzept der Kunst und der *„Vater“* der drei Künste Architektur, Bildhauerei und Malerei (Vasari 1568). Durch Disegno hatte der Künstler die Möglichkeit, Ideen und geistige Vorstellungen zu formen. So war Disegno die notwendige Brücke zwischen Idee und technischer Umsetzung (*„fecit“*). Aus Vasaris Sicht war es sogar höher anzusehen als die technische Umsetzung, denn nicht in der Realiserung, sondern im „*Design*“ liege die Erfindung (*„invenit“*). Weiterhin konnte man Disegno in drei Dimensionen einteilen: 1) Inspiration: Disegno war mit der Inspiration des Dichters vergleichbar. 2) Organisation: Es war eine Organisationsform, in der viele Per-

---

1 Verdi schrieb die Zeile „*Torniamo all' antico e sarà un progresso*“ in einem Brief an Francesco Florimo.

2 Der Begriff ‚Renaissance‘ (*rinascita*) wurde erstmals von Vasari verwendet (Blum 2011).

3 Disegno ist ein italienischer Begriff und steht, ins Deutsche übersetzt, für „Zeichnung“.

sonen an einem gemeinsamen Werk auf der Grundlage des Disegno zusammenarbeiten konnten und 3) Kommunikation: Durch Disegno wurde zum Beispiel die Kommunikation mit den Auftraggebern gefördert (Vasari 1568). Für Vasari waren Leonardo da Vinci und Michelangelo Buonarroti Musterbeispiele für ausgezeichnete Design-Künstler (*„artisti del disegno"*) (Vasari 1568).

Bei der Analyse des Ursprungs des Designs werden neben dem Werk von Vasari auch andere Bücher untersucht, die einen entscheidenden Einfluss auf das Design-Konzept hatten (siehe Kapitel 2.3). Dabei handeln die Werke hauptsächlich von der Malerei und der Architektur. Alberti, der als der erste Vertreter des künstlerischen Humanismus bezeichnet wird (Alberti 1452), verwendete eine originelle Analysetechnik, die für die vorliegende Analyse als Vorbild gilt. Er untersuchte andere Fachdisziplinen, um die eigene zu erweitern und neu zu formen. So bereicherte er die Malerei mit der Mathematik und beschrieb die Mathematik als eine der Grundlagen der Malerei (Alberti 1435). Dabei betrachtete er die anderen Disziplinen immer mit den Augen seiner eigenen Disziplin. In seinem Buch beschrieb er an mehreren Stellen[4], dass er als *„Maler"* und nicht als *„Mathematiker"* über die Konzepte sprach. Analog zu Albertis Technik werden die untersuchten Werke *„aus den Augen der Mensch-Computer-Interaktion und des Designs"* analysiert und neu gedeutet. Weiterhin soll die Form der Analyse, die im nächsten Kapitel beschrieben wird, dem Schönheitsideal der Renaissance entsprechen.

2.1 Über die Schönheit: Die Form der Analyse

Sowohl in der Antike als auch in der Renaissance gab es ein weit verbreitetes Bestreben, die Gesetze der Schönheit in jeder Art von Formgebung einzuhalten (Alberti 1435). So war zum Beispiel die schöne Form das Ziel für das Bauen von Dingen (Vitruvius 22 v. Chr.) und der Rede. Alberti definierte die Schönheit mit den folgenden Worten: *„Die Schönheit ist eine Art Übereinstimmung und Zusammenklang der Teile zu einem Ganzen, das nach einer bestimmten Zahl, einer besonderen Beziehung und Anordnung ausgeführt wurde, wie es das Ebenmaß, das heißt das vollkommenste und oberste Naturgesetz fordert"* (Alberti 1452, 492). Diese Schönheit fand man vor allem im menschlichen Körper und deswegen wurden die Zahlen sechs[5] und zehn[6] als vollkommen (*„teleon"*) definiert, da sie aus den Teilen des menschlichen Körpers abgeleitet worden sind (Vitruvius 22 v. Chr.). Nach dieser Zahlenordnung haben Vitruvius und Alberti ihre Traktate über die Architektur geformt. So besteht Vitruvius' Architektursystem aus exakt sechs Teilen[7] und sein Werk aus genau zehn Bü-

---

4 In den Büchern 1, 9 und 16 (Alberti 1435).

5 Die Zahl sechs galt unter anderem dadurch als vollkommen, dass der menschliche Körper aus sechs Gliedmaßen besteht (Kopf, Rumpf, zwei Arme, zwei Beine).

6 Die Zahl zehn war eine vollkommene Zahl, da die menschlichen Hände zehn Finger besitzen (Vitruvius 22 v. Chr.).

7 Vitruvius' Architektursystem besteht aus den Konzepten „Ordinatio", „Dispositio", „Eurythmia", „Symmetria", „Decor" und „Distrubitio" (Vitruvius 22 v. Chr.).

chern. Albertis Traktat weist die gleiche Struktur auf[8]. Zudem basiert seine Arbeit auf sechs Hauptquellen der Antike[9].

Analog zu dieser Formgebung versucht die vorliegende Arbeit, dem Schönheitsideal der Renaissance im Allgemeinen und von Alberti im Speziellen gerecht zu werden. Dabei werden für die Analyse des Ursprungs des Designs auch sechs Hauptquellen verwendet, die bestimmten Gliedmaßen des menschlichen Körpers zugeordnet und in Beziehung zueinander und zum Ganzen gesetzt werden. Diese werden näher im folgenden Abschnitt beschrieben.

2.2 Über die Werke: Ihre Anordnung und ihre Beziehung zum Ganzen

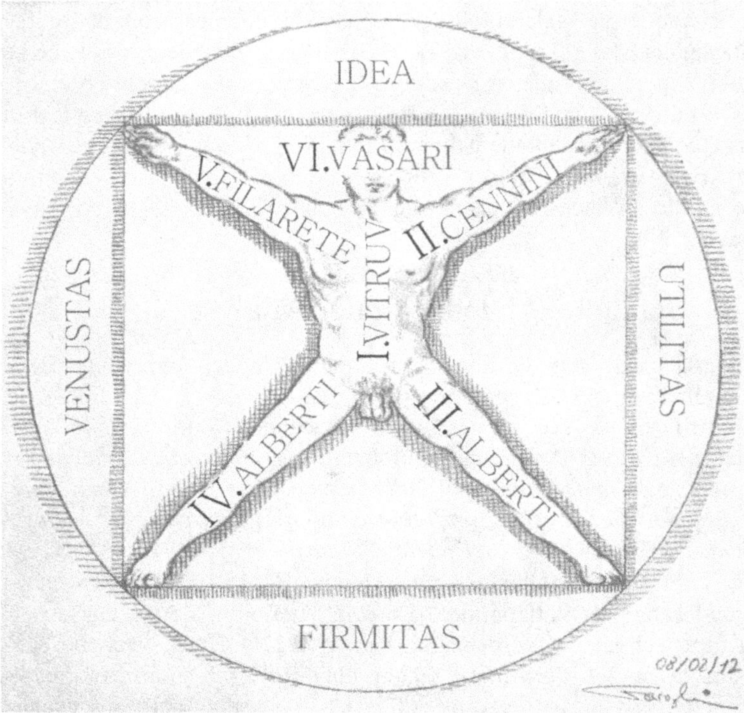

Abbildung 1: Körper des Disegno

Wie man in Abbildung 1 erkennen kann, sind die sechs Hauptquellen dem menschlichen Körper zugeordnet. Dabei wird die Mikro-Makrosystematik der Renaissance verwendet, und

8 Albertis Architektursystem besteht aus den Elementen Gegend, Grund, Teilung, Wand, Decke und Öffnung (Alberti 1452).

9 Albertis Hauptquellen waren Theophrast, Aristoteles, Cato, Varro, Plinius und Vitruvius (Alberti 1452).

die Gliedmaßen werden zu bestimmten Elementen des Ganzen in Beziehung gesetzt[10]. Das Ganze repräsentiert das ursprüngliche Design-System und teilt sich in vier charakteristische Elemente auf: *„Idee"* (idea), *„Nützlichkeit"* (utilitas), *„Stabilität"* (firmitas) und *„Schönheit"* (venustas)[11]. Die folgende Liste beschreibt sowohl die Bedeutungen der Werke für das ursprüngliche Design-Konzept und die Renaissance als auch die Gründe für die gewählten Anordnungen und Beziehungen.

1. Vitruvius' Buch *„De Architectura libri decem"* ist das älteste und einzig erhaltene antike Werk über die Architektur. Vitruvius gilt als der Vater der Architekturtheorie und beeinflusste mit seinem Werk nicht nur signifikant das Renaissance-Denken (Tatarkiewicz 2005), sondern auch die Konzepte des Designs. Wie man in der obigen Abbildung erkennen kann, ist das Werk dem Rumpf zugeordnet und nimmt dadurch eine besondere Position im menschlichen Körper und im Gesamtsystem ein: Es hält alle anderen Körperteile zusammen und steht für ihre Ordnung. Weiterhin befindet sich Vitruvius' Werk im Zentrum des Ganzen, da er als der Erfinder dieser Systemordnung bezeichnet werden kann und mit seinem Traktat starken Einfluss auf die anderen fünf Werke ausübte.

2. Cennini schrieb mit seinem Buch *„Il libro dell'arte"* eines der ersten Werke über die Kunst. In Abbildung 1 wird sein Buch als ein menschlicher Arm symbolisiert, dessen Hand zwischen die Elemente *„Idee"* und *„Nützlichkeit"* zeigt. Die Anordnung zum Element *„Idee"* wird aus dem folgenden Grund gewählt: Die Malerei ist für Cennini eine Kunst, „welche zugleich mit der Ausführung der Hand Phantasie erfordert, um nie gesehene Dinge zu erfinden" (Cennini 1400, 4). Die Freiheit des Malers ist nach Cennini mit der Poesie des Dichters vergleichbar. Diese Verbindung zwischen der Hand und der Freiheit des Geistes übte einen entscheidenden Einfluss auf das Design-Konzept aus. Der Künstler ist demnach in der Lage, Dinge allein im Geiste zu erschaffen und „mit der Hand festzuhalten" (Cennini 1400, 4). Weiterhin wird sein Werk dem Element *„Nützlichkeit"* zugeordnet, da er sein praktisches Wissen in Form eines Handbuchs vermittelte und beschrieb, wie ein Maler verschiedene Techniken *nutzen* soll.

3. Albertis Buch *„Della Pittura"* war vor allem für die Renaissance von besonderer Wichtigkeit. Mit seiner Theorie über die perspektivische Konstruktion half er der Renaissance-Kunst, sich „von der künstlerischen Tradition des Mittelalters" (Huth & Hoffmann 2004) zu befreien. Damit konnte ein dreidimensionaler Raum auf einer zweidimensionalen Fläche präzise wiedergegeben werden. Als Körperteil wird für sein Werk der menschliche Fuß gewählt, der die Elemente *„Nützlichkeit"* und *„Stabilität"* miteinander verbindet. Bemerkenswert dabei ist, dass auch das zweite Buch über die Malerei eine stärkere Ver-

---

[10] Die Mikro-Makrosystematik der Renaissance beschreibt den Menschen als Mikrosystem („kleine Welt") und die Natur oder den Kosmos als Makrosystem („große Welt"). Die Darstellung symbolisiert, dass der Mensch durch seine zentrale Position zum Ganzen das Maß aller Dinge ist. Trotzdem ist er nur ein Teil der Natur und muss demnach die Gesetze der Natur befolgen.

[11] Angeregt von Platons Ideenlehre und Ficinos metaphysischer Betrachtung des Geistes war die „Idee" das geistige Vermögen eines Künstlers sowie dessen Phantasie und Erfindungskraft. Damit konnte man neue nie gesehene Dinge erschaffen. Die weiteren Elemente gehen auf Vitruvius' Architekturtheorie zurück (Vitruvius 22 v. Chr.).

bindung zur *„Nützlichkeit"* als zur *„Schönheit"* aufweist. So hatte Alberti Mathematik und Geometrie als Grundlagen der Malerei definiert und dadurch versucht, die Malerei rational zu begründen. Außerdem beschrieb er, welche *„Nützlichkeit"* die Malerei für die Wissenschaft hat. Da die Malerei die Natur wie ein „offenes Fenster" abbildet (Alberti 1435), müssen die Maler erst die Natur verstehen und analysieren, bevor sie mit dem Malen beginnen. Der Künstler soll weniger auf sein Talent und seine geistige Vorstellungskraft (*„Idee"*) vertrauen, sondern die Natur (*„Stabilität"*) als Vorbild nehmen (Alberti 1435). Genau diese Forderungen Albertis verhalfen Disegno (Design), sich zu einer Wissenschaft zu entwickeln.

4. Alberti schrieb mit seinem Werk *„De re aedificatoria"* nicht nur den ersten Architekturtraktat der Renaissance, sondern auch, fast 1500 Jahre nach der Erscheinung von Vitruvius' Buch (siehe I), das nächste Hauptwerk über die Architektur. Sein Werk hat vor allem einen großen Einfluss auf den künstlerischen Humanismus ausgeübt (Alberti 1452). Wie schon bei seinem vorherigen Buch (siehe III) wird sein Traktat mit einem menschlichen Fuß verkörpert, der diesmal *„Stabilität"* und *„Schönheit"* miteinander verbindet. Da es auch für das Design-Konzept von signifikanter Bedeutung ist, kann man feststellen, dass der Ursprung des Designs auf den *„stabilen Füssen"* von Alberti steht. Die *„Schönheit"* ist ein zentrales Konzept seines Buches (Alberti 1452). Verdeutlicht wird dies vor allem dadurch, dass in seinem Architektur-Traktat allein sechs von seinen zehn Büchern sich mit der Schönheit befassen.

5. Filarete, geboren als Antonio Averlino, schrieb mit seinem Werk *„Trattato di Architettura"* den ersten Architektur-Traktat in italienischer Sprache. Sein Werk verkörpert den menschlichen Arm[12], der mit seinen Fingerspitzen zwischen *„Idee"* und *„Schönheit"* zeigt. Die Anordnung zum Element *„Idee"* wird gewählt, da Filarete in seinem Buch eine imaginäre, *ideale* Stadt mit dem Namen ‚Sforzinda' entworfen hatte. Dadurch kann man ihn als den ersten visionären Designer bezeichnen. Bei Filarete wurde eine spezielle Form von *„Schönheit"* entdeckt. Für ihn war die *„schöne Ausführung des Designs"*[13] wichtig. Er sprach sogar den Architekten die Rolle einer Mutter zu, sodass sie mit Liebe und Herz ihre Werke bauen sollten (Averlino 1464).

6. Giorgio Vasari kann nicht nur, wie im Kapitel 2 beschrieben, als der Erfinder der Renaissance und des Designs bezeichnet werden, sondern auch als der Vater der Kunstgeschichte. Mit seinem Werk *„Le vite dei più eccellenti architetti, pittori et scultori italiani"* erstellte er ein Lexikon mit den Biographien von verschiedenen italienischen Künstlern. Da er die erste eigenständige Design-Theorie entwickelte, wird sein Werk dem menschlichen Kopf zugeordnet. Während für Cennini Disegno eine Grundlage für die Malerei war, war es für Vasari das Fundament aller Künste und die jedem Werk vorausgehende Entwurfs-

---

12 Für Filarete hatte der Arm (*‚braccio'*) eine besondere Bedeutung, da er ihn als eine Maßeinheit definierte.

13 So wie bei Vasari war das Design für Filarete wichtiger als die letztendliche Realisierung. Während seine Idealstadt selbst „Sforzinda" hieß, benannte er den Entwurf, nach seinem Namen, den „Averlianischen" (Averlino 1464).

tätigkeit (Vasari 1568). Sein Werk wird dem Grundelement *„Idee"* zugeordnet, da der Künstler mit Disegno Zugang zur Idee und zum Wesen aller Dinge erhält (Vasari 1568).

3 Über die Synthese: Der Bezug zu Mensch-Computer Interaktion

Wie die Renaissance eine Synthese von den Konzepten der Vergangenheit mit denen der Gegenwart bilden wollte, versucht die vorliegende Arbeit, die Charakteristiken und Besonderheiten des ursprünglichen Design-Konzeptes kurz zu skizzieren, die für die heutige MCI relevant sein können.

1. Der Mensch im Zentrum der Gestaltung: Genau wie bei der MCI stellte das ursprüngliche Design-Konzept den Menschen in das Zentrum der Gestaltung. Nach Alberti müsse man vor dem Entwerfen eines Dinges damit beginnen, den Menschen genauer zu betrachten und zu analysieren. Dabei solle man auch auf die Verschiedenheit der Menschen achten, denn diese Verschiedenheit ist der Grund, warum sich so viele Dinge voneinander unterscheiden (Alberti 1452). Von hoher Bedeutung für die MCI sind auch die zeichnerischen Studien von Leonardo da Vinci, der den Menschen vollständig von außen und von innen zu verstehen versuchte. So entwarf er Studien über die menschliche Interaktion und Kommunikation sowie die Anatomie und die Emotionen.

2. Das Streben nach der höchsten Design-Qualität: Schon im ältesten Buch über die Architektur wurde die Qualität („qualitas") dem Design („dispositio") zugeordnet. Jede Gestaltung solle dabei mit Qualität schön ausgeführt werden (Vitruvius 22 v. Chr.). Qualität bedeutet im Lateinischen „Merkmale" oder „Eigenschaften". Dadurch stellt sich die Frage, nach welchen charakteristischen Merkmalen das ursprüngliche Design-Konzept Dinge gestaltete. Für Vitruvius müssen alle gebauten Dinge drei Prinzipien erfüllen: „Stabilität" (firmitas), „Nützlichkeit" (utilitas) und „Schönheit" (venustas) (Vitruvius 22 v. Chr.). Nach Vasari müsse Design vor allem Nützlichkeit mit Schönheit vereinen (Vasari 1568). Alberti dagegen verstand den Vitruvius-Begriff „utilitas" als Funktion und teilte diese in drei Qualitätsstufen auf: „Notwendigkeit" (necessitas), „Nützlichkeit" (oportunitas) und „Vergnügen" (voluptas). Bemerkenswert ist dabei, dass er diese Begriffe wie eine stufenweise Entwicklung interpretierte. Auch in der MCI kann man eine ähnliche Entwicklung mit den Begriffen „Functionality", „Usability" und „User Experience" feststellen. Die Besonderheit des ursprünglichen Design-Konzeptes lag vor allem darin, mit dem Entwurf die höchste Qualität zu erreichen. Dabei wurde der Entwurf so lange iterativ verfeinert und verbessert, bis man sich dadurch der „vollendeten Schönheit" annäherte (Alberti 1452).

3. Vereinigung von Kunst und Wissenschaft: Ein wesentliches Charakteristikum der Renaissance und des ursprünglichen Design-Konzeptes war die enge Verschmelzung von Kunst und Wissenschaft. Design müsse nach Alberti von einem Menschen ausgeführt werden, der im Herz und Geist gebildet ist (Alberti 1452). Nach Vitruvius benötige der Designer künstlerische und wissenschaftliche Fähigkeiten. Er beschrieb Design als einen

Problemlösungsansatz, in dem beide Fähigkeiten für die Gestaltung notwendig sind. Der Designer müsse analytisch denken können, um gestellte Aufgaben systematisch lösen zu können. Er müsse aber auch erfinderisch sein. Denn die Erfindung beschäftige sich mit der „Lösung dunkler Probleme und die mit beweglicher Geisteskraft gefundene Entdeckung von etwas Neuem" (Vitruvius 22 v. Chr.). „Fühlen" und „Denken" waren in der Renaissance nicht voneinander getrennt.

4. Gestaltung des Wesens eines Dinges: Spätestens seit Vasari war eine der zentralen Aufgaben des ursprünglichen Designs, Dinge nicht nur äußerlich, sondern auch innerlich zu formen. Dabei ging es darum, das Wesen eines Dinges und seine charakterlichen Eigenschaften zu gestalten. Von Platons Ideenlehre abgeleitet, sollten die Designer in die Lage versetzt werden, ein (Ur-)Bild von einem Ding im Geist malen zu können.

5. Bezugnehmend auf die heutige Zeit hat sich seit dem Personal Computer eine bestimmte Vorstellung über die Form des Computers gefestigt. Entsprechend der anthropomorphen Darstellung der Renaissance kann diese folgendermaßen beschrieben werden: Durch Kabeln sind die Gliedmaßen des Computers miteinander verbunden; der Monitor stellt den Kopf dar, in dem die Computerwelt betrachtet werden kann; die Arme des Computers werden durch die Eingabegeräte Maus und Tastatur verkörpert; der Tower repräsentiert den Rumpf, in dem sich das Herz befindet; und da der Computer keine Füße hat, kann er sich nicht fortbewegen und hat dadurch eine feste Position. Außerdem kann diese Form des Computers mit Albertis Metapher des „offenen Fensters" beschrieben werden. Wie bei einem offenen Fenster kann man durch den Monitor in die Welt des Computers hinein blicken, so als ob man in eine räumlich entfernte Welt schaut. Als man Computerwelten graphisch darstellen wollte, wurde auch die Metapher Fenster (Windows) verwendet. Heute lässt sich feststellen, dass sich diese Form des Computers und dadurch auch sein Wesen zunehmend auflösen. So sind zum Beispiel keine Eingabegeräte notwendig, um mit dem Computer zu interagieren, sondern können dafür die natürliche Sprache und Gestik verwendet werden (Harper et al. 2008). Da die Gesellschaft zunehmend digitalisiert wird und die Computer sich in Alltagsgegenständen verstecken, scheinen auch die Computerwelten nicht mehr von der physikalischen Welt isoliert zu sein.

6. Dinge als lebendige Organismen: Eine weitere zentrale Aufgabe des ursprünglichen Design-Konzeptes war, Dinge wie lebendige Organismen darzustellen. Nach Vasari sind lebendige Dinge im Gegensatz zu leblosen stets in Bewegung und dadurch müsse Design neben der Form eines Dinges auch ihre Bewegung gestalten (Vasari 1568). Alberti unterschied zwischen zwei Bewegungsformen: den Bewegungen der Seele, „die Affekte genannt werden, wie Zorn, Schmerz, Freude und Furcht, Begehren und dergleichen" (Alberti 1435, 135) und der Bewegungen der Körper, die später Leonardo da Vinci in Orts- und Aktionsbewegungen unterteilte (Da Vinci 1570). Sowohl die seelischen als auch die körperlichen Bewegungen sollen bei jeder Gestaltung berücksichtigt werden (Da Vinci 1570). Dabei sollen sie so dargestellt werden, dass ihre Wirkung die gleiche seelische Bewegung beim Betrachter, wie zum Beispiel Liebe, auslöst (Da Vinci 1570). Nach Filarete kann ein Gebäude analog zu den lebendigen Organismen krank werden und sterben, wenn es keine Liebe und Zuneigung von dem Architekten bekommt.

7. Da sich wie oben beschrieben die Form des Computers auflöst, wird sich der Fokus vom Computer auf die Dinge selbst bewegen. So wirken die Dinge selbst, als ob sie lebendig wären und sprechen, fühlen und wahrnehmen könnten. Martin Lindstrom (2011) untersuchte die Gehirnaktivitäten von iPhone-Besitzern, um herauszufinden, ob mobile Geräte süchtig machen. Dabei stellte er fest, dass nicht die Synapsenverbindungen, die auf Sucht hindeuten, aktiviert wurden, sondern die Verbindungen, die auf Liebe und Sehnsucht hinweisen. Der Computer entwickelt sich zunehmend mehr von einem passiven Ding zu einem aktiven Subjekt, das die physikalische Welt räumlich wahrnehmen, verändern und sich darin bewegen kann (Harper et al. 2008).

8. Gestaltung von Räumen: Das Konzept Raum spielte für die Entwicklung der Renaissance eine wesentliche Rolle. Die Erfindung der Linearperspektive sorgte nicht nur dafür, dass der dreidimensionale Raum besser wiedergegeben werden konnte, sondern beeinflusste auch einen Perspektivwechsel. So wurde die Welt subjektiv aus den Augen der Menschen gesehen und nicht mehr als etwas objektives, das über den Menschen steht. Der Ursprung dieser Entdeckung kann in Vitruvius' Buch gefunden werden, das im Design („disposito") das „perspekitivsche[14] Zeichnen" definierte (Vitruvius 22 v. Chr.). Weiterhin beschrieb er die räumliche Zusammenstellung von Dingen als eine Aufgabe des Designs.

9. Da der Computer stark in sämtliche Lebensbereiche der Menschen eindringt, kann das Konzept Raum zukünftig wieder eine höhere Relevanz im Design erhalten. Nach Meisenheimer (2004) ist Raum nicht wie ein Ding von den Menschen gelöst, sondern von innen erlebbar. Deswegen kann man auch von Erlebnis- oder Lebensräumen sprechen. Dabei kann das Ziel der MCI sein, die individuelle Lebenszufriedenheit der Menschen in seinen privaten und öffentlichen Räumen trotz oder wegen der Computertechnologie zu erhöhen.

4 Fazit

Die vorliegende Arbeit verfolgte das Ziel, den Ursprung des Designs zu analysieren, um daraus Charakteristiken und Besonderheiten des ursprünglichen Design-Konzeptes zu beschreiben, die für die gegenwärtige MCI relevant sein können. Dafür wurden sechs Hauptquellen aus der Antike, dem Mittelalter und der Renaissance untersucht, die für die Entwicklung der ersten eigenständigen Design-Theorie von Bedeutung waren.

[14] Etymologisch betrachtet bedeutet Perspektive „klares Sehen".

Literaturverzeichnis

Alberti, L. B. (1435). *Della Pictura.* Übersetzt von: Bütschmann, O., Gianfreda, S. (2002). *Della Pittura – Über die Malkunst.* Darmstadt: Wissenschaftliche Buchgesellschaft

Alberti, L. B. (1452). *De re aedificatoria.* übersetzt von: Theuer, M. (2005). *Zehn Bücher über die Architektur.* Darmstadt: Wissenschaftliche Buchgesellschaft

Averlino, A. (1464). *Trattato d'architettura.* Übersetzt von: Spencer, J. R., (1965) *Treatise on Architecture.* New Haven: Yale University Press

Blum, G. (2011). *Giorgio Vasari: Der Erfinder der Renaissance.* München: C.H. Beck Verlag

Cennini, C. (1400). *Il libro dell'arte.* Übersetzt von: Albert, I. (2008). *Das Buch von der Kunst oder Tractat der Malerei.* Melle: Wagener Edition

Da Vinci, L. (1570). *Trattato della pittura.* Übersetzt von: Dietrich, Eugen (1989). *Leonardo da Vinci. Traktat von der Malerei.* München: Eugen Diederichs Verlag.

Hahn, T. (2010). *Future Human Computer Interaction with special focus on input and output techniques.* Reykjavik: University of Reykjavik

Harper, R., Rodden, T., Roggers, Y. & Sellen, A. (2008). *Being human: Hci in 2020.* Cambridge: Microsoft

Hassenzahl, M. (2010). *Experience Design: Technology for All the Right Reasons.* San Rafael: Morgan and Claypool Publishers

Huth, A. & Hoffmann, T. (2004). *Die Kunst der Renaissance.* München: belser

Lindstrom, M. (2011). *You love your iPhone. Literally.* New York: the New York Times, October 1:A21

Meisenheimer, W. (2004). *Das Denken des Leibes und der architektonische Raum.* Köln: Verlag der Buchhandlung König.

Sitter-Liver, B. (2008). *Utopie heute II: Zur aktuellen Bedeutung, Funktion und Kritik des utopischen Denkens und Vorstellens.* Köln: Kohlhammer

Tatarkiewicz, W. (2005). *History of aesthetics.* London: Continuum International Publishing Group

Vasari, G. (1568). *Le vite dei più eccellenti architetti, pittori et scultori italiani.* übersetzt von: Lorini, V. (2006). *Giorgio Vasari. Einführung in die Künste der Architektur, Bildhauerei und Malerei.* Berlin: Verlag Klaus Wagenbach

Vitruvius P. (22 v. Chr.). *De Architectura libri decem.* Übersetzt von: Fensterbusch, C. (2008). *Vitruv. Zehn Bücher über Architektur.* Darmstadt: Wissenschaftliche Buchgesellschaft

H. Reiterer & O. Deussen (Hrsg.): Mensch & Computer 2012
München: Oldenbourg Verlag, 2012, S. 223-232

Erfassung von Attributionsstilen in der MCI – eine empirische Annäherung

Sascha R. Guczka[1], Monique Janneck[2]

Universität Hamburg, Fachbereich Psychologie[1]
Fachhochschule Lübeck, Fachbereich Elektrotechnik und Informatik[2]

Zusammenfassung

Die Erfassung von Attributionsprozessen, also das systematische Zuschreiben von Ursachen zu Ereignissen, wurde im Bereich der MCI bislang nur wenig erforscht. Zur Untersuchung von computerbezogenen Attributionsstilen wurden Probanden in einer Tagebuchstudie zu ihren Kausalattributionen in subjektiv empfundenen Erfolgs- und Misserfolgssituationen bei der Computernutzung auf den Dimensionen Lokalisation, Kontrollierbarkeit, Stabilität und Globalität befragt. Die clusteranalytische Auswertung zeigt für Erfolgssituationen vier und für Misserfolgssituationen drei unterschiedliche Attributionsmuster. Die Gruppenvergleiche fallen dabei (hoch-) signifikant aus, die Effektstärken liegen im mittleren bis hohen und sehr hohen Bereich. Inhaltlich können eher günstige und eher ungünstige Attributionsmuster identifiziert werden. Implikationen für Forschung und Praxis werden diskutiert.

1 Attributionsprozesse und MCI

Die *Attributionsforschung* beschäftigt sich mit der Frage, welche Ursachenerklärungen Menschen für bestimmte Ereignisse entwickeln (so genannte *Kausalattributionen*) und welche *Kontrollmöglichkeiten* über externe Ereignisse sie sich selbst zuschreiben. Diese Bewertungen finden auf den Dimensionen *Lokalisation*, *Globalität*, *Kontrollierbarkeit* und *Stabilität* statt (vgl. z.B. Weiner 1974, Abramson et al. 1978, Stiensmeier-Pelster & Heckhausen 2006). Verdeutlichen wir dies am Beispiel einer nicht bestandenen Prüfung: *Lokalisation* beschreibt, ob die Ursache für ein Ereignis eher bei der Person selber (internal – z.B. „nicht genügend vorbereitet“) oder bei externen Personen/Umständen gesehen wird (external – z.B. „Prüfung zu schwer, Prüfer unfair“). *Globalität* bezieht sich darauf, ob die Ursache nur in einem bestimmten Bereich Auswirkungen hat („Dieses Fach liegt mir nicht“ vs. „Klausuren im Allgemeinen liegen mir nicht“). *Stabilität* beschreibt dagegen die zeitliche Komponente („Es lief dieses Mal nicht gut“ vs. „Ich schneide immer schlecht ab“). *Kontrollierbarkeit* schließlich bezeichnet die wahrgenommene Beeinflussbarkeit der Situation („Ich hätte mehr lernen können“ vs. „Mehr Lernen hätte nicht geholfen“).

Attributionsprozesse sind bedeutsam für Verhalten, Gefühle und Motivation von Menschen (z.B. Försterling 2001). Neigt der Kandidat im Beispiel zu einer externalen Attribution („der unfaire Prüfer war schuld"), mag sich dies psychisch entlastend auswirken, zieht aber möglicherweise keine vermehrten Anstrengungen nach sich, die nötig wären, um die Prüfung im zweiten Anlauf zu bestehen. Umgekehrt kann eine internale Attribution zwar einerseits zu Selbstzweifeln und -vorwürfen, andererseits aber auch zu einer größeren Anstrengung führen – vorausgesetzt, die Person empfindet eine gewisse Kontrollierbarkeit der Situation.

Tendiert eine Person situations- bzw. bereichsübergreifend zu einem bestimmten Zuschreibungsverhalten, spricht man von spezifischen *Attributionsstilen.* Ungünstige Attributionsstile können sich dabei, wie im obigen Beispiel skizziert, negativ auf die Situationsbewältigung auswirken und im Extremfall mit psychischen Erkrankungen einhergehen. So zeichnen sich beispielsweise depressive Patienten häufig dadurch aus, dass negative Ereignisse vorwiegend als internal, global, stabil und unkontrollierbar attribuiert werden („ich bin schuld, aber ich kann nichts ändern"), positive hingegen als external, spezifisch und instabil („ich habe zufällig mal Glück gehabt").

In der vorliegenden Untersuchung gehen wir der Frage nach, welche Rolle Attributionsprozesse bei der *Mensch-Computer-Interaktion* spielen. Wir gehen dabei von der Annahme aus, dass auch der Umgang mit Computertechnologie von Attributionen beeinflusst wird, etwa bei der Frage, wodurch Fehlfunktionen ausgelöst werden und wie sich Fehler beheben lassen. Dabei ist es plausibel anzunehmen, dass sich auch in diesem Bereich unterschiedliche Attributionsmuster günstiger bzw. weniger günstig auf das Erlernen von und den Umgang mit Computern auswirken, wenn etwa Personen einerseits die Schuld für Fehlfunktionen typischerweise bei sich selber suchen (internale Kausalattribution), andererseits jedoch ratlos sind, wie sie diese vermeiden können und daher auch keinerlei Anstrengungen hierzu unternehmen (geringe Kontrollüberzeugung). Die Kenntnis unterschiedlicher Attributionsmuster von Benutzern könnte somit helfen, Schwierigkeiten und Probleme bei der Computernutzung besser zu verstehen oder möglicherweise sogar Systeme adaptiv zu gestalten. (Abzugrenzen sind Attributionsprozesse dagegen von der Frage, welche Eigenschaften Benutzer dem Computer zusprechen, etwa im Sinne einer Anthropomorphisierung).

Bislang stehen der Vielzahl von Studien aus der psychologischen Attributionsforschung vergleichsweise wenige Arbeiten entgegen, die sich speziell mit Technik und Computern befassen. Diese thematisieren vorwiegend Geschlechterunterschiede bei der Computernutzung und weniger allgemeine Attributionsmuster und -stile. Dennoch geben sie einige interessante Hinweise. So erklären Mädchen Erfolge bei der Computernutzung eher mit externen Faktoren (Aufgaben einfach, Glück gehabt), während sie Misserfolge internal ihren mangelnden Fähigkeiten und Kenntnissen zuschreiben. Jungen zeigen genau umgekehrte Attributionsmuster: Erfolge schreiben sie eher ihren eigenen Fähigkeiten zu, Misserfolge der Schwere der Aufgabe oder der schlechten Softwaregestaltung (z.B. Dickhäuser & Stiensmeier-Pelster 2002, Sølvberg 2002). Der männliche Attributionsstil korreliert positiv mit Medien- und Computerkompetenz (Kay 1990) – angesichts des nach wie vor eklatanten Mangels an Frauen in computerbezogenen Studienfächern und Berufen ein deutlicher Hinweis darauf, wie bedeutsam Attributionsmuster für die MCI sein können.

2 Forschungsfragen und Methodik

2.1 Untersuchungsparadigma

Vor der inhaltlichen Frage, ob es relevante Attributionsstile im Bereich der Mensch-Computer-Interaktion gibt, steht die Frage der methodischen Erfassung. In den meisten Studien werden Attributionen über Fragebögen erhoben. Hierzu liegen einige standardisierte Erhebungsinstrumente wie etwa der ASQ (Attribution Style Questionnaire, Peterson et al., 1982) vor, die jedoch z.T. nur unbefriedigende Gütekriterien aufweisen (insbesondere hinsichtlich der externen Validität) bzw. sehr stark auf die klinische Forschung und Diagnostik (ungünstige Attributionsstile bei psychischen Erkrankungen) ausgerichtet sind. Das einzige bekannte computerspezifische Verfahren ist der FEcA (Fragebogen zur Erfassung computerspezifischer Attributionen, Dickhäuser & Stiensmeier-Pelster 2000), der Attributionen durch die Imagination bestimmter Situationen („Stellen Sie sich vor, Sie haben sich selbstständig in die Funktionsweise eines neues Computerprogramms eingearbeitet") und der damit einhergehenden Gedanken, Gefühle und Verhaltensweisen zu erfassen versucht. Diese Vorgehensweise hat den Nachteil, dass unklar ist, ob die vorgestellten Situationen tatsächlich bedeutsam für die befragten Personen sind oder sich in tatsächlichen Alltagssituationen andere Attributionsmuster zeigen würden. Zudem erzeugt die Imagination vermutlich nicht dieselbe Wirkung wie das reale Erleben: So kommen Attributionsprozesse insbesondere dann auf, wenn das auslösende Ereignis unerwartet auftritt (Stiensmeier-Pelster & Heckhausen 2006).

Alternativ ist die Beobachtung von Personen im Laborexperiment denkbar. Allerdings weisen experimentelle Untersuchungen im Labor typischerweise geringere Werte hinsichtlich der externen Validität auf als Felduntersuchungen (Bortz & Schuster 2010). Im Rahmen dieser Studie soll daher ein Untersuchungsparadigma erprobt werden, das in arbeitspsychologischen Studien vielfach seine Nützlichkeit unter Beweis gestellt hat: das *Tagebuchverfahren* (vgl. Ohly et al. 2010). In Tagebuchstudien protokollieren die Probanden über einen gewissen Zeitraum ihre Erfahrungen, Verhaltens- und Erlebensweisen im Hinblick auf den Untersuchungsgegenstand mit Hilfe eines mehr oder weniger strukturierten Erhebungsbogens (freie Dokumentation/Erzählung bis hin zum Ausfüllen kurzer standardisierter Fragebögen). Sie haben den Vorteil, dass tatsächlich reale Situationen zeitnah und detailliert erfasst werden können (Alaszewski, 2006, Ohly et al. 2010). Gerade bei zeitkritischem Verhalten wie kausalen Zuschreibungen ist es wichtig, möglichst nah an der Situation die notwendigen Daten zu erheben, da es sonst zu einer retrospektiven Verzerrung kommt (Reis & Gable, 2000). Tagebuchstudien sind allerdings aufwändig durchzuführen und verlangen den Probanden einige Disziplin und erheblichen (v.a. zeitlichen) Aufwand ab, sodass mit einer relativ hohen Drop-Out-Quote gerechnet werden muss (Ohly et al., 2010).

In der vorliegenden Untersuchung gehen wir somit einer inhaltlichen sowie einer methodischen Frage nach: Gibt es stabile computerbezogene Attributionsstile, die situationsübergreifend Erwartungen und Handlungen der Nutzer beschreiben oder beeinflussen? Und inwiefern können Attributionsmuster bei der Computernutzung mit Tagebuchstudien verlässlich und aussagekräftig erhoben werden?

2.2 Vorgehen und Untersuchungsinstrument

Die Untersuchungsteilnehmer wurden gebeten, über einen Zeitraum von 4 Wochen *Erfolgs-* und *Misserfolgssituationen* bei der Computernutzung (sowohl am Arbeitsplatz als auch in der Freizeit) mittels eines standardisierten Tagebuchs zu protokollieren. Die Einschätzung, ob ein Erfolg oder Misserfolg stattgefunden hatte, oblag dabei den Teilnehmern. Hierzu wurden die Probanden zunächst um eine kurze Beschreibung der Situation sowie eine Einschätzung der Wichtigkeit gebeten. Danach wurden die vier Attributionsdimensionen *Internalität*, *Globalität*, *Stabilität* und *Kontrollierbarkeit* im Hinblick auf diese Situation erfasst. Die Itemformulierung geschah in Anlehnung an den SASS (Sport Attributional Style Scale, Hanrahan et al., 1989). Weiterhin wurden einige Rahmenbedingungen (Ort, Nutzungsanlass, beteiligte Personen, Dauer der Computernutzung etc.) erfasst. Das Tagebuch wurde in Papierform ausgegeben, um eine mögliche Vermischung der Erhebungsinhalte mit der Erhebungsform zu verhindern (Ohly et al., 2010). Jedes Tagebuch enthielt jeweils 10 Kurzfragebögen für Erfolgs- und Misserfolgssituationen (Abb. 1) sowie einen soziodemographischen Teil, der auch allgemeine Computererfahrungen erfasste.

Beschreiben Sie den zuletzt aufgetretenen Erfolg:		
Benennen Sie möglichst knapp aber präzise den Auslöser für den Erfolg:		
1. Wo würden Sie den Auslöser des Erfolgs verorten? Wo liegt die Ursache?		
Bei mir	1 2 3 4 5 6 7	Im System (Software, Hardware)
2. Wird der Auslöser in diesem Kontext zukünftig erneut für Erfolgserlebnisse sorgen?		
Einmalig	1 2 3 4 5 6 7	Wiederkehrend
3. Empfinden Sie den Auslöser für den Erfolg als kontrollierbar?		
Kontrollierbar	1 2 3 4 5 6 7	Unkontrollierbar
4. Wird der Auslöser auch in anderen Bereichen für Erfolgserlebnisse sorgen?		
Nur in diesem speziellen Fall	1 2 3 4 5 6 7	Auch in anderen Bereichen
5. Für wie wichtig halten Sie den aufgetretenen Erfolg?		
Unwichtig	1 2 3 4 5 6 7	Sehr wichtig

Abbildung 1: Auszug Tagebuchseite zur Erfolgssituationserfassung

Die Untersuchungsteilnehmer waren Schüler, Studierende sowie Berufstätige, um verschiedene Altersgruppen sowie ein großes Spektrum an Nutzungssituationen abzudecken. Insgesamt wurden 50 Tagebücher ausgeteilt. Die Teilnehmer konnten sich bei Fragen jederzeit an den Studienleiter wenden, auf systematische Erinnerungen sowie Belohnungen wurde jedoch verzichtet, da dies in Tagebuchstudien das Ausfüllverhalten der Probanden beeinflussen und damit die Daten verfälschen kann (Ohly et al. 2010).

3 Ergebnisse

Insgesamt konnten N=19 ausgefüllte Tagebücher in die Auswertung einbezogen werden. Dies entspricht einer für das Studiendesign zufriedenstellenden Rücklaufquote von 38% (Ohly et al., 2010).Von den 19 Teilnehmern waren 11 weiblich (58%). Die Teilnehmer waren im Mittel 25,4 Jahre (Range: 17-58 Jahre) alt. Im Durchschnitt hatten sie 11 Jahre Erfahrung in der privaten (Range: 5-20 Jahre) und 10 Jahre in der beruflichen bzw. schulischen Computernutzung (Range: 2-25 Jahre). Ihre Computerkenntnisse bewerteten sie auf einer Likert-Skala von 1 (gering) bis 5 (fortgeschritten) im Mittel mit 3,6.

Die Teilnehmer haben insgesamt 152 Situationen berichtet (im Durchschnitt 8 pro Teilnehmer), davon 58 Erfolgs- (∅ 3,05) und 94 (∅ 4,95) Misserfolgssituationen (Tab. 1). Bei etwa 60% der Misserfolgssituationen handelte es sich um Ereignisse am Arbeitsplatz, während nur 43% der Erfolgssituationen aus dem Arbeitskontext stammten.

Die erfassten Situationen wurden durch zwei unabhängige Rater nach Systemkategorien (Anwendungssoftware, Hardware, Internet/Netzwerk, Betriebssystem, sonstiges) unterteilt. Die Interrater-Reliabilität lag bei 81,5% (Cohens Kappa = 0,72) und zeigt somit eine substantielle Übereinstimmung. Bei Inkongruenz der Kategorie wurden die Zuordnungen diskutiert und sich auf eine Kategorie geeinigt. Die Probanden waren überwiegend mit Anwendungssoftware befasst (51%), gefolgt von Internet/Netzwerk (20%; Tab. 1).

			Erfolgs-situationen	Misserfolgs-situationen	Alle Situationen
Situationen		*N (∅)*	58 (3,05)	94 (4,95)	152 (8)
Ort	Arbeit	*n (%)*	25 (43,1%)	57 (60,6%)	82 (53,9%)
	Freizeit	*n (%)*	33 (56,9%)	37 (39,4%)	70 (46,1%)
Kategorien	Anwendungssoftware	*n (%)*	38 (65,5%)	40 (42,6%)	78 (51,3%)
	Internet/Netzwerk	*n (%)*	7 (12,1%)	24 (25,5%)	31 (20,4%)
	Betriebssystem	*n (%)*	3 (5,2%)	16 (17%)	19 (12,5%)
	Hardware	*n (%)*	3 (5,2%)	12 (12,8%)	15 (9,9%)
	Sonstiges	*n (%)*	7 (12,1%)	2 (2,1%)	9 (5,9%)
			58 (100%)	94 (100%)	152 (100%)

Tabelle 1: Übersicht und Verteilung der Erfolgs- und Misserfolgssituationen in der Stichprobe

Die Korrelationen der Attributionsdimensionen untereinander sind bis auf eine Ausnahme gering, was für die Konstruktvalidität des Untersuchungsinstruments spricht. Lediglich *Lokalisation* und *Kontrollierbarkeit* korrelierten unabhängig von der Situation (Erfolg/Misserfolg) mit $r > 0,5$, was jedoch inhaltlich plausibel zu erklären ist: Wird eine internale Ursache für eine Situation angenommen, ist damit typischerweise höhere Kontrollierbarkeit verbunden.

3.1 Attributionsstile in Erfolgssituationen

Die Tagebuchdaten wurden mittels *Clusteranalyse* ausgewertet, da dies ein geeignetes Verfahren ist, um in Rohdaten Strukturen aufzudecken und entsprechende Gruppen zu bilden

(Bacher et al. 2010). In unserem Fall wurden anhand der Clusteranalyse unterschiedliche Attributionsmuster herausgearbeitet. In die Clusteranalyse wurden nur Personen einbezogen, die mindestens drei Situationen pro Ereignisgruppe (Erfolg/Misserfolg) dokumentiert hatten. Anhand dieses Einschlusskriteriums konnten in die Analyse der Erfolgssituationen *n*=9 Teilnehmer einbezogen werden. Durch dieses Kriterium verringerte sich die Zahl der männlichen Personen auf *n*=2, so dass keine Geschlechterunterschiede ausgewertet werden konnten.

Für die Erfolgssituationen zeigte sich eine Vier-Cluster-Lösung (Abb. 2): Cluster A und B liegen bei den Werten für Lokalisation, Stabilität und Kontrollierbarkeit im Mittelfeld, Cluster B zeichnet sich aber im Vergleich zu Cluster A durch niedrigere Globalitätswerte aus. In Cluster C zeigten sich, verglichen mit den Clustern A, B und D, die höchsten Stabilitäts- und Globalitätswerte. Personen in Cluster D haben geringere Werte auf den Dimensionen Lokalisation und Kontrollierbarkeit.

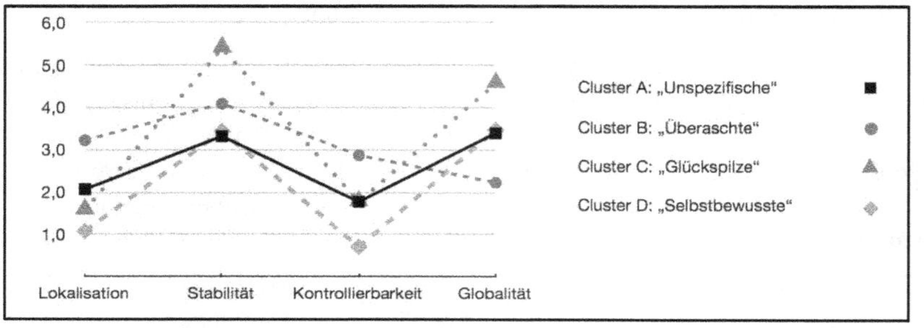

Abbildung 2: Mittelwerte der Cluster für Erfolgssituationen

D.h., Personen aus dem Cluster D („Selbstbewusste": „Ich kann es und bin verantwortlich für meinen Erfolg") sehen die Ursache für ihren Erfolg eher bei sich und nehmen diese auch kontrollierbarer wahr als die Personen der anderen Cluster, zeichnen sich also durch einen günstigeren Attributionsstil aus, während beispielsweise Personen aus dem Cluster B („Überraschte": „Puh, diesmal habe ich Glück gehabt") ihren Erfolg eher externen Faktoren zurechnen und diesen als weniger kontrollierbar empfinden. Personen aus dem Cluster C („Glückspilze": „Was ich anfasse, funktioniert auch stets") wiederum attribuieren zeitlich deutlich stabiler als die anderen Gruppen und nehmen auch eher an, dass die wahrgenommenen Ursachen situationsübergreifend wirksam werden.

Cluster - Erfolg	A n=3	B n=2	C n=1	D n=3	F	p	*f*
Lokalisation	2,067	3,219	1,571	1,076	8,769	**0,02***	*0,419*
Stabilität	3,314	4,086	5,4	3,432	6,08	**0,040***	*0,512*
Kontrollierbarkeit	1,772	2,867	1,771	0,706	12,79	**0,009****	*0,419*
Globalität	3,390	2,229	4,571	3,467	3,933	**0,087**	*0,499*

Tabelle 2: Deskriptive Statistik für die Vier-Cluster-Lösung bei Erfolgssituationen

Die Mittelwerte der einzelnen Cluster sind in Tabelle 3 angegeben. Die Varianzanalysen zeigen signifikante Unterschiede zwischen den Clustern. Die Effektstärken (Cohen's *f*, Cohen 1988) liegen zwischen $f = 0{,}419$ und $f = 0{,}512$ und sind somit durchgehend als hoch einzuschätzen.

3.2 Attributionsstile in Misserfolgssituationen

Für die Analyse der Misserfolgsattributionen lagen für n=11 Teilnehmer mindestens drei Situationen im Tagebuch vor. Unter diesen Teilnehmern befanden sich nur noch n=2 männliche Probanden, so dass erneut keine Geschlechterunterschiede analysiert werden konnte.

Für die Ursachenzuschreibung bei Misserfolgssituationen zeigt sich in der Clusteranalyse eine Drei-Cluster-Lösung (Abb. 3). Personen im Cluster A („Achselzuckende": „Jeder Misserfolg ist einzigartig") zeichnen sich durch mittlere Werte in den Dimensionen Lokalität, Stabilität und Kontrollierbarkeit und vergleichsweise niedrige Globalitätswerte aus. In Cluster B zeigten sich geringe Werte für Lokalisation, Stabilität und Kontrollierbarkeit; die Werte für Globalität liegen mittleren Bereich und damit höher als bei Personen aus Cluster A. Personen, die Cluster C zugeordnet wurden, wiesen hohe Wert auf allen Dimensionen auf. D.h., Personen aus Cluster B („Souveräne": „Diesmal hat es nicht geklappt, nächstes Mal mache ich es besser") suchen die Ursachen für Misserfolge zwar stark bei sich selber, empfinden diese aber gleichzeitig als kontrollierbar und wenig zeit- und situationsübergreifend, was für eine souveräne Situationsbeherrschung spricht. Personen aus dem Cluster C („Schicksalsergebene": „Der Computer macht immer und überall, was er will") hingegen empfinden computerbezogene Misserfolgssituationen als stark unkontrollierbar und sehen dies als zeitlich und situationsüberdauernd an – ein eher ungünstiges Attributionsmuster, das (mit Ausnahme der hohen Externalitätswerte) dem Muster der sogenannten erlernten Hilflosigkeit bei depressiven Patienten entspricht (vgl. Abramson et al. 1978).

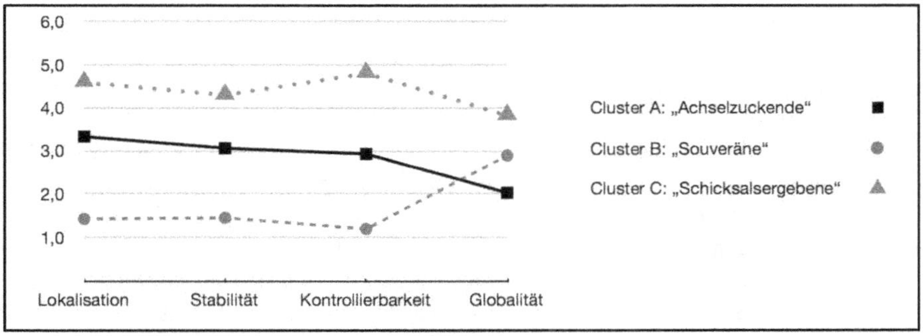

Abbildung 3: Mittelwerte der Cluster für Misserfolgssituationen

Wiederum ergaben sich signifikante Unterschiede zwischen den Clustern (Tab. 4). Die Effektstärken liegen im mittleren Bereich ($f = 0{,}173 – 0{,}233$).

Weder für Erfolgs- noch Misserfolgssituationen zeigen sich signifikante Unterschiede hinsichtlich Alter und der Einschätzung von Computererfahrungen und -kenntnissen.

Cluster - Misserfolg	Cluster A n=7	Cluster B n=1	Cluster C n=3	F	p	f
Lokalisation	3,324	1,429	4,58	13,18	**0,029***	0,213
Stabilität	3,057	1,457	4,285	32,61	**0,000****	0,233
Kontrollierbarkeit	2,926	1,2	4,798	29,14	**0,000****	0,173
Globalität	2,026	2,886	3,812	20,96	**0,001****	0,231

Tabelle 3: Deskriptive Statistik für die Drei-Cluster-Lösung bei Misserfolgssituationen

4 Diskussion

Die Ergebnisse legen nahe, dass Menschen auch im Umgang mit Computern stabile Attributionsmuster besitzen: Unsere erste, inhaltliche, Forschungsfrage kann somit mit „ja“ beantwortet werden. Für Erfolgs- und Misserfolgssituationen zeigten sich unterschiedliche Attributionsstile (bei Erfolgssituationen wurden vier, bei Misserfolgssituationen drei Cluster identifiziert). Dies spricht dafür, die Trennung nach Erfolg und Misserfolg bei der Datenerhebung beizubehalten und weiter zu erforschen. Inhaltlich lässt sich zwischen eher günstigen (z.B. bei Erfolg: „Der Selbstbewusste“ mit starker Internalität und Kontrollwahrnehmung) und eher ungünstigen Attributionsstilen (z.B. bei Misserfolg: „Der Schicksalsergebene“ mit geringer Kontrollwahrnehmung und hoher Stabilität und Globalität) differenzieren.

Es ist daher plausibel anzunehmen, dass sich individuelle Attributionsstile eher förderlich oder eher hemmend auf den Umgang mit Informationstechnologie auswirken, z.B. im Hinblick auf die Selbstwirksamkeitserwartung, das Einarbeiten in neue Hard- oder Software oder den Umgang mit Fehlern. Wie diese Mechanismen im Einzelnen funktionieren, konnte im Rahmen dieser explorativen Studie und mit diesem Studiendesign nicht geklärt werden. Zwar wurde bei der Datenerhebung zwischen verschiedenen Systemkategorien (bspw. Anwendungssoftware vs. Internet/Netzwerk) sowie Nutzungssituationen (privat vs. beruflich) unterschieden, aufgrund der geringen Teilnehmerzahl können diese Ergebnisse jedoch nur deskriptiv berichtet werden, entsprechend feingranulare clusterabhängige Auswertungen, auch mit dem Blick auf geschlechterspezifische Unterschiede, waren nicht möglich. Interessant ist aber immerhin, dass Misserfolgssituationen überwiegend aus dem Arbeitskontext berichtet wurden, Erfolgssituationen dagegen überwiegend aus dem Freizeitbereich. Möglicherweise spielt hier eine entsprechende Grundstimmung (mit bspw. eher positiven Assoziationen und angenehmen, selbst gewählten Tätigkeiten im Freizeitbereich) eine Rolle. Inwiefern sich dies auf Attributionsprozesse auswirkt, muss noch geklärt werden. Auch im Hinblick auf die Systemkategorien zeigen sich Unterschiede: So wurden im Hinblick auf Internet/Netzwerk, Betriebssystem und Hardware überproportional (zur Nutzungshäufigkeit) viele Misserfolgssituationen berichtet. Ob sich auch diesbezüglich unterschiedliche Attributionsmuster feststellen lassen, ist eine interessante Frage für zukünftige Studien.

Auch die zweite, methodische Forschungsfrage lässt sich bejahen: Die Erhebung von Attributionsmustern in der Mensch-Computer-Interaktion mit Hilfe von Tagebuchstudien erscheint als vielversprechende und angemessene Methode. Den Probanden war es mit diesem Instrument möglich, viele subjektiv bedeutsame Ereignisse im alltäglichen Nutzungskontext zu erfassen, was einen deutlichen Vorteil gegenüber den bisher in der Attributionsforschung eingesetzten Fragebogenverfahren darstellt. In Verbindung mit clusteranalytischen Verfahren konnten trotz der geringen Teilnehmerzahl deutliche und unterschiedliche Attributionsmuster herausgearbeitet werden. Die Cluster unterscheiden sich durchgängig (hoch-) signifikant, die Effektstärken liegen durchweg im mittleren bis hohen und sehr hohen Bereich. Dies ist angesichts des geringen Stichprobenumfangs ein beachtliches Ergebnis; es ist zu erwarten, dass bei einer größeren Stichprobe die Unterschiede zwischen den Clustern noch deutlicher hervortreten würden. Auch Kreuzvalidierungen wären mit größeren Stichproben möglich, worauf im Rahmen dieser Studie verzichtet werden musste.

Der gravierendste Nachteil von Tagebuchverfahren – die hohe Drop-Out-Quote – trat jedoch auch in dieser Untersuchung zu Tage, was mit dem hohen Aufwand für die Probanden zu erklären ist: Da es sich um ein Längsschnittverfahren ohne kontinuierliche Interaktion mit den Probanden handelt, müssen diese sich über einen längeren Zeitraum hinweg selber zur Teilnahme motivieren, sich an das Ausfüllen erinnern, das Tagebuch über verschiedene Nutzungssituationen hinweg parat halten usw. Für zukünftige Tagebuchstudien ist daher von vornherein der Einbezug einer deutlich größeren Stichprobe vorzusehen. Zwar ist ein papierbasiertes Verfahren zur Verminderung von Interferenzen mit dem Untersuchungsgegenstand zu empfehlen (Ohly et al. 2010), dennoch wäre interessant zu erproben, ob sich bspw. durch den Einsatz mobiler Endgeräte eine leichtere und komfortablere Erhebung für die Probanden realisieren lässt, wodurch möglicherweise auch die Drop-out-Quote reduziert werden könnte.

Implikationen für die MCI-Forschung und -Praxis sehen wir zum einen im Bereich der Usability-Evaluation: Der Einbezug von Attributionsmustern als Personenmerkmal könnte bei der Interpretation der Ergebnisse von Usability-Studien helfen (so wird möglicherweise ein „Souveräner" Probleme oder Fehler gar nicht berichten, weil die Person überzeugt ist, diese selbst hervorgerufen zu haben, aber auch selbst beheben zu können. Auch könnte die Fehlerzahl im Zusammenhang mit Attributionsstilen stehen). Ähnlich wie in unserer Erhebung könnten während eines Usability-Tests systematisch Attributionen erfasst werden. Eine entsprechende Studie bereiten wir derzeit vor.

Weiterhin halten wir Attributionsprozesse auch für relevant im Hinblick auf das Interfacedesign. Es wäre spannend zu untersuchen, ob beispielsweise verschiedene Visualisierungen oder Informationsarchitekturen unterschiedliche Attributionsmuster begünstigen bzw. von Personen mit unterschiedlichen Attributionsstilen unterschiedlich erlebt werden. Möglicherweise profitieren beispielsweise Personen mit eher ungünstigen Attributionsstilen (wie z.B. „Schicksalsergebene") von einer spielerischen Darstellung. Selbst ein Einfluss der Formulierung von Fehler- und sonstigen Systemmeldungen ist denkbar (ähnliche Effekte sind beispielsweise aus der Arzt-Patienten-Kommunikation bekannt, vgl. Schneiders 1998).

Nicht zuletzt vermuten wir, dass sich Attributionsstile auch darauf auswirken, wie Menschen den Umgang mit (neuen) Systemen erlernen. Auch hier wäre eine adaptive Systemgestaltung in Abhängigkeit von individuellen Stilen denkbar (vergleichbar bspw. der von Carroll (1990) vorgeschlagenen stufenweisen Erhöhung der Komplexität im Lernprozess).

Insgesamt sehen wir in der Attributionsforschung ein reichhaltiges Feld, das die interdisziplinäre Forschung und Praxis im Bereich der MCI zukünftig vielfältig befruchten kann.

Literaturverzeichnis

Abramson, L. Y., Seligman, M. E. P., Teasdale, J. (1978). Learned helplessness in humans: Critique and reformulation. *Journal of Abnormal Psychology, 87*, 49-74.

Alaszewski, A. (2006). *Using diaries for social research*. London, UK: Sage Publications Ltd.

Bacher, J., Põge, A., Wenzig, K. (2010). *Clusteranalyse – Anwendungsorientierte Einführung in Klassifikationsverfahren*, 3. Auflage. München: Oldenbourg.

Bortz, J., Schuster, C. (2010). *Statistik für Human und Sozialwissenschaftler*, 7. Aufl. Berlin: Springer.

Carroll, J. M. (1990). *The Nurnberg funnel: designing minimalist instruction for practical computer skill*. Cambridge, MA: MIT Press.

Cohen, J. (1988). Statistical power analysis for the behavioral sciences (2nd edition). Hillsdale, NJ: Erlbaum.

Dickhäuser, O., Stiensmeier-Pelster, J. (2000). Entwicklung eines Fragebogens zur Erfassung computerspezifischer Attributionen. *Diagnostica, 46*, 103-111.

Dickhäuser, O., Stiensmeier-Pelster, J. (2002). Erlernte Hilflosigkeit am Computer? Geschlechtsunterschiede in computerspezifischen Attributionen. *Psychologie in Erziehung und Unterricht, 49*, 44-55.

Försterling, F. (2001). Attribution. An introduction to theories, research and applications. Hove, East Sussex: Psychology Press.

Hanrahan, S. J., Grove, J. R., Hattie, J. A. (1989). Development of a questionnaire measure of sport-related attributional style. *International Journal of Sport Psychology, 20*, 114-134.

Kay, R. H. (1990). The relation between computer literacy and locus of control. *Journal of Research on Computing in Education 22* (4), 464-474.

Ohly, S., Sonnentag, S., Niessen, C., Zapf, D. (2010). Diary studies in organizational research: An introduction and some practical recommendations. *Journal of Personnel Psychology, 9* (2), 79-93.

Peterson, C., Semmel, A., von Baeyer, C., Abramson, L., Metalsky, Seligman, M. (1982). The Attributional Style Questionnaire. *Cognitive Therapy and Research, 6*, 287-300.

Reis, H. T., Gable, S. L. (2000). Event-sampling and other methods for studying everyday experience. In H. T. Reis & C. M. Judd (Eds.), *Handbook of research methods in social and personality psychology*. New York, NY: Cambridge University Press, S. 190-222.

Schneiders, M. (1998). *Krankheitskonzepte bei Jugendlichen*. Dissertation, Universität Köln.

Sølvberg, A. M. (2002). Gender differences in computer-related control beliefs and home computer use. *Scandinavian Journal of Educational Research 46* (4), 409-426.

Stiensmeier-Pelster, J., Heckhausen, H. (2006). Kausalattribution von Verhalten und Leistung. In Heckhausen, J., Heckhausen, H. (Hrsg.). *Motivation und Handeln*, 3. Auflage. Berlin: Springer-Verlag, S. 355-392.

Weiner, B. (1974). *Achievement motivation and attribution theory*. Morristown, NJ: General Learning Press

H. Reiterer & O. Deussen (Hrsg.): Mensch & Computer 2012
München: Oldenbourg Verlag, 2012, S. 233-242

Generierung natürlichsprachlicher Beschreibungen für Sparklines

Johannes Nanninga[1], Kai Willenborg[2], Martin Schrepp[2]

Universität Duisburg-Essen[1]
SAP AG[2]

Zusammenfassung

In Business-Software kommen verschiedenste Arten von Diagrammen zum Einsatz. Eine relativ neue Entwicklung sind Sparklines (dt.: Wortgrafiken). Sparklines sind kleine Liniendiagramme ohne Skala, die innerhalb eines Fließtextes oder einer Tabellenzelle angezeigt werden können. Sie geben dem Benutzer einen groben Überblick über einen Trend, z.B. die zeitliche Entwicklung eines Aktienkurses. Damit Sparklines auch für blinde Nutzer zugänglich werden, wurde ein Verfahren zur Beschreibung von Sparklines in natürlicher Sprache entwickelt. Dieses Verfahren wurde sowohl mit Sehenden als auch mit Blinden evaluiert. Beide Evaluationen zeigen, dass das Verfahren geeignet ist, den in einer Sparkline visualisierten Trend geeignet zu beschreiben.

1 Einleitung

Diagramme aller Art sind heute in visuellen Medien selbstverständlich, z.B. Aktienkurse in Börsennachrichten. Die Vorteile der grafischen Darstellung von Daten gegenüber Text und Tabellen liegt in der menschlichen Informationsverarbeitung begründet (Kosslyn, 1985). Zum Beispiel kann ein Unterschied in der Höhe zweier Balken eines Balkendiagramms unwillkürlich und unmittelbar wahrgenommen werden, während der Vergleich der entsprechenden Zahlenwerte kognitiven Aufwand erfordert.

Eine spezielle Art der graphischen Visualisierung sind Sparklines (Tufte, 2006). Sparklines sind kleine Liniendiagramme ohne sichtbare Skala, die einen Eindruck über den Trend einer Kennzahl vermitteln sollen. Ihre Größe richtet sich an der Zeilenhöhe aus, so dass sie in einer Tabellenzelle oder im Fließtext verwendet werden können. Häufig findet man sie in Business-Software (Groß & Schubert, 2009), wo sie die zeitliche Entwicklung von Kennzahlen (Gewinn, Ausgaben, Umsatz, etc.) anzeigen. Ein Beispiel eines Aktienkurses $6.15 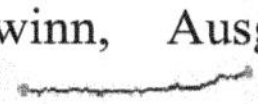 $7.84 soll ihre Anwendung im Fließtext verdeutlichen. Sparklines erlauben einen sehr schnellen Überblick über einen Trend bei geringem Platzverbrauch (die oben gezeigte Sparkline enthält 100 Datenpunkte).

Blinde verfügen ebenso wie Sehende über die Fähigkeit, Bilder in ihrer Vorstellung zu generieren und zu benutzen (Hatwell, 1993). Auch einfache fühlbare Zeichnungen können sie erkennen. Bei bestimmten Aufgaben aktiviert die bildliche Vorstellung bei Blinden die gleichen Gehirnregionen wie bei Sehenden (De Volde et al., 2004). Je nach Zeitpunkt der Erblindung entwickelt sich die visuelle Vorstellungsfähigkeit bei Blinden unterschiedlich (Hatwell, 1993). Spät Erblindete nutzen eher eine visuo-spatiale Strategie, um sich Objekte bildlich vorzustellen. Dabei wird das Objekt im Ganzen als Bild abgespeichert. Von Geburt an Blinde nutzen eher andere Strategien, z. B. die verbale Strategie (Picard, et al., 2010). Hierbei nutzen sie beschreibende Wörter, um die räumliche Information zu kodieren.

Wie jede Art von Datenvisualisierung sind Sparklines für Blinde ohne spezielle Technologien (z.B. Screen-Reader) nutzlos. Die in dieser Arbeit vorgestellte Methode soll blinden Benutzern von Business-Software Sparklines zumindest teilweise zugänglich machen. Durch eine kurze Beschreibung des Kurvenverlaufs soll ihnen die Möglichkeit gegeben werden, sich einen groben Überblick über den Trend der dargestellten Kennzahl zu verschaffen. In der Beschreibung soll auf die Angabe von Zahlenwerten verzichtet werden und stattdessen der Kurvenverlauf möglichst so beschrieben werden, wie ihn auch ein Mensch beschreiben würde (Sparklines werden in der Regel aus Daten generiert, d.h. die Beschreibung muss anhand des Kurvenverlaufs automatisch erzeugt werden). Technisch kann die Beschreibung der Sparkline als Tooltip der Grafik zur Verfügung gestellt und damit z.B. über den Screen-Reader vorgelesen werden.

Blinde Nutzer sollen damit in die Lage versetzt werden, alle in einer betriebswirtschaftlichen Anwendung zur Verfügung stehenden Informationen zu verwenden (zeitliche Verläufe von Kennzahlen sind z.B. in Finanzanwendungen von zentraler Bedeutung). Dies ist für die erfolgreiche berufliche Integration blinder Personen in vielen Bereichen von Bedeutung.

2 Übersicht bereits vorhandener Ansätze

Es existieren bereits eine Reihe von Methoden, um Diagramme für Blinde zugänglich zu machen. Viele davon verwenden Töne, die die dargestellten Diagramme "nachzeichnen" (Brown & Brewster, 2003) oder benutzen ein haptisches Interface, auf dem das Diagramm fühlbar gemacht wird (z.B. Ina, 1996). Auch eine Kombination der beiden Modalitäten ist möglich, wie z.B. im System Audiograf (Kennel, 1996). Für Sparklines in Web-Seiten oder betriebswirtschaftlichen Anwendungen sind solche Verfahren weniger geeignet. Die in der Sparkline enthaltenen Informationen sollten blinden Benutzern hier innerhalb ihrer normalen Interaktion über einen Screen-Reader oder eine Braille-Zeile zugänglich sein.

Ein anderer Ansatz ist die Generierung einer Beschreibung für ein Diagramm, wie z.B. im von Mittal et al. (1998) entwickelten SAGE-System. SAGE ist allerdings darauf optimiert Sehenden im Diagramm enthaltene Elemente und deren Zusammenhang näherzubringen.

Die Programme iGraph (Ferres, et al., 2006) und iGraph Lite (Ferres, et al., 2007) erlauben blinden Nutzern Diagramme zu inspizieren (*iGraph* steht für *inspectGraph*), indem sie Fragen in natürlicher Sprache an das System richten. Darüber hinaus generiert iGraph Beschreibungen von Diagrammen. Insgesamt ist iGraph darauf ausgelegt, sehr komplexe Diagramme zugänglich zu machen. Entsprechend lang und detailliert sind auch die generierten Beschreibungen, die auch Zahlenangaben auf der X- und Y-Achse enthalten. Für Sparklines sind diese Beschreibungen zu ausführlich. iGraph erfordert die Installation von Spezial-Software auf der Seite des Autors des Diagramms und auch auf Nutzerseite und ist auf mit Excel erstellte Diagramme beschränkt.

Elzer et al. (2007) stellten mit SIGHT (Summarizing Information Graphics Textually) ein System vor, welches die intendierte Botschaft einer Informationsgrafik herausfinden und zusammenzufassen soll. SIGHT ist eine Browser-Erweiterung, die per Tastaturkürzel immer dann gestartet werden kann, wenn ein Diagramm auf einer Webseite vorkommt. Die Intention des Autors wird mit einem Bayesschen Netz aus der Grafik gefolgert. Da SIGHT sich auf die vom Autor intendierte Botschaft des Diagramms konzentriert, ist es für intentionslose Grafiken wie Sparklines ungeeignet.

3 Eine Voruntersuchung

Um herauszufinden, auf welche Weise Menschen eine Sparkline verbal beschreiben, wurde eine explorative Voruntersuchung durchgeführt. Die Teilnehmer wurden im Gebäude der SAP AG angesprochen und gebeten, je nach verfügbarer Zeit, eine oder mehrere Sparklines zu beschreiben. Die Sparklines waren dabei auf einem Blatt gedruckt und der Teilnehmer konnte seine Beschreibung des Trends direkt neben der Sparkline notieren. Auf diese Weise wurden 103 Beschreibungen zu 29 verschiedenen Kurvenverläufen gesammelt.

Die Ergebnisse des Tests offenbarten deutliche interindividuelle Unterschiede bei der Beschreibung der Kurvenverläufe. Sie variierten stark in der Länge. Im Schnitt enthalten sie 7,1 Wörter, mehr als die Hälfte bestehen aber aus nur 6 oder weniger Wörtern.

Eine detaillierte Analyse der Beschreibungen zeigte, dass in fast 70% der Fälle die Steigung eines Abschnitts der Kurve oder der Gesamtkurve beschrieben wurde (z. B. *fallend*). In über 45% der Fälle wurde die Intensität der Schwankung genannt (z. B. *stark*). Angaben über die Schwankung selbst kamen in fast 36% der Beschreibungen vor, während etwa 25% eine Aussage über einen Zeitrahmen enthielten, z. B. *vorübergehend* oder *kontinuierlich*. In 22% der Beschreibungen wurde die Kurve in Abschnitte aufgeteilt, die nacheinander beschrieben wurden und weitere 20% machten Angaben zur horizontalen Position des gerade beschriebenen Abschnitts (z.B. *am Anfang* oder *in der Mitte*) innerhalb der Gesamtkurve. Über 12% verwenden bildhafte Beschreibungen (z.B. *hat die Form des Buchstaben M*).

Aufgrund dieser Daten wurde entschieden, dass die generierten Beschreibungen der Sparklines folgende Informationen enthalten sollten:

- Die Kurve soll in Abschnitte eingeteilt werden, die nacheinander mit Angaben zu ihrer Position und relativen Länge beschrieben werden.
- Für jeden Abschnitt sollen Art und Intensität der Steigung beschrieben werden.

- Die Beschreibung soll Informationen zur Schwankung der Kurve enthalten.
- Spitzen und Täler sollen erkannt und als solche bezeichnet werden.
- Damit die Beschreibungen in Seiten mit mehreren Sparklines noch handhabbar sind (sie werden ja ggfs. vom Screen-Reader gelesen, sobald der Nutzer den Fokus auf eine Sparkline setzt), müssen diese kurz und prägnant sein.

4 Algorithmus

Die Erzeugung einer Beschreibung aus einer Sparkline zerfällt in drei Schritte:

- Unterteilung der Sparkline in Segmente
- Beschreibungen für die einzelnen Segmente erstellen
- Beschreibungen der Segmente zu sinnvollem Gesamttext zusammenfügen

4.1 Unterteilung der Sparkline in Segmente

Die Unterteilung der Sparkline in Segmente basiert auf einer Zeitreihenanalyse der Daten, die versucht geeignete Segmente durch die Analyse von Richtungsänderungen der Grafik zu identifizieren. Als numerisches Analyseverfahren wird die Stückweise Lineare Annäherung (Piecewise Linear Approximation, PLA) verwendet, da diese die Kurve gleichzeitig vereinfacht und segmentiert.

Für die Beschreibung des Verfahrens verwenden wir folgende Konventionen:

- $(x_0, y_0), ..., (x_n, y_n)$ bezeichnen die Datenpunkte der Sparkline.
- Ein Segment $S = \{ (x_i, y_i), ..., (x_j, y_j) \}$ ist eine zusammenhängende Menge von Datenpunkten.

Das Verfahren arbeitet rekursiv. Das Startsegment ist $S_0 = \{ (x_0, y_0), (x_1, y_1) \}$, d.h. die ersten beiden Punkte der Sparkline.

Für das aktuelle Segment $S_x = \{ (x_i, y_i), ..., (x_j, y_j) \}$ wird folgendes Verfahren durchgeführt:

1. Die Regressionsgerade der Punkte $(x_i, y_i), ..., (x_j, y_j)$ wird berechnet.
2. Es wird geprüft, ob alle Punkte $(x_i, y_i), ..., (x_j, y_j)$ innerhalb eines Korridors der Breite b um die Regressionsgerade liegen. Ist dies der Fall, so wird das aktuelle Segment S_x um den Punkt (x_{j+1}, y_{j+1}) erweitert und wieder bei Schritt 1 begonnen. Ist dies nicht der Fall, wird Segment S_x abgeschlossen. Das aktuelle Segment wird durch $S_{x+1} = \{ (x_{i+1}, y_{i+1}), (x_{i+2}, y_{i+2}) \}$ ersetzt und mit diesem wieder bei Schritt 1 begonnen.

Das Verfahren endet, sobald der letzte Punkt der Sparkline in einem Segment aufgenommen wurde. Am Ende des Verfahrens ist die Sparkline also in eine Sequenz $S_0, ..., S_t$ von disjunkten Segmenten zerlegt.

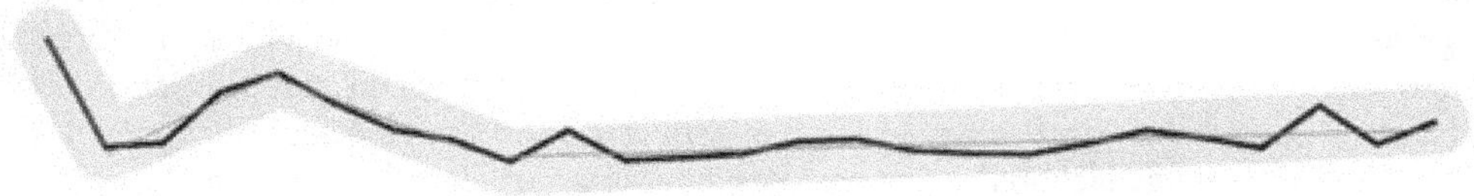

Abbildung 1: Sparkline, die in vier Segmente zerlegt wurde. Angezeigt wird die Sparkline, die Regressionsgerade pro Segment und der Korridor der Breite b um die Regressionsgerade.

Die entscheidende Variable während der Signalanalyse ist die Breite des Korridors b. Sie hat neben der Form der Kurve als einziges einen Einfluss auf die Segmentierung.

Die ermittelten Segmente werden jetzt noch einmal analysiert und es wird versucht, die Zahl dieser Segmente zu reduzieren, um eine möglichst prägnante Beschreibung zu erzeugen:

- Kurze Segmente, die folglich nur wenig zur Beschreibung beitragen, werden mit ihren linken Nachbarn vereint.
- Benachbarte Segmente mit ähnlicher Steigung werden vereint.
- Spitzen werden erkannt. Wenn von zwei benachbarten Segmenten das erste steigt und das zweite fällt oder umgekehrt und die Steigungswinkel einen Schwellenwert überschreiten, werden die Segmente vereint und als Spitze oder Tal deklariert.

Ab wann ein Segment als kurz erkannt wird, welche Steigungen als ähnlich identifiziert werden und die Schwellenwerte für die Erkennung von Spitzen, können über Parameter eingestellt werden. Dies gilt auch für die im Verfahren verwendete Breite des Korridors b.

4.2 Beschreibungen für die einzelnen Segmente erstellen

Die Beschreibung eines Segments (z.B. *ab der Mitte sehr lange leicht fallend*) kann bis zu vier Informationseinheiten enthalten. Dies sind die Position des Segments innerhalb der Sparkline, die relative Länge des Segments, die Richtung der Steigung und deren Stärke.

Die Beschreibung der Steigung orientiert sich an der Steigung der entsprechenden Regressionsgeraden. Über einen Parameter kann eingestellt werden, ab welcher Steigung das Segment als *steigend* oder *fallend* beschrieben wird und ab welcher Steigung die Adverbien *leicht* bzw. *stark* hinzugefügt werden. Ein weiterer Parameter erlaubt einzustellen, ab welchem Verhältnis zur Gesamtlänge ein Segment als *kurz*, *lang*, *sehr kurz* oder *sehr lang* beschrieben wird.

4.3 Gesamtbeschreibung erstellen

Die Gesamtbeschreibung fügt die Beschreibungen der einzelnen Segmente zu einem korrekten Satz zusammen. Die Länge der Gesamtbeschreibung hängt also vor allem von der Anzahl der beschriebenen Segmente ab. Da die Segmente nur grob beschrieben werden, bedeutet eine große Anzahl an Segmenten nicht eine genauere, sondern eher eine unübersichtliche Beschreibung. Je mehr Segmente beschrieben werden, desto mehr Konzentration erfordert es, sich einen entsprechenden Kurvenverlauf vorzustellen. Auch wegen der Limitationen des menschlichen Kurzzeitgedächtnisses ist eine Beschreibung mit einer großen Zahl von Segmenten eher ungeeignet.

Über einen Parameter kann eingestellt werden, ab welcher Anzahl von Segmenten auf die Beschreibung der einzelnen Segmente ganz verzichtet wird und stattdessen nur der Gesamttrend der Sparkline verwendet wird (z.B. „Insgesamt leicht steigend"). In Vorversuchen zeigte sich, dass Beschreibungen mit mehr als 5 einzeln beschriebenen Segmenten vermieden werden sollten.

	Zu Beginn sehr lange gleichbleibend, dann kurz fallend, am Ende gleich-bleibend
	Zu Beginn leicht steigend, dann lange fallend, dann stark steigend, am Ende weniger stark steigend.
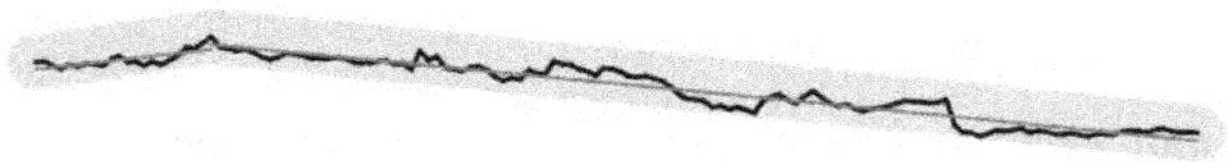	Zu Beginn leicht steigend, dann bis zum Ende sehr lange fallend.

Tabelle 1: Drei Beispiele für die aus dem Verfahren generierten Beschreibungen.

5 Evaluation des Verfahrens

Um zu prüfen, ob die generierten Texte den Kurvenverlauf adäquat wiedergeben, wurde das Verfahren mit sehenden und mit blinden Nutzern evaluiert. Für die Validierungen wurden die freien Parameter des Verfahrens (z.B. Korridorbreite, maximale Zahl von Segmenten, Schwellenwerte für Steigungswinkel, etc.) in Vorversuchen auf geeignete Werte eingestellt.

5.1 Evaluation mit sehenden Nutzern

In einem Online-Fragebogen wurden Aktienkurse in Form von Sparklines vorgegeben.

5.1.1 Teilnehmer

40 Personen (19 männlich, 21 weiblich) im Alter von 21 bis 33 Jahren (Durchschnitt 26 Jahre) nahmen an der Studie teil.

5.1.2 Ablauf der Studie

In der ersten Phase wurden jedem Teilnehmer zu 20 Sparklines (die reale Aktienkurse repräsentierten) jeweils 7 Beschreibungen angezeigt. Eine der sieben Beschreibungen war aus der dargestellten Sparkline erstellt worden, während die anderen aus zufällig ausgewählten Kursen erzeugt wurden. Aufgabe des Teilnehmers war es, die am besten passende Beschreibung aus den 7 Alternativen auszuwählen.

Die Reihenfolge der Antwortmöglichkeiten wurde pro Teilnehmer randomisiert. Um eine größere Anzahl unterschiedlicher Kurven zu testen, wurden 4 Gruppen mit jeweils 20 zufällig ausgewählten Aktienkursen verwendet. Jedem Teilnehmer wurde zufällig eine dieser Gruppen zugeordnet. Insgesamt nahmen die 40 Teilnehmer also 800 Zuordnungen vor.

In der zweiten Phase wurden den Teilnehmern zehn zufällig ausgewählte Aktienkurse zusammen mit der generierten Beschreibung vorgelegt. Die Teilnehmer wurden gebeten, die Qualität jeder Beschreibung auf einer Skala von 1 bis 7 zu bewerten. Insgesamt wurden hier also 400 Bewertungen vorgenommen.

5.1.3 Ergebnisse

Die Teilnehmer ordneten in 56% der Fälle die richtige Beschreibung zu. Die übrigen 43% verteilen sich auf sechs mögliche, falsche Zuordnungen. Hierbei ist jedoch zu beachten, dass auch die sechs aus zufälligen Aktienkursen generierten Beschreibungen durchaus zur gezeigten Kurve passen konnten (falls einer der zufällig gewählten Kurse einen ähnlichen Kursverlauf zeigte). Diese Ergebnisse sind nicht mit dem Zufall zu erklären ($X^2 = 0{,}001$; $p < 0{,}05$).

Abbildung 2 zeigt die Verteilung der abgegebenen Bewertungen. Die am häufigsten vergebene Bewertung war "gut".

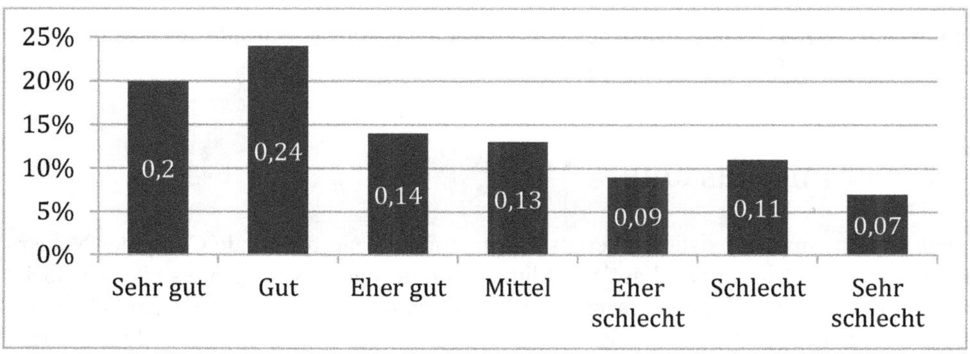

Abbildung 2: Bewertung der generierten Beschreibungen durch die Teilnehmer.

5.2 Evaluation mit blinden Nutzern

Die Evaluation mit blinden Personen ging der Frage nach, ob sich durch die Beschreibung des Kurvenverlaufs bei ihnen überhaupt eine Vorstellung über die Form der Kurve entwickeln kann. Hierzu wurden sechs zufällig ausgewählte Aktienkurse beschrieben und drei blinden Teilnehmern vorgelegt. Diese sollten in durch Kreppband markierten Feldern den Verlauf der Kurve aufzeichnen. Es wurde auch mit Wachstafeln und speziellen Folien für den Mathematikunterricht blinder Kinder experimentiert. Diese wurden jedoch in der Evaluation nicht eingesetzt, da sie in einer Untersuchungssituation umständlich zu handhaben und schwer zu beschaffen sind.

Zeichnen ist für Blinde zwar ungewohnt, aber prinzipiell möglich (Kennedy, 1993). Das Aufzeichnen der Kurve ist dennoch ein Schwachpunkt dieser Evaluationsmethode. Einerseits ist das Konzept einer grafisch dargestellten Zeitreihe blinden Personen in der Regel nicht sehr vertraut – sie werden damit, anders als Sehende, in ihrem täglichen Leben normalerweise nicht konfrontiert. Hinzu kommt, dass der Umgang mit Stift und Papier für sie ungewohnt ist. D.h. die Kurven, die die blinden Teilnehmer aufgemalt haben, können sich von ihrer mentalen Vorstellung der beschriebenen Kurve stark unterscheiden.

Aufgrund der geringen Zahl an Teilnehmern ist es natürlich nicht möglich, die gesammelten Daten statistisch auszuwerten. Deshalb beschränken wir uns auf eine rein qualitative Auswertung über einen Vergleich der gezeichneten Kurve und der Sparkline, aus der die Beschreibung generiert wurde. Abbildung 3 zeigt die von den 3 Teilnehmern gezeichneten Kurven und die zugrundeliegenden Sparklines.

Die meisten der gezeichneten Kurven geben den Verlauf der Sparkline recht gut wieder. Es gibt allerdings auch eine Reihe von starken Abweichungen zwischen gezeichneter Kurve und zugrundeliegender Sparkline. Aufgrund der oben erwähnten Probleme, die Blinde Teilnehmer beim Zeichnen von Kurven haben, ist aber nicht schlüssig zu klären, ob diese Abweichungen aus fehlerhaften Beschreibungen oder aus der ungewohnten Aufgabe des Zeichnens resultieren. Unter Berücksichtigung dieser Effekte ist das Ergebnis der Evaluation aber durchaus vielversprechend.

Bei einer verbalen Befragung nach der Untersuchung äußerten sich alle drei Teilnehmer positiv in Bezug auf das Potential des Verfahrens.

6 Zusammenfassung

Für viele Diagrammarten existieren bereits Programme, die sie für blinde Computer-Nutzer zugänglich machen. Eine speziell auf Sparklines ausgerichtete Lösung gibt es bisher jedoch noch nicht. Die in dieser Arbeit präsentierte Lösung schließt diese Lücke. Sie ermöglicht es Blinden, sich einen schnellen Überblick über den Trend einer Kennzahl, zum Beispiel den eines Aktienkurses, zu verschaffen. Dies wird erreicht, indem die visuelle Darstellung der Sparkline mit einer natürlichsprachlichen Beschreibung ergänzt wird.

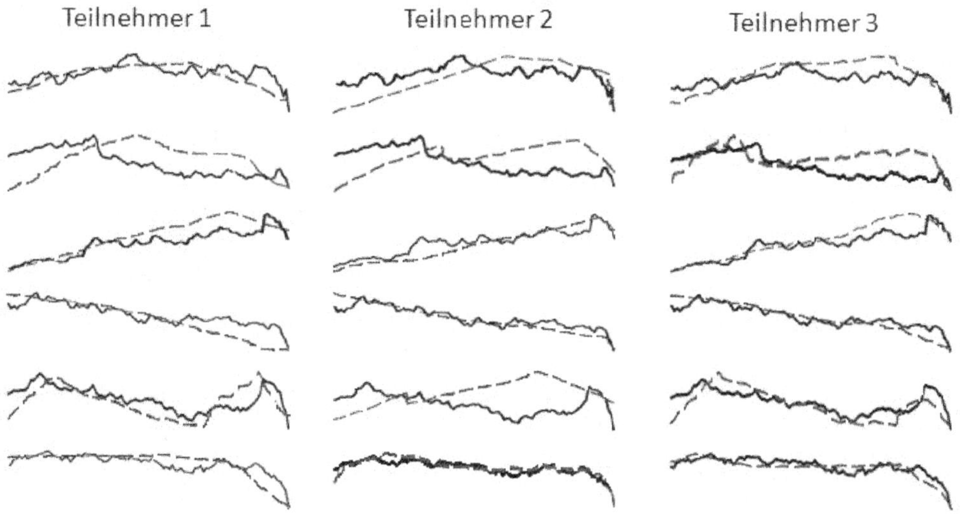

Abbildung 3: Gestrichelte Linien zeigen die von den Teilnehmern gezeichneten Kurven, durchgezogene Linien die Originalkurven. Die gestrichelten Linien wurden in Höhe und Breite den Originalkurven angepasst (da die Sparkline nur den Verlauf der Kurve abbilden soll).

Die Methode wurde erfolgreich evaluiert. Sehende Teilnehmer konnten die zu einer Sparkline passende Beschreibung in den meisten Fällen korrekt zuordnen. Sie bewerteten die Qualität der generierten Beschreibungen als eher gut. Auch blinde Teilnehmer äußerten sich positiv über das Potential des Verfahrens. Sie konnten anhand der Beschreibungen in vielen Fällen einen Kurvenverlauf zeichnen, der dem Original sehr nahe kommt. Dies lässt darauf schließen, dass sie sich die Form der Sparkline anhand der generierten Beschreibungen ausreichend gut vorstellen konnten.

Literaturverzeichnis

Brown, L. M., & Brewster, S. A. (2003). Drawing by ear: Interpreting sonified line graphs. Proceedings of the International Conference on Auditory Display, S. 152-156, Boston.

Elzer, S., Schwartz, E., Carberry, S., Chester, D., Demir, S. & Wu, P. (2007). A browser extension for providing visually impaired users access to the content of bar charts on the web. *Proceedings of WEBIST'2007.* Barcelona.

Ferres, L., Parush, A., Li, Z., Oppacher, Y., & Lindgaard, G. (2006). Representing and Querying Line Graphs in Natural Language: the iGraph System. Proceedings of the 6th International Symposium, SG 2006, S. 248-253. Vancover, Canada: Springer.

Ferres, L., Verkhogliad, P., Lindgaard, G., Boucher, L., Chretien, A., & Lachance, M. (2007). Improving Accessibility to Statistical Graphs: The iGraph-Lite System. *Assets '07 Proceedings of the 9th international ACM SIGACCESS conference on Computers and accessibility* , S. 67-74.

Groß, M. & Schubert, U. (2009). Visualisierung von Geschäftszahlen in Business-Software. In: Brau, H., Diefenbach, S., Hassenzahl, M., Kohler, K., Koller, F., Peissner, M., Petrovic, K., Thielsch, M., Ullrich, D. & Zimmermann, D. (Hrsg.) *Usability Professionals 2009*, S. 156 -162, Fraunhofer Verlag.

Hatwell, Y. (1993). Images and non-visual spatial representations in the blind. In D. Burger, & J. C. Sperandio (Hrsg.), Non-Visual Human-Computer Interactions, 228, S. 13-35.

Ina, S. (1996). Computer graphics for the blind. ACM SIGCAPH Computers and the Physically Handicapped (55), 16-23.

Kennedy, J. M. (1993). Drawing & the blind: Pictures to touch. New Haven: Yale University Press.

Kennel, A. R. (1996). Audiograf: A Diagram-Reader for the Blind. Assets '96 Proceedings of the second annual ACM conference on Assistive technologies, S. 51-56. ACM New York, NY, USA.

Kosslyn, S. M. (1985). Graphics and human information processing: a review of five books. Journal of the American Statistical Association, 80, S. 499-512.

Mittal, V., Moore, J., Carenini, G., & Roth, S. F. (1998). Describing Complex Charts in Natural Language: A Caption Generation System. Computational Linguistics, Special issue on Natural Language Generation, 24 (1), S. 431-467.

Picard, D., Lebaz, S., Jouffrais, C., & Monnier, C. (2010). Haptic recognition of two-dimensional raised-line patterns by early-blind, late-blind, and blindfolded sighted adults. Perception, 39 (2), 224-235.

Tufte, E. (2006). Beautiful Evidence. Cheshire: Graphics PR.

De Volde, A. G., Toyama, H., Kimura, Y., Kiyosawa, M., Nakano, H. & Vanlierde, A. (2004). Auditory Triggered Mental Imagery of Shape Involves Visual Association Areas in Early Blind Humans. NeuroImage, 14, 129-139.

Kontaktinformationen

Johannes Nanninga: johannes.nanninga@stud.uni-due.de, Kai Willenborg: kai.willenborg@sap.com , Martin Schrepp: martin.schrepp@sap.com

H. Reiterer & O. Deussen (Hrsg.): Mensch & Computer 2012
München: Oldenbourg Verlag, 2012, S. 243-252

Das computerbezogene Selbstkonzept: Eine gender-sensitive Studie

Monique Janneck[1], Sylvie Vincent-Höper[2], Jasmin Ehrhardt[2]

[1]Fachhochschule Lübeck, Fachbereich Elektrotechnik und Informatik
[2]Universität Hamburg, Fachbereich Psychologie

Zusammenfassung

Dieser Beitrag stellt das computerbezogene Selbstkonzept (CSK) als neuen Ansatz vor, um computerbezogene Einstellungen und Verhaltensweisen zu analysieren und dabei unterschiedliche Forschungsstränge zu computerbezogenen Kognitionen zu integrieren. Dabei wurde insbesondere der Frage nachgegangen, inwiefern sich Männer und Frauen in ihrem computerbezogenen Selbstkonzept unterscheiden. Hierzu wurde ein entsprechender Fragebogen entwickelt und validiert. Die Ergebnisse einer umfangreichen empirischen Befragung mit mehr als 1100 Informatiker/innen zeigen, dass selbst bei Computerfachkräften die Männer über ein deutlich positiveres computerbezogenes Selbstkonzept verfügen als die Frauen. Zudem konnten Zusammenhänge zwischen dem CSK und der intrinsischen Karrieremotivation aufgezeigt werden.

1 Einleitung

Nach wie vor sind Frauen in der Informatik in den meisten westlichen Industrieländern deutlich unterrepräsentiert: Ihr Anteil stagniert bei 10-20%, z.T. sind die Anteile weiblicher Studierender sogar rückläufig (Black et al. 2005, NSF 2011). Trotz einiger prominenter Gegenbeispiele sind insbesondere auch Führungspositionen in technischen Unternehmen fest in männlicher Hand (Hoppenstedt 2012). Die Gründe hierfür sind vielfältig und reichen von tief verwurzelten Stereotypen, die bereits im Kindes- und Jugendalter den Zugang zu und Umgang mit Technik und Computern beeinflussen, bis hin zu Barrieren in den Unternehmen und Problemen bei der Vereinbarkeit von Familie und Beruf.

Wir stellen in diesem Beitrag das Konzept des *computerbezogenen Selbstkonzepts* (CSK) als neuen Ansatz vor, computerbezogene Einstellungen, Gefühle und Verhaltensweisen zu analysieren. Auf der Basis einer umfangreichen empirischen Untersuchung gehen wir der Frage nach, inwiefern sich Männer und Frauen hinsichtlich des CSK unterscheiden und welche Rolle es für den Karriereerfolg in einem technischen Beruf spielt. Zur Erfassung des CSK wurde ein entsprechender Fragebogen neu entwickelt und validiert.

2 Das computerbezogene Selbstkonzept

Das *Selbstkonzept* bezeichnet sämtliche auf die eigene Person bezogene Einstellungen und Kognitionen und ist von entscheidender Bedeutung für das Verhalten und Erleben von Individuen. Es wird als mehrdimensionale, hierarchische Struktur betrachtet (Shavelson et al. 1976): Das allgemeine Selbstkonzept setzt sich zusammen aus verschiedensten Komponenten, die das Selbstbild einer Person in verschiedenen Lebensbereichen widerspiegeln (z.B. akademische Fähigkeiten und Leistungen, soziale Stellung, Erscheinungsbild, Sportlichkeit etc.). Von besonderer Bedeutung sind dabei die Fähigkeitskonzepte, denn die Selbstwahrnehmung der eigenen Kompetenzen beeinflusst in entscheidender Weise den entsprechenden Schul- oder Berufserfolg sowie die diesbezügliche (Miss-) Erfolgsmotivation einer Person (z.B. Dickhäuser & Meyer 2006).

Das *computerbezogene Selbstkonzept* (CSK) ist ein neues psychologisches Konstrukt, das als Teilbereich des akademischen Selbstkonzepts verstanden werden kann und computerbezogene Erfahrungen, Interessen, Motivationen, Einstellungen und Kompetenzen beschreibt. Basierend auf dem Drei-Komponenten-Modell von Rosenberg & Hovland (1960) postulieren wir drei Teilbereiche des CSK, die sich gegenseitig beeinflussen: Eine *konative* Komponente, die das konkrete Verhalten bzw. die gesammelten Handlungserfahrungen bezogen auf den Umgang mit Computern umfasst, eine *motivationale* Komponente, die emotionale und inhaltspezifische Motive bei der Auseinandersetzung mit Computern beschreibt, sowie eine *kognitive* Komponente, welche die subjektiv wahrgenommene Kompetenz und Selbstwirksamkeitserwartung in Bezug auf den Umgang mit Computern, Attributionsprozesse (d.h. Ursachenzuschreibungen bei technischen Problemen) sowie Strategien im Umgang mit (neuer) Computertechnologie umfasst (Abb. 1).

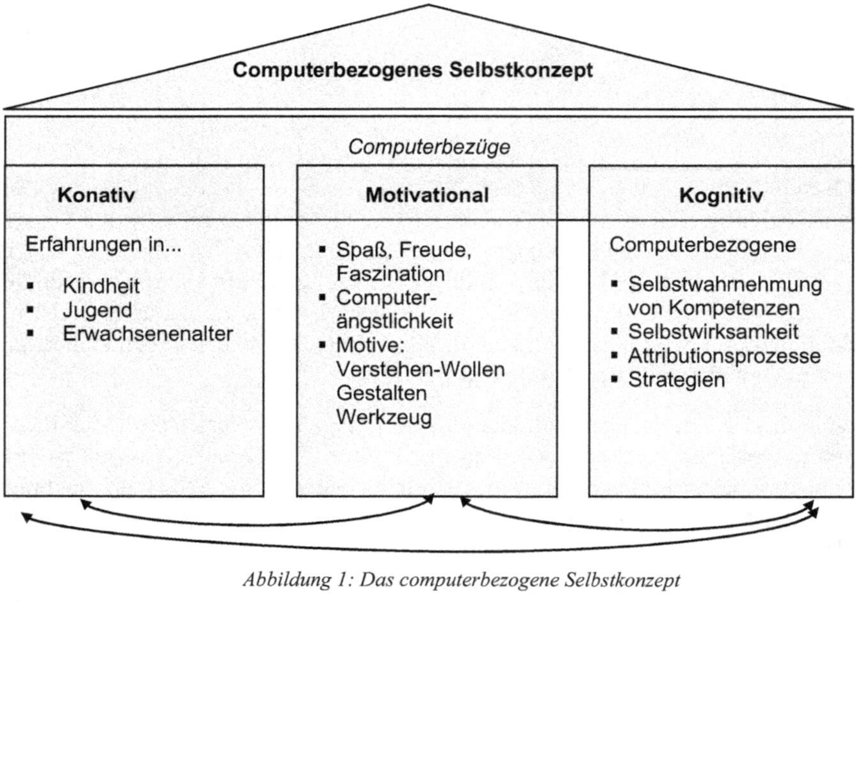

Abbildung 1: Das computerbezogene Selbstkonzept

Eine Vielzahl von Forschungsarbeiten beschäftigt sich mit Geschlechterunterschieden im Hinblick auf Einstellungen zu und Wahrnehmung von Computern. Der Innnovationsgehalt des CSK-Modells besteht darin, dass es verschiedenste Bereiche, die sich mit computerbezogenen Einstellungen und Kompetenzen befassen, zu einem umfassenden Modell integriert, das zur Analyse und zum Verständnis von selbstbezogenen Kognitionen in diesem Bereich und insbesondere auch von Geschlechterunterschieden dienen kann. In den nachfolgenden Abschnitten gehen wir kurz auf existierende Forschungsarbeiten ein, die im CSK-Modell anhand der drei dargestellten Komponenten miteinander in Bezug gesetzt werden können. Wir konzentrieren uns dabei insbesondere auf Forschungsbefunde, die sich speziell dem Umgang mit *Computern* widmen und nicht Technik allgemein (zu einer Diskussion des *Technik*bezogenen Selbstkonzepts vgl. z.B. Vincent & Janneck 2012 bzw. Wolffram & Winker 2005 und Winker et al. 2003 zu Technikhaltungen und -einstellungen).

Konative Komponente. Ein langjähriger und konsistenter Forschungsbefund ist, dass Mädchen nach wie vor über signifikant geringere Erfahrungen im Umgang mit Computern verfügen als Jungen (s. zusammenfassend z.B. Schinzel 2003, Wetzel 2002, Whitley 1997) und dabei zudem weniger Anerkennung und Wertschätzung erfahren, was ihren zukünftigen Umgang mit Computern negativ beeinflusst (Beckers & Schmidt 2001, Whitley 1997).

Motivationale Komponente. Jungen berichten eher über positive Motivationen und Gefühle, während Mädchen häufiger ängstlich im Umgang mit Computern sind (Chua et al. 1999, Whitley 1997), was wiederum Vermeidungsverhalten nach sich ziehen kann (Chua et al. 1999). Zudem sind Jungen/ Männer meist intrinsisch motiviert und haben ein hohes Interesse an Computern, während Mädchen/ Frauen Computer eher als Werkzeug und „Mittel zum Zweck“ betrachten und kein tieferes Interesse an deren Funktionsweise zeigen (z.B. Schinzel 2003, Wetzel 2002).

Kognitive Komponente. Mädchen/ Frauen schätzen, auch bei objektiv vergleichbarem Kenntnisstand, ihre eigenen computerbezogenen Fähigkeiten deutlich schlechter ein als Jungen/ Männer. Dies gilt auch für ihre computerbezogene Selbstwirksamkeitserwartung, d.h. das Vertrauen in die eigenen Fähigkeiten, Anforderungen und Schwierigkeiten zu meistern (Durndell et al. 2000, Sieverding & Koch 2009). Eng verbunden hiermit sind so genannte *Attributionsmuster*, d.h. Ursachenerklärungen und Kontrollüberzeugungen: Mädchen finden häufig *externale* Erklärungen, wenn sie erfolgreich im Umgang mit Computern sind (ich hatte Glück, die Aufgabe war einfach etc.), schreiben jedoch umgekehrt Schwierigkeiten *internal* den eigenen mangelnden Fähigkeiten zu (Sølvberg 2002) – ein ungünstiges Attributionsmuster im Hinblick auf die Entwicklung von Selbstwirksamkeit und Leistungsfähigkeit (Bandura 1977). Jungen hingegen zeigen ein genau entgegen gesetztes Attributionsmuster: Erfolge führen sie auf ihre eigenen Fähigkeiten und Kompetenzen zurück, Misserfolge hingegen auf externe Faktoren wie etwa eine schlecht gestaltete Programmoberfläche. Weiterhin ist auffällig, dass Mädchen und Jungen sehr unterschiedliche Strategien im Umgang mit (neuen) Technologien an den Tag legen: Jungen zeigen verstärkt eine experimentelle Herangehensweise nach der Methode „trial and error“, was gerade beim Erlernen neuer Technologien hilfreich ist, während Mädchen sich eher vorsichtig und weniger experimentierfreudig zeigen, was mit schlechteren Leistungen einhergeht (Wetzel 2002).

Selbstkonzept, Karrieremotivation und Berufserfolg. Schon früh konnte gezeigt werden, dass das Selbstkonzept ein entscheidender Faktor für das Ergreifen eines Berufs und dessen erfolgreiche Ausübung ist (z.B. Super 1953). Von besonderer Bedeutung für den Berufserfolg ist dabei die so genannte *intrinsische Karrieremotivation*, die Interesse und Freude an der beruflichen Tätigkeit und Verantwortungs- und Leistungsbereitschaft beschreibt (Abele 1994, Abele 2000). Es ist daher plausibel anzunehmen, dass das computerbezogene Selbstkonzept die Laufbahnentwicklung in technischen Berufen entscheidend beeinflussen kann.

3 Fragestellung und Methodik

Auf der Basis der dargestellten Befunde gehen wir in unserer Studie der Frage nach, inwiefern sich Unterschiede im computerbezogenen Selbstkonzept zwischen Männern und Frauen, die in informatiknahen Berufen arbeiten, feststellen lassen und welche Rolle das CSK für den Berufserfolg und die intrinsische Karrieremotivation spielt. Zu diesem Zweck wurde eine Online-Befragung durchgeführt, an der sich N=1129 Informatikerinnen und Informatiker beteiligten (57% männlich, 43% weiblich). Die Ansprache geschah über Berufsverbände sowie verschiedene große Unternehmen im Bereich Informations- und Kommunikationstechnologie mit Schwerpunkt Softwareentwicklung. Die Befragten waren im Schnitt 40 Jahre alt (s=7.45). 30% der Teilnehmer/innen hatten bis zu 10 Jahre Berufserfahrung, 52% 10-20 Jahre und 19% mehr als 20 Jahre (M=13 Jahre). 17% der Befragten waren in Führungspositionen tätig.

Messinstrumente. Zur Messung des CSK wurde ein entsprechender Fragebogen auf der Basis des oben beschriebenen Drei-Komponenten-Modells neu konstruiert. Hierfür wurde in einem ersten Schritt eine umfangreiche qualitative Interviewstudie mit 35 Befragten durchgeführt, um das CSK-Modell zu verfeinern und Fragebogenitems zu generieren (vgl. Vincent & Janneck 2012). Im Anschluss wurden zwei quantitative Untersuchungen mit Informatikstudierenden (N=236) sowie berufstätigen Informatiker/innen (N=116) durchgeführt, um den CSK-Fragebogen zu testen, zu überarbeiten und zu validieren (Ehrhardt 2010).

Der finale CSK-Fragebogen, der in der vorliegenden Studie verwendet wurde, besteht aus 11 Subskalen mit insgesamt 27 Items, die mit einer fünfstufigen Likert-Skala (von „1 – trifft nicht zu“ bis „5 – trifft völlig zu“) erhoben werden (Tabelle 1).

Zur Erfassung der *intrinsischen Karrieremotivation* wurde eine Kurzversion der Skala von Abele (1994, 2000) verwendet (Cronbachs α= .80). Die Items erfragen Risikofreudigkeit, Lernwillen, Verantwortungsbewusstsein, individuelle Initiative, Freude bei der Arbeit sowie berufsbezogene Selbstwirksamkeit auf einer siebenstufigen Likert-Skala (von „1 – trifft nicht zu“ bis „7 – trifft völlig zu“). Ein Beispielitem ist: „Ich will im Beruf Verantwortung übernehmen“.

	Subskalen
Konativ	**Handlungserfahrungen**
	Ich verfüge über viel praktische Erfahrung im Umgang mit Computern.
	(-) Ich habe mich in der Kindheit und Jugend wenig mit Computern beschäftigt.
	In meiner Freizeit beschäftige ich mich viel mit Computern (z.B. Computerspiele, Internet, Foto-, Videobearbeitung).
Motivational	**Positive Gefühle**
	Ich habe großen Spaß an der Auseinandersetzung mit Computern.
	Computertechnik fasziniert mich.
	Computerängstlichkeit
	Im Umgang mit Computern habe ich Angst, etwas falsch zu machen.
	Im Umgang mit Computern befürchte ich, etwas kaputt zu machen oder zu löschen.
	Ich habe Hemmungen im Umgang mit Computern.
	Verstehen
	Ich will verstehen, wie Computersysteme funktionieren.
	Wenn ein Computer nicht funktioniert, möchte ich verstehen, woran es liegt.
	Gestalten
	Ich finde es interessant, mit Computern etwas zu erschaffen (z.B. durch Programmieren, Grafikverarbeitung...).
	Ich beschäftige mich mit Informationstechnologie, weil ich damit etwas gestalten kann.
	Werkzeugperspektive
	Der Computer ist für mich nur ein Mittel zum Zweck.
	Computer müssen funktionieren, technische Details interessieren mich dabei nicht.
Kognitiv	**Computer-bezogene Kompetenzen**
	Ich halte mich im Umgang mit Computern für sehr kompetent.
	Im Umgang mit Computern bin ich sicherer als der Durchschnitt.
	Ich habe umfassende Computerkenntnisse.
	Computer-bezogene Selbstwirksamkeit
	Computerproblemen sehe ich gelassen entgegen, weil ich mich immer auf meine Fertigkeiten verlassen kann.
	Ich fühle mich den meisten computerbezogenen Anforderungen gewachsen.
	Wenn ich mit Computerproblemen konfrontiert bin, finde ich Mittel und Wege, sie zu lösen.
	Wenn ich mich bemühe, gelingt mir in der Regel die Lösung von Computerproblemen.
	Computer-bezogene internale Attribution
	Wenn der Computer nicht richtig funktioniert, liegt es in der Regel daran, dass ich etwas falsch gemacht habe.
	Wenn sich ein Computerprogramm nicht bedienen lässt, liegt das hauptsächlich an mir.
	Computer-bezogene externale Kontrollüberzeugungen
	Ich habe keine Kontrolle über Computerprobleme, die auftreten.
	Die Funktionsweise von Computerprogrammen erscheint mir oft willkürlich.
	Computer-bezogene Strategien
	Ich habe keine Scheu davor, neue Computeranwendungen einfach auszuprobieren.
	Eine neue Software probiere ich meist erst einmal intuitiv aus.

Tabelle 1: Der CSK-Fragebogen

4 Ergebnisse

4.1 Deskriptive Statistiken, Reliabilität und Validität

Tabelle 2 zeigt die Mittelwerte (M), Standardabweichungen (s), interne Konsistenz (Cronbachs α) sowie Variationsbreite der Trennschärfen (r_{it}) für die einzelnen Subskalen.

Wie bei einer Stichprobe von Informatiker/innen zu erwarten, zeigen die Befragten ein sehr positives computerbezogenes Selbstkonzept. Die Skalen mit den höchsten Mittelwerten sind computer-bezogene Strategien (M=4.23), Selbstwirksamkeit (M=3.96) sowie Kompetenzen (M=3.88). Die vier Subskalen, die auf ein negatives CSK hinweisen – Computerängstlichkeit, Werkzeugperspektive, internale Attribution sowie externale Kontrollüberzeugungen – weisen hingegen die niedrigsten Mittelwerte auf. Die Reliabilitätswerte sind – insbesondere angesichts der geringen Itemanzahl – durchweg als akzeptabel bis sehr gut zu bezeichnen ($.61 \leq \alpha \geq .90$, vgl. Everitt & Skrondal 2010).

Subskalen	M	s	α	r_{it}
Handlungserfahrungen	3.45	1.03	.66	.37-.58
Positive Gefühle	3.59	1.05	.66	.66
Computerängstlichkeit	1.32	0.52	.81	.61-.72
Verstehen	3.55	1.13	.82	.71
Gestalten	3.66	1.10	.78	.64
Werkzeugperspektive	2.99	1.14	.74	.59
Kompetenzen	3.88	0.84	.87	.75-.79
Selbstwirksamkeit	3.96	0.77	.90	.74-.80
Internale Attribution	2.33	0.83	.82	.70
Externale Kontrollüberzeugungen	1.92	0.76	.61	.44
Strategien	4.23	0.74	.72	.57

Tabelle 2: Skalenkennwerte

Die Konstruktvalidität wurde mittels konfirmatorischer Faktorenanalyse überprüft (Tabelle 3). Hierbei wird geprüft, inwiefern die theoretisch abgeleitete Skalenstruktur anhand der empirischen Daten bestätigt werden kann. Die Werte – die sogenannten Fit-Indizes – zeigen eine gute Übereinstimmung (.05 < RMSEA < .08; CFI >.90, Hu & Bentler 1999) und können somit als Beleg für die Validität des Fragebogens dienen.

$\chi 2$	df	p	$\chi 2$/df	RMSEA	90% CI RMSEA	CFI
1197.033	269	.000	4.450	.055	.052-.059	.945

Tabelle 3: Fit-Indizes der Skalenstruktur

4.2 Geschlechterunterschiede

Um Geschlechterunterschiede hinsichtlich des CSK zu überprüfen, wurden die Mittelwerte bei Männern und Frauen mittels eines t-Tests verglichen. Die Ergebnisse zeigen hochsignifikante Geschlechterunterschiede im Hinblick auf alle Subskalen des CSK. Die Effektstärken (Hedges g, Hedges & Olkin 1985) sind überwiegend groß bis sehr groß (Tabelle 4). Die Männer schätzen sich dabei hinsichtlich der positiven Komponenten des computerbezogenen Selbstkonzepts durchweg deutlich besser ein, während die Frauen bei den ungünstigen Aspekten höhere Mittelwerte erzielen. Zusammengefasst zeigen die Männer ein deutlich positiveres computerbezogenes Selbstkonzept als die Frauen.

Subskalen	**Männer**		**Frauen**					
	M	s	M	s	T	df	p	g
Handlungserfahrungen	**3.75**	0.97	**3.07**	0.97	11.466	1105	**.000**	**0.70**
Positive Gefühle	**3.90**	0.96	**3.18**	1.02	12.114	1104	**.000**	**0.74**
Computerängstlichkeit	**1.23**	0.41	**1.44**	0.63	-6.598	772	**.000**	**-0.42**
Verstehen	**3.88**	1.00	**3.10**	1.14	11.892	941	**.000**	**0.74**
Gestalten	**3.95**	0.95	**3.26**	1.15	10.550	910	**.000**	**0.66**
Werkzeugperspektive	**2.73**	1.10	**3.33**	1.11	-8.900	1100	**.000**	**-0.54**
Kompetenzen	**4.15**	0.74	**3.51**	0.84	13.000	932	**.000**	**0.81**
Selbstwirksamkeit	**4.23**	0.67	**3.61**	0.76	13.983	923	**.000**	**0.87**
Internale Attribution	**2.42**	0.84	**2.21**	0.78	4.209	1035	**.000**	**0.25**
Externale Kontrollüberz.	**1.86**	0.73	**1.99**	0.81	-2.797	1083	**.003**	**-0.17**
Strategien	**4.34**	0.70	**4.11**	0.77	5.145	1085	**.000**	**0.32**

Tabelle 4: Geschlechterunterschiede

4.3 Intrinsische Karrieremotivation

Weiterhin wurde geprüft, inwiefern das computerbezogene Selbstkonzept mit der *intrinsischen Karrieremotivation* in informatikbezogenen Berufen zusammengehängt, die ein entscheidender Faktor für den Berufserfolg ist. Hierfür wurden Rangkorrelationen nach Spearman berechnet. Wie Tabelle 5 zeigt, korrelieren beinahe alle Subskalen des CSK in substantieller Höhe mit intrinsischer Karrieremotivation. Insbesondere zeigen sich hypothesenkonform positive Zusammenhänge mit den günstigen Aspekten und negative Korrelationen mit den ungünstigen Aspekten des CSK.

	Intrins. KM		**Intrins. KM**
Handlungserfahrungen	**.22*** **	Kompetenzen	**.23*** **
Positive Gefühle	**.21*** **	Selbstwirksamkeit	**.28*** **
Computerängstlichkeit	**-.23*** **	Internale Attribution	-.03
Verstehen	.17***	Externale Kontrollüberzeugungen	**-.20*** **
Gestalten	**.21*** **	Strategien	**.25*** **
Werkzeugperspektive	-.07*		

Tabelle 5: Zusammenhänge zwischen CSK und intrinsischer Karrieremotivation

5 Diskussion und Ausblick

In diesem Paper wurde mit dem *computerbezogenen Selbstkonzept* ein neuer Ansatz vorgestellt, um computerbezogenes Verhalten und Erleben zu analysieren und verschiedene Forschungsstränge zu computerbezogenen Kognitionen zu integrieren. Hierbei wurden insbesondere Geschlechterunterschiede betrachtet, da frühere Arbeiten deutliche Unterschiede zwischen Mädchen/ Frauen und Jungen/ Männern beim Umgang mit Computern und ihrer diesbezüglichen Selbstwahrnehmung zeigen. Angesichts der nach wie vor deutlichen Unterrepräsentanz von Frauen in informatiknahen Bereichen gingen wir der Frage nach, inwiefern das computerbezogene Selbstkonzept dazu beitragen kann, diese Unterschiede zu erklären und letztendlich auch Ansatzpunkte zur Entwicklung von Interventionen zu finden. Zu diesem Zweck wurde ein Fragebogen zur Erhebung des CSK entwickelt und validiert, der anschließend in einer umfangreichen Online-Befragung mit mehr als 1100 Informatikerinnen und Informatikern eingesetzt wurde.

Die Ergebnisse zeigen deutlich, dass die männlichen Befragten ein signifikant positiveres computerbezogenes Selbstkonzept aufweisen als die Frauen. D.h., Männer haben deutlich mehr Erfahrungen mit Computern (von Kindheit an) und sind Informationstechnologie gegenüber positiver eingestellt. Sie haben eine grundsätzliche Motivation, die Funktionsweise von Computern zu verstehen und selber technologische Artefakte zu gestalten, während Frauen Computer eher als Werkzeug betrachten, dessen Funktionieren für sie im Vordergrund steht. Weiterhin fühlen sich Männer deutlich kompetenter im Umgang mit Computern und zeigen günstigere Attributionsmuster und Strategien im Umgang mit (neuer) Technologie, während Frauen ihre eigenen Fähigkeiten schlechter einschätzen, sich im Umgang mit Computern häufiger hilflos fühlen und einen weniger spielerischen Umgang damit zeigen.

Wenngleich diese Ergebnisse die eingangs dargestellten Forschungsbefunde zu Geschlechterunterschieden im Umgang mit Computern bestätigen, so sind sie doch überraschend, denn in den bisherigen Studien wurden v. a. Kinder, Schülerinnen/ Schüler oder junge Erwachsene untersucht. Dass sich diese Geschlechterunterschiede ebenso deutlich selbst in einer hoch spezialisierten Stichprobe von IT-Fachkräften zeigen, die sich ja bereits für einen informatikbezogenen Beruf entschieden haben und diesen erfolgreich ausüben, ist bemerkenswert und zeigt, wie tief sitzend Geschlechterstereotype offenbar immer noch sind und wie weitreichend ihre Wirkung ist. Vor diesem Hintergrund ist es plausibel anzunehmen, dass das computerbezogene Selbstkonzept in der Tat die Karriereentwicklung von Frauen negativ beeinflussen kann, und dies wird auch durch unsere Ergebnisse bestätigt: Die intrinsische Karrieremotivation, die ein wesentlicher Einflussfaktor für den Berufserfolg ist, zeigt durchgehend hohe und hypothesenkonforme Zusammenhänge mit dem CSK.

Limitierend ist zum einen zu nennen, dass lediglich Querschnittsdaten erhoben werden konnten, die keine kausale Interpretation erlauben. Längsschnittuntersuchungen sind daher notwendig und werden derzeit durchgeführt. Zudem wurden lediglich Fragebogendaten erhoben. Es wäre daher wünschenswert, in zukünftigen Studien z.B. Beobachtungen der Computernutzung mit einzubeziehen. Gerade auch hinsichtlich des Karriereerfolgs wären weitere

Daten – bspw. Gehaltsentwicklung, Beförderungen oder Bewertungen von Vorgesetzten – hilfreich, die in Fragebogenstudien schwierig zu erheben sind.

Das CSK hat sich als sinnvoller Ansatz erwiesen, um computerbezogene Selbstwahrnehmungen und Kognitionen zu analysieren. Diesbezügliche frühere Forschungsergebnisse konnten repliziert werden. Die Stärke unseres Ansatzes sehen wir darin, dass er Theorien und Befunde aus unterschiedlichen Bereichen und Disziplinen (Kognitions-, Motivations- und Sozialpsychologie, Gender-Studien etc.) integriert und somit eine breitere Basis für die Analyse computerbezogener Einstellungen und Verhaltensweisen ermöglicht. Mit dem CSK-Fragebogen liegt für zukünftige Untersuchungen ein validiertes Messinstrument vor, um die verschiedenen Aspekte des CSK differenziert und dennoch ökonomisch zu erfassen. Bestehende Instrumente (wie beispielsweise der Fragebogen zur Erfassung computerspezifischer Attributionen, Dickhäuser & Stiensmeier-Pelster 2000) thematisieren hingegen jeweils nur Teilaspekte.

Über die Thematik der Geschlechterunterschiede hinaus wäre im Hinblick auf das Fachgebiet Mensch-Computer-Interaktion besonders interessant zu untersuchen, inwiefern sich das computerbezogene Selbstkonzept konkret auf die Computernutzung auswirkt, z.B. im Hinblick auf Nutzungsmuster und die Bewertung von Hardware oder Software. Entsprechende Studien werden derzeit vorbereitet.

Literaturverzeichnis

Abele, A. E. (1994). *Karriereorientierungen angehender Akademikerinnen und Akademiker*. Bielefeld: Kleine.

Abele, A. E. (2000). A Dual Impact Model of Gender and Career related Processes. In Eckes, T. & Trautner, H.-M (Hrsg.): *The developmental social psychology of gender*. Mahwah, NJ: Erlbaum, S. 361-388.

Bandura, A. (1977). Self-Efficacy: Towards a unifying theory of behavioral change. *Psychological Reviews, 84* (2), 191-215.

Beckers, J. J., & Schmidt, H. G. (2001). The structure of computer anxiety: a six factor model. *Computers in Human Behavior, 17*, 35-49.

Black, S. E., Jameson, J., Komoss, R., Mehan, A., & Numerico, T. (2005). Women in computing: A European and international perspective. In *Proceedings of the 3rd European Symposium on Gender & ICT, Weston Conference Centre, UMIST*, S. 1-13.

Chua, S. L., Chen, D.-T., & Wong, A. F. L. (1999). Computer anxiety and its correlates: a meta analysis. *Computers in Human Behavior, 15*, 609-623.

Dickhäuser, O., & Meyer, W.-U. (2006). Gender differences in young children's math ability attributions. *Psychology Science, 48* (1), 3-16.

Dickhäuser, O., Stiensmeier-Pelster, J. (2000). Entwicklung eines Fragebogens zur Erfassung computerspezifischer Attributionen. *Diagnostica, 46*, 103-111.

Durndell, A., Haag, Z., & Laithwaite, H. (2000). Computer self-efficacy and gender: a cross cultural study of Scotland and Romania. *Personality and Individual Differences, 28*, 1037-1044.

Ehrhardt, J. (2010). *Entwicklung und Validierung eines Fragebogens zum computerbezogenen Selbstkonzept.* Bachelorarbeit, Universität Hamburg, Fachbereich Psychologie.

Everitt, B. S., & Skrondal, A. (2010). *The Cambridge Dictionary of Statistics.* Cambridge, UK: Cambridge University Press.

Hedges, L. V., & Olkin, I. (1985). *Statistical methods for meta-analysis.* Orlando, FL: Academic Press.

Hoppenstedt (2012). *Hoppenstedt Branchenmonitor „Frauen im IT-Management".*

Hu, L.-T., & Bentler, P. M. (1999). Cutoff criteria for fit indexes in covariance structure analysis: Conventional criteria versus new alternatives. *Structural Equation Modeling, 6* (1), 1-55.

National Science Foundation (2011). *Women, Minorities, and Persons with Disabilities in Science and Engineering.*

Rosenberg, M. J., & Hovland, C. I. (1960). Cognitive, Affective, and Behavioral Components of Attitudes. In Rosenberg, M, J. et al. (Hrsg.): Attitude organization and change: An analysis of consistency among attitude components. New Haven, CT: Yale University Press, S. 1-14.

Schinzel, B. (2003). *Curriculare Vorschläge zur Erhöhung des Frauenanteils in der Informatik – Möglichkeiten und Maßnahmen.* Universität Freiburg, Institut für Informatik und Gesellschaft.

Shavelson, R. J., & Hubner, J. J., Stanton, G. C. (1976). Self-Concept: Validation of Construct Interpretations. *Review of Educational Research, 46*, 407-441.

Sieverding, M., & Koch, S. C. (2009). (Self-) Evaluation of computer competence: How gender matters. *Computers & Education, 52*, 696-701.

Sølvberg, A. M. (2002). Gender differences in computer-related control beliefs and home computer use *Scandinavian Journal of Educational Research, 46* (4), 409-426.

Super, D. E. (1953). A theory of vocational development. *American Psychologist, 8*, 185-190.

Vincent, S., Janneck, M. (2012). Das Technikbezogene Selbstkonzept von Frauen und Männern in technischen Berufsfeldern: Modell und empirische Anwendung. *Journal Psychologie des Alltagshandelns, 5* (1), 53-67.

Wetzel, I. (2002). Teaching Computer Skills: A Gendered Approach. In Floyd, C., Kelkar, G., Klein-Franke, S., Kramarae, C. & Limpangog, C. (Hrsg.): *Feminist Challenges in the Information Age.* Opladen: Leske + Budrich, S. 223-239.

Whitley, B. E. (1997). Gender Differences in Computer-Related Attitudes and Behavior: A Meta-Analysis. *Computers in Human Behavior, 13*, 1-22.

Winker, G., Wolffram, A. & Tinsel, I. (2003). Effekte geschlechtersensitiver Bildung in Zukunftstechnologien – Hintergrund und Ansätze einer Längsschnittstudie. In Komoss, R. & Viereck, A. (Hrsg.): *Brauchen Frauen eine andere Mathematik? Dokumentation des Symposiums am 18./19. Oktober 2002.* Frankfurt a. M. (u.a.): Peter Lang, S. 15-27.

Wolffram, A. & Winker, G. (2005). *Technikhaltungen von Studienanfängerinnen und -anfängern in technischen Studiengängen: Auswertungsbericht der Erstsemesterbefragung an der TUHH im WS 03/04.* Technische Universität Hamburg-Harburg: Auswertungsbericht.

H. Reiterer & O. Deussen (Hrsg.): Mensch & Computer 2012
München: Oldenbourg Verlag, 2012, S. 253-262

Flexible Mediennutzung durch die Integration von Geräten und Diensten

Jan Hess, Benedikt Ley, Corinna Ogonowski, Lin Wan, Volker Wulf

Institut für Wirtschaftsinformatik, Universität Siegen

Zusammenfassung

Digitale Medienübertragung und rückkanalfähige Informationstechnik eröffnen neue Möglichkeiten für Gestaltung und Design. TV-Geräte der neueren Generation ermöglichen bereits die flexible Einbindung von Anwendungen, die Inhalte und Zusatzdienste On-Demand integrieren. Was jedoch die plattformübergreifende Nutzung und den Austausch von TV- und Video-Inhalten mit angelagerten Zusatzdiensten betrifft, besteht eine Ausgestaltungslücke. In dieser Arbeit stellen wir ein Framework vor, das mit spezifisch angepassten Schnittstellen für TV, Smartphone und Web eine solche geräteübergreifende Mediennutzung unterstützt. Eine erste Nutzerstudie hat gezeigt, dass eine flexible Auswahl von Medien und Diensten auf unterschiedlichen Geräten Mehrwerte bieten, wie z.B. situativer Dienste- und Darstellungswechsel. Jedoch wurde auch deutlich, dass die Konzeption integrierter Anwendungen, neue Anforderungen an geräteübergreifende Steuerung und konsistentes Design stellt.

1 Motivation und verwandte Arbeiten

Social Media Anwendungen ermöglichen den verteilten Austausch unterschiedlicher Medieninhalte und bieten eine Reihe angelagerter Funktionalitäten wie Empfehlung, Bewertung und Annotation. Auf dem Markt existieren unterschiedliche Community Portale (z.B. Facebook, Google+) und Multimedia-Streaming-Lösungen (z.B. Mediatheken der Rundfunkanstalten), die zwar die Distribution von Videoinhalten auf unterschiedlichen Ausgabegeräten ermöglichen, darüber hinaus aber nur eingeschränkt plattformübergreifende Zusatzdienste angepasst an die jeweiligen Spezifika der Endgeräte wie PC, Smartphone und TV adressieren. Existierende Lösungen sind für einzelne Anwendungsdomänen konzipiert, z.B. als Plugin für Smart TVs, als Apps für mobile Geräte oder integriert in webbasierte Multimedia-Player, und erfordern meist separate Konfigurationen.

Unsere bisherigen empirischen Untersuchungen zu plattformübergreifender Medien- und Gerätenutzung haben gezeigt, dass Medien aus verschiedenen Quellen häufig gleichzeitig oder in Bezug zueinander genutzt werden (Hess et al. 2011a). Ein solches Nutzungsverhalten ist durch das Wechseln zwischen unterschiedlichen Inhalten und Diensten, unter Einbeziehung verschiedener Endgeräte, gekennzeichnet. Eine TV-zentrierte Medienplattform sollte daher möglichst flexibel sein, was den Austausch auch zwischen verschiedenen Endgeräten betrifft (Tsekleves et al. 2009; Obrist et al. 2009; Hess et al. 2011b). Ein mehr an Flexibilität kann dabei sowohl durch konvergenzunterstützende Ansätze auf einem Gerät, als auch durch Verbesserung des Austauschs und Wechsels zwischen Geräten realisiert werden.

Konzepte für eine flexible und Online-Medien einbeziehende Nutzung am TV wurden bislang in verschiedenen Forschungsarbeiten thematisiert. Der Fokus früherer Arbeiten lag dabei auf Integration und Optimierung von an die TV-Nutzung angepassten Funktionen zur Kommunikationsunterstützung (Abreu et al. 2001; Coppens et al. 2004; Nathan et al. 2008; Huang et al. 2009). Hierbei wurden beispielsweise Optionen für Text- bzw. Audio-Chat in die TV-Wiedergabe integriert und der Einfluss dieser Funktionen auf die Nutzungsweise untersucht (Huang et al. 2009). Cesar et al. (2009) untersuchten neue Anwendungskonzepte, die in Ergänzung zum Fernsehen, Mehrwerte auf mobilen Endgeräten (Secondary Screens) bieten. So können beispielsweise Screenshots der aktuellen Sendung auf dem Smartphone annotiert und mit Freunden getauscht werden. Basapur et. al. (2011) entwickelten ebenfalls ein Second-Screen Konzept, das programmbegleitend Zusatzdaten und Medien anzeigt, die inhaltlichen Bezug zum aktuellen TV Programm besitzen. Ebenfalls relevant sind die Arbeiten von Martin et al. (2010). Sie entwickelten eine Plattform, um Videoinhalte auf verschiedene Endgeräte zu verbreiten. Bisherige Arbeiten zeigen somit ansatzweise das Potential von zukünftigen Interaktions- und Konvergenzkonzepten, welche flexibel integriert, die Spezifika unterschiedlicher Geräte und Kontexte berücksichtigen.

In unserer Arbeit fokussieren wir die Entwicklung eines integrierten Konzepts, das Video- und TV-Inhalte auf unterschiedlichen Geräten zur Verfügung stellt sowie Community-Dienste für Empfehlung, Austausch und Kommunikation integriert. Das SocialMedia Framework (Hess et al. 2011b) bildet dabei die Grundlage für neuartige Zusatzfunktionen. Auf Basis dieses Framework entwickelten und integrierten wir erste Funktionalitäten mit spezifischen Schnittstellen für TV, Smartphone und Web. Neben der plattformübergreifenden Wiedergabe von TV-Inhalten, bieten Funktionen zur flexiblen Steuerung (Aufnahmeplanung und Fernbedienungsfunktion auf dem Smartphone) und Community-Einbindung (Freundesliste, Awareness, Chat) neue Nutzungsoptionen. Das integrierte Konzept wurde anschließend in einer ersten Nutzerstudie zwischenevaluiert, um Vorteile, Probleme, aber auch Herausforderungen für die Weiterentwicklung zu identifizieren.

2 SocialMedia Framework

Basierend auf den Ergebnissen unserer empirischen Untersuchungen zur an Fernsehen angelagerten Mediennutzung (Hess et al. 2011a) haben wir grundlegende Anforderungen erarbeitet, um zum einen eine stärkere Integration der existierenden Medien- und Gerätelandschaft in Haushalten zu ermöglichen und um zum anderen Schnittstellen zu sozialen Netzwerken bereitzustellen, die den medienbezogenen Austausch zwischen Haushalten unterstützen:

1. Der Zugang zu Medieninhalten (z.B. Videos oder Live-TV) und ergänzenden Zusatzdiensten soll von allen genutzten Geräten aus möglich sein.
2. Zusatzinformationen sollen passend zur laufenden Fernsehsendung von verschiedenen Webdiensten aufrufbar sein.
3. Integration von sozialen Netzwerken zur Bereitstellung sozialer Zusatzdienste (z.B. Wer meiner Freunde schaut gerade was? Social Recommendations, Chat)
4. Medienangelagerte Zusatzdienste (z.B. Chat, Hintergrundinformationen zum Film) sollen parallel auf unterschiedlichen Geräten darstellbar sein.
5. Der Nutzer soll dynamisch entscheiden können, auf welchem Gerät welche Dienste und Informationen dargestellt werden.

2.1 Architektur

Aufbauend auf diesen Anforderungen haben wir ein Konzept für ein Framework entwickelt, das zum einen innerhalb der Haushalte die notwendige Vernetzung der Endgeräte für eine stärkere Interoperabilität bietet und zum anderen eine webbasierte Anbindung an soziale Anwendungen und Informationsdienste ermöglicht. Abbildung 1 stellt die Architektur des entwickelten Frameworks dar, das grundlegend auf einem webbasierten Community Server sowie aus verschiedenen privaten Medienservern in den Haushalten der Anwender aufbaut. Der Medienserver im Haushalt stellt zentral vorhandene Medieninhalte bereit. Außerdem operiert er als Empfangsgerät für Fernsehinhalte die als Stream an die Endgeräte weiterverteilt oder aufgenommen werden können. Der Community Server stellt soziale Funktionalitäten bereit und ermöglicht den Austausch mit anderen Haushalten (z.B. Teilen von Medieninhalten, verteilter gemeinsamer Videokonsum, medienbegleitende Kommunikation). Zudem bietet er unterwegs den Zugang zum heimischen Mediaserver.

2.2 Umsetzung

Als Basis für die Umsetzung des Community Servers wurde die webbasierte Open Source Social Network Engine Elgg verwendet (http://www.elgg.org/). Diese bietet alle grundlegenden Social Network Funktionalitäten, eine dynamische Erweiterbarkeit über Plugins sowie ein Framework zur Entwicklung von Webservices. Der Medienserver läuft auf einem lokalen PC im Haushalt und wird ebenfalls über eine Webservice-Schnittstelle angesteuert. Lokal gespeicherte Mediendateien sowie über eine TV-Karte empfangene Fernsehinhalte können direkt an verbundene Clients gestreamt werden. Über die Webservice-Schnittstelle des Community Servers sind die einzelnen Medienserver in den Haushalten der Nutzer mit dem zentralen Community Server verbunden. Dadurch ist der haushaltsübergreifende medienbezogene Austausch, sowie ein Zugriff auf den privaten Server zu Hause auch von unterwegs aus möglich. Die serviceorientierte Architektur des Frameworks ermöglicht eine einfache und geräteübergreifende Entwicklung von Nutzerinterfaces, die jeweils gegen die Serviceschnittstellen der Serverinfrastruktur implementiert werden.

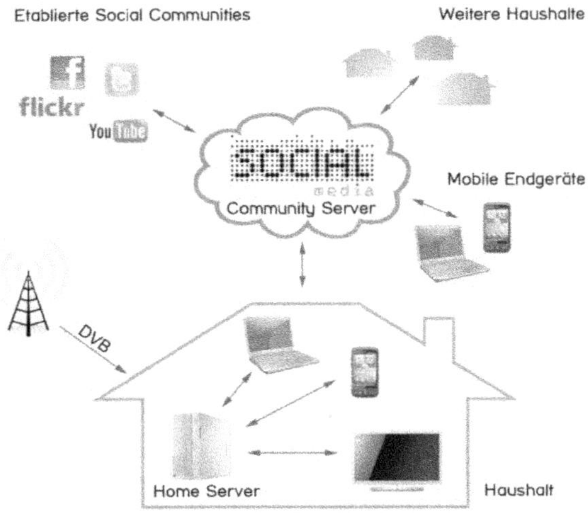

Abbildung 1: SocialMedia Framework Architektur

3 User Interfaces

Gemeinsam mit unseren Projektpartnern wurden für die Geräteklassen TV, Smartphone und PC drei verschiedene Benutzeroberflächen entwickelt, die alle auf der Funktionalität des SocialMedia Frameworks aufbauen. In der ersten Entwicklungsphase wurden zunächst die Anmeldung am Community Server, der Fernsehempfang, EPG (Electronic Program Guide) und Chat umgesetzt, um den Ansatz des integrierten Konzepts bereits in einer frühen Entwicklungsphase mit unseren Testanwendern evaluieren zu können. Abbildung 2 zeigt das auf der Basis von HTML 5 implementierte Interface für das Fernsehgerät. Die Software läuft auf einer Windows Wohnzimmer-PC-Lösung. Die Steuerung erfolgt über Tastatur und Fernbedienung, die Ansteuerung des SocialMedia Frameworks erfolgt über Java Script. Das TV-Interface wurde so gestaltet, dass das Video- bzw. Fernsehbild im Fokus der Anwendung steht und beim Start den gesamten Bildschirminhalt einnimmt. Bei einer Nutzereingabe über Tastatur oder Fernbedienung werden die in Abbildung 2 dargestellten Menüleisten an allen vier Bildschirmrändern eingeblendet. In der linken Leiste werden Online-Kontakte der Social Community sowie deren Profilbilder angezeigt. Mit der Fernbedienung können diese ausgewählt und ein Chat eingeleitet werden. Über die untere Leiste können TV-bezogene Funktionen wie Kanalübersicht und EPG (Abb. 2 rechts) aufgerufen werden sowie auf lokale Medien, wie z.B. Videos oder Aufnahmen zugegriffen werden. In der rechten Leiste sollen im nächsten Entwicklungsschritt Community-Funktionalitäten wie z.B. ein Twitter-Feed zum laufenden Fernsehprogramm aufrufbar sein. Über die obere Leiste kann sich der Benutzer an der Community abmelden sowie die Anwendung beenden.

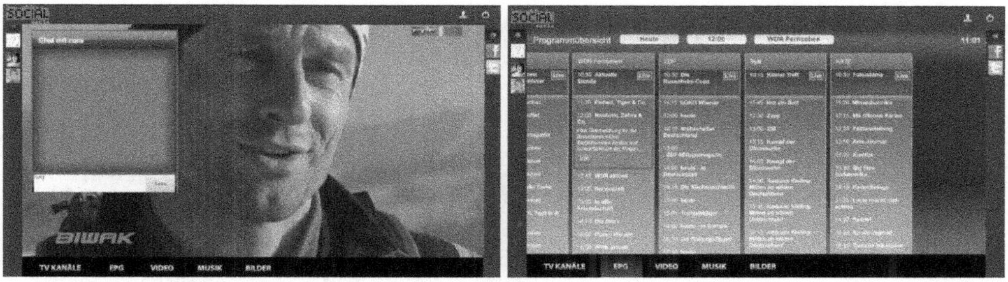

Abbildung 2: TV Interface mit eingeblendeter Navigation und geöffnetem Chat sowie EPG Übersicht

Die mobile Applikation (Abbildung 3) wurde als Android Anwendung umgesetzt und kann über den Touchscreen eines Smartphones gesteuert werden. Nach dem Start der Anwendung erhält der Nutzer zunächst eine Übersicht der verfügbaren Funktionen. Hier kann das TV-Programm chronologisch bzw. nach Fernsehsendern sortiert angezeigt werden. Zu jeder Sendung kann sich der Nutzer eine kurze Übersicht anzeigen lassen sowie detaillierte Informationen über die Internet Movie Database (IMBd) abrufen. Weiterhin können Sendungen als Lieblingssendungen markiert werden sowie Erinnerungen und Aufnahmen gesetzt werden. Bei einer Erinnerung wird zu Beginn der Sendung eine Benachrichtigung auf dem Smartphone des Nutzers angezeigt, Aufnahmen werden direkt an den verbundenen privaten Home Server geschickt und dort programmiert. Analog zum TV-Interface kann sich der Nutzer auch auf dem Smartphone anzeigen lassen, welche Kontakte online sind und mit diesen chatten. Darüber hinaus stellt die mobile Anwendung eine rudimentäre Fernbedienungsfunktion bereit, über die das TV-Interface, ähnlich wie mit der klassischen Fernbedienung, gesteuert werden kann.

Abbildung 3: Smartphone Interface (Hauptmenü, EPG, Fernbedienung, Chatliste)

Das webbasierte Interface (Abbildung 4) stellt grundlegend die Nutzerschnittstelle zur Elgg-basierten SocialMedia Community Plattform dar, die um verschiedene Plugins erweitert wurde und ebenfalls die Ansteuerung und Nutzung des heimischen Mediaservers ermöglicht.

Dadurch ist es beispielsweise möglich, auf dem Mediaserver verfügbare Videos oder dort empfangene TV-Inhalte im Browser über das Internet darzustellen. Das Web-Interface ist darüber hinaus in Aufbau und Funktionalität vergleichbar mit anderen bekannten sozialen Netzwerkseiten wie z.B. Facebook oder Google+ und für den Zugriff am PC optimiert.

Abbildung 4: Web Interface (Community-Plattform, laufendes TV-Bild in Web Interface)

4 Evaluation

Das entwickelte Framework zur plattformübergreifenden Mediennutzung wurde in einem anschließenden Zwischenevaluationsschritt von Teilnehmern eines Living Labs sowohl exploriert als auch diskutiert. Ziel der Untersuchung war es, ein erstes Nutzerfeedback hinsichtlich der Komplexität, Navigation und Gestaltung des integrierten Konzeptes zu generieren, das als Teilergebnis in einen iterativen Designprozess einfließen und so der Verbesserung der Prototypen dienen soll, bevor diese in einem weiteren Schritt in Haushalten des Living Labs ausgerollt und unter natürlichen Nutzungsbedingungen evaluiert werden sollen.

4.1 Methode & Durchführung

Die Evaluation des SocialMedia Frameworks mit seinem TV, Web und Smartphone Interface erfolgte in standardisierten Nutzungstests, die von jeweils zwei Mitarbeitern (Moderator, Protokollant) durchgeführt wurden. Nach einer Einleitung in die Untersuchung schloss sich eine freie Explorationsphase der Anwendungen an, bevor zielgerichtete Aufgabenstellungen mittels eines szenariobasierten Walkthroughs gelöst wurden. Hierbei hatten die Teilnehmer freie Wahlmöglichkeiten, wie eine Interaktion mit den Interfaces erfolgen sollte. Zur Steuerung des TV Interfaces stand eine klassische Fernbedienung, eine drahtlose Mediacenter Tastatur sowie die Fernbedienungsfunktion des Smartphone Interfaces zur Verfügung. Die anderen beiden Interfaces (Web und Smartphone) wurden standardmäßig über eine Tastatur bzw. Touchscreen gesteuert. Zur Verbalisierung des Nutzungsverhaltens wurde die Thinking Aloud Methode (Nielsen & Mack 1994) angewendet. Abschließend wurde ein kurzes Feedbackinterview geführt, in dem nochmals explizit die einzelnen Interfaces diskutiert wurden.

Die Nutzungstests fanden in einem artifizierten Wohnzimmersetting an der Universität statt und dauerten zwischen 60-70 Minuten. Es wurden Einzel- bzw. Gruppentests abhängig der Haushaltsstruktur der Teilnehmer durchgeführt, die sich an deren natürlicher Rezeptionssituation orientierten. Die Durchführung unter Laborbedingungen erlaubte uns eine höhere Vergleichbarkeit der Daten und gewährte konstante Versuchsbedingungen. Eine Dokumentation des Settings als auch der Versuchsdurchführung fand mittels Audio- und Videoaufzeichnungen statt. Zusätzlich wurde ein Versuchsprotokoll erstellt. Insgesamt wurden in diesem Zwischenevaluationsschritt 13 Tests mit 17 Teilnehmern (8 Frauen und 9 Männer mit geringer oder umfangreicher technischer Erfahrung mit Wohnzimmer-PC-Lösungen und/oder Smartphones) unseres Living Labs (Hess & Ogonowski 2010) durchgeführt. Darunter 10 Einzeltests und 3 Mehrpersonentests mit zweimal 2 und einmal 3 Probanden (s. Tabelle 1). Die erhobenen Daten wurden anschließend transkribiert und nach qualitativen Verfahren analysiert und ausgewertet. Dabei wurden deduktiv ermittelte Kategorien aus dem Versuchsleitfaden mit induktiv abgeleiteten Kategorien aus den Materialien ergänzt. Zudem wurden die verschiedenen Datenquellen (Audio, Video, Protokolle) trianguliert und hinsichtlich der gewählten Kategorien *Integration*, *geräteübergreifende Steuerung* und *konsistentes Design* analysiert.

Versuch	Probanden (Haushaltsstruktur, Geschlecht, Alter, techn. Erfahrungen –/+)	Versuch	Probanden (Haushaltsstruktur, Geschlecht, Alter)
T1	Single-Haushalt mit Kindern (w 39 –)	**T8**	Single-Haushalt (w 24 –)
T2	Single-Haushalt (m 36 –)	**T9**	Single-Haushalt (m 44 –)
T3	Single-Haushalt mit Kindern (w 43 –, m 16 +, w 15 –)	**T10**	Mehrpersonen-Haushalt mit Kindern (w 42 –, w 14 –)
T4	Single-Haushalt (m 29 –)	**T11**	Single-Haushalt (w 46 –)
T5	Zwei-Personen-Haushalt (m 34 +)	**T12**	Zwei-Personen-Haushalt (m 38 +)
T6	Mehrpersonen-Haushalt mit Kindern (m 38 +)	**T13**	Zwei-Personen-Haushalt (m 39 +, w 35 –)
T7	Single-Haushalt (m 28 +)		

Tabelle 1: Verteilung und Charakteristika der Probanden in den Nutzungstests

4.2 Ergebnisse

Die Ergebnisse unserer Zwischenevaluation haben gezeigt, dass das integrierte Konzept mit seinen an Fernsehen angelagerten Nutzungsmöglichkeiten als auch die Flexibilität der TV-Nutzung als Gesamtes auf positive Resonanz bei den Probanden gestoßen ist. Bezüglich der drei genannten Kategorien wurden jedoch auch Schwächen und Probleme aufgedeckt sowie Verbesserungsvorschläge diskutiert, die nachfolgend dargestellt werden.

Die Kategorie *Integration*, der insbesondere plattformübergreifende Aspekte zugeordnet wurden, beschreibt Dienste und deren nahtlose Integration in das Framework. Hierbei stellte sich unter anderem die Chatfunktionalität als problematisch dar. Wurde zum Beispiel während des Tests eine Chatkonversation am TV Interface begonnen und danach über das Smartphone bzw. das Web Interface fortgeführt, hatte der Proband keine Möglichkeit den bisherigen Chatverlauf nochmals einzusehen. Diese fehlenden Verläufe wurden von der Mehrheit der Teilnehmer als Mangel gewertet, da durch den Wechsel des Interfaces der Kontext der Konversation verloren geht und man so gehindert wird den Austausch zu einem beliebig späteren Zeitpunkt fortzusetzen, außer man kann sich daran erinnern. Zudem wurde darauf verwiesen, dass andere Instant Messaging Anbieter (wie z.B. Skype) diesen Service bereits implementiert haben und deshalb ähnliche Nutzungsmöglichkeiten auf unterschiedlichen Endgeräten erwartet wurden. Eine weitere Schwäche in dieser Kategorie wies die Erinnerungsfunktion auf. In den evaluierten Prototypen war es nicht möglich, von einer beispielsweise gesetzten Erinnerungen im Smartphone Interface zum entsprechenden Zeitpunkt (z.B. Beginn einer TV-Sendung) eine Benachrichtigung auf allen Geräten zu erhalten. Zudem wurde der Wunsch nach einer individuellen Konfiguration, auf welchen Plattformen eine Benachrichtigung erscheinen soll, geäußert. Um die identifizierten Schwächen des integrierten Konzepts zu beheben, wurde als Lösung eine serverseitige Speicherung der Daten diskutiert. Dadurch könnte eine Synchronisation der entsprechenden Informationen auf allen Plattformen sowie individuelle Konfigurationsmöglichkeiten gewährleistet werden.

Eine weitere Kategorie, die sich aus der Analyse der Daten ableiten ließ, ist der Aspekt der *geräteübergreifenden Steuerung*. Hierzu zählen Anmerkungen und Probleme die mit dem plattformübergreifenden Navigationskonzept des Smartphone Interfaces verbunden sind. Das Umschalten aus dem EPG heraus wurde als hilfreich bewertet, sei aber zu versteckt im Untermenü. Hier wurde der Wunsch geäußert, die Funktion präsenter in der EPG-Anzeige zu positionieren. Als Ergänzung dazu, wurde ebenfalls der Wunsch nach einer Aufnahmefunktion aus dem EPG heraus geäußert, um so auch die Aufnahmeplanung vom Smartphone aus zu steuern. Des weiteren wurde die integrierte Fernbedienung als positive Alternative zur klassischen Fernbedienung und drahtlosen Tastatur des Wohnzimmer-PCs bewertet, erschwerte aber dennoch eine schnelle und zielführende Navigation am TV Interface. Hierbei wurden vor allem die begrenzte Auswahl an Tasten bemängelt, wie beispielsweise der Kanalwechsel über die Kanal + und – -Tasten oder die Live-Aufnahmetaste, die im alltäglichen Gebrauch häufig genutzt werden. Zudem war es den Probanden nicht möglich eine gezielte Interaktion durchzuführen, ohne auf das Display des Smartphones schauen zu müssen. Von der klassischen Fernbedienung seien sie gewöhnt blind Kanäle zu wechseln oder die Lautstärke zu ändern. Somit zeigt sich, dass der Aspekt der geräteübergreifenden Steuerung besondere Herausforderungen an eine intuitive Nutzung auf Touchscreens darstellt. Um dies besser zu unterstützen, sollte das Smartphone Interface die Interaktionsmöglichkeiten des klassischen Eingabegerätes sowie des entsprechenden Ziel-Interfaces konsistent und möglichst umfassend unterstützen. Für das integrierte Konzept sollte hierzu eine Anpassung der Fernbedienungsfunktion des Smartphone Interfaces in enger Kollaboration mit den Nutzern erfolgen, um so einen tatsächlichen Mehrwert im Alltag generieren zu können.

Eine ebenfalls relevante Gewichtung bei der Nutzung von plattformübergreifenden Funktionalitäten stellt die Kategorie des *konsistenten Designs* dar. Hierbei führten uneinheitliche Terminologien und Icons, die als funktionale Buttons in den Interfaces fungierten, zu Irritation und nicht zielführender Interaktion. Des weiteren war den Probanden vor allem in der Phase der freien Exploration die Zusammengehörigkeit der verschiedenen Plattformen nicht immer eindeutig klar. Daher sehen sie eine stärkere Einheitlichkeit der farblichen Gestaltung als wünschenswert an. Besonders die Gestaltung des TV Interfaces wurde kritisch bewertet, da aufgrund der sich dynamisch ändernden Hintergrundbilder, Helligkeiten und Kontraste durch das laufende TV-Bild die Hervorhebung der ausgewählten Menüleisten nur schwer sichtbar war. Abhängig von der Entfernung zum TV stellte auch die Schriftgröße ein Problem dar. Zwar waren im Test alle Inhalte gut lesbar, jedoch wurde diskutiert, wie sich dies bei den Probanden im Wohnzimmer auswirken würde, da sie eine wesentlich größere Distanz zum TV haben. Die Ergebnisse zeigen, dass vor allem beim Design des integrierten Konzepts die Zugehörigkeit der Interfaces durch ein gemeinsames Look and Feel, bezüglich Farben, Symbole und Terminologien, deutlich erhöht werden kann und dieses in einem Corporate Design festgesetzt sein sollte. Allerdings gilt es hierbei nicht ein identisches UI auf die unterschiedlichen Interfaces zu übertragen, sondern entsprechend der Design-Richtlinien des jeweiligen Interfaces einen Wiedererkennungswert zu generieren.

5 Diskussion und Ausblick

In dieser Arbeit wurde ein integriertes Konzept zur geräteübergreifenden Mediennutzung am TV, Smartphone und PC sowie Implementierungen vorgestellt, die erste Lösungsansätze bezüglich der in Kapitel 2 beschriebenen Anforderungen zeigen, aber auch einige Limitierungen mit sich bringen. So können TV- und Videoinhalte bisher nur am TV und über das Web Interface und noch nicht auf dem Smartphone abgerufen werden (Anforderung 1: Darstellung von TV- und Medieninhalte auf unterschiedlichen Geräten). Als eine weitere Anforderung (2) sollten Zusatzinformationen zur laufenden Sendung von unterschiedlichen Webdiensten abrufbar sein. Bislang wurde jedoch nur die Anzeige von Programm- (EPG) und Sendungsinformationen (IMDb) realisiert. In zukünftigen Arbeiten sollen diesbezüglich noch weitere Dienste, z.B. zur Sendung in Beziehung stehende Twitter Nachrichten, eingebunden werden. Was die Integration sozialer Netzwerke betrifft (Anforderung 3), wurden bisher nur die Freundesliste mit Online-Status integriert. Interessante Weiterentwicklungen betreffen hier die Darstellung von weiteren Kontextinformationen, wie z.B. aktuell geschaute Sendungen der Freunde, Empfehlungen oder Kommentare. Dazu können in weiteren Entwicklungsschritten auch bereits etablierte Communities wie Facebook oder Google+ eingebunden werden. Mit Anforderung 4 adressieren wir die parallele Verwendung von Zusatzdiensten auf unterschiedlichen Geräten. Mit EPG und Chat konnte gezeigt werden, dass eine solche Nutzungsweise flexibel möglich ist. Jedoch verdeutlichten die Nutzungstests, dass mit dem Wechsel des Endgerätes auch der Status der Anwendung (z.B. Chatverlauf) zwischen den Geräten synchronisiert werden muss, um eine nahtlose Integration zu ermöglichen. Konfigurationen, auf welchem Gerät welche Dienste und Informationen dargestellt werden (Anforderung 5), müssen derzeit auf jedem Gerät individuell getätigt werden. In einem nächsten Schritt wollen wir geräteübergreifende Konfigurationsmechanismen ermöglichen, z.B. die zentrale Konfiguration über das Web Interface.

Die erste Evaluation der Prototypen hat gezeigt, dass Nutzer die Möglichkeit der flexiblen Mediennutzung auf unterschiedlichen Geräten begrüßen. Jedoch zeigte sich auch, dass bei der Konzeption von integrierten Diensten neue Anforderungen an das Design und die geräteübergreifende Steuerung gestellt werden. Für zukünftige Arbeiten ergeben sich daraus weitere Herausforderungen hinsichtlich der Einbindung bestehender Web-Dienste (z.B. angepasster Funktionsumfang zur Darstellung am TV, Smartphone oder PC) sowie der Gestaltung von Konzepten, die eine gemeinsame verteilte Medienrezeption unterstützen.

Danksagung

Diese Arbeit wurde gefördert vom Ministerium für Innovation, Wissenschaft, Forschung und Technologie des Landes NRW mit Mitteln der Europäischen Union (FK: 280411902).

Literaturverzeichnis

Abreu, J., Almeida, P., & Branco, V. (2001). 2BeOn-Interactive television supporting interpersonal communication. In: Multimedia 2001: proceedings of the Eurographics Workshop in Manchester, United Kingdom, September 8-9, 2001, 199.

Basapur, S., Harboe, G., Mandalia, H., Novak, A., Vuong, V., and Metcalf, C. (2011). Field Trial of a Dual Device User Experience for iTV. In: Proc. of the 9th EuroITV '11, ACM Press, 127-136.

Cesar, P., Bulterman, D. C. A., Jansen, J., Geerts, D., Knoche, H., & Seager, W. (2009). Fragment, tag, enrich, and send: Enhancing social sharing of video. ACM Transactions on Multimedia Computing, Communications, and Applications (TOMCCAP), 5(3), 1-27.

Coppens, T., Trappeniers, L., and Godon, M. (2004): AmigoTV: Towards a Social TV Experience. 2nd European Conference on Interactive Television - EuroITV 2004 (pp. 163-168), Brighton, UK.

Hess, J. & Ogonowski, C. (2010). Steps toward a living lab for socialmedia concept evaluation and continuous user-involvement. In: Proceeding of the EuroITV Conference 2010, 171-174.

Hess, J., Ley, B., Ogonowski, C., Wan, L. and Wulf, V. (2011a). Cross-Media@Home: Plattformübergreifende Nutzung neuer Medien. In: Mensch & Computer 2011, Oldenburg Verlag, 9-20.

Hess, J., Ley, B., Ogonowski, C., Wan, L., and Wulf, V. (2011b). Jumping between Devices and Services: Towards an Integrated Concept for Social TV. In: Proc. EuroITV, 171-174.

Huang, E.M., Harboe, G., Tullio, J., et al. (2009). Of social television comes home: a field study of communication choices and practices in tv-based text and voice chat. In: Proceedings of the 27th international conference on Human factors in computing systems, 585-594.

Martin, R., Santos, A.L., Shafran, M., Holtzman, H., Montpetit, M.-J. (2010): neXtream: a multi-device, social approach to video content consumption. In: Proceedings of the 7th IEEE conference on Consumer communications and networking conference. (Las Vegas, Nevada, USA), 779-783.

Nathan, M., Harrison, C., Yarosh, S., Terveen, L., Stead, L., and Amento, B. (2008). CollaboraTV. In: Proc. of the uxTV '08, ACM Press, 85.

Nielson, J. & Mack R. L. (1994). Usability Inspection Methods. Wiley John + Sons, Inc.

Obrist, M., Obrist, M., Moser, C., Alliez, D., Holocher, T., & Tscheligi, M. (2009b). Connecting TV & PC: an in-situ field evaluation of an unified electronic program guide concept. In: Proceeding of the EuroITV Conference 2009, 91-100.

Tsekleves, E., Whitham, R., Kondo, K., and Hill, A. (2009). Bringing the television experience to other media in the home. In: Proc. of EuroITV '09, 201-210.

Kontaktinformationen

Jan Hess, Benedikt Ley, Corinna Ogonowski, Lin Wan, Volker Wulf
Universität Siegen, Institut für Wirtschaftsinformatik, Hölderlinstr. 3, 57068 Siegen
Mail: {vorname.nachname}@uni-siegen.de

H. Reiterer & O. Deussen (Hrsg.): Mensch & Computer 2012
München: Oldenbourg Verlag, 2012, S. 263-272

MediaBrain: Annotating Videos based on Brain-Computer Interaction

Alireza Sahami Shirazi, Markus Funk, Florian Pfleiderer, Hendrik Glück, Albrecht Schmidt

VIS, University of Stuttgart

Abstract

Adding notes to time segments on a video timeline makes it easier to search, find, and playback important segments of the video. Various approaches have been explored to annotate videos (semi) automatically to summarize videos. In this research we investigate the feasibility of implicitly annotating videos based on brain signals retrieved from a Brain-Computer Interface (BCI) headset. The signals provided by the BCI can reveal different information such as brain activities, facial expressions, or the level of users' excitement. This information correlates with scenes the users watch in a video. Thus, it can be used for annotating a video and automatically generating a summary. To achieve the goal, an annotation tool called MediaBrain is developed and a user study is conducted. The result reveals that it is possible to annotate a video and select a set of highlights based on the excitement information.

1 Introduction

This paper investigates the feasibility of implicitly annotating videos based on the information provided by the BCI (Brain Computer Interface). Adding annotations to time segments on a video timeline makes it easier to search, find, and playback important segments of the video. Various approaches have been explored to annotate videos (semi) automatically in order to summarize videos. Annotations are either defined automatically by analyzing and processing videos or explicitly by users/annotators.

The brain is the center of the nervous system. Brain signals can reveal different information that correlates with scenes the users watch in a video. The BCI enables communication between a brain and an external device. Several methods such as Magnetoencephalography (MEG), functional Magnetic Resonance Imaging (fMRI), and electroencephalograms (EEG) can acquire the brain signals. EEG is one of the most popular methods due to the ease of use. It uses non-invasive number of electrodes spread over the scalp to measure signals arising from neural activities. This allows to measure and analysis the brain neural activity without complex medical procedures. The brain neural activity varies based on the mental and cognitive activities. The BCI has been primarily used in the medical and clinical fields. However, with advantages in technologies low-cost commercial wireless EGG headsets are available for other purposes, e.g., games (Myeung-Sook et al., 2010).

In this project we utilize brain signals as implicit inputs for annotating video time segments and extracting a set of highlights. Generally, the user interaction with the computer is categorized into explicit and implicit interactions. In the explicit interaction the user aims for a certain action and expects certain results. While in the implicit interaction the user is not primarily aimed to interact with the computer, but the computer understands the interaction as an input (Schmidt, 2000). Researchers have used various resources such as the eye movements (Santella et al., 2006, Buscher et al., 2008) for implicit interactions. Here, we explore implicit video annotating based on the information provided by the BCI. Brain signals can reveal different information such as facial expressions or the level of excitement. This information can be used for annotating a video and generating a summary. To achieve the goal, we develop an annotation tool and conducted a user study. Based on the authors' knowledge, this is the first step toward using brain signals for annotating videos.

2 Related Work

There are various methods available to measure brain signals. The MEG (Magnetoencephalography) technique maps the brain activity by recording magnetic fields produced by electrical currents occurring naturally in the brain. fMRI (functional Magnetic Resonance Imaging) measures brain activity by detecting associated changes in the blood flow. The EEG (Electroencephalograms) technique measures brain voltage fluctuations resulting from ionic current flows within the neurons. It measures six signals each with different frequency ranges (alpha: 8–13 Hz, beta: 13–30 Hz, gamma: 30–100+ Hz, delta: up to 4 Hz, theta: 4–8 Hz, mu: 8–13 Hz). With the advantages in new technologies, commercial EEG headsets are recently available. This provides an opportunity to utilize these headsets in laboratory studies. The two most popular ones are NeuroSky[1] and Emotive EPOC[2] headsets. The NeuroSky devices have two electrodes and distinguish neutral and attentive mental states with 86% accuracy (NeuroSky, 2009). The Emotiv EPOC headset has 14 data collecting electrodes and 2 reference electrodes. It detects various facial expressions, level of engagement, frustration, mediation, and excitement.

Various research projects have used the both headset in order to use brain signals in different context. *ThinkContacts* is an application allows users to call a contact in an address book by using brain signals as inputs. It uses the NeuroSky MindSet to measure the degree of attention each contact gets in an address book to find out which contact to call (Perkusich et al.,

1 http://neurosky.com/ (accessed March 2012)

2 http://www.emotiv.com/ (accessed March 2012)

2011). *Neurowander* is also a BCI game using brainwaves as inputs for a game (Myeung-Sook et al., 2010). Mostow et al., 2011, used the EEG headset to collect and assess cognitive information from students while reading different texts. Crowley et al., 2010, assessed and reported the suitability of the NeuroSky MindSet to measure and categorize a user's level of attention and mediation. Furthermore, Petersen et al., 2011, demonstrated the ability to distinguish emotional responses reflected in scalp when viewing pleasant and unpleasant pictures. Yasui, 2009, proposed a technique for measuring the psychophysiological status of the human and associated applications based on brain signals. He analyzed the mental state of a car driver and showed that the pattern while driving was changed by a specific activity such as when talking on a mobile phone. We refer to Lotte et al., 2007, for an overview on classification algorithms for EEG-based brain-computer interfaces.

Researchers have also used the ERP (Event Related Potential) wave for interaction with a system. The ERP wave is the brain response that is directly the result of a thought or perception. The P300 wave is the famous ERP elicited in the process of decision-making. Kanoh et al. used the P300 signal for controlling the mouse course. It works by cycling through the eight possible directions around the current cursor position. When the signal is triggered, the mouse moves into the desired direction (Kanoh et al., 2011). Li et al. developed a P300-based keyboard that basically works by cycling through all letters until the desired one is reached (Li et al., 2009). *NeuroPhone* is a system that uses ERP signals obtained from the EPOC headset to select a contact from an address book on an iPhone and dial the number (Campbell et al., 2010). One of the brain signal monitoring usages in the medical domain is sleep monitoring to assist patients with sleeping disorders. Although the brain signals during sleep are quite weak and difficult to read (Garg et al., 2011).

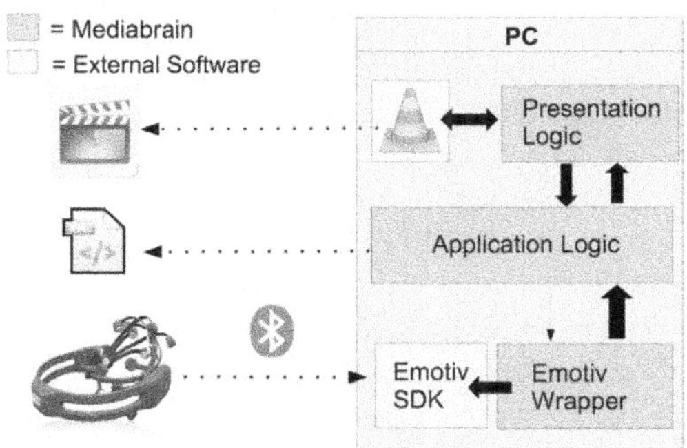

Figure 1:MediaBrain Architecture

Regarding annotating videos, researchers have investigated various automatic or semiautomatic approaches. Yamamoto et al., 2008, used the social activity, i.e., users' comments and weblogs for annotating videos. Nagao et al., 2002, provided an annotation tool allowed users to easily create annotations including voice transcripts, video scene descriptions, and visual/auditory object descriptions. Sahami Shirazi et al., 2011, used an iconic interface on the mobile phone for sharing opinions during sport events, annotating the events, and detecting highlights. Nakamura et al., 2008, explored affective response to understand video commenting systems. Various algorithms also tried to automatically annotate videos (Wang et al., 2009, Lavrenko et al., 2004). Saur et al. developed a tool, which automatically annotated basketball videos based on their content (Saur et al., 1997).

None of the previous work utilized emotional information for annotating a video. Emotional reactions of a video viewer to scenes in a video are correlated to what happens in a scene. In our research we used the brain signals acquired from the Emotiv EPOC headset to annotate a video and find highlights. In order to achieve this, we developed a prototype described in the next section.

3 MediaBrain

To annotate videos with emotional information acquired from the brain, the Emotiv EPOC headset was used and an annotation tool, called MediaBrain, was developed.

3.1 Annotation tool

We used the Emotiv EPOC headset to obtain the brain signals during watching a video. The headset uses the EEG technique and has 14 electrodes and 2 reference electrodes. It transmits data to the computer via a Bluetooth connection. The SDK (Software Development Kit) that comes with the headset provides following measurements: facial expressions, level of engagement, frustration, mediation, and excitement. The headset has also a built in gyroscope that detects the user's head orientation. The sampling rate is 128 samples/second.

A video annotation tool called MediaBrain is developed as an application for a personal computer. The tool includes the open source VLC[3] video player for fully controlling the video events such as playback, pause, or stop a movie. It is implemented in Visual C++. The MediaBrain tool consists of three layers (Figure 1). The first layer (Emotiv Wrapper) establishes a Bluetooth connection with the EEG headset and handles the user's brain signals. It uses the EPOC's SDK to retrieve the brain information. The second layer (Application Logic) records and stores the data in an XML file. It also tags the data with the video timestamp. The third layer (Presentation Logic) includes a wrapper around the VLC Media Player and controls the video. In the current version just excitement values are recorded and used to annotate a video. However, it is easily possible to extend the tool and use other parameters for the annotation. After gathering the information, the tool uses the XML file to identify, extract, and play scenes highlighted based on the excitement information.

[3] http://www.videolan.org/vlc/ (accessed March 2012)

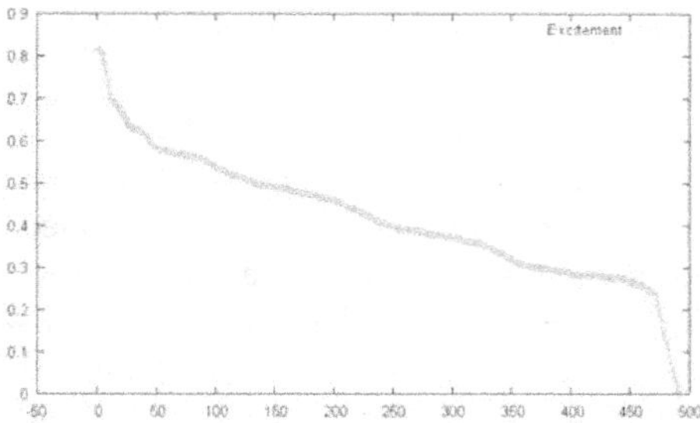

Figure 2:Sorted user excitement values

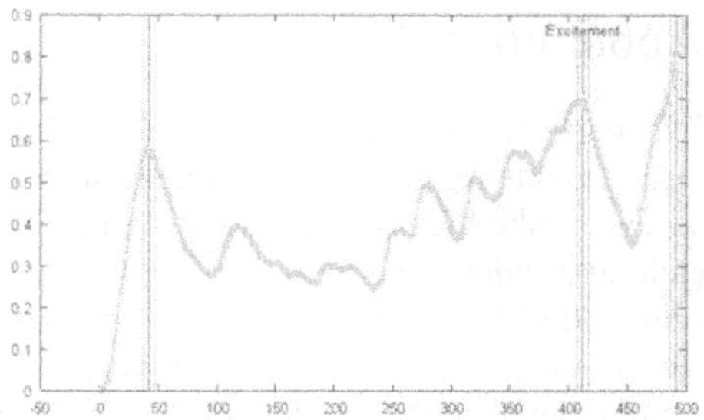

Figure 3:User excitement graph with calculated highlights

3.2 Annotation Algorithm

An algorithm is developed to extract the highlights based on the recorded information. The algorithm requires two parameters: length of a highlight (*L*) in seconds and maximum number of highlights (*N*). In the first step all highlights are sorted in descending order based on the excitement value (see Figure 2). Then, a highlight segment is detected. To do so, the scene that has the maximum excitement value together with the ±*L/2* seconds is extracted. The other excitement values in this time segment are excluded for further calculation. This procedure is continued till the maximum number of highlights (*N*) is calculated or no more data is available. If *N* is not provided, all available points are extracted. Figure 3 depicts the excitement graph with calculated highlights. The algorithm is described in Table 1.

```
N = maximum number of highlights;
L = length of a highlight;
excitement_array = sort the excitement data in a descending
                   order;
For 1 till N:
     item = Select first item in excitement_array;
     highlight_start_time = item.timestamp - L/2;
     highlight_end_time   = item.timestamp + L/2;
     in excitement_array remove data from highlight_start_time
     till highlight_end_time;
```

Table 1: The pseudo code describes the algorithm for annotating the scenes with the excitement values.

4 User Study

A user study was conducted to evaluate the MediaBrain tool and assess the feasibility of annotating the video based on the excitement information provided by the Emotiv EPOC headset.

4.1 Apparatus

We had 11 participants (7 male, 4 female, average age 23.2) for the user study. All participants were students recruited via mailing lists and university's forums. In the first step, each participant was asked to answer a questionnaire about the demographics. Then, we continued with watching a video. The participant wore the headset and started watching a short animation movie, called Big Buck Bunny[4]. We assured that all the 16 electrodes had a good connection to the scalp. We selected this movie as it had few funny scenes that should result in a distinct excitement graph. The movie's length was 10 minutes and shown on a 40" display. Figure 4 shows the setup of the user study. The participant wore the EPOC headset while watching the animated movie on the big screen. The experimenter was able to check the live data on the second monitor.

Along with the excitement data obtained implicitly from the EPOC headset, the users were asked to explicitly specify their excitement while watching the movie. Hence, we extended the MediaBrain tool in a way that users could state their excitement by pressing a button. During the study we asked the participants to press the button every time they believed they were excited about a scene. This information was stored together with the video timestamp in

```
N = maximum number of highlights;
L = length of a highlight;
excitement_array = detect points where the gradient changes;
For 1 till N:
    item = Select first item in excitement_array;
    highlight_start_time = item.timestamp - L/2;
    highlight_end_time   = item.timestamp + L/2;
    in excitement_array remove data from highlight_start_time
    till highlight_end_time;
```

Table 2: The pseudo code describes the updated algorithm for annotating the scenes with the excitement values.

an XML file and used later for the evaluation. At the end of the study, the participants filled in another questionnaire and provided qualitative feedback about their experience during the study. The study took approximately 30 minutes for each participant.

4.2 Result

Based on the demographic questionnaire, 70% of the participants daily used their computer for watching videos. None of the participants took part in any user study related to the BCI or used any type of BCI headsets. Only one participant saw the animation shown in the study before.

---

[4] www.bigbuckbunny.org (accessed March 2012)

The results revealed that the participants pressed the button (specified their excitement explicitly) 13 times on average. There were six scenes where 85% of the users pressed the button. The rest of the explicit highlights were widely spread. The six scenes included mainly unexpected actions in the movie, led to a surprise and excitement.

We also investigated the correlation between the explicit and implicit excitement information from users. We took each explicit input from users and checked whether this input matched with a highlight detected by the algorithm. The results showed that with L=5 seconds only 27% of explicit inputs matched with the implicit excitements. With L=10 seconds the result was 36%. Further investigation revealed that the user inputs were on average 10 seconds earlier than the local maximum excitement values. Interestingly, the user inputs matched with the points where the excitement level started increasing (changes in gradient). However, we expected that the explicit inputs located on the local maximums (peaks) in the excitement graph (see Figure 5). Based on the Model Human Processor (Card, et al., 1986) the total cycle time of processors in the human's cognitive system, namely the *perceptual,* the *cognitive,* and the *motor processor* is approximately 300 msec. On the other hand, it might be delays the headset has. However, based on the headset manufacture documents no delay is reported. Therefore, we updated our algorithm in a way that the points where the excitement level started increasing were considered as highlights (see Table 2). Based on the updated algorithm we analyzed the data again. The results showed that with the new algorithm 65% of the users inputs overlapped with the highlights extracted via the algorithm.

The qualitative feedback showed that all users were relaxed during the study and enjoyed watching the movie. None of the users found the interaction with the EPOC headset inconvenient or disturbing. Also, all users mentioned that the explicit defining of excitements was not distracting them from concentrating on the movie. 77% of the users stated that they could imagine using the system in daily situations, like in front of the TV.

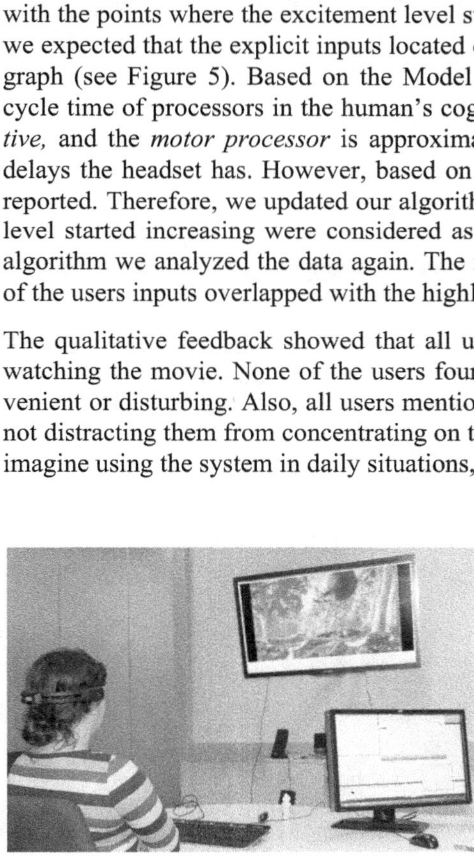

Figure 4: User taking part in the study

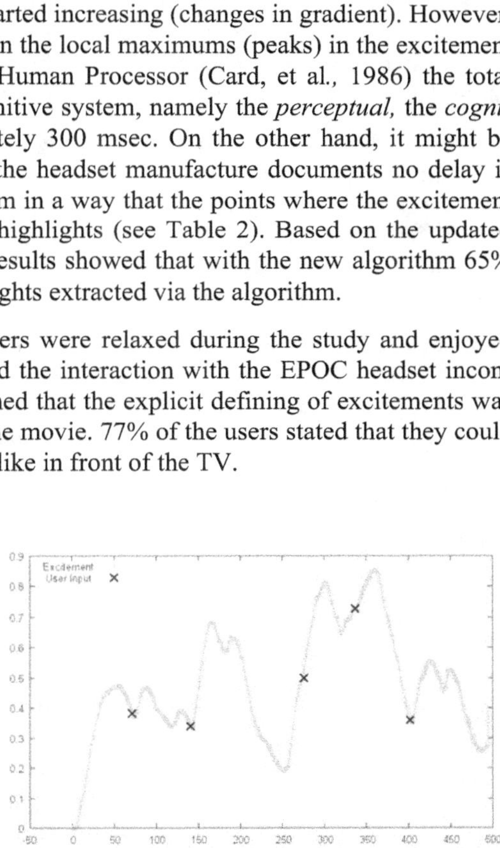

Figure 5: User-Highlights mapped to the excitement graph

5 Discussion & Conclusion

In this research we aimed at annotating videos based on excitement information acquired from a BCI headset. Hence, an annotation tool was developed and a user study was conducted.

The results reveal correlations between the scenes in the movie and the excitement level acquired from the BCI. Videos can be annotated with excitement information obtained from the EPOC headset and highlights can be extracted. Though the local maximums in the excitement graph correlates with the highlights in the video, but these are not the moments users believe they are excited. Moments which users think they get excited are the points where the excitement value starts increasing (gradient changes) in the excitement graph. Therefore, it is important to consider these points instead of the peaks in the excitement graph for annotating a video and generating a summary.

This research shows it is feasible to implicitly annotate a video based on excitement information and generate a set of highlights. Users emotional reactions during watching a video are rich resources for implicitly annotating and extracting important scenes in a video. Furthermore, the annotation can be used to automatically generate a summary of a video. Annotating a video with different emotional information gives us this opportunity to create various summaries based on different criteria.

We are currently planning to investigate whether other emotional information such as frustration or facial expressions can be used for annotating a video. Additionally, sharing the emotional reactions during watching a movie between non-collocated viewers might result in an increase in the connectedness and awareness among them.

Acknowledgment

This project is sponsored by the German Research Foundation (DFG) in the Cluster of Excellence in Simulation Technology (EXC 310/1) at the University of Stuttgart.

References

Buscher, G., Dengel, A., & van Elst, L. (2008), *Query expansion using gaze-based feedback on the subdocument level.* In Proceedings of ACM SIGIR'08 conference on Research and development in information retrieval , ACM, S. 387–394.

Campbell, A., Choudhury, T., Hu, S., Lu, H., Mukerjee, M.K., Rabbi, M. & Raizada, R.D.S. (2010). *Neurophone: brain-mobile phone interface using a wireless eeg headset.* In Proceedings of the second ACM SIGCOMM workshop on Networking, systems, and applications on mobile handhelds, S. 3-8

Card, S., Moran, T., and Newell, A (1986). The model human processor. In Kenneth R. Bo, Lloyd Kaufman, and James P. Thomas, editors, Handbook of Perception and Human Performance, chapter 45. John Wiley and Sons.

Crowley, K., Sliney, A., Pitt, I & Murphy, D. (2010). *Evaluating a brain-computer interface to categorise human emotional response.* In Advanced Learning Technologies (ICALT), 2010 IEEE 10th International Conference, 276-278

Garg, G., Singh, V., Gupta, J.R.P., Mittal A.P. & Chandra, S. (2011). *Computer assisted automatic sleep scoring system using relative wavelet energy based neuro fuzzy model.* In WSEAS Transactions on Biology and Biomedicine,

Kanoh, S., Miyamoto, K. & Yoshinobu, T. (2011). A p300-based bci system for controlling computer cursor movement. In Conference proceedings: Annual International Conference of the IEEE Engineering in Medicine and Biology Society. IEEE Engineering in Medicine and Biology Society. Conference, volume 2011, S. 6405

Lavrenko, V., Feng, S.L. & Manmatha, R. (2004), *Statistical Models for automatic video annotation and retrieval.* In Proceedings. IEEE International Conference on Acoustics, Speech, and Signal Processing

Li, Y., Zhang, J., Su, I. Chen, W., Qi, Y., Zhang, J. & Zheng, X. (2009). *P300 Based BCI messenger.* In Complex Medical Engineering. CME. ICME International Conference, S. 1-5

Lotte F., Congedo M., Lecuyer A., Lamarche F. & Arnaldi B. (2007), *A review of classification algorithms for EEG-based brain–computer interfaces.* In Journal of Neural Engineering.

Mostow J., Chang K., Nelson J. (2011). *Toward exploiting eeg input in a reading tutor.* In Artificial Intelligence in Education, S. 230-237

Myeung-Sook, Y., Joonho, K., Sunghoon, K. (2010). *Neurowander: a bci game in the form of interactive fairy tale.* In Proceedings of the 12th ACM international conference adjunct papers on Ubiquitous computing, Ubicomp '10 Adjunct, S. 389-390

Nagao, K., Ohira, S. & Yoneoka, M (2002), Annotation-based multimedia summarization and translation. In Proceedings of the 19th international conference on Computational linguistics - S. 1-7

Nakamura, S., Shimizu, M. &Tanaka, K (2008). *Can social annotation support users in evaluating the trustworthiness of video clips?* In Proceedings of the second Workshop on Information credibility on the web, S. 59–62.

NeuroSky (2009), *NeuroSky's eSense™ meters and Detection of Mental State.* Neurosky, Inc.

Perkusich, M.B., Rached, T.S. & Perkusich, A. (2011). *Thinkcontacts: Use your mind to dial your phone.* In Consumer Electronics (ICCE), 2011 IEEE International Conference, S. 105-106

Petersen, M.K., Stahlhut, C., Stopczynski, A., Larsen, J.E. & Hansen, L.K. (2011), *Smartphones Get Emotional: Mind Reading Images and Reconstructing the Neural Sources.* In Proceedings of fourth International Conference on Affective Computing and Intelligent Interaction

Rebolledo-Mendez, G., Dunwell, I., Martínez-Míron, E. Vargas-Cerdán, M., De Freitas, S., Liarokapis, F. & García-Gaona, A. (2009). *Assessing Neuroskys usability to detect attention levels in an assessment exercise.* In Human-Computer Interaction, New Trends, 149-158

Sahami Shirazi, A., Rohs, M., Schleicher, R., Kratz, S., Müller, A. & Schmidt, A. (2011), *Real-time nonverbal opinion sharing through mobile phones during sports events.* In Proceedings of ACM Conference on Human Factors in Computing Systems, New York, NY, USA, S. 307-310.

Santella, A., Agrawala, M., DeCarlo, D., Salesin, D., & Cohen, M. (2006), *Gaze-based interaction for semi-automatic photo cropping.* In Proceedings of ACM Conference on Human Factors in Computing Systems '06 , ACM, S. 771–780.

Saur, D.D., Tan,Y.-P. Kulkarni, S.R. & Ramadge, P. J. (1997), *Automated analysis and annotation of basketball video.* In Proceedings of SPIE's Electronic Imaging conference on Storage and Retrieval for Image and Video Databases V, S. 176-187

Schmidt, A. (2000), *Implicit human computer interaction through context.* In Personal and Ubiquitous Computing, S. 191-199

Wang, M., Hua, X.-S., Hong, R., Tang, J., Qi G.-J, Yan Song (2009), *Unified Video Annotation via Multigraph Learning.* In IEEE Transactions on Circuits and Systems for Video Technology, Volume 19, Issue 5, S.733 - 746

Yamamoto, D., Masuda, T., Ohira, S. & Nagao, K. (2008), *Video Scene Annotation Based on Web Social Activities.* In IEEE MultiMedia Volume 15, Number 3: S. 22-32

Yasui, Y. (2009), *A brainwave signal measurement and data processing technique for daily life applications.* In Journal of physiological anthropology, Volume 28, Number 3: S. 145-150

Contact Information

VIS, University of Stuttgart, Pfaffenwaldring 5a, 70569, Stuttgart Germany
{alireza.sahami, albrecht.schmidt}@vis.uni-stuttgart.de
{funkms, pfleidfn, glueckhk}@studi.informatik.uni-stuttgart.de

H. Reiterer & O. Deussen (Hrsg.): Mensch & Computer 2012
München: Oldenbourg Verlag, 2012, S. 273-282

VidPass – Passwörter in Raum und Zeit. Zur Usability von Videopasswörtern

Stefan Penninger[1], Tim Schneidermeier[2], Hannes Federrath[3], Christian Wolff[2]

Fakultät für Wirtschaftswissenschaften, Universität Regensburg[1]
Institut für Information und Medien, Sprache und Kultur (I:IMSK), Universität Regensburg[2]
Fachbereich Informatik, Universität Hamburg[3]

Zusammenfassung

Textbasierte Benutzerauthentikation mit Passwörtern bringt häufig Usability-Probleme mit sich. Grafische Passwörter versuchen die Authentikation benutzerfreundlicher zu gestalten. Diese beschränken sich in der Regel auf statische Bildelemente, die von menschlichen Nutzern aktiv erstellt oder passiv wiedererkannt werden müssen. Der *Picture Superiority Effect* geht davon aus, dass sich Menschen grafische Konzepte leichter merken und wiedergeben können, als dies bei textuellen Passwörtern der Fall ist. Die vorliegende Studie erweitert diesen statischen Ansatz um eine dynamische Komponente und stellt erstmalig ein videobasiertes Passwortverfahren vor. In einer Nutzerstudie wurde festgestellt, dass der vorgestellte Ansatz zwar einfach in der Bedienung ist, zur Erhöhung der Nutzerakzeptanz allerdings noch weiterer Optimierung bedarf.

1 Motivation

Benutzbare und sichere Authentikation ist durch die Vielzahl zugangsgeschützter Systeme – in der Realwelt ebenso wie auf Computersystemen – immer wichtiger geworden. Historische Beispiele hierzu existieren seit der Erfindung des ersten (physischen) Schlüssel-Schloss-Paares oder in der Verwendung von Losungen und Parolen bereits in der frühen Militärgeschichte (Bauer 2000; Singh 2000). Seit der Verbreitung von Vernetzung von IT-Systemen geschieht die Benutzerauthentikation zumeist nicht mehr zwischen zwei Personen, sondern zwischen einem Computersystem und der Person, die sich als legitimer Benutzer ausweisen will. Das klassische Authentisierungsverfahren ist die Benutzername-Passwort-Kombination. Dieses Verfahren ist als sehr sicher einzuschätzen, eine ausreichende Passwortlänge und –struktur vorausgesetzt. Mit zunehmender Rechenkapazität und Geschwindigkeit von angreifenden kryptoanalytischen Systemen nimmt jedoch die für die Sicherheit des Verfahrens notwendige Komplexität immer mehr zu. Ausreichend „kryptische“ Passwörter sind für den

Benutzer schwer im Gedächtnis zu behalten und gelten daher als wenig benutzerfreundlich (Wood & Banks 1993; Kim-Phuong et al. 2007). Der Widerspruch zwischen sicheren, kryptischen Passwörtern und den kognitiven Fähigkeiten von Benutzern, diese zu memorieren, verdeutlicht die Notwendigkeit von benutzerfreundlichen Authentisierungssystemen. In der vorliegenden Arbeit wird daher anhand einer prototypischen Umsetzung ein Konzept zur Kombination von grafischen Passwörtern mit einer temporalen Komponente vorgestellt. Eine Nutzerstudie zeigt darüber hinaus Usability-, Akzeptanz- und Sicherheitsaspekte des Systems in der Benutzung durch konkrete Testpersonen auf.

2 Grundlagen von Authentikationssystemen

Authentikation bezeichnet die korrekte Zuordnung einer Identität zu einem Subjekt, unabhängig davon, ob dies einen Menschen, einen Dienst oder ein Gerät betrifft. Im konkreten Fall der Benutzerauthentikation bedeutet dies eine eindeutige Identifikation beziehungsweise eine Identitätsfeststellung des Benutzers an einem Computersystem (Federrath & Pfitzmann 2006). Verbunden mit dieser Identität ist die Gewährung von speziellen Privilegien oder Rechten in dem betreffenden System: Die Benutzung eines Computers an sich (Anmeldung am Betriebssystem), Schreib- oder Leserechte auf Informationen (Dateien), Freigabe von Transaktionen (Online-Banking) bis hin zur Inanspruchnahme von sensiblen Diensten (elektronischer Personalausweis, elektronische Gesundheitskarte oder Steuererklärung). In manchen Ländern werden bereits elektronische Wahlsysteme angeboten (beispielsweise in Estland (Madise 2006). Benutzerauthentikation ist somit eines der zentralen Themen der IT-Sicherheit und für die Teilnahme an umfangreichen Aspekten des modernen Lebens unabdingbar. Die Identität eines Benutzers wird anhand von speziellen, personenbezogenen Merkmalen nachgewiesen (Klingler 2011). Diese werden in drei Klassen unterteilt: Wissensbasiert (also durch Kenntnis eines Passworts oder einer Losung), Besitzbasiert (durch Besitz eines Gegenstands wie etwa einer Smartcard) oder durch biometrische Merkmale (wie Fingerabdruck oder Retinaabbild). Weitere Authentikationsverfahren überprüfen nicht ausschließlich die eindeutige Zuordnung einer Person zu einer Identität. CAPTCHA-Systeme (*Completely Automated Public Turing test to tell Computers and Humans Apart*, vgl. Penninger et al. 2012) etwa testen, ob das anmeldende Subjekt generell menschlich ist und nicht ein automatisches Anmeldeskript eines Spammers.

3 Usability und Security: Gegensätze oder Abhängigkeit

Usability stellt einen wichtigen Faktor für sichere Authentikationsmechanismen dar. Gerade bei textbasierten Passwörtern greifen Nutzer zu Gunsten der Memorierbarkeit oft auf einfache und daher vorhersehbare Losungen zurück (vgl. Florencio & Herley 2007). Es entsteht eine Diskrepanz zwischen sicheren und benutzerfreundlichen Lösungen: Entweder die gewählten Passwörter sind unsicher, aber leicht zu erinnern, oder aber sicher, dafür kaum erinnerbar (Sasse et al. 2001). Bei passwortgestützten Authentikationssystemen konnten in Untersuchungen eine Abhängigkeit von Usability und Security-Aspekten nachgewiesen werden (Hub et al. 2010).

Einen Ausweg aus diesem Dilemma versprechen grafikbasierte Authentikationsmechanismen, die mit Hilfe direkter Manipulation (Mausklicks) bedient werden (Biddle et al. 2009; Wiedenbeck et al. 2005; Jansen et al. 2003; Klingler 2011): Passwörter werden dabei durch Klicks auf frei wählbare Punkte in einem oder mehreren Bildern gesetzt. Für eine erfolgreiche Authentikation gilt es, die gesetzten Klicks zu wiederholen. Grafische Passwörter machen sich vor allem den so genannten *Picture Superiority Effect* zu Nutzen, der besagt, dass sich das menschliche Gehirn an Bilder im Vergleich zu Text oder anderen syntaktischen oder semantischen Items genauer und besser erinnern kann (Childers & Housten 1984; DeAngeli et al. 2005; Jermyn et al. 1999). Studien haben gezeigt, dass sich tatsächlich eine Steigerung der Usability durch grafische Passwörter erreichen lässt (Chiasson et al. 2008; Moncur & Leplâtre 2007; Hinds & Ekwueme 2007). So wurde beispielsweise in einer Studie nachgewiesen, dass grafische Passwörter wesentlich effektiver behalten werden können (Moncur & Leplâtre 2007).

Die hier vorliegende Studie greift die positiven Ergebnisse grafischer Passwörter hinsichtlich Usability auf und erweitert diese um eine temporale Komponente: anstelle von statischen Grafiken wird eine Videosequenz für das Erstellen und Eingeben einer vierstelligen Passwortkombination verwendet. Der Identifikationsschlüssel wird vom System auf Übereinstimmung in Raum und Zeit überprüft bevor die Authentikation festgestellt wird. Ziel ist es zu überprüfen, welche Auswirkungen sich bezüglich Usability und Sicherheit ergeben. Es wird angenommen, dass ähnlich gute Usability-Ergebnisse mit diesem Ansatz erreicht werden können wie bei statischen bildbasierten Verfahren und gleichzeitig die Sicherheit verbessert werden kann.

4 Videobasierte Authentikation: Ein Prototyp

Der Prototyp einer videobasierten Passwortauthentikation baut auf dem Hintereinanderschalten mehrerer Bildidentifikationsakte auf, d. h. der Benutzer klickt mehrfach in das Video, um Zuordnungen zu treffen. Dabei sind verschiedene Vorentscheidungen zu treffen: Das Video sollte nicht länger als 30 Sekunden sein. Diese Zeitspanne wurde gewählt, um einerseits eine ausreichende Passwortentropie (Maus 2008) gewährleisten zu können, und andererseits den Authentikationsvorgang nicht zu lang werden zu lassen. So sollen Effizienz des Verfahrens und die damit verbundene *User Experience* gewährleistet werden. Die Anzahl an Szenenwechseln sollte zudem nicht zu groß werden, um den Benutzern die Möglichkeit zu geben, die von ihnen zu wählenden Klickpositionen ausreichend bequem zu setzen. Zu schnelle Schnitte und zu viele Szenenwechsel erhöhen die kognitive Belastung bis hin zur Unbenutzbarkeit. Ein weiteres Merkmal ist die Anzahl an markanten Stellen im Video. Diese sollten möglichst zahlreich sein, um das Spektrum der möglichen Klickstellen und damit die Passwortstärke zu erhöhen. Auch die Bekanntheit des Videos wird als Kriterium mit einbezogen. Ein unbekanntes Video führt zu einer deutlich längeren Phase der Passworterstellung, da das Video mehrere Male zusätzlich betrachtet werden muss. Dieser Kriterienkatalog führte zur Auswahl der ersten 25 Sekunden des Vorspanns der TV-Zeichentrickserie *Die Simpsons* als

Testvideo, da dieses einem breiten Personenkreis bekannt und somit für den Test geeignet ist. Ein früher Pretest mit einer geringen Anzahl von Teilnehmern lieferte zusätzliche Designhinweise: So wurde die Anzahl der zu setzenden Klicks auf vier festgelegt, welche sich in der Abspieldauer von 25 Sekunden als guter Kompromiss zwischen Sicherheit (in Bezug auf die Passwortentropie) und Benutzbarkeit (durch geringe Dauer) zeigten. Die Rastergröße wurde mit 20 mal 20 Feldern (bei einer Videoauflösung von 480 mal 320 Pixel) als praktikabelste Lösung bewertet.

5 Usability-Evaluation des Videopasswort-Systems

Bereits im vorangehenden Pretest (siehe oben) konnte ein adäquates Bewertungsschema für die zeitlichen und räumlichen Abstände der Klicks identifiziert werden. Probanden trafen nur in Ausnahmefällen die korrekten 20x20-Pixel-Felder im Raster zum exakten Zeitpunkt. Dennoch zeigte sich in der Beobachtung der Probanden, dass diese nur in geringem Maße von der korrekten Setzung der Klickpunkte abwichen. Dadurch wurde deutlich, dass ein Bewertungsschema mit Gewichtungen erforderlich ist, das es ermöglicht, die Qualität der Anmeldungsversuche abzubilden. Dies ändert die Passwortprüfung von einem *exact match* in eine *Bewertungsfunktion*: werden Ort und Zeitpunkt der Klicksetzung nicht exakt getroffen, so berechnet das System eine Maßzahl für die Abweichung.
Es wird die These aufgestellt, dass ein Videopasswortsystem bei gleicher oder ähnlicher Usability eine höhere Sicherheit aufweist als vergleichbare Text- oder Bildauthentikationssysteme. Mit Hilfe einer benutzerzentrierten Evaluation sollten Erkenntnissen bezüglich der Usability, der Akzeptanz und der wahrgenommener Sicherheit gewonnen werden.

5.1 Testpersonen und Testablauf

Teilnehmer insgesamt	***127***		
Geschlecht		***IT-Erfahrung***	
Männlich	93	Sehr gut	42
Weiblich	34	Gut	47
Status / Ausbildung		Normal	34
Schuler, Student	72	gering	4
Berufstätig	51	***Alter***	
Sonstige	4	Durchschnitt	24,5 Jahre

Tabelle 1: Demografische Verteilung der Probanden.

Für die Überprüfung der Sicherheit der generierten Passwörter, der Akzeptanz des Verfahrens sowie Usability-Aspekten des Verfahrens wurden Benutzertests durchgeführt. Die demografische Verteilung der Teilnehmenden ist in Tabelle 1 dargestellt. Die Probanden sollten zunächst ein eigenes Videopasswort erstellen und dieses in einem zweiten Schritt zur Authentikation anwenden. Die Generierung eines individuellen Videopassworts erfolgte über das Auswählen (Klick) von vier für den Benutzer markanten, d.h. memorierbaren Stellen im abspielenden Video.

Den genauen Ablauf des Nutzertests zeigt Abbildung 1. Durchgezogene Linien beschreiben Abschnitte mit zwingender Interaktion des Nutzers, Elemente aus gestrichelten Linien sind systemseitige Informationen ohne Nutzereingaben. Bei der Interaktion mit dem Videopasswortsystem werden Informationen über Ort und Zeitpunkt der Klickplatzierung gespeichert. Damit können zusätzlich zum Test des Systems auch Aussagen über die Sicherheit der gewählten Passwörter getroffen werden. Alle gewonnen Daten werden in einer Datenbank erfasst und mit Hilfe von Bewertungsschemata für die Dimensionen *Raum* und *Zeit* sowie Faktoren für einen erfolgreichen Login analysiert.

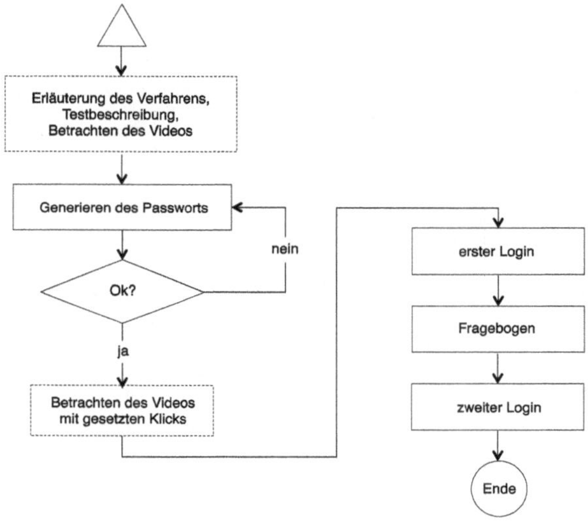

Abbildung 1: Ablauf des Nutzertests (Nutzerinteraktion aktiv und passiv).

5.2 Bewertungsschema

Da ein exakter Abgleich der Zuordnungen sich als schwierig herausgestellt hat, wurde ein Bewertungsschema entwickelt, das einen Wert der räumlichen und temporalen Nähe zur Vorgabe angibt:

Raum

In der räumlichen Auswertung wird überprüft, wie präzise die zuvor gesetzten Marken von den Nutzern getroffen wurden. Abbildung 2 zeigt das verwendete Bewertungsschema. Der grüne Bereich (Mitte) zeigt den Bereich einer gesetzten Marke an, der für eine erfolgreiche Identifikation getroffen werden musste. (20x20-Pixelraster, vgl. Abbildung 3 unten).

5	5	5	5	5	5	5	5	5	5	5
5	4	4	4	4	4	4	4	4	4	5
5	4	3	3	3	3	3	3	3	4	5
5	4	3	2	2	2	2	2	3	4	5
5	4	3	2	1	1	1	2	3	4	5
5	4	3	2	1	0	1	2	3	4	5
5	4	3	2	1	1	1	2	3	4	5
5	4	3	2	2	2	2	2	3	4	5
5	4	3	3	3	3	3	3	3	4	5
5	4	4	4	4	4	4	4	4	4	5
5	5	5	5	5	5	5	5	5	5	5

Abbildung 2: Bewertungsschema der Klicks im Raum.

Wurde die Marke beispielsweise auf das Feld *210* gesetzt und trifft der Nutzer beim Identifizierungsversuch das Feld *230*, ist dies eine Abweichung der Ursprungsmarkierung von 1 (grün) und liegt noch im Toleranzbereich (vgl. Abbildung 3).

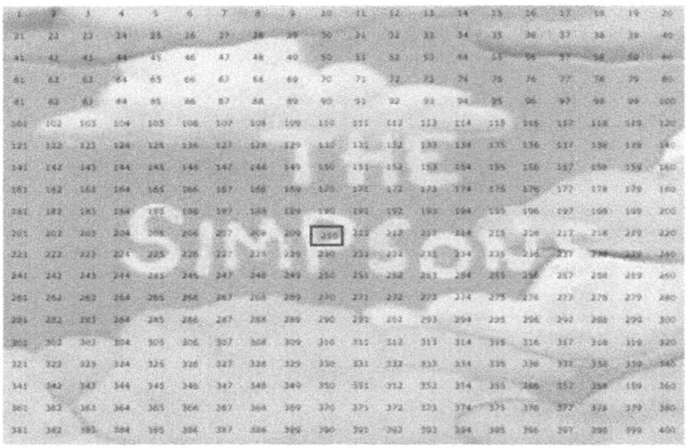

Abbildung 3: Video-Raster.

Zeit

Die zeitliche Dimension wurde mit Hilfe des in Abbildung 4 dargestellten Schemas ausgewertet.

Differenz	-1,5	-1,2	-0,9	-0,6	-0,3	0	0,3	0,6	0,9	1,2	1,5
Grad	5	4	3	2	1	0	1	2	3	4	5

Abbildung 4: Bewertungsschema für die Klicks in der zeitlichen Dimension (in Sekunden).

Analog zur räumlichen Dimension wird ein geringer Toleranzbereich eingeräumt (grüne Felder). Anhand der Skala wird der Grad der Abweichung gemessen und bewertet. Weicht zum Beispiel der Zeitpunkt des Klicks maximal um 0,3 Sekunden von der gesetzten Marke ab, wird dieser mit *1* bewertet.

5.3 Erfolgskriterien (Bewertungsfunktion)

Die Bewertungsfunktion addiert räumliche und temporale Abweichungen anhand der oben dargestellten Bewertungstabellen auf. Für die Bestimmung der Erfolgsquote, also ob und wann sich ein Nutzer erfolgreich mit Hilfe des Videopassworts authentifizieren konnte, wurden folgende Kategorien festgelegt:

- *Problemlose Authentikation (Punkte im Bewertungsschema: 0-3)*

  Die Testperson konnte sich ohne Schwierigkeiten einloggen und hätte noch Spielraum für kleinere Abweichungen – zeitlich oder räumlich – gehabt.

- *Noch erfolgreiche Authentikation (Punkte im Bewertungsschema: 4-7)*

  Der Login war zwar erfolgreich, jedoch hat der Proband die gesetzten Grenzen weitestgehend ausgeschöpft.

- *Knapp fehlgeschlagene Authentikation (Punkte im Bewertungsschema: 8-11)*

  Durch eine minimale Überschreitung der zulässigen Abweichungen konnte sich der User nicht erfolgreich einloggen.

- *Erfolglose Authentikation (Punkte im Bewertungsschema: 12-15)*

  Grobe Abweichungen bei *Zeit und/oder Raum* verhindern einen validen Login.

- *Außerhalb des Bewertungsspektrums (Punkte im Bewertungsschema: >15)*

  Ein Login ist theoretisch unmöglich und fällt somit aus der Bewertung.

Unabhängig von möglichen Sicherheitsimplikationen dient die Kategorisierung des Authentikationserfolgs der besseren Bestimmung der Gebrauchstauglichkeit des Systems.

5.4 Auswertung

Die Evaluation erfolgte in mehreren Schritten. Zunächst wurde von den Benutzern ein eigens gewähltes Passwort generiert. Anschließend erfolgte die Evaluation der Usability anhand von zwei Login-Versuchen der Probanden. Folgende Fragen sollten dabei beantwortet werden:

- Wie hoch ist die Quote erfolgreicher Logins (Effektivität)?
- Ist ein Lerneffekt zwischen dem ersten und zweiten Authentikationsversuch zu erkennen?
- Wie hoch ist die Akzeptanz des Verfahrens bei den Probanden?

5.4.1 Erfolgsquote und Usability

Die Anzahl erfolgreicher Logins wurde neben dem Fragebogen als Maß zur Messung der Usability herangezogen. Es wird angenommen, dass eine höhere Erfolgsquote als Indikator für die Gebrauchstauglichkeit herangezogen werden kann. 92,1% der Probanden gaben an, dass *VidPass* einfach zu bedienen sei und die Bearbeitung der Aufgabenstellung keinerlei

Probleme bescherte. Die Auswertung der erfolgreichen Authentikation (in Bezug auf *Raum und Zeit)* ergibt im letzten Durchgang 67% - zwei Drittel der Probanden konnten sich also im Nutzertest mit dem zuvor unbekannten Authentikationsverfahren erfolgreich einloggen.

5.4.2 Lerneffekt

Es konnte ein deutlicher Lerneffekt bei den beiden Durchgängen festgestellt werden. Die Erfolgsquote steigerte sich von 57% im ersten Durchgang auf 67% positiver Authentikation im zweiten Durchgang. Dies lässt darauf schließen, dass zum einen Trainingseffekt bei der Verwendung stattgefunden hat und zum anderen, dass die vom Probanden selbst gesetzten Passwörter durch die Unterbrechung zum Ausfüllen des Fragebogens vom Ultrakurzzeitgedächtnis ins Kurzzeitgedächtnis übergehen konnten. Zusätzlich zeigte sich, dass sich das Verhältnis von „noch erfolgreicher Authentikation“ zu „problemloser Authentikation“ verbesserte – die Testpersonen wurden also genauer in ihren Eingaben.

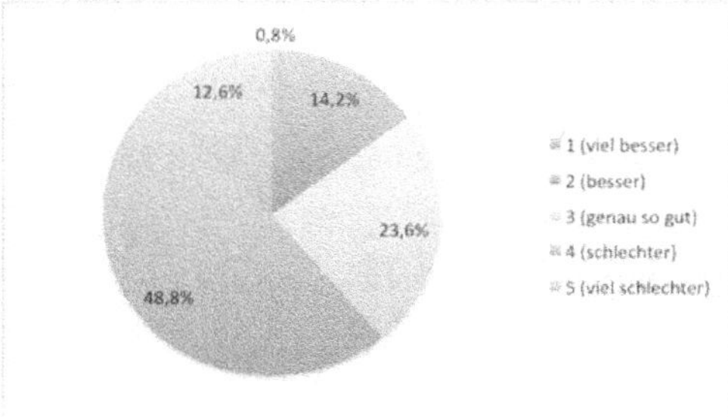

Abbildung 5: Benutzerakzeptanz von VidPass im Vergleich zu herkömmlichen Passwörtern.

5.4.3 Nutzerakzeptanz

Die Akzeptanz (Davis 1989) des Verfahrens wurde mit Hilfe eines Fragebogens erhoben. Im Vergleich mit herkömmlichen passwortbasierten Systemen hielten knapp 40% der Benutzer das Verfahren als „besser“ oder „genauso gut“ (Abbildung 5). Bei der Frage nach der Sinnhaftigkeit eines Einsatzes antworteten 45% der Nutzer, das Verfahren sei „sehr sinnvoll“ bis „einigermaßen sinnvoll“. 92% der Probanden gaben an, dass die Aufgabenstellung „sehr leicht“ oder „leicht“ verständlich war. Diese leichte Verständlichkeit lässt auf eine hohe Selbstbeschreibungsfähigkeit des Systems schließen. Die große Anzahl an Personen, die das Verfahren als Alternative für ein klassisches Passwortsystem in Betracht ziehen, zeigt die Relevanz für weitere Untersuchungen dieses Ansatzes.

5.4.4 Sicherheit

Die theoretische Entropie des Merkmalsraums, in dem sich Passwörter in *VidPass* erzeugen lassen, ist durch die Anzahl der Raster im Video sowie die zeitliche Segmentierung definiert. Im theoretischen Fall der Unabhängigkeit und gleichen Wahrscheinlichkeit der Klicksetzung ergibt sich als Shannon-Entropie des Systems in der vorliegenden Ausgestaltung ein Wert von 41,7 Bit. Bei der Betrachtung der tatsächlich aufgetretenen Klicks zeigt sich jedoch ein anderes Bild. Die Wahrscheinlichkeiten für die Setzung von Klicks ist stark abhängig von der dargestellten Szene im Video. So ist deutlich wahrscheinlicher, dass ein markantes Element geklickt wird (beispielsweise ein Gesicht einer Hauptfigur beim ersten Auftreten), als ein zufälliges Feld in einer monotonen Fläche (etwa eines blauen Himmels). Dieser Faktor wird maßgeblich durch die Auswahl des Videoclips bestimmt. Durch die Einbeziehung eines Toleranzbereiches bei der Setzung von Klicks wird die Angabe zur tatsächlich aufgetretenen Entropie äußerst komplex und muss in weiteren Arbeiten genauer untersucht werden.

6 Diskussion und weiteres Vorgehen

Der Test eines Prototypen zur videobasierten Authentikation zeigt unterschiedliche Ergebnisse sowohl aus Sicht der Usability als auch der Akzeptanz und der Sicherheit. Einerseits gaben 90% der Testpersonen an, das System sei leicht zu benutzen. Andererseits schätzten weniger als die Hälfte das Verfahren als besser oder gleich gut im Vergleich zu herkömmlichen Passwörtern ein. Der Grund für die geringere Akzeptanz muss von anderen Faktoren abhängen. Zukünftige Untersuchungen sollen dieser Beobachtung nachgehen. Zudem lässt sich auf Basis der Ergebnisse vermuten, dass die Auswahl des Videoclips (vgl. Punkt 4) maßgeblichen Einfluss auf Benutzerfreundlichkeit und Nutzerakzeptanz zu haben scheint.

Die Betrachtung der Sicherheit des Verfahrens zeigt deutliche Unterschiede zwischen dem theoretisch möglichen Merkmalsraum und den tatsächlich aufgetretenen Klickpunkten. Angaben zur Sicherheit des Systems, speziell im Vergleich unterschiedlicher Videos, sind ein weiterer Aspekt für Folgestudien. Zu prüfen ist auch, inwiefern videobasierte Passworteingabe für bekannte Angriffsstrategien wie das *Shoulder Surfing* (Kumar et al. 2007) anfällig ist. Eine Koppelung mit alternativen Eingabetechniken, beispielsweise der blickbasierten Passworteingabe eröffnet zusätzliche Gestaltungsmöglichkeiten.

Eine abschließende Aussage über die Eignung und eventuelle Einsatzmöglichkeiten sowie generelle Verbesserungen des Verfahrens lassen sich in diesem frühen Stadium noch nicht treffen. Basierend auf den umfangreichen Aspekten, die ein erster Test eines Prototypen offenbart, kann das Verfahren als vielversprechender neuer Ansatz gesehen werden, der in vielen Disziplinen weitere Forschungsfragen liefert.

Literaturverzeichnis

Bauer, F. L. (2000). *Entschlüsselte Geheimnisse.* Berlin [u.a.]: Springer.

Biddle, R., Chiasson, S., van Oorschot, P. C. (2009). Graphical passwords: Learning from the first generation. *Technical Report TR-09-09,* Computer Science, Carleton University.

Chiasson, S., Forget, A., Biddle, R., & van Oorschot, P. C. (2008). *Influencing users towards better passwords: persuasive cued click-points*, S. 121-130.

Childers, T. L., & Houston, M. J. (1984). Conditions for a Picture-Superiority Effect on Consumer Memory. *The Journal of Consumer Research,* S. 643.

Davis, F. (1989). Perceived Usefulness, Perceived Ease of Use, and User Acceptance of Information. In *MIS Quarterly. 13,*S. 319–340.

DeAngeli, A., Coventry, L., Johnson, G., & Renaud, K. (2005). Is a picture really worth a housand words? Exploring the feasibility of graphical authentication systems. *International Journal of Human-Computer Studies, 63(2005),* S. 128-152.

Federrath, H., Pfitzmann, A. (2006). IT-Sicherheit. In: Wind, M., Kröger, D. (Hrsg.). *Handbuch IT in der Verwaltung.* Heidelberg [u.a.]: Springer, S. 273-292.

Florencio, D. & Herley, C. (2007). A large-scale study of WWW password habits. In *16th ACM International World Wide Web Conference (WWW).*

Fox, D., Schäfer, F. (2009). Passwörter — fünf Mythen und fünf Versäumnisse. In: *Datenschutz und Datensicherheit - DuD, 33(7),* S. 425-429.

Hub, M., Čapek, J., Myšková, R., & Roudný, R. (2010). Usability versus security of authentication, In: *International Conference on Communication and Management in Technological Innovation and Academic Globalization (COMATIA '10).* Tenerife: WSEAS Press, 2010, S. 57-61.

Jansen, W., Gavrila, S., Korolev, V., Ayers, R., & Swanstrom, R. (2003). Picture password: A visual login technique for mobile devices. *Technical Report NISTIR 7030,* NIST.

Jermyn, I., Mayer, A., Monrose, F., Reiter, M., & Rubin, A. (1999). The design and analysis of graphical passwords. In *Proc. 8th USENIX Security Symposium.*

Kim-Phuong L. V., Proctor R.W., Bhargav-Spantzel, A., Tai B. (B.), Cook, J. & Schultz E. E. (2007). Improving password security and memorability to protect personal and organizational information. In: *International Journal of Human-Computer Studies 65(8) (2007),* S. 744-757.

Klingler, A. M. (2011). *Authentifizierungsverfahren und ihre Benutzerfreundlichkeit.* B.A.-Arbeit, CASED, TU Darmstadt, März 2011.

Kumar, M., Garfinkel, T. Boneh, D. & Winogard, T. (2007). Reducing shoulder-surfing by using gaze-based password entry. In *Proceedings of the 3rd symposium on Usable privacy and security.*

Maus, T. (2008). Das Passwort ist tot — lang lebe das Passwort! In: *Datenschutz und Datensicherheit - DuD, 32(8),* S. 537-542.

Moncur, W., & Leplâtre, G. (2007). Pictures at the ATM. In *Proceedings of the SIGCHI conference on Human factors in computing systems - CHI '07,* S. 887. New York, New York, USA: ACM Press.

Penninger, S., Meier, S., Federrath, H. (2012). Usability von CAPTCHA-Systemen. In *Sicherheit 2012. Sicherheit, Schutz und Zuverlässigkeit. Beiträge der 6. Jahrestagung des Fachbereichs Sicherheit der Gesellschaft für Informatik e.V. (GI), Lecture Notes in Informatics (P-195),* Michael Waidner, Suri Neeraj (Hrsg.), Köllen-Verlag, Bonn 2012, S. 199-208.

Sasse, M. A., Brostoff, S. & Weirich, D. (2001). Transforming the 'weakest link' – a human/computer interaction approach to usable and effective security. *BT Technology Journal, 19(3).* S. 122–131.

Singh, S. (2000). *Geheime Botschaften. Die Kunst der Verschlüsselung von der Antike bis in die Zeiten des Internet.* München [u.a.]: Hanser.

Wiedenbeck, S., Waters, J., Birget, J.-C., Brodskiy, A., & Memon, N. (2005). PassPoints: Design and longitudinal evaluation of a graphical password system. In *International Journal of Human-Computer Studies, 63(1-2),* S. 102-127.

Wood, C. C. Banks, W. W. Jr. (1993). Human error: an overlooked but significant information security problem. In *Computers & Security 12(1) (1993),* S. 51-60.

H. Reiterer & O. Deussen (Hrsg.): Mensch & Computer 2012
München: Oldenbourg Verlag, 2012, S. 283-292

A Zooming Concept for an Interactive Non-linear Video Authoring Software

Britta Meixner, Christoph Grill, Harald Kosch

Chair of Distributed Information Systems, University of Passau

Abstract

Authoring tools for interactive non-linear videos or hypervideos often use the graph-based pattern for defining the structure between single elements of the multimedia-presentation. Visualization improvements like zooming and focus+context are rarely used. Elements of one category (for example videos, images, etc.) are represented by one uniform-looking icon, which makes it difficult to find elements in larger projects. This work illustrates that semantic and geometric zooming in combination with overview+detail views and a fisheye zoom are able to increase the attractiveness of the GUI and decrease the task completion time for several tasks.

1 Introduction

Interactive non-linear videos or hypervideos provide a non-linear structure and offer additional information with a main video. They can be used in e-learning, for tours through cities or houses and more. The underlying structure of such videos is an (extended) scene graph which links single scene with each other. Additional information (annotations) is linked with the scenes. Thereby a start and an end time for display is provided as well as the position where the annotation is displayed in the player. For example, a tour through the ground floor of an ordinary one family house can have about twenty scenes and thirty annotations. A well designed and clearly structured graphical user interface makes it possible for non-professionals to create their own interactive non-linear video. Bulterman and Hardman (2005) describe four different patterns for the authoring of multimedia presentations, namely the "structure-based pattern", the "timeline-based pattern", the "graph-based pattern" and the "script-based pattern". Tools like the HyperProp system (Soares et al. 2000), Riva Producer Enterprise[1] and the hypervideo authoring system described by Chang et al. (2004) use the graph-based pattern for the creation of multimedia presentations. The scenes in these tools are hard to differentiate, because they are all represented by the same uniform icon. No hint

---

[1] http://www.matchware.com/en/ (accessed January 15, 2012)

on the content of the video is given. Annotations are either not visible in the graph representation or are shown on the same layer as the videos, which can be confusing for authors creating interactive non-linear videos, where the annotations form a unified whole with the main videos. Other authoring paradigms can for example be found in (Chambel et al. 2004), (Stahl et al. 2005) and (Stahl et al. 2006). These works focus on learning with hypervideo and describe different tools and paradigms for the creation of hypervideos. The Diver Project (Pea et al. 2004) allows creating new videos from existing ones, by cutting segments out of videos and by providing zoomed presentations of parts of a video. Zooming can be found in these works, too, but it is used to present a region of the video with more detail. A more detailed description of related work can be found in (Meixner et al. 2010).

2 Research Contributions

This work shows several possibilities to extend the graph-based paradigm in order to provide more information without switching to another paradigm. The main contributions of this work are:

- a concept for semantic zooming in the scene graph (Section 4),
- a concept for a fish-eye zoom in the scene graph (Section 4) and
- a usability evaluation of the implementation in comparison to the previous version of the scene graph (Section 5).

We also give an overview over related work dealing with semantic or fish-eye zooming (Section 3).

3 Related Work

According to Cockburn et al. (2009), four different schemes exist for the manipulation of datasets displayed in an interface. The approaches can be categorized as “overview+detail”, “zooming”, “focus+context” and “cue-based”, whereby only the first three are relevant for this work. **Overview+detail** provides different presentations of one information, whereby one presentation is a rough overview and the other one shows a smaller part with more details. Examples for overview+detail can be found at Google maps with street view or Microsoft PowerPoint. **Zooming** is a technique using “temporal separation”, whereby only one zoom step is visible at a time. Geometric zooming "enlarges objects while zooming in and shrinks them when zooming back out" (Buering et al. (2006)). Semantic zooming shows different types of information about an object when the magnification of an object changes (Perlin & Fox 1993). Approaches for semantic zooming can be found in Frisch et al.(2008), Stengel et al. (2011) and Mulloni et al. (2010). **Focus+context** combines overview+detail and zooming to one presentation. Elements are displayed with more details while the context around them is shown with less details (fisheye) (Furnas (1986)). Fisheyes can be found in Rao & Card (1994) or the Mac OS X Dock icon-panel. Semantic Fisheyes combining the lens-effect with a semantically more detailed presentation can be found in Zhang et al.

(2010) and Yoo et al. (2008). Combinations of fisheye and semantic zooming are presented by Paternò & Zini (2004) and Buering et al. (2006) whereas the latter uses a geometric-semantic zooming.

4 Zooming Concepts

Different zooming concepts are needed for a better navigation and usability of the scene graph of the SIVA Producer (see Meixner (2010)). Overview+detail is used to show which area of the graph is currently displayed, if the size of the graph does not fit the editor area. Using the Eclipse Rich Client Platform[2], the overview area is freely positionable and can be closed if not needed by the user. The overview (see figure 1, (1)) is integrated from very early versions of the software on and will not be examined in detail in this work. Geometric zooming with four different levels was also integrated during the implementation of the scene graph and is not object of this work. The scene graph provides only uniform icons (see green rectangles in figure 1, (2)) for all scenes which only differ in the name-labels of the scenes. We decided to use the concepts of semantic zooming and focus+context to provide more information to the user.

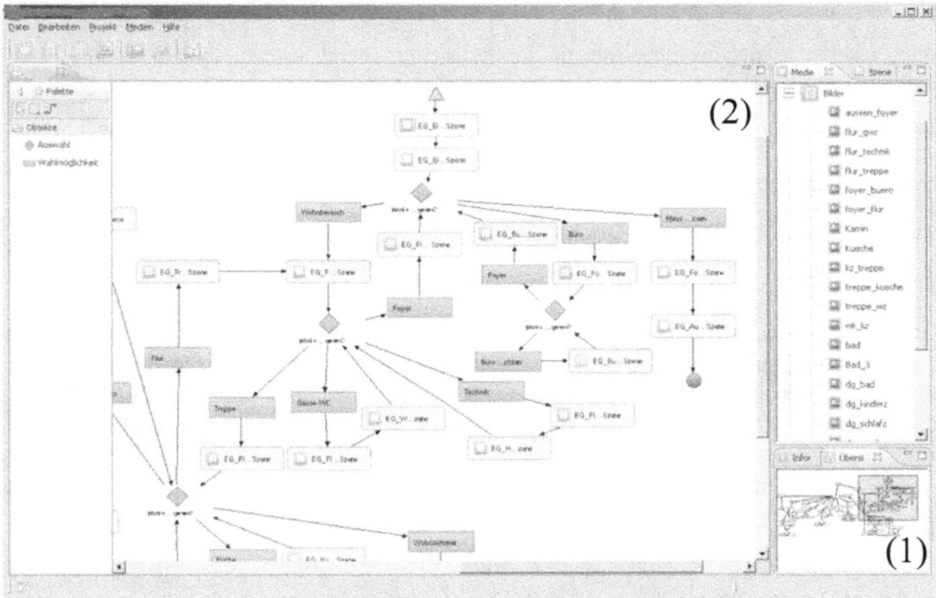

Figure 1: Previous version of the scene graph with overview (1) and detail (2) views

2 http://wiki.eclipse.org/index.php/Rich_Client_Platform (accessed March 16, 2012)

An expert group (see Choi (2009)) with three experts ($N = 3$) in the area of interactive non-linear video authoring was conducted to decide how many zoom levels make sense and which information should be displayed at which zoom level. Possible elements were determined in a brainstorming. The display of each element was discussed for each zoom level. First ideas for the layout of the graph nodes were discussed. It has been decided that three zoom levels and a semantic fisheye are useful which provide the following information to the user:

- Zoom level 1: name of the scene and annotation-icon
- Zoom level 2: name and preview of a scene, quantity of each kind of annotation
- Zoom level 3: name, preview, duration and source video of a scene; name, type and position of each annotation
- Semantic fisheye: more detailed scene preview, thumbnails of annotations

Based on the outcome and discussions during the expert group meeting, up to four meaningful paper prototypes (Snyder (2003)) were created and reviewed by members of the expert group. These were integrated into a survey (Salant & Dillman (1994)) to decide the following questions:

- Which icons are the most meaningful for indicating the absence/presence of an annotation in a scene?
- How to abbreviate long scene names?
- How to arrange the elements in zoom level 2?
- How to arrange the elements in zoom level 3?
- How to arrange the elements for a semantic fisheye?

The survey contained twelve questions and was conducted with Lime-Service[3]. Images and possible answers of subsequent questions were influenced by previously answered questions. If a certain icon was selected in one of the first questions, this icon was used for the wireframes in the following questions, too, for example. The questionnaire was carried out with 102 students/university employees ($N = 102$) between the ages of 20 and 35. The results are given in percent; the p-value is calculated with a binomial test. As a result, the following findings can be noted:

1. The most meaningful icon for an annotation (creation) is a pen (60.8 %) (others: 9,8 % - 26,5 % - 2,9 %) ($p < 0.001$).
2. The most meaningful icon for the presence of an annotation is a star-like symbol in the upper left corner of the icon (47 %) (others: 37 % - 16 %) ($p < 0.05$).

[3] http://www.limeservice.com/ (accessed March 9, 2012)

3. Long names should be abbreviated at the end with "..." (64 %) (others: 19 % - 17 %) ($p < 0.001$).
4. The video preview in zoom level 2 should be positioned above the annotation information but below the scene name (57 %) (others: 28 % - 15 %) ($p < 0.001$).
5. The position information of an annotation in zoom level 3 should either be positioned before or after the annotation name (before: 54 %, after: 46 %) ($p = 0.11$).
6. Scene information like scene name and duration should be placed below the scene preview but above the annotation information (70 %) ($p < 0.001$).
7. No clear result emerged on the question how the fisheye should be realized. One possible solution is the expansion of a scene node (49 %), the other solution is a tooltip-behavior (51 %) ($p = 0.69$).

The results of the survey were summarized to final paper prototypes due to their statistical significance. The result can be found in figure 2. We decided to put the position information (result 5, ($p = 0.11$)) before the annotation name for a better overview. This leads to a grouping of the icons for the type and the position of the annotation. Furthermore, we decided to implement the fisheye (result 7, ($p = 0.69$)) with a tooltip-behavior, because it is easier to handle in the graph and does not lead to confusion with zoom level 2. The appearance of a scene node in zoom level 1 is quite similar to the original appearance except the new annotation icon and another abbreviation of long scene names. Zoom level 2 shows two preview images of a scene as well as a compact list of annotations and their quantity. The most detailed level is zoom level 3, where duration and source video of a scene are shown below the scene preview. Each annotation is enlisted with icon, position in the player and name. The fisheye shows more preview images of the scene and only thumbnails of the annotations as well as the scene name in full text.

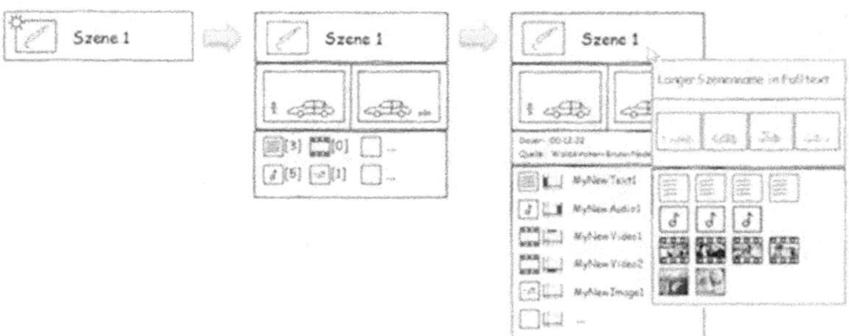

Figure 2: Paper prototypes of zoom levels 1 to 3 and the semantic fisheye as a tooltip

Screenshots of the implementation can be found in figure 3 and figure 4. The color design was fit to the rest of the GUI of SIVA Producer with mainly grey and orange color shades. A zigzag line was inserted to indicate that the preview images of the scene are part of a video.

Due to the geometric magnification of the scene nodes from zoom level 1 to 3, overlapping of scene nodes can occur. To avoid overlapping, a graph layout algorithm was implemented. It is called Fast-Node-Overlap-Removal and can be found in Dwyer et al. (2006) and Dwyer et al. (2007).

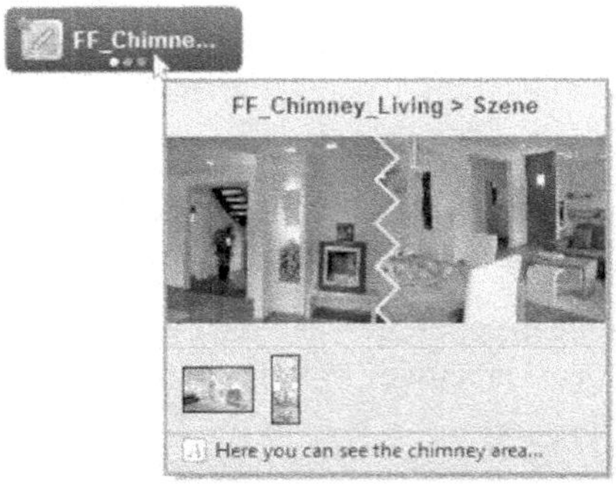

Figure 3: Screenshot of the semantic fisheye showing two frames of the scene, two image annotations and one text annotation

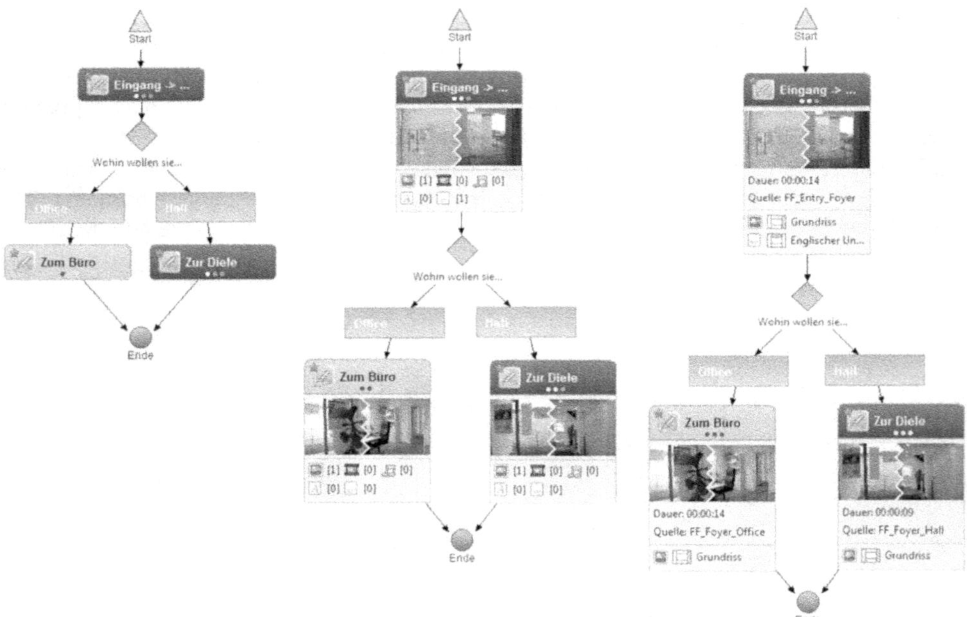

Figure 4: Screenshots of all zoom levels: Zoom level 1 (left) shows only scene names and indicates that each of the three scenes contains annotations. Zoom level 2 (centered) shows a preview of the scene and how many annotations are added to a scene. Zoom level 3 (right) is the most detailed one; it shows two frames of a scene, the duration of the scene and the source video. Furthermore the title of an annotation is displayed as well as its type and position.

5 User Evaluation

First user tests were performed to show that the proposed test methods are suitable for more extensive testing. The goal of the tests is to show that the new graph layout is more intuitive and allows shorter task completion times. User observation and the User Experience Questionnaire (Laugwitz et al. (2008)) were conducted with twenty users (*N* = *20*). These were divided into two groups of ten users each. The test users were aged between 20 and 28 (group 1: $\overline{x_1} = 24.5, \sigma_{x_1} = 2.16$, group 2: $\overline{x_2} = 23.7, \sigma_{x_2} = 1.9$) and distributed randomly in two disjoint groups; a between subject design was used. Group 1 tested the old and group 2 the new graph layout. The users had to perform the ten tasks enlisted in table 1 after a short introduction to the basic functions of the software. The tasks are typical for working with the GUI of the scene graph. Time for completing the different tasks was taken for each task.

ID	Question	Average task completion time		p
		old layout	new layout	
1	Describe the content of the graph in about 5-7 sentences.	30.8 s ($\sigma =$ 5.06)	33.4 s ($\sigma =$ 7.29)	0.261
2	What shows the "entrance"-video?	14.4 s ($\sigma =$ 2.65)	9.4 s ($\sigma =$ 2.69)	< 0.001
3	Name all scenes with a "layout"-annotation.	49.7 s ($\sigma =$ 7.21)	25.9 s ($\sigma =$ 8.68)	< 0.001
4	Which scene has the highest quantity of annotations?	39.9 s ($\sigma =$ 8.46)	23.4 s ($\sigma =$ 5.55)	< 0.001
5	Does scene "to the exit" contain annotations?	3.1 s ($\sigma =$ 0.70)	3.2 s ($\sigma =$ 1.54)	0.847
6	How many annotations contains scene "entrance→foyer"?	6.7 s ($\sigma =$ 2.00)	7.8 s ($\sigma =$ 2.71)	0.293
7	How many scenes contain subtitles?	46.4 s ($\sigma =$ 7.32)	17.2 s ($\sigma =$ 3.09)	< 0.001
8	Are video-annotations used in this interactive video?	39.8 s ($\sigma =$ 7.67)	14.1 s ($\sigma =$ 3.21)	< 0.001
9	How long is scene "hall→foyer"?	8.2 s ($\sigma =$ 2.04)	8.3 s ($\sigma =$ 2.61)	0.921
10	Which is the source video of scene "entrance→foyer"?	15.5 s ($\sigma =$ 4.98)	8.6 s ($\sigma =$ 2.24)	< 0.001

Table 1: Task completion times for different tasks and corresponding p-values (calculated by Welch's t-test)

The results of both tests can only be seen as a rough trend because of the small user groups. Summing up table 1, we can say that the new layout shows a better task completion time for eight out of ten tasks. It can be noted that tasks which affect only one scene are completed only slightly faster (5s at the maximum) with the new graph layout. Tasks concerning more than one scene or a comparison of scenes reveal substantial better task completion times (and better significance values) using the new scene graph. Both groups were asked to complete the UEQ, which can only show a tendency because of the small test group. Further statistical evaluations do not make sense because of the small test group. The results (see figure 5) reveal tendentially better values in all categories for the new layout of the scene graph than for the old one. Especially the values for attractiveness, efficiency and novelty show a rise. As a result of the pre-test, it can be noted that both tests are suitable for testing with larger user groups.

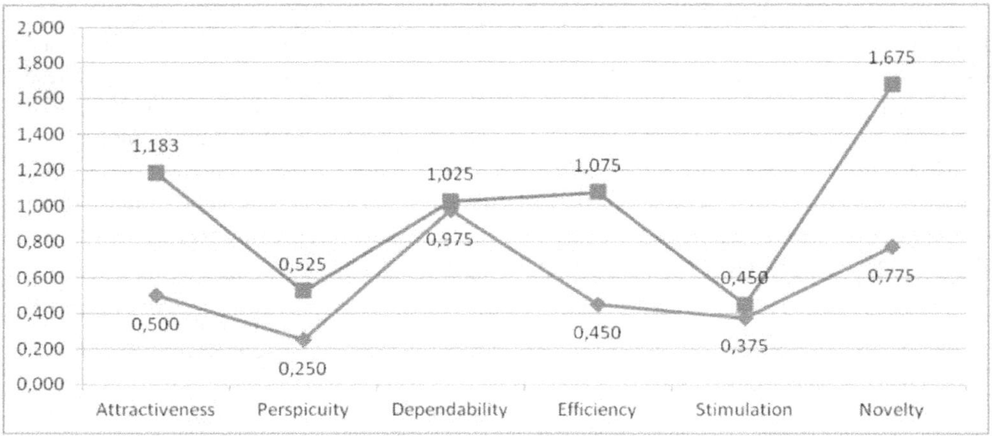

Figure 5: Results of the UEQ

6 Conclusion

We have introduced layouts for three different semantic zoom levels as well as a fisheye tooltip in this work. The content of each zoom level and the fisheye was determined by an expert group. The findings of this expert group were transferred into paper prototypes which were used in a survey to find the most intuitive solution for each question. The implemented solution was tested with ten users and compared to the old version of the scene graph, which was also tested with ten users in a pre-test. This pre-test was used to ensure the suitability of the user test (with measurement of the task completion time) and the UEQ for testing with larger user groups. Qualitative findings showed that the task completion time could be improved in eight out of ten tasks, especially in tasks concerning more than one scene or a comparison of scenes. Furthermore a UEQ indicated that especially the attractiveness, the efficiency and the novelty were improved in the new version of the scene graph. Tests with more users are necessary to be able to provide quantitative and statistically significant values. While some results in the survey had a clear tendency to one of the possible solutions, no clear decision was made according to the arrangement of the position information of an annotation in zoom level 3. Furthermore, the realization of the fisheye had no clear tendency. Further tests are necessary to decide which solution provides a better user experience.

Acknowledgements

This work was partially supported by European Social Fonds and the Bayrisches Staatsministerium für Wissenschaft, Forschung und Kunst (Bavarian State Ministry of Sciences, Research and the Arts) under project name "iVi-Pro 2.0".

References

Buering, T., Gerken, J. & Reiterer, H. (2006). *User Interaction with Scatterplots on Small Screens - A Comparative Evaluation of Geometric-Semantic Zoom and Fisheye Distortion*, IEEE Transactions on Visualization and Computer Graphics, Vol.12, No.5, pp. 829-836

Bulterman, D. C. A. & Hardman, L. (2005). *Structured multimedia authoring. ACM Trans. Multimedia Comput. Commun. Appl.* 1, 1, ACM, New York, NY, USA, pp. 89-109

Chambel, T., Zahn, C. & Finke, M. (2004). *Hypervideo design and support for contextualized learning.* IEEE International Conference on Advanced Learning Technologies, 2004. Proceedings. pp. 345-349

Chang, H. B., Huang Hsu, H., Liao, Y. C., Shih, T. & Tang, C. T. (2004). *An object-based hypervideo authoring system.* In: IEEE International Conference on Multimedia and Expo, 2004. ICME '04. vol. 3, pp. 2219 – 2222

Choi, Y.J. (2009). *Providing Novel and Useful Data for Game Development Using Usability Expert Evaluation and Testing.* In *Proceedings of the 2009 Sixth International Conference on Computer Graphics, Imaging and Visualization* (CGIV '09), Washington, DC, USA: IEEE Computer Society, pp. 129 –132

Cockburn, A., Karlson, A. & Bederson, B. B. (2009). *A review of overview+detail, zooming, and focus+context interfaces.* ACM Comput. Surv. 41, 1, Article 2 (January 2009), New York, NY, USA: ACM, pp. 2:1-2:31

Dwyer, T., Marriott, K. & Stuckey, P. J. (2006). *Fast node overlap removal.* In Proceedings of the 13th International Conference on Graph Drawing, GD'05, Berlin, Heidelberg: Springer-Verlag, pp. 153–164

Dwyer, T., Marriott, K. & Stuckey, P. J (2007). *Fast node overlap removal: correction.* In Proceedings of the 14th International Conference on Graph Drawing, GD'06, Berlin, Heidelberg: Springer-Verlag, pp. 446–447

Ericsson, K. A. & Simon. H. A. (1998). *How to study thinking in everyday life: Contrasting Think-Aloud protocols with descriptions and explanations of thinking.* Mind, Culture, and Activity, 5(3):178–186

Frisch, M., Dachselt, R. & Brückmann, T. (2008). *Towards seamless semantic zooming techniques for UML diagrams.* In *Proceedings of the 4th ACM Symposium on Software Visualization* (SoftVis '08). New York, NY, USA: ACM, pp. 207-208

Furnas, G. W. (1986). *Generalized fisheye views.* In Mantei, M. & Orbeton, P. (Ed.): *Proceedings of the SIGCHI Conference on Human Factors in Computing Systems* (CHI '86), New York, NY, USA: ACM, pp. 16-23

Laugwitz, B., Held, T. & Schrepp, M. (2008). *Construction and Evaluation of a User Experience Questionnaire.* In *Proceedings of the 4th Symposium of the Workgroup Human-Computer Interaction and Usability Engineering of the Austrian Computer Society on HCI and Usability for Education and Work* (USAB '08), Holzinger, A. (Ed.), Berlin, Heidelberg: Springer-Verlag, pp. 63-76

Meixner, B., Siegel, B., Hölbling, G., Lehner, F. & Kosch, H. (2010). *SIVA suite: authoring system and player for interactive non-linear videos.* In Proceedings of the International Conference on Multimedia (MM '10). ACM, New York, NY, USA, pp. 1563-1566

Mulloni, A., Dünser, A. & Schmalstieg, D. (2010). *Zooming interfaces for augmented reality browsers*. In Proceedings of the 12th International Conference on Human Computer Interaction with Mobile Devices and Services (MobileHCI '10). New York, NY, USA: ACM, pp. 161-170

Paternò, F. & Zini, E. (2004). *Applying information visualization techniques to visual representations of task models*. In *Proceedings of the 3rd Annual Conference on Task Models and Diagrams* (TAMODIA '04). New York, NY, USA: ACM, pp. 105-111

Pea, R., Mills, M., Rosen, J., Dauber, K., Effelsberg, W. & Hoffert, E. (2004). *The Diver Project: Interactive Digital Video Repurposing*. IEEE MultiMedia 11, 1 (January 2004), pp. 54-61

Perlin, K. & Fox, D. (1993). *Pad: an alternative approach to the computer interface*. In Proceedings of the 20th Annual Conference on Computer Graphics and Interactive Techniques (SIGGRAPH '93). New York, NY, USA: ACM, pp. 57-64

Rao, R. & Card, S. K. (1994). *The table lens: merging graphical and symbolic representations in an interactive focus+context visualization for tabular information*. In Plaisant, C. (Ed.): *Conference Companion on Human Factors in Computing Systems* (CHI '94), New York, NY, USA: ACM, pp. 222-230

Salant, P. & Dillman, D. (1994). *How to conduct your own survey*. Business Reference. Wiley

Snyder, C. (2003). *Paper prototyping: the fast and easy way to design and refine user interfaces*. TheMorgan Kaufmann Series in Interactive Technologies. Morgan Kaufmann (2003)

Soares, L. F. G., Rodrigues, R. F. & Saade, D. C. M. (2000). *Modeling, authoring and formatting hypermedia documents in the hyperprop system*. Multimedia Syst. 8, pp. 118–134

Stahl, E., Zahn, C. & Finke, M. (2005). *How can we use hypervideo design projects to construct knowledge in university courses?*. In Proceedings of the 2005 Conference on Computer Support for Collaborative Learning: Learning 2005: The next 10 Years! (CSCL '05). International Society of the Learning Sciences, pp. 641-646

Stahl, E., Finke, M. & Zahn, C. (2006). *Knowledge Acquisition by Hypervideo Design: An Instructional Program for University Courses*. Journal of Educational Multimedia and Hypermedia. 15 (3), pp. 285-302. Chesapeake, VA: AACE

Stengel, M., Frisch, M., Apel, S., Feigenspan, J., Kästner, C. & Dachselt, R. (2011). *View infinity: a zoomable interface for feature-oriented software development*. In *Proceedings of the 33rd International Conference on Software Engineering* (ICSE '11). New York, NY, USA: ACM, pp. 1031-1033

Yoo, B., Lea, J. & Kim, Y. (2008). *The seamless browser: enhancing the speed of web browsing by zooming and preview thumbnails*. In Proceedings of the 17th International Conference on World Wide Web (WWW '08). New York, NY, USA: ACM, pp. 1019-1020

Zhang, K., Wang, H., Tran, D. T. & Yu, Y. (2010). *ZoomRDF: semantic fisheye zooming on RDF data*. In Proceedings of the 19th International Conference on World Wide Web (WWW '10). New York, NY, USA: ACM, pp. 1329-1332

Contact Information

Britta Meixner
Chair of Distributed Information Systems, University of Passau
Innstraße 43, 94032 Passau

H. Reiterer & O. Deussen (Hrsg.): Mensch & Computer 2012
München: Oldenbourg Verlag, 2012, S. 293-302

3D Hand Gesture Recognition Based on Sensor Fusion of Commodity Hardware

Manuel Caputo, Klaus Denker, Benjamin Dums, Georg Umlauf

HTWG Konstanz, Germany

Abstract

With the advent of various video game consoles and tablet devices gesture recognition got quite popular to control computer systems. E.g. touch screens allow for an intuitive control of small 2d user interfaces with finger gestures. For interactive manipulation of 3d objects in a large 3d projection environment a similar intuitive 3d interaction method is required. In this paper, we present a dynamic 3d hand and arm gesture recognition system using commodity hardware. The input data is captured with low cost depth sensors (e.g. Microsoft Kinect) and HD color sensors (e.g. Logitech C910). Our method combines dynamic hand and arm gesture recognition based on the depth sensor with static hand gesture recognition based on the HD color sensor.

1 Introduction

User interfaces have changed a lot in recent years. Especially touch based interaction has become a common method to operate mobile phones and tablet PCs. However, touch screens have several problems. The finger touch leaves fingerprints on the screen, some on-screen content is occluded by the fingers, and for large displays (e.g. display size 2 × 3 meters) some display regions might be inaccessible. For 3d applications the biggest disadvantage is the limitation to two dimensions. Here, 3d gesture tracking allows a much more direct interaction with 3d objects. For a large stereoscopic projector system for 3d visualizations current interaction metaphors like mouse, keyboard, or Wii Remote are either unfeasible or cumbersome to use. A direct 3d gesture interaction for this system is much more convenient.

With the Microsoft Kinect a low cost 3d camera is available to capture data at interactive frame rates. However, its resolution is rather low at large distances. Thus, a large 3d interaction system should be based on several Microsoft Kinect devices and web-cams to increase the size of the operating space and the resolution.

2 Related work

Camera based 2d hand gesture recognition is used in human computer interaction (Sánchez-Nielsen et al., 2004) and robotics (Ghobadi et al., 2008). The silhouette of the hands is reconstructed and matched to a gesture database.

Interaction devices in virtual reality systems often use 3d hand gesture recognition. *Wands* are hand held devices using position tracking, rotation tracking, and buttons to interact with 3d objects (Wormell and Foxlin, 2003). More complex gestures are possible with *gloves* that also measure the movement of the fingers (Sturman and Zeltzer, 1994).

Time of flight cameras are used for motion capturing applications. Body parts are reconstructed from the depth data (Malassiotis et al., 2002; Plagemann et al., 2010) and their motion is tracked over time (Ganapathi et al., 2010). Hybrid approaches use intensity and depth information from time of flight cameras to achieve the recognition of static 3d hand gestures (Ghobadi et al., 2007, 2008). The depth information is used to create a silhouette that is refined using an intensity or color image.

The depth quality of the Microsoft Kinect camera is not as good, as that of expensive time of flight cameras. Its main application is the recognition of full body gestures in games. Microsoft uses a per-pixel classification approach that needs huge amounts of training datasets (Shotton et al., 2011). Because of the popularity in research, several frameworks were created to simplify the use of the Kinect for research applications (OpenNI, 2012; PrimeSense Inc., 2010). For our work we use these frameworks.

3 Sensor fusion

With a single Kinect it is not possible to recognize hand gestures over more than one meter distance. The resolution and the quality of the depth sensor are too low. Thus, for hand gesture recognition an additional sensor is necessary. We use a web-cam with a resolution of 1920×1080 pixels. At this resolution it is possible to recognize hand gestures over a distance of several meters. However, locating a hand in an image at this resolution is computationally expensive. Therefore, the Kinect is used to locate and track the hand. The Kinect and the web-cam are positioned at approximately the same angle. So, both sensors capture approximately the same spatial region resulting in similar images. Position and distance of the hand are extracted from the data of the Kinect and the size of the hand is estimated. Based on this information, an image region containing the hand is determined. This image region in the high resolution image is then used for the hand gesture recognition. These gestures are relatively slow, so no time synchronization of the cameras is necessary.

For this approach the Kinect and the web-cam have to be calibrated to minimize the size of the image region containing the hand. Minimizing the size of this image region speeds up the subsequent stages of the hand gesture recognition. Thus, the performance of the system depends on the calibration of the Kinect and the web-cam.

For this calibration we use the calibration of the depth sensor of the Kinect with its color sensor. Then, the color sensor of the Kinect is calibrated with the color sensor of the web-cam using standard calibration methods (OpenCV, 2011): First, identify two calibration objects in both images by their color and, second, determine the translational and scaling differences from the center points if these two objects in both images.

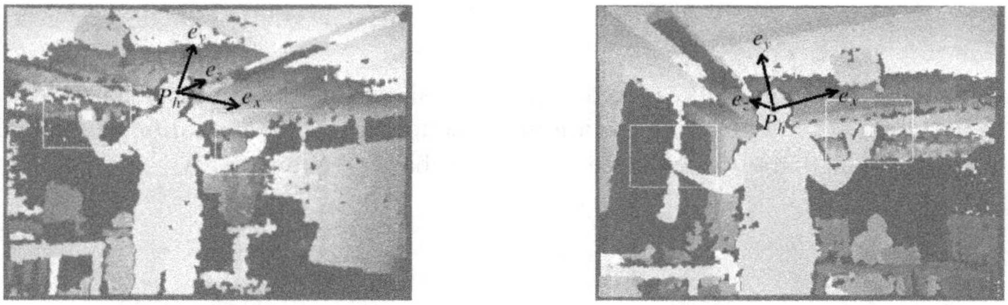

(a) Global coordinate system seen from the right Kinect. *(b) Global coordinate system seen from the left Kinect.*

Figure 1: The common global coordinate system in a system of two Kinects. The white rectangles are the image regions for the hand gesture recognition using the HD color sensors.

4 Multiple sensor units

A gesture control system usually uses one depth sensor to detect persons. This sensor is placed in front of the user and as close to the virtual interaction surface as possible. However, for such a system some gestures might be occluded or undetectable due to the human operator's posture. Thus, we use multiple Kinects from different perspectives. Because multiple Kinects interfere with each other, we place the Kinects at least three meters apart at an angle of approximately 90°. In such a setup the interference is almost negligible. Furthermore, the setup is chosen such that a hand can be detected by at least one Kinect. This minimizes the probability of occlusions and enlarges the operating space.

If multiple Kinects are used, their depth sensors need to be calibrated. Each Kinect provides 3d position information relative to its own position of the body of the user. From this position information a common global coordinate system is computed. It is generated from three points which must be visible simultaneously for all Kinects. For example, we used the two hand positions P_l and P_r and the head position P_h of the user. The x-axis of the global coordinate system is defined as the vector connecting the two hands

$$e_x = \frac{P_r - P_l}{\|P_r - P_l\|}.$$

The z-axis is defined as the normal of the plane spanned by e_x and $P_h - P_l$

$$e_z = \frac{e_x \times (P_h - P_l)}{\|P_h - P_l\|}.$$

The y-axis is defined to yield a right-handed system of e_x, e_y, and e_z

$$e_y = e_z \times e_x.$$

For the origin of this coordinate system we chose for symmetry reasons P_h. Figure 1 shows the resulting common global coordinate system. Thus, the matrix transforming global coordinates to local coordinates of an individual Kinect is given by

$$M = \begin{pmatrix} e_x & e_y & e_z & P_h \\ 0 & 0 & 0 & 1 \end{pmatrix}.$$

Note, that for the calibration the head and both hands should not be collinear. Furthermore, the user should look at the virtual interaction interface to define the orientation of the global coordinate system such that e_z roughly points towards the projection screen.

Figure 2: Set of static hand gestures.

5 Hand gestures

Typical static hand gestures are shown in Figure 2. Because the resolution of the depth sensor of the Kinect is too low to separate individual fingers at more than one meter distance, we use the image of a high resolution web-cam for the hand gesture recognition. The OpenNI framework (OpenNI, 2012) generates a skeleton of the tracked person. From this skeleton the positions of both hands are extracted. Using the hand position and depth its size can be computed. This information can be used to estimate a rectangular image region centered at the hand position containing the hand, see Figures 1 (a) and (b).

The image region in the high resolution color image is used to detect the hand using the skin color in HSV color space. Because hand detection based on skin color is not robust, we used colored gloves. Pink or neon green gloves are easier to detect than skin color. For the detection intervals for the hue $I_h = [h_{min}, h_{max}]$ and the saturation $I_s = [s_{min}, s_{max}]$ are defined. Using lookup tables the color (p_h, p_s, p_v) of each pixel p in the image region is set to $(\varepsilon, \varepsilon, 0)$ where

$$\varepsilon = \begin{cases} 1, & if\ p_h \in I_h \text{ and } p_s \in I_s \\ 0, & otherwise \end{cases}.$$

This yields a binary image region of the hand. The value channel is ignored, because it is too sensitive to environmental light. To get the components and contours of the hand in the binary image region a linear-time component-labeling algorithm using contour tracing is used (Chang and Chen, 2003). The resulting outer contour is extracted as polygon and simplified with the Douglas-Peucker algorithm (Douglas and Peucker, 1973). For the gesture recognition polygon matching is used. The polygon matching is based on a distance between two polygons. We tested a distance using Hu-moments (Hu, 1962) and the turning angle of a polygon (Arkin et al., 1991).

5.1 Hu-moment distance

The seven Hu-moments $h_i(A)$, $i = 1, \ldots, 7$, for a polygon A are computed from the normalized central moments μ_{kl}, $k, l \leq 0$, of the image using Green's formula. For example the first Hu-moment is defined as $h_1(A) = \mu_{20} + \mu_{02}$. All other Hu-moments are defined similarly, see (Hu, 1962). They are invariant with respect to rotations, translations, and scalings. The distance d^H computed from these Hu-moments h_i is defined in (OpenCV, 2011) as

$$d^H(A,B) = \sum_{i=1}^{7} \left| \frac{\operatorname{sign}(h_i(A))}{\log(|h_i(A)|)} - \frac{\operatorname{sign}(h_i(B))}{\log(|h_i(B)|)} \right|.$$

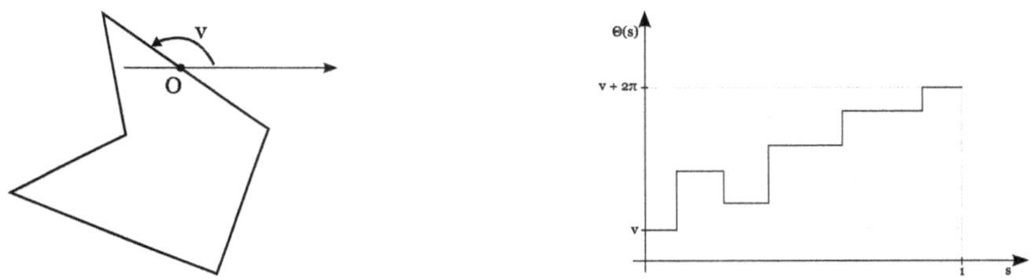

(a) Polygon. *(b) Turning function.*

Figure 3: A polygon (a) and its turning function (b) (Arkin et al., 1991).

5.2 Turning-angle distance

To compute the *turning-angle distance* the turning function of both polygons are computed. The *turning function* $\theta_A(s)$ of a polygon A is defined on the arc length s and yields the counterclockwise tangent angle for each point on the boundary, see Figure 3. The computation starts at an arbitrary reference point O on the boundary of A (Arkin et al., 1991). The area between two turning functions of two polygons is the *turning-angle distance* d^T of these polygons. Since this area depends on the choice of the reference points O and the orientation of the polygons, the minimum distance between the two turning functions is used

$$d^T(A,B) = \min_{\theta \in \mathbb{R},\ t \in [0,1]} \left(\int_0^1 (\theta_A(s+t) - \theta_B(s) + \theta)^2 ds \right)^{1/2}.$$

Note for the implementation, which $\theta_A(s)$ is constant along the sides of the polygon.

6 3d gestures

With a system of depth and color sensors as described in Sections 3 and 4 true 3d gestures can be recognized: The 3d position of the hands and the hand gestures are known at any time. There are two types of 3d gestures: *static* and *dynamic* gestures. Static hand gestures are defined by the position and posture of the hand. An example is the *thumbs-up-gesture*, see sixth gesture in Figure 2. Such a gesture can be detected from a single image. For dynamic gestures also the motion of the hand and fingers matters. Thus, a set of consecutive images determines the gesture. An example is the *waving-hand-gesture*, which can only be recognized if the motion is detected.

For a 3d interaction system both types of gestures are necessary: static hand gestures to grab and release objects and dynamic hand gestures to transform objects. Furthermore, dynamic gestures need a start and end point, which can be triggered by static hand gestures. To grab an object we use the *closed-hand gesture* (fourth gesture in Figure 2) and to release it the *open-hand gesture* (seventh gesture in Figure 2). As long as the hand is open no interaction is triggered. As long as the hand is closed the dynamic gesture recognition runs until the hand is opened again. Static hand gestures are detected in the high resolution image using the techniques described in Section 5.

To detect dynamic gestures the difference between the current position P and the previous position P' of a hand is computed in each frame of the depth image. This difference yields a translation, rotation, or scaling depending on the interaction mode. For translations the user grabs the object with one hand to translated it along $T = P - P'$. For scalings and rotations the user grabs the object with both hands. This yields a difference for the left and the right hand or, equivalently,

$$d = P_r - P_l, \qquad d' = P_r' - P_l'.$$

to scaled the object along $S = d - d'$. For a rotation around the z-axis the angle between d and d' in the xy-plane is used. Dropping the third coordinate yields $\bar{d}$ and $\bar{d}'$. Then the angle between the x-axis and $\bar{d}$, $\bar{d}'$ are computed. The difference between these angles is the angle α_z for the rotation around the z-axis

$$\alpha_z = \operatorname{atan2}(\bar{d}) - \operatorname{atan2}(\bar{d}'), \quad \bar{d}, \bar{d}' \in \mathbb{R}^2 .$$

The rotations around the other two axes are computed similarly.

7 Implementation and results

For our prototype system we used two sensor units, each consisting of a Microsoft Kinect and a Logitech C910 web-cam, see Figure 4. Each device needs its own USB host controller to operate at maximal bandwidth. Thus, in addition to two on-board USB host controllers we used a PCI Express Card with two additional USB host controllers. This yields a resolution of 960 × 720 pixel for

Figure 4: Sensor unit of a Kinect and a Logitech C910 web-cam.

the web-cams. The demo applications are implemented and tested with 8GB memory and an Intel i7-2600K CPU.

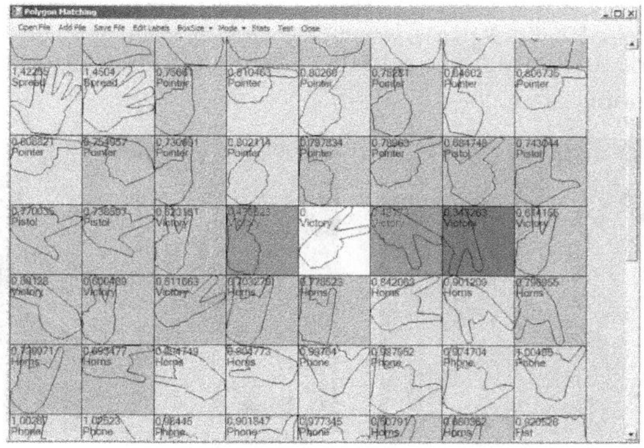

Figure 5: Demo application to compare distances of hand gestures showing the database of clean gesture prototypes. The color visualizes the polygon distance to a test gesture (white background), where background shades represent small, medium and large distances.

7.1 Hand gestures

To test the matching algorithms for hand gesture recognition we generated a database of 120 polygons representing eleven different gestures. The gesture polygons in this database are manually enhanced to ensure clean gesture prototypes. A second test database contains 144 unedited gesture polygons from three different persons using all eleven gestures. Figure 5 shows the GUI of the demo application to manage these databases and visualize distances between hand gestures.

(a) Pointing-forefinger gesture. *(b) Thumbs-up gesture.* *(c) Overlay of both gestures.*

Figure 6: The gestures in (a) and (b) are difficult to distinguish. The white area in (c) is the intersection of both polygons and the gray area is the difference of both polygons.

The polygon matching algorithm using the turning-angle distance identifies 85% of the test polygons. The polygon matching algorithm using the Hu-moments identifies only 58%. Our tests show that the turning-angle distance is better suited for static hand gesture recognition. However, it is computationally more expensive, because most of the computations for the Hu-moment distance can be done a priori when the gesture database is loaded.

Hand gestures with similar polygons like the *pointing-forefinger gesture* (fifth gesture in Figure 2) and the *thumbs-up gesture* are difficult to distinguish for both distances, Figure 6.

Using the Logitech C910 web-cam we experienced a problem if the hand is in front of a dark background, because dark image regions contain large rectangular artifacts in the hue channel causing frayed hand boundaries.

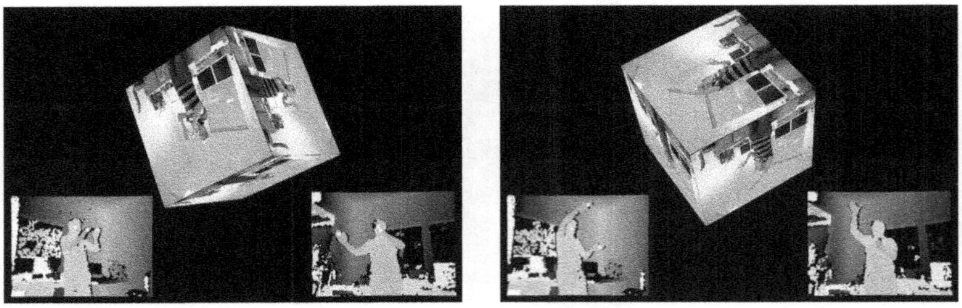

Figure 7: Rotation of a simple 3d scene using the demo application for 3d interaction.

7.2 3d gestures

For dynamic 3d gesture recognition we implemented a demo application, see Figure 7. At the bottom of the screen the depth-maps of both Kinect depth sensors are displayed. In the center of the screen a simple 3d scene consisting of one cube with the current color image mapped to its sides is displayed. This scene can be manipulated by dynamic 3d gestures. The demo application has four interaction modes for the two-handed manipulations: scaling and rotations around the three spatial axes. The rotation is mapped to three modes for the three axes to simplify the interaction. A translation of the scene can be done at any time since it is controlled by a one-handed gesture. The interaction modes are selected by pointing with one hand at specialized areas near the top of the window, not displayed in Figure 7.

7.3 Performance

Running our demo implementation on a computer with Intel i7 2600K processor (4 cores with hyper-threading) the static hand gesture recognition runs at 30 frames per second using one thread. The average load for the dynamic 3d gesture recognition is below 10%. So, most resources of the system are still available while using this input method. The complete interaction system has been tested by ten volunteers. Each volunteer had at first significant problems with the 3d control. However, after a short training of one to two minutes all volunteers got used to the 3d control and achieved their goals quickly and intuitively.

We experienced no problems due to misclassifications of gestures. However, there were contradicting classifications in some frames, due to the even number of sensor units used. We detected these contradicting classifications in the log of the system. These contradicting classifications did not jam the interaction, because of the high frame rate, i.e. in subsequent frames these contradictions were resolved.

8 Conclusion and outlook

We presented an effective real-time 3d gesture recognition system. Static hand gestures are used to start and stop dynamic 3d gestures. Our demo implementation allows for intuitive interaction with 3d objects.

8.1 Hand gestures

For the future we plan to avoid colored gloves using improved skin color detection or a gradient based approach. For the skin color detection also patches extracted from faces, using face localization, to generate dynamic filters can be used (Liu et al., 2011; Tan et al., 2012). Using two sensor units different gestures might be recognized. For a robust decision for the gesture recognition additional information is necessary, e.g. a third sensor unit.

8.2 3d gestures

In the demo implementation the interaction mode is selected manually. Multiple static hand gestures could be used for a gesture based selection. Also more complex interaction modes will be implemented. For example a rotation around an arbitrary axis could be initialized using a static two hand gesture defining the axis direction through the hand positions. For fast gestures, a synchronization of the multiple sensor units is necessary. The OpenNI framework (OpenNI, 2012) plans to support that in future versions.

References

Arkin, E., Chew, L., Huttenlocher, D., Kedem, K., Mitchell, J., 1991. *An efficiently computable metric for comparing polygonal shapes.* IEEE PAMI 13 (3), 209–216.

Chang, F., Chen, C.-J., 2003. *A component-labeling algorithm using contour tracing technique.* In: Seventh International Conf. on Document Analysis and Recognition. pp. 741–745.

Douglas, D. H., Peucker, T. K., 1973. *Algorithms for the reduction of the number of points required to represent a digitized line or its caricature.* Cartographica: Intl. J. for Geographic Information and Geovisualization 10 (2), 112–122.

Ganapathi, V., Plagemann, C., Thrun, S., Koller, D., 2010. *Real time motion capture using a single time-of-flight camera.* In: IEEE CVPR, 755–762.

Ghobadi, S. E., Loepprich, O. E., Ahmadov, F., Bernshausen, J., Hartmann, K., Loffeld, O., 2008. *Real time hand based robot control using multimodal images.* IAENG Intl. J. Comp. Sci. 35 (4), 500–505.

Ghobadi, S. E., Loepprich, O. E., Hartmann, K., Loffeld, O., 2007. *Hand segmentation using 2d/3d images.* In: Cree, M. J. (Ed.), IVCNZ, 64–69.

Hu, M.-K., 1962. *Visual pattern recognition by moment invariants.* IRE Trans. on Info. Theory 8 (2), 179–187.

Liu, L., Sang, N., Yang, S., Huang, R., 2011. *Real-time skin color detection under rapidly changing illumination conditions.* IEEE Trans. on Consumer Electronics 57 (3), 1295–1302.

Malassiotis, S., Aifanti, N., Strintzis, M., 2002. *A gesture recognition system using 3d data.* In: 1st Intl. Symp. on 3d Data Processing, Visualization, and Transmission, 190 – 193.

OpenCV, 2011. *OpenCV Documentation*, URL docs.opencv.org/.

OpenNI, 2012. *OpenNI Documentation*, URL www.openni.org/documentation.

Plagemann, C., Ganapathi, V., Koller, D., Thrun, S., 2010. *Real-time identification and localization of body parts from depth images.* In: IEEE ICRA, 3108–3113.

PrimeSense Inc., 2010. *Prime Sensor NITE 1.3 Framework Programmer's Guide.*

Sánchez-Nielsen, E., Antón-Canalís, L., Hernández-Tejera, M., 2004. *Hand gesture recognition for human-machine interaction.* In: WSCG, 395–402.

Shotton, J., Fitzgibbon, A., Cook, M., Sharp, T., Finocchio, M., Moore, R., Kipman, A., Blake, A., 2011. *Real-time human pose recognition in parts from single depth images.* In: IEEE CVPR, 1297 –1304.

Sturman, D. J., Zeltzer, D., 1994. *A Survey of glove-based Input.* IEEE CG&A 14 (1), 30–39.

Tan,W. R., Chan, C. S., Yogarajah, P., Condell, J., 2012. *A fusion approach for effcient human skin detection.* IEEE Trans. on Industrial Informatics 8 (1), 138–147.

Wormell, D., Foxlin, E., 2003. *Advancements in 3d interactive devices for virtual environments.* In: Proceedings of the workshop on virtual environments, 47–56.

Contact information

Manuel Caputo, Klaus Denker, Benjamin Dums, Georg Umlauf[1]
macaputo|kdenker|bedums|umlauf@htwg-konstanz.de
Faculty of Computer Science, HTWG Konstanz, 78462 Konstanz, Germany

---

1 corresponding author

H. Reiterer & O. Deussen (Hrsg.): Mensch & Computer 2012
München: Oldenbourg Verlag, 2012, S. 303-312

Investigating Freehand Pan and Zoom

Sophie Stellmach[1], Markus Jüttner[2], Christian Nywelt[2], Jens Schneider[2], Raimund Dachselt[1]

Interactive Media Lab Dresden, Technische Universität Dresden[1]; Faculty of Computer Science, Otto-von-Guericke Universität Magdeburg[2]

Abstract

The availability of low-cost and flexible tracking systems for hand and body movements is increasing. With this, more thorough investigations for more natural and efficient physical interaction styles are required which take particular limitations of such systems into account, such as the limited ability to track individual fingers. To contribute to this, we describe an investigation of basic hand gestures for the exploration of large information spaces. A set of four pan-and-zoom alternatives using two-handed gestural controls have been implemented and compared using *Google Earth* as an example. For this we conducted a small-scaled formative user study with nine participants to fundamentally assess users' acceptance and the qualification of these freehand gestures for pan-and-zoom operations. As a result, a simple forward and backward hand movement for zooming and a joystick metaphor for panning yielded in the best overall results. Especially the seamless integration of continuous pan and zoom was positively highlighted by participants.

1 Introduction

For the exploration of large information spaces, such as giga-pixel images or geographical information systems (GIS), pan and zoom are essential means of navigation. In addition, such information is often displayed on large-sized distant screens for which hand and body gestures may allow a flexible interaction with. For this purpose, we want to investigate how different hand and arm gestures could be used for the exploration of large information spaces. Several challenges arise for the design of freehand gestures, such as increased physical effort leading to higher fatigue and higher mental effort due to the coordination and memorization of gestures. In this context, Hinckley et al. (1994) report that two-handed interaction may improve efficiency and decrease disorientation compared.

Reliable, flexible, and inexpensive tracking systems to detect hand and body movements are widely available nowadays, such as the *Microsoft Kinect*[1]. In that, they allow for a seamless

---

1 Microsoft Kinect Official Web Site. [http://www.xbox.com/kinect] Last accessed June, 2012

and unobtrusive interaction as users have to wear neither additional markers nor data gloves. But particular limitations of such low-cost tracking systems have to be considered for the design of practical interaction techniques, such as the limited ability to detect the movement of fingers. This promotes a deeper investigation of user-friendly and yet efficient low-cost freehand gestures for basic tasks such as the exploration of a virtual information space.

In this paper, we describe and evaluate different freehand gestures for the exploration of large information spaces. With this, we also want to lay a foundation for on-going research on multimodal input for a more natural and efficient interaction in diverse contexts, especially for the interaction with distant displays or multi-display setups. In this context, hand gestures could, for example, be well combined with additional modalities such as gaze input to interact with large-sized screens (e.g., (Koons et al. 1993, Stellmach et al. 2011, Yoo et al. 2010)). For our investigations we used *Google Earth*[2] as an example information space. We derived three pan and three zoom gestures from which four combinations have been tested in a small-scaled formative user study to explore their potential usability in terms of how well user's could cope with them to navigate in Google Earth.

The remaining paper is structured as follows. First, we discuss related work on how freehand gestures have been previously used for panning and zooming. In Section 3, we discuss design considerations and our resulting concepts for freehand pan-and-zoom techniques. Based on this, four selected freehand pan-and-zoom combinations have been tested in a user study that is described in Section 4. We conclude this paper with a discussion of the obtained results and an outlook to continued research on freehand gestures.

2 Related Work

The exploration of virtual data is a fundamental task in various application domains. In this context, hand gestures may allow for natural and yet efficient interaction with distant large-sized displays. In particular, two handed input may improve performance even if tasks are executed sequentially (Buxton and Myers 1986, Gribnau and Hennessey 1998). Furthermore, Mine (1995) points out that two aspects have to be specified to steer (navigate) in a virtual space: direction and velocity of movement. As an example, the distance between hand and body can be used to gradually increase or decrease the velocity. The direction can be specified by a hand pointing. Both may, however, lead to a higher fatigue for the arm (Mine 1995, Bowman et al. 2005). Alternatives for speed control include moving the hand away from a user-defined null position (instead of the user's body as a reference), tilt the hand, or perform a stop hand gesture (i.e., hold up the hand) to stop moving (e.g., Franke et al. 2010).

Several hand-based input techniques exist for steering in virtual environments. With the "scene in hand" technique (Ware and Osborne 1990), a user can control the virtual camera as if it would be positioned in his/her hand. This approach has been enhanced to the "world in

2 Google Earth Official Web Site: [http://earth.google.com] Last accessed June, 2012.

miniature" and "grabbing the air" techniques (Mapes and Moshell 1995, Stoakley et al. 1995, Bowman et al. 2005). The first describes a metaphor where the user holds a miniature representation in his/her hand to adapt camera parameters. Thus, moving the hands apart leads to a magnified view at the scene (i.e., zoom in). The latter, the "grabbing the air" technique, lets the user literally grab the world around him/her and pull him-/herself through the virtual scene in any direction using 3D pull hand gestures. Following this, Yoo et al. (2010) present push-and-pull hand gestures to zoom and a combination with gaze/head input to pan. They indicate a high potential for more attentive and immersive interaction with large-scaled displays compared to traditional input devices such as mouse and keyboard.

So far, the wide application of hand gestures in an everyday context has been hindered by the high cost and complexity of tracking systems. In addition, tracking hand gestures has often been obtrusive, because additional markers had to be attached to a user's hands or (data) gloves had to be worn. With low-cost and less obtrusive tracking alternatives such as the Microsoft Kinect, hand-based input can be explored more broadly. For example, Boulos et al. (2011) present several hand gestures for navigating in Google Earth using such a system. However, their techniques require additional finger gestures and special gestures for mode changes which prevent a fast simultaneous interaction (Stannus et al. 2011). Also, Schlattmann et al. (2009) use finger gestures for which they evaluate the hand position and orientation, as well as the orientation of individual fingers. This allows pointing in a direction to which the virtual camera should move to. Similarly, Nancel et al. (2011) use the primary hand for pointing and for indicating the target direction, while different modalities are compared for zooming via the secondary hand. This includes a mouse scroll-wheel, a mobile touchscreen, and freehand gestures. However, they indicate that the freehand gestures were less accurate and efficient compared to the handhelds.

In a nutshell, several approaches for hand-based input for steering in virtual environments have been presented over the years. However, it remains somewhat unclear how simple freehand gestures have to be designed to allow for an efficient and yet user-friendly pan and zoom interaction. While freehand gestures have the advantage of not needing to hold an additional device and of a high flexibility to be applied in various application contexts, they are often not suitable for precise pointing tasks.

3 Concept for Freehand Pan and Zoom

We elaborated a set of basic freehand pan-and-zoom techniques (see Figure 1 for an overview) with the aim of providing user-friendly and yet affordable techniques using a low-cost tracking system, such as the Microsoft Kinect. After briefly discussing some basic design considerations, the pan and zoom techniques that have been selected for further investigation in a user study are described.

One design aspect to consider is whether individual interaction modes should be available separately. While dissociating individual pan and zoom modes may allow higher control for users, time-consuming changes between different navigation modes could quickly become

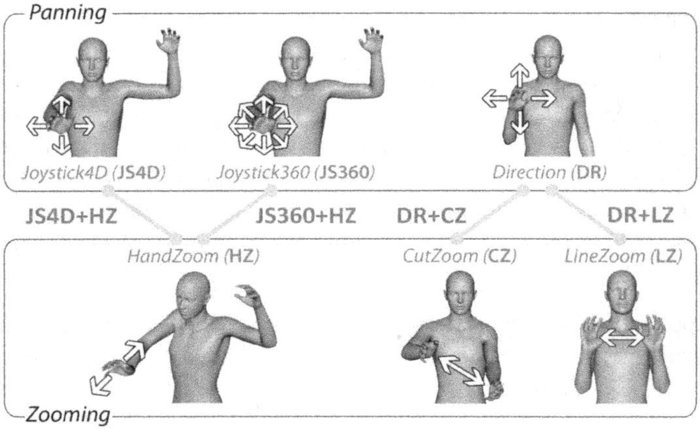

Figure 1: Overview of the proposed basic freehand pan and zoom techniques.

tedious. In contrast, simultaneously issuing pan and zoom commands could lead to more complex hand gestures and could be more confusing to perform.

Furthermore, we considered how to ease the effort for learning new pan-and-zoom hand gestures. For this, we decided to take advantage of commonly known multitouch pinch-to-zoom techniques, because of the high popularity of multitouch devices. Thus, we decided to consider this principle for the design of our freehand zooming gestures (see Section 3.3).

Finally, freehand gestures are often considered error-prone for quickly and reliably performing a desired task. Thus, careful attention has to be paid to possibilities to avoid unintentionally issuing commands. In this context, the secondary hand may indicate a user's readiness to pan or zoom and thus acts as a delimiter for separating gestural input from normal motion. However, if holding up the secondary hand is applied as such a delimiter, it is not possible to use bimanual pan and zoom gestures. Thus, an additional design aspect is the use of one- vs. two-handed gestures in connection with a suitable *readiness indicator*.

3.1 Freehand Panning

We elaborated two types of panning hand gestures: the joystick gesture (**JS**) and the direction gesture (**DR**) (see Figure 1). For **JS**, both hands are required for panning. First, the primary hand is lifted to a position that is later used as reference (null) position. Then the secondary hand is lifted up to the shoulders to indicate a user's readiness to pan. Therefore, if the secondary hand is not leveling the shoulder, no action will be performed and the user can freely move without unintentionally issuing a command. So, while the secondary hand is lifted, a movement of the primary hand relative to the reference position is interpreted as pan. For this, we distinguish two further variations: restricting the panning to four discrete directions (i.e., up, left, down, and right) (**JS4D**) and additionally allowing diagonal directions (**JS360**). To restrict panning directions for **JS4D** may offer a higher control for issuing a desired command and with that decrease incorrectly issued commands and the required mental effort. On the other hand, **JS360** allows for a smooth transition between different steering (panning) directions.

For **DR**, only one hand is required for panning. The relative change in hand position with respect to the same-sided shoulder is used for panning. If lifting the second hand, no actions will be issued. Thus, the secondary hand acts as a *safety brake* for **DR**.

3.2 Freehand Zooming

We have investigated three different alternatives for freehand zooming: **Hand-Zoom** (**HZ**), **Cut-Zoom** (**CZ**), and **Line-Zoom** (**LZ**) (see Figure 1). First, **HZ** works similar to **JS**. The lifted secondary hand indicates the user's readiness; the primary hand issues the actual commands. Thus, based on the primary hand's initial position (when lifting the secondary hand), a user can zoom in by moving the primary hand closer to the display and zoom out by moving it away from it.

The other two techniques **CZ** and **LZ** resulted from considerations about how to apply common multitouch pinch-to-zoom techniques to freehand gestures. Thus, both techniques are two-handed gestural controls and with that alternative ways how to indicate a user's readiness (i.e., delimiters) have to be defined. For Cut-Zoom (**CZ**), we decided for a predefined starting position by joining both hands to indicate the intention to zoom. Moving the hands apart results in a continuous zoom (see Figure 1). Since the movement always starts with closed hands, a way to distinguish between zooming in and out has to be specified. For this, we decided for a simple differentiation of which hand is above the other one. This means, if the right hand is highest, the view is zoomed in or analogous zoomed out for the left hand. The distance between both hands determines the zooming speed. Thus, if joining the hands again, the zooming will stop.

For Line-Zoom (**LZ**), both hands have to be at shoulder level to indicate readiness. If moving both hands apart, the view is zoomed in and if moved together, the view is zoomed out. Thus, it is essentially similar to the "world in miniature" metaphor (Stoakley et al. 1995). The movement stops, as soon as one of the hands leaves the shoulder level.

4 User Study

As a next step, we wanted to further explore the potential of the described techniques for the interaction with distant displays. First, we conducted an initial pre-study to decide on promising combinations of the described pan and zoom techniques for further investigation. We selected four alternatives that are listed in Table 1 (also see Figure 1) that were then further investigated in a formative user study. This study mainly aimed at finding out about the fundamental suitability of these techniques in terms of how well users would cope and be satisfied with them to perform desired pan-and-zoom operations. We briefly describe the main differences between these four combinations in the following.

	x-handed Zoom	Restricted Panning	Pan & Zoom Modes	Readiness Indicator
JS4D + HZ	One	Yes	Integrated	Continuous
JS360 + HZ	One	No	Integrated	Continuous
DR + CZ	Two	Yes	Distinct	Discrete
DR + LZ	Two	Yes	Distinct	Continuous

Table 1: Selected pan and zoom combinations and characteristics for further investigation in our user study.

First, the techniques differ in the number of hands that need to be used to perform a zoom gesture. While **HZ** only requires one *active* hand for zooming (the second hand only acts as passive delimiter), **CZ** and **LZ** both require two. The proposed panning techniques only require one *active* hand. Thus, a seamless integration of the one-handed panning with one-handed zooming techniques is feasible. In contrast, for **DR+CZ** and **DR+LZ** distinct pan and zoom modes have to be distinguished, which may offer higher control for the user. Furthermore, the techniques differ in the way how to indicate a user's readiness (i.e., gesture delimiter). While for **JS4D+HZ** and **JS360+HZ**, the user has to continuously lift the secondary hand, the user only needs to join hands at the beginning for **DR+CZ**. For **DR+LZ**, the hands have to be (continuously) held at shoulder level to zoom. Finally, the panning types differ in the selection of moving direction: four distinct vs. seamless 360° directions.

Participants. Nine participants (3 female, 6 male) volunteered in the within-subject user study, aged from 20 to 25 (Mean (M) = 22.0). None of them had prior experience with free-hand gestures for navigation. However, three participants mentioned that they frequently play games with the Kinect on the Xbox360. Based on a 5-Point-Likert scale from *1–Do not agree at all* to *5–Completely agree*, participants rated several statements about their background. Based on this, they indicated that all are familiar with Google Earth, however, do not use it particularly often (M=3.1, Standard Deviation (SD)=0.9).

Apparatus. For the interaction with a large information space, we use Google Earth as an example. For this purpose, we implemented a Microsoft Windows Forms tool based on C# that uses the Google Earth plug-in. A Microsoft Kinect has been used as a low-cost system to track hand gestures. For the software development for the Kinect we used the *OpenNI*[3] and *PrimeSense Nite*[4] frameworks that we integrated in the Windows Forms tool. Furthermore, a ceiling-mounted projector provided a large projection (approximately 2.5 meters wide and 1.5 meters high). Participants stood about 2 meters away from the projection wall, and the Kinect was positioned below it (see Figure 2).

Procedure. Participants were welcomed, briefly introduced to the study and were asked to answer an initial questionnaire about their demographic background and their familiarity

3 PrimeSense Nite - Official Web Site: [http://www.primesense.com/Nite] *Last accessed June, 2012.*

4 OpenNI - Official Web Site: [http://openni.org] *Last accessed June, 2012.*

Figure 2: Setup as deployed in the reported user study.

with Google Earth. Then participants tested the four combinations of the described freehand pan-and-zoom techniques in a counter-balanced order (see Figure 1). Each technique could be tested until participants felt sufficiently acquainted with the respective hand gesture. The actual task in the user study was to reach five different cities from the same start position (25N 0' 0", 40W 0' 0" and ca. 16 miles above the ground) one after another in a given order: *Vancouver*, *Sydney*, *Brasilia*, *Gothenburg*, and *Mumbai*. The current target city was marked in Google Earth with a virtual pin icon and was also shown on a little world map printed on a sheet of paper before starting the time measurement. The task completion time for each target was measured individually. A target was considered reached if getting below a preset range (height level) and distance to the target. After a pan-and-zoom combination has been tested, participants were asked to evaluate it in an intermediate questionnaire (see *Section Measures*). After all combinations have been tested, a final questionnaire was handed out. Each participant took approximately 70 minutes on average to complete the study.

Measures. The quantitative measures included task completion times for reaching the five target cities. In addition, we lay a particular high emphasis on user feedback to assess the usability of the individual techniques. For this, an *intermediate questionnaire* has been handed out after the five target cities had been reached with a respective pan-and-zoom technique. The intermediate questionnaire contained two types of questions that were the same for each pan-and-zoom combination:

- **(Q1)** Participants were asked to rate sixteen statements referring to eight usability aspects (two for each, see Figure 4) based on a 5-Point-Likert scale from *1–Do not agree at all* to *5–Completely agree*. This means that respondents specified their level of agreement or disagreement on a discrete symmetric agree-disagree scale for a series of statements. Thus, the range captures the intensity of their feelings for a given item. The eight usability aspects listed in Figure 4 are based on quality factors that describe the effectiveness for travel techniques from Bowman et al. (1997) and comply with a similar pan-and-zoom study from Stellmach and Dachselt (2012) (using gaze input though).
- **(Q2)** Two questions asking for qualitative feedback on what the users particularly liked and disliked about the tested pan-and-zoom techniques.

In the final questionnaire, participants were asked to rate each of the four pan-and-zoom combinations based on a 5-Point-Likert scale with *1–Did not like at all* to *5–Liked it very much* to assess them in contrast.

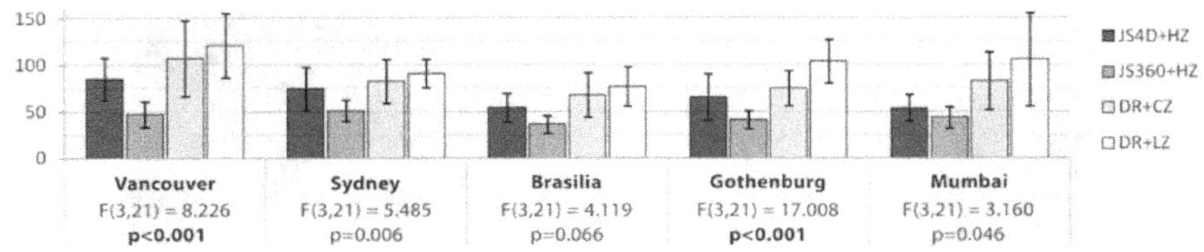

Figure 3: Accumulated mean task completion times in seconds with 95% confidence intervals.

5 Results

Task Completion Times. A repeated-measures ANOVA (Greenhouse-Geisser corrected) with post-hoc sample t-tests (Bonferroni corrected) were used to investigate task completion times (see also Figure 3). Task times did not differ significantly among the five targets for a respective pan-and-zoom technique. However, they differed significantly among the four techniques ($F(3,105)=25.55$, $p<0.001$). Using **JS360+HZ** participants were quickest for all five targets. In fact, task times for **JS360+HZ** were significantly faster going to *Vancouver, Sydney* and *Gothenburg* than for **DR+LZ** and **DR+CZ**. In addition, participants were in general faster using **JS4D+HZ** compared to **DR+CZ** and **DR+LZ**, however, slower than using **JS360+HZ**. While participants needed longest with **DR+LZ** for all target cities, no significant differences could be identified between **DR+LZ** and **DR+CZ**.

User Feedback. The answers from the intermediate questionnaires are summarized in Figure 4 according to different usability aspects. In general, user preferences clearly tended towards **JS4D+HZ** and **JS360+HZ** except with respect to *speed* for which all techniques were assessed similar. The combination of **JS360+HZ** received highest ratings among the tested techniques except for *spatial awareness* (i.e., users did not feel disoriented after performing a movement) for which both **JS360+HZ** and **JS4D+HZ** were assessed very positively. In contrast, **DR+CZ** and **DR+LZ** in general received lower ratings. In particular they were assessed as imprecise and not intuitive. In addition, participants often could not accomplish actions as anticipated (cf. Figure 4, *Task-driven use*). However, several participants mentioned that the **CZ** gesture was fun to use for zooming.

After having tested all four gesture combinations, participants were asked to rate which of the zoom and pan techniques they would prefer on the previously described 5-Point-Likert scale. For *zooming*, participants preferred **HZ** ($M=4.25$, $SD=0.83$), for which the primary hand had to be moved towards or away from the display to zoom in or out. For *panning*, participants preferred the joystick metaphor and especially highlighted the 360° panning variant **JS360** ($M=4.63$, $SD=0.48$).

Finally, participants offered several suggestions on how the tested techniques could be improved. Nearly all participants proposed that it should be possible to set the initial reference point for **JS4D** and **JS360** without the need to permanently holding up the secondary hand, as this was tiresome after a while. In this context, the suggested integration of these techniques with other modalities, such as speech or a handheld, was found interesting. Further-

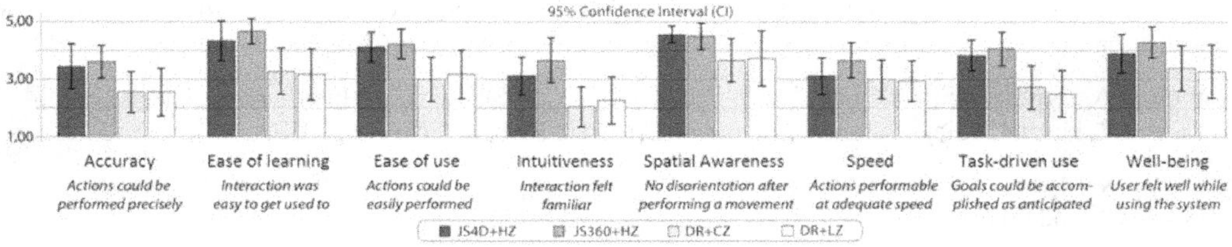

Figure 4: Quantitative user feedback based on 5-Point-Likert scales (from 1-very low to 5-very high).

more, although **CZ** resulted in slow task completion times, several participants mentioned that this was the technique that was most fun.

6 Discussion & Conclusion

The results indicate that the interaction with the pan and zoom combination **JS360+HZ** offers high potential for an efficient and yet user-friendly navigation as it achieved the overall best task times and was assessed positively by participants. In contrast, the worse results for **DR+CZ** and **DR+LZ** indicate that a continuous transition from panning to zooming is desirable and that an imitation of common touch pan and zoom gestures may not be beneficial after all. Thus, the advantage of higher control by clearly dissociating between pan and zoom could not prevail against the discomfort in persistently switching between modes. However, as some participants indicated the fun potential of the **CZ** zoom gestures, it could be interesting to investigate how a combination with an alternative panning modality would be assessed, such as a gaze-supported control (e.g., (Stellmach et al. 2012)). This would allow for two non-conflicting simultaneous input channels avoiding mode switches.

In this paper, we investigated several basic freehand gestures for panning and zooming in large information spaces. As an example, we tested and evaluated four combinations of pan and zoom techniques in Google Earth using a Microsoft Kinect with nine participants in a small-scaled formative user study. After all, a simple forward and backward hand movement for zooming and a hand panning based on a joystick metaphor resulted in the best overall results. Our main aim was to investigate the usability of freehand gestures that can easily be applied in various user contexts. With that, we also aimed at providing a foundation for ongoing work for multimodal interaction with distant displays incorporating hand gestures.

Acknowledgements

This research is supported by the German National Merit Foundation and the German Ministry of Education and Science (BMBF) project ViERforES-II (01IM10002B).

References

Boulos, M. N., Blanchard, B. J., Walker, C., Montero, J., Tripathy, A. & Gutierrez-Osuna, R. (2011). Web GIS in practice X: a Microsoft Kinect natural user interface for Google Earth navigation. International Journal of Health Geographics, 10(1):45.

Bowman, D.A., Koller, D. & Hodges, L.F. (1997). Travel in Immersive Virtual Environments: An Evaluation of Viewpoint Motion Control Techniques. In Proc. VRAIS '97, IEEE, 45-52.

Bowman, D.A., Kruijff, E., LaViola, J.J. & Poupyrev, I. (2005). 3D User Interfaces – Theory and Practice. Addison Wesley Longman Publishing Co., Inc., Redwood City, CA, USA.

Buxton, W. & Myers, B. (1986). A study in two-handed input. In Proc. of CHI '86, New York, NY, USA, ACM, 321-326.

Franke, R., Koch, M., Stellmach, S. & Dachselt, R. (2010). Intuitives zweihändiges Arbeiten in der virtuellen Realität. GI VR/AR Workshop '10, Shaker Verlag, Aachen, pp. 107-118.

Gribnau, M.W. & Hennessey, J.M. (1998). Comparing single- and two-handed 3D input for a 3D object assembly task. In Proc. of CHI '98, New York, NY, USA, ACM, 233-234.

Hinckley, K., Pausch, R., Goble, J. C. & Kassell, N. F. (1994). A survey of design issues in spatial input. In Proc. of UIST '94, New York, NY, USA, ACM, 213-222.

Koons, D., Sparrell, C. & Thorisson, K. (1993). Integrating simultaneous input from speech, gaze, and hand gestures. In American Association for Artificial Intelligence '93, 257-276.

Mapes, D. & Moshell, J. (1995). A Two-Handed Interface for Object Manipulation in Virtual Environments. Presence: Teleoperators and Virtual Environments, 4(4), 403-416.

Mine, M.R. (1995). Virtual environment interaction techniques. Tech. report, Chapel Hill, NC, USA.

Nancel, M., Wagner, J., Pietriga, E., Chapuis, O. & Mackay, W. (2011). Mid-air pan-and-zoom on wall-sized displays. In Proc. of CHI '11, New York, NY, USA, ACM, 177-186.

Schlattmann, M., Broekelschen, J. & Klein, R. (2009). Real-time bare-hands-tracking for 3D games. In IADIS Intl. Conference Game and Entertainment Technologies (GET '09), IADIS Press, 59-66.

Stannus, S., Rolf, D., Lucieer, A. & Chinthammit, W. (2011). Gestural navigation in Google Earth. In Proc. of OzCHI '11, New York, NY, USA, ACM, 269-272.

Stellmach, S. & Dachselt, R. (2012). Investigating Gaze-supported Multimodal Pan and Zoom. In Proc. of ETRA '12, New York, NY, USA, ACM, 357-360.

Stellmach, S., Stober, S., Nürnberger, A. & Dachselt, R. (2011). Designing gaze-supported multimodal interactions for the exploration of large image collections. In Proc. NGCA '11, ACM, 1-8.

Stoakley, R., Conway, M. & Pausch, R. (1995). Virtual reality on a WIM: interactive worlds in miniature. In Proc. of CHI '95, New York, NY, USA, ACM, 265-272.

Ware, C. & Osborne, S. (1990) Exploration and virtual camera control in virtual three dimensional environments. In Proc of the 1990 symposium on Interactive 3D graphics, ACM, 175-183.

Yoo, B., Han, J.-J., Choi, C., Yi, K., Suh, S., Park, D. & Kim, C. (2010). 3D user interface combining gaze and hand gestures for large-scale display. In Proc. of CHI EA '10, ACM, 3709-3714.

Contact Information

Prof. Raimund Dachselt (Technische Universität Dresden)
Telefon: (+49) 351 / 46338507
E-Mail: dachselt@acm.org

H. Reiterer & O. Deussen (Hrsg.): Mensch & Computer 2012
München: Oldenbourg Verlag, 2012, S. 313-322

Eine Variante von Fitts' Gesetz zum Vergleich von 2D- und 3D-Interaktion

Ulrich Bröckl, Andreas Harter, Ana Suzana Skrenković

Fakultät für Informatik und Wirtschaftsinformatik,
Hochschule Karlsruhe – Technik und Wirtschaft

Zusammenfassung

Dieser Beitrag führt zunächst kurz in Fitts' Gesetz zur Modellierung menschlicher Bewegungszeiten ein. Dieses Gesetz wird dann für die rechnerbasierte Interaktion im 2D- und 3D-Interaktionsraum so verallgemeinert, dass es zum direkten Vergleich dieser Interaktionsformen herangezogen werden kann. Die mit der Verallgemeinerung gewonnenen Ergebnisse zeigen, dass die 3D-Interaktion der 2D-Interaktion mit der Maus bezüglich der Bewegungszeiten leicht unterlegen ist. Dabei muss mit bewertet werden, dass bei der Maus-Interaktion überwiegend mit trainierten Probanden gemessen wurde, während die 3D-Interaktion für fast alle Probanden Neuland war. Insgesamt hat sich die im Beitrag vorgeschlagene 2D-/3D-Verallgemeinerung von Fitts' Gesetz als eine valide Messmethodik zum Vergleich verschieden dimensionaler Interaktion herausgestellt.

1 Einleitung

Nach Jahrzehnten relativen Stillstandes auf dem Markt der Mensch-Maschine-Interaktion (d.h. Fokussierung auf WIMP[1]-Interaktion) haben sich in den letzten Jahren von mehreren Richtungen her neue Interaktionsformen etablieren können. Von Seiten der Smartphones hat mittlerweile die Multi-Touch-Technologie breiten Einzug erhalten. Von Seiten der Computerspiele hat Microsoft mit der Vorstellung und Vermarktung der Microsoft Kinect ein Eingabegerät bereitgestellt, das Einfluss weit über den Spielemarkt hinaus haben dürfte, was auch erklärtes Ziel von Microsoft ist (Shaw 2012). Dieser aufkommenden Heterogenität wohnt die Gefahr inne, dass Grundsätze der Dialoggestaltung, wie etwa die Erwartungskonformität, wieder stärker verletzt werden. Der von (Bright 2011) beschriebene „Touch First"-

---

1 Aus dem Englischen: WIMP = Windows, Icons, Menus, and Pointers, die Direktmanipulation in Fenstersystemen unter der Zuhilfenahme von Symbolen, Menüs und der Maus. (Chignell, Waterworth 1991) beschreiben diesen Begriff und seine geschichtliche Entwicklung.

Ansatz von Microsoft, die Gestaltung aller Interaktionsparadigmen an einem Paradigma, „Touch“ also, zu orientieren, hilft hier sicherlich.

Dennoch wäre es wünschenswert, ein einheitliches Rahmenwerk zum Vergleich nahezu jeglicher 2D- und 3D-Interaktion zu haben, um Entscheidungen für ein Interaktionsparadigma auch durch *quantitative* Analysen zu untermauern. Dazu will dieser Artikel einen Beitrag leisten. Zunächst werden die theoretischen und praktischen Grundlagen der durchgeführten Versuche dargestellt, dann die Versuche selbst und am Schluss wird eine Bewertung der Ergebnisse vorgenommen.

2 Grundlagen

In diesem Kapitel werden zur Vereinheitlichung der Nomenklatur zunächst Fitts’ Gesetz und einige Varianten davon vorgestellt. Die Variante dieses Beitrages bedient sich einiger Elemente der Informationstheorie, die ebenfalls kurz dargestellt werden.

2.1 Fitts’ Gesetz

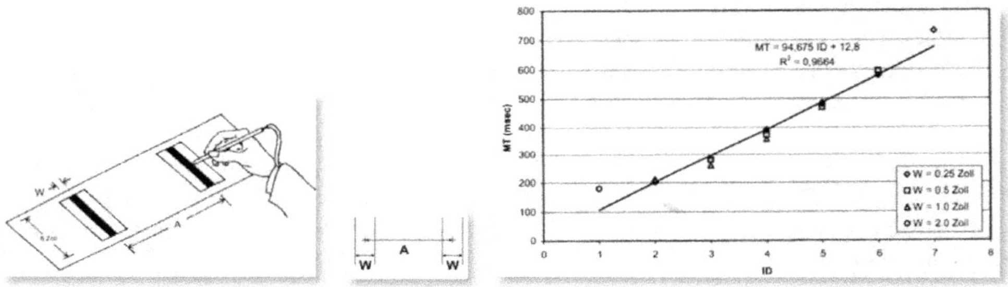

Abbildung 1: Fitts’ Gesetz (Fitts 1954) nach (MacKenzie 1992)

Fitts’ Gesetz (Fitts 1954) dient der Modellierung der Bewegungszeit *MT* (engl. Movement Time). Es wird davon ausgegangen, dass die Bewegungsaufgabe eine gewisse Entfernung *A* überbrückt und das Ziel, das zu treffen ist, eine Breite *W* hat (siehe auch Abbildung 1, Mitte). Daraus wird ein Maß zur Bewertung der Schwierigkeit einer Bewegungsaufgabe definiert (*ID*, engl. Index of Difficulty):

$$ID := ld\left(\frac{2A}{W}\right). \qquad (1)$$

Mit Hilfe des *ID* lässt sich die Bewegungszeit *MT* modellieren:

$$MT := a + b \cdot ID. \qquad (2)$$

Die Konstanten *a, b* werden dabei durch lineare Regression durch zuvor getätigte Experimente bestimmt (siehe Abbildung 1, rechts).

Neben der einfachen Vorhersage der Bewegungszeiten *MT* kann das Modell natürlich auch zur Ex-Ante-Vorhersage verschiedener Interaktionslayouts verwendet werden. Einen Schritt weiter geht (Oel 2002), der Fitts’ Gesetz zur Optimierung der Bedienzeit von mausgesteuerten Anwendungen einsetzt. Der vorliegende Beitrag nutzt Fitts’ Gesetz dahingehend, dass die verschiedenen Ausprägungen der Regressionskonstanten *a, b* zum Vergleich verschiedener Nutzungskontexte herangezogen werden.

2.1.1 Modifikationen von Fitts' Gesetz

Viele Modifikationen von Fitts' Gesetz[2] adressieren das Problem, dass dessen eindimensionale Formulierung sich einer einfachen Anwendbarkeit bei 2D-Benutzungsschnittstellen verschließt. Beispielsweise ist der zu Zeiten von Fitts' Veröffentlichung pathologische Fall, dass $A << W$ ist, bei grafischen Benutzungsschnittstellen sehr wohl möglich: Die Maus kann sehr nahe, wenn nicht sogar direkt auf dem Ziel stehen, wenn eine neue Interaktion gestartet wird. Dies würde in Definition (1) im Extremfall zur Vorhersage von negativen Bewegungszeiten führen. (MacKenzie 1992) löst dies durch eine am Theorem von Shannon–Hartley angelehnte Neudefinition des *ID*, die auch Eingang in die Norm (DIN EN ISO 9241-9) gefunden hat:

$$ID := ld\left(\frac{A}{W} + 1\right). \qquad (1')$$

Die ursprünglich eindimensionale Formulierung von Fitts' Gesetz wird für den 2D-Fall (siehe Bild rechts) von (MacKenzie, Buxton 1992) so abgewandelt, dass entweder *W'* oder das Minimum *min{W, H}* in Definition (1') für *W* eingesetzt werden. (Accot, Zhai 2003) verallgemeinern diesen Ansatz, indem sie eine gewichtete Norm ansetzen und zu folgender Formulierung der Bewegungszeit gelangen:

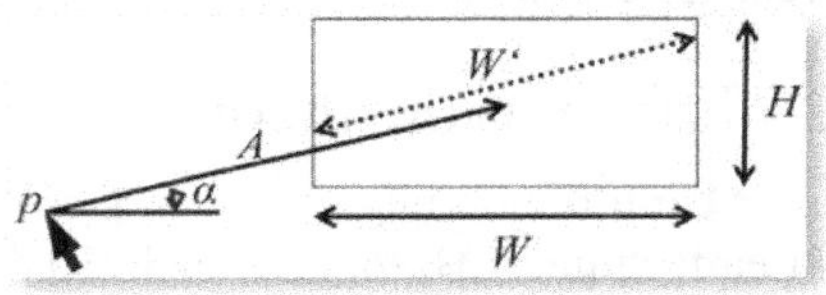

Abbildung 2: 2D-Ziele (nach Accot, Zhai, 2003)

$$MT := a + b \cdot ld\left(\sqrt{\left(\frac{A}{W}\right)^2 + \eta\left(\frac{A}{H}\right)^2 + 1}\right). \qquad (2')$$

(Rohs et al. 2011) verallgemeinern Fitts' Gesetz für Augmented-Reality-Anwendungen durch eine polygonale Modellierung des Ziels und die Hinzunahme der Displaygröße in die Berechnung von *MT*. (Vetter et al. 2011) zeigen, dass der Winkel α in Abbildung 2 die Bewegungszeit *MT* sinusförmig beeinflusst und führen daher diesen Winkel in die Berechnung von *MT* ein. Das Umfahren von Hindernissen modellieren (Vaughan et al. 2010) durch Einführen des nötigen Abstands von der Ideallinie in die Berechnung von *ID*.

Diese Ansätze behindern eine einfache Anwendbarkeit auf gerasterte Aus- und Eingabemedien jedoch oftmals insofern, als dass sie i) mit metrischen Variablen arbeiten[3] und ii) zur Berechnung der Bewegungszeit die Startposition der Maus *p* kennen müssen. i) stellt eine unnötige Hürde dar, wenn man (Guiard 2009) folgt: eine gleichgroße Skalierung von *D* und

---

2 Einen Überblick über die bis 2002 vorhandene Literatur verschafft (MacKenzie 2002). Die hohe Anzahl von Varianten zu Fitts' Gesetz und deren heterogener Einsatz wird in (Drewes 2010) diskutiert.

3 *A, W, H* müssen „mit dem Metermaß" gemessen werden bzw. aus Bildschirmgröße, Bildschirmauflösung und Maus-Parametern individuell berechnet werden.

W bleibt nicht nur in Gleichung (1) ohne Folgen, sondern sie beeinflusst auch – in Grenzen – die Bewegungszeit *MT* nicht. ii) ist insbesondere dann unhandlich, wenn man die Bedienzeit für ein komplettes Layout, etwa einer Eingabemaske mit *n* Klick-Zielen, vorhersagen will, da dann auch Modelle für die Aufenthaltswahrscheinlichkeiten der einzelnen Positionen p_i benötigt werden.

2.1.2 Erweiterungen für die Interaktion im 3D

(Fu et al. 2011) geben in ihrer Arbeit einen schönen Überblick über den derzeitigen Stand der Bestrebungen, Fitts' Gesetz für 3D-Interaktion anwendbar zu machen. Wie bei vielen 2D-Erweiterungen im Abschnitt zuvor wird meist versucht, durch Hinzunahme von z.B. Pfadlängen oder Greifwinkeln die höhere Dimensionalität in die Modelle eingehen zu lassen. Die Autoren bemängeln jedoch die hohe Anzahl von Parametern, die eine Bewertung und den Vergleich der Performanz erschweren und greifen zu einer Definition des *ID* wie in Gleichung (1') oben. Die Ansätze haben wieder den Nachteil, dass *A* und *W* und weitere eingehende Parameter metrische Abstandsmaße sind und die Startpunkte p_i benötigt werden.

2.2 Informationstheorie

Die zur Umformulierung von Fitts' Gesetz benötigten Elemente der Informationstheorie sind recht einfach und z.B. im Lehrbuch (Kaderali 1991) dargestellt. Die Idee der neuen Variante von Fitts' Gesetz ist es nämlich, den Index of Difficulty *ID* in den Definitionen (1) oder (1') durch den aus der Informationstheorie bekannten Begriff des *Informationsgehaltes I* zu ersetzen. Zu dessen Definition gegeben seien *n* Symbole $x_1, \ldots, x_n$ mit ihren Auftrittswahrscheinlichkeiten $P(x_i)$. Dann ist der Informationsgehalt *I* eines Symbols x_i:

$$I := -ld\big(P(x_i)\big). \tag{3}$$

Beispiel: Kennt man bei einer Münze (die nie auf dem Rand liegen bleibt) mit zwei gleichwahrscheinlichen Seiten x_1, x_2 das Ergebnis eines Wurfexperiments, so hat man einen Informationsgehalt von $I = -ld(P(x_i)) = -ld(0{,}5) = 1\ bit$ erlangt. Eigenschaften von *I* sind:

$$I(x) \geq 0, \tag{4}$$

$$I(x_i) > I(x_j) \Leftrightarrow P(x_i) < P(x_j), \tag{5}$$

$$I(x_i) = 0 \Leftrightarrow P(x_i) = 1, \tag{6}$$

$$I(x_i) = \infty \Leftrightarrow P(x_i) = 0\,. \tag{7}$$

Einige Interpretationen dieser Gleichungen angewandt auf Fitts' Gesetz sind in Abschnitt 3.3.1 zu finden.

3 Verallgemeinerung von Fitts' Gesetz für beliebig dimensionale Interaktionsräume

Obwohl wie dargestellt Fitts' Gesetz oft variiert wird, bleibt der Kern, so auch bei der in dieser Arbeit vorgestellten Variante, derselbe. Die Bewegungszeit *MT* wird per linearer Regression mit dem Index of Difficulty *ID* korreliert. Die Regressionskonstanten *a, b* können dann zur Vorberechnung von Bewegungszeiten oder zur Optimierung herangezogen werden. Ändert man den Nutzungskontext zum Beispiel durch den Einsatz eines neuen Feedbacks am Bildschirm, so können neue Regressionskonstanten *a', b'* ermittelt werden und so bestimmt werden, ob und wenn ja, wie viel Performanzvorteil das neue Feedback hergibt. Will man jedoch 2D- mit 3D-Interaktion vergleichen, fehlt bisher ein durchgängiger Ansatz zum Vergleich. Dieser wird in der vorliegenden Arbeit dadurch gegeben, dass die ursprüngliche Definition des *ID* von Fitts als Informationsgehalt eines eindimensionalen Ereignisses durch den Informationsgehalt *I* von Ereignissen beliebiger Dimension ersetzt wird:

$$MT = a + b \cdot I(X). \qquad (8)$$

X ist dabei das Zielobjekt, das im 2D angeklickt oder im 3D angefasst werden soll. Was also noch benötigt wird, ist die Wahrscheinlichkeit *P(X)*, um *I(X)* gemäß Definition (3) zu berechnen.

3.1 Wahrscheinlichkeit von Interaktionsobjekten im 2D

Bei 2D-Anwendungen am Bildschirm lässt sich die Wahrscheinlichkeit *P(X)* so definieren:

$$P(X) := \frac{\mathit{Anzahl\ der\ Pixel\ von\ X}}{\mathit{Anzahl\ aller\ Pixel}}. \qquad (9)$$

Damit kann man also für beliebig geformte Zielobjekte *X* auf dem Bildschirm ohne jegliche metrische Messungen direkt eine Wahrscheinlichkeit und somit mit (3) einen Informationsgehalt und mit (8) ein Modell für die Bewegungszeit angeben.

Im Bild rechts ergibt sich also die Wahrscheinlichkeit des „Hilfethemen"-Menüs m_1 zu:

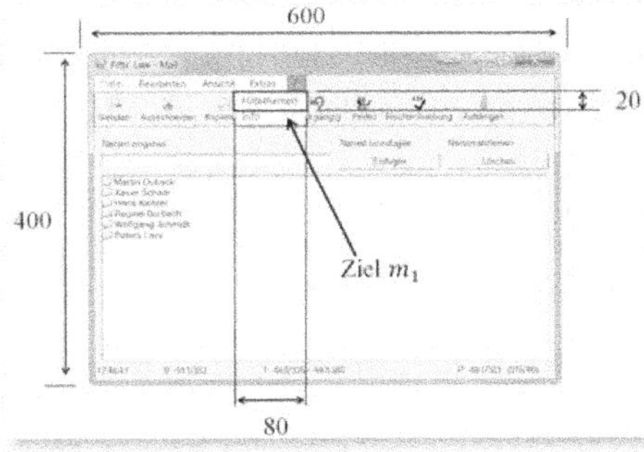

Abbildung 3: Mail-Client mit Vermaßungen eines Menüs

$P(m_1) = \frac{20 \cdot 80}{400 \cdot 600} = 0{,}0067$ und somit ein Informationsgehalt von

$I(m_1) = -ld(0{,}0067) = 7{,}222\ bit.$

3.2 Wahrscheinlichkeit von Interaktionsobjekten im 3D

Bei 3D-Anwendungen, z.B. mit dem Kinect-Sensor, lässt sich die Wahrscheinlichkeit *P(X)* so definieren:

$$P(X) := \frac{\mathit{Voxel\ von\ X}}{\mathit{Anzahl\ aller\ Voxel}}. \qquad (10)$$

Voxel (zusammengesetzt aus volumetric und pixel) sind dabei einzelne Rasterelemente des durch den Kinect-Sensor aufgespannten 3D-Rasters.

Im Bild rechts ergibt sich also die Wahrscheinlichkeit des Ziels m_2 des in den vergleichenden Experimenten eingesetzten Spiels zu:

$P(m_2) = \frac{100 \cdot 80 \cdot 90}{600 \cdot 400 \cdot 350} = 0{,}0086$ und einem

Informationsgehalt von

$I(m_2) = -ld(0{,}0086) = 6{,}861\ bit.$

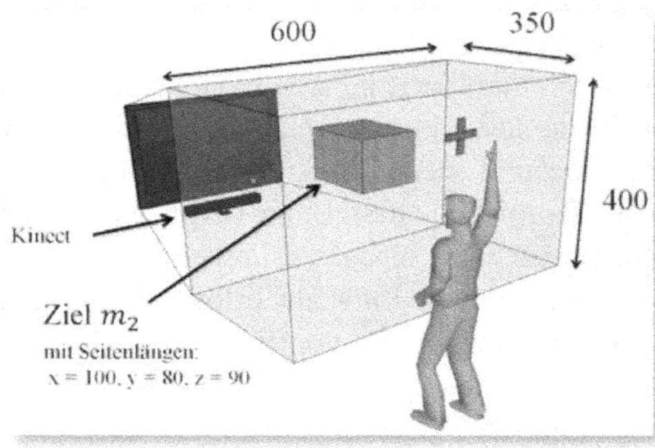

Abbildung 4: Kinect-Client mit Interaktionsraum

3.3 Eigenschaften des informationstheoretischen Ansatzes

3.3.1 Interpretation des Informationsgehaltes von menschlicher Interaktion

Setzt man für Zielobjekte *X* deren Informationsgehalt *I(X)* gemäß Definition (3) an, gewinnen die Gleichungen (4) – (7) die im Folgenden diskutierten Bedeutungen. Dass gemäß (4) immer $I(X) \geq 0$ ist, bedeutet für die Bewegungszeit *MT*, dass diese niemals negativ werden kann. Damit ist ein Defizit der ursprünglichen Formulierung von Fitts' Gesetz wie beim Ansatz in (MacKenzie 1992) ebenfalls gelöst.

Gleichung (5) kann man so interpretieren, dass große Zielobjekte große Wahrscheinlichkeiten haben und daher kleine Informationsgehalte und kleine Bewegungszeiten. Kleine Zielobjekte haben umgekehrt große Bewegungszeiten. Auch dies spiegelt die Realität gut wider. Nach Gleichung (6) hat ein Ziel, das den ganzen Bildschirm umfasst, eine Wahrscheinlichkeit von 1 und somit eine Bewegungszeit $MT = a$, die minimal ist. Nach Gleichung (7) hat ein Ziel mit 0 Pixeln eine Wahrscheinlichkeit von 0 und eine Bewegungszeit von unendlich – für ein Ziel, das nicht auf dem Bildschirm ist, dauert es ewig, bis es angeklickt ist.

Man kann also schon hier aufgrund rein theoretischer Überlegungen feststellen, dass der Ansatz, den Index of Difficulty mit dem Informationsgehalt gleichzusetzen, bisher vorhandene Paradoxien beseitigt und die üblichen Intuitionen („Kleine Schaltfläche dauert länger.") gut widerspiegelt. Problematisch wird der Ansatz jedoch, wenn die untersuchten Zielobjekte von der heute in GUIs üblichen Form stark abweichen und zum Beispiel sehr „dünne, lange" Schaltflächen modelliert werden sollen. Einen Ansatz, dieses und weitere Probleme anzugehen, beschreibt der folgende Absatz.

3.3.2 Markov-Quellen höherer Ordnung

Betrachtet man das Diagramm in Abbildung 6 rechts (hellgraue Quadrate), das gemäß Gleichung (8) ermittelt wurde, fällt auf, dass die Streuung vergleichsweise hoch ist. Dies liegt daran, dass wie erwähnt kein Wissen vom Ausgangspunkt der Interaktion in Gleichung (8)

eingeht, sondern vielmehr davon ausgegangen wird, dass dieser Ausgangspunkt gleichwahrscheinlich beliebig irgendwo auf dem Bildschirm ist. Dies hat bei Ex-Ante-Vorhersagen aber auch einen entscheidenden Vorteil: Soll die Gesamtbedienzeit eines Layouts vorhergesagt werden, genügt es, die Bedienzeiten der einzelnen Bedienelemente aufzuaddieren und so eine Vorhersage für die Gesamtbedienzeit zu erhalten. Eine Modellierung der Startpunkte der Interaktion und deren jeweiliger Wahrscheinlichkeiten entfällt (nicht jeder Benutzer klickt schließlich die Bedienelemente in derselben Reihenfolge an). Dadurch ist der Ansatz auch recht einfach zum Vergleich von Interaktionen in verschiedendimensionalen Räumen einsetzbar. Auch ist die Annahme der Gleichverteilung deshalb wohl zunehmend richtig, da Multi-Touch-Interaktion mit vielen Fingern und 3D-Interaktion mit der Kinect mit mehreren Händen mehrerer Anwender die Startpositionen eher als zufallsverteilt vorgeben.

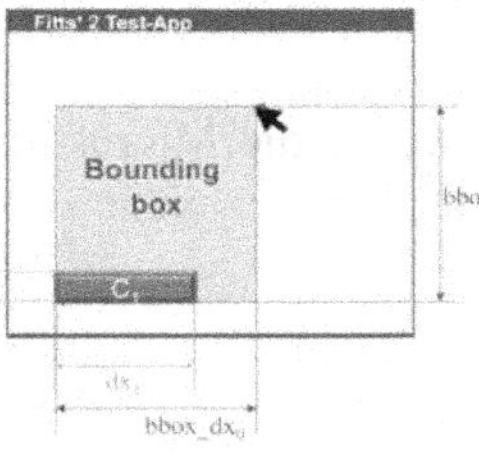

$$P(c_1) = \frac{dx_1 \cdot dy_1}{bbox\_dx_0 \cdot bbox\_dy_0}, \; I(c_1) = -ld\, P(c_1), \; MT(c_1) = a + b \cdot I(c_1).$$

Abbildung 5: Bounding-Box Ansatz zur Definition bedingter Wahrscheinlichkeiten

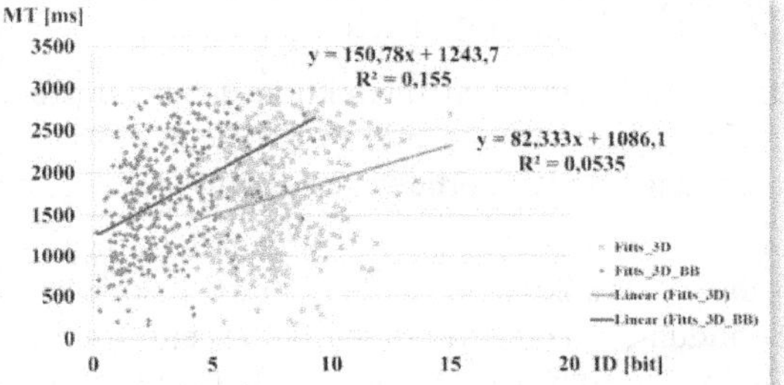

Abbildung 6: Bewertung von Interaktion mit (links, dunkelgraue Rauten) und ohne (rechts, hellgraue Quadrate) bedingte Wahrscheinlichkeiten (Bounding-Boxes)

Wenn jedoch zum Beispiel für den Vergleich von verschiedenen Feedbacks bei der Interaktion eine höhere *MT/ID*-Korrelation gewünscht wird, bietet die Informationstheorie wieder einen Lösungsweg an. Dort spricht man von sogenannten *Markov-Quellen k-ter Ordnung*, wenn die Wahrscheinlichkeit k Schritte in die Vergangenheit zurück betrachtet wird. Der Informationsgehalt wird dann aus *bedingten* Wahrscheinlichkeiten berechnet. So zum Beispiel beträgt die bedingte Wahrscheinlichkeit, dass im Deutschen nach den Buchstaben „sc" ein „h" erscheint: $P(h|sc) = 0{,}98$ (Kaderali 1991) und der Informationsgehalt ist folglich 0,029 bit. Zum Vergleich: Bei einer Markov-Quelle 0-ter Ordnung (kein Gedächtnis) wären $P(h) = 0{,}0406$ und somit der Informationsgehalt 4,62 bit.

Überträgt man diesen Ansatz für $k = 1$ auf Interaktionsaufgaben, so kann nicht mehr die Grundgesamtheit aller Pixel in Definition (9) (bzw. Voxel in Definition (10)) im Nenner stehen, sondern man muss den Startort der Interaktion mit einbeziehen. Um dies zu tun, setzt man, wie in Abbildung 5 dargestellt, das Volumen der Bounding-Box, die durch den Startpunkt (d.h. die Mausposition) und das Bewegungsziel C_1 aufgespannt wird, in den Nenner ein. Abbildung 6 stellt links (dunkelgraue Rauten) die Ergebnisse dieses Ansatzes vor. Die Korrelation ist besser, die Informationsgehalte sind – wegen der verkleinerten Grundgesamtheiten erwartungsgemäß – geringer. Im Rest des Beitrages wird diese Variante gewählt (also der Einsatz von bedingten Wahrscheinlichkeiten beziehungsweise Bounding-Boxes).

4 Plausibilisierung der Ansätze

In diesem Kapitel wird die vorgestellte Variante von Fitts' Gesetz dazu eingesetzt, 2D- und 3D-Interaktion miteinander zu vergleichen.

4.1 2D-Experimente

Die Probanden haben mit der Maus ein Windows-Programm wie in Abbildung 3 bedient, bei dem Ziele mit der Maus anzuklicken waren. Die Probanden waren Informatikstudierende im Grundstudium, also interaktionstechnisch eher versierte Personen. Die Experimente wurden seit 2004 mit 20-30 Personen einmal je Halbjahr durchgeführt.

4.2 3D-Experimente

Für die Erfassung von Interaktionsdaten im dreidimensionalen Raum wurde die Microsoft Kinect eingesetzt, eine mit einer Tiefensensor-Kamera ausgestattete Hardware, welche die Erkennung von Körperbewegungen und Handgesten erlaubt.

Um eine größere Anzahl von Probanden für 3D-Tests zu gewinnen, wurde auf dem World Usability Day 2011 der in Abbildung 4 skizzierte Kinect-Client mit 54 Probanden betrieben (Abbildung 7). Für die Studie wurde ein Spiel implementiert, bei dem die Probanden zehn 3D-Objekte (d.h. verschieden große Quader) möglichst schnell mit der Hand erreichen sollten. Das Spiel wurde mit einem 2D-Monitor visualisiert. Weitere Einzelheiten sind in (Skrenković et al. 2012) beschrieben.

Abbildung 7: Versuchsaufbau

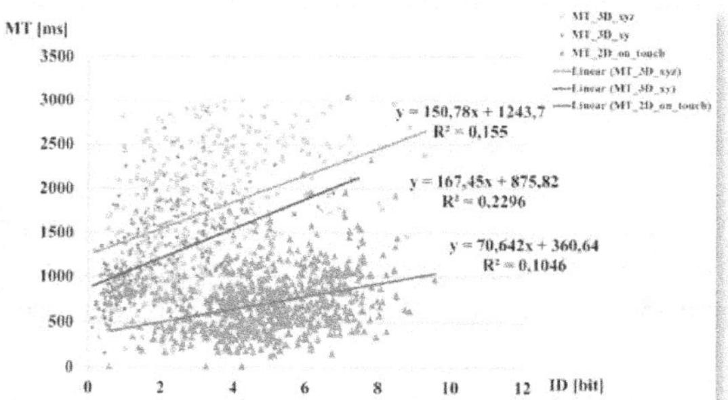

Abbildung 8: Performanz der im 3D interagierenden Probanden

4.3 Vergleich 2D/3D

In Abbildung 8 werden die erzielten Ergebnisse (MT_3D_xyz) zum Vergleich mit den Ergebnissen der mausbasierten Interaktion (MT_2D_on_touch) dargestellt. Dass den Probanden insbesondere die Kontrolle der Tiefe (Z-Achse) mangels einer 3D-Ausgabe und wegen nur schwachem Pseudo-3D-Feedback wie Schatten an den Wänden schwerfiel[4], zeigt eine

[4] Nur 33% haben dieses Feedback bewusst wahrgenommen.

Auswertung der selben Interaktionen, die sich auf die XY-Ebene beschränkt (MT_3D_xy). Hier zeigen sich wesentlich bessere Werte, die denen der mausbasierten Interaktion näher kommen.

5 Diskussion und Ausblick

Zunächst ist als wichtiges Ergebnis festzuhalten, dass die in diesem Beitrag vorgestellte informationstheoretische Modifikation von Fitts' Gesetz der 2D-Interaktion und der 3D-Interaktion ein einheitliches, quantifizierbares Modell zur Bewertung und Vorhersage der Bewegungszeiten zur Verfügung stellt. Durch eine Orientierung an den Markov-Quellen der Informationstheorie sind sowohl zustandsbehaftete als auch zustandsfreie Modelle möglich, die jeweils ihre oben genannten eigenen Vor- und Nachteile haben.

Die Ergebnisse des 2D-/3D-Vergleiches zeigen, dass die 3D-Interaktion der 2D-Interaktion mit der Maus bezüglich der Bewegungszeiten zunächst unterlegen ist. Dabei muss mit bewertet werden, dass bei der Maus-Interaktion mit trainierten Probanden gemessen wurde, während die 3D-Interaktion für fast alle Probanden Neuland war. Besondere Mühe bereitete den Probanden die Kontrolle der Z-Koordinate (Interaktion in die Tiefe). Wenn diese ausgeblendet wird, wie in Abbildung 8, kommen sich die 2D-/3D-Ergebnisse schon näher. Die Autoren gehen davon aus, dass ein besseres Training der Probanden und ein besseres 3D-Feedback gleiche, wenn nicht sogar bessere Ergebnisse erzielen werden.

Zukünftige Arbeiten werden sich daher zunächst einem verbesserten 3D-Feedback und dessen Bewertung widmen. Auch der Vergleich mit (Multi-) Touch-basierter Interaktion ist von Nöten. Die Kinect bietet weit mehr als die einfache Kontrolle lediglich einer Handposition, sie ist vielmehr in der Lage, das komplette menschliche Skelett zu verfolgen. Somit bieten sich hier interessante weitere Forschungsthemen, die zurzeit untersucht werden. Dadurch, dass die in diesem Beitrag vorgestellte Vergleichsmethodik auf beliebige Dimensionen erweiterbar ist[5], können Interaktionsaufgaben modelliert und verglichen werden, bei denen Anwender nicht nur die kartesische 3D-Position kontrollieren müssen, sondern auch noch die drei Freiheitsgrade der Orientierung, also insgesamt sechs Dimensionen.

Danksagung

Wir danken den Gutachtern für die vielen wertvollen Hinweise und Anregungen.

Literaturverzeichnis

Accot, J., Zhai, S. (2003). *Refining Fitts' law models for bivariate pointing.* Proceedings of CHI 2003, 193-200.

Bright, P. (2011). *Microsoft gives the first official look of Windows 8 touch interface.* arstechnica.com/information-technology/2011/06/microsoft-gives-the-first-official-look-of-windows-8-touch-interface/

5 Die Aufgabe besteht dabei lediglich darin, N-dimensionale Aufrasterungen für den gesamten Interaktionsraum und die Ziele im Interaktionsraum zu definieren, um die Wahrscheinlichkeiten wie in Definition (9) zu erhalten.

Chignell, M., Waterworth, J. (1991). *WIMPS and NERDS: An Extended View of the User Interface.* SIGCHI Bulletin, 23(2), 15-21.

DIN EN ISO 9241-9 (2002). *Ergonomische Anforderungen für Bürotätigkeiten mit Bildschirmgeräten. Teil 9: Anforderungen an Eingabegeräte - außer Tastaturen.*

Drewes, H. (2010). *Only One Fitts' Law Formula – Please!* CHI EA '10 Proceedings, 2813-2822.

Fitts, P. (1954). *The information capacity of the human motor system in controlling the amplitude of movement.* Journal of Experimental Psychology, vol. 47, 381-391.

Fu, M., Hershberger, A., Sano, K., Çavusoglu, M. (2011). *Effect of visuo-haptic co-location on 3D Fitts' task performance.* IROS 2011, 3460-3467.

Guiard, Y. (2009). *The Problem of Consistency in the Design of Fitts' Law Experiments: Consider either Target Distance and Width or Movement Form and Scale.* CHI '09, 1809-1818.

Kaderali, F. (1991). *Digitale Kommunikationstechnik, Bd.1, Netze, Dienste, Informationstheorie, Codierung.* Vieweg Verlagsgesellschaft.

MacKenzie, I., Buxton, W. (1992). *Extending Fitts' law to two-dimensional tasks.* CHI 1992, 219-226.

MacKenzie, I. (1992). *Fitts' law as a research and design tool in human-computer interaction.* Human-Computer Interaction, 7, 91-139.

MacKenzie, I. (2002). *Bibliography of Fitts' Law Research.* www.yorku.ca/mack/RN-Fitts_bib.htm

Oel, P. (2002). *Optimierung der Bedienzeit von mausgesteuerten grafischen Mensch-Maschine-Schnittstellen.* Shaker Verlag, Aachen. 2002. ISBN 3-8322-0531-4.

Rohs, M., Oulasvirta, A., Suomalainen, T. (2011). Interaction with Magic Lenses: Real-World Validation of a Fitts' Law Model. CHI '11, 2725-2728.

Shaw, F. (2012). *Microsoft 2012 CES Keynote Recap.* blogs.technet.com/b/microsoft_blog/archive /2012/01/09/that-s-a-wrap-microsoft-2012-ces-keynote-recap.aspx

Skrenković, A., Harter, A., Bröckl, U. (2012). *World Usability Day 2011 in Stuttgart.* Magazin der Hochschule Karlsruhe, ISSN-1863-821X, Ausgabe 65, 39.

Vaughan, J, Barany, D., Sali, A., Jax, S., Rosenbaum, D. (2010). *Extending Fitts' Law to three-dimensional obstacle-avoidance movements: support for the posture-based motion planning model.* Exp Brain Res 207,133-138.

Vetter, S., Bützler, J., Jochems, N., Schlick, C. (2011). *Fitts' law in bivariate pointing on large touch screens: age-differentiated analysis of motion angle effects on movement times and error rates.* UAHCI'11: users diversity - Volume Part II, 620-628.

Kontaktinformationen

Ulrich Bröckl, Andreas Harter, Ana Suzana Skrenković
Hochschule Karlsruhe – Technik und Wirtschaft, Moltkestraße 30, 76133 Karlsruhe
Ulrich.Broeckl@hs-karlsruhe.de

Kurzbeiträge & Poster

H. Reiterer & O. Deussen (Hrsg.): Mensch & Computer 2012
München: Oldenbourg Verlag, 2012, S. 325-328

Typologie der deutschen Onlinebevölkerung

Maria Keuter, Martin Salaschek, Meinald T. Thielsch

Westfälische Wilhelms-Universität Münster

Zusammenfassung

Mit stetig steigenden Nutzerzahlen des Internets nimmt auch die Unterschiedlichkeit im Nutzungsverhalten Einzelner stetig zu. Aufbauend auf der Arbeit von Salaschek (2009) werden eine umfassende Typologie der deutschen Onlinenutzer sowie ein Erhebungsinstrument zur Erfassung der Nutzertypen entwickelt. Basierend auf einer Stichprobe von $N = 1361$ Befragten konnten mittels Clusteranalyse vier grundsätzliche Nutzertypen identifiziert werden: die *Heavy User*, die *Wenignutzer*, die *Freizeitsurfer* und die *Zwecknutzer*. Damit konnten zum einen die bei Salaschek gefundenen Cluster bestätigt werden. Zum anderen berücksichtigen die Daten aktuelle Entwicklungen im Web und stellen eine vereinfachte allgemeine Typologie dar.

1 Einleitung

So vielfältig wie das Internet ist, so vielfältig sind auch seine Nutzer. Inzwischen sind drei von vier Deutschen zumindest gelegentlich online, wie die ARD/ZDF Onlinestudie berichtet: Während schon seit Jahren ein Großteil der 14-59-jährigen regelmäßig das Internet nutzt (u.a. van Eimeren & Frees, 2009, 2010, 2011), nimmt nun auch die Zahl der über-60-jährigen Onlinenutzer stetig zu (van Eimeren & Frees, 2011). Es liegt auf der Hand, dass nicht jeder das Internet zu gleichen Zwecken nutzt. Erstaunlicherweise jedoch gibt es nur wenig aktuelle Forschung zur Typologie von Onlinenutzern. Mögliche Forschungsfragen sind dabei u.a.: Gibt es spezifische, unterscheidbare Nutzungsmuster? Und können Forscher im Bereich der Mensch-Computer-Interaktion differentielle Aspekte der Nutzer für eine Optimierung der User Experience für verschiedene Gruppen berücksichtigen?

Bisherige Nutzertypologien aus dem Bereich der Markt- und Medienforschung (wie z.B. die ARD/ZDF Onlinenutzertypologie (2004) oder die McKinsey Nutzertypologie (2000)) zeigen vielfach methodische Mängel wie Unklarheiten über die Anzahl in die Typologie einfließender Items, die nur dichotome Abfrage von Onlineaktivitäten oder auch mangelnde Aktualität der Fragen. Eine Beurteilung der Eignung und Güte der angewandten Methodik ist somit nur schwer möglich, die Aussagekraft der Ergebnisse hierdurch erheblich eingeschränkt. Es soll daher ein zuverlässiges und aktuelles Erhebungsinstrument entwickelt werden, das eine Einteilung der Internetnutzer in verschiedene Gruppen ermöglicht.

Grundlage hierfür stellt die Arbeit von Salaschek (2009) zur Websiteästhetik und Internetnutzertypologie dar. Die dort gefundenen acht Nutzertypen (*Arbeit & Community, Heavy Users, Stöberer, Wenig-Nutzer, Zwecknutzer, Arbeit & eCommerce, Online-Gamer: PC und Online-Gamer: Konsole*) sollen sowohl vereinfacht als auch aktualisiert werden.

2 Methoden

Die Studie wurde entsprechend der Zielgruppe online durchgeführt, die Befragten wurden vorrangig über ein Online-Panel (PsyWeb, https://www.uni-muenster.de/PsyWeb) sowie per Internetforum (www.seniorentreff.de, insbesondere zur Rekrutierung älterer Internetnutzer) eingeladen. Nach einleitenden Fragen zur Demographie, zur allgemeinen Internetnutzung und Umgang mit Daten im Internet wurden basierend auf dem Instrument von Salaschek (2009) insgesamt 22 Hauptaktivitäten abgefragt. Maximal sechs Blöcke mit detaillierteren Fragen zur Nutzung von sozialen Netzwerken, Onlinetelefonie/ Chat, Audio und Videodateien, Spielen, Up- bzw. Download von Dateien sowie von Informationsmöglichkeiten im Internet schlossen sich an.

Die Stichprobe bestand insgesamt aus $N = 1361$ Teilnehmern (51% weiblich) mit einem Durchschnittsalter von 41,1 Jahren ($SD = 15{,}0$ Jahre) und einer Altersspanne von 14 bis 82 Jahren. Die Alters- und Geschlechterverteilung glich näherungsweise der bei van Eimeren & Frees (2011) per repräsentativen Telefon-Interviews erhobenen Verteilung der deutschen Online-Nutzer.

Im Mittel verbrachten die Teilnehmer 140 Minuten täglich online ($SD = 134$ Minuten) und nutzten das Internet seit durchschnittlich 11 Jahren ($SD = 4$ Jahre). Diese Werte sind ebenfalls vergleichbar mit der derzeitigen durchschnittlichen Nutzungszeit bei van Eimeren & Frees (2011).

3 Ergebnisse

Um inhaltlich und statistisch distinkte Nutzungsmuster unter den Befragten zu identifizieren, wurde eine Clusteranalyse nach Wards Methode durchgeführt. Alle abgefragten Internetaktivitäten gingen ungewichtet in die Analyse ein.

Die *Heavy User* (18,2% bzw. 246 Befragte) zeichneten sich durch eine überdurchschnittliche Nutzung in allen Bereichen aus. Diese Gruppe verbrachte täglich im Schnitt 181 Minuten ($SD = 160$ Minuten) online und war im Mittel 37,2 Jahre alt ($SD = 10{,}4$ Jahre).

Die *Wenignutzer* (17,5% bzw. 239 Teilnehmer) dagegen verbrachten täglich ca. 75 Minuten online ($SD = 73$ Minuten) und zeichneten sich durch eine vergleichsweise geringe Nutzung aller Onlineaktivitäten aus. Sie bildeten außerdem das Cluster mit dem höchsten Durchschnittsalter (*M* = 49,5 Jahre; *SD* = 11,2 Jahre).

Die *Freizeitsurfer* (26,8% bzw. 366 Personen) wiederum nutzten vor allem soziale Netzwerke sowie Medieninhalte, wie Onlinevideos und Internetradio bzw. -fernsehen, dagegen jedoch eher selten Informationsmöglichkeiten im Internet. Sie verbrachten durchschnittlich 145 Minuten am Tag online (*SD* = 107 Minuten) und stellten das jüngste Cluster (*M* = 27,4 Jahre; *SD* = 12, 0 Jahre) dar.

Die *Zwecknutzer* (37,5% bzw. 510 Befragte) zeigten ein umgekehrtes Muster: Sie verbrachten mit 147 Minuten täglich (*SD* = 149 Minuten) ungefähr gleich viel Zeit online wie die Freizeitsurfer, zeichneten sich jedoch vor allem durch eine starke berufliche Nutzung, häufige Informationssuche sowie eine unterdurchschnittliche Nutzung von sozialen Netzwerken aus. Das Durchschnittsalter lag bei 49,0 Jahren (*SD* = 12,4 Jahre)

Anhand folgender charakteristischer Fragen ist das unterschiedliche Nutzungsverhalten der einzelnen Nutzertypen zu erkennen.

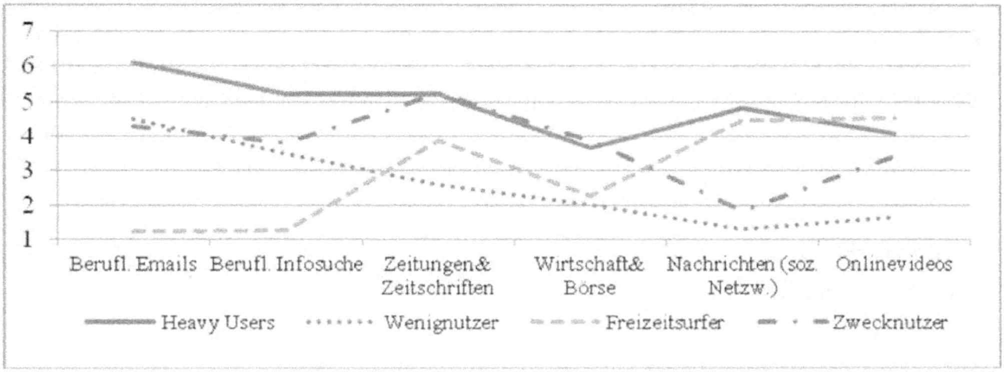

Abb. 1: Nutzungsverhalten der einzelnen Cluster bei ausgewählten Fragen. 1 = nie, 2 = weniger als 1x im Monat, 3 = ca. 1x im Monat 4 = mehrmals im Monat, 5 = mehrmals in der Woche, 6 = täglich, 7 = mehrmals täglich.

4 Diskussion

Die hier gefundenen Cluster zeigen eine vereinfachte, allgemeine Einteilungsmöglichkeit der deutschen Internetnutzer. Die ursprünglichen Cluster der *Heavy Users, Zwecknutzer* und *Wenignutzer* aus Salascheks Arbeit konnten somit repliziert werden. Die *Freizeitsurfer* nutzen im Gegensatz zu Salascheks Cluster *Arbeit & Community* das Internet ausschließlich zu Freizeitzwecken. Die Cluster *Arbeit & eCommerce* sowie die *Online-Gamer: PC* bzw. *Konsole* teilen sich in dieser Befragung auf die übrigen Cluster auf. Dies kann auf Stichprobeneffekte zurückzuführen sein, jedoch weist die hohe Vergleichbarkeit der Stichprobe mit den aktuellen Onlinenutzern eher auf eine Veränderung in der Internetnutzung in den vergangenen zwei bis drei Jahren hin.

Aufgrund der guten Eignung zur Clusterung ordinal skalierter Daten wurde die Ward Methode zur Auswertung der Daten herangezogen. Nach der Berechnung von Variablenmittelwerten in den einzelnen Clustern werden die quadrierten, euklidischen Distanzen der individuellen Variablenwerte zum Mittelwert über alle Mitglieder eines Clusters aufsummiert und diejenigen Objekte zu einem neuen vereinigt, die für den geringsten Zuwachs an summierten Distanzen sorgen. Jedoch führt die Bildung von Variablenmittelwerten dazu, dass extreme Merkmalsausprägungen wie „mehrmals täglich" kaum vorkommen.

Auffallend sind die hohen Standardabweichungen bei der täglichen Internetzeit. Diese lassen sich zum einen auf das offene Antwortformat dieser Frage – und einhergehend auf eine niedrige Reliabilität – zurückzuführen. Zum andern wurde die täglich verbrachte Onlinezeit erst im Anschluss an die Clusteranalyse für die einzelnen Cluster berechnet.

Um den praktischen Einsatz in verschiedenen Forschungsbereichen zu erleichtern, sollten zukünftig die Möglichkeit einer Verkürzung des Fragebogens geprüft sowie Kriterien entwickelt werden, anhand derer man aufgrund des Antwortmusters eines Probanden ohne zwischengeschaltete Clusteranalyse direkt auf einen Nutzungstypen schließen kann.

Die Replikation bisheriger Cluster stellt durch die Berücksichtigung aktueller Entwicklungen im Web sowohl eine Aktualisierung als auch eine Vereinfachung bisheriger Typologien dar. Diese ermöglicht eine gute Einsetzbarkeit für die gezielte Rekrutierung von Probanden für verschieden Forschungsfragen im Bereich der Online-Forschung. Die hier gefundene Einteilung der Onlinebevölkerung in vier grundsätzliche Nutzertypen fasst somit das unterschiedliche Nutzungsverhalten zusammen und grenzt die aktuellen Nutzungsmuster klar voneinander ab.

Literaturverzeichnis

Bühl, A. (2012). SPSS 20. München: Pearson.

Forsyth, J. E., Lavoie, J. & McGuire T. (2000). Segmenting the e-market. *McKinsey Quarterly,* letzter Abruf am 20. Februar 2012 von www.mckinseyquarterly.com.

Oehmichen, E., & Schröter, C. (2004). Die OnlineNutzerTypologie (ONT). *Media Perspektiven. ARD/ZDF-Online-Studie 2004* (8), 386-393.

Salaschek, M. (2009). Internetnutzertypen und Websiteästhetik. Unveröffentlichte Diplomarbeit an der Westfälischen Wilhelms-Universität Münster.

van Eimeren, B. & Frees, B. (2009). Der Internetnutzer 2009 – multimedial und total vernetzt? *Media Perspektiven* (7), 334-349.

van Eimeren, B. & Frees, B. (2010). Fast 50 Millionen Deutsche online – Multimedia für alle? *Media Perspektiven* (7-8), 334-349.

van Eimeren, B. & Frees, B. (2011). Drei von vier Deutschen im Netz – ein Ende des digitalen Grabens in Sicht? *Media Perspektiven* (7-8), 334-349.

H. Reiterer & O. Deussen (Hrsg.): Mensch & Computer 2012
München: Oldenbourg Verlag, 2012, S. 329-332

Nutzerorientierte Gestaltung von Profilen in der Online-Partnersuche

Ruth von Appen[1], Jana Appel[2]

Lead Manager User Experience & Design, PARSHIP GmbH[1]
Junior User Experience Manager, PARSHIP GmbH[2]

Zusammenfassung

Um in der Online-Partnersuche ein positives Nutzungserlebnis zu gestalten, können Modelle zu nutzerzentrierten Anforderungen an Social Networks herangezogen werden (vgl. Arrasvouri, Lehikoinen, Ollila & Uusitalo, 2008; Gallant, Boone & Heap, 2007), die jedoch um spezifische Ziele ergänzt werden müssen, die sich vor allem in der Online-Partnersuche und weniger in anderen Social Networks finden. Der kritischen Bewertung der Profile in einer deutschen Online-Nutzerbefragung der Online-Partnersuche-Plattform PARSHIP Rechnung tragend, wurde eine umfangreiche Neugestaltung der Nutzerprofile auf der Plattform durchgeführt, um die damit verbundenen Nutzerziele und Anforderungen besser zu unterstützen. Eine Evaluation der Neugestaltung, die sich momentan in der technischen Umsetzung befindet, steht noch aus, eine deutliche Steigerung der Nutzerzufriedenheit wird jedoch erwartet.

1 Einleitung

Parallel zur steigenden Nutzung sozialer Netzwerke im Internet hat auch die Nutzung von Online-Partnersuche-Plattformen stark zugenommen – das Internet ist eine wichtige Beziehungsanbahnungs-Möglichkeit in westlichen Gesellschaften geworden. Entsprechend gaben im Juni 2009 bereits 18,8% aller Internetnutzer an, ihren Partner im Internet gefunden zu haben, während es im Jahr 2005 erst 9,2% waren (singleboersen-vergleich.de, 2011). Angesichts des größer werdenden Online-Partnersuche-Marktes gewinnt auch die nutzer-zentrierte Gestaltung der Plattformen an Bedeutung, um trotz des steigenden Wettbewerbs-drucks Nutzer gewinnen und halten zu können. Aus diesem Grund wurde bei PARSHIP eine umfassende Neugestaltung der Nutzerprofile durchgeführt, über die in diesem Paper berich-tet wird. Darin werden zunächst die wichtigsten Nutzerziele in Social Networks auf Online-Partnersuche übertragen und ergänzt. Dann wird eine Nutzerbefragung vorgestellt, die als Ausgangspunkt der Profil-Neugestaltung diente. Eine Zusammenfassung des erarbeiteten

Konzepts folgt sodann. Ein kurzer Ausblick beschäftigt sich mit der geplanten Evaluation der Maßnahmen.

2 Anforderungen an die Gestaltung von Profilen

Arrasvouri et al. (2008) definieren Social Networks als *"computer-mediated systems that enable people to establish and maintain personal relationships within the context of shared values and beliefs, or while pursuing a common goal."* (2008, S. 69). Anhand dieser beiden charakteristischen Nutzungsziele (persönliche Beziehungen, *„people"* vs. gruppenspezifische Ziele, *„content"*, Arrasvouri et al., 2008) lassen sich Typen sozialer Netzwerke unterscheiden: während Nutzer in Netzwerken wie Wikipedia vorrangig ein gemeinsames Ziel verfolgen (dort: das Wissen der Welt zugänglich machen), ist das Haupt-Nutzungsziel bei Online-Partnersuche-Plattformen das Etablieren von Beziehungen zwischen potentiellen Partnern (vgl. Lawson & Leck, 2010). Das Erschaffen und Pflegen einer virtuellen Identität durch ein Profil sowie das Finden interessanter Mitglieder anhand deren Profile sind also entscheidende Nutzeraktivitäten, die durch solche Plattformen unterstützt werden müssen (Arrasvouri et al., 2008; Gallant et al., 2007). Diese Aktivitäten fallen unter die von Gallant et al. (2007) vorgeschlagene Heuristik *Identity Construction*, eine von fünf Heuristiken zur Gestaltung von webbasierten Communities. Eine weitere wichtige Anforderung an die Gestaltung von Social Networks ist die Förderung der interaktiven Kommunikation unter den Mitgliedern, welche notwendig ist, um das Nutzerziel des Beziehungsaufbaus zu erreichen. Diese Aktivitäten wiederum fallen unter die von Gallant et al. (2007) vorgeschlagene Heuristik *Interactive Creativity*. Das User Interface des Profils sollte durch Design und Funktion diese spezifisch für Online-Partnersuche hauptrelevanten Heuristiken (*Identity Construction* und *Interactive Creativity*) unterstützen. Jedoch anders als bei Social Networks wie Facebook ist die virtuelle Kommunikation auf Online-Partnersuche-Plattformen nicht Hauptgrund zur Plattformnutzung. Das eigentliche Ziel sind reale Begegnungen, die offline stattfinden. Profile müssen dabei also auch die Anforderung erfüllen, einen möglichst realistischen Eindruck von der realen Person hinter dem Profil zu vermitteln (Ellison, Heino & Gibbs, 2006). Zusammenfassend sollten Profile in der Online-Partnersuche also folgendes fördern: 1) das Erschaffen einer individuellen virtuellen Identität, 2) das Entstehen von Interesse an anderen virtuellen Identitäten auf der Plattform, 3) das Kommunizieren zwischen diesen und 4) das Entstehen eines treffenden Eindrucks von der realen Identität der Kommunikationspartner.

3 Nutzerzufriedenheit mit den Profilen bei PARSHIP

Um zu untersuchen, inwiefern die Profile auf PARSHIP die Ziele der Nutzer unterstützen, wurde eine Onlinebefragung unter Mitgliedern der Plattform durchgeführt.

3.1 Methode

Im September 2011 wurden alle deutschen Mitglieder der Plattform per E-Mail gebeten, an einer Studie zur Verbesserung der Plattform teilzunehmen. N = 622 Personen nahmen teil; darunter 47% Frauen (n = 293) und 53% Männer (n = 329). Der Fragebogen enthielt 11 Fragebatterien, von Interesse ist hier die Frage nach der Erfüllung der mit den Profilen verbundenen Nutzerzielen (*„Bitte geben Sie an, wie stark Sie den folgenden Aussagen zu den Profilen zustimmen“*). Die Items beziehen sich auf die in Abschnitt 2 zusammengefassten Anforderungen (Formulierung der Items s. Diagramm 1).

3.2 Status Quo der Nutzerzufriedenheit mit den Profilen

Die Ergebnisse der Nutzerbefragung zeigten erhebliche Defizite in der Erfüllung der spezifischen Nutzerziele durch die Profile auf PARSHIP. Auf einer Skala von 1 („stimme voll und ganz zu“) bis 6 („stimme überhaupt nicht zu“) schnitten alle Items zur Erfüllung der Nutzerziele im Mittel schlechter ab als der intern als maximal akzeptierte Wert von 2.25. Die Mittelwerte bewegen sich zwischen m = 2,72 und 4,11 (sd von 1,41 bis 3,54).

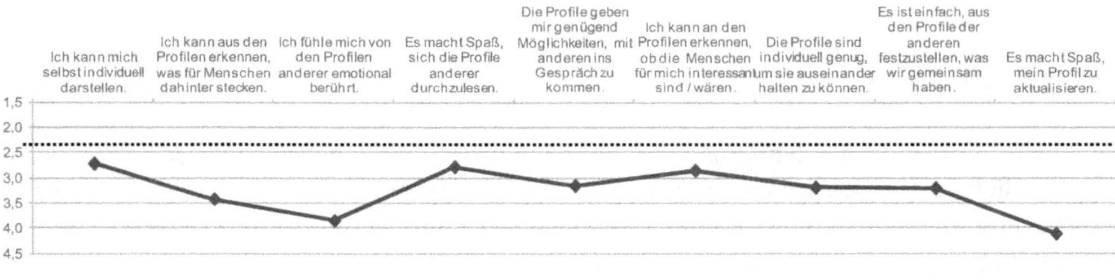

Diagramm 1: Bitte geben Sie an, wie stark Sie den folgenden Aussagen zu den Profilen zustimmen. 1 = ‚stimme voll und ganz zu‘ bis 6 = ‚stimme überhaupt nicht zu‘, Skala verkürzt dargestellt, Items gekürzt – durchschnittliche Bewertung

3.3 Abgeleitete Maßnahmen

Um die Defizite der Profile zu reduzieren, wurde der gesamte Profilbereich nutzerzentriert neu entwickelt. Eckpunkte des neuen Konzepts sind:

1. Einbindung eines Steckbriefs im oberen Bereich der Profile als Zusammenfassung der Eckdaten der Person und schnell erfassbares Unterscheidungsmerkmal zu anderen Mitgliedern. Zuvor waren *Hard Facts* wie Figur, und Bildungsstand über das gesamte Profil verteilt.

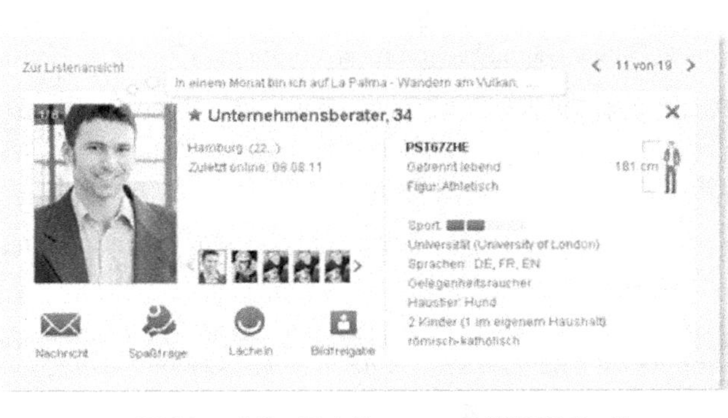

Abbildung 1:Steckbrief im neuen PARSHIP-Profil

2. Unter dem Steckbrief befindet sich ein überarbeiteter Bereich zur Selbstdarstellung (*Ich über mich*). Die ehemals kleine Anzahl offener Fragen darin wurde erweitert und das individuelle Auswählen und Anordnen dieser ermöglicht. In den neuen Fragen können Faktoren der realen Persönlichkeit (z.B. Humor) gezeigt werden, die zum Gespräch anre-gen. Diese Freiheiten ermöglichen Kreativität und Freude beim Ausfüllen.

3. Über einen Tab ist zudem ein Bereich *Interessen* erreichbar, in dem User nun über Bilder und Freitexte detailliert Interessen für mehrere Lebensbereiche darstellen können (z.B. Lieblingsbücher usw.). Diese dienen dazu, auch visuell Interesse an anderen Profilen zu erzeugen und darüber ins Gespräch zu kommen.

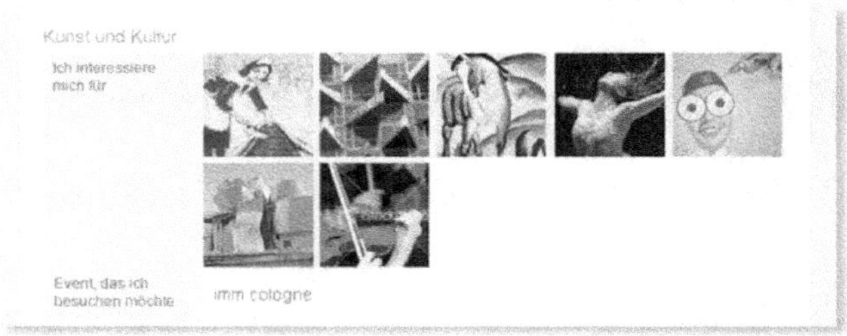

Abbildung 2: Bereich Interessen (auszugsweise)

4 Ausblick

Sobald die technische Implementierung des gesamten neuen Profilkonzepts abgeschlossen ist (voraussichtlich 10/2012), wird eine Evaluation der Maßnahmen durch die Wiederholung der Datenerhebung mit gleicher Untersuchungsmethode stattfinden (per E-Mail rekrutierte Online-Nutzerbefragung mit dem gleichen standardisierten Fragebogen). Die Maßnahmen werden als erfolgreich betrachtet, wenn die Nutzerziele subjektiv erfüllt werden (Mittelwert $\leq$ 2,25). Zudem sollten sich die Bewertungen unter den Nutzern weniger stark unterscheiden, die Standardabweichung zu den Mittelwerten also geringer werden.

Literaturverzeichnis

Arrasvouri, J., Lehikoinen, J. T., Ollila, E. M. I. & Uusitalo, S. (2008). A Model for Understanding Online Communities. *IADIS International Conference ICT, Society and Human Beings,* 69-77.

Ellison, N., Heino, R. & Gibbs, J. (2006). Managing Impressions Online: Self-Presentation Processes in the Online Dating Environment. *Journal of Computer-Mediated Communication,* 11, 415-441.

Gallant, L. M., Boone, G. M. & Heap, A. (2007). Five heuristics for designing and evaluating Web-based communities. *First Monday – Peer Reviewed Journal on the Internet*, 12(3). Verfügbar unter http://firstmonday.org/htbin/cgiwrap/bin/ojs/index.php/fm/article/view/1626/1541 (25.06.2012)

Lawson, H. M. & Leck, K. (2006). Dynamics of Internet Dating. *Social Science Computer Review,* 24(2), 189-208.

Singlebörsen-Vergleich.de (2011). *Der Online-Dating-Markt 2010-2011.* Verfügbar unter http://www.singleboersen-vergleich.de/presse/online-dating-markt-2010-2011.pdf (25.06.2012).

H. Reiterer & O. Deussen (Hrsg.): Mensch & Computer 2012
München: Oldenbourg Verlag, 2012, S. 333-336

UsER: Ein modulares Usability-Engineering-Repository

Marc Kammler, Amelie Roenspieß, Michael Herczeg

Institut für Multimediale und Interaktive Systeme, Universität zu Lübeck

Zusammenfassung

Das Usability-Engineering-Repository (UsER) ist eine modulare und webbasierte Kollaborationsplattform zur Unterstützung von Prozessen zur Entwicklung gebrauchstauglicher interaktiver Systeme nach ISO 9241-210:2010 und ähnlichen Modellen. Aktivitäten innerhalb solcher Prozesse werden durch eine konfigurierbare Auswahl an Modulen innerhalb des Systems unterstützt. Komplexe Entwicklungsvorhaben werden von UsER als einzelne Projekte verwaltet. Während des Entwicklungsprozesses erhobene Informationen lassen sich innerhalb eines Projektes semantisch verknüpfen. So kann beispielsweise eine für das Entwicklungsvorhaben wichtige organisatorische externe Aufgabe in einem Modul zur Organisationsanalyse aufgenommen und in einem anderen Modul zur internen Aufgabenanalyse detailliert werden. Diese und viele weitere Verknüpfungen eines stetig wachsenden Entwicklungsprojektes werden dem Benutzer von UsER in einer übersichtlichen, dokumentenähnlichen Referenzstruktur dargeboten. Durch diese Linearisierung der anfallenden hypermedialen Informationen fördert UsER die Integration von Kunden und Benutzern in den Entwicklungsprozess.

1 Problemstellung und Konzept

Trotz enormer Anstrengungen im Bereich der Softwareentwicklung hatten im Jahre 2012 laut CHAOS Manifesto der Standish Group über die Hälfte aller Softwareprojekte Schwierigkeiten oder sind ganz gescheitert. Immer wieder werden als Gründe die mangelnde Einbeziehung der Benutzer, unvollständige Anforderungen, Änderungen von Anforderungen und unklare Ziele genannt (Partsch, 2010). Dies sind Gründe dafür, dass immer wieder neue Methoden und Vorgehensmodelle entwickelt werden, um dieser Problematik zu begegnen. Erfolgversprechend scheinen derzeit beispielsweise agile Prozesse zu sein, die eine dreimal höhere Erfolgsquote haben als klassische Wasserfallmethoden (Standish Group, zit. nach Cohn, 2012). Das iterative Vorgehen liegt auch dem in der ISO 9241-210 beschriebenen Prozessmodell zugrunde, zu welchem die ISO PAS 18152 entsprechende Methoden liefert. Der „Usability Planner" von Bevan (2009) bietet beispielsweise Unterstützung bei der Auswahl der jeweils passenden aus diesem Methodenkatalog, aber nicht bei deren Anwendung.

An dieser Stelle greift UsER, indem es die aufgabenangemessene Kombination verschiedener Vorgehensmodelle und Methoden werkzeugseitig unterstützt und zusätzlich die problemspezifische Kommunikation zwischen allen Stakeholdern erleichtert: In Anlehnung an die Ausführungen von Rosson und Carroll (2002) enthält UsER ein Modul, welches es ermöglicht, Anforderungen und dazugehörige Lösungsansätze mit Annotationen zu versehen, zu bewerten und so formative Evaluation, Re-Design und Weiterentwicklung durch Diskussionspunkte zu unterstützen. Das dabei verwendete Informationsmodell orientiert sich an der von Pohl (2007) vorgeschlagenen Ziel-Szenario-Kopplung, die eine Verknüpfung zwischen Zielen, Lösungsansätzen und lösungsorientierten Anforderungen vorsieht. Basierend auf theoretischen Grundlagen (u.a. Mayhew, 1999; Beyer & Holtzblatt, 1998; Herczeg, 2009) wurden verschiedene Methoden und Vorgehensmodelle des Requirements-, Software- und Usability-Engineerings zur strukturierten Informationserhebung und Ausarbeitung von Lösungsansätzen in verschiedenen Feldstudien evaluiert. Die Erkenntnisse sind direkt in die Entwicklung der im nächsten Kapitel vorgestellten Module eingeflossen.

2 Realisierung

Jedes Methodenmodul innerhalb von UsER bietet zahlreiche Funktionen zur benutzerzentrierten strukturierten Erhebung, Ablage und Organisation von Informationen für die Software-Entwicklung. Der eigentliche Mehrwert des Systems ergibt sich einerseits aus der zentralisierten Datenhaltung in einer webbasierten Kollaborationsplattform und andererseits daraus, dass diese Inhalte zwischen den einzelnen Modulen vernetzt und zwischen verschiedenen Projekten ausgetauscht und wiederverwendet werden können. Trotz der Komplexität, die durch diese Vernetzung entsteht, muss die Übersichtlichkeit für die Benutzer von UsER erhalten bleiben. Dies wird dadurch gewährleistet, dass Inhalte auch immer in einer übergeordneten linearen Dokumentenstruktur angelegt werden. So können beispielsweise für Projekte klassische Lasten- und Pflichtenhefte kapitelweise aus Modulen zusammengestellt und als Templates gespeichert werden. Verschiedene Entwicklungsmethoden werden als einzelne Module von UsER zur Verfügung gestellt und können sowohl miteinander verknüpft als auch unabhängig voneinander genutzt werden.

Modul	**Beschreibung**
Benutzer-analyse	In diesem Modul können über den ganzen Lebenszyklus wiederverwendbare abstrakte Benutzerklassen, Stereotypen und konkrete Personas modelliert werden. Die dabei erhobenen Benutzerziele (Cooper, 2007) gehen in die Liste der Requirements ein.
Aufgaben-analyse	Dieses Modul ermöglicht die Dekomposition externer organisatorische Aufgaben einer Rolle oder Stelle in interne Aufgaben und die Zuordnung von Attributen wie Häufigkeit, Priorität, Kritikalität, etc.

Organisations-analyse	Für betrieblich orientierte Softwareentwicklungen bietet dieses Modul eine hierarchische Darstellung der Aufbauorganisation in Form von Organisationseinheiten und Stellen. Diese können bei Bedarf durch die Beschreibung unterschiedlicher Rollen und dazugehöriger Aufgaben detailliert werden.
Anforderungen	Die Erfassung und Bearbeitung von Anforderungen ist aus jedem Modul heraus möglich. Dieses Modul unterstützt den gesamten Lebenszyklus einer Anforderung von der Anforderungsaufnahme bis zur Implementierung. Eine Exportfunktion kann zur Integration in IDEs verwendet werden.
Anwendungsfall (Szenarien)	Je nach Projektfortschritt können Anwendungsfälle mehr oder weniger abstrakt in Form von Szenarien mit Bildern - z.B. aus der integrierten Mockup-Komponente - beschrieben werden. Durch ein Klassifikationsschema können die Szenarien nach Systemkomponenten und Benutzerzielen organisiert werden. Das Modul ermöglicht darüber hinaus ein mit den Anforderungen gekoppeltes Bewertungsverfahren als Unterstützung des Erfüllungsgrades von Anforderungen und unterstützt damit den iterativen Verfeinerungsprozess von Lösungsansätzen aktiv.
Prozess-beschreibung	Ähnlich den aus der UML bekannten Aktivitätsdiagrammen unterstützt dieses Modul den BPMN-Standard zur strukturellen Beschreibung von Prozessen und Anwendungsfällen.
Arbeitsobjekt-analyse	In einem (Arbeits-)Prozess vorkommende (Arbeits-)Objekte können hier angezeigt und einem Projekt zugeordnet werden.
Text	Dieses Modul erlaubt, innerhalb eines Projekts beliebige Rich-Text-Dokumente zu ergänzen und zu vernetzen.
Evaluation	Ermöglicht die Neuerstellung, Wiederverwendung und Auswertung digitaler Evaluationsbögen.

Tabelle 1: Modulübersicht von UsER

Durch die Kombinationsfreiheit der Module als Kapitel können Dokumentstrukturen bedarfsgerecht angelegt sowie jederzeit überarbeitet und ergänzt werden. UsER unterstützt die Verwaltung beliebig vieler Projekte, wobei jedes Projekt eine eigene Dokumentstruktur erhält. Verknüpfungen zwischen Modulen sind dabei immer projektbezogen; so kann beispielsweise eine in der Aufbauorganisation angelegte Rolle oder Organisationseinheit mit einer detaillierten Rollenbeschreibung in ihrem Arbeitskontext im Modul für Benutzeranalyse verknüpft werden. Eine Aufgabe dieser Rolle kann im Modul für die Aufgabenanalyse feingranularer definiert werden. In einem verknüpften Szenario kann der Arbeitsablauf von Rollen bei der Bearbeitung von Aufgaben textuell formuliert werden. Von einem Szenario wiederum kann hypermedial auf die entsprechenden Rollen, Aufgaben oder weitere Szenarien verwiesen werden. Alle Stakeholder können anhand von Annotationen über jedes Element bedarfsweise diskutieren und dieses – je nach Rechtevergabe – auch bearbeiten.

3 Ausblick

Mit UsER wurde ein Rahmen geschaffen, um verschiedene Software-Entwicklungsmethoden flexibel miteinander zu kombinieren und die dabei anfallenden Informationen geeignet miteinander zu verknüpfen. Mit den bisher implementierten Modulen bietet UsER umfangreiche Unterstützung während der Analyse- und Designphase. In Anlehnung an den von Mayhew (1999) vorgestellten „Usability Engineering Lifecycle" ist die Integration eines Styleguide-Moduls für UsER geplant, um Styleguides parallel zur funktionalen Entwicklung von Software ausarbeiten und projektübergreifend nutzen zu können. Die modulare Architektur von UsER ist genau auf solche zukünftigen Erweiterungen ausgelegt. Ein Modul zur Unterstützung der Auswahl von passenden Methoden wäre eine weitere potenzielle Ergänzung, ebenso eine Exportfunktion für Anforderungen, um diese in klassischen Software-Entwicklungsumgebungen weiterverwenden zu können. UsER soll als wissenschaftliches und prototypisches Instrument zur Untersuchung benutzerzentrierter Entwicklung genutzt und weiterentwickelt werden. Es soll somit auch direkt in akademischen und studentischen Projekten Anwendung finden.

Literaturverzeichnis

Bevan, N. (2009). *Criteria for selecting methods in user-centred design.* I-USED'09 Workshop, INTERACT 2009, Uppsala, Sweden.

Beyer, H. & Holtzblatt, K. (1998). *Contextual Design.* Morgan Kaufman Publishers.

Cohn, M. (2012). *Agile Succeeds Three Times More Often Than Waterfall.* http://www.mountaingoatsoftware.com/blog/agile-succeeds-three-times-more-often-than-waterfall. (25.06.2012).

Cooper, A. (2007). *About Face 3: The Essentials of Interaction Design.*Wiley Publishing.

Herczeg, M. (2009). *Software-Ergonomie. Theorien, Modelle und Kriterien für gebrauchstaugliche interaktive Computersysteme.* 3. Auflage. München: Oldenbourg.

Mayhew, D.J. (1999). *The Usability Engineering Lifecycle.* Morgan Kaufman Publishers.

Partsch, H. (2010). *Requirements-Engineering systematisch. Modellbildung für softwaregestützte Systeme.* Springer.

Pohl, K. (2007). *Requirements Engineering. Grundlagen, Prinzipien, Techniken.* dpunkt Verlag.

Rosson, M.B. & Carroll, J.M. (2002). *Usability Engineering. Scenario-Based Development of Human-Computer Interaction.* San Francisco: Morgan Kaufmann Publishers.

Kontaktinformationen

Marc Kammler: kammler@imis.uni-luebeck.de

H. Reiterer & O. Deussen (Hrsg.): Mensch & Computer 2012
München: Oldenbourg Verlag, 2012, S. 337-340

What Users Expect from Players for Interactive (Non-linear) Videos

Britta Meixner[1], Klaus Kandlbinder[2], Beate Siegel[2], Franz Lehner[2], Harald Kosch[1], Andreas Kohl[3]

Lehrstuhl für Verteilte Informationssysteme, Universität Passau[1]
Lehrstuhl für Wirtschaftsinformatik II, Universität Passau[2]
Fakultät BWL und WI, Hochschule für angewandte Wissenschaften Deggendorf[3]

Abstract

Various players for interactive non-linear videos exist in the web nowadays. Each player provides commonly known buttons as well as buttons triggering additional functions of the player or the video presentation. Additional buttons show a large variety of different icons. This work examines which functions and GUI-elements users expect from players for interactive non-linear videos. Therefore the layout of buttons in existing web-players is tested for its intelligibility. User's expectations are determined in a second step. Used methods are a labeling exercise/questionnaire and a paper prototyping.

1 Introduction and Problem Statement

Web players for interactive non-linear videos provide different sets of functions and various concepts of content arrangement. A common basis for all these players can be noted. It contains the presence of areas where annotations are displayed, clickable objects in the video and an extended tool bar. However a closer look at these players offers a large amount of different symbols and arrangements of video- and annotation-areas. This leads to the following questions: Which arrangement of video- and annotation-areas is preferred? How many annotation-areas are expected? Which additional functions are expected by users? Are the currently used icons for additional functions intelligible?

We conducted our experiment in two steps within the framework of a group testing session (Nokia, 2004). The test users were aged between twenty and forty; four of them were male, five of them female. The group contained students, secretaries and research assistants employed by the University of Passau. On average, the test users have high experience in using a computer, but only basic experience in using interactive non-linear videos.

2 Button Labeling Exercise

To identify if the icons and buttons which are used in online video players are coherent, a labeling task was performed with nine users (*N = 9*). It was used to figure out if there are problems of comprehension in using existing players. Therefore this small number of test users is entirely sufficient ((Barnum, 2011) and (Nielsen, 2000)). After comparing several players available on the web, we chose to do the exercise with the 5min's-player[1] and the VideoClix[2]-player because those were the players with the most non-standard icons. To affect the test persons as little as possible, the same video content was built in the player screenshots by image editing. The Player controls on the screenshots where labeled with empty text fields. The 5min's-player had 21 and the VideoClix-player had 14 text fields as a result. That way the test users were able to letter the function of each control. The exercise sheets where printed in color and there was no time limit given for completing the task.

Standard buttons/icons like "Play" and others were recognized by almost every participant. Elements which were recognized wrong by two or three users were the "Extended position"-slider (VideoClix-player), the "Scenes"-button (5min's-player) and the "Hiding related videos"-button (5min's-player). Several buttons were not recognized by four or more test participants in the VideoClix-player. In four out of five cases ("TV"-button, "Person"-button, "Mail"-button, "Clapper board"-button) the button was not interpreted correctly by a single test user. The function triggered by the "Facebook-like"-button, was recognized by three users. The 5min's-player revealed more elements that were not recognized correctly, but only the "Smarts"-button was misinterpreted by all test users. The "Tools"-, the "Addons"-, the "Copy"-, the "Twitter"-button, the "Embed"- and the "Arrow"-button were misinterpreted by five to six users. Buttons which are labeled with an icon and text, did not necessarily show advantages compared to buttons with only an icon. Icons with a strong symbolic expressiveness like thumb-up and thumb-down are understood better even in an unknown context.

3 Paper Prototyping

After the labeling task, followed by a brief introduction to interactive videos and forms of interaction possibilities in appropriate use cases, a paper prototyping was conducted with four groups of two people each (*N = 8*). The groups were drawn by lot. Afterwards each group was provided with various cut-out-sheets containing elements of videos, images and text as well as a search bar with results, a table of contents and a broad selection of icons and bars. The cut-out-sheets also contained blank icons and placeholders which could be used to design own elements. In addition each group got crayons, scissors and glue. The paper prototypes were created with a time limit of one hour for a self-chosen use case. Each group presented its use case at the end, the explanations in the presentation were minuted.

---

[1] http://www.5min.com/ (accessed Mai 25, 2011)

[2] http://www.videoclix.tv/ (accessed Mai 25, 2011)

The paper prototyping revealed four paper prototypes with common and distinctive elements. Scans of the prototypes are illustrated in figure 1. The layout of prototype A and B is pretty similar. Prototype C is based on overlays and has only a small annotation-area placed below the table of contents. The reaction principle of prototype D is different to the one of the other players. The user "collects" annotations during the playback of the video, while he is able to concentrate on watching the video at full-length. Collected annotations are stored in a separate area and can be viewed later on. This concept affords more interaction by the viewer.

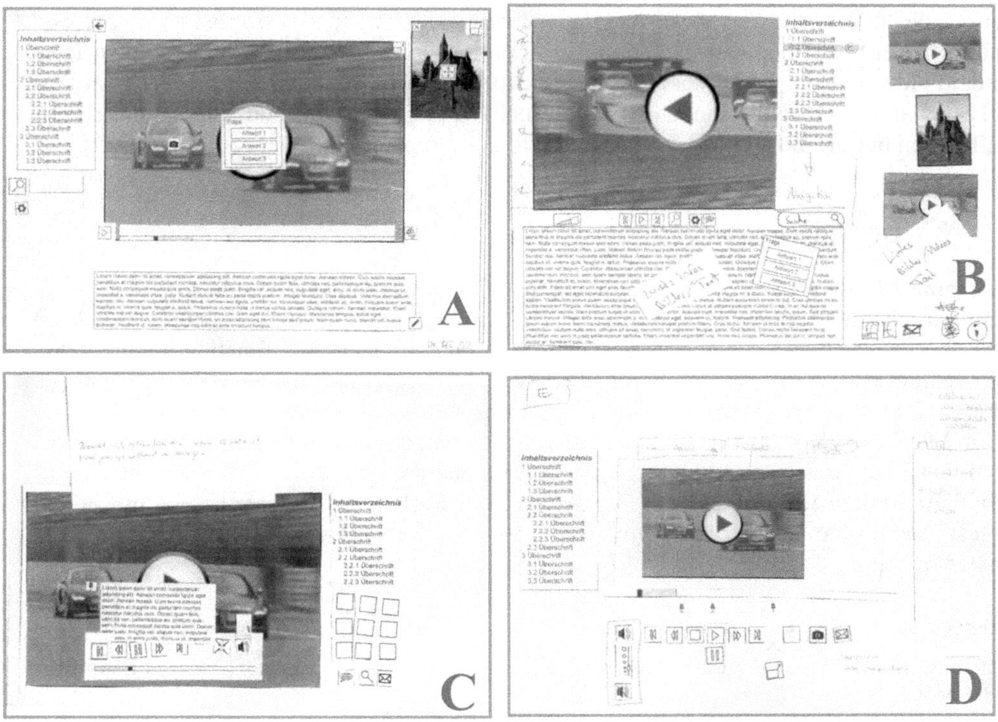

Figure 1: Prototypes of the four groups (only one version of prototype B)

Each of the prototypes shows a single main video. It is centered between other elements in prototype A and D. A horizontal and/or vertical separation of the space is used in prototypes B and C. Each of the prototypes has a table of contents. It is positioned on the left and the right side of the video in two of the prototypes. It can be hidden in one case (prototype A), but it is always displayed by default. A search function is integrated in three of the four players. It is positioned close to the table of contents in each case. Only prototype D has no search function, which might be related to the different viewing concept. Objects in the video can be clicked in each of the players. A click triggers additional information for the clicked object (or saves them for a later viewing in prototype D). Non-linearity is integrated into two of the four players by using decision elements. Each player shows areas where additional information can be displayed. Depending on the view, there are up to two areas for annotations which are overlapping the video partially. Three out of four prototypes show annotations or interactive elements as overlays over the video area. The video stops if an overlay is positioned on the video canvas. All players had buttons for play/pause (toggle or two buttons), volume-control and switching the video into full screen. Three out of four prototypes contained buttons for the hiding of annotations (not needed in prototype D, because of the different viewing concept), to send the link by e-mail and fast for-/backward.

It can be noted that a table of contents, a keyword search and clickable objects in the video are desired functions for players for interactive (non-linear) videos. Furthermore, each player should have at least one area for displaying annotations. It should also be possible to position annotations on the video canvas. The most important buttons are the buttons known from standard video players (play/pause, volume, video full screen, stop and fast for-/backward) as well as a button to hide the annotations and watch the plain video without annotations solely, a full screen button and a button to send a link to the video per mail.

4 Conclusion

We examined how a web-player for interactive (non-linear) videos should look like. Conducting a labeling exercise leads to the result that standard icons are recognized by all test users, but the relationship between new icons and the corresponding function is not always self-explaining. A text label in combination with an icon is not always sufficient enough. Symbols from the real world are easier to understand in a new context. The paper prototyping revealed that all users expect a table of contents and a search function to navigate in the video. Clickable objects in the video and at least one area for displaying additional information are desired features as well. Besides standard buttons which were known by each of the test users in the labeling task, only one button was wanted by all users: a button to hide all annotations.

References

Barnum, C. M. (2011). *Usability Testing Essentials: ready, set ... test!*, Burlington, Morgan Kaufmann, USA

Meixner, B., Siegel, B., Hölbling, G., Lehner, F. & Kosch, H. (2010). *SIVA suite: authoring system and player for interactive non-linear videos.* In : MM '10, Proceedings of the International Conference on Multimedia, New York, NY, USA: ACM, pp. 1563-1566

Nielsen, J. (2012). *How Many Test Users in a Usability Study?* (Jakob Nielsen's Alertbox, June 4, 2012). Retrieved Juni 16, 2012, from http://www.useit.com/alertbox/number-of-test-users.html.

Nokia (2004). *Group Testing: The Best of Both Worlds.* Version 1.0; March 9, 2004. Nokia Developer Forum

Contact Information

Britta Meixner
Lehrstuhl für Verteilte Informationssysteme, Universität Passau
Innstraße 43, 94032 Passau

H. Reiterer & O. Deussen (Hrsg.): Mensch & Computer 2012
München: Oldenbourg Verlag, 2012, S. 341-344

Einfluss von Ablenkung und Augenbewegungen auf Steuerungsaufgaben

Hans-Joachim Bieg[1], Heinrich H. Bülthoff[1,2], Lewis L. Chuang[1]

Max-Planck Institut für biologische Kybernetik, Tübingen[1]
Department of Brain and Cognitive Engineering, Korea University, Seoul, Korea[2]

Zusammenfassung

In der vorliegenden Studie wurde der Einfluss visueller Ablenkung auf Steuerungsaufgaben untersucht. Die Ergebnisse deuten darauf hin, dass bereits eine kurze Verlagerung der Aufmerksamkeit und des Blicks mit einer systematischen Beeinflussung der Steuerungsaufgabe einhergeht. Im Gegenzug findet auch eine systematische Beeinflussung der Augenbewegungen durch die gleichzeitig durchgeführte Steuerungsaufgabe statt. Die Berücksichtigung solcher Interferenzen kann bei der Entwicklung von grafischen On-Board-Informationssystemen für Fahr- oder Flugzeuge von Nutzen sein.

1 Einleitung

Ablenkung während der Steuerung eines Fahr- oder Flugzeugs ist eine häufige Unfallursache (Green 2003). Dies ist insbesondere der Fall, wenn zur Erledigung einer Sekundäraufgabe der Blick von der Straße oder wichtigen Cockpitinstrumenten abgewendet werden muss und damit die Koordination von Steuerungsaufgabe und Augenbewegungen unterbrochen wird (Marple-Horvat et al. 2005). Zur aufgaben- und nutzergerechten Gestaltung von grafischen On-Board-Informationssystemen ist es deshalb wichtig, die Beeinflussung der primären Steuerungsaufgabe durch eine visuelle Zweitaufgabe genau zu verstehen.

Der vorliegende Artikel beschreibt eine Studie zur systematischen Untersuchung von visueller Ablenkung bei Steuerungsaufgaben, wie sie bei der Steuerung von Fahr- oder Flugzeugen vorkommen (Pursuit Tracking). Hierbei stehen zwei Fragen im Vordergrund: 1. Wie wirkt sich eine Verlagerung der Aufmerksamkeit mit Blickveränderung auf die Steuerungsaufgabe aus? 2. Wie beeinflusst die Steuerungsaufgabe die Verteilung der Aufmerksamkeit und einhergehende Blickverlagerungen?

2 Methode

An der Studie nahmen 7 Personen teil (5 davon männlich, 2 weiblich, Alter: 21-36 Jahre). Die Teilnehmer führten eine Steuerungs- und Identifikationsaufgabe an einem Computerbildschirm (120 Hz) durch. Die Aufzeichnung der Blickbewegung erfolgte mit einem Infrarotokulometer (500 Hz). Steuerungseingaben wurden mit einem Potentiometerjoystick und Tasteneingaben mit einer Computertastatur getätigt. Während des Experiments steuerten die Teilnehmer die horizontale Geschwindigkeit eines Zeigers (Cursor) auf dem Bildschirm (Abb. 1-A). Die Aufgabe der Teilnehmer bestand darin einer Zielmarkierung (Trackingziel) „so nahe wie möglich" zu folgen. Dieses sogenannte *Pursuit Tracking* ist eine Abstraktion typischer Steuerungsaufgaben, wie sie bei der Fahrt mit einem Fahr- oder Flugzeug durchzuführen sind (Hess 1981). Das Trackingziel beschrieb eine horizontale, sinusförmige Bewegung (Amplitude: 4.3°, Frequenz: 0.25 Hz).

Um die Teilnehmer visuell abzulenken, wie dies beispielsweise durch On-Board-Informationssysteme geschehen kann, wurde zeitgleich zur Trackingaufgabe in zufälligen zeitlichen Abständen Objekte im linken oder rechten Bildschirmbereich eingeblendet (13° vom Bildschirmmittelpunkt). Bei den eingeblendeten Objekten handelte es sich um Quadrate mit einer kleinen Öffnung am oberen oder unteren Rand. Die Aufgabe der Teilnehmer bestand darin, die Lage der Öffnung zu erkennen. Hierzu war eine Augenbewegung und Fixation des Objekts notwendig. Nach erfolgter Identifikation drückten die Teilnehmer die entsprechende Taste auf einer Computertastatur (Pfeil nach oben/unten).

Dem Experiment lag ein zweifaktorieller Versuchsplan mit Messwiederholung zu Grunde. Faktor 1 (randomisiert) umfasste die Präsentation der Identifikationsziele. Um den Einfluss der Blickverlagerung auf die Steuerungsaufgabe zu messen erfolgte die Präsentation kongruent (Identifikationsziel taucht in Richtung der Bewegung des Trackingziels auf) oder inkongruent (Identifikationsziel taucht entgegen der Bewegung des Trackingziels auf). Faktor 2 (balanciert) betraf die Aufgabe selbst. Um den Einfluss der Steuerungsaufgabe auf die Blickbewegungen zu messen, verfolgten die Teilnehmer das Verfolgungsziel entweder nur mit den Augen (baseline) oder führten die Trackingziel durch Steuern des Cursors wie bereits beschrieben durch (Pursuit Tracking).

3 Ergebnisse

Die Untersuchung der Reaktionszeit zur Blickverlagerung (Sakkadenreaktionszeit, SRT) zum Identifikationsziel zeigt, wie die Trackingaufgabe eine Verlagerung der Aufmerksamkeit beeinflusst. Bei rein visueller Zielverfolgung wurden kürzere mittlere SRT gemessen (paarweise, zweiseitiger t-Test: $p < 0.05$, 95% Konfidenzintervall [KI] des Mittelwertunterschieds: 4-26 ms). Zudem erfolgten Blickverlagerungen schneller bei kongruenter Präsentation des Identifikationsziels ($p < 0.05$, 95% KI 7-30 ms).

Um eine Beeinflussung der Trackingaufgabe durch die Identifikationsaufgabe zu beurteilen, wurde die mittlere Auslenkung des Cursors in einem kritischen Intervall zwischen 1-2 s nach der Präsentation des Identifikationsziels gemessen (die Amplitude des Trackingziels erreichte dort ihr Maximum). Der Vergleich zeigt eine höhere Amplitude im kongruenten Fall ($p < 0.05$, 95% KI 0.02-0.17°, Abbildung 1-B). Die Bewegung des Cursors geht in diesem Fall über die Bewegung des Trackingziels hinaus.

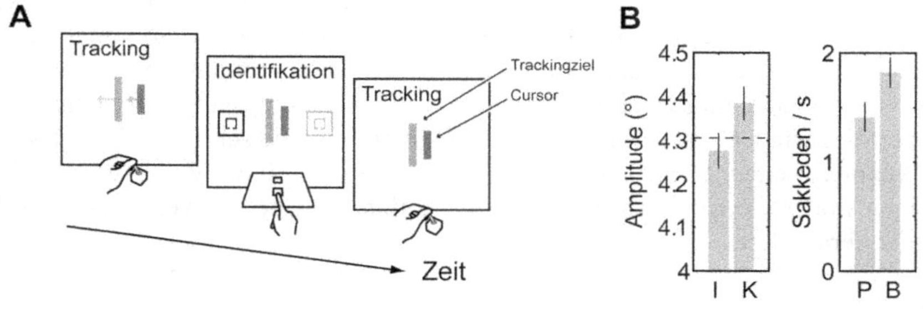

Abbildung 1: A) Schematische Abbildung der Aufgabe . Während der für 128 s kontinuierlich durchgeführten Trackingaufgabe wurden Indentifikationsaufgaben eingestreut. Hierzu tauchte zufällig auf der linken oder rechten Bildschirmseite ein Identifikationsobjekt auf (Präsentationszeit 1 s). B) Ergebnisse. Links: Mittlere Amplitude des Cursors bei inkongruenter (I) und kongruenter (K) Präsentation des Identifikationsziels. Gestrichelte Linie: Maximalamplitude des Trackingziels. Rechts: mittlere Sakkadenanzahl pro Sekunde bei Verfolgung des Trackingziels mit den Augen (B, baseline) oder während des Pursuit Tracking (P) (Fehlerbalken: 95 % Konfidenzintervalle).

Der Einfluss der Trackingaufgabe auf die Augenbewegungen wird bei der Betrachtung der glatten Augenfolgebewegungen deutlich. Obwohl sich die Teilnehmer während der Erhebung der baseline Daten (Verfolgung des Trackingziels mit den Augen) rein auf die visuelle Verfolgung konzentrieren konnten, ist ein höherer quadratischer Fehler des Fixationspunktes zum Trackingziel ($p < 0.05$, 95% KI 0.07-0.4°) und eine größere Anzahl von Unterbrechungen der glatten Bewegungen in Form von Aufholsakkaden ($p < 0.05$, 95% KI 0.2-0.7 Sakkaden/s, Abbildung 1-B) als bei der Testerhebung (Pursuit Tracking) festzustellen.

4 Diskussion

Die vorliegenden Ergebnisse deuten darauf hin, dass bereits eine *kurze* Verlagerung des Fixationspunktes ausreicht, um das nachfolgende Steuerungsverhalten systematisch in Richtung der Verlagerung zu beeinflussen. Ähnliche Effekte wurden bereits in früheren Studien bei *andauernder* Fixation eines für die Steuerungsaufgabe nicht relevanten Punktes festgestellt (Readinger et al. 2002, Robertshaw & Wilkie 2008). Als Erklärung dieses Phänomens kann eine wechselseitige Beeinflussung des okulomotorischen und manuell-motorischen Systems angenommen werden (Huestegge 2011). Diese These wird außerdem durch die Messung eines größeren Fehlers und häufigeren Unterbrechungen der glatten Augenfolgebewegungen durch Aufholsakkaden bei rein visueller Zielverfolgung gestützt (siehe auch: Koken & Erkelens 1992).

Die Ergebnisse zeigen auch eine Beeinflussung der Aufmerksamkeit durch die Steuerungsaufgabe. Die Sakkadenreaktionszeit (SRT) zum Identifikationsobjekt als Maß der Aufmerksamkeitsverteilung weist bei rein visueller Verfolgung eine Asymmetrie in Bewegungsrichtung auf (vgl. Khan et al. 2010). Die gleichzeitige manuelle Zielverfolgung scheint diese Asymmetrie abzuschwächen. Eine Erklärung hierfür kann der zusätzliche *zentrale* Aufmerksamkeitsbedarf durch die manuelle Zielverfolgungsaufgabe sein.

Zusammenfassend deutet die vorliegende Studie darauf hin, dass kurze Aufmerksamkeits- und Blickverlagerungen zur systematischen Beeinflussung einer Steuerungsaufgabe ausreichen und die Verteilung der Aufmerksamkeit durch die Steuerungsaufgabe eingeschränkt wird. Dies ist umso erstaunlicher, da (1) die präsentierte Steuerungsaufgabe relativ einfach und stark repetitiv gestaltet war und (2) die Identifikationsaufgabe sehr schnell (< 1 s) erledigt werden konnte. Weitere Untersuchungen sollen überprüfen, ob die Vorhersagbarkeit des Steuerungssignals oder die Komplexität der Identifikationsaufgabe den vorliegenden Effekt begünstigt oder vermindert.

Danksagung

Dieses Forschungsvorhaben wurde durch die Max-Planck Gesellschaft, das WCU (World Class University) Programm der National Research Foundation of Korea (R31-10008) und das myCopter Projekt (gefördert durch das 7. Forschungsrahmenprogramm der Europäischen Kommission) unterstützt. Wir danken Frank Nieuwenhuizen für Diskussionen und Anregungen.

Literaturverzeichnis

Green, P. (2003). Motor vehicle driver interfaces. In Jacko, J. A. & Sears, A. (Hrsg.), *The Human-Computer Interaction Handbook*. 2. Aufl. Mahwah, NJ, USA.

Hess, R. A. (1981). Pursuit tracking and higher levels of development in the human pilot. *IEEE Transactions on Systems, Man and Cybernetics*. 11(4), 262-273.

Huestegge, L. (2011). The role of saccades in multitasking: towards an output-related view of eye movements. *Psychological Research*. 75(6), 452-65.

Khan, A. Z., Lefèvre, P., Heinen, S. J., & Blohm, G. (2010). The default allocation of attention is broadly ahead of smooth pursuit. *Journal of Vision*, 10(13), 1-17.

Koken, P. W., & Erkelens, C. J. (1992). Influences of hand movements on eye movements in tracking tasks in man. *Experimental Brain Research*, 657-664.

Marple-Horvat, D. E., Chattington, M., Anglesea, M., Ashford, D. G., Wilson, M., & Keil, D. (2005). Prevention of coordinated eye movements and steering impairs driving performance. *Experimental Brain Research*, 163(4).

Readinger, W. O., Chatziastros, A., Cunningham, D. W., Bülthoff, H. H., & Cutting, J. E. (2002). Gaze-eccentricity effects on road position and steering. *Journal of Experimental Psychology: Applied*, 8(4), 247-258.

Robertshaw, K. D., & Wilkie, R. M. (2008). Does gaze influence steering around a bend? *Journal of Vision*, 8(4), 1-13.

H. Reiterer & O. Deussen (Hrsg.): Mensch & Computer 2012
München: Oldenbourg Verlag, 2012, S. 345-348

Medizinische Prüfungsleistungen auf iPads erheben: studentische Akzeptanz

Felix M. Schmitz[1], Kevin Gaunt[2], Philippe G. Zimmermann[1]

Institut für Medizinische Lehre, Universität Bern[1]
Institut für Software, Hochschule für Technik Rapperswil[2]

Zusammenfassung

Elektronische Checklisten auf Apple iPads haben sich zur Fremdbeurteilung studentischer Leistungen an praktischen medizinischen Prüfungen (OSCEs) als qualitätssteigerndes und von den Endnutzern (Prüfern) sehr gut akzeptiertes Instrument erwiesen. Die vorliegenden Studie zeigt, dass auch die Geprüften (Medizinstudierenden) die elektronische Erfassung ihrer Leistungen generell akzeptieren: Die Befragten ($N = 50$) evaluierten die digitale Lösung gleich gut wie die bisher eingesetzten Papierchecklisten. Hinsichtlich der korrekten Benutzung der elektronischen Lösung sprechen die Studierenden ihren Experten aber eine geringere Kompetenz zu.

1 Einleitung

Harden, Stevenson, Downie und Wilson (1975) haben eine Prüfungsform entwickelt, mit der nicht „nur" Wissen sondern praktische Fertigkeiten von Medizinstudierenden evaluiert werden können: *Objective Structured Clinical Examinations* (OSCE). In diesem Setting bewerten Experten (i.e. Fachärzte) die Performanz von Medizinstudierenden in nachgestellten Situationen mithilfe von Checklisten. OSCEs haben sich als objektive, zuverlässige und valide Prüfungsmethode bewährt (vgl. z.B. Barman, 2005) und werden in medizinischen Hochschulen auf der ganzen Welt durchgeführt (Barman, 2005).

Im Vergleich zu den meisten anderen Prüfungsformen sind OSCEs sehr zeit- und ressourcenintensiv (Barman, 2005). Dies liegt teilweise an den Papier-Checklisten, welche beispielsweise in allen medizinischen Fakultäten der Schweiz eingesetzt werden: Die Papier-Checklisten müssen noch am Prüfungstag auf vergessene Bewertungen hin überprüft werden (bis zu 60% der Checklisten sind unvollständig) und bei der Überführung der Bewertungen in elektronische Daten gilt es erneut manuelle Korrekturen anzubringen.

Ein Ansatz zur Optimierung dieses Prozesses wird seit 3 Jahren durch das Projekt e-OSCE (*electronic Registration of Objective Structured Clinical Examination*) verfolgt: Mit einer durchgehend digitalen Erstellung, Bearbeitung und Auswertung der Checklisten kann eine bessere Datenqualität bei höherer Effizienz erzielt werden (vgl. Schmitz et al., 2011). Die Autoren haben in einer Vergleichsstudie nachweisen können, dass die Examinatoren die elektronischen Checklisten gegenüber den papierenen bevorzugten und diese als signifikant benutzerfreundlicher empfanden. Um die Checklisten digital abzubilden, werden im e-OSCE System Apple iPads als Bewertungsclients eingesetzt.

Mit der vorliegenden Studie soll die Frage geklärt werden, inwiefern Medizinstudierende die elektronische Erfassung ihrer Leistungen durch Experten im Vergleich zur gängigen Methode mittels Papierchecklisten akzeptieren. Fällt die Akzeptanz der Studierenden gering aus, könnte dies eine höhere Anzahl von Prüfungsrekursen zur Folge haben.

2 Hypothesen

Um die studentische Haltung gegenüber der Checklistenmodalität (elektronisch vs. papierbasiert) möglichst umfassend zu analysieren, wird zwischen *direkter* (H1 – H3) und *indirekter* Akzeptanz (H4) unterschieden. Schließlich interessiert die übergreifende Akzeptanz des medienspezifischen Checklistentypus (H5).

H1: Elektronische Checklisten unterscheiden sich von Papierchecklisten hinsichtlich ihrer Vertrauenswürdigkeit.

H2: Die erwartete Zuverlässigkeit elektronischer Checklisten unterscheidet sich von der mit Papierchecklisten assoziierten Zuverlässigkeit.

H3: Die Medienvalenz unterscheidet sich zwischen elektronischer und papierener Checklistenmodalität.

H4: Die erwartete Medienkompetenz der Experten unterscheidet sich zwischen elektronischen Checklisten und Papierchecklisten.

H5: Die Präferenz der Checklistenmodalität unterscheidet sich.

3 Methode

50 Berner Medizinstudierende (38 Frauen) zwischen 21 und 37 Jahren ($M = 23.88$; $s = 2.53$) wurden online zum Untersuchungsgegenstand befragt. Unmittelbar vor der Befragung haben die Teilnehmer einen OSCE absolviert, an dem neben den papierenen auch elektronische Checklisten im Versuchsmodus eingesetzt worden sind. Die Befragungsitems wurden mit Ausnahme des globalen Präferenzurteils so formuliert, dass sie stets einmal auf die Modalität "Papiercheckliste" und einmal auf die Modalität "Elektronische Checkliste" zutrafen.

Die medienspezifischen Aussagen zur direkten Akzeptanz wurden mittels siebenstufiger Likert Skala (von *1 = trifft überhaupt nicht zu* bis *7 = trifft voll und ganz zu) bearbeitet.* Die dazugehörigen Items lauteten: (1) "Wenn meine OSCE-Prüfungsleistung anhand von [Papierchecklisten | elektronischen Checklisten auf iPads] beurteilt wird, finde ich das wenig vertrauenswürdig" (vgl. H1), (2) "Wenn meine OSCE-Prüfungsleistung anhand von [Papierchecklisten | elektronischen Checklisten auf iPads] bewertet wird, ist das eine zuverlässige Methode." (vgl. H2), (3) "Wenn meine OSCE-Prüfungsleistung anhand von [Papierchecklisten | elektronischen Checklisten auf iPads] beurteilt wird, finde ich das unangenehm" (vgl. H3).

Um zu testen, mit welcher Checklistenmodalität die Experten aus Sicht der Studierenden kompetenter operieren können (vgl. H4), galt es die Frage (4) "Wie schätzen Sie die Kompetenz der ExpertInnen ein, die [Papierchecklisten | elektronischen Checklisten auf iPads] adäquat zu bedienen?" anhand einer siebenstufigen Rating-Skala (von *1 = völlig inkompetent* bis *7 = völlig kompetent)* zu beantworten.

Zur Messung der globalen Akzeptanz (vgl. H5) wurde den Studierenden folgende Frage gestellt: "Mit welcher Methode soll meine OSCE-Prüfungsleistung in Zukunft erfasst werden?". Die Antwortmöglichkeiten waren (5a) *mit Papierchecklisten,* (5b) *mit elektronischen Checklisten (auf iPads)* und (5c) *keine Präferenz.*

4 Resultate

Um die Hypothesen H1 bis H4 zu testen (vgl. *2 Hypothesen),* wurden t-Tests für abhängige Stichproben gerechnet. Die Items (1) und (3) wurden aufgrund der negativ konnotierten Fragestellung (vgl. *3 Methode)* umgepolt, so dass höhere Werte neu eine höhere Vertrauenswürdigkeit bzw. eine positivere Valenz widerspiegeln. Um H5 zu testen wurden Chi-Quadrat-Tests gerechnet.

Die Resultate zur direkten Akzeptanz (H1 – H3) sind in der Tabelle 1 aufgeführt. Für alle drei Hypothesen konnten keine signifikanten Unterschiede (alle $p > 0.05$) ermittelt werden. Folglich sind alle Hypothesen zur direkten Akzeptanz zu verwerfen.

		Elektronische Checkliste				**Papiercheckliste**					
Item	*N*	*Min*	*Max*	*M*	*s*	*Min*	*Max*	*M*	*s*	$t_{(49)}$	*p*
(1) Vertrauen	50	1	7	4.80	1.82	1	7	5.00	1.98	-.788	.44
(2) Zuverlässigkeit	50	2	7	5.08	1.38	3	7	5.34	1.33	-1.36	.18
(3) Medienvalenz	50	2	7	5.86	1.54	1	7	6.12	1.49	-1.42	.16

Tabelle 1: Übersicht der Resultate zur direkten Akzeptanz

Die Studierenden sprechen den gutachtenden Experten eine höhere Kompetenz zu, die Papierchecklisten adäquat zu bedienen ($M = 5.78$, $s = 1.36$) als dies in ihren Augen bei elektronischen Checklisten der Fall ist ($M = 4.96$, $s = 1.34$). Dieser Unterschied ist hochsignifikant ausgefallen ($t_{(49)} = 5.45$, $p < .001$). H4 wird akzeptiert.

34 der 50 befragten Studierenden (68%) äußern keine Präferenz für eine Checklistenmodalität (elektronisch vs. papierbasiert). 13 Studierende (26%) wollen ihre Leistung in künftigen OSCEs lieber anhand elektronischer und 3 Befragte (6%) lieber mittels gängigen Papierchecklisten evaluiert wissen. Die empirische Häufigkeitsverteilung der Antworten weicht signifikant von der erwarteten Verteilung ab ($Chi^2_{(2,\, N = 50)} = 30.04$, $p < .001$). Wird die Antwortmöglichkeit "keine Präferenz" von den Berechnungen ausgeschlossen ($N_{neu} = 16$), ist eine signifikante Präferenz für die elektronische nachweisbar ($Chi^2_{(1,\, N = 16)} = 6.25$, $p = .012$). H5 wird vor diesem Hintergrund angenommen.

5 Diskussion

Es wurde untersucht, wie gut Medizinstudierende den Einsatz mobiler elektronischer Checklisten zur Fremdbewertung ihrer Leistung im Rahmen des Prüfungsformats OSCE akzeptieren. Die Resultate zeigen, dass Berner Medizinstudierende elektronische Checklisten gut und in vergleichbarer Weise wie die bis anhin eingesetzten Papierchecklisten billigen und sie elektronische den papierenen Checklisten – im direkten Vergleich – künftig sogar vorziehen würden. Das absolute Mehr der Befragten hat gleichsam keine Präferenz für eine Checklistenmodalität kommuniziert.

Skeptischer sind die Studierenden in Hinblick auf die Kompetenz ihrer Gutachter: Die Studierenden halten es für wahrscheinlicher, dass die Experten mit Papierchecklisten korrekter operieren. Dieses Resultat steht im Kontrast zu den Ergebnissen der Vergleichsstudie von Schmitz et al. (2011), in der Experten die Benutzbarkeit elektronischer Checklisten auf Apple iPads guthießen. Implikation des vorliegenden Resultats ist folglich, dass das Vertrauen in die Experten bei den Studierenden generell zu verstärken ist.

Literaturverzeichnis

Barman, A. (2005). Critiques on the objective structured clinical examination. *Academic Medicine, 34(8),* 478-482

Harden, R. M., Stevenson, M., Downie, W. W., & Wilson, G. M. (1975). Assessment of clinical competence using objective structured examination. *British Medical Journal, 1,* 447-451.

Schmitz, F. M., Zimmermann, P. G., Gaunt, K., Stolze, M., & Guttormsen, S. (2011). Electronic Rating of Objective Structured Clinical Examinations: Mobile Digital Forms Beat Paper and Pencil Checklists in a Comparative Study. In A. Holzinger & K.-M. Simonic (Eds.), *USAB 2011, LNCS 7058. Information Quality in eHealth* (pp. 501.-512). Berlin: Springer.

Kontaktinformationen

Felix Schmitz, schmitz@iml.unibe.ch, Universität Bern, Institut für Medizinische, Konsumstrasse 13, CH-3010 Bern.

H. Reiterer & O. Deussen (Hrsg.): Mensch & Computer 2012
München: Oldenbourg Verlag, 2012, S. 349-352

Der Ersteindruck ist treffsicher: Webseiten werden in 50 ms erkannt

Mara Herzog[1], Meinald T. Thielsch[1], Gerrit Hirschfeld[2]

Institut für Psychologie, Westfälische Wilhelms-Universität Münster[1]
Deutsches Kinderschmerzzentrum, Vestische Kinder- und Jugendklink Datteln[2]

Zusammenfassung

Zahlreiche Studien untersuchen die subjektive ästhetische Bewertung von Webseiten in Abhängigkeit der Präsentationsdauer. Es ist jedoch nicht klar, ob Menschen bei sehr kurzen Präsentationszeiten überhaupt erfassen können, was präsentiert wurde. In unserer Studie wurde untersucht, ob Webseiten bei kurzen Darbietungsdauern von 500, 300 oder 50 ms von anderen Stimuli (Gesichtern oder Broschüren) unterscheidbar sind. In einem Experiment mit 48 Probanden wurden bei der Bedingung Webseiten vs. Broschüren mehr Fehler gemacht, je kürzer die Stimuli zu sehen waren. Aufgrund der geringen Fehlerraten kann jedoch davon ausgegangen werden, dass Webseiten auch bei sehr kurzen Darbietungsdauern erkannt werden können. Bei der Bedingung Webseiten vs. Gesichter wurden noch weniger Fehler gemacht. Menschen sind also in der Lage auch in kürzester Zeit eine Webseite als solche zu erkennen. Dies unterstreicht die Relevanz des Ersteindrucks im World Wide Web.

1 Einleitung

Die aktuelle Forschung beschäftigt sich zurzeit intensiv mit der Frage nach der ästhetischen Wahrnehmung von Webseiten. Von besonderem Interesse ist dabei, wie schnell ein konstantes Urteil gebildet wird und welche Faktoren den Wahrnehmungsprozess beeinflussen (Lindgaard et al., 2006 & 2011; Tractinsky et al., 2006; Thielsch und Hirschfeld, 2010 & 2012; Tuch et al., in press). Dies wird anhand von Experimenten untersucht, bei denen verschiedene Webseiten unterschiedlich lange präsentiert und von Testpersonen hinsichtlich des subjektiven ästhetischen Eindrucks bewertet werden. Dabei werden diese Webseiten manchmal nur für 50 ms gezeigt. Die Frage, ob innerhalb solch kurzer Zeiträume überhaupt zu erkennen ist, dass eine Webseite gezeigt wird, wurde bisher nicht gestellt. Es existieren spezialisierte Areale, die für die Verarbeitung einzelner Stimulusklassen zuständig sind. So werden beispielsweise Wörter und Buchstaben in der *visual word form area* verarbeitet (McCandliss et al., 2003) während Gesichter in der *fusiform face area* (FFA) verarbeitet (Kanwisher et al.,

1997) werden. Es ist bisher jedoch nicht bekannt, ob sich diese unterschiedlichen Prozesse auch auf die Wahrnehmungsleistung für alltägliche Stimuli wie Webseiten auswirken.

In dem hier beschriebenen Experiment sollen daher die Probanden sehr kurz (50 ms, 300 ms oder 500 ms) dargebotene Screenshots von Webseiten identifizieren. Als Distraktoren dienten in getrennten Blöcken entweder Gesichter oder Broschüren (eine zu Webseiten vergleichbare Stimulusart aus dem Printdesign). Wir erwarten, dass in der Bedingung Webseiten vs. Broschüren bei einer Darbietungsdauer von 50 ms signifikant mehr Fehler gemacht werden als bei einer Dauer von 300 ms. Ferner erwarten wir, dass bei der Bedingung Webseiten vs. Gesichter in der 50 ms Bedingung signifikant weniger Fehler gemacht werden, als bei der Bedingung Webseiten vs. Broschüren. Offen ist die zentrale Frage, ob und wie sicher die Testpersonen überhaupt die Webseiten innerhalb von 50 ms erkennen können.

2 Methode

Die Stichprobe bestand aus 48 Probanden zwischen 18 und 45 Jahren (M = 22, SD = 4,78), von denen 37 weiblich und 10 männlich waren und eine Person zum Geschlecht keine Angabe machte. Die Teilnehmer nutzten seit durchschnittlich 8,75 Jahren (Min = 4, Max = 14, SD = 2,14) das Internet. Die aktive Nutzungsdauer pro Tag betrug im Durchschnitt 1,92 Stunden (Min = 0,5, Max = 4, SD = 0,90). Alle Versuchsteilnehmer waren Studenten der Westfälischen Wilhelms-Universität Münster. Sie wurden einerseits mit Hilfe eines Aushanges, andererseits durch direktes Ansprechen rekrutiert und mit einer Versuchspersonenstunde entlohnt. Die Teilnahme an dem Versuch war freiwillig.

Die Computer, an denen das Experiment durchgeführt wurde, waren IBM-PCs (2.19 GHz ACPI Uniprozessor PC, 1GB RAM) mit 19-Zoll-LCD-Bildschirmen. Das Experiment wurde mit dem Programm Inquisit in der Version 3 durchgeführt.

Die Stimuli waren Screenshots von unbekannten Webseiten, eingescannte Werbebroschüren und Gesichter von Politikern. Alle Stimuli wurden in Farbe und vor einem weißen Hintergrund präsentiert und waren bis auf wenige Pixel gleich groß. Für jeden Zielreiz wurde eine individuelle Maske generiert (vgl. Thielsch & Hirschfeld, 2012). Ein Trial begann mit der Präsentation eines Fixationskreuzes in der Mitte des Bildschirms. Nach 500 ms wurde dieser durch eine Maske ersetzt, die 50 ms sichtbar war. Daraufhin wurde für 500, 300 oder 50 ms der Zielreiz präsentiert. Danach wurde wieder für 50 ms die Maske präsentiert, woraufhin die Probanden ihr Urteil ohne eine zeitliche Beschränkung abgeben konnten.

Die Zielreize wurden in Blöcken mit der gleichen Aufgabe (Webseite vs. Broschüre, oder Webseite vs. Gesicht) und Präsentationsdauer präsentiert. Ein Block bestand aus sechs Übungstrials und 40 Experimentaltrials. Jeder Proband sah jeden Zielreiz nur einmal und bearbeitete sechs Blöcke. Insgesamt wurden den Probanden also 240 Experimentaltrials und 36 Übungstrials präsentiert. Zum Ende des Experiments gaben die Teilnehmer noch einmal für alle Stimuli an ob ihnen der jeweilige Stimulus bekannt war.

3 Ergebnisse

Um die Abhängigkeit der Daten abzubilden wurde der Fehleranteil der Probanden pro Bedingung ermittelt (siehe Tabelle 1). In der Bedingung *Webseiten vs. Broschüren* gab es einen durchschnittlichen Fehleranteil von 8,9 %, während Webseiten im Vergleich zu Gesichtern fast immer erfolgreich erkannt wurden (durchschnittlicher Fehleranteil von nur 0,2 %).

	Aufgabe	
Darbietungszeit	*Webseiten vs. Broschüren*	*Webseiten vs. Gesichter*
50 ms	14,6% (280)	0,2% (3)
300 ms	7,3% (140)	0,2% (4)
500 ms	4,7% (90)	0,1% (2)
gesamt	8,9% (510)	0,2% (9)

Tabelle 1. Fehleranteil der Antworten pro Bedingung in %, dahinter in Klammern die totale Anzahl der falschen von insgesamt 11520 Antworten.

Es wurde eine Varianzanalyse (ANOVA) mit Messwiederholungen und den Faktoren *Zeit* (50, 300, 500 ms) und *Bedingung* (Webseiten vs. Broschüren, Webseiten vs. Gesichter) verwendet. Es ergab sich sowohl ein Haupteffekt für den Faktor *Zeit* (F (2, 94) = 40.19, $p < .01$, $\eta^2 = .46$) als auch für den Faktor *Bedingung* (F (1, 47) = 202.05, $p < .01$, $\eta^2 = .81$). Außerdem wurde die Interaktion *signifikant* (F (2, 94) = 39.99, $p < .01$, $\eta^2 = .46$).

Wie erwartet wurden in der Aufgabe *Webseiten vs. Broschüren* bei einer Darbietungsdauer von 50 ms mehr Fehler gemacht als bei 300 ms (T (47) = −6.47, $p < .01$.) Außerdem waren in der Zeitbedingung *50 ms* die Fehleranteile in der Bedingung *Webseiten vs. Gesichter* geringer als in der Bedingung *Webseiten vs. Broschüren* (T (47) = −14.78, $p < .01$).

4 Fazit

In der vorliegenden Studie wurden der Einfluss der Darbietungszeit und der Aufgabe auf die Verarbeitungsleistung von Webseiten untersucht. Insgesamt fanden wir, dass Probanden auch bei sehr kurzen Darbietungszeiten noch in der Lage sind Webseiten selbst von ähnlichen künstlichen Stimuli wie Broschüren zu unterschieden. Daraus lässt sich schließen, dass Webseiten bereits in 50 ms sicher als solche erkannt werden können. Manchem mag dabei die vorliegende Stichprobe zunächst als klein erscheinen, diese erfüllt aber die Anforderungen derartiger Grundlagenstudien (für eine Diskussion siehe Thielsch & Hirschfeld, 2012).

In der Bedingung *Webseiten vs. Broschüren* wurde wie erwartet mehr Fehler bei kurzen Darbietungsdauern gemacht. Überraschenderweise wurden jedoch selbst bei 50 ms Präsentationszeit weniger als 15 % Fehler gemacht. Dieser Anteil ist sehr gering, beachtet man die Ähnlichkeit von Webseiten und Broschüren und die geringe Darbietungsdauer. Dies spricht für die Gültigkeit der bisherigen Forschungsbefunde (Lindgaard et al., 2006 & 2011; Tractinsky et al., 2006; Thielsch und Hirschfeld, 2012; Tuch et al., in press) hinsichtlich der schnellen Bildung des Ersteindrucks einer Webseite. Man kann also davon ausgehen, dass bei der Erforschung von Ersteindrücken die Präsentation von Webseiten auch im 50 ms-Bereich angebracht ist und wichtige Daten über die ästhetische Wahrnehmung von Webseiten liefern kann.

In der Bedingung *Webseiten vs. Gesichter* wurden wie erwartet nur sehr wenig falsche Antworten gegeben, welche vermutlich auf Flüchtigkeitsfehler zurück zu führen sind. Über alle Zeitbedingungen hinweg war diese Bedingung leichter zu bearbeiten als die Broschüren-Bedingung. Der Grund dafür, dass Designprodukte aufgrund ihres Inhaltes anders verarbeitet werden als natürliche Stimuli, sind wahrscheinlich die besonderen neuronalen Verschaltungen in der FFA, die eine hoch effiziente Verarbeitung von Gesichtsstimuli ermöglichen. Unsere Ergebnisse zeigen, dass sich neurokognitive Grundlagenmodellen auch auf die Webseitenwahrnehmung und insbesondere die Erforschung von Ersteindrücken anwenden lassen.

Aktuell werden auch die ästhetische Urteile nach einer Präsentationsdauer von teilweise nur 17 ms erforscht (Tuch et al., in press). Nun wäre es interessant zu untersuchen, ob es bei einer so kurzen Präsentationsdauer ebenfalls möglich ist Webseiten sicher zu erkennen.

Literaturverzeichnis

Kanwisher, N., McDermott, J., & Chun, M. M. (1997). The fusiform face area: A module in human extrastriate cortex specialized for face perception. *The Journal Of Neuroscience, 17 (11)*, 4302-4311.

Lindgaard, G., Dudek, C., Sen, D., Sumegi, L. & Noonan, P. (2011). An exploration of relations between visual appeal, trustworthiness and perceived usability of homepages. *ACM Transactions on Computer-Human Interaction, 18 (1)*, 1-30.

Lindgaard, G., Fernandez, G., Dudek, C. & Brown, J. (2006). Attention web designers: You have 50 milliseconds to make a good first impression! *Behaviour & Information Technology, 25 (2)*, 115-126.

McCandliss, B. D., Cohen, L. & Dehaene, S. (2003). The visual word form area: expertise for reading in the fusiform gyrus. *Trends in cognitive sciences, 7 (7)*, 293-299.

Thielsch, M. T. & Hirschfeld, G. (2010). High and low spatial frequencies in website evaluations. *Ergonomics, 53* (8), 972-978.

Thielsch, M. T. & Hirschfeld, G. (2012). Spatial frequencies in aesthetic website evaluations – explaining *how* ultra-rapid evaluations are formed. *Ergonomics, 55* (7), 731-742

Tractinsky, N., Cokhavi, A., Kirschenbaum, M., & Sharfi, T. (2006). Evaluating the consistency of immediate aesthetic perception of web pages. *International Journal of Human-Computer Studies, 64*, 1071-1083.

Tuch, A. N., Presslaber, E. E., Stöcklin, M., Opwis, K., & Bargas-Avila, J. A. (in press). The role of visual complexity and prototypicality regarding first impressions of websites: Working towards understanding aesthetic judgments. *International Journal of Human Computer Studies.*

H. Reiterer & O. Deussen (Hrsg.): Mensch & Computer 2012
München: Oldenbourg Verlag, 2012, S. 353-356

Replicating Interactive Surfaces Using Distortion Techniques

Jooyoung Lee[1], Johannes Luderschmidt[1], Ralf Dörner[1],
HyungSeok Kim[2,3], JeeIn Kim[2]

Dept. DCSM, RheinMain University of Applied Sciences, Germany[1]
Dept. of Internet & Multimedia Engineering, Konkuk University, Seoul, Korea[2]
Institute for Media Innovation, Nanyang Technological University, Singapore[3]

Abstract

In this paper we present a distortion technique that provides a focus & context view of an interactive surface's screen on a mobile device. Simply showing a reduced version of the surface's screen on the mobile device would not have been sufficient as UI elements could be too small to be manipulated. Users modify the region of interest (ROI) of the focus & context distortion via gestural input on their device. We employ this technique in our system that transmits interaction on the mobile device via TUIO to the interactive surface. Thus, users may interact remotely with any TUIO-based application on the surface without additional implementation effort while real-time constraints are still met.

1 Introduction

We consider a basic scenario where a user would like to interact with an interactive surface without touching it directly. For instance, a large display running an interactive application could be placed behind a shop window and a user standing in front of the window wants to interact with it. Another example is a user standing in front of a large interactive tabletop, who is not able to physically reach the far corner of the tabletop. Or a user is not willing to touch a public interactive kiosk system because of hygienic concerns. Our principal idea is to employ a mobile device (e.g., a tablet computer or smartphone) as a proxy for the interactive surface allowing for remote interaction. A usable realization of this general idea needs to provide answers to the following three questions. First, how is the large interactive surface represented on the small display of the mobile device? Second, how does the user interact with this representation? Third, what modifications of the application on the interactive surface need to be performed in order to facilitate such remote interaction? In this paper, we present a solution approach to answer all three questions. In the next section, we present our solution after briefly reviewing related work. In section 3 we present the implementation. Section 4 gives a conclusion.

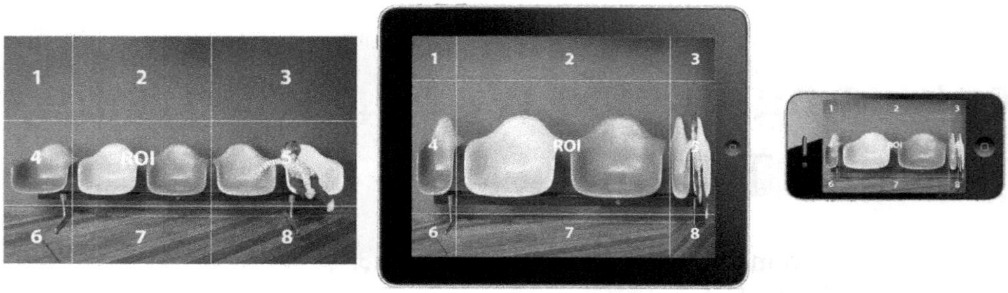

Figure 1: An example for our distortion technique: (left) Undistorted image (with marked zones). (middle) Image distorted with our focus & context technique for a tablet computer. Zones have been transformed to fit in the 9 zones. (right) Distorted image on smartphone. Note that ROI is still well recognizable.

2 Concept and Architecture

Different approaches allow users to employ mobile devices to interact with interactive surfaces. For instance a mobile device can be used as a magic lens or as a precise input device on an interactive tabletop setup (Olwal & Feiner 2009). They can be used as data input palettes for interactive whiteboards (Rekimoto 1998) or to interact with public displays via throw and tilt gestures (Dachselt & Buchholz 2009). These approaches however demand interactive surface applications that are especially adapted to work with such devices. If users want to use mobile devices for interaction with unmodified applications, they can for instance employ the TuioPad[1] app. With TuioPad, devices employ the Tangible User Interface over OSC (TUIO) protocol (Kaltenbrunner et al. 2005) to transfer the interaction on the touchscreen to the interactive surface and can therefore interact with all TUIO-enabled applications. However, TuioPad only shows a grey area on which a user can interact and gives no visual clue where their touch is located on the remote surface.

Our setup introduced in (Lee et al. 2011) employs a similar approach to TuioPad that enables mobile devices with a touchscreen (like smartphones or interactive tablets) to interact with all kinds of applications on interactive surfaces with different resolutions and physical sizes. As compared to TuioPad, our system additionally provides an image of the interactive surface's screen on the mobile device. It would not be sufficient to just scale down the big screen's image to the mobile device's screen size. For instance, if an interactive surface had a resolution of 30 dpi and a mobile device a resolution of 120 dpi, the UI would be four times smaller on the mobile device. Hence, details could not be recognizable anymore on the small screen and touch interaction with such small elements would be complicated. Therefore,

1 http://code.google.com/p/tuiopad

there is a need for a sophisticated rescaling. Our system employs the following fisheye view (Furnas 1986) like distortion. As illustrated in Figure 1 on the left, the grabbed image from the interactive surface is subdivided in nine zones. The focus zone in the center is called the region of interest (ROI) and stays undistorted. The eight other context zones are compressed to fit in the zones adjacent to the ROI. The ROI's position can be manipulated by the user on the mobile device and can therefore be located anywhere on the screen of the interactive surface. The layout of the nine zones on the device's screen stays fixed.

After the distortion, the image is transferred to the remote device over the network. The user interacts with the mobile device via touch. If users touch the display, the application calculates the touch position in relation to the distorted image and sends it via TUIO to the interactive surface. Therefore, all interactive surface applications based on TUIO are inherently compatible with our system. If users, however, touch the display with three fingers, they modify the ROI. Dragging the fingers on the screen changes the maximum and minimum position of the ROI. Performing a scale or pinch gesture with three fingers zooms in or out of the ROI. Figure 2 shows the application while being used by a user employing an iPad. The red rectangle depicts the ROI.

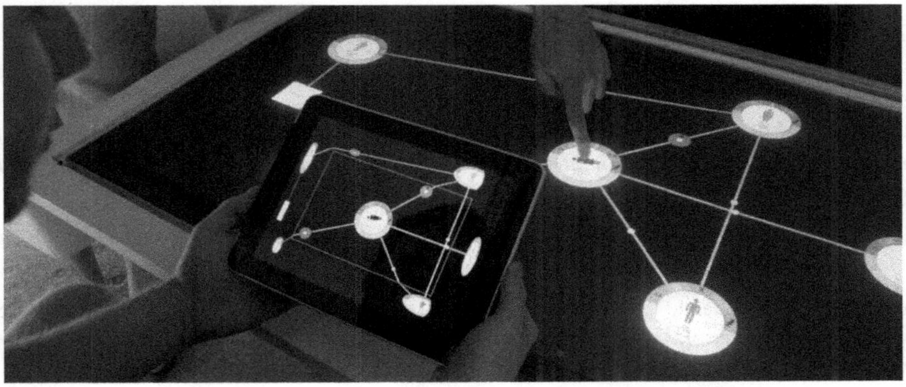

Figure 2: An example for using of our system: A user interacts with our software Vispol on the tabletop using an iPad and another user manipulates Vispol directly on the surface.

3 Implementation

We implemented our target device application as a native app for the iOS platform. The application that provides the communication between the interactive application on the surface and the iOS app is a native Mac OS X application running on the surface computer. To be able interacting via touch on the interactive surface and on the iOS device simultaneously, we use the TUIO proxy application Throng[2] that joins TUIO messages from different sources.

4 Conclusion

We have presented a fisheye view distortion technique that allows displaying the content of an interactive surface on a remote device. We grab the surface's screen content and subdivide it in nine zones: an undistorted zone in the center (called ROI) and eight adjacent zones that are distorted to fit in the frame around the ROI. Our distortion technique allows controlling every existing TUIO application with a mobile device without the need to modify the interactive surface application.

Acknowledgements

This work was performed with the financial support by the U-City Master and Doctor Course Grant Program funded by the Korea Ministry of Land, Transport and Maritime Affairs.

Financial support by the BMBF-FHProfUnt grant no. 17043X10

References

Dachselt, R., and Buchholz, R. Natural throw and tilt interaction between mobile phones and distant displays. In *Proceedings of the 27th international conference extended abstracts on Human factors in computing systems* (New York, NY, USA, 2009), CHI EA '09, ACM, pp. 3253–3258.

Furnas, G. W. Generalized fisheye views. In *CHI '86: Proceedings of the SIGCHI conference on Human factors in computing systems* (New York, NY, USA, 1986), ACM, pp. 16–23.

Kaltenbrunner, M., Bovermann, T., Bencina, R., and Costanza, E. TUIO - A Protocol for Table Based Tangible User Interfaces. In *Proceedings of the 6th International Workshop on Gesture in Human-Computer Interaction and Simulation (GW 2005)* (2005), pp. 1–5.

Lee, J., Doerner, R., Luderschmidt, J., Kim, H., and Kim, J.-I. Collaboration between tabletop and mobile device. In ISUVR (2011), pp. 29–32. IEEE, Ed.

Olwal, A., and Feiner, S. Spatially Aware Handhelds for High-Precision Tangible Interaction with Large Displays. In *TEI '09: Proceedings of the 3rd International Conference on Tangible and Embedded Interaction* (New York, NY, USA, 2009), ACM, pp. 181–188.

Rekimoto, J. A Multiple Device Approach for Supporting Whiteboard-Based Interactions. In *Proceedings of the SIGCHI conference on Human factors in computing systems* (New York, NY, USA, 1998), CHI '98, ACM Press/Addison-Wesley Publishing Co., pp. 344–351.

Contact Information

{ljy1201, hyuskim, jnkm}@ konkuk.ac.kr, {johannes.luderschmidt, ralf.doerner}@hs-rm.de

[2] http://code.google.com/p/throng

H. Reiterer & O. Deussen (Hrsg.): Mensch & Computer 2012
München: Oldenbourg Verlag, 2012, S. 357-360

Multi-Haptics: Remote Tactile Feedback on Multitouch Surfaces

Tobias Stockinger, Hendrik Richter

Human-Computer-Interaction Group, University of Munich (LMU)

Abstract

Multi-touch input using multiple fingertips or hands has become the de-facto standard for the interaction with interactive surfaces such as tablets, tabletops or interactive walls. For single touch input, the addition of synchronous tactile feedback has shown to be beneficial in terms of reducing error-rates, increasing interaction speed and minimizing visual load. However, to this day, the non-visual communication of form, state and function of interactive elements has only been analyzed for single touch surfaces. We incorporate the notion of remote tactile feedback, i.e., the spatial separation of touch input and resulting tactile output on the user's body to provide several synchronous haptic stimuli for users of multi-touch surfaces. In the paper, we present the results of a preliminary study and an ongoing study in which we analyze the role of remote tactile feedback for quantitative and qualitative metrics of multi-touch interactions.

1 Introduction

Due to their ease of use and the flexibility in GUI-design, touch screens have become an essential element in HCI. Despite the technical progress of multi-touch displays concerning technology and visual resolution, they still present a flat and rigid surface to the interacting user's fingertips. No active tactile information on shape, state and function of the interactive elements is communicated. However, several user studies have evaluated the effects of active tactile stimuli resulting from interactions with touch surfaces on usability and subjective responses (Chang & O'Sullivan 2005). Presenting tactile stimuli on touch surfaces was found to increase typing speed and accuracy significantly (Hoggan et al. 2008). However, these effects haven't been evaluated for multi-touch surfaces, yet. With our work, we investigate the role of tactile feedback for *several contact points* with the interactive surface. Incorporating the notion of Remote Tactile Feedback, we argue that this multi-haptic approach influences interaction on multitouch surfaces in quantitative and qualitative metrics. Our contributions are new options for feedback on the body, observations on user behavior concerning bimanual interaction and first recommendations of multi-touch gesture properties.

2 Remote Tactile Feedback on Interactive Surfaces

On single-touch surfaces, the provision of tactile stimuli has been done using three methods: (i) moving or vibrating the device's screen or whole device (Fukumoto & Sugimura 2001) (ii) placing additional interfaces with tactile feedback atop the device (Marquardt et al. 2009) (iii) segmenting the interactive surface into individually movable tactile pixels (Poupyrev et al. 2004). However, these methods are not applicable for tactile feedback on multitouch surfaces, i.e. for individual tactile feedback for multiple points of contact with the screen area. (i) allows for only one tactile stimulus and it is the same for every point of contact. (ii) requires additional mechanical devices on the screen which could lead to occlusion; additionally this method is not applicable for non-horizontal touch surfaces such as interactive walls. (iii) lacks tactile resolution and is hardly scalable due to mechanical constraints of the numerous actuator devices which have to be integrated into the touch surface. Therefore, researchers try to incorporate the notion of "tactile sensory relocation" or remote tactile feedback (RTF) to communicate rich tactile feedback to the users of touch interfaces. This approach is based on spatially separating touch and feedback, for example using actuators located on the forearm. Recent publications by McAdam and Brewster indicate that remote tactile feedback can improve typing speed on portable tabletops while maintaining low error rates compared to physical keyboards (McAdam & Brewster 2009) when using a vibration on the wrist and upper arm. Additionally, applying RTF can simplify the design and implementation of tactile feedback devices (Richter et al. 2011-A) and to create novel tactile stimuli by combining different types of actuators (Richter et al 2011-B). At this point, multitouch interaction has not been under much research concerning tactile feedback. Thus, we suggest RTF techniques to improve and enrich the interaction with multi-touch surfaces.

3 Preliminary User Study

We conducted a preliminary user study incorporating six participants: Firstly, we examined the effect of additional remote tactile feedback on total task time. Secondly, we observed how often people removed their fingers from the screen and how likely they use both hands in a steering task. We implemented a prototype application for the Apple iPad. As remote actuators, we chose voice coil actuators allowing us to quickly adjust frequency for different feedback signals. These speakers were small enough to be sewed into comfortable wristbands which are easily fastened and unfastened (see figure 1A). During the study, participants had to move a randomly rotated square atop a static square. In order to drag the square, two given points in opposite corners had to be touched at the same time using one or both hands (see figure 1B). One trial was complete when both squares matched and the fingers were removed from the screen. We measured task completion time and how often subjects lifted their fingers during a trial.

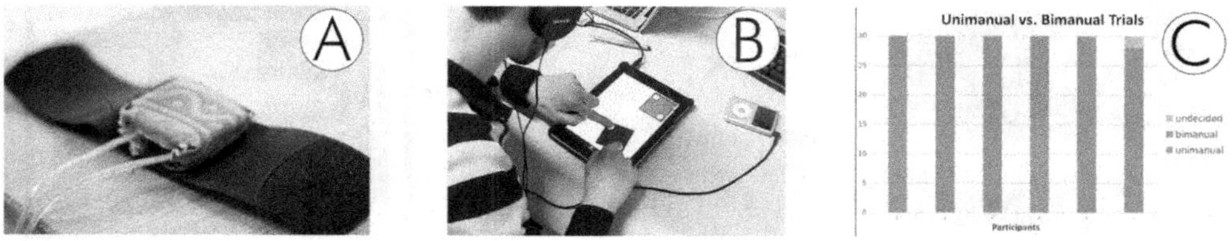

Figure 1- A: Wrist-worn actuator – B: Study setting "Moving Square" – C: More trials done bimanually

We implemented a within subjects design with two feedback conditions: visual feedback only and visual feedback combined with additional RTF were both tested with each participant. In the visual case, the square turned green while it was touched at the given points and it turned blue as soon as both squares overlapped correctly. For the combined feedback, additional tactile feedback was separately provided through a 160hz sine wave to the left wrist when the left point is under touch and vice versa. When the squares overlap correctly, a 20ms pulse signalizes a match. The order of conditions was fully counterbalanced over six participants, who were 25 years in average; five participants were male (all right-handed). Due to the limited number of participants, no statistically significant statement or result can be given. Preliminary results were near equal for visual and combined feedback, no indication for quantitative benefits of multi-haptic feedback is found in our setting. Participants uttered that the wrist-bands might have negatively influences their precision. However, we observed that 76% of overall tasks were completed bimanually, even though the object was small enough to be dragged and rotated with one hand (see figure 1C). In the questionnaire, individuals stated that they felt obligated to use both hands while wearing wristbands on both hands.

4 Ongoing User Study

With our second, ongoing study, we want to further investigate three aspects of RTF on multi-touch surfaces: Firstly, we want to assess the effects of RTF on larger multi-touch surfaces concerning interaction speed and the number of errors made. Secondly, we want to evaluate the influence of actuator placement on the decision to interact bimanually. Thirdly, we want to find out if it is more important to associate feedback position to the hand that caused an event or to simply give tactile feedback simultaneously to the touch, which we can evaluate by inverting the left and right actuator signals. For this ongoing project we deploy a larger multi-touch surface (Samsung SUR40 - Microsoft Surface 2) to have a higher degree of freedom when it comes to decide which hand to use for a certain action. The results from our preliminary study suggested that wearable tactile actuators are perceived as being cumbersome and bias the likeliness to use both hands. Therefore, we developed a "Tactile Chair" with built-in actuators for the left and right leg (see figure 2A). At the same time we can evaluate the applicability of RTF on the backside of the upper leg, which to our knowledge has not been done before. The dragging task will require the user to move two circles through an asymmetric tunnel that changes in size and orientation (see figure 2B & 2C). Also, we will have the participants move the squares simultaneously in one case and successively in the other. The latter tells us more about the decision to interact bimanually.

Figure 2 - A: Tactile Chair, actuators in sitting area – B: User Study on MS Surface – C: User Study GUI

5 Conclusion

In the paper, we presented our work in progress to analyze the role of RTF on interactions on multitouch surfaces. In a preliminary study, we recognized possible effects of actuator placement on the user's decision to use one or more hands for the interaction. To further analyze this correlation, we are currently designing a full user study incorporating a larger interactive surface. We will analyze the effects of remote tactile feedback on interaction speed and errors made as well as the influence of actuator placement on the decision to interact bimanually and the subjective evaluation of the given tactile signal. In conclusion, we think the remote application of tactile stimuli can help to enrich and extend the interaction with ubiquitous touch surfaces using one or more fingertips or hands. We believe that results of our ongoing study will help to further exploit the notion of RTF for multi-touch interactions in a ubiquitous computing scenario.

References

Chang, A. & O'Sullivan, C. (2005). *Audio-haptic feedback in mobile phones*. CHI'05, 1264–1267.

Fukumoto, M. & Sugimura, T. (2001). *Active click: tactile feedback for touch panels*. CHI'01, pages 121–122.

Hoggan, E., Brewster, S. & Johnston, J. (2008*). Investigating the effectiveness of tactile feedback for mobile touchscreens*. In Proc. of ACM CHI'08, pages 1573–1582.

Marquardt, N., Nacenta, M., Young, J., Carpendale, S., Greenberg, S., & Sharlin, E. (2009). *The Haptic Tabletop Puck*. Proc. ITS 2009, pages 93-100.

McAdam, C. & Brewster, S. (2009). *Distal tactile feedback for text entry on tabletop computers*. Proc. of the 23rd British HCI Group Annual Conf. on People and Computers, pages 504–511.

Poupyrev, I., Nashida, T., Maruyama, S., Rekimoto, J., & Yamaji, Y.(2004). *Lumen: interactive visual and shape display for calm computing*. Proc. of ACM SIGGRAPH 2004, 17.

Richter, H., Blaha, B., Wiethoff, A., Baur, D. & Butz, A. (2011-A). *Tactile feedback without a big fuss: simple actuators for high-resolution phantom sensations*. In UBICOMP'11, pages 85–88. ACM

Richter, H., Löhmann, S. & Wiethoff, A. (2011-B). HapticArmrest: *Remote Tactile Feedback on Touch Surfaces Using Combined Actuators*, Ambient Intelligence, pages 1–10, Springer

Contact Information

stockinger@cip.ifi.lmu.de - hendrik.richter@ifi.lmu.de - www.medien.ifi.lmu.de

H. Reiterer & O. Deussen (Hrsg.): Mensch & Computer 2012
München: Oldenbourg Verlag, 2012, S. 361-364

Benutzerzentrierte Beschreibung bewegungsbasierter Interaktionen

Bianca Gockel, Tamara Staab, Birgit Bomsdorf

Fachbereich Angewandte Informatik, Hochschule Fulda - University of Applied Sciences

Zusammenfassung

Derzeitige Notationen zur Dialogspezifikation berücksichtigen nur unzureichend Formen, in denen der Benutzer über Körperbewegungen mit einem System interagieren kann. In diesem Beitrag werden erste Ergebnisse der Entwicklung einer als Body Interaction Notation (BIN) bezeichneten Beschreibungssprache bewegungsbasierter Mensch-Computer-Interaktionen vorgestellt. Sie basiert im Wesentlichen auf der Kombination der User Action Notation mit einer modifizierten Version der Labanotation.

1 Einleitung

Gesten, wie Freihandgesten oder (Teil-)Bewegungen des Körpers eines Benutzers werden zunehmend zur Kontrolle eines interaktiven Systems eingesetzt. Dies bedingt den Bedarf an adäquaten Beschreibungssprachen, die den Entwurf bewegungsbasierter Interaktionen in einem iterativen, benutzerzentrierten Designprozess unterstützen. Eine bekannte Notation zur Beschreibung der Dialoge aus Benutzersicht ist die tabellenbasierte User Action Notation, kurz: UAN (Hix & Hartson 1993). Für einzelne Aufgaben (z.B. ein Objekt zu zoomen) wird die Sequenz der vom Benutzer auszuführenden Aktionen beschrieben. Beispielsweise besteht in einer von uns umgesetzten 3D-Anwendung (Rupprecht et al. 2012) ein Teil einer solchen Folge darin, mit beiden Zeigefingern nach oben zu zeigen und dann diese auseinander zu bewegen. Die von Hix und Hartson vorgeschlagenen UAN-Symbole sind auf traditionelle graphische Benutzungsschnittstellen zugeschnitten und ungeeignet zur Darstellung von Interaktionen mittels Körperbewegungen. Daher setzen wir in den UAN-Beschreibungen natürlich sprachlichen Text ein, der mit Illustrationen ergänzt wird (s. Abbildung 1a und1b).

Abbildung 1:Darstellung bewegungsbasierter Benutzeraktionen

Diese Kombination ist jedoch zu unspezifisch, z.B. gab es Rückfragen, wie hoch die Finger zu halten sind und ob die Ellenbogen auch gestreckt sein dürfen. In einzelnen Fällen, wie in Abbildung 1c, können Annotationen zur Verdeutlichung beitragen, jedoch bleibt auch dann offen, welche Körperteile in einer Pose bedeutungsvoll sind. So sind Kopf- und Fußstellung für die Abbruchgeste in Abbildung 1c irrelevant. Das Problem der ungenauen Notierung tritt insbesondere dann auf, wenn die Körperbewegungen einer Interaktion komplexer als die hier dargestellten Beispiele sind. Zur detaillierten Beschreibung bewegungsbasierter Benutzeraktionen wird in einzelnen Arbeiten, z.B. in (Loke et al. 2005), die von Laban 1928 zur Aufzeichnung und Analyse von Tanz-Choreographien entworfene Labanotation (Hutchinson 1977) in leicht abgewandelter Form eingesetzt. Ausgehend von der Labanotation stellt sich die Frage, welche der Konzepte im Kontext der Mensch-Computer-Interaktion zweckmäßig sind. Als Ergebnis erster Untersuchungen hierzu wird in diesem Beitrag auszugsweise die Body Interaction Notation (BIN) gezeigt, in der das Symbolrepertoire reduziert und einzelne Symbole überarbeitet sind, um so eine intuitivere Darstellung als in der Labanotation zur Verfügung zu stellen. Des Weiteren beinhaltet BIN die Kombination mit Dialogbeschreibungssprachen, z.B. mit der UAN, wie im Folgenden dargestellt.

2 Body Interaction Notation (BIN)

Mit BIN soll eine möglichst einfach verständliche und präzise Notation zur Beschreibung körperbasierter Interaktionen zur Verfügung gestellt werden. Abbildung 2 zeigt wesentliche Bestandteile der derzeit in ihr verwendeten Symbole. Die Körpersymbole stellen, bis auf wenige Ausnahmen, die unterschiedlichen Gelenke des Körpers dar, wobei eine weiße, graue oder schwarze Füllung die Stärke der Beugung angibt. Beispielsweise wird der ausgestreckte Zeigefinger der linken Hand in Abbildung 1 mittels  dargestellt: Der Zeigefinger ist nicht gebeugt (weiße Füllung), die anderen Finger sind stark gebeugt (schwarze Füllung).

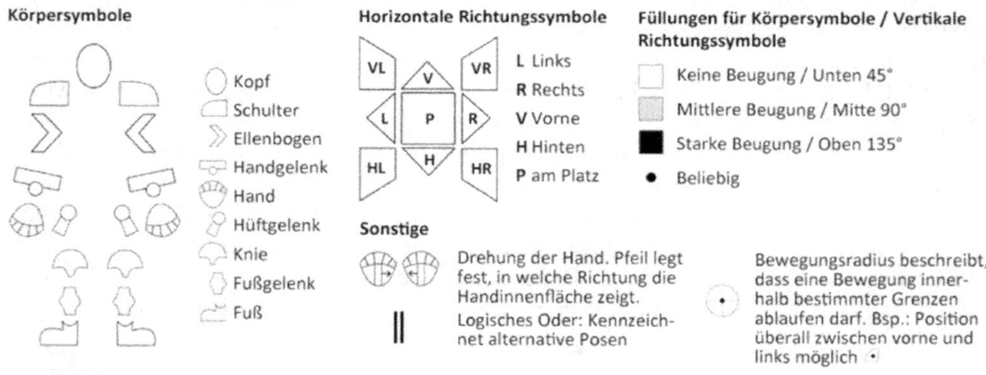

Abbildung 2: Symbole zur Beschreibung von Körperbewegungen

Horizontale und vertikale Richtungssymbole gehen immer von einer Grundposition aus, in der der Benutzer gerade, mit herabhängenden Armen steht. In Abbildung 1a sind die Ellenbogengelenke stark gebeugt und die Oberarme liegen relativ nah am Körper. Aufgrund der Beugung befinden sich die Hände bereits vorne, d.h. die Richtung muss nicht geändert werden, was mittels des P-Symbols spezifiziert wird. Für die linke Körperseite ergibt sich in diesem Beispiel insgesamt die Symbolkombination . In Abbildung 1b sind die Arme nun vorne links bzw. rechts vorm Körper bei nur noch mittlerer Beugung. Für die linke Seite wird dies mittels spezifiziert. Die Geste in Abbildung 1c wird durch die Kombination beschrieben: Der linke Ellenbogen wird nicht gebeugt, d.h. der Arm ist gestreckt, wobei der Arm nach unten mit einem Winkel von 45° zeigt.

Ähnlich der Labanotation verwendet BIN ein Liniensystem mit Zeilen und Spalten (s. Abbildung 3). Den einzelnen Körperteilen (Hand, Arm, Bein) der linken und rechten Körperhälfte sind jeweils Spalten zugeordnet. In der Balance-Spalte wird die Verlagerung des Gewichtzentrums notiert. Pro Zeile wird jeweils eine bedeutungsvolle Pose eingetragen. Einzelne Gesten, sie setzen sich immer aus einer oder mehreren Posen zusammen, werden durch waagerechte Doppellinien voneinander getrennt. So werden in Abbildung 3 drei Posen, jedoch zwei Gesten festgelegt. Eine zusätzliche Spalte enthält die Bedeutung (Bez.) der einzelnen Gesten aus Benutzersicht. UAN folgend werden zusätzlich zu den Benutzeraktionen die Änderungen in der Präsentation (BS-Feedback), die erzielten Zustände der Benutzungsschnittstelle (BS-Zustand) und die Anbindungen an die Systemfunktionalität dargestellt. Das Liniensystem wird, wie in der Labanotation, von unten nach oben gelesen.

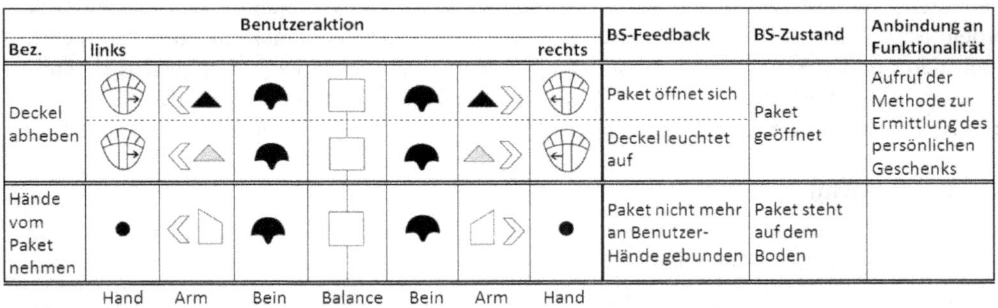

Benutzeraktion
Bez.
links
rechts
BS-Feedback
BS-Zustand
Anbindung an Funktionalität
Deckel abheben
Paket öffnet sich
Deckel leuchtet auf
Paket geöffnet
Aufruf der Methode zur Ermittlung des persönlichen Geschenks
Hände vom Paket nehmen
Paket nicht mehr an Benutzer-Hände gebunden
Paket steht auf dem Boden
Hand
Arm
Bein
Balance
Bein
Arm
Hand

Abbildung 3: Beispiel zur Body Interaction Notation

Abbildung 3 zeigt als Beispiel einen Ausschnitt einer Interaktionsfolge zu einer Aufgabe „Geschenk auspacken", wobei in der Oberfläche neben dem Paket ein Avatar repräsentiert wird, der den Bewegungen des Benutzers synchron folgt. Der Ausschnitt setzt auf der Situation auf, in der der Avatar vor dem Paket hockt und dieses mit ausgestreckten Armen in den Händen hält. Wie an den Bein- und Balance-Spalten zu sehen ist, befindet sich der Benutzer (und damit der Avatar) in allen Posen weiterhin in der Hocke (schwarzes Knie-Symbol, keine Verlagerung des Gewichtzentrums). Um die Hände vom Paket zu nehmen, werden nun die gestreckten Arme leicht nach unten (45°) und auseinander bewegt (VL- und VR-Symbol), wobei die Haltung der Hand beliebig ist (schwarzer Kreis). Zum Deckel abheben werden die Arme (Hände mit gestreckten Fingern, Handinnenflächen weisen nach innen) nach vorne bewegt, sodass die Gesamtpose einer Kniebeuge entspricht. Als Feedback leuchtet der Deckel auf. Die Geste wird beendet, indem die Arme nun weiter nach oben angehoben werden. Das Öffnen des Pakets wird animiert, der Zustand „Packet offen“ angenommen und eine Funktion zur Ermittlung des benutzerspezifischen Geschenks aufgerufen.

3 Zusammenfassung und Ausblick

Zielsetzung der angestrebten Body Interaction Notation (BIN) ist die Beschreibung bewegungsbasierter Mensch-Computer-Interaktionen. Der Fokus in ihrer Entwicklung liegt derzeit auf der benutzerzentrierten Sicht (vs. einer systemzentrierten Sicht, s. hierzu auch (Hix & Hartson 1993)). Als erstes Ergebnis wurde in diesem Beitrag die Kombination der UAN mit einer modifizierten Labanotation vorgestellt. Eine wesentliche Änderungen in BIN besteht in einer Vereinfachung der Konzepte, insbesondere da Gesten weniger präzise als Tanz-Choreographien beschrieben werden müssen. Falls nötig können jedoch auch in BIN die Gesten granularer als hier vorgestellt spezifiziert werden. Einen weiteren Unterschied zur Labanotation und zu auf ihr basierenden Versionen stellen die hier verwendeten graphischen Symbole dar, mit denen die Erlernbarkeit und die Anwendbarkeit der BIN vereinfacht werden soll. In bisherigen Anwendungen wurde dies als Vorteil gegenüber anderen Ansätzen bewertet. Unsicherheiten existieren jedoch hinsichtlich dessen, was für eine Geste bzw. Bewegung minimal zu beschreiben ist, etwa welche Gelenkbeugungen und Positionen jeweils zu notieren sind und welche sich automatisch ableiten lassen. In weiteren Arbeiten zur BIN werden aktuell ihre Konzepte erweitert, u.a. um temporale Relationen und um Parameter, mittels derer in den Spalten aufeinander Bezug genommen werden kann. Längerfristige Zielsetzung ist eine Werkzeugunterstützung zum Editieren und Testen der Spezifikationen und deren Einbindung in die modellbasierte Entwicklung multimodaler Benutzungsschnittstellen.

Literaturverzeichnis

Hix, D. & Hartson, H.R. (1993). *Developing User Interfaces: Ensuring Usability Through Product and Process*, John Wiley and Sons, Inc.

Hutchinson, A. (1977) *Labanotation or Kinetography Laban: The System of Analyzing and Recording Movement*, 3. Ausgabe, Theatre Arts Books, New York.

Loke, L., Larssen, A.T. & Robertson, T. (2005). Labanotation for design of movement-based interaction. In Pisan, Y. (Hrsg.): *Proceedings of the second Australasian conference on Interactive entertainment.* Creativity & Cognition Studios Press, Sydney, Australia, Australia, 113-120.

Rupprecht, D., Blum., R. & Bomsdorf, B. (2012) Evaluation von Freihandgesten im Kontext einer virtuellen Anprobe. In Reiterer, H. & Deussen, O. (Hrsg.): *Mensch & Computer 2012* (zur Veröffentlichung), Oldenbourg Verlag.

Saffer, D. (2008) *Designing Gestural Interfaces*, O'Reilly Media.

Kontaktinformationen

Birgit Bomsdorf, *bomsdorf@hs-fulda.de*
Fachbereich Angewandte Informatik, Hochschule Fulda, Marquardstraße 35, 35039 Fulda

H. Reiterer & O. Deussen (Hrsg.): Mensch & Computer 2012
München: Oldenbourg Verlag, 2012, S. 365-368

Ereigniserkennung während der Exploration audio-taktiler Karten

Matthias Kerzel, Christopher Habel

Fachbereich Informatik, Universität Hamburg

Zusammenfassung

In einem Mensch-Computer-Interface kann eine Kombination aus haptischer und verbaler Interaktion für Benutzer mit eingeschränkter Sehfähigkeit als Substitution für die visuelle Modalität dienen. Für die Domäne der Stadtpläne wird ein System vorgestellt, das regelbasiert die haptische Exploration von Karten beobachtet, bedeutungstragende Ereignisse erkennt und konzeptualisiert und so die Generierung natürlich-sprachlicher Assistenz begleitend zur Exploration ermöglicht.

1 Einleitung

Karten sind für Blinde und Sehbehinderte nur in der Form „taktiler Karten" zugänglich, in denen die visuelle Wahrnehmung durch die haptische Modalität substituiert wird. Karten erlauben es Überblickswissen zu erwerben. Für Blinde bedeutet dies eine Erweiterung ihrer Autonomie. Leistungsfähige haptische Schnittstellen ermöglichen es, die haptische Wahrnehmung von Karten durch zusätzliche auditive Information zu ergänzen. De Felice et al. (2007) und Habel et al. (2010) nutzen PHANToM® Force-Feedback-Schnittstellen um 3D-Modelle taktiler Karten darzustellen und während der Kartennutzung verbale Information geben zu können (siehe Abb. 1.a). Ziel dieser Ansätze ist es, Blinden den Erwerb von Überblickswissen zu ermöglichen. Bestehende Systeme zur verbalen Assistenz reagieren auf berührte Objekte oder Flächen der taktilen Karte. Der hier vorgestellte Ansatz erweitert diese Konzeption durch das Beobachten und Verarbeiten von komplexen Explorationsvorgängen, welche als situierte Ereignisse erkannt und konzeptualisiert werden, um eine wissensbasierte Generierung natürlich-sprachlicher Assistenz zu ermöglichen. Diese Aufgaben entsprechen denen menschlicher Assistenten, die die Exploration einer taktilen Karte durch einen Blinden beobachten und durch sprachliche Hinweise unterstützen. In einer umfangreichen Wizard-of-Oz Studie haben wir gezeigt, dass sprachliche Erläuterungen, die situationsabhängig und zeitnah die Exploration einer taktilen Karte begleiten, den Erwerb von Überblickswissen erleichtern (Lohmann & Habel 2012). Im Folgenden wird eine kognitions-orientierte Konzeption von Explorationsereignissen für die Exploration von taktilen Karten und regelbasierte Ereigniserkennung dargestellt, die es ermöglicht, die bisher im Wizard-of-Oz Experiment getesteten verbalen Erläuterungen maschinell zu generieren.

2 Explorationsereignisse in virtuellen taktilen Karten

(a) 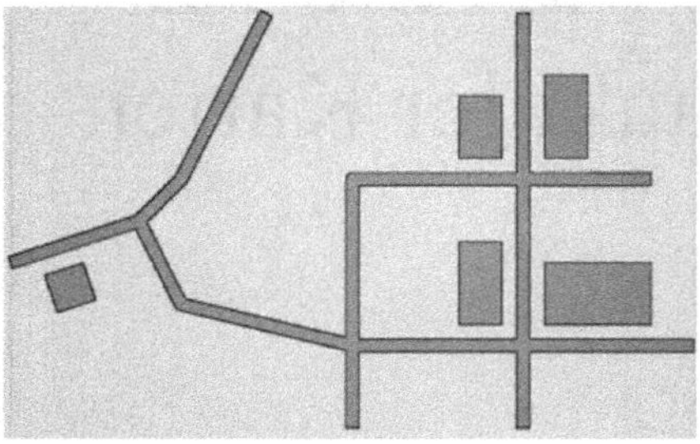 (b) 

Abbildung 1: (a) 3D-Modell einer taktilen Karte,
(b) Exploration einer virtuellen taktilen Karte mit einem Sensable® Phantom Omni

Die von uns verwendeten, über eine PHANToM Omni Schnittstelle (Abb. 1.b) zugänglichen, virtuellen taktile Karten von kleineren Bereichen einer Stadt sind 3D-Realisationen schematischer 2-D-Karten (Abb. 1.a).[1] Die genutzten Karten enthalten Repräsentationen für zwei Typen primärer *Kartenentitäten*: *Tracks* und *Landmarken*. Tracks, z.B. Straßen sind relevant für die Fortbewegung, Landmarken z.B. Gebäude sind einerseits für die Orientierung relevant und zum anderen sind es gerade die Objekte, an denen Benutzer als Ziele ihres Handelns interessiert sind. Tracks und Landmarken sind in der 3-dimensionalen taktilen Karte als Vertiefungen in der Ebene dargestellt, welche die Explorationsbewegung leiten. Für den beobachtenden Assistenten ergibt sich die Aufgabe, einen kontinuierlichen Strom von Wahrnehmungsdaten zu verarbeiten, d.h., die beobachteten Bewegungen als diskrete Ereignisse zu erkennen und zu konzeptualisieren. Abb. 2 zeigt den Verlauf einer kurzen Explorationsbewegung sowie maschinell erstellte Beschreibungen von Ereignissen.

Die hybride Repräsentation der Karte umfasst neben der taktil wahrnehmbaren Karte (Abb. 1.a) eine Flächenrepräsentation, die geometrisch als z-Projektion auf die horizontale Ebene entsteht. In dieser Flächenrepräsentation, sind neben *Tracks* und *Landmarken* auch Kartenentitäten sekundärer Typen (z.B. *Tracksegment*, *Kreuzung*) enthalten. Ereignisse werden als Objekte der Wissensbasis eines regelbasierten Systems modelliert. Auf unterster Ebene der Ereignishierarchie stehen zeitlich nicht ausgedehnten *Perzepte*, die als Momentaufnahme der Exploration durch die Raum-Koordinaten des Explorationspunktes in der virtuellen taktilen

[1] Dem Gestaltungsprinzip für taktile Karten „So einfach wie möglich, so viele Details wie unbedingt notwendig." entsprechend muss beim Entwurf der Karten darauf geachtet werden, dass sowohl die Menge als auch die Dichte der dargestellten Information den Beschränkungen taktiler Wahrnehmung angemessen sind. Wir gehen davon aus, dass die taktilen Karten aus vereinfachten Daten von Geoinformationssystemen erstellt worden sind.

Karte zu einem Abtastzeitpunkt charakterisiert sind. Durch Abgleich mit der Flächenrepräsentation können Perzepte qualitativ verortet werden.

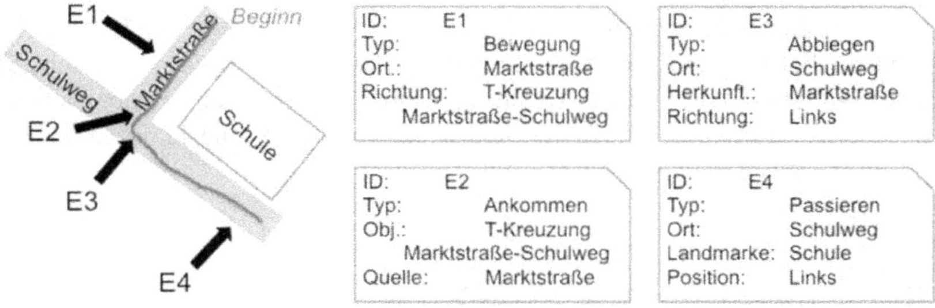

Abbildung 2: Explorationsverlauf und beispielhafte Ereignisse E1 bis E4

Sequenzen von Perzepten, die im gleichen Kartenobjekt lokalisiert sind, konstituieren atomare *Explorationsereignisse*. Diese werden zu *topologischen Basisereignissen* verarbeitet. Dazu wird als Abstraktion der Karte ein System in die Ebene eingebetteter planarer Graphen verwendet (siehe Abb. 3.a). Diese topologischen Repräsentationen fokussieren primär auf Tracks und *Konfigurationsobjekte*, wie Kreuzungen, Ecken und (die Enden von) Sackgassen. Das Inventar der topologischen Basisereignisse besteht aus dem vollständigen oder teilweisen Traversieren einer Kante im Graphen.

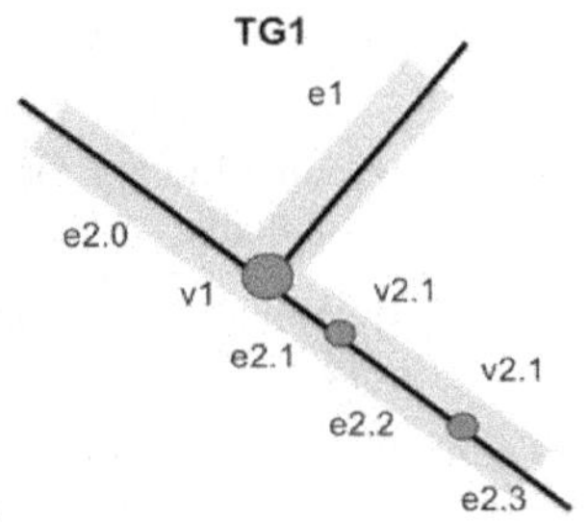

(a)

(b)

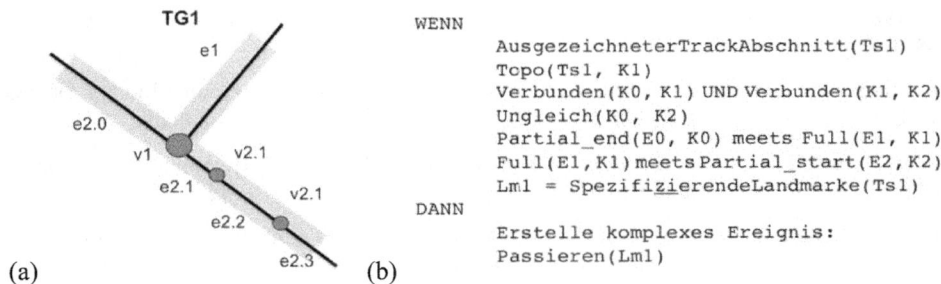

```
WENN
        AusgezeichneterTrackAbschnitt(Ts1)
        Topo(Ts1, K1)
        Verbunden(K0, K1) UND Verbunden(K1, K2)
        Ungleich(K0, K2)
        Partial_end(E0, K0) meets Full(E1, K1)
        Full(E1,K1)meetsPartial_start(E2,K2)
        Lm1 = SpezifizierendeLandmarke(Ts1)
DANN
        Erstelle komplexes Ereignis:
        Passieren(Lm1)
```

Abbildung 3: (a) Topologisches Wegenetz: Repräsentation durch ein System planarer Graphen; (b) Regel zum Erkennen eines Passieren-Ereignisses

Komplexe Ereignisse repräsentieren Explorationsabschnitte, die mehr als ein Kartenobjekt betreffen, z.B. Abbiegen, Passiereren und Umrunden (Kerzel & Habel 2011). Die Konzeptualisierung komplexer Ereignisse erfolgt durch ein regelbasiertes System. Regeln spezifizieren Typen komplexer Ereignisse durch Vorbedingungen, etwa das Erkennen eines Passieren-Ereignisses wie folgt: Sei *Ts1* ein durch eine angrenzende Landmarke spezifizierter Trackabschnitt. Durch eine Explorationsbewegung die *Ts1* durchquert wird die an *Ts1* liegende Landmarke passiert. Im Regelformat ist dies wie folgt beschrieben (Abb. 3.b): *Topo(Ts, K)* gilt, wenn der Trackabschnitt *Ts* auf topologischer Ebene durch die Kante K repräsentiert ist. *Verbunden(K0, K1)* gilt, wenn die Kanten *K0* und *K1* einen gemeinsamen Knoten haben. Die Prädikation *Full(E, K)* trifft zu, wenn die Kante *K* im Ereignis *E* vollständig durchlaufen wurde. Die Prädikation *Partial_end(E2, K1)* trifft zu, wenn ein Teil der Kante K1 exploriert wurde und die Exploration an einem Ende von K1 stoppt; entsprechend: *Partial_start(E, V)*. Das vollständige Traversieren einer Kante umfasst auch das Traversieren von Anfang und Ende der Kante. Um die Bedingung zu formulieren, dass eine durchgehende Exploration statt findet, wird die qualitative zeitliche Relation *trifft auf* (*meets*) genutzt: zwei ausgedehnte zeitliche Intervalle stehen in der meets-Relation, wenn sie direkt an einander anschließen (Allen 1983). Über die Funktion *SpezifizierendeLandmarke* wird eine Landmarke ermittelt, durch deren Projektion *Ts1* spezifiziert ist.

3 Zusammenfassung & Ausblick

Für Menschen mit eingeschränkter Sehfähigkeit können virtuelle taktile Karten mit verbaler Assistenz eine modale Substitution für das Visuelle bieten. Zur automatischen Generierung verbaler Äußerungen erkennt das System komplexe Explorationsereignisse und erstellt eine propositionalen Konzeptualisierung für diese. Ein Prototyp des vorgestellten Systems zur regelbasierten Ereigniserkennung wurde in Java implementiert. Die Karten sowie der PHANToM-Zugang wurde im Haptik-Rahmenwerk CHAI3D (Conti et al. 2005) realisiert. Eine Evaluation des Gesamtsystems ist in Vorbereitung.

Literaturverzeichnis

Allen, J. (1983). Maintaining knowledge about temporal intervals. *Communication of the ACM, 26.* 832-843.

Conti, F., Barbagli, F., Morris, D. & Sewell, C. (2005). CHAI 3D: An Open-Source Library for the Rapid Development of Haptic Scenes. In: *IEEE World Haptics Conference*, Pisa, Italy.

De Felice, F., Renna, F., Attolico, G., & Distante, A. (2007). A Haptic/Acoustic Application to Allow Blind the Access to Spatial Information. *World Haptics Conference*, S. 310-315.

Habel, C., Kerzel, M., & Lohmann, K. (2010). Verbal assistance in tactile-map explorations: A case for visual representations and reasoning. In K. McGreggor & M. Kunda (eds): *Proceedings of AAAI Workshop on Visual Representations and Reasoning.* AAAI-Conference 2010 (Atlanta, GA, USA). (pp. 34-41). Technical Report WS-10-07. The AAAI Press, Menlo Park, California

Kerzel, M. & Habel, C. (2011). Monitoring and Describing Events for Virtual-Environment Tactile-Map Exploration. In Galton, A., Worboys, M. & Duckham, M. (eds): *Proceedings of Workshop on Identifying Objects, Processes and Events*, 10th International Conference on Spatial Information Theory. Belfast, ME. 12th Sept. 2011. S. 13-18.

Lohmann, K. & Habel, C. (2012). Extended Verbal Assistance Facilitates Knowledge Acquisition of Virtual Tactile Maps. In: Schill, K., Stachniss, C., Uttal, D. (eds.). *Spatial Cognition* VIII. Berlin: Springer-Verlag. (in press).

Schiewe, M., Köhlmann, W., Nadig, O. & Weber, G. (2009). What You Feel is What You Get: Mapping GUIs on Planar Tactile Displays. In Stephanidis, C. (Ed.), *Universal access in HCI, Part II*, Berlin: Springer-Verlag. S. 564 -573.

H. Reiterer & O. Deussen (Hrsg.): Mensch & Computer 2012
München: Oldenbourg Verlag, 2012, S. 369-372

Lessons learned – interaktive Infografiken auf dem Prüfstand

Michael Burmester, Alexandra Wenzel, Ralph Tille, Wibke Weber

Institute of Information Design Research (IIDR), Hochschule der Medien (HdM)

Zusammenfassung

Interaktive Infografiken sind ein weitverbreitetes Medium des Online-Journalismus. Eine Studie mit insgesamt 99 Teilnehmern zu den Ursachen von Rezeptions- und Nutzungsproblemen bei 23 Infografiken, die sich in Infografikkategorie, Visualisierungsformat, Anbieter, Thema, Codierung und Modalität unterscheiden, ergab 239 Probleme, die in 14 Problemcluster eingeteilt wurden. Es zeigt sich, dass Prinzipien des Web-Designs und der Web-Usability verletzt werden und zu Problemen führen. Zudem wird den Erwartungen der Nutzer hinsichtlich der Navigations- und Interaktionsgestaltung nicht ausreichend nachgekommen. Besonders schwerwiegend, weil bei insgesamt 13 der 23 Infografiken vertreten, ist die mangelnde Unterscheidbarkeit in der Darstellung von interaktiven und ausschließlich informierenden Elementen. Die Informationsinteressen der Nutzer zu den dargestellten Inhalten der Infografiken werden bei 9 Infografiken nicht erfüllt.

1 Einleitung

Interaktive Infografiken als visuelles Informationsmedium haben mittlerweile einen festen Platz im Online-Journalismus eingenommen (z.B. New York Times, Zeit online). Als interaktive Infografiken bezeichnen wir eine hybride visuelle Informations- oder Wissensrepräsentation, die aus Kombinationen von auditiven (Sprache, Musik, Geräusche), visuellen statischen und bewegten Elementen (geschriebener Text, Foto, Illustration, Diagramm, Karte, Animation, Video) und interaktiven Elementen (z.B. Links, Schaltflächen, manipulierbare Diagramme, Karten etc.) besteht, wobei verschiedene Codierungen (Text, Bild, Zahl) verwendet werden und immer ein Thema adressiert wird (Burmester et al. 2010). Theorien und Forschungsergebnisse zu multicodalen und multimodalen Lernmedien (z.B. Sweller 2005, Schnotz 2005) und zur Informationsvisualisierung (z.B. Grammel et al. 2010, Lam 2008) liegen bereits vor. Erkenntnisse über die Qualität derzeitiger journalistischer interaktiver Informationsgrafiken hinsichtlich der Rezeption und Nutzung liegen nur wenige vor. Schumacher (2010) und Burmester et al. (2010) untersuchten das Rezeptions- und Nutzungsverhalten von interaktiven Infografiken und konnten problematische Gestaltungsaspekte identifizieren. Die vorliegenden Studien decken jedoch nur einen kleinen Ausschnitt der Vielgestaltigkeit von interaktiven Infografiken ab.

2 Untersuchung

Um hinsichtlich der Formenvielfalt von Infografiken repräsentativ existierende Rezeptions- und Nutzungsprobleme zu identifizieren, wurden 23 interaktive Infografiken nach folgenden Kriterien ausgewählt: Visualisierungsformate (z.B. Diagramme, Karten, Zeitleisten), Klassen nach Nichani & Rajamanickam (2003), Anbieter (z.B. Handelsblatt, Spiegel, Stern, Wirtschaftswoche), Themen (z.B. Aktivitäten im Alltag der Menschen, Atomkraft, Datenschutz, Fußball WM 2010, Klimaschutz, Politik), angesprochene Modalitäten und Codierungen (z.B. Grafik, Fotos, Karten, Videos, Animationen, Texte, Audios). An der gesamten Untersuchung nahmen 99 Nutzer teil (54 männlich, 45 weiblich) mit einem mittleren Alter von 26,7 Jahre (SD=9,0). Die Interneterfahrung war insgesamt sehr hoch, aber Erfahrung mit Infografiken gering. Da die Identifikation von Rezeptions- und Nutzungsproblemen und die Analyse der gestalterischen Ursachen im Zentrum der Fragestellung stand, wurde ein Untersuchungsverfahren gewählt, das sich an Vorgehensweisen des formativen Usability Testings anlehnt (z.B. Dumas & Fox 2007; Burmester et al., 2010). Die Teilnehmer sollten interessengeleitet und aufgabenorientiert vorgehen. In der Analyse der Beobachtungs- und Verbalisierungsdaten wurde ineffektives oder ineffizientes Vorgehen oder negative Kommentierung festgehalten und die gestalterischen Auslöser ermittelt. Kritische Situationen wurden zu Themen zusammengefasst und als Rezeptions- und Nutzungsprobleme beschrieben. Im Rahmen einer qualitativen Metaanalyse über alle Studien hinweg haben wir die Probleme inhaltlich miteinander verglichen und als übergreifende Probleme beschrieben.

3 Ergebnisse

In der Untersuchung wurden insgesamt 239 Probleme ermittelt, die in 39 übergreifenden Problemen beschrieben wurden, von denen nach Anzahl beteiligter Personen, betroffener Infografiken und Problemschwere die wichtigsten 14 in Tab. 1 dargestellt sind.

Beschreibung	**IG**	**T-P**	**T-Gs.**	**%Ig**	**%Gs.**	**Sev.**
Inhalt						
1. Interessen der Nutzer nicht ausreichend berücksichtigt	9	26	49	53%	26%	2
2. Fehlende Vermittlung der Aussagen von Infografiken	6	17	35	49%	17%	2
Darstellung grafischer Informationen						
3. Mangelnde Verständlichkeit grafischer Elemente	11	40	69	58%	40%	2
4. Schwächen der Farbkodierung	5	24	35	69%	24%	3
5. Fehlende Diagrammbeschriftungen	5	22	34	65%	22%	2
6. Mangelnde Anwendung der Gestaltgesetze	4	13	24	54%	13%	2,5

Beschreibung	IG	T-P	T-Gs.	%Ig	%Gs.	Sev.
Texte in Infografiken						
7. Sprache der Nutzer wird nicht gesprochen	11	51	72	71%	52%	2
8. Texte nicht fürs Lesen am Bildschirm angepasst	7	18	35	51%	18%	3
9. Lesbarkeit der Texte ist mangelhaft	3	17	35	85%	17%	2
Interaktion in Infografiken						
10. Mangelnde Unterscheidbarkeit zwischen interaktiven Elementen und Informationsdarstellungen	13	43	74	58%	43%	3
11. Mangelnde Verständlichkeit der Interaktion	12	51	58	88%	51%	3
12. Mangelnde Erwartungskonformität bei der Navigation	9	27	49	55%	27%	3,5
13. Mangelnde Erwartungskonformität bei Interaktion	6	27	39	69%	27%	2
14. Mangelnde Steuerbarkeit bei dynamischen Medien.	3	11	20	55%	11%	2

Tabelle 1 Übersicht über die Ergebnisse der Untersuchung („IG" Anzahl betroffener Infografiken, „T-P" Anzahl der Teilnehmer (T) mit Problem (P), „T-Gs" Gesamtzahl (Gs) der Teilnehmer, die eine Infografik mit dem genannten Problem genutzt haben, „%Ig" prozentualer Anteil der Teilnehmer, die eine Infografik genutzt haben, bei der das fragliche Problem auftrat, „%Gs" Anteil der Teilnehmer, die das jeweilige Problem hatten an der Gesamtzahl aller 99 Teilnehmer und „Sev." Problemschwere (Severity, Nielsen, 1994) als Median über alle Problemfälle.)

Inhalt: Neben grundlegenden Informationen muss ein Informationsmehrwert entstehen und neue Erkenntnisse vermittelt werden. Informationsinteressen resultieren zudem aus den dargestellten Informationen selbst, z.B. zur Bedeutung zentraler Konzepte (z.B. „Smartgrids"), verwendeter Abkürzungen und dargestellter Elemente. Aus der Auswahl der Informationen entsteht weiterer Informationsbedarf, z.B. wenn positive Aspekte eines Sachverhalts dargestellt werden, so stellt sich die Frage nach negativen Aspekten. Bei 6 Infografiken verstanden knapp die Hälfte der Nutzer nicht, welche Aussage vermittelt werden soll (Tab. 1, 2), z.B. wenn die Nutzer einfach visualisierte Daten explorieren konnten.

Grafische und textuelle Informationen: Bei der Darstellung grafischer Informationen finden sich Verletzungen der Gestaltgesetze (Tab. 1, 6) und/oder Schwächen der Farbkodierung (Tab. 1, 4). Bei 5 Infografiken und 65% der Nutzer traten Probleme wegen fehlender Beschriftung auf (Tab. 1, 5). Die Verständlichkeit grafischer Elemente wird von 58% der Nutzer bei 11 Infografiken bemängelt (Tab. 1, 3). Bei 11 Infografiken und 71% der Nutzer gab es Probleme beim Textverständnis durch verwendete Bezeichnungen(z.B. durch Fachbegriffe, Tab. 1, 7). Bei der Textgestaltung wurden basale Regeln zum Schreiben fürs Web missachtet (Tab. 1, 8), z.B. Strukturierungen durch Aufzählungen (Weber 2002).

Interaktion in Infografiken: Mangelnde Unterscheidbarkeit von interaktiven Elementen und Informationsdarstellungen (Tab. 1, 10) zeigte sich als *das* übergreifende Problem und wurde als „großes" Problem (3) eingestuft. 13 Infografiken und 58% der Nutzer waren davon betroffen. In diesen Infografiken gibt es in der Darstellung keine Kodierung, die Elemente als interaktiv nutzbar oder als reine Informationsdarstellung auszeichnet. Selbst wenn interaktive Elemente als solche erkannt wurden, kam es immer noch bei 12 der 23 Infografiken zu Unklarheiten, wie interagiert werden kann (Tab. 1, 11). Nutzer entwickeln aus ihrem Interaktionswissen zum Umgang mit Webseiten und grafischen Benutzungsoberflächen Erwartungen an die Nutzung von Infografiken, z.B. wurden Navigationselemente eher oben und rechts als unten oder links erwartet (Tab. 1, 12). Dynamische Medien wie Videos oder Animationen müssen von Nutzer kontrolliert werden können (Tab. 1, 14), d.h. sie dürfen nur durch Klick gestartet und müssen jederzeit angehalten und beendet werden können.

4 Diskussion

Ein Teil der gefundenen übergreifenden Probleme sind auf Verletzung von Gestaltungswissen der Web-Usability oder des Web-Designs zurückzuführen (Tab. 1, 4, 6, 7, 8, 9, 12, 13, 14). Auch die Verletzung der Dialogprinzipien aus der DIN EN ISO 9241-110 (2006) wie Erwartungskonformität (Tab. 1, 12, 13) und Steuerbarkeit (Tab. 1, 14) finden sich in den Ergebnissen. Für manche Probleme, wie z.B. die Unterscheidbarkeit von interaktiven und informationstragenden Elementen, sollten als nächster Schritt gestalterische Lösungen erarbeitet, untersucht und beispielsweise als Entwurfsmuster beschrieben werden.

Literaturverzeichnis

Burmester, M., Mast, M., Tille, R. & Weber, W. (2010). How Users Perceive and Use Interactive Information Graphics: an Exploratory Study. In: Proc. of Information Visualization IV 2010, 26-29 July 2010 London, United Kingdom (pp. 361-368). Los Alamitos, USA: IEEE Computer Society.

DIN EN ISO 9241-110 (2006). Ergonomie der Mensch-System-Interaktion - Teil 110: Grundsätze der Dialoggestaltung. Berlin: Beuth.

Grammel, L., Tory, M. & Storey, M.-A. (2010). How Information Visualization Novices Construct Visualizations. IEEE Trans. on Visualization and Computer Graphics, Vol. 16 , No. 6, 943-952.

Lam, H. (2008). A Framework of Interaction Costs in Information Visualization. IEEE Trans. on Visualization and Computer Graphics, Vol. 14, No. 6, 1149-1156.

Nichani, M., Rajamanickam V. (2003). Interactive Visual Explainers – A Simple Classification. Letzter Zugriff am 10.03.2012 unter http://www.elearningpost.com/articles/archives/interactive_visual_explainers_a_simple_classification/

Nielsen, J. (1994). Heuristic Evaluation. In J. Nielsen & R.L. Mack (Eds), Usability Inspection Methods (pp. 25-62). New York: John Wiley.

Schnotz, W. (2005). An integrated model of text and picture comprehension. In: R. E. Mayer (Ed.), The Cambridge handbook of multimedia learning (pp. 49-69). Cambridge: Cambridge University Press.

Schumacher, P. (2010). Rezeption als Interaktion: Wahrnehmung und Nutzung multimodaler Darstellungsformen im Online-Journalismus. Baden-Baden: Nomos, Ed. Fischer.

Sweller, J. (2005). Implications of cognitive load theory for multimedia learning. In: R.E. Mayer (ed.), The Cambridge Handbook of Multimedia Learning (p. 159-167). Cambridge: University Press.

Weber, W. (2002). Was Online-Texte vom Radio lernen können. I-COM, 3, 29-32.

Kontaktinformationen

Prof. Dr. Michael Burmester, Hochschule der Medien, Wolframstr. 32, 70191 Stuttgart, burmester@hdm-stuttgart.de

H. Reiterer & O. Deussen (Hrsg.): Mensch & Computer 2012
München: Oldenbourg Verlag, 2012, S. 373-376

Evaluation von Freihandgesten im Kontext einer virtuellen Anprobe

Dominik Rupprecht, Rainer Blum, Birgit Bomsdorf

Fachbereich Angewandte Informatik, Hochschule Fulda - University of Applied Sciences

Zusammenfassung

Es werden erste Evaluationsergebnisse einer Studie zu Freihandgesten für die Steuerung einer virtuellen Anprobe vorgestellt. Vor dem Hintergrund, dass die soziale Akzeptanz ein entscheidender Faktor in der Entwicklung solcher Gesten ist, konzentriert sich dieser Beitrag auf einen Teilaspekt der Evaluation: Auf das Wohlbehagen von Kunden bei der Ausführung der Bewegungen.

1 Einleitung

Begünstigt durch den kostengünstigen Kinect-3D-Sensor von Microsoft werden interaktive Systeme zunehmend durch dreidimensionale Freihandgesten gesteuert. Zu den ersten Anwendungsdomänen zählen virtuelle Anproben in unterschiedlichen Formen. In den Arbeiten von (Hauswiesner et al. 2011) und in dem Projekt KAvaCo (Blum et al. 2010) basiert die Anprobe z.B. auf einem personalisierten Avatar, der aus verschiedenen Perspektiven und mit unterschiedlicher Bekleidung betrachtet werden kann. Anders als bei (Hauswiesner et al. 2011), die Gesten zur Steuerung von Avatar-Bewegungen einsetzten (Spiegel-Metapher), werden in dem Projekt KAvaCo auch anwendungsübergreifende Gesten wie Zoomen oder Selektieren untersucht. In mehreren Arbeitstreffen (4 bis 5 Teilnehmer) wurde hierzu ein Satz von Freihandgesten entwickelt. Kriterien waren dabei u.a. gute Erinnerbarkeit, Unterstützung von Assoziationen, niedriger Ermüdungsgrad (z.B. keine zu großräumigen Gesten) und deutliche Unterscheidbarkeit einzelner Gesten, was auch durch die softwaretechnische Erkennung bedingt ist. Ein Kriterium war, als Teilaspekt der sozialen Akzeptanz, das empfundene Wohlbehagen bei der Gestendurchführung. So wurden in den Arbeitstreffen bereits einige Vorschläge für Gesten verworfen, da die Anwender deren Ausführung als unangenehmen oder gar lächerlich empfinden könnten (vgl. auch (Rico & Brewster 2010)).

Zur Untersuchung der von uns bisher entwickelten, anwendungsübergreifenden Gesten wurde zunächst ein einfacher Test-Prototyp erstellt, der als interaktives System in einem Bekleidungsgeschäft gedacht ist. Hierauf basierend wurde eine erste Studie zur Akzeptanz durchgeführt, in der u.a. auch Fragen zum Wohlbehagen gestellt wurden. Im Folgenden konzentriert sich dieser Beitrag auf die diesbezüglich dem Benutzertest zugrunde liegenden Fragestellungen: Wie angenehm bzw. unangenehm sind die Gesten für Erstbenutzer und wie groß ist die Bereitschaft, diese Gesten auch in einem Geschäft und damit in der Öffentlichkeit zu nutzen?

2 Benutzertest

Der Testaufbau besteht aus einem 40 Zoll Monitor und einem darunter angebrachten Kinect-Sensor (siehe Abbildung 1a). Die Benutzer können den Avatar drehen, zoomen, bei herangezoomtem Avatar den Bildausschnitt verschieben, in die Grundposition zurückkehren und die Farbe der Kleidung wechseln. Jede Aktion wird durch eine visuelle Rückmeldung des Systems begleitet (vgl. Dorau 2011, S. 214ff): Im Prototyp wird das Drehen durch zwei Pfeile auf dem Bildschirm dargestellt. Beim Zoomen wird eine sogenannte Zoom-Bar eingeblendet, die den aktuellen Zoomlevel anzeigt. Wird der Bildausschnitt verschoben, ist die Szene dabei eingerahmt. Die Farbauswahl wird durch ein dazu eingeblendetes Farbmenü ermöglicht.

Abbildung 1: Bedienung des Farbmenüs der prototypischen Anwendung

Die Gesten setzen sich aus drei grundlegenden Handposen zusammen: Dies sind die *Faust* (s. Abb. 1e), die geschlossene Hand mit einem *ausgestreckten Finger* (Abb. 1b, c und d) und die *flache Hand*, deren Innenflächen zum Bildschirm zeigen. Hebt man z.B. einen Finger (Abb. 1b), erscheint das Farbmenü (1a). Bewegt man den Finger nun nach rechts oder links (1c), blättert man durch das Menü, wobei die Farbe in der Mitte im Fokus einer sich anschließenden Auswahlaktion ist: Führt man die Hand nach oben (1d), nimmt die Bekleidung diese Farbe an. Die Faust beendet diese wie auch die anderen Funktionen (1e).

Zum Drehen der Szene werden beide Hände mit ähnlichem Abstand zum Bildschirm in der Pose der „flachen Hand“ gehalten. Wird eine der Hände näher zum Bildschirm bewegt, wird der Avatar so gedreht, als würde man ihn an der betreffenden Schulter nach hinten drücken (mögliche Assoziation). Gezoomt wird ebenfalls mit beiden Händen, wobei diese jeweils die Pose „ausgestreckter Finger“ einnehmen. Dann wird analog zur verbreiteten Zoom-Geste auf Touch-Displays durch Veränderung des Abstandes zwischen den Fingern der Zoomlevel bestimmt. Um einen Bildausschnitt zu verschieben, ist die rechte Hand in der Pose „flache

Hand“ vor dem Körper zu halten. Der Bildausschnitt folgt dann der Bewegung der Hand. Mit der flachen linken Hand lässt sich die Ansicht wieder in ihre Grundposition bringen.

An dem Test nahmen elf Personen teil. Es wurden nur Frauen akquiriert, um bezüglich des Geschlechts eine homogene Gruppe zu erhalten. Ein wesentlicher Grund war auch, dass im Test-Prototyp vorerst nur ein weiblicher Avatar und Kleider implementiert sind. Da sich im Pre-Test zeigte, dass Vorwissen über Kamera-Modelle o.ä. zu deutlich unterschiedlichem Verhalten führte, wurden zudem für den Test nur Probandinnen akquiriert, die keine Vorkenntnisse im 3D-Bereich, in Computergrafik etc. besaßen. Der Test wurde von einem Ansprechpartner, der durch den Test führte, und einem Protokollanten begleitet.

Nach einem Eingangsfragebogen mit sozio-demografischen Daten wurden den Probandinnen die Funktionen des Prototypen mit zugehörigen Gesten gezeigt und jeweils sofort ausprobiert. Im anschließenden Aufgabenteil führten die Teilnehmerinnen in Szenarios eingebettete Aufgaben durch. Diese waren in drei Blöcke mit steigender Komplexität gruppiert: Erforderten die Aufgaben zunächst nur die Ausführung einer Geste, z.B. Avatar drehen, mussten sie anschließend zur Aufgabenerfüllung kombiniert werden, z.B. „Schaue Dir ... die Passform ... am Hals näher an.“ (Drehen & Zoomen). Zu jeder Aufgabe erfolgten Aufzeichnungen zur Effektivität. Nach jedem Block wurde neben Fragen zur Schwierigkeit und Erinnerbarkeit der Gesten die Probandinnen gefragt, wie angenehm oder unangenehm sie die Gesten auf einer Skala von 1 bis 5 empfanden. Dieselbe Frage war Teil des Fragebogen-gestützten Abschlussinterviews, in dem sie auch zu einer Nutzung in der Öffentlichkeit befragt wurden. Ferner bewerteten die Probandinnen wie attraktiv, wie unterhaltsam, wie anregend, wie angenehm die Gesten waren und wie viel Spaß sie machten (auf einer Skala von 1 bis 5). Durchgängig wurde Thinking-Aloud genutzt. Die Mitschrift des Protokollanten wurde durch Audio- und Videoaufzeichnungen ergänzt. Jeder Durchlauf dauerte 30 bis 45 Minuten.

3 Ergebnisse

Alle Probandinnen waren mit Touch-Gesten (via Mobiltelefon), jedoch nur zwei von ihnen mit Freihandgesten (via Wii) vertraut. In der Auswertung des Tests wirkten sich diese Vorerfahrungen nicht signifikant aus. Die Gesten wurden nahezu durchgehend als „angenehm“ (Ø 1,9), „aufregend“ (Ø 2,0) und „spaßig“ (Ø 2,0) empfunden. Zudem wurden sie als „recht einfach“ (Ø 2,2) bewertet. Es zeigte sich, dass durch wiederholte Ausführung die Gesten trotz komplexerer Aufgaben als immer angenehmer empfunden wurden, was sich mit den Ergebnissen von (Rico & Brewser 2010) deckt. Auf die Frage, ob die Probandinnen die Gesten auch in einem Geschäft nutzen würden, antworteten zehn der elf befragten Frauen mit „Ja“. Zwei dieser Testerinnen schränkten diese Aussage jedoch damit ein, dass sie die Gesten für den Geschäftsbetrieb als eher unangenehm empfinden, weil sie sich aufgrund der „Herumfuchtelei“ mit den Armen und Händen ggf. „blöd“ vorkommen würden. Sie würden die Gesten nur nutzen, wenn es alle anderen auch machen.

Verbesserungsvorschläge gab es in Bezug auf die „räumliche Ausdehnung“ der Gesten. So merkten zwei Probandinnen an, dass zu große Hand- und Armbewegung notwendig sind, um eine Geste durchzuführen, z.B. das Ausstrecken der Arme beim Zoomen, da dies bei längerer Nutzung ermüdend sei. Bei den Gesten „Verschieben“ und „Grundposition“ kam es zu Verwechselung, da beide zu ähnlich seien (rechte bzw. linke geöffnete Hand heben).

4 Bewertung und Ausblick

Dieser Beitrag fokussierte auf die Fragestellung, wie angenehm oder unangenehm die Durchführung von Freihandgesten für Erstbenutzer einer virtuellen Anprobe ist. Es zeigte sich, dass die Gesten generell auf Akzeptanz stießen. Jedoch ist noch zu untersuchen, ob die positiv geäußerten Meinungen zur Nutzung in der Öffentlichkeit so in der Realität reproduzierbar sind, da äußere Einflussfaktoren wie z.B. fremde Zuschauer in einem Geschäft in der Laborsituation nicht simuliert werden konnten. Ähnliche Ergebnisse finden sich auch in der Arbeit von (Rico & Brewster 2010), in der ebenfalls die soziale Akzeptanz von Freihandgesten, jedoch im Kontext mobiler Anwendungen untersucht wurde. In deren Arbeit wurde die Wichtigkeit des Ortes und der Fremdbeobachter untersucht, während in dem hier vorgestellten Test der Fokus auf der Selbstbeobachtung (empfundenes Wohlgefühl/Wohlbehagen) lag. Für weitere Untersuchungen sind die Gesichtspunkte beider Arbeiten zu berücksichtigen. Zusätzlich müssen weitere Usability-Aspekte in Betracht gezogen werden, die zu einer besseren Akzeptanz beitragen, wie z.B. die Effizienz der Gesten für anwendungsübergreifende Funktionen. Dabei ist auch zu untersuchen, welche Assoziationen bei der Gestaltung von Gesten gezielt unterstützt werden können, um diese besser erinnerbar zu gestalten. Des Weiteren ist, neben den durch die technische Erkennung bedingten Einschränkungen, stärker auf die Unterscheidbarkeit der Gesten aus Benutzersicht zu achten.

Literaturverzeichnis

Blum, R., Bomsdorf, B., Khakzar, K. & Rupprecht, D. (2010). Virtuelle Anprobe im Internet. In Ziegler, J. & Schmidt, A. (Hrsg.): Mensch & Computer. Oldenbourg Verlag, S. 381-384.

Dorua, R. (2011). *Emotionales Interaktionsdesign - Gesten und Mimik interaktiver Systeme.* Heidelberg. Springer Verlag, S. 381-384.

Hauswiesner, S., Straka, M. & Reitmayr, G. (2011). Free viewpoint virtual try-on with commodity depth cameras. In *Proceedings of the 10th International Conference on Virtual Reality Continuum and Its Applications in Industry.* New York, NY, USA, ACM, S. 23-30

Rico, J. & Brewser, S. (2010). Usable gesture for mobile interfaces: evaluating social acceptability. In *Proceedings of the 28th international conference on Human factors in computing systems.* New York, NY, USA, ACM, S. 887-896.

Danksagung

Wir danken den an dem Test beteiligten Studierenden der Lehrveranstaltung „Usability Engineering“ für ihr Mitwirken. Zudem danken wir dem BMBF für die Projektförderung.

Kontaktinformationen

Dominik Rupprecht, Hochschule Fulda, dominik.rupprecht@informatik.hs-fulda.de

H. Reiterer & O. Deussen (Hrsg.): Mensch & Computer 2012
München: Oldenbourg Verlag, 2012, S. 377-380

Exploring former interaction qualities for tomorrow's control room design

Jens Müller, Tobias Schwarz, Simon Butscher, Harald Reiterer

Human-Computer Interaction Group, University of Konstanz

Abstract

This paper addresses the lack of interaction qualities in control rooms by investigating the potential use of Hybrid Surfaces. As an emerging trend with strong real-world references, they offer the combination of both, the qualities of physical interaction and the potentials of the digital world. To determine their applicability in the given context we applied the theoretical framework 'Reality-Based Interaction' in line with an expert focus group. As the primal finding tangible forms have aroused great interest as they embody the feature to express ongoing processes states and allow multimodal interaction.

1 Background and Motivation

Control rooms are facilities that serve as operations centers to monitor and control complex processes, e.g. in power plants or industrial production plants. One essential task in operating control rooms consists in the manipulation of process variables, which represent the physical state of the supervised process. According interfaces have to provide an adequate presentation of these ongoing processes. In practice, however, the actual process does not coincide with the real world process (Herczeg 2003). As a result, the interface may therefore not provide an adequate mental model for the operator (Wickens 2004). Hence, a crucial factor in control room interfaces is the ability to express the underlying process sufficiently. Control rooms and interfaces have changed over time. Before digital technology found its way into the domain, processes were monitored by electromagnetic displays and variables were manipulated by electro-mechanic control actuators. These interfaces provided multimodal feedback such as inertia and sound, e.g. when an actuator clicks into place. In the course of digitization these physical artifacts were replaced by virtual control elements that are operated through desktop computers. However this kind of interaction does not provide the qualities of the multimodal interfaces, nor does it utilize associated body skills. Hence, operators no longer experience process changes on a holistic-cognitive base. This circumstance is often linked with an incomplete mental model (e.g. Herczeg 2003) and the lack of situation awareness (Wickens 2004) which both are of vital importance for system maintenance and appropriate reactions on safety-critical events.

2 Reality-based Interaction Styles on Hybrid Surfaces

By looking at the history of control rooms we identify a relationship between power and reality as stated by Jacob et al. (2008): While digitization gave control rooms more processing power it also set off a drift from former interaction qualities that were strongly related to real-world phenomena. "Reality-Based Interaction" (RBI) (Jacob et al. 2008) discusses these opposing dimensions in the light of user interfaces and provides respective design implications. RBI presumes that building interaction upon informal real-world knowledge which is summarized by four RBI themes reduces the required mental efforts: "Naïve Physics"(NP) assumes that humans have a common understanding of fundamental physical principles such as gravity, "Body Awareness & Skills" (BAS) addresses the humans' motor skills, "Environment Awareness & Skills" (EAS) points out that human interaction occurs within the individual's structural environment while "Social Awareness & Skills"(SAS) highlights that interaction naturally takes place within a social context. At the same time RBI suggests that building interaction exclusively on realism may limit the power of an interface. Thus, desired interface qualities can only be achieved by adding digital functionality.

Regarding former interaction qualities and today's requirements in control room design we consider Hybrid (Interactive) Surfaces as defined by Kirk et al. (2009) as a promising candidate to achieve interaction styles that combine real-world qualities (such as multi-sensory feedback) with today's digital potentials. Furthermore, Hybrid Surfaces offer a wide design space where virtual and physical expression may be combined in various ways. For later discussion we defined two major interaction styles. Hancock et al. (2009) refer to the ends of the continuum as direct-touch and tangible user interfaces (TUIs). Both forms enable "direct manipulation" as defined by Shneiderman (1983) and avail themselves of real-world knowledge. Direct-touch interfaces express real-world objects and their properties metaphorically. Thus, they are commonly attributed to "Natural User Interfaces". With respect to the directness of manipulation, direct-touch interfaces can be considered to be more direct than mouse and keyboard scenarios (Jacob et al. 2008) as no mediating device is necessary for the manipulation of the visual model. TUIs primarily base on physical expression due to their materialistic properties. Unlike direct-touch interfaces they do not mimic Naïve Physics but instantiate them. Numerous qualities are attributed to TUIs of which intuitiveness (Ishii & Ullmer 1997) may be the most preeminent in terms of affordances. Regarding their physical properties Klemmer et al. (2006) found prove that tangible interaction facilitates motor memory. In practice TUIs are usually composed in a way that includes direct-touch features. Hence, the balance of both spheres plays a major role in interface design. For this reason we distinguish "active tangibles" that receive and express the state of a process variable and "passive tangibles" that do not embody such functionality. While Inami et al. (2010) highlight the motor property of active tangibles (such as "tangible bots" by Pedersen & Hornbæk (2011)), we propose that activeness should refer to the ability to retrieve and express any kind of information that is relevant for the underlying model or variable.

3 Focus Group

As RBI presupposes a profound design background and adequate domain knowledge, the session was conducted with usability experts (N=5, energy sector) from a leading company in the field of control room design. The procedure of the session (5 hours) was motivated by the RBI paper (Jacob et al. 2008). At first the four RBI themes and the Hybrid Surface interaction styles were introduced (0.5 hours). The first part of the session focused on the question of how the manipulation of process variables on Hybrid Surfaces could be supported by means of the four RBI themes (1.5 hours). In the second part the experts had to think of the task-specific aspects and associated desired qualities. Here, the six exemplary categories of Jacob et al. (2008) were presented and the experts were asked to think of additional categories that they were missing (1.5 hours). In the last part the experts had to formulate design requirements by weighing up if additional digital power was necessary for their generated ideas in order to meet the desired qualities (1.5 hours).

In sum most ideas (e.g. "smoking tokens") incorporated tokens, where the state of a process variable is physically expressed by a tangible. As a result of the second step, "operational safety" was added, which was explained by the fact that control rooms are highly safety-relevant environments where mal-operations may have fatal consequences. The most relevant categories have been discussed and weighted up in terms of design implications as follows:

- **Reality vs. operational safety:** To avoid mal-operation interaction design would need to consider three functions: tangibles would (1) require sufficient adhesion to prevent unintentional translation when interacting on the surface, (2) have to provide a confirm button to avoid accidental value manipulation, (3) have to be equipped with some kind of alert to prevent tangibles from getting lost or carried away from the surface.

- **Reality vs. expressive power:** Increasing expressive power by means of real-world features was considered skeptic as it would assumedly reduce manipulation speed and efficiency. The experts supposed that expressiveness could be increased by fitting up tokens with features that correspond to the underlying process. E.g. tokens to control temperatures may embody a thermo element that reflects a variable's state.

- **Reality vs. efficiency:** Efficiency was defined as a matter of speed and the memorability of manipulated variable values. While NP may be utilized by tangible interaction, some physical principles (e.g. latency or inertia) may reduce efficiency. To rapidly change variable states digital functionality should be added to set the respective lowest and highest value. Interacting bimanually with tokens would allow blind operation and assumedly increase efficiency by allowing a single operator to manipulate more variables at once.

- **Reality vs. ergonomics:** Ergonomics has been seen skeptic with respect to NP and BAS as some real-world features may not be appropriate for frequent use. Interaction styles that allow operators to ultimately feel process changes, may not only conflict with ergonomic principles (e.g. size of actuators and the necessary operation effort) but may also be dangerous (e.g. temperature). As a consequence, some physical features should rather be expressed using a different physical scale or in a metaphoric way.

4 Conclusion

In this paper we explored the potential use of Hybrid Surfaces as an interaction technology to revive former interaction qualities. To gain first insights we conducted an RBI-driven expert focus group. With respect to the initial question if Hybrid Surface interaction applies to the control room domain we found that they were fully accepted as a way to preserve today's flexibility and revive former interaction qualities. Beyond that, the experts had a clear tendency towards tangible scenarios. Here we gained extra insights into ways to express process states e.g. by means of smoking tokens reflecting a boiler's state. Except for ergonomic issues, active tangibles have been privileged due to their capacity to physically transport process states into the real-world.

We consider this as an initial step towards reality-based interfaces in control rooms with Hybrid Surfaces. Further efforts will therefore concentrate on proof-of-concept prototyping focusing on the major design implications as well as on the evaluation metrics speed and the memorability of performed manipulations on process variables.

Literaturverzeichnis

Hancock, M., Hilliges, O., Collins, C., Baur, D., & Carpendale, S. (2009). *Exploring tangible and direct touch interfaces for manipulating 2D and 3D information on a digital table.* In Proceedings of ITS'09, S. 85-92.

Herczeg, M. (2003). Sicherheitskritische Mensch-Maschine-Systeme: Rahmenbedingung für sicherheitsgerichtetes Handeln. In *Deutsches Atomforum e.V.: Berichtsheft der Jahrestagung Kerntechnik, Verlags- und Verwaltungsgesellschaft.*

Inami, M., Sugimoto, M, Thomas, B.H., & Richter, J. (2010). Active Tangible Interaction. In Müller-Tomfelde, C. (Editor) *Tabletops - Horizontal Interactive Displays.* Springer, S. 171-18

Ishii, H. & Ullmer, B. (1997). *Tangible bits: towards seamless interfaces between people, bits and atoms.* In Proceedings of CHI`97, S. 234–241.

Jacob, R. J. K., Girouard, A., Hirshfield, L. M., Horn, M. S., Shaer, O., Treacy, E. S., & Zigelbaum, J. (2008). *Reality-based Interaction: a framework for post-WIMP Interfaces.* In Proceedings of CHI`08, S. 201-201.

Kirk, D., Sellen A., Taylor, S.,Villar, N. & Izadi, S. (2009). *Putting the physical into the digital: Issues in designing hybrid interactive surfaces.* In Proceedings of HCI`09, S. 35-44.

Klemmer, S. R., Hartmann, B., & Takayama, L. (2006). *How bodies matter: five themes for interaction design.* In Proceedings of DIS '06, S. 140-149.

Pedersen, E. W. & Hornbæk, K. (2011). *Tangible Bots: Interaction with Active Tangibles in Tabletop Interfaces.* In Proceedings of CHI'11, S. 2975-2984.

Shneiderman, B. (1983). *Direct Manipulation: A Step Beyond Programming Languages.* In: IEEE Transactions on Computers, 16 (8), S. 93-102.

Wickens, C. D., Lee J. & Liu Y. D. (2003). *Introduction to Human Factors Engineering*, 2nd ed. Newark, Prentice Hall.

H. Reiterer & O. Deussen (Hrsg.): Mensch & Computer 2012
München: Oldenbourg Verlag, 2012, S. 381-384

History Deck: A Web Browser History Visualization Inspired by Storytelling

Hannes Leitner[1], Marius Brade[1], Rainer Groh[1]

Professur für Mediengestaltung, Technische Universität Dresden[1]

Abstract

Browser history supports users reflecting upon their past, proceeding in decision making and revisiting web pages seen before while browsing the Web. However current implementations fail to provide a proficient solution for the users' need. An approach for improving the visualization of the browser history is described in this paper by drawing an analogy between hypertext and storytelling. Therefore criteria for structuring of the visualization and characteristics of comic art as a genre of graphical storytelling can be applied. Since the user is considered as the narrator of the story, through his actions performed while browsing, the history is constructed automatically next to the context of his current work. The concept was implemented as a browser add-on named History Deck.

1 Introduction

Browser history supports the users' memory finding visited pages by providing a consistent image of the past. Nevertheless, only 0.2 percent of all page requests originate from browser history (Oberndorf 2007). As an approach for an improvement, the analogy of storytelling and characteristics of comic art are introduced to apply sufficient structure and visualization. According to the well accepted theorist Genette (Genette 1998), events of the story (historie) are ordered sequentially by the author called plot (discours). The narrative itself becomes real through reproduction by the narrator called narrative act or presentation. In hypertext an event is equal to the visit of a web page. While surfing through the netted hypertext (story) the user arranges pages into sequential order (plot). He represents the narrative instance. The users' interaction is captured and rendered by the browser history. As the perceptual instance it is performing the narrative act by rules covered in the following. Reflections of the narrative instance only become visible through interaction. Subsequent interpretation is straightforward, since the user embodies both narrator and reader. As a genre of narrative visualizations comic art adds visual characteristics. Each page visit can be visualized within a panel. Adding them into sequences over time makes narration of complex stories possible.

2 Designing History Deck

Figure 1 gives a foresight to the concept visualization as browser add-on named History Deck. The history is implemented as a sidebar, which is divided in sections for present (Figure 1, a) and past (Figure 1, b). In the following chapter design decisions for History Deck are described.

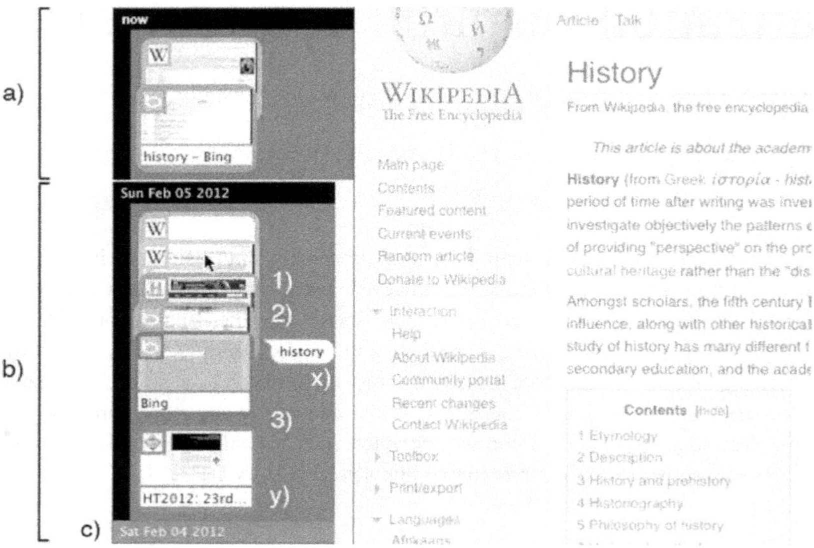

Figure 1: History Deck is implemented as browser sidebar and dividend into present a) and past b), where currently open tabs and page visits are shown grouped by days c). Text is displayed as speech bubbles x) and narrative boxes y). Transitions between page visits include subject-to-subject 1), scene-to-scene 2) and non sequitur 3) transition.

2.1 Structuring history

Within the story events can be modified in ordering, frequency and duration (Genette 1998). Browser history narrates the plot simultaneously. Therefore events are ordered chronologically and browser history turns into a chronicle. Revisits could be interpreted as flashback (analepsis), but can happen through reflection and would change the context (Bernstein 2009). Therefore chronological ordering is kept. On the other hand revisits through history would create a meta history and are not displayed to remain overview. Additionally, needless events like advertisements are omitted (ellipsis). Another dimension of narrative time is frequency. As apposed to repeating events in browser history singulative narrative is more reasonable for saving screen real estate. Moreover applying the iterative style of narrating and summing up cyclic events seems reasonable, but users' motivation is hard to distinguish. Within the forms of structural organization of page display temporal organization structure matches best for displaying pages in chronological order (Cockburn 1999). Furthermore by arranging elements in one single dimension it consumes less space. This is crucial, because users constantly compare consumed space with the value of information offered (Cockburn 1999) and the history requires for continual attendance within the users range in order to provide permanent feedback. As a drawback overview is reduced. This can be improved by advanced structuring or clustering within coarse-grained temporal segments (Cockburn 1999) and is done through grouping by days. In narratology duration analyzes the relation between time in story and plot. Variation can provide different level of detail and can save space. This is applied by collapsable groups (Figure 1, c). Further structuring can be achieved by visualizing hyperlinks. Although this is important for hypertext, there is no space saving solution for the temporal lists (Bernstein 2009). This shortcoming will be approached in section 2.3.

2.2. Visualizing history entries

The comic art theorist Will Eisner defines an „image“ as the memory of an object or the experience recorded by an narrator either mechanically (photograph) or by hand (drawing) (Eisner 2006). In hypertext interaction this object is equal to the web page it self. It is recorded mechanically by the computer (perceptual instance). Therefore visits of web pages are visualized as screenshots. Visualizing time is possible through transferring it into space. As a result the panels extent is equal to the elapsed time (McCloud 1994). Instead of resizing screenshots to modify their dimension, the metaphor of a card deck is applied. Screenshots get stacked up and pages are drawn out of the deck depended on the duration of each page visit (Figure 1, 1). According to the duration in narratology text in comics is represented in three forms. While onomatopoeia is mostly used for effects, expands time in a descriptive way and takes away too much space, correspondent manner of narrating is applicable. This form is equal to direct speech, represented by speech bubbles in comics and is assigned to typed text in hypertext interaction (Figure 1, x). Summarizing behavior spans the plot within panels and is achieved through narrative boxes in comic art. Titles of web pages hold a similar functionality and are visualized alike (Figure 1, y). Through its clipping and perspective a panels frame not only gives insight into the scene, its color can provide additional information (Gershon 2001). Therefore frequency of visits is encoded. Highly visited pages are displayed more prominent and can be localized quickly for access and orientation (Figure 1).

2.3 Characterizing and visualizing transitions

Panels as well as page visits are connected by their transitions respectively links. For comics McCloud defines six different transition types (McCloud 1994). In the following these are presented and analogies to browser interaction are made: Within moment-to-moment a single subject is depicted over a short period of time. In hypertext semantics this equals the scanning of a web page with the mouse. This interaction can be random and is not valuable for history visualization. A transition from action-to-action also characterizes a single subject, but over longer period of time. This is equal to more specific actions like typing text on a web page. Instead of using a separate panel, a single one is used and screen space is saved. From subject-to-subject pages are switched, but the same scene is remained. This points to a strong coherence, which in hypertext concept is equal to a hyperlink and can be depicted as stacked cards as shown before (Figure 3, 1). Switching form scene-to-scene preserves the connection in a looser way. It is like keeping the same main task, but changing into a subtask. According to deck metaphor this can be visualized as parenthesis (Figure 3, 2). The transition type aspect-to-aspect is similar to the one from scene-to-scene with the difference, that time stands still. This could be the time where the user reflects while using the history list and is not going to be displayed. Non sequitur transition has no connection at all. This is the same as starting a new task or switching tasks and is visualized as a separate deck (Figure 3, 3).

3 Conclusion

An analogy between hypertext and storytelling is introduced to improve browser history visualization. The user is identified as the narrative instance and computer as the perceptual instance. Users‘ tab interaction captured by the computer is being used to organize events of the story and create the plot automatically in real-time within the context of his current work. These were used as fundamentals to create structure and visualization of the history realized as a browser add-on. A final evaluation of the prototype is outstanding to judge its usability. With regard to the theory, constructing the analogy has its limitations. Computers can only execute given commands, but cannot interpret them. Additionally, panels perspective and clipping can be utilized to direct users attention and show relevant elements like form fields. Prioritizing important elements is challenging and motivates for further examination.

References

Bernstein, M. (2009). On hypertext narrative. In *Proceedings of the 20th ACM conference on Hypertext and hypermedia HT '09*. New York: ACM, S. 5-14.

Cockburn, A. & Greenberg S. (1999). Issues of page representation and organisation in web browser's revisitation tools. *AUSTRALIAN JOURNAL OF INFORMATION SYSTEMS*, S. 120-127.

Eisner, W. (2006). *Graphic storytelling and visual narrative.* Poorhouse Press.

Genette, G. (1998). *Die Erzählung, volume 2.* Wilhelm Fink Verlag - München.

Gershon, N. & Page, W. (2001). What storytelling can do for information visualization. *Commun. ACM 44*, S. 31-37.

McCloud, S. (1994). *Understanding Comics - the Invisible Art.* HarperCollins.

Obendorf, H., Weinreich, H., Herder, E. & Mayer, M. (2007). Web page revisitation revisited: implications of a long-term click-stream study of browser usage. *In Proceedings of the SIGCHI conference on Human factors in computing systems '07*, New York: ACM, S. 597-606.

Contact Information

Hannes Leitner
E-Mail: hannes.leitner@mailbox.tu-dresden.de

H. Reiterer & O. Deussen (Hrsg.): Mensch & Computer 2012
München: Oldenbourg Verlag, 2012, S. 385-388

Interface Exploration zur Entwicklung natürlicher Benutzerschnittstellen

Mandy Keck, Marius Brade, Thomas Gründer, Dietrich Kammer, Rainer Groh

Technische Universität Dresden, Fakultät Informatik, Professur für Mediengestaltung

Zusammenfassung

In diesem Beitrag wird der methodische Ansatz Interface Exploration präsentiert, der die Entwicklung von natürlichen Benutzerschnittstellen unterstützt und systematisiert. Dabei wird auf den Fähigkeiten des Menschen aufgebaut, die er sich im Umgang mit Substanzen und Materialien im Alltag aneignet.

1 Einleitung

Durch die Verfügbarkeit neuer Eingabemodalitäten wie der Multitouch-Technologie oder der Microsoft-Kinect-Tiefenkamera, kann die Interaktion mit einem Computersystem einstiegsfreundlicher und natürlicher gestaltet werden als mit Eingabetechnologien wie Maus und Tastatur. Die bloße Bereitstellung dieser Technologien allein genügt jedoch nicht aus. Bei der Gestaltung von natürlichen Benutzerschnittstellen (engl. *Natural User Interfaces*) sind insbesondere die bereits vorhandenen Fähigkeiten und Kenntnisse der Nutzer zu berücksichtigen (Blake 2012). Beim Interaktionsdesign sollte daher auf den Fähigkeiten, die sich der Mensch im Laufe seines Lebens angeeignet hat, aufgebaut werden. Dieser Beitrag stellt den methodischen Ansatz der *Interface Exploration* vor, um die Entwicklung natürlicher Benutzerschnittstellen zu unterstützen und zu systematisieren. Der Methode liegen Experimente mit Substanzen und Materialien des Alltags zugrunde, welche bekannte Handlungsmuster (*simple skills*) des Menschen ansprechen. Im Vergleich zu komplexeren Fähigkeiten (*composite skills*) – wie beispielsweise das Klavierspiel oder der Umgang mit einem Datei-Explorer – müssen diese nicht erst erlernt werden, sondern sind aufgrund der Erfahrungen aus dem Alltag bereits erworben und können leicht auf neue Anwendungskontexte übertragen werden (Blake 2012). In den Experimenten werden technologische Restriktionen vorerst bewusst ausgeklammert, um den natürlichen Umgang mit Substanzen und die direkte Interaktion mit Inhalten in den Vordergrund zu stellen. Ziel ist die tiefgehende Auseinandersetzung mit den gewählten Substanzen, um den Angebotscharakter (engl. *Affordance*) und das inhärente Interaktionsangebot für die Entwicklung natürlicher Benutzerschnittstellen abzuleiten (Norman & Nielson 2010). Die Übertragung von Metaphern auf einen konkreten Anwendungskontext ist ein Abwägungsprozess, der meist mehrere Iterationsschritte erfordert - beispielsweise sind hier die fünf Designschritte nach (Neale & Carroll 1997) zu nennen. Diese Methode fokussiert jedoch einen der ersten Schritte: die Entdeckung neuer Metaphern. In der Literatur sind nur wenige Anweisungen zu finden um neue Metaphern zu erarbeiten. Zumeist wird sich vorranging auf Brainstorming-Sitzungen konzentriert wie in (Neale & Carroll 1997) und (Hofmeester & Wixon 2010) beschrieben. Ziel dieses Ansatzes ist die Inspiration und methodische Hilfestellung bei der Entwicklung neuer Metaphern.

2 Methodischer Ansatz

Die Interface Exploration (vgl. Abbildung 1) basiert auf der Untersuchung alltäglicher Substanzen und Materialien mit dem Ziel, ihr Verhalten sowie deren Angebotscharakter für das Interaktionsdesign nutzbar zu machen. Der Prozess wurde im Rahmen zweier Workshops erprobt und mit entsprechenden Beispielen untersetzt. Der erste Workshop »Explore Table« (Brade et al. 2011) setzte den Fokus auf die Interaktion in der Fläche, während der zweite Workshop »Explore Room« diesen um die Interaktion im Raum erweiterte.

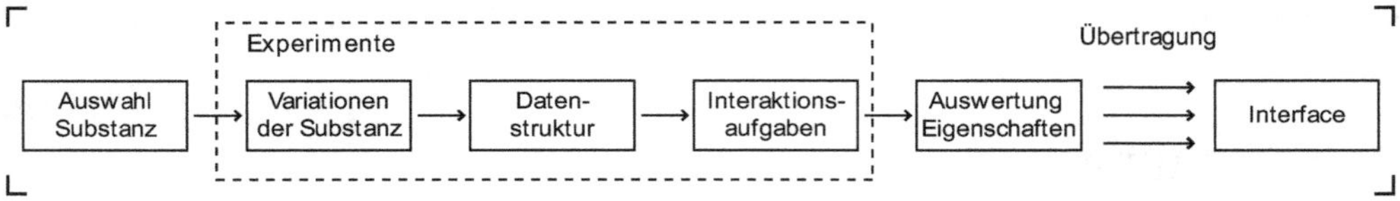

Abbildung 1: Interface Exploration als methodischer Ansatz zur Entwicklung natürlicher Benutzerschnittstellen

Zunächst werden geeignete Substanzen oder Materialien mit handhabbarer Größe ausgewählt (z.B. fluide Substanzen, Textilien, Gummi). Diese sollen aus dem Alltag bekannt sein und somit bekannte Interaktionsmuster bereitstellen. Darauf aufbauend schließt sich ein dreistufiges Experiment an, in dem die Stoffe auf ihre Eigenschaften hin untersucht und schrittweise in die Richtung einer Interaktionsmetapher verfeinert werden. Im ersten Experiment wird der Untersuchungsgegenstand zunächst genauer analysiert und in verschiedenen Ausprägungen und Variationen betrachtet. In der Kategorie der fluiden Substanzen werden beispielsweise Stoffe mit unterschiedlicher Viskosität wie Seifenblasen (vgl. Abbildung 2 – Bild 1), Öle, Wasser, Ei (vgl. Abbildung 2 – Bild 2) oder Gel untersucht. In der Kategorie der Textilien zeigt ein Faden exemplarisch, dass ein Material auch verschiedene Ausprägungen unterschiedlicher Komplexität besitzen kann. Während dieser eine eindimensionale Struktur aufweist, entsteht durch dessen Verknüpfung eine zweidimensionale Struktur – beispielsweise das Netz oder Stoff (vgl. Abbildung 2 – Bild 3 und 4). Ziel ist es möglichst viele Facetten und Zustände des Stoffes kennenzulernen, welche in die Interaktionsmetapher übernommen werden können. Im zweiten Experiment werden die Eigenschaften der Substanzen bezüglich ihrer Passfähigkeit auf verschiedene Datenstrukturen reflektiert. Sobald eine passende Datenstruktur identifiziert ist, wird diese zugrunde gelegt. Hier kann einerseits die Substanz selbst die Datenstruktur repräsentieren (zum Beispiel Faden als Repräsentant eines Datums), oder mit ihm interagieren (zum Beispiel Kugeln auf Stoff, Objekte im Wasser, Eigelb im Eiweiß). In den dargestellten Beispielen wird eine freie, ungeordnete Datenstruktur zugrunde gelegt, die durch eine geeignete Interaktion in eine Ordnung gebracht werden soll. Im dritten Experiment werden verschiedene Interaktionsaufgaben (wie Selektieren, Sammeln, Gruppieren, Sortieren und Filtern) betrachtet und experimentell umgesetzt. Hier bietet sich die Kreativmethode des morphologischen Kastens (Zwicky 1989) an, bei der verschiedene Varianten und Zustände des Stoffes mit den Interaktionsaufgaben kombiniert werden.

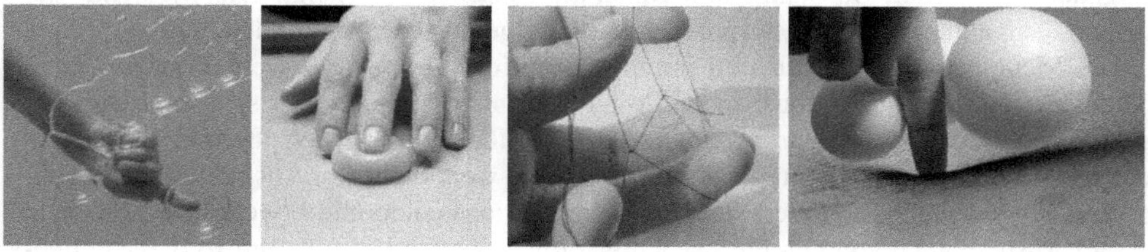

Abbildung 2: Untersuchung von Substanzen aus dem Alltag bezüglich ihrer Erscheinung und Eigenschaften: Seifenblasen (Bild 1), Ei (Bild 2), Faden (Bild 3), Textil als komplexere Ausprägung des Fadens (Bild 4)

Die Experimente werden gefilmt und anhand ihrer beobachteten Eigenschaften wie Verformbarkeit, Reversibilität und Interaktionsformen ausgewertet. Erst dann erfolgt die Auswahl einer geeigneten Technologie, um bis an diese Stelle den natürlichen Umgang mit den Substanzen zu fokussieren und technologische Restriktionen auszuklammern. Bei der Übertragung auf eine Benutzerschnittstelle gilt es nun eine geeignete Abstraktion der Struktur und des Verhaltens der physischem Substanzen auf ein visuelles Abbild (vgl. Abbildung 3 – a und b) beziehungsweise von physischem Verhalten der Stoffe auf stellvertretende Objekte (vgl. Abbildung 3 - c) zu finden.

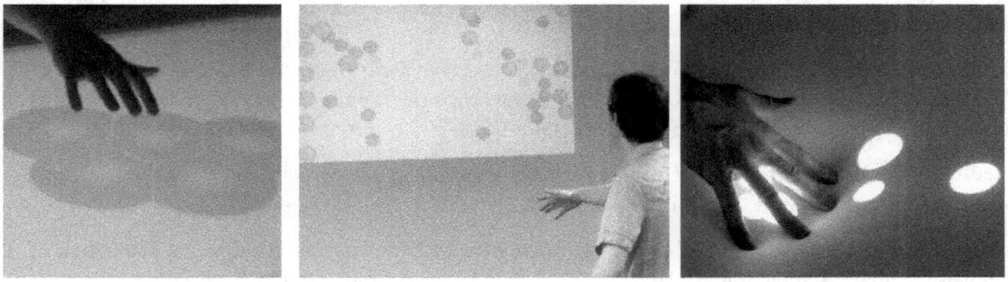

Abbildung 3: Auszug der entstandene Prototypen: (a) Seifenblasen auf Multitouch-Tisch: durch direktes Berühren der Seifenblasen können diese gelöscht werden, wodurch sich die restlichen Seifenblasen neu anordnen (links), (b) Interface zur freien Gestensteuerung unter Anwendung der Wassermetapher: die indirekte Interaktion durch Eintauchen der Hand ins Wasser unterstützt die unpräzise freie Interaktion im Raum und ordnet die enthaltenen Objekte durch Wasserverdrängung neu an (Mitte), (c)Textil als physische Schnittstelle: das Eindrücken und Ziehen des Stoffs wirkt sich auf die virtuellen Objekte aus (rechts)

3 Fazit

Die vorgestellte Methode der *Interface Exploration* dient der experimentellen Generierung von Metaphern zur natürlichen Interaktion. In zwei durchgeführten Workshops konnten damit neue Ansätze für Benutzerschnittstellen aufgezeigt werden, die sich von Substanzen aus dem Alltag ableiten. Als größte Herausforderung in dieser Methode hat sich die Abstrahierung der gefundenen Substanz- und Materialeigenschaften gezeigt. Die Mehrzahl der Workshop-Teilnehmer konnten ansprechende Verallgemeinerungen finden. Jedoch zeigte sich, dass Metaphern, die sehr nah an ihrem realen Vorbild übersetzt werden zwar schnell verständlich sind, die Interaktionsbandbreite und Adaptierbarkeit auf verschiedene Anwendungsbereiche dabei aber einschränken. Dies scheint allgemein für Metaphern in der HCI zu gelten, wie (Blackwell 2006) bereits aufgezeigte. Eine weitergehende Abstraktion der Metapher kann hingegen die Adaptierbarkeit und Interaktionsbandbreite erweitern und sich in gewissem Ausmaß auch von den physischen Naturgesetzen entkoppeln, um so die Möglichkeiten der Virtualität besser auszunutzen.

Danksagung

Wir danken den Studenten, die an den Experimenten teilgenommen haben. Bei Mandy Keck, Marius Brade und Thomas Gründer wurden Teile dieser Arbeit von der Europäischen Union und dem Freistaat Sachsen aus den Mitteln des Europäischen Sozialfonds (ESF) gefördert.

Literaturverzeichnis

Blackwell, A.F. (2006). *The reification of metaphor as a design tool.* ACM Transactions on Computer-Human Interaction (TOCHI). ACM, number 4, volume 13, p. 490-530

Blake, J. (2012) Natural User Interfaces in .NET – WPF. Manning Publications. Part 1: http://manning.com/blake/MEAP_Blake_ch01.pdf

Brade, M.; Kammer, D.; Keck, M.; Groh, R. (2011) *Immersive Data Grasping Using the eXplore Table*, In: Proceedings of the Fifth International Conference on Tangible, Embedded, and Embodied Interaction , Funchal - Portugal, ISBN 978-1-4503-0628-7

Hofmeester K. & Wixon, D. (2010) *Using metaphors to create a natural user interface for microsoft surface.* In Proceedings of the CHI EA '10. ACM, New York, NY, USA, 4629-4644.

Neale D. C. & Carroll, J. M. (1997) *The Role of Metaphors in User Interface Design.* In: Handbook of Human-Computer Interaction, M. Helander, T.K. Landauer, P. Prabhu (eds.), 2. edition

Norman, D.A. & Nielsen, J. (2010) *Gestural interfaces: a step backward in usability.* In interactions 17, S. 46-49.

Zwicky, F. (1989) *Entdecken, Erfinden, Forschen im morphologischen Weltbild.* Verlag Baeschlin, Glarus

Kontaktinformationen

Technische Universität Dresden, Fakultät Informatik, Institut für Software- und Multimediatechnik, Professur für Mediengestaltung, 01062 Dresden. mandy.keck@tu-dresden.de

H. Reiterer & O. Deussen (Hrsg.): Mensch & Computer 2012
München: Oldenbourg Verlag, 2012, S. 389-392

TagStar: ein interaktives Indexierungs- und Analysewerkzeug

Mirko de Almeida Madeira Clemente[1], Mandy Keck[1], Rainer Groh[1]

Technische Universität Dresden, Fakultät Informatik, Professur für Mediengestaltung[1]

Zusammenfassung

Dieser Beitrag beschreibt das interaktive Visualisierungskonzept *TagStar*, welches der computergestützten und kollaborativen Erschließung von Visualisierungen und der Analyse des daraus resultierenden Datenbestandes dient. Die Visualisierungen können durch Hinzufügen von Schlagwörtern eines zugrundeliegenden Klassifikationsschemas klassifiziert und semantisch beschrieben werden. Unterstützung bieten Schlagwortempfehlungen und eine Icon-basierte Darstellungstechnik.

1 Einleitung

Im Bereich der Informationsvisualisierung werden laufend neue Darstellungen generiert, die den Betrachtern erkenntnisreiche Einblicke in komplexe Daten bieten können. In Abhängigkeit der zu visualisierenden Daten finden die verwendeten Darstellungstechniken ständig neue Variationen, die durch den Einsatz geeigneter Interaktionsmechanismen zu effizienten Werkzeugen der Datenanalyse und -exploration werden. Das Such- und Analysewerkzeug DelViz (*Deep exploration and lookup of Visualizations*)[1] bietet die Möglichkeit einen Datenbestand diverser Visualisierungen aus unterschiedlichen Blickwinkeln zu betrachten (Keck et al. 2011). Ermöglicht wird dies durch ein multidimensionales Klassifikationsschema, das eine Sammlung von vordefinierten Schlagwörtern durch mehrere Dimensionen strukturiert. Die Schlagwörter dienen der Indexierung und können zur Beschreibung der Visualisierungen verwendet werden. Um verschiedenartige Meinungsbilder zu erfassen, kann eine Visualisierung – im Folgenden „Ressource" genannt – auch von mehreren Nutzern indexiert werden. Das Schema vereint somit Prinzipien des Social Tagging mit denen einer Expertenklassifikation, wodurch ein Spannungsfeld zwischen gegenseitigen Polen wie *frei* und *kontrolliert* oder *Laie* und *Experte* entsteht. Aus Sicht des Experten ist die Anwendung des Klassifikationsschemas durch die Nutzer von großer Bedeutung, um eine Ressource mit den bereits im

---

[1] Die Anwendung kann unter http://delviz.com aufgerufen werden.

System enthaltenen vergleichen zu können. Aus Sicht des Nutzers, der beim Social Tagging in der Regel keinen Konventionen unterliegt, stehen die für das Tagging charakteristischen Merkmale wie Schnelligkeit und minimaler Aufwand an oberster Stelle. Eine erfolgreiche Anwendung des Klassifikationsschemas, aus der sowohl die Experten als auch die Nutzer profitieren, stellt somit eine Herausforderung dar.

In diesem Beitrag wird das interaktive Visualisierungskonzept *TagStar* vorgestellt, welches dieses Problem adressiert und sowohl Nutzer als auch Experten bei der Erweiterung, Analyse und Pflege des Datenbestandes unterstützt. Es ist von klassischen Systemen zur Indexierung oder Systemen zur kollaborativen Klassifikation (*Social Tagging Systems*) wie *FaceTag* (Quintarelli et al. 2008) oder *TagMe! (*Abel et al. 2009*)* insofern abzuheben, dass die entwickelte Darstellungstechnik den Beschreibungsumfang und die -varianz der indexierten Ressourcen visualisiert und die Interaktion unmittelbar auf der grafischen Darstellung stattfindet.

2 Visualisierungskonzept

Für jede in der Datenbank befindliche Ressource können Detailinformationen wie Titel, Vorschaubild und ein weiterführender Link aufgerufen werden. Im Fokus des Konzepts stehen allerdings die Schlagwörter, die eine Ressource semantisch beschreiben. Durch die 55 Schlagwörter des Klassifikationsschemas werden ebenso viele beschreibende Dimensionen aufgespannt, welche den Wertebereich der positiven, ganzen Zahlen abdecken. Ordnet beispielsweise ein Nutzer einer Ressource das Schlagwort „Netzwerk" zu und ein zweiter Nutzer derselben Ressource die Schlagwörter „Netzwerk" und „Hierarchie", so ist der Wert der ersten Eigenschaft gleich 2 und der letzten gleich 1.

Als Grundlage zur Visualisierung dieses Datenbestandes wird auf die *Star Plots* zurückgegriffen, da sich die Icon-basierte Visualisierungstechnik besonders für multidimensionale, diskrete Daten eignet (vgl. Ware 2004, S. 184). Auf diese Weise werden alle Attribute auf konzentrisch angeordnete Linien, deren Länge den jeweiligen Attributwerten entsprechen, abgebildet und alle Linienenden miteinander verbunden. Durch die gemeinsame Anordnung vieler Glyphen entstehen Texturmuster, welche die Eigenschaften und Charakteristiken der Daten widerspiegeln und einen effizienten Vergleich von Attributen und Datensätzen ermöglichen. Aufbauend auf der Visualisierungstechnik der Star Plots wurden drei verschiedene Visualisierungskonzepte entworfen, die im Folgenden näher beschrieben werden:

Die Nutzeransicht stellt eine Ressource im Detail dar und bietet dem Nutzer die Möglichkeit, eine hinzugefügte Ressource erstmals zu indexieren oder sein Meinungsbild auf eine bereits vorhandene Ressource zu übertragen. Unmittelbar nach dem Bereitstellen einer Ressource verfügt diese noch über keine Schlagwörter. Das Interface visualisiert in dieser Ausgangssituation lediglich die vom System ermittelten Schlagwortempfehlungen, die durch das im Zentrum des Interfaces (Glyphe) befindliche „Empfehlungspolygon" abgebildet werden. Andernfalls wird die Glyphe auf Basis der zur Beschreibung vergebenen Schlagwörter konstruiert (vgl. Abbildung 1, links). Alle weiteren Schlagwörter des Klassifikationsschemas werden zunächst ausgeblendet und erst durch Interaktion des Nutzers (RollOver) eingeblendet. Zur Verdeutlichung der Datenstrukturen werden neben den Schlagwörtern auch die Dimensionen des Klassifikationsschemas durch grafische Elemente, den verschiedenfarbigen Kreissegmenten, repräsentiert. Um der Anforderung gerecht zu werden, den Datenbestand möglichst umfangreich zu indexieren, wird der Nutzer durch eine Konturlinie unterstützt. Diese verbindet benachbarte Kreissegmente miteinander, sobald aus diesen mindestens je ein Schlagwort zur Beschreibung der Ressource ausgewählt wurde. Mit jeder erneuten Schlagwortauswahl ähnelt die Konturlinie zunehmend einem geschlossenen Kreis. Dadurch soll der Nutzer angehalten werden, mindestens ein Schlagwort je Dimension zu vergeben und zudem ein Gefühl der Vollständigkeit suggeriert werden.

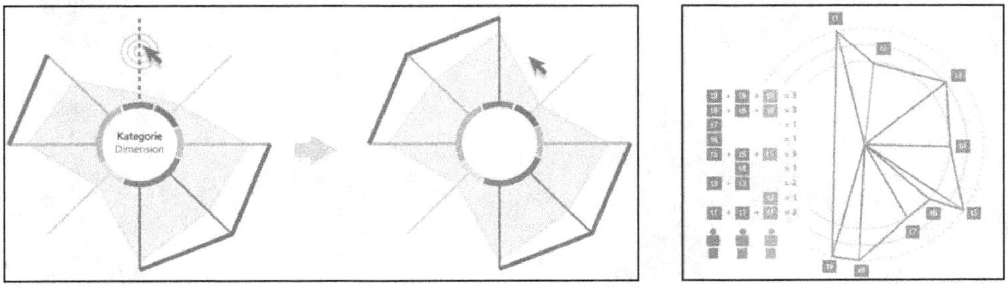

Abbildung 1: Konzept der Nutzeransicht: Glyphe als Grundlage des Indexierungs-Interfaces, das Empfehlungspolygon in der Mitte unterstützt den Nutzer bei der Auswahl eines Schlagwortes (links). Konzept der Experten-Detailansicht: die äußere Form der Glyphe spiegelt die Homogenität der ausgewählten Schlagworte wider (rechts).

Die Experten-Detailansicht dient der genaueren Untersuchung von Ursachen, die für abweichende Merkmalsausprägungen verantwortlich sind. Der Unterschied zur Nutzeransicht besteht darin, dass der Radius der Glyphe um die Anzahl der an dem Indexierungsprozess beteiligten Nutzer erweitert wird (vgl. Abbildung 1, rechts). Haben beispielweise drei Nutzer das gleiche Schlagwort an eine Ressource vergeben, so vergrößert sich der Wert der jeweiligen Komponente innerhalb des zugrundeliegenden Merkmalsvektors von 1 auf 3. Durch die Abbildung der Vektoren auf die Länge der konzentrisch angeordneten Linien, folgt die Kontur keinem einheitlichen Radius mehr. Anhand der äußeren Form lässt sich nun effizient erschließen, ob eine Ressource von allen Nutzern mit denselben Schlagwörtern beschrieben wurde oder ob es Abweichungen gibt.

Die Experten-Übersicht dient als ein Analysewerkzeug für die Experten. Es visualisiert die Schlagwörter einer große Anzahl an Ressourcen gleichzeitig, wobei jede durch eine Glyphe repräsentiert wird (vgl. Abbildung 2, rechts). Durch Aneinanderreihung der Glyphen entsteht eine Textur, welche die Beurteilung des Beschreibungsumfangs und Feststellung von abweichenden Nutzermeinungen (Varianz) ermöglicht. Je kleiner die Glyphen dargestellt werden, desto stärker verschmelzen die Schlagwörter einer Dimension. Anstatt der Entdeckung einzelner Schlagwörter nachzugehen, hebt diese Unschärfe die Arbeit des Experten auf ein höheres Abstraktionsniveau. Ressourcen, die bisher nicht indexiert wurden, werden durch Punkte repräsentiert und treten durch ihr abweichendes Erscheinungsbild deutlich hervor. Dies gilt ebenso für Ressourcen mit nur sehr wenigen Schlagwörtern. Diese charakteristischen Erscheinungsbilder können dafür verwendet werden, die Beschreibung des Datenbestandes systematisch zu verbessern und Problemstellen aufzudecken. Da eine geringe Anzahl an Schlagwörtern nicht mit der unvollständigen Indexierung einer Ressource gleichzusetzen ist, bietet dieses Vorgehen gegenüber dem Zählen von Schlagwörtern einen wesentlichen Vorteil. Die Entscheidung darüber, ob eine Ressource ausreichend indexiert wurde, wird nicht vom System sondern von den Experten getroffen. Deren Interpretation beruht auf Erfahrungswerten, die sich aus dem Umgang mit der Darstellungstechnik ergeben. Außerdem können sie auf typische Merkmale sensibilisiert und trainiert werden.

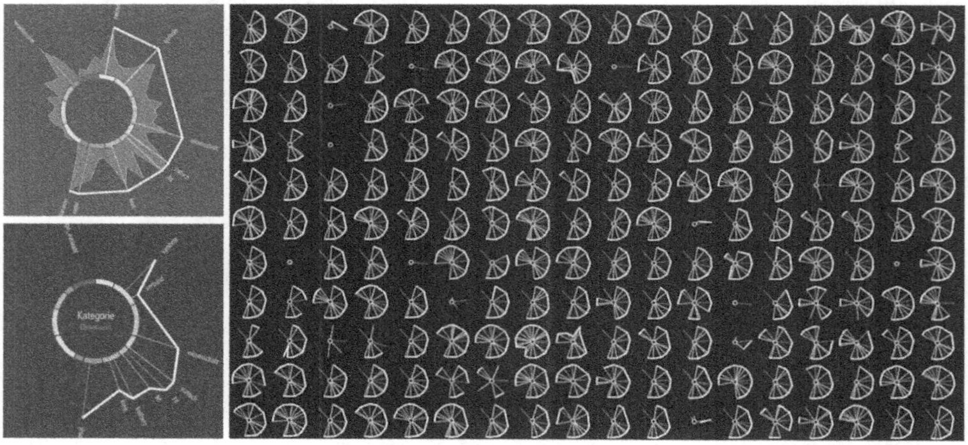

Abbildung 2: Umsetzung der Nutzeransicht (l. o.), der Experten-Detailansicht (l. u.) und der Experten-Übersicht (r.)

3 Zusammenfassung und Ausblick

Mit dem vorgestellten Visualisierungskonzept kann die Erweiterung, Pflege und Analyse des Datenbestandes in unterschiedlichen Nutzermodi vorgenommen werden. Die Sichten können der Abbildung 2 entnommen werden. Die Erweiterung des Klassifikationsschemas durch frei gewählte Schlagwörter stellt einen Aspekt für zukünftige Arbeiten dar.

Literaturverzeichnis

Abel F., Kawase R., Krause, D. & Siehndel, P. (2009). *Multi-faceted Tagging in TagMe!.* In 8th International Semantic Web Conference (ISWC '09).

Keck, M., Kammer, D., Iwan, R., Taranko, S. & Groh, R. (2011). DelViz: Exploration of tagged information visualizations. *Informatik 2011 - Interaktion und Visualisierung im Daten-Web*. Berlin.

Quintarelli, E., Resmini, A. & Rosati, L. (2008). *Facetag: Integrating Bottom-up and Top-down Classification in Social Tagging Systems.*

Ware, C. (2004). *Information visualization: perception for design.* San Francisco: Morgan Kaufmann.

Kontaktinformationen

Technische Universität Dresden, Fakultät Informatik, Institut für Software- und Multimediatechnik, Professur für Mediengestaltung, 01062 Dresden. mirko.clemente@tu-dresden.de

Entertainment Interfaces

Preface

Within the past years the market of entertainment products has seen an overwhelming economic growth due to the diversification of interactive entertainment products and services. This year's major driving force are mobile games, social games and browser-based entertainment applications, which offer entertainment experiences on a huge variety of platforms to reach new target groups and convert more and more casual users into active consumers. In addition, the entertainment industry introduced a broad range of new services and ways of monetization for entertainment products: Cloud gaming services with monthly fees, free-to-play games with additional paid content or in-app purchases are just the beginning of a whole new era of payment methods for entertainment services. Users seem to embrace these new services, which often enable them to test a product or service before they spend money on it. With these new possibilities comes a stronger need to offer user-friendly and innovative interfaces to convince users of the quality of the product within the first minutes of usage. The user experience within these first minutes will decide whether users will spend money on a entertainment product or not.

In the course of the growing media convergence new entertainment products evolve between the different fields of the creative industries. Interactive audio books, innovative toys and building blocks, game-based learning and serious games, virtual and augmented realities, and artistic installations and products give a first idea of the potential of this area.

Since 2009 the track Entertainment Interfaces offers researchers, developers and designers a platform to present innovative ideas in the area of interactive entertainment with a focus on interaction in games and other entertainment products and to discuss design challenges and the evaluation of entertainment interfaces. The aims of the track are to strengthen the awareness of the relevance of user-friendly and innovative interfaces for entertainment applications in the research community and in the public, to encourage the research activities and the education in this field, and to foster the knowledge transfer between researchers and developers.

We would like to thank all authors for their valuable and interesting contributions and Harald Reiterer and his team for supporting our conference track at this year's Mensch & Computer.

Jörg Niesenhaus, Rainer Malaka & Maic Masuch

H. Reiterer & O. Deussen (Hrsg.): Mensch & Computer 2012
München: Oldenbourg Verlag, 2012, S. 397

Bringing Culture into Focus

Rilla Khaled

Department of Digital Games, University of Malta

Our cultural disposition affects all facets of our lives, including how we perceive situations, how we react to them, and how we feel about them afterwards. As culture is intertwined in all that we do, it is also at work in the games we play. Being able to identify and analyse cultural values in games gives us a better understanding of how culture influences our ways of making sense of games, while leveraging cultural tropes and values in game design intentionally can lead to more deeply resonating and effective digital experiences. In this talk, I will present three ways in which culture can be brought more clearly and practically into focus in game creation and analysis.

First, I will address how culture can be accounted for at the level of game design and mechanics, beyond representations of cultural groups in game worlds. I will discuss the structural relationship between cultural values and games, and how games can be examined as cultures. Using cultural values as a lens of interpretation, I will present snapshots of game mechanics analyses of existing well-known games. I will also outline how cultural values can be used as a design tool in persuasive game design, drawing from my own work as a game designer.

Second, I examine the role of cultural values in the design methodologies used to create digital games and other software, particularly stressing underlying cultural assumptions at work. I will share reflections from a game development workshop conducted with Danish-Arabic high school students.

Finally, I briefly consider the potential of taking a cultural perspective on artificial intelligence techniques. I will look at how cultural behaviours are used as metaphors to inform agent behaviours, as well as ways to incorporate cultural values and behaviours into procedural content generation and player modelling, drawing from my experience in recent large-scale projects.

H. Reiterer & O. Deussen (Hrsg.): Mensch & Computer 2012
München: Oldenbourg Verlag, 2012, S. 399-408

2DGree: Rapid Prototyping for Games

Joerg Niesenhaus[1], Burak Kahraman[1], Johannes Klatt[2]

Interactive Systems Group, University of Duisburg-Essen[1]
Novacore Studios, Muelheim a.d. Ruhr[2]

Abstract

This paper introduces 2DGree, an experimental game prototyping framework, which enables users to implement and playtest their game ideas within minutes. The framework's main purpose is the evaluation of different interaction techniques as well as methods of programming by demonstration and visual programming for the application within the context of rapid game prototyping. The core of the 2DGree framework consists of a game world editor tool and a script editor, which can be connected to further components like game asset sharing platforms or evaluation tools. The paper describes the current stage of the framework development, presents a user test and provides an outlook on the future plans for the framework development and application.

1 Introduction

User participation in the context of digital games exists as long as the games itself but the possible degree of participation changed a lot over the years (Edery & Mollick 2009, Niesenhaus 2009). Back in 1962 students added new content and features to the game Spacewar! and brought it back to the community afterwards, making it one of the first game modifications. For years the modification of a game was only possible for skilled programmers using tools like hex editors to manipulate the binary game files. In the mid-eighties the first graphical level toolkits appeared[1], giving users the opportunity to design and exchange new level designs. The major breakthrough in the history of end-user development in the area of digital games was the success of the modification CounterStrike[2] for the game Half-Life, which changed the attitude of developers and publishers towards user-generated content and game modifications. Nowadays, several developers and publishers offer games with a focus on user-generated content. Two examples of games building upon the success of user-generated

---

1 The game Lode Runner offered one of the first level toolkits in 1983 (Amiga 800, Broderbund Software).

2 The modification CounterStrike was made part of official Half-Life franchise and sold 10 million products under its label.

content in games are Spore (PC, Electronic Arts) and Little Big Planet (PS3, Sony Entertainment). With Spore's creature editor users generated over 171 million different creatures[3], which are distributed by the game's servers to all users. The Little Big Planet games offer an intuitive toolset enabling gamers to create compelling level designs without the knowledge of technical background information[4]. The toolset is directly connected to the game, which gives players the opportunity to test their design whenever they want to. Although a lot of effort goes into the toolsets for creating user-generated content, most games offer user participation only in the areas of graphical or level design content. Modifications, complete makeovers (called "total conversions") or the creation of a new game idea with frameworks like XNA still have higher requirements at the users skills and knowledge, often including higher-level programming skills (Niesenhaus 2009). Consequently, only a few gamers are able to generate a game prototype based on their own ideas and game mechanics. Furthermore, game designers with little time for coding and the need for rapid game prototype tools to test game mechanics and balancing issues expand the target user group for more powerful but still rapid and intuitive prototyping tools.

The tools evaluated within the 2DGree game prototyping framework aim at this group of users by offering interaction techniques to generate game mechanics via programming by demonstration and visual programming. Applying these methods shall provide an intuitive introduction into the framework tools for beginners and save time for professional game designers. Although coding is an option to set up game mechanics within the 2DGree framework, the vast majority of the game world and its rules can be generated without any coding.

2 Related Work

There are several definitions and taxonomies, which offer different dimensions and criteria to classify visual programming languages and environments. Burnett (2000) defines visual programming as programming in which more than one dimension is used to convey semantics. According to Myers (1986) the term visual programming refers to any system that allows the user to specify a program in a two (or more) dimensional fashion. Both authors emphasize the additional information, which is added through the use of visual elements.

Programming by example is defined by Halbert (1984) as a process in which the user builds an algorithm by working through a concrete example. The term is related to programming by demonstration, which describes system being able to infer the program structure based on the user's inputs, recognizing patterns and apply them to an algorithm (Halbert 1984). Shu (1986) distinguishes visual programming languages by the three categories "levels of language", "scope of language" and "extend of visual expression". In contrast to this definition

[3] Sporepedia: http://www.spore.com/sporepedia (Last visit: 2012-03-31)

[4] There are more than 6 milion level designs available for Little Big Planet 1 & 2 (Playstation 3, Media Molecule)

Myers proposes three binary categories, which are labeled "binary vs. batch", "visual programming (or not)" and "programming by example (or not)" (Myers 1986). Burnett adds common strategies in visual programming languages and how they are applied in different environments (Burnett 2000). Kelleher and Pausch (2005) classify visual programming languages through their goals and distinguish between empowering systems and teaching systems. Although visual programming languages offer a lot of advantages for programming tasks of lower complexity, more complex tasks are solved less efficiently compared to traditional text-based programming languages (Schiffer 1996).

There are several popular visual programming environments in research and on the commercial market. The visual programming environment Alice focuses on digital storytelling and the creation of games with 3D graphics to teach students basics of programming (Pausch 1995). The software-authoring environment AgentSheets allows its users to build domain-oriented design environments including games, applications and simulations (Repenning 2004). Scratch is a visual programming environment using a puzzle metaphor to enforce the formulation of syntactically correct expressions (Maloney et al. 2004). StarLogo TNG consists of the visual programming language StarLogoBlocks and an integrated programming environment (Resnick 1996). It uses a similar metaphor like Scratch by offering code blocks of different shapes and colors which can be combined via drag and drop. Microsoft's Kodu Games Lab is available both on the Xbox360 console and the PC with the intention to offer kids a tool to design, build and play user-generated games (MacLaurin 2009). Although these tools provide a lot of good ideas how to set up game mechanics without coding, most of them focus on teaching kids and students programming rather than supporting gamer communities and game designers. In addition, all tools have a focus on specific interaction techniques to generate programming logic rather than being made for exploring and comparing different interaction techniques.

Next to the visual programming tools there are several toolkits and frameworks, which are often used by professional game developers for prototyping game ideas or by students and hobbyists to breathe life into their own game ideas. There are several toolkits and frameworks, which support the development of (prototypical) games like e.g. XNA[5], GameMaker[6] or the Unity 3D[7] game engine. The tools have different requirements in terms of skills and knowledge, but most of them allow users to develop basic games without prior programming skills and offer more complex development options for advanced users as well. Although these tools and frameworks show potential on attracting beginners to the area of game development, we are convinced that the application of methods of visual programming and pro-

5 Microsoft XNA is a set of tools with a managed runtime environment that facilitates computer game development. More information: http://create.msdn.com/en-US/ (Last visit: 2012-04-01)

6 GameMaker is a Windows and Mac integrated development environment published by YoYo Games based on the Delphi programming language: http://www.yoyogames.com/gamemaker/ (Last visit: 2012-04-01)

7 Unity is an integrated authoring tool for creating 3D games and supports all major gaming platforms as well as iOS and Android. More information: http://www.unity3d.com (Last visit: 2012-04-01)

gramming by demonstration can be beneficial for the intuitive access and efficient usage of the toolkits and frameworks.

For this reason, we started with the development of our own game prototyping framework with interchangeable components in order to implement a flexible and controlled environment for the evaluation of different interaction techniques as well as to test the application of different methods of visual programming and programming by demonstration. The acronym *2DGree* relates to the term „to develop games – rapidly, efficiently, easily“ and replaces the generic game prototyping framework description (Niesenhaus et al. 2009).

3 The experimental game prototyping framework

As already pointed out, some of the existing game prototyping tools need a lot of effort to learn how to use the tools and often require at least basic programming skills. In order to lower the entrance barrier for the user and to save time for professional developers, 2DGree enables the users to create their game prototypes with no coding at all. 2DGree's goal is to combine the accessibility of game level editing tools with the depth and flexibility of visual programming languages. In comparison to other available game prototyping frameworks, 2DGree uses methods of direct manipulation and programming by example to set up the game world, place software sensors and events and change properties of game entities (Niesenhaus et al. 2009). The basic idea of this approach is to keep designers as long as possible in the world editor before setting up more complex rules through visual programming in the script editor or by optional script coding. The 2DGree framework architecture is build around the world editor, which enables the users to set up the game world. The component structure of the framework allows exchanging single components for evaluation purposes. Within the past development cycles of the framework three different script editor tools were developed and tested within the framework in order to gather knowledge, which interaction techniques, logical structures and operators work best within the context of game prototyping (Niesenhaus et al. 2009).

2DGree is the fourth iteration of an experimental game prototyping framework, which started out as a basic game engine for 2D Flash games. All currently available tools are implemented with Adobe Flex4 and run in all common browsers. World and script editor components communicate via XML datasheets, which describe the game world's tile set grid, all game entities, software sensors and scripts.

Before presenting the results of a user study for the fourth framework iteration, the current state of two 2DGree main components will be explained.

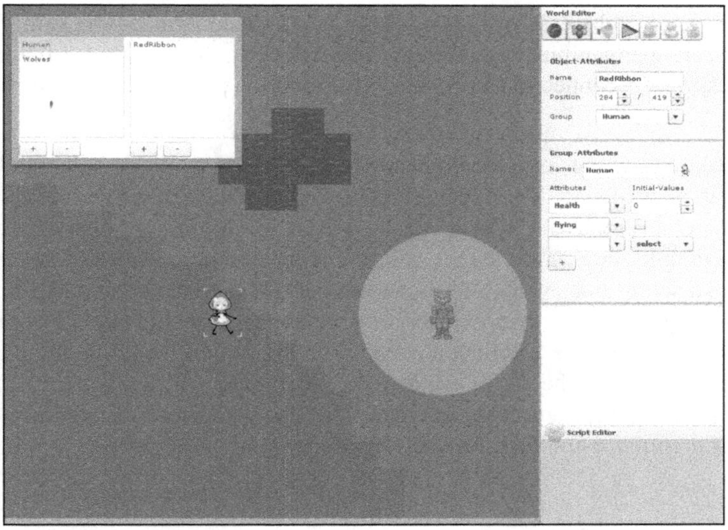

Figure 1: Graphical User Interface of the World Editor component

3.1 World editor

Within the world editor the user creates the visual representation of the game world by painting the tile set and placing the player object as well as all further game entities. In the current version only a two-dimensional representation of the game world is available, which forces the users to focus on the basic game mechanics and concepts rather than exploring the vast possibilities of 3D world design. After creating the game's entities, the user can place different sensors to initiate or track game events. These software sensors are either world or entity-bound and are represented through basic geometries (e.g. circle, square) or can be drawn by the users (with a polygon tool) and are available as generic sensors or special presets (e.g. vision, sense of hearing). The user can place a sensor via drag-and-drop on a game entity or a grid tile in the game world. All sensors can be changed in size and alignment, some of them, like the vision sensor offer additional parameters like an offset value, the angle of sight and the length of the sensor. The parameters can be changed by direct manipulation with the mouse cursor or by changing values in the right menu bar.

The direct manipulation commands are inspired by typical controls of well-known graphics editing programs like Adobe Photoshop or Microsoft Paint. The acoustic sensors can be adjusted to a certain tracking range to get connected to acoustic transmitters of the frequencies within this range. Collisions are detected as soon as an entity moves into the radius of a software sensor. In addition, collisions are subdivided into touch, enter and leave collision events, offering the user possibilities to differentiate the respective phases of a collision event, which are each visualized by their own symbol. When a collision is detected a small symbol (e.g. an eye for the vision sensor) appears at the crossing border of both entities highlighting the collision. A context window opens with a direct input option to select an event, which shall be triggered in the case of the corresponding collision during the game. Typical collision outcomes are the manipulation of entity properties (e.g. health points of characters), deletion of entities, or the connection to higher level game mechanics created in the script editor.

Table 1 provides some examples of typical goals within the 2DGree framework and how and where the goals can be achieved. Most of these goals can only be achieved within one component, but there are several goals, which can be solved in multiple ways within different components. An example for a multiple-way solution is the already mentioned generation of a collision event. To set up this event, a user can use the world editor component to maneuver a character into an entity via drag-an-drop or – analogue to the gameplay experience - with the control keys to generate a collision event. Another option would be the generation of an IF-THEN-clause within the script editor (see description within chapter 3.2). These three approaches generate the same outcome but offer users a choice of which interaction technique fits their preference and their level of experience best.

Goal	Action	Component
Generate environment	Use brushes to paint the tiles on the grid	World Editor
Place entities	Drag and drop entities from taskbar to grid OR generate through object manager	World Editor
Place software sensors	Drag and drop sensors on existing entities or tiles	World Editor
Set up collision events	Move entity A via drag & drop onto entity B OR use game controls to move entities into a collision OR use script editor collision event	World Editor OR Script Editor
Set up collision outcome	Choose presets via drop-down menu OR use visual script editor	World Editor OR Script Editor
Set up global game mechanics	Use IF-THEN script boxes to compose game mechanics	Script Editor
Organize script hierarchy	Use drag & drop to setup relationships and hierarchies between scripts	Script Editor

Table 1: Examples for goals and actions using the different components

3.2 Script editor

The current iteration of the script editor uses graphical representations of IF-THEN-clauses (Condition & Action) to define game events, which can be attached to existing software sensors already placed in the world editor. In addition, global variables and goals can be defined in the script editor like listeners for global functions (e.g. a player's health bar or a hierarchical quest structure). The script editor GUI subdivides into three distinctive sub windows: the script manager, the main workspace and the script property window (see figure 2, from left to right). The script manager allows the user to organize the collection of previous generated scripts. On the main workspace the user generates new scripts, sets up relationships and hierarchies. Figure 3 shows the generation of a condition. Below the active condition facet the action facet is deactivated and downsized. The properties of the selected script can be changed on the right hand side in the script property window.

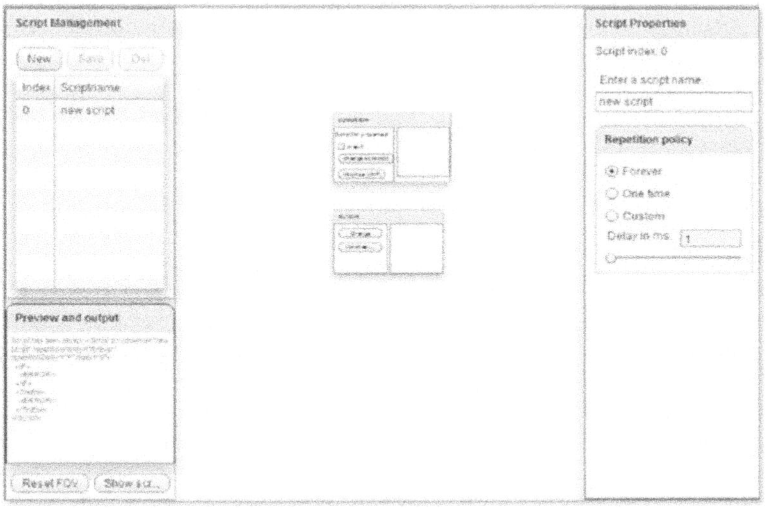

Figure 2: Script editor graphical user interface with workspace

Although the script editor differentiates a lot from the world editor GUI in terms of interaction techniques and visualization of states, pretests showed that most users understand the interrelation between both components.

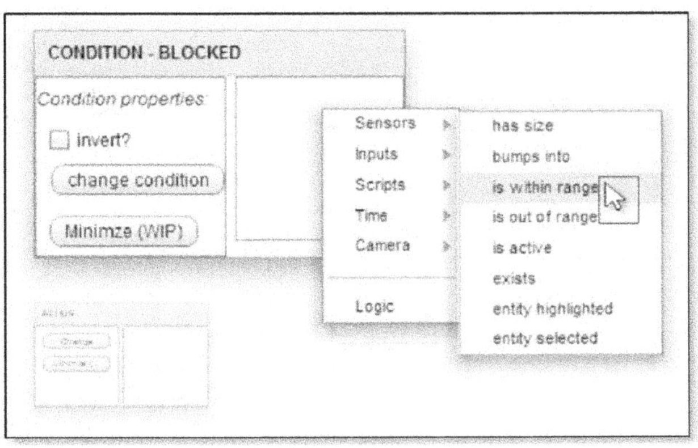

Figure 3: Choosing a sensor condition

The first version of the script editor used building blocks to generate scripts, which worked similar to the logical building blocks Kodu or other visual programming languages offer. Although this process was fairly easy to understand for the users it introduced a lot of constraints regarding the generation of more complex queries and dependencies (Niesenhaus et al. 2009). The second implementation introduced a hierarchical generation of scripts with a context-sensitive selection method for appropriate choices of logical elements. Building upon our experiences and several tests, the current version of the script editor offers a higher flexibility in terms of hierarchical dependencies and a better overview of the scripts with the option to zoom in via fish-eye view.

4 Evaluation

During the past two years of the framework development several user tests and expert reviews were executed in order to evaluate the different components of the framework from different perspectives (usability, user experience, performance) (Niesenhaus et al. 2009). The latest study we present in this paper focuses on the world editor with the sensor setup and modification. Twenty subjects (12 male, 8 female) participated in this study. All subjects are computer science students and have basic knowledge of digital games. After a short tutorial the subjects were asked to complete a scenario with four typical tasks within the world editor. The tasks included the generation of a landscape with different textures and assets (1), the creation of two characters with different visual representations and properties (2), setting up sound sensors and emitters to enable the 'communication' between both characters (3) and creating non-personal characters with movement and collision behavior (4). After the subjects finished the four tasks they filled out two questionnaires. The first questionnaire offered the subjects the possibility to rate the quality of the tools and their functions and asked them for their experience within the area of digital games and their knowledge of authoring tools and general computer software. The second part was based on the German ISONORM usability questionnaire, which is closely related to the ISO 9241-110 usability standard and was used to judge the quality of the tools. Afterwards the subjects were animated to comment on the 2DGree tools and to provide additional feedback.

	Current study			Previous study			Score
	N	Mean	SD	N	Mean	SD	Diff.
Suitability for the task	20	4,40	1,08	21	4,10	1,04	0,30
Self-descriptiveness	20	3,26	1,08	21	2,86	0,96	0,40
Controllability	20	4,37	1,26	21	3,05	1,24	1,32
Conformity with user expectations	20	4,10	1,02	21	3,86	1,20	0,24
Error tolerance	20	3,71	0,92	21	3,29	1,06	0,42
Suitability for individualization	20	3,47	1,09	21	3,52	1,17	-0,05
Suitability for learning	20	4,20	1,38	21	2,76	0,94	1,44

Table 2: Average item scores of the ISONORM questionnaire within both studies

Although most of the subjects were able to successfully complete the tasks, the time for the completion of the tasks varied strongly. Subjects with previous knowledge of visual programming tools were significantly faster ($p \leq 0.001$) than subjects without previous knowledge. The analysis of the ISONORM usability questionnaire indicated average values (between 3.26 and 4.40 on a scale between 1 and 7, with 7 being the best score). The self-descriptiveness (M=3.26), suitability for individualization (M=3.47) and error tolerance (M=3.71) achieved the lowest scores. The feedback of the subjects indicated that most of the visual metaphors work very well for both beginners and experts, but also hinted on differences in the understanding of basic programming paradigms like parent-child relationships or recursion. Further comments addressed the lack of an undo function, which was not available at the time of the user test.

We compared the results of the latest study with our previous findings, which revealed slightly higher average scores for the items error tolerance (Previous version: M=3.29; Current version M=3.71), self-descriptiveness (M=2.86; M=3.26), suitability for the task (M=4.10; M=4,40) and suitability for learning (M=2.76; M=4.20) in the current version compared to the previous framework iteration and significant higher scores for the items controllability (M=3,05; M=4,37) and suitability for learning (M=2,76; M=4,20). These results reflect the improvements within the graphical user interface and the general interaction process optimization of the current framework prototype, however there is still potential for further improvements.

5 Future work

In response to the user test feedback, we are currently adding screencasts, tutorials and mouse-over tool tips to all functions in order to give users a better impression of what each GUI element represents. After the world and the script editor reach the beta status both components will be connected to a community platform, which is currently under development. The community platform will feature a shop system where users can select presets of game entities and scripts for setting up their game. Next to predefined sets of characters, environmental assets or scripts the users will be able to upload their creations to the community shop system to give all other users access to their self-generated content. The main purpose of the community platform is the evaluation of the different components through online user tests, which will be extended through questionnaires and user feedback boards to get as much feedback from users as possible. In addition, we are preparing further lab studies using a larger variety of components and a large-scale online test in order to evaluate the implemented methods of direct manipulation and programming by demonstration with a larger number of subjects including both professional game designers as well as community users. Further research will also compare existing prototyping tools with the 2DGree tools.

References

Burnett, M. (2000). Visual Programming In: *Encyclopedia of Electrical and Electronics Engineering*. Chichester, NY: Wiley.

Edery, D. & Mollick, E. (2009). *Changing the game. How video games are transforming the future of business*. Upper Saddle River, New Jersey: Pearson Education.

Halbert, D. C. (1984). *Programming by Example*. University of California at Berkeley: Doctoral Thesis.

Kelleher, C. & Pausch, R. (1995). Lowering the Barriers of Programming: A Taxonomy of Programming Environments and Languages for Novice Programmers. *ACM Computing Surveys*. 37 (2), 83-137.

MacLaurin, M. (2009). Kodu: End-User Programming and Design for Games. In: *Proceedings of the 4th International Conference on Foundations of Digital Games (FDG'09)*. New York, NY: ACM.

Maloney, J., Burd, L., Kafai, Y., Rusk, N., Silverman, B. & Resnick, M. (2004). Scratch: A Sneak Preview. In: *Second International Conference on Creating, Connecting, and Collaborating through Computing*. Kyoto, Japan.

Myers, B. A. (1986). Visual programming, programming by example, and program visualization: a taxanomy. In: *Proceedings of the International Conference on Human Factors in Computing Systems (CHI'86)*. New York, NY: ACM.

Niesenhaus, J. (2009). Challenges and Potentials of User Involvement in the Process of Creating Games. *International Reports on Socio-Informatics: Open Design Spaces Supporting User Innovation*. 6 (2), 56-68.

Niesenhaus, J., Löschner, J & Kahraman, B. (2009). Förderung der Nutzerinnovation im Rahmen digitaler Spiele durch intuitive Werkzeuge am Beispiel des Game Prototyping Frameworks. In: *Grenzenlos frei!? Workshop Proceedings der Tagung Mensch & Computer 2009*. Berlin: Logos Verlag.

Pausch, R. (1995). Alice: Rapid Prototyping for Virtual Reality. *IEEE Computer Graphics and Applications*. 15 (3), 8-11.

Repenning, A. (2004). Agent-based end-user development. In: *Special Issue: End-User Development*. New York, NY: ACM.

Resnick, M. (1996). StarLogo: an environment for decentralized modeling and decentralized thinking. In: *Proceedings of the International Conference on Human Factors in Computing Systems (CHI'96)*. New York, NY: ACM.

Schiffer, S. (1996). Visuelle Programmierung – Potenzial und Grenzen. In: Meyer, H.C. (Editor): *Beherrschung von Informationssystemen*. Munich: Oldenbourg.

Shu, N. C. (1986). Visual Programming Languages: A Perspective and a Dimensional Analysis. In: Chang, S.-K. (Editor): *Visual Languages*. New York, NY: Plenum Press.

Contact Information

Joerg Niesenhaus, joerg.niesenhaus@uni-due.de, Forsthausweg 2, 47057 Duisburg, +49 (0)203- 379 1420

H. Reiterer & O. Deussen (Hrsg.): Mensch & Computer 2012
München: Oldenbourg Verlag, 2012, S. 409-418

Calliope-d: An Authoring Environment for Interactive Dialog

Robert Walter, Katja Neuwald

Entertainment Computing Group, University of Duisburg-Essen

Abstract

Creating an interactive dialog for a video game is a complex task. Unlike in non-interactive media, the requirements on a game dialog are unique in many ways and writers have to reinterpret their role in almost every project. This not only addresses the artistic challenge of writing high quality dialog lines, but also the preservation of consistency throughout every possible path, the co-ordination with the game's pace, and its technical integration into a game engine. Surprisingly, there is only little professional tool support for game writers so far. In this paper, we introduce the authoring tool Calliope-d for the creation of interactive dialog. It builds upon a series of interviews with professional game writers. The main feature of the prototype is the separation of the complex structure of an interactive dialog and its actual content. We will show the benefits of this approach and how the software design allows for an arbitrary creation of abstractions, even for the integration of dialog in game engines.

1 Introduction

Digital games share many similarities with other media, but at the same time, games are different. As described by Ara Shirinian, games are undeniably good at two things: First of all, they are good at providing gameplay, something that no other modern medium is capable of. Secondly, digital games have an immense potential in terms of visual narration, as they have almost "all the same capabilities that film does" (Shirinian 2010), but allow for another depth of involvement because of their unique interactive nature. This additional dimension of complexity entails manifold consequences for the creation of a game narrative.

Players constantly act and make choices, and they demand games where their decisions actively influence their hero's path. Hence, writers always have to keep in mind that players are not pure recipients (like in a film or a novel), but discoverers or even creators, as has been described by Sweetser (Sweetser 2007). Thereby players primarily want to play a game. No matter how great a game's story is, if the gameplay does not work, neither will the game, so story always has to follow gameplay (McDevitt 2010). As a consequence, story-driven games feature complex narrative structures which need to be thoroughly woven into the gameplay. This is especially true for interactive dialog. Compared to cut scenes, in-game artifacts, or scripted in-game events, dialog is interactive by nature and can rapidly grow to complex structures, which makes it hard to maintain consistency throughout every possible path. Thereby, a dialog can be strongly intertwined with a game's current state on an extremely fine-grained level. This means that the flow of a dialog may not only depend on what option the player is choosing directly, but also on which information has been gathered so far, which dungeon has been mastered, or which items have been found.

An obvious approach towards authoring tools that support the creation of interactive dialog is an editor that features a graphical representation of the dialog structure. However, game writers – often having a background as screenwriters or novelists – are not familiar with such editors and the computer-aided creation of tree structures or state charts. This makes it hard for them to use such interfaces. In a series of interviews we did with professional game writers and designers like Ron Gilbert, Richard Dansky, Steve Ince, Falko Löffler, or Kevin Mentz, we received the uniform feedback that, although graphical representations might be a plus to keep track of a narrative flow, writers in the first place need to be able to focus on the word, the actual content they have to create. In Table 1, we compiled some of their statements.

Interviewee	**Statement**
Ron Gilbert	I don't use visualizations of dialogs, no.
Richard Dansky	I preferably use script format.
Steve Ince	In 17 years of professional game writing, I've never created a dialog tree.

Table 1: Sample statements of game writers and designers regarding the use of visualizations for creating branching dialogs

A recent survey on storytelling tools (Rabil 2012) underlines this, as one participant explicitly stated "When I create stories, high level design documents and write dialogue, I want to be able to do so without the interface getting in the way. I want to do as much as possible through the keyboard and only reach for the mouse when absolutely necessary", while another one asked "that the bells and whistles don't overwhelm the actual writing element of the software. It should be as easy to use as Final Draft or Word for writing."

In this paper, we introduce the dialog authoring prototype *Calliope-d*, the first implementation in the context of the Calliope project. The Calliope project aims at defining a high-level concept that describes how to create game writing tools in general, providing both domain-specific requirements as well as a dedicated software design. In this first instance, we created a hybrid dialog authoring environment combining textual as well as graphical user interfaces of branching dialog to address the above-described demands. The different views represent a separation of concerns: While the textual view focusses on the creation of the dialog (both its content and its structure!), the graphical view makes the structure explicit and provides important meta-information on every dialog node. Another kind of view is the export in XML for the integration of the dialogs into a game engine. Using a MVVM (Model-View-

ViewModel, a specialization of the Presentation Model by Martin Fowler (Fowler 2004)) architecture makes the user interface independent from the underlying data model, which allows for the creation of arbitrary views in the future.

2 State of the Art

The creation of authoring tools for interactive dialog is a major concern in both the research field of Interactive Storytelling as well as most recently the gaming industry. This chapter provides a selection of approaches and tools to illustrate the achievements so far.

2.1 Research Approaches

The IRIS (Integrating Research in Interactive Storytelling) network of excellence[1] is a research initiative that heavily contributed to the research field of Interactive Storytelling. In the Scenejo project (Spierling et al. 2006), members of the IRIS network work on a platform that allows writers to model and evaluate conversations with a transition graph representation. The created dialog is written for a chatbot-based environment resembling the dialog-driven interactive drama Façade (Mateas & Stern 2005).

Another research approach towards authoring tools for interactive dialog is Swat by Chris Crawford, which is part of the Storytron environment (arisen from the Erasmatron platform of 1998). Swat allows to author so-called storyworlds for the runtime environment.[2] The Java-based system aims at a modular creation of stories by modeling the actions, emotions, and inclinations of virtual characters to create emergent narratives. Given the recent statements of Chris Crawford regarding the project, it is at least doubtful if the system will accomplish the defined goals.

StoryTec (Göbel et al. 2008) is a system to create interactive applications with a focus on rapid prototyping. The system's application field is manifold. It can be used to prototype story-based museum guides, web-based training and e-learning systems, simulation and training environments, and exergames.

ScriptEase (McNaughton 2004) is a "visual tool for the creation of computer role-playing games". The approach is to provide different kinds of patterns that enable the creation of complex behaviors on a high level of abstraction. The tool provides four kinds of patterns, namely encounter, behavioral, dialog, and plot patterns, which have been derived from the game Neverwinter Nights as the four main patterns in computer role-playing games. Users of ScriptEase can create logical relations between objects, characters, and events using their generative design patterns. ScriptEase then generates script files in the proprietary NWScript

1 http://cordis.europa.eu/fp7/ict/content-knowledge/iris_en.html

2 Note: The web references for the Swat system are unavailable during the creation of this contribution. Please find a wiki of the Storytron system here: http://www.ifwiki.org/index.php/Storytron

format (the scripting language of the Aurora toolset, see the following subsection, based on the language C). These scripts can then be run within the Aurora runtime.

In comparison to Calliope-d, the formerly mentioned systems allow the creation of proprietary story or dialog scenarios which are executable in a corresponding runtime. They all focus on graphical user interfaces to model interactive relations of story events. Although the usability and an appropriate target group orientation is a concern of some of the systems, none of them provide a dedicated abstraction that allows the creation of platform-independent, interactive dialog. Calliope-d features a sophisticated and at the same time highly abstracted representation for interactive dialog to address game writers' requirement of simplicity. In other words, the content-wise creation of interactive dialog in Calliope-d is completely decoupled from technical systems and allows for a target group-oriented process, which is meant to be included into actual game development processes.

2.2 Professional Authoring Tools for Interactive Dialog

Dominant solutions for the creation of an interactive narrative and specifically interactive dialog are makeshift solutions like spreadsheets and screenwriting tools (Despain 2008) or proprietary scripting languages (Ince 2006). Spreadsheets and screenwriting formats leave a void between the created narrative content and its integration into the game since they do not provide any domain-specific semantics. This makes a reasonable iterative development process very hard and the creation of the narrative very error-prone.

Scripting languages require at least basic programming skills, which game writers more than often do not have. Often working as freelancers for different studios requires them to learn several Excel formats and scripting languages, and game writers eventually are more occupied in complying with a proprietary format than developing a good narrative.

Other proprietary solutions are toolsets built for specific games, which mostly are made public only in case that the developer wants to enable the end-users to create their own stories within their game environment. Popular examples of that approach are the Aurora and Electron toolsets, developed for the game Neverwinter Nights (Aurora, developed by BioWare) respectively Neverwinter Nights 2 (Electron, developed by Obsidian Entertainment). Although these toolsets feature some interesting abstractions for the creation of a game story, their proprietary nature limits their application in a professional context.

As a first commercial tool for creating branching dialog, there is Chat Mapper (Urban Brain Studios). Chat Mapper is built by industry professionals "from the frustration of trying to use Final Draft, Word, or even Excel to write complex branching dialogue [...] from the ground up with usability in mind."[3] What centers the tool is a branching tree graph where the writers have to create their conversations. Moreover, Chat Mapper offers a wide range of export formats, namely JPEG, PNG, Word, Excel, and XML. Custom exporters can be implemented

3 http://www.chat-mapper.com/

using the featured SDK. Chat Mapper also contains a simulation environment which enables writers to test run their dialogs.

Articy:draft (Nevigo GmbH)[4] is another commercial tool, which not only focusses on the creation of interactive dialog, but on characters, objects, worlds, and the story itself. Similar to ChatMapper, articy:draft features a structural visual representation of dialog networks, which is called flow editor.

The professional tools represented here solely rely on a graphical representation for interactive dialog. The creation of dialog using a graphical interface forces the author to frequently fulfill tedious tasks like create and arrange nodes, connecting them, drag and drop meta-information, or opening and navigating through properties views.

While Calliope-d also features some of these tasks, the main focus for the creation of interactive dialog lies upon the simple yet powerful textual editor, as we will see in the following chapter.

3 The Calliope Project

The Calliope project is intended to describe a framework for the feasible creation of game writing tools. Instead of a Swiss army knife approach for one generic game writing tool, our concept abstracts from realization issues to provide a catalog of architectural as well as target group-oriented best practices for the creation of game writing tools. The intention is that others can address the needs of their specific problem domain by conforming to our concept.

In order to be able to constantly verify our concept, we implement authoring prototypes that instantiate the best practices of the concept. The first result of this work is manifested in the dialog authoring prototype Calliope-d. Our central goal was to define a textual user interface that allows writers to solely focus on the creation of the dialog content. However, they should also be able to define the dialog's structure without getting distracted by its visualization. We achieve this by a screenwriting-like textual interface that features context sensitive buttons to locally decide how a dialog proceeds.

3.1 A Scripting Format for Branching Dialog

We identified two contradictory central requirements for interactive dialogs. On the one hand, authors want to have simple, script-like user interfaces that are easily accessible and allow them to focus on the text they have to write (compare Chapter 1). On the other hand, an interactive dialog has a graph-like structure by definition, which means that authors need to be able to decide which of the written dialog lines is a response or an alternative to a given line.

4 http://nevigo.com

In order to solve this problem, we let the writer decide locally how a dialog is structured, knowingly omitting an explicit representation of the overall structure. For that, we use context-sensitive buttons, as can be seen in Figure 1.

The textual view is reduced to a simple paper metaphor. It provides some basic text formats for the project's header ("Branching Dialogue – Heavy Rain") and the dialog's header ("Lauren Winter & Scott Shelby"). Calliope-d allows the simple definition of characters, which can then participate in conversations. In the example, the characters Scott Shelby (the player character, PC) and Lauren Winter (a non-playable character, NPC) are having a conversation. For each dialog line, the writer has to select the speaking character from a drop-down menu (the name can also be typed manually; in case of a typing error, the writer is notified). What follows is the spoken dialog line, e.g. "The killer is walking around free as we speak […]". The writer then gets the opportunity to add one of three things: Either an *answer*, which is defined as a dialog line spoken by another character in direct response to the given line, or an *alternative*, which is defined as an alternative line to the given one, spoken by the same NPC, or an *option*, which is defined as an optional line to the given one, spoken by the same PC. Every dialog line is marked by in identifier. Below each dialog line, the writer can jump to the directly following dialog lines using the hyperlinks (e.g. "To: 2b"). We additionally utilized a post-it metaphor to enable writers tagging single dialog lines with important meta-information, for example for the audio recording.

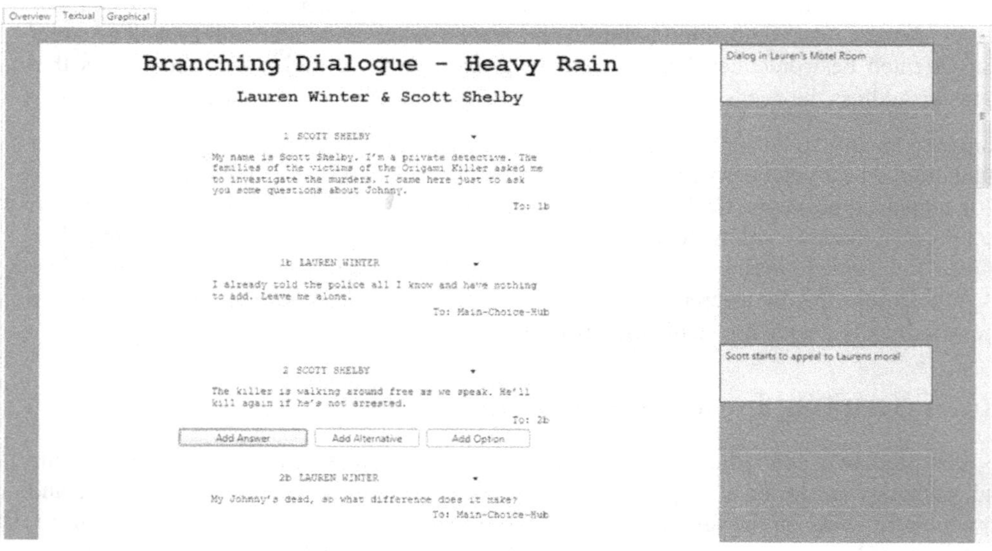

Figure 1: Creating a branching dialog within the textual view of Calliope-d

Thus, writers can create a branching dialog structure within a textual view, making *local* decisions on the dialog's flow. The dialog is stored in an underlying domain model, and the textual view is only one possible representation of that model. This means that it is possible to discuss, maintain and even enrich the dialog within a graphical view. Figure 2 shows that graphical view for the example used in Figure 1. At the current state of Calliope-d, the graphical view is considered as a proof of concept to illustrate that the dialog created in the textual view actually features a structure which is stored in conformation to a common underlying data structure.

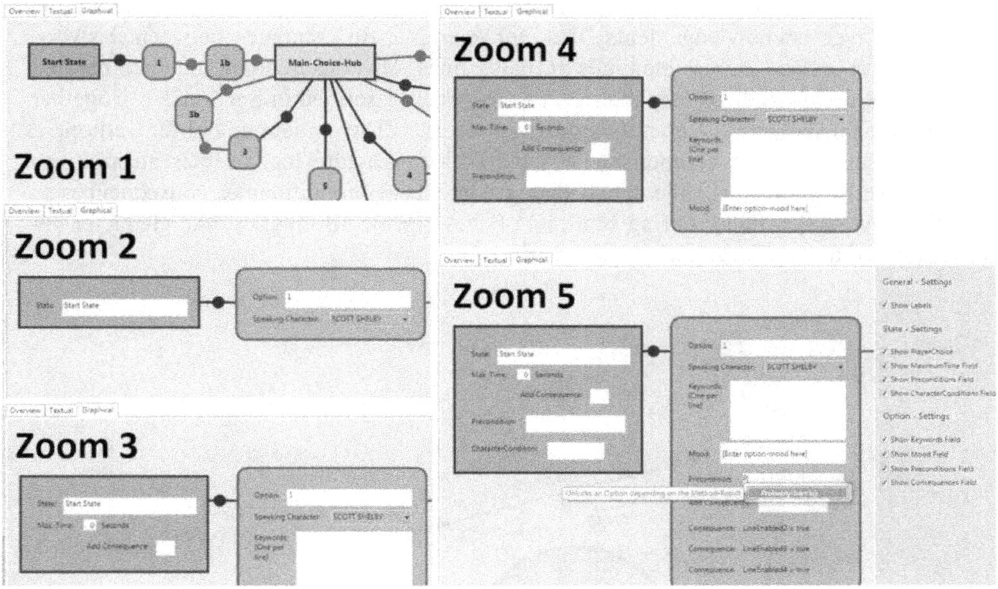

Figure 2: Graphical views, showing different zoom steps

While the first zoom step gives an overview of the dialog structure by merely displaying the identifiers of every line and their relation, starting with the second zoom step meta-information of every node is provided. The rectangular nodes represent explicit states of a dialog, which help visualizing branches. Dialog lines are displayed by rounded nodes. Outgoing state relations are blue, while outgoing dialog relations are red. Using the setting menu as shown for zoom depth five, it is always possible to hide and show the details of the dialog states and lines separately.

This separation of dialog content and its overall structure allows writers to focus on the creation of the dialog itself rather than struggling with graphical user interfaces when creating the dialog in the textual view. As we will see in more detail in the following section, all views rely on the same data model, so that changes made in one view are automatically distributed to all other views.

3.2 The Architecture of Calliope-d

What centers the Calliope concept and thus the Calliope-d prototype is the idea of an underlying model that formally describes a specific problem domain. This follows the philosophy of Domain-Driven Design (DDD) as described by Eric Evans (Evans 2003). Working together with domain experts should lead to a common understanding of the domain's entities and their semantics. This means that domain experts should take an integral part in the creation of tools like Calliope-d to ensure that domain-specific concepts, like a certain terminology, are incorporated in the software's design explicitly. In Calliope-d, we established a ubiquitous language (as described by Evans) in cooperation with professional game writers and designers (see acknowledgements) that, for example, differentiates between answers, alternatives, and options as possible kinds of dialog lines. This differentiation is incorporated in the software design and the user interface, as has been described in Section 3.1. Together with other domain semantics, a *domain model* was derived. The domain model for Calliope-d eventually consists of four components: (1) the dialog structure that enables an arbitrary graph structure of dialogs; (2) the actual dialog content; (3) conditions & consequences to control the flow of the dialog during runtime; (4) descriptive information like character descriptions, mood descriptions, and free annotations.

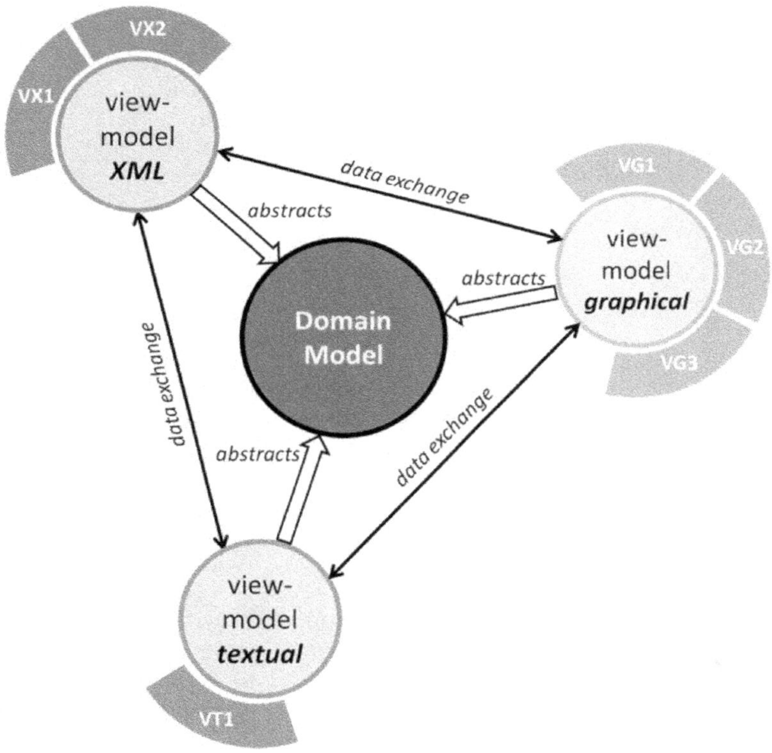

Figure 3: Exemplary MVVM architecture of Calliope-d

Based upon this domain model, Calliope-d features several abstractions, the so-called *view-models*. A view-model comprises the relevant data of the domain model and prepares the data for its representation in the corresponding *views*. Hence, a view can be described as a task and target group-oriented representation of the view-model.

The architecture of Calliope-d is illustrated in Figure 3. There exist three different abstractions (the view-models for the textual view, the graphical views, and the XML exports) of the domain model, each with their individual views. Characteristically for an MVVM architecture, every change made in one view is instantly broadcasted to all other views if necessary, as indicated by the direct "data exchange" relations in Figure 3.

4 Conclusion

Calliope-d is the first prototype of the Calliope project. It features a domain-driven software design, realized in an MVVM architecture. This prototype illustrates the usage of such an approach and how the separation of different concerns can be mapped to a separation of view-models and their views. This brings benefits regarding the accessibility of the tool as well as the integration of written dialogs into a game engine. Defining a ubiquitous language with domain experts that manifests in the software design and the software's user interface ensures that the domain experts can use familiar semantics. Using a common domain model also allows the transformation of the data to different formats. In Calliope-d, the dialogs are exported to a proprietary XML format which can be utilized for game engines with a corresponding software API.

We hope that we can generalize this approach in our future work to make it more accessible for others. In order to do so, we are about to create a catalog of best practices for game writing tools in general, not only for the authoring of interactive dialogs. Moreover, we want to include some basic text editing features like cut, copy, and paste in order to let writers evaluate Calliope-d and its approach of separating textual and graphical representations.

Other parts we are about to include in Calliope-d are:

- proper logic editors that allow writers to add conditions and consequences for every dialog line using domain-specific languages,
- project-specific configuration, so that programmers can define constraints that are handled by the tool,
- ubiquitous context information, letting the writers access context information like concept arts or sound files while preserving the need for simple and accessible user interfaces, and
- more export formats, to enable additional exports, like actor scripts or Excel files.

For the textual view, we consider to add an optional, simple yet powerful color coding, which highlights the direct siblings of the currently marked dialog line.

Acknowledgments

We thank all interview partners for their time and insight into their daily work and business. We especially thank Ron Gilbert, Richard Dansky, Steve Ince, Kevin Mentz, Falko Löffler, Georg Struck, Jim Murdoch, Bernie Duffy, Daniel Dumont, Sven Hammer, and Christoph Brosius. Thanks to your input, we are able to research on and create systems like Calliope-d.

References

Despain, W. (2008). Interactive Script Formatting. In Despain, W. (Ed.): *Professional Techniques for Video Game Writing.* A K Peters.

Evans, E. (2003). *Domain-Driven Design: Tackling Complexity in the Heart of Software.* Addison-Wesley Longman, Amsterdam, The Netherlands.

Fowler, M. (2004). *Presentation Model.* http://martinfowler.com/eaaDev/PresentationModel.html.

Göbel, S., Salvatore, L., Konrad, R., and Mehm, F. (2008). StoryTec: A Digital Storytelling Platform for the Authoring and Experiencing of Interactive and Non-linear Stories. In *Proceedings of the 1st Joint International Conference on Interactive Digital Storytelling*, Erfurt, Germany.

Ince, S. (2006). *Writing for Video Games.* Methuen Drama.

Mateas, M., Stern, A. (2005). *Procedural Authorship: A Case-Study of the Interactive Drama Façade.* Digital Arts and Culture (DAC).

McDevitt, D. (2010). *A Practical Guide to Game Writing.* Gamasutra Article: http://www.gamasutra.com/view/feature/6171/a_practical_guide_to_game_writing.php.

McNaughton, M. et al. (2004). ScriptEase: Generating Scripting Code for Computer Role-Playing Games. In *Proceedings of the 19th IEEE International Conference on Automated Software Engineering.* Washington D.C., USA.

Rabil, R. (2012). *An Evaluation of Software Tools for Interactive Storytelling.* Issuu Document: http://issuu.com/richardrabiljr./docs/softwareevaluation_interactivestorytelling.

Shirinian, A. (2010). *The Uneasy Merging of Narrative and Gameplay.* Gamasutra Article: http://www.gamasutra.com/view/feature/4253/the_uneasy_merging_of_narrative_.php.

Spierling, U., Weiß, S., Müller, W. (2006). Towards Accessible Authoring Tools for Interactive Storytelling. In *Proceedings of the 3rd International Conference on Technologies for Interactive Digital Storytelling and Entertainment,* Heidelberg, Germany.

Sweetser, P. (2007). *Emergence in Games.* Cengage Learning EMEA.

Contact Information

Robert Walter and Katja Neuwald
University of Duisburg-Essen
Forsthausweg 2
47057 Duisburg
robert.walter@uni-due.de , katja.neuwald@stud.uni-due.de

H. Reiterer & O. Deussen (Hrsg.): Mensch & Computer 2012
München: Oldenbourg Verlag, 2012, S. 419-428

Analysis and Classification of Serious Games for Elderly

Matthias Klauser, Anna Kötteritzsch, Jörg Niesenhaus, Steffen Budweg

Interactive Systems and Interaction Design – Universitaet Duisburg-Essen

Abstract

Serious games aim at providing benefits beyond pure entertainment and are a growing area of research. Furthermore, not only the number of serious games increases but also the range of application areas. Today, serious games address physical cognitive social and psychological needs for a different target audience with multiple devices. Serious games are often classified by benefits or purpose within a specific application area, but classifications focused on different user- and game-specific aspects are still rare. In this paper we provide an overview on a selection of serious games for elderly people by extracting and summarizing common categories used to classify games on a general level and especially serious games. Furthermore, a collection of serious games for elderly based on literature research as well as a classification using the summarized categories is presented. By those means, serious games for elderly shall be structured and not sufficiently covered approaches of providing benefits be identified.

1 Introduction and Motivation

Digital games are often more than just a leisure activity. A serious game is a specific type of game whose primary purpose goes beyond pure entertainment by teaching knowledge or training skills (Klauser et. al., 2011). For this reason, serious games are increasingly drawn into the focus of scientific research, providing potential benefits in physical (Göbel et al. 2011), cognitive (Derboven et al., 2011), social (Derboven, 2010; Abeele et al., 2010), and psychological (Harley et al., 2010) conditions of different people.

Elderly people are a main target group for serious games, since their needs of assistance grow due to age specific phenomena (Chou et al., 2010). With increasing age physical and social abilities of elderly people often decline, leading to special social and psychological requirements (Holt-Lunstad et al., 2010). Serious games can address these requirements by different means of providing benefits for the elderly, ranging from digital support for the social connection of generations (Derboven et al., 2011) to physiological issues such as physical exercise or rehabilitation (Burke et al., 2009; Brox et al., 2010).

Due to the increasing number and relevance of serious games, classifications are needed to maintain an overview of past and currently available games, their technological and methodical background as well as existing gaps that may be filled.

There have been some attempts of classifying serious games according to e.g. aspects of health (Brox et al., 2010; Bronikowska et al., 2011). Ratan et al. (2009) published a classification for Serious Games in 2009 but reviewed only games till 2007. For this reason, their classification misses important developments and current inventions of intuitive, physical interfaces like Microsoft's Kinect and Nintendo's Wii Remote. However, approaches to apply the vast body of knowledge from general game-research have so far been limited, although serious games often aim to be appreciated as a "game". Consequently, serious games should not only be analyzed and classified in relation to their specific field, but also by wider classifications from games research. Such classification should ideally allow for a more systematic overview and make existing gaps such as non-addressed genres more visible to both the research community as well as developers from the games industry.

To address this need, this paper sets out to provide a classification of serious games for elderly people based on common classifications to transfer game related knowledge into the knowledge of serious games in the context of AAL. To achieve this, we will first identify and present proper game classifications from game-related research, including general game classifications, serious game classifications, and specific classifications for games for the elderly. In a second step, we will present the results of a literature review we conducted to identify a subset of serious games for elderly people created in the past years. Finally, the list of identified games will be classified according to the discussed categories of games.

2 Common Game Classifications

Due to the huge amount of available products and services it is a common approach to classify games into different categories. Within the area of games research, typical classifications include a separation by target group characteristics, or content characteristics. Furthermore, games can be divided by technical aspects (e.g. graphics, input devices or platform) as well as business models (e.g. boxed games, micro transactions, free-to-play, or subscriptions).

In the context of classifications of serious games for the elderly some of the categories like business models may not be as useful as some serious games with a scientific background are not commercially exploited. Therefore, this paper focuses on the common classifications by genre, user group, and technical aspects to present possible classifications for this specific area. In the following chapter an overview of classifications, which are selected from both literature and practice, including genre, audience, platform, input method, and single- vs. multi-user modes will be presented.

2.1 Genre definitions

The most common classification for media in general – including games – is by genre. Game magazines and game databases use genres to assort games into different categories. The classification of games into genres has evolved over the past years and became an accepted practice (Ye, 2004). In addition to traditional media-related genre definitions like *action* or *family* genres, multiple genre types have been generated to describe games (Ye, 2004; Pinelle et al., 2008). The classification in this paper is aligned to widely accepted genre definitions and combined in a single definition for each genre. The resulting definitions are mainly based on a synthesis of the genres used by the USK (Unterhaltungssoftware Selbstkontrolle), the PEGI (Pan European Game Information), and the well-known gaming website GameSpot. All included genre descriptions were structured into the ten genres adventure, arcade, puzzle & classic, platformer / action adventure, management, role-playing games, shooter, simulation, sports & fitness and strategy (PEGI, 2011; USK, 2011).

2.2 Target audience

In general, a game addresses a specific target audience. The audience has an influence on the design of the game itself (e.g. complexity of game mechanics, style of graphics or character design, the interface, or the story). User groups have certain characteristics that allow a classification, e.g. player personality, or social status, whereas age is the most common classification aspect. Age groups may be defined according to previous sales of games in order to derive interests e.g. for certain genres, or special titles (PEGI, 2011; USK, 2011). In contrast, when classifying serious games for elderly people, the target audience is already in focus of the classification itself. Therefore, a separation into different user groups will be limited to games that are specifically designed for elderly people, or games that may be used in intergenerational contexts.

2.3 Technical Aspects

In addition, it is possible to classify games by technical aspects. Konzack et al. specify two layers of technical aspects to classify games: hardware and program code (Koznack et al., 2002). Due to the fact that the program code is not available for public examination or use in most cases, this category will not be considered. However, the software will be analyzed regarding the functionality the game offers. The hardware layer contains information like the platform and the input device. To enable further classification, one of the considered categories will be the platform, represented by the specifications *PC*, *console* and *mobile devices*. Additionally, each of these platforms usually offers different input and output channels. Because almost every output channel includes a display, this aspect will not be used as a distinctive category. Nevertheless, since the input device has a major impact on the gameplay and sets requirements for the player's motoric skills, the category input devices will be used further. It includes the input methods *traditional controller*, *visual-tracking*, *touch* and *sensor-based* input. Functionalities that can easily be divided into categories are *single-* and *multiplayer* modes. This aspect indicates whether a game allows integrating other players into the game via the World Wide Web (WWW), a local area network (LAN), or a local multiplayer mode.

To summarize the game specific categories, there are four categories that may be used for classifying serious games for the elderly and will be used in part four. They consist of genre, platform, input device, and mode. To include not only game specific aspects, but also those applying to serious games, the following chapter will point out classifications used for serious games and usable categories will be elaborated. In order to highlight possible classification methods, a general description of serious games is presented, which leads to potential benefits gained through the application of serious games. Furthermore, serious games usually address specific target audiences, which will also be illustrated in detail.

3 Serious Games Classifications

A serious game is a type of videogame whose primary purpose goes beyond pure entertainment, by e.g. teaching knowledge or training skills (Harley et al., 2010). The term "serious game" is strongly connected with the term "game-based learning" which describes the application of games for teaching competences and skills in a selected area of knowledge or the informal learning while playing a game. An advantage of serious games compared to conventional forms of education is a higher level of intrinsic motivation to use the system and a positive emotional experience (Gee, 2007). Serious games are used for different purposes in a wide range of application areas like physical training, mental training, or rehabilitation (cf. part 1). The classification by Brox et al. separates clinical health games into the categories "education-", "exer-", and "persuasive games". Furthermore, they also assort the games into different target groups by age ("child", "adult", and "senior") (Brox et al., 2010). In contrast to this work, Bronikowska et al. (2011) classify serious games according to their potential improvements on a specific health factor (e.g.: information processing speed, attention or mental set shifting) and by the required skill to master the game (e.g.: reflex, eye-hand coordination or strength). For the classification of serious games for elderly in this paper a joined version of these categories is used. The classification categories should provide an overview on the kind of improvement or support a serious game addresses. These categories are based on a subset of categories developed by Göbel et al 2012 and are divided into the aspects *physical, cognitive, psychological* and *social.*

In the context of AAL (Ambient Assisted Living) the main target group is elderly people. The term *elderly* is hard to define because there is no general agreement on the age at which a person becomes 'old'. The World Health Organization proposes an age of 60+ as a working definition for elderly people, which is used in this paper. Because the group of elderly people is a very heterogeneous group, it is typical to additionally consider the living environment of the elderly to define the target group. This aspect of the AAL field is very important to estimate the interests and needs for the elderly person. For the classification of serious games for elderly this aspect affects the decision which potential benefit is important. Also, each serious game in this special field may use a slightly different definition of target groups regarding age, living, or health condition. Those needs depend on the aim of the game and will therefore not be considered separately.

What appears to be important is the physical, cognitive, psychological, or social need the serious game addresses. Especially the target group of elderly people often experiences age-related limitations or diseases (Chou et al. 2010). Therefore, Schieber (2003) refers to the most common age-related issues consisting of decreased cognitive, motoric, and recognition abilities and further decreasing social connectedness with age. With the help of serious games such problems can be addressed and combined with other arrangements in order to improve the living conditions of elderly people (Ijsselsteijn et al., 2010). Besides specialized classifications (e.g.: living condition, illnesses or previous knowledge) normal games try to refer to a specific target group regarding certain criteria (e.g. age, gender or hobby's), games for elderly often address different target groups for an intergenerational approach (i.e.: the game "age invaders" (Khoo & Cheok, 2006) or on an specific elderly target group (i.e.: "multitouch memory game" (Gamberini et. al., 2009). Because of this the classification of the user group into *intergenerational* and *elderly* will be used as an additional category for this evaluation. To describe serious games in general Göble et al (2011) created a meta language for Serious Games called MDF-SG. This laguage provides a structured way to note different aspects of serious games, including information about: the content, invovled partys, general infos about the game (i.e.: language), application field and the game itself (i.e.: genre & story) or economic factors and technical details. This paper focuses on the overview of the current status of Serious Games. The classification used for this approach are similar to the MDF-SG categories but focused on the benefits and the target group of elderly people.

4 Classification of Serious Games for Elderly

To classify serious games for elderly people the same classifications as in games or serious games apply. Considering that all games for elderly people are meant to be games, they should fit into common categories of a game (Göbel et al. 2012), and further those games represent serious games, because they aim at training, improving, or supporting certain skills, context, or knowledge. Consequently, the above mentioned categories genre, platform, input, mode, potential benefit, and user group will be used for this classification.

4.1 Method

Within the research field of AAL, many researchers and industrial developers try to use games to reach different goals (e.g. physical activation) of their target group. To get an overview on the current state of the art this paper creates a collection of existing literature and publications in this field. To achieve this, the following steps of work were performed:

1. Find universal game classifications for different sets of gaming categories: classic games, serious games & serious games for elderly.

2. Analyze current literature to achieve a clear overview on the research in this field.
3. Combine the results by applying the discovered categories on the found serious games.

Several classification sets for games, serious games, and games for the elderly have been considered and summarized in the categories presented in part three. They include descriptions of different game related sources like gaming magazines (GameSpot) or official organizations for games (PEGI & USK). To present these results, the extracted categories were grouped into technical aspects including platform and input, as well as mode and game play aspects, which include genre, user group, and potential benefits. Therefore, part four focuses on finding a way to access current games. Only games developed or improved in the past six years (since 2006) were included. By those means, the classification includes only recent games with a contemporary technological background. The time range was also set to avoid an immoderation of analyzed games. Considering the goal to classify serious games for elderly by their potential benefit, only those extracted games that were evaluated were analyzed. This filtering required the search for publications evaluating benefits for the elderly and on an intergenerational level. Scientific papers presenting serious games were extracted from the databases ACM, IEEE, and SpringerLink. These sources were selected due to their approved level of quality for international scientific publications. These sources do not include all serious games related research sources. Because of the huge amount of serious games launched in the past years we had to pick only a small sample size to analyze it for categories. Because we took sources which include a wide spectrum of different topics the serious games we found should represent the average properties of serious games within research and industry. To screen the huge amount of publications in these sources we filtered the content by year (2006 and younger publications) and by the terms "serious game, elderly" or "serious game, intergenerational". In total, over one hundred different papers on serious games for elderly were collected. Yet, many papers focused on the same games with different aspects and evaluations. Therefore, it was possible to select a specific subset of 24 games focused by scientific research that match the criteria, which were then analyzed and classified according to the above mentioned categories. However, since most games are commercially not available, the classification is restricted to the information given in the papers. When applying the filters, a lot of games which are currently available or which are in the current focus of interest were found, providing an overview on the current state of the art. This overview for serious games for the elderly is classified by typical game specific categories.

4.2 Results

Within the classification of the literature review, 18 out of 24 serious games run on a PC, two games on a console, one on a mobile device, and three could not be classified (N/A) according to the information given in the papers. When classifying the input, some of the games fit into more than one category and use more than one input method. 11 out of 24 games each use visual tracking and/or sensor based input, while three games work with classic controllers, and also three may be controlled by touch input.

The games modes were also classified into multiplayer, single player, and both options. 11 games offer a multiplayer mode (6 of them multiplayer only), and 18 could be played using a single player mode (12 of them single player only).

Game	**Platform**	**Input**	**Genre**	**Benefit**	**User**	**Mode**	**Author**
Age Invaders	PC	CC, SB	AR, P&C	PH, CO, PS	IN	MP	Khoo & Cheok, 2006
Atomium Minigame	N/A	VT	AR, SI	SO, PH	IN	MP	Abeele & De Schutter, 2010
Balance Games (Dynamic & Golf)	PC	SB	S&F	PH	EL	SP	Billis et al., 2010
Buk Rythm Game	N/A	SB	SI	CO	EL	SP	Park, 2009
Eldergames	PC	TO	P&C	CO	EL	SP, MP	Gamberini, et al., 2009
ErgoActive	PC	SB	S&F	PH	IN	SP	Göbel et al., 2011
Game Prototype to Avoid Falling	PC	VT	S&F	PH	EL	SP	Lange, et al., 2010
Gesture-based Games (Virtual Soccer, Mosquito Invasion, Human Tetris)	PC	VT, SB	S&F, P&C	SO, PH	EL	SP, MP	Riece, et al., 2011
Hermes	PC	TO	P&C	CO	EL	SP	Buiza et al., 2009
Merobrixx	PC	SB	P&C	CO	EL	SP	Klauser et al., 2011
Muntermacher	PC	VT, SB	S&F, P&C	CO, PH	EL	SP	Graf et al., 2011
Rehabilitation Gaming System	PC	VT	S&F. AR	PH	IN	SP	Cameirão et al., 2009
Save aMazed Princess	PC	VT, SB	P&C	SO	IN	MP	Al Mahmuda, et al., 2010
Sharetouch	PC	TO	S&F	SO	EL	MP	Tsai & Chang, 2009
SilverGaming	N/A	SB	S&F	SO, PH	EL	SP, MP	Gerling, et al., 2011
Table TalkPoker	PC	CC	P&C	SO	EL	MP	Shim et al.,, 2010
Tangram alike Game	PC	VT	P&C	CO, PS	EL	SP	Zapirain et al., 2010
TheraGame	PC	VT	S&F	PH	EL	SP	Kizony et al., 2006
TranseCare	PC	CC	S&F,SI	SO	EL	MP	Derboven et al., 2011
VitaBalance	PC	SB	S&F	PH	IN	SP	Göbel et al., 2011
Walk 2 Win	Mobile	SB	S&F,CA	SO	EL	SP, MP	Mubin et al., 2008
Webcam Games (Arrow Attack, Bubble Trouble, Rabbit Games)	PC	VT	AR, S&F	PH	IN	SP	Burke et al., 2009
Wii Fit	Console	VT	S&F	PH	IN	SP	Nintendo
Wii Sports	Console	VT	S&F	PS,SO,PH	IN	SP, MP	Nintendo
Gameinsam	Samsung TV	RC	P&C/ SI	SO, CO	IN	MP	Hermanny et al. 2012

*Table 1: Classification of serious games for the elderly (**Input**: classic controller (CC), sensor based (SB), touch (TO), visual tracking (VT), Remote controller (RC); **Genre**: Arcade (AR), Puzzle & Classic (P&C), Sports & Fitness (S&F), Simulation (SI), Classic Adventure (CA); **Benefit**: physical (PH), cognitive (CO), psychological (PS), social (SO); **User**: intergeneration (IN), elderly (EL); **Mode**: single player (SP), multiplayer (MP))*

The genre classification is based on the combined categories stated in 3.1. However, since many games consist of a genre-mix, more than one category fits in many cases. 14 games could be assorted to the genre Sports & Fitness, 10 to the genre Puzzle & Classic, four to the genre Arcade, three to the genre Simulation, and one to the genre Adventure. No game of the genres Management, Role playing games, Shooter, or Strategy could be classified. Furthermore, the potential benefit was analyzed according to end-user evaluation conduced in literature. Also, this category included many games that provided more than one benefit.

4.3 Discussion

Looking at the classification, it becomes clear that most of the serious games for elderly classified in this paper were developed to be played on a PC platform. Only two of the scientifically mentioned games – both commercial games – can be played on a console. This might result of the resources available in research. However, since many of those PC game do not use classic controllers, the platform only has a minor influence on the play. Most of the games analyzed in this paper use tracking methods – either visual or sensor tracking. There is no significant correlation of genre and input. However, considering that most games are classified as Sports & Fitness game, a majority of tracking methods for body movements should be concluded. It also becomes clear, that most Sports & Fitness games that promise physical benefits use tracking methods, which might be due to the technology of movement tracking. There is also no clear correlation of genres and potential benefits. This hints at a possible use of diverse genres to provide cognitive, physical, psychological, as well as social benefits depending on the game itself. Also, it is noticeable that the genres Management, Role-playing games, Shooter, or Strategy were not covered by the selected games. Additionally, there were only few Adventure and Simulation games. Regarding a possible use of all genres for serious gaming, some genres have not been sufficiently covered by games used in the considered scientific papers. Furthermore, the results indicate, that there are more games using single player modes than multiplayer modes, which is yet of minor interest considering the small difference. However, it should be noticed, that only four out of 15 games with a physical benefit offer a multiplayer mode. Most of those games only include a single player mode. In summary, there are different kinds of serious games for elderly people – whether specifically designed for the elderly or used in an intergenerational context. While visual and sensor tracking is often used as an input method in the focused games, classic controllers and touch input are used infrequently. Most of the recent games concentrate on physical and social benefits, supporting the outcome that most of the games were classified into the genres Puzzle & Classic as well as Sports & Fitness. Other genres are not or only rarely used for the support of elderly people.

5 Future Work

This paper provides an overview of game classifications, which were extracted from different sources and represent current classifications to categorize games in various ways. Furthermore, existing serious games for elderly people were identified using specific filter criteria. By combining the information on game classifications and serious games for elderly a summary is presented. In total, this paper defines characteristics in 6 categories to classify games, serious games and serious games for elderly. 24 games developed in the past six years could be presented and categorized.

Within this classification it is shown that most serious games address only a few possibilities normal games have already fully discovered. For example, the integration of multiplayer modes, the use of popular genres, or different kinds of input devices connected with potential benefit have not been fully explored. The summary shown in table 1 provides a structured overview of the state-of-the-art development. This information can be used to increase the outcome of serious games in the context of AAL by combining results of traditional game research and research on the use of serious games for elderly people. These combinations can help to understand which potential serious games provide for scientific research, as well as in game development.

Further research will be needed to analyze the single items in more detail. Especially regarding the connection between the discovered game genre and the potential benefit of traditional games and serious games will be the focus of further researches. This will help to increase the application of games in the context of AAL by providing a detailed analysis.

This work also provides a foundation to ascertain which categories of serious games potentially increase the benefit for elderly people in the context of AAL. Additionally, the connection between the different gaming categories and the classifications for serious games like the potential outcome are important to indicate possible areas to focus on in further developments. These results can be used to discover innovative areas within game development, and to point out not yet used areas for serious games in this context.

References

Abeele, V. V., & De Schutter, B. (2010). Designing intergenerational play via enactive interaction, competition and acceleration. *Pers Ubiquit Comput*, S. 425 - 433.

Billis, A. S., Konstantinidis, E. I., Mouzakidis, C., Tsolaki, M. N., Pappas, C., & Bamidis, P. D. (2010). A Game-Like Interface for Training Seniours' Dynamic Balance and Coordination. MEDICON 2010: IFMBE PRoceedings.

Bronikowska, M., & Bronikowski, M. S. (2011). "You think you are too old to play?" Playing games and aging. Human Movement(12).

Brox, E., Fernandez-Luque, L., & Tollefsen, T. (2010). Helthy Gaming - Video Game Design to promote Health. Appl Clin Inf 2011(2).

Burke, J. W., McNeill, M. D., Charles, D. K., Morrow, P. J., Crosbie, J. H., & McDonough, S. M. (2009). Optimising engagement for stroke rehabilitation using serious games. Vis Comput, S. 1085 - 1099.

Chou, W., Lai, Y., & Liu, K. (9-11. Juli 2010). Decent Digital Social Media for Senior Life: A Practical Design Approach. Computer Science and Information Technology, S. 249-253.

Derboven, J., Van Gils, M., & De Grooff, D. (2011). Designing for collaboration: a study in intergenerational social game design. Univ Access Inf Soc.

Gamberini, L., MArtino, F., Seraglia, B., Spagnolli , A., Fabregat, M., Ibanez, F., et al. (2009). Eldergames Project: An innovative Mixed Reality Table-top Solution to Preserve Cognitive Functions in Elderly People. Catania, Italy: HSI.

Gee, J. P. (2007). What video games have to teach us about learning and literacy. Palgrave: MacMillan.

Göbel, S., Hardy, S., Steinmetz, R., Cha, J., & El Saddik, A. (2011). Serious Games for Prevention and Rehabilitation. Demographischer Wandel - Assistenzsysteme aus der Forschung in den Markt. Berlin, Offenbach: VDE.

Göbel, S., Gutjahr, M. & Steinmetz R. (2011). What Makes a Good Serious Game - Conceptual Approach Towards a Metadata Format for the Description and Evaluation of Serious Games. In Gouscous, D., Meimaris, M., 5th European Conference on Games Based Learning, Academic Conferences Limited, Reading, UK

Harley, D., Fitzpatrick, G., Axelrod, L., White, G., & McAllister, G. (2010). Making the Wii at Home: Game Play by Older People in Sheltering Housing. USAB 2010: HCI in Work & Learning, Life & Leisure.

Hermanny, K., Budweg, S., Klauser, M., Kötteritzsch, A., (2012). Gameinsam – A playful application fostering distributed family interaction on TV. In Adjunct Proceedings of the 10th European Interactive TV Conference (EuroITV 2012). 4.-6. July 2012, Berlin.

Holt-Lunstad, J., Smith, T. B., & Layton, J. B. (2010). Social Relationships and Mortality Risk: A Meta-analytic Review. PLoS Med, 7.

Ijsselsteijn, W., Nap, H. H., Kort, Y. d., & Poels, K. (2010). Digital Game Design for Elderly Users.

Khoo, E. T., & Cheok, A. D. (2006). Age Invaders: Inter-generational Mixed Reality Famaly Game. The International Journal of Virutal Reality(5(2)).

Klauser, M., Schulte, P. F., Niesenhaus, J., & Grundmann, M. Z. (2011). Merobrixx - Mental Rotation Brixx - A Serious game for cognitive training. In Mensch und Computer Konferenzband 2011 Übermedien Übermorgen, Chemnitz.

Konzack, L. (2002). Computer Game Critism: A Method for Computer Game Analysis. In F. Mäyrä, Proceedings of computer Games and Digital Cultures Conference (S. 89-100). 8200 Aarhus, Denmark: Tampere University Press.

PEGI, P. E. (kein Datum). PEGI- Pan European Game Information. (Kinetic Business Centre) Abgerufen am 12. 08 2011 von PEGI- Pan European Game Information: www.pegi.info

Pinele, D., P., Wong, N., & Stach, T. (2008). Using Genres to Customize Usability Evaluations of Video Games. Toronto, Ontario, Canada: ACM.Ratan, R., & Ritterfeld, U. (2009). Classifying Serious Games. In U. Ritterfeld, J. M. Cody, & P. Vorderer, Serious Games: Mechanisms and Effects. New York: Routledge.

Rego, P., & Moreira, P. M. (kein Datum). Serious Games for Rehabilitation. Portugal: Training Procedures of System REHACOM.

Schieber, F. (2003). Human Factors and Aging: Identifying and Compensating for Age-related deficits in sensory and cognitive functions. In N. Charness, & K. W. Schaie, Impact of Technology on Successful Aging (Bd. Impact of Technology on Successful Aging). Springer.

USK, F. S. (kein Datum). Unterhaltungssoftware Selbstkontrolle. (Telemeida Service Act (TMG)) Abgerufen am 12. 08 2011 von Unterhaltungssoftware Selbstkontrolle: www.usk.de.

Ye, Z. (2004). Genres as a tool for Understanding and Analysing User Experience in Games. Vienna, Austria: ACM.

H. Reiterer & O. Deussen (Hrsg.): Mensch & Computer 2012
München: Oldenbourg Verlag, 2012, S. 429-432

Ninja Ride – Supporting movement through a rhythm oriented Exergame

Sandra Schering, Constantin Pelikan

Interactive Systems and Interaction Design, University of Duisburg-Essen

Abstract

In this paper we present the music and rhythm oriented Exergame "Ninja Ride" in which the player has to assume the role of a bicycling, newspaper delivering ninja. The game aims to increase training motivation of children by integrating training aspects with motion gaming and music synchronicity in both gameplay and movement. Bicycling movements on an ergometer and arm gestures in the real world are detected with the "Blobo Ball" peripheral. User-generated content, based on self supplied music, can be integrated to increase replayability and to allow using preferred music in training.

1 Introduction

With the game "Ninja Ride" we developed a serious game for children combining the motivational aspects of a digital game with the physical task of bicycling and arm movements as well as the acquisition of tactfulness. The primary purpose of serious games is not only to entertain, but to teach knowledge or training skills. Through the integration of educational and training aspects into a gaming environment the intrinsic motivation to use the system is increased (Prensky 2003). Furthermore, music can be used as a second motivational aspect to enjoy movement (Karageorghis et al. 2009). This is important because today many children are physically inactive and have sedentary lifestyles, which can result in health problems later (Daley 2009). Because their preoccupations are mostly screen-based activities like videogame playing or computer use, a good solution is the combination of these games with motion tasks. This is known as Exergaming (Daley 2009). Although playing active games is not as effective as doing real sports, studies have shown that the energy expenditure and the heart rate of children during these games are higher than during sedentary gaming and that Exergaming can have positive effects on children's physical activity levels (Daley 2009; Ni Mhurchu et al. 2008).

2 Related Work

Today, consoles like Nintendo's Wii, XBoX's Kinect or Sony's Playstation Move are responsible for the increasing popularity of active video games that should move people away from their sedentary lifestyles. With success: Lanningham-Foster et al. (2009) showed that energy expenditure while playing Exergames is increased in comparison to television watching or playing sedentary video games as well as Haddock et al. (2009) point out the positive influence on energy expenditure of overweight children through the use of a stationary bike to control a video game. Konami's music related Exergame Dance Dance Revolution gave birth to a second genre of games, related to music. Examples are Parappa the Rapper on Sony's Playstation or the later released Vib-Ribbon, created by the same team, that shares some mechanics with our game as it combines action-based plattforming with the need to time the inputs synchronously to music.

Researchers found out that music is important in people's everyday lives (Rentfrow & Gosling 2003) and that it can have positive effects on arousal regulation (Nilsson et al. 2005), motivation (Karageorghis & Terry 1997) and mood levels (Gfeller 1988). Besides, Karageorghis & Terry (1997) showed that the tempo of music can affect movement as well as that the type of music leads to a synchronization of people's movements to the music. Furthermore, through music the perceived exertion rates during exercises are reduced because the attention is diverted to the music (Boutcher & Trenske 1990). The integration of music into Exergames is promising, because the music has a positive effect on people's activity level. Wininger et al. (2003) identified music as most important factor influencing enjoyment of exercise. Also Yim & Graham (2007) state that "music increases exercise enjoyment by increasing positive mood states and reducing feelings of physical discomfort, anger, fatigue, and depression" (p. 169).

3 Ninja Ride – The Game

"Ninja Ride" is an abstracted Exergame catered to children between the ages of seven and eleven. To allow the combination of physical training with the game's mechanics, a peripheral called "Blobo Ball" is used. This new kind of game controller has the form and size of a golf ball and provides acceleration and pressure data through a wireless Bluetooth connection. One of those balls gets attached to a pedal of an ergometer. The acceleration data of that ball is used to calculate the pedaling frequency of the player. A second ball in the hand of the player allows the input of game actions. Both acceleration and pressure data are used to detect gestures like swinging and squeezing.

During the game, the child assumes the role of a paper delivering ninja who has to carry out newspapers. In order to reach this goal, the avatar rides by bicycle through a fictive three-dimensional city and must encounter the post boxes at the roadside by making a fast arm movement to the side with the Blobo Ball. For each post box that is hit, the player earns one point by default. On the street different obstacles complicate the task. The child has to overcome these obstacles by jumping (the player has to move his arm up) or crouching (the Blobo Ball has to be pressed), otherwise points might be lost. Obstacles are placed at positions that require the correlated actions to be synchronous to a piece of music played in the background. Additionally, in order to get more points, the player has to keep pedaling in the rhythm of the music. Depending on how long the child is pedaling synchronously with the music, the number of points earned for an encountered post box increases (up to five points). This multiplier is represented by a sun that gets the more sunrays the better the child keeps the rhythm. At the end of a level, the achieved points are saved in a highscore.

In the game the children have a freedom of scope because of the possibility to integrate their own favorite music into the game. Boutcher & Trenske (1990) found out that music chosen by the player can have positive effects. When they load a song into the game, they concurrently constitute a new level that is first empty. By playing the level the first time, the child creates a new level by jumping, crouching and throwing newspapers how often he or she wants. At any place an action was made, a fitting object will appear when playing the level again. This can for example be used for the constitution of a very difficult level for the friends of the child.

In addition, a cooperative two-player mode exists for "Ninja Ride". In this mode two children play the level one after another. The first player tries to get as much points as he can save but there is also the possibility to perform actions at places where no post boxes or obstacles are. In the second round the next player plays a modified game. At each place where player one performed an action before, the corresponding game object exists now. In this way they can reach more points as they normally could.

Figure 1: left: game drawn by hand in comic-style; right: player during the game using Blobo Balls and ergometer

4 Conclusion and Future Work

"Ninja Ride" is a physical health game that should train motion skills and through the permanent bicycling also physical fitness and condition. An important aspect is also the procurement of a sense of rhythm. Karageorghis et al. (2009) showed that motivation and endurance can be increased by listening to preferred music, especially if the music is in sync with the conditional training task. Therefore, we aim to provide the possibility to integrate the players preferred music as player created content and automatically adjust the pedaling frequency to the current track. Because of the different arm movements in combination with the pedaling action and the simultaneous focus on music and obstacles in the level, concentrativeness, capacity of reaction and concentration skills are trained. Besides, in the two-player mode the children learn to cooperate together in order to obtain more points. In order to check the positive impacts on children's physical activity and health, a set of the game and peripherals was supplied to the paediatric clinic of University Hospital Essen, where motivational aspects will be evaluated in post-chemotherapy rehabilitation training.

References

Boutcher, J., and Trenske, M. (1990) The effects of sensory deprivation and music on perceived exertion and affect during exercise. *Journal of Sport and Exercise Psychology, 12*, 167-176.

Daley A. J. (2009) Can exergaming contribute to improving physical activity levels to physical inactivity? *Pediatrics 2009, 124*, 763-771.

Gfeller, K. (1988) Deafness as difference: A phenomenological investigation of the experience of being deaf. *Dissertation Abstracts International, 49,* 1941-1942.

Karageorghis, C. I., Mouzourides, D. A., Priest, D. L., Sasso, T. A., Morrish, D. J. & Walley, C. J. (2009) Psychophysical and ergogenic effects of synchronous music during treadmill walking. *Journal of Sport & Exercise Psychology 2009, 31*, 18–36.

Karageorghis, C. I. & Terry, P. C. (1997) The psychological effects of music in sport and exercise: A review. *Journal of Sport Behavior, 20(1),* 54-69.

Kato, P. M. (2010). Video games in health care: Closing the gap. *Review of General Psychology, 14(2),* 113-121.

Lanningham-Foster, L., Foster, R., McCrady, S., Jensen, T., Mitre, N. & Levine, J. (2009) Activity-promoting video games and increased energy expenditure. *J Pediatric, 154(6)*, 819-823.

Nilsson, U., Unosson, M. & Rawal, N. (2005) Stress reduction and analgesia in patients exposed to calming music postoperatively: A randomized controlled trial. *European Journal of Anesthesiology, 2,* 96-102.

Ni Mhurchu C., Maddison, R., Jiang, Y., Jull, A., Prapavessis, H. & Rodgers, A. (2008) Couch potatoes to jumping beans: A pilot study of the effect of active video games on physical activity in children. *International Journal of Behavioral Nutrition and Physical Activity 2008, 5:8.*

Prensky, M. (2003). Digital Game-Based Learning. *ACM Computers in Entertainment, 1,* 1-4.

Rentfrow, P. J. & Gosling, S. D. (2003) The do re mi's of everyday life: The structure and personality correlates of music preferences. *Journal of Personality and Social Psychology, 84(6,* 1236-1256.

Wininger, S.R. & Pargman, D. (2003) Assessment of Factors Associated with Exercise Enjoyment. *Journal of Music Therapy, 40*, 57-73.

Yim, J. & Graham T. C. N. (2007) Using Games to Increase Exercise Motivation. *FuturePlay 2008,* 166-173.

H. Reiterer & O. Deussen (Hrsg.): Mensch & Computer 2012
München: Oldenbourg Verlag, 2012, S. 433-436

Achievements in Exergames for Parkinson's Patients

Melanie Springer[1], Marc Herrlich[1], Dennis Krannich[2], Rainer Malaka[1]

Research Group Digital Media, TZI, University of Bremen[1]
Research Group Digital Media in Education, TZI, University of Bremen[2]

Abstract

While playing good games should be intrinsically rewarding, additional extrinsic rewards such as achievements if applied with care can further enhance the game experience and foster player motivation. However, if applied in an uninformed way, extrinsically induced motivation can also devalue the intrinsic rewards in the player's perception. The impact of achievements on the game experience of special target groups like older people suffering from Parkinson's disease is still largely unexplored. In this paper, two types of achievements are evaluated for the exergame "Sterntaler". Sterntaler was specifically developed for patients suffering from Parkinson's disease to motivate them to do physical exercises. Our results show that the majority of the participants prefer achievements to no achievements, with a near equal split between the different types of achievements included in this study.

1 Introduction

Exergames are games with exertion interfaces and motion-based interaction. They can be used to help elderly, the growing part of our society, in maintaining health and well-being or even fighting against motion disabilities. Commercial exergames for Nintendo Wii or Microsoft Kinect address the broad target group of young experienced gamers. Current research claims the lack of exergames that are specially designed for the needs and preconditions of elderly people (Gerling et al. 2011).

Parkinson's disease is a non-reversible, neurodegenerative brain disorder that slowly progresses. It mainly affects elderly and involves physical and cognitive disabilities. Physiotherapy is a possibility to slow down the progress of the disease. The patients have a basic motivation to fight their disease and do physical exercises, but they need an impulse to activate it. There is already some research that explores the players' motivation in games in general, but not for special target groups like Parkinson's patients. Psychologists and game designers request to do further research in the rising industry of motion-based interfaces

(Nijholt et al. 2008). Achievements as rewarding feedback represent one of those attributes in games that can foster motivation (Blair 2011), so we apply this in our study.

This work tries to fill the lack of research that examines exergames for special target groups with a focus on achievements. We examine the influence of different types of achievements on the gaming experience and preference of Parkinson's patients in a game specially designed for them.

2 WuppDi! Exergame Sterntaler

Assad et al. developed the exergames collection *WuppDi!* especially for Parkinson's patients (cf. Assad et al. 2011). Five games according to the theme "fairy tale world" are included in this collection: "Froschkönig" (Frog Prince), "Aschenputtel" (Cinderella), "Sterntaler" (Star Money), "Bremer Stadtmusikanten" (Town Musicians of Bremen) and Ali Baba. With these games the patients can train their mental and physical abilities.

In Sterntaler for example, the arms have to be moved so that the hand, which is symbolized with a digital hand on screen, can collect the appearing stars. The stars randomly build up one out of five set paths so that the hand collects the stars when it follows this path. The collected stars fall down and a girl at the bottom of the screen automatically collects them. For each collected star the player gets one point. After a certain amount of time the not collected stars disappear and a new random path of stars appears. In this work we extended the game Sterntaler with two different types of achievements as described below.

2.1 Sterntaler with and without Achievements

We implemented three Sterntaler game versions: without achievements (just "standard" points), with measurement achievements (quantitatively indicating the player's performance), and with completion achievements (awarded for completing tasks; cf. Blair 2011).

In the measurement achievement version a performance overview screen that is shown before the game starts displays the high score (the maximum of ever achieved points) and the previously achieved amount of measurement smiley coins. In the game screen (figure 1) the basic display of points is supplemented with information about the amount of possible points in the current level. It further contains the high score and the status of the measurement smiley coins (achieved/unachieved). When the player collects more than one-fifth of possible points, the first measurement smiley pops up and is displayed as a small icon in the upper right corner. In this way, the rest of the five measurement smiley coins give feedback on the proportion between collected and possible points. The second smiley tells the player that two-fifth of possible points are collected and so on until the last smiley. When the player has improved the last stored high score, the end screen (figure 1) gives a message about that. Additionally, it shows the just collected amount of points together with the measurement smiley coins.

In the game version with completion achievements the player gets feedback on accomplished achievements in the performance overview screen. The game and end screens (figure 1) provide the following information: awards, sum of points and time that have been achieved by the current player. In this way, the player gets to know how many points must be collected in what time to achieve the next award.

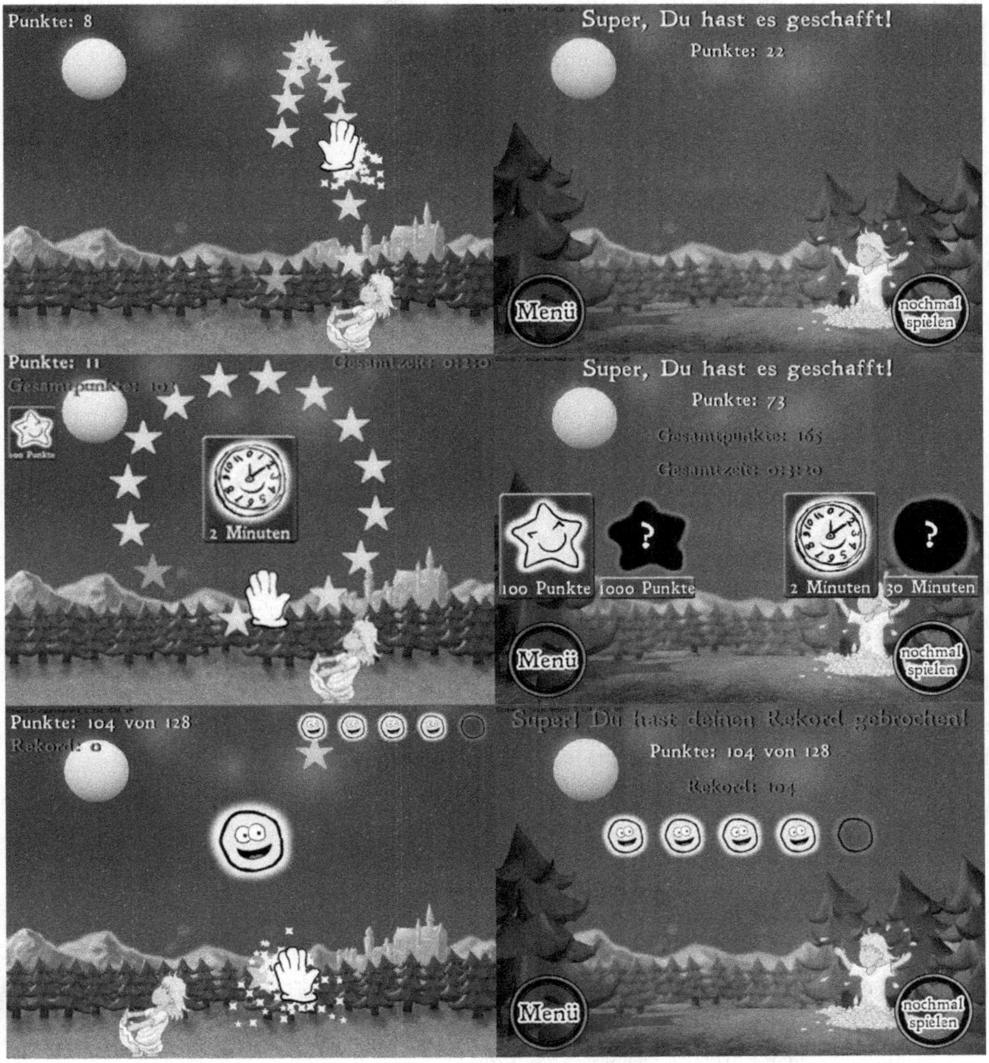

Figure 1: Achievement types: no achievements, completion achievements, measurement achievements (top to bottom); game screens (left) and end screens (right)

3 Evaluation Results

The evaluation sessions were conducted altogether in three groups, in five days and with 23 participants; 12 were male and 11 female. The average age was 69.74 years (SD 6.73). Because of the small sample size and the large individual cognitive and physical differences between the patients, the experiment was conducted following a within-subjects design with all participants trying all three conditions, i.e., no achievements, measurement achievements, and completion achievements in a randomized order. With an average record of 120.55 (SD 12.07) of possible 128 points the participants showed a good performance in playing Sterntaler in general.

A survey was read out loud by the experimenter because the patients have difficulties to read and write and it is possible to explain misunderstood questions. When the patients were asked, which game version they liked most, only 13.04% named the no achievement version. The rest preferred the achievement versions in equal parts. Although female users preferred the measurement achievement type and male users liked the completion achievement better, the differences were not significant.

4 Conclusion

In this paper, we investigated achievements as extrinsic rewards to enhance the game experience in exergames for Parkinson's patients. We extended the game Sterntaler with two different types of achievements and evaluated them against a no-achievements version as control. Our results suggest that there is indeed a strong preference in this target group for achievements and we recommend implementing achievements in similar games.

Acknowledgments

We thank the "Deutsche Parkinson Vereinigung", the physiotherapists, and all the participants who patiently and with great effort took part in this study.

References

Assad, O., Hermann, R., Lilla, D., Mellies, B., Meyer, R., Shevach, L., Siegel, S., Springer, M., Tiemkeo, S., Voges, J., Wieferich, J., Herrlich, M., Krause, M. & Malaka, R. (2011). *Motion-Based Games for Parkinson's Disease Patients. In: Proc. International Conference on Entertainment Computing (ICEC 2011).* October 2011, Vancouver, Canada: Springer.

Blair, L. (2011). *The use of video game achievements to enhance player performance, self-efficacy, and motivation.* PhD Thesis. Orlando, Florida: University of Central Florida.

Gerling, Schild & Masuch (2011). *Exergaming for Elderly: Analyzing Player Experience and Performance. In: Mensch und Computer 2011: 11. Fachübergreifende Konferenz für Interaktive und Kooperative Medien über Medien übermorgen.* 2011, pp. 401–411.

Nijholt, A., van Dijk, B. & Reidsma, D. (2008). *Design of Experience and Flow in Movement-Based Interaction. Motion in Games.* pp. 166–175.

Autoren

Autoren

www.ingramcontent.com/pod-product-compliance
Lightning Source LLC
Chambersburg PA
CBHW081111220326
41598CB00038B/7309